楊岐燈盞明千古

宗彥 著

學苑出版社

图书在版编目（CIP）数据

杨岐灯盏明千古 / 宗彦著 . —北京：学苑出版社，2023.5

ISBN 978-7-5077-6643-1

Ⅰ. ①杨… Ⅱ.①宗… Ⅲ. ①禅宗－宗教文化－上栗县 Ⅳ . ① B946.5

中国国家版本馆 CIP 数据核字（2023）第 062814 号

封面题字：饶宗颐
出 版 人：洪文雄
责任编辑：周　鼎
出版发行：学苑出版社
社　　址：北京市丰台区南方庄2号院1号楼
邮政编码：100079
网　　址：www.book001.com
电子信箱：xueyuanpress@163.com
联系电话：010-67601101（营销部）、010-67603091（总编室）
印 刷 厂：英格拉姆印刷（固安）有限公司
开本尺寸：889mm×1194mm　1/16
印　　张：28.5
字　　数：493千字
版　　次：2023年5月第1版
印　　次：2023年5月第1次印刷
定　　价：480.00元

　　宗彦（笔名），原名刘彦邦，江西萍乡人，研究生学历，计算机工程师、中学高级教师。曾主持国有大型企业工业自动化工程和计算机管理系统的设计，获江西省政府优秀工程设计奖等多项省、部级奖。1995年起，在萍乡学院、萍乡市教学研究室从事教学和教研工作，获多项省、部级学术奖。创建中国民主促进会萍乡市级组织，任民进江西省委直属萍乡市支部主委、萍乡市政协常委。近十几年，致力于中华传统文化及杨岐禅文化研究，有《弘扬杨岐禅文化》《"三宝俱全"的萍乡傩》等多篇论文发表。

前 言

2007年7月，我与江西省人大宗教调研组一行到杨岐山普通寺进行专题调研，就此与探究杨岐禅文化及杨岐派史结下了不解之缘。十年来，多次到杨岐普通寺及其相关的寺院遗址、山川实地考证调研，撰写多篇调研报告和政协提案，并在《萍乡日报》、"佛教网"等多家刊物、网站上全文刊登转载。在这期间，广泛阅了大量禅宗的灯录、语录及史籍传记，游方于印度、尼泊尔及南华寺、云居山真如禅寺等禅宗名刹之间，逐渐形成了对杨岐禅文化和杨岐派史学的初步认识。

2016年10月，我参加了在萍乡学院召开的"首届杨岐禅宗思想学术研讨会"，深感全面系统地探究杨岐派史和阐释杨岐禅文化的必要性，并由此产生了撰写《杨岐灯盏明千古》的念头。但要撰写跨度千年的杨岐派史及其禅文化，其难度不能不令人却步。是杨岐普通寺在山道源法师"制心一处，无事不办"的开示鼓励，坚定了我弘扬中华传统文化、迎难而上撰写《杨岐灯盏明千古》的信心。

方会禅师于宋景祐四年（1037）开法于萍乡杨岐山，禅宗杨岐派肇始。两宋之交，以五祖法演、佛果克勤为代表的临济宗杨岐派已兴盛于禅林，佛果克勤着临济正宗记付大慧宗杲。大慧宗杲是杨岐派史上"上承隋唐，下启明清"的一代宗师，杨岐派由此走向鼎盛，成为中国禅宗由南宋至近代"临天下"的主流宗派。

据《大慧普觉禅师年谱》记载：南宋绍兴元年（1131），大慧宗杲与佛眼清远弟子东林圭禅师在仰山"一见相契，遂定杨岐宗旨"。绍兴十一年（1141），大慧宗杲因应和主战派张九成坐议朝廷，追牒贬至衡州、梅阳，回京弘法遥遥无期，遂将临济正法脉重托于虎丘绍隆法系应庵禅师。应庵传密庵，密庵门下以破庵祖先系和松源崇岳系传衍繁茂，至明清，杨岐派禅僧大多出自这两个法系。由此推论，杨岐派恢复临济宗之称，应在大慧宗杲禅师之后。

方会创立的杨岐派源出临济宗，但其宗风与临济宗有所不同。杨岐派恢复临济正宗之称，唐宋以来中国禅宗的"五家七宗"，只有临济与曹洞二宗尚存，且临济宗盛于曹洞宗，形成"临天下，曹一角"之势，此局面一直延至明清。且杨岐派儿孙几乎囊括临济宗的全部道场，成为中国禅宗的主流宗派，这一态势一直延续到近代。

禅法本不可言，若向言中取，滞其语句则为其所黏。或直求句下精通，执其意解则为其所缚，则离直指之旨愈远。法本无言，因言而显道；道本无说，假说而明真。且"直指人心，见性成佛"之道，非法器利根所能为，僧俗信众大多还须借言而明真。基于此，本书没有回避阐释禅法宗风这一杨岐禅文化主要构成部分的难点，或仅作浅表层的表述，而是在介绍禅宗杨岐派各个朝代的近百位高僧的同时，对杨岐方会、五祖法演、佛果克勤、大慧宗杲、高峰原妙、中峰明本等二十几位有代表性的著名高僧的禅法宗风，作了深入翔实的阐释评说，力求将杨岐禅文化内在的禅法宗风展现在读者面前。

虽然考证史实不能完全代替禅宗杨岐派史的研究，但只要不是堆集史料和故纸徒钻，史实的考据仍有相当的价值，所以本书同时也重视对禅宗杨岐派史实的考证。一是，对有代表性的高僧的生平行状和尚待考证或存疑之处，查阅引据大量有关的禅宗灯录和史籍文献，力求存真。二是，对有争议而又一时难下结论之处，则充分引据各种资料予以论证解析。三是，对地方方志资料的引据，一般都到实地考察取证。四是，有代表性的高僧的生平行状，虽一般多有文献撰述，但为使这些高僧大德的道行鲜活地呈现在读者的眼前，增强可读性，书中仍作了翔实的叙述。

为使读者对禅宗杨岐派源流有一个较清晰的阅读路径，本书这样划分各章节：一是，以朝代来划分各章，并在每章阐述各个朝代的朝政对杨岐禅文化和杨岐派发展的影响；二是，以有代表性的高僧来划分每章各节，力图通过对这几十位有代表性的高僧的生平行状和禅法宗风的阐述，为读者提供一条了解禅宗杨岐派源流的主线索；三是，禅宗杨岐派仅在录的禅僧就有1700多名，其下法系传衍也较复杂，为使读者不陷入阅读的迷茫之中，书中每章节都指明各高僧的传承法系和世序，也注意各法系前后的衔接说明，同时还在书尾附录《杨岐派世系传承图（1—13）》，供读者循章节对照查阅，使读者对杨岐派世系支派的传衍一目了然。

同时，为使读者阅知禅宗杨岐派时跨千年的史实全貌，本书如是撰述：一是，将时间一直广延到近代，因来果、圆瑛、虚云等近代高僧后期活动的时间已至现代，所以时间的跨度已触及现代；二是，史实的地域宽度涵盖国内外，以较长篇幅详细阐述了杨岐派在东亚、越南的传播，对兰溪道隆、无学祖元、隐元隆琦等传法国外的杨岐派高僧的禅法宗风作了较翔实的阐释；三是，对禅宗杨岐派史上的"僧净"，如密云圆悟与汉月法藏之禅诤等，不回避，尊重史实，如实阐述评说他们各自的禅法思想，让读者知其概貌；四是，站在不同历史时代和杨岐禅文化发展的角度，对"道契王臣"的杨岐派禅僧和倡行禅宗与各教宗融合兼修的憨山德清等高僧作了客观翔实的介绍；五是，对以往因各种原因不太知名于世的云谷法会和真空和尚等高僧，亦较详细地加以阐述；六是，注重地方历史对禅宗杨岐派形成与传播的影响，杨岐派发源形成于萍乡市杨岐山，书中对其发祥之地及广敷禅师、乘广禅师、甄叔禅师等先驱作了较翔实的考证和阐述，对方会之师石霜楚圆禅师的生平行状也作了一定的考汇阐释。

撰写《杨岐灯盏明千古》的初衷，是为了弘扬中华传统文化，深入阐释杨岐禅文化中有利于社会和谐、时代进步、健康文明的内容，彰显禅宗中国化进程中的历史价值和现实意义。只是抛砖引玉，力求考证充分、评说得当、条理清晰、可读性强。期望引起社会各界的关注与探究，促进杨岐禅文化和杨岐派史研究与时俱进，以适应社会现实和时代需要。

本人学识浅陋，对杨岐派史及其禅文化的认识较肤浅，错误疏漏之处在所难免，恳望方家学者和广大读者指正。

宗　彦

2023年2月

目 录

第一章 杨岐派及其禅文化的形成 1

  第一节 杨岐派之发祥 1

  第二节 石霜楚圆 11

  第三节 杨岐方会的生平行状 16

  第四节 杨岐方会的禅法宗风 24

第二章 北宋时期的禅宗杨岐派 37

  第一节 杨岐方会的保宁仁勇与法嗣 37

  第二节 白云守端 45

  第三节 五祖法演 52

  第四节 佛果克勤与《碧岩录》 69

  第五节 佛眼清远 81

  第六节 佛鉴慧勤 88

第三章 南宋禅宗杨岐派 95

  第一节 大慧宗杲与"看话禅" 95

  第二节 佛照德光及其法系 119

  第三节 虎丘绍隆及其法系 125

  第四节 无准师范及其法系 135

  第五节 无门慧开与《无门关》 144

第四章　元代禅宗杨岐派 ········· 150

第一节　杨岐派的南北两支 ········· 150
第二节　元叟行端和笑隐大䜣 ········· 155
第三节　崇岳系和居简系的弟子 ········· 162
第四节　高峰原妙 ········· 165
第五节　中峰明本 ········· 177
第六节　千岩元长和天如惟则 ········· 199

第五章　明代禅宗杨岐派 ········· 210

第一节　明代前期的杨岐派 ········· 211
第二节　明代中期的杨岐派与笑岩德宝 ········· 218
第三节　明代后期的杨岐派复兴 ········· 223
第四节　密云圆悟和汉月法藏 ········· 225
第五节　云谷法会和憨山德清 ········· 248

第六章　清代禅宗杨岐派 ········· 265

第一节　清代皇室对杨岐派的影响 ········· 265
第二节　破山海明及其法系 ········· 266
第三节　密云圆悟法系弟子 ········· 280
第四节　玉林通琇与磬山系 ········· 286

第七章　近代禅宗杨岐派 ········· 298

第一节　来果禅师 ········· 299
第二节　圆瑛大师 ········· 310
第三节　虚云老和尚 ········· 325
第四节　清末民初名僧集萃 ········· 341

第八章 禅宗杨岐派在东亚、越南的传播 ································ 357

第一节 南宋杨岐派在日本的传播 ································ 359
第二节 元代杨岐派在日本的传播 ································ 387
第三节 隐元隆琦与日本黄檗宗 ································ 402
第四节 杨岐派在朝鲜半岛的传播 ································ 405
第五节 杨岐派在越南的传播 ································ 414

附录 杨岐宗世系传承图 ································ 424

参考文献 ································ 437

第一章 杨岐派及其禅文化的形成

禅宗杨岐派的祖庭杨岐山普通寺（旧名广利寺），始建于唐开元年间（713—741）。禅宗著名高僧菏泽神会的弟子广敷禅师和乘广禅师，先后于唐开元年间、天宝年间（742—756）来杨岐山建寺弘法。禅宗著名高僧马祖道一弟子甄叔禅师于唐大历八年（773）来到杨岐山，参乘广禅师为师，25年后乘广禅师圆寂，甄叔禅师继掌法席22年，光大法门。

这三位禅师在杨岐山开山建寺、弘法四邑，萍乡民风尚佛，缁素来者甚众，规模宏大，杨岐声名大振，为禅宗杨岐派及其禅文化的形成筑基蓄势。

机缘契合，宋景祐四年（1037），杨岐方会开法于萍乡杨岐山，杨岐派及其禅文化肇始形成。杨岐方会得法于禅宗临济宗第七世高僧石霜楚圆，又兼融禅宗各宗派的宗风，克绍拓新，形成了杨岐禅文化内在的禅法宗风。

第一节 杨岐派之发祥

杨岐派之发祥，系指禅宗杨岐派发祥之地和杨岐禅文化形成的契机，本节试就这两方面的历史沿革作些考证。

一、杨岐山普通寺

禅宗杨岐派发祥地在萍乡市区北28公里处的杨岐山普通寺，自宋代禅宗杨岐派形成以来为世所公认。

据《萍乡县志》等史志记载，杨岐山在汉代称漉山，三国时改称翁陵山，唐宋时始称现名。

（一）普通寺由来考

普通禅寺又称普通寺，其由来有不同记载，还需论证。

据现存于世的最早的《康熙萍乡县志·寺观》：

> 普通禅寺在县北宣化里杨岐山下，旧名广利。唐开元间，广利禅师所札，殁后立塔，刘禹锡作记。元和间，甄叔禅师建塔。

再据《乾隆萍乡县志·寺观》：

> 普通禅寺，宣化里，一名广利寺。唐开元时，广利禅师建，后立塔寺旁。元和时，甄叔禅师建塔。宋庆历时，普惠禅师改今名。元毁，明时重建，国朝乾隆元年修。

另据《同治萍乡县志·寺观》：

> 普通禅寺在县北宣化里杨岐山下，旧名广利寺。唐开元时，乘广禅师建。师示寂后立塔寺傍，刘禹锡为碑铭。元和时，甄叔禅师立塔，太和六年，僧至闲撰铭，僧元幽书。宋庆历时，普惠禅师改今名。元毁，明僧嗣观重建。国朝乾隆元年修，道光二十三年，邑人甘宝贤等积修。

各版本的《萍乡县志》都记载，杨岐山普通禅寺旧名广利寺，建寺时间均为唐开元时。而广利寺建立者却有广利禅师和乘广禅师两种不同记载，并都提到了刘禹锡碑铭，因此，由刘禹锡碑铭或可释疑。

据《同治萍乡县志》卷六《杨岐山乘广禅师塔碑（〔唐〕刘禹锡）》（以下简称《刘禹锡碑》）：

> 禅师讳乘广，其生容州，姓张氏。七岁尚儒，以侍书为事，十三慕道，遵刮削之仪，至衡阳依天柱想公以启初地，至洛阳依荷泽会公以契真乘。洪钟蕴声，叩至斯应，阳燧含焰，晞之乃明，始由见性，中得自在。常谓机有浅深，法无高下。分二宗者，众生存顿渐之见；说三乘者，如来开方

便之门。名自外得，故生分别；道由内证，则无异同。遂以摄化为心，经行不倦。悯彼南裔，不闻佛经，繇是结庐此山，心与境寂。

再据《刘禹锡碑》：

广公始生之辰，岁在丁巳，当元宗之中元。生三十而受具，更腊五十二而终。终之岁，值戊寅，当德宗之后元三月即望之又十日也。

《刘禹锡碑》中的元宗应为唐玄宗，清朝修《萍乡县志》为避讳康熙玄烨名号而写为元宗，清朝毕沅书西安唐玄宗泰陵碑为唐元宗泰陵，即为此例。由岁在丁巳，便可推得乘广禅师生于唐玄宗开元五年（717）。三十受具足戒，其时已是玄宗天宝五年（746），而菏泽神会禅师于天宝四年（745）始受兵部侍郎宋鼎之请进入东都洛阳，乘广禅师从之当在此后，很可能他在受具足戒以后北上洛阳。乘广禅师"悯彼南裔，不闻佛经，繇是结庐此山，心与境寂"，应在北上洛阳依菏泽会公之后。

刘禹锡应甄叔禅师之请，为其师乘广禅师之塔题铭，应是记述乘广禅师生平最早、最可靠的史料，其碑现珍藏在杨岐山普通寺。因此可推断，乘广禅师大约在唐玄宗天宝年间中后期来杨岐山弘法。这与《同治萍乡县志》所记载"唐开元时，乘广禅师建"，时间上不符。《刘禹锡碑》则仅记载"繇是结庐此山"，并未载明乘广禅师建广利寺。所有版本的《萍乡县志》均记载唐开元时建广利寺，此时间应无误，乘广禅师唐开元时建广利寺之说，难以成立。

康熙、乾隆两版《萍乡县志》记载唐开元时广利禅师建广利寺，对其生平却无任何记载，遍检史书、僧传，广利禅师无考。这就有两种可能：一是，广利禅师只是一名不见经传的禅僧，《同治萍乡县志》将建寺者改为乘广禅师，这就使广利禅师其人的真实性变得不确定；二是，康熙、乾隆两版《萍乡县志》记载的建寺者广利禅师之名有误，而唐开元时建广利寺另有他人。

《宋高僧传》三集卷二十云：

唐袁州阳岐山广敷

释广敷，俗姓郑，南燕人也。少依京望大德思浩下，承乎法训。登戒毕，游嵩少两京，遇神会禅师大明玄旨。至宜春阳岐山挂锡，是中峰峦积翠，洞穴涉幽，芝菌之苗参于草卉。敷终日瞑目，木食度辰。时有峨冠、羽帔、鹤骖鸾者，始则乍往倏来，后则登庵造膝。其仙客所到，必轻云薄雾、随步而至，拥从者天丁力士，令远去，对晤谈论移晷。其后道化既成，于贞元元年三月四日入灭，春秋九十一云。[①]

广敷禅师生于唐证圣元年（695），南燕人。南燕为十六国时期慕容氏诸燕之一，由慕容德所建，398年建都滑台（今河南滑县）。

神会禅师（684—758），是禅宗六祖慧能大师独赞"唯汝得心法要旨"的法嗣弟子，被尊为禅宗第七祖。神会禅师于唐玄宗开元八年（720）奉敕住南阳龙兴寺，于洛阳、长安东西二京间大行六祖慧能的南宗"顿门"禅法。开元二十年（732）设无遮大会于滑台大云寺，与北宗崇远论战，指斥神秀一门"师承是傍，法门师渐"，确立了南宗为禅宗正统的地位。

广敷禅师年少即依京都大德思浩大师，受具足戒后，游方于东西二京都之间的嵩山、少室山，遇其师神会禅师大明玄旨，其时应在神会禅师于开元八年（720）住南阳龙兴寺和开元二十年（732）在滑台设无遮大会之间。

据《宋高僧传·唐袁州阳岐山广敷》记载，广敷禅师在其师神会禅师处大明玄旨后，即至阳岐山（后称杨岐山）挂锡，直至道化既成，寂于杨岐山。遍检史料，未见广敷禅师得法后随侍神会禅师或在其他处参修弘法的记载。

据此可推论：广敷禅师在神会禅师处得法后不久，大约在唐开元（713—742）中后期，至杨岐山挂锡，住庵参修弘法，唐贞元元年（785）入灭。

广敷禅师来杨岐山住庵参修时间与各版本《萍乡县志》记载的广利禅师建广利寺时间契合，遍检史书、禅宗灯录等资料，再无他人此时期在杨岐山建广利寺之记载。因年代久远，可能民间渐以寺名称其为广利禅师，清代康熙年间首修《萍乡县志》时，因无从考证，亦以民间传说记载为广利禅师。

综上推论，康熙、乾隆两版《萍乡县志》可能将广敷禅师误记为广利禅师，在乘广禅师唐开元年间建广利寺不能成立的前提下，广敷禅师于唐开元年间建广利寺的可能性应较大。

广敷禅师与乘广禅师，除了都是神会禅师的法嗣弟子外，两人的生平全然不同，

---

① 《大正新修大藏经》第50册，第838页中。

不可能是同一人。康熙和乾隆两版本《萍乡县志》的记载，易使人产生错觉。

广敷禅师挂锡杨岐山，住庵晤仙，可推知，其时住庵规模尚小。乘广禅师有可能是受其师神会禅师的指点来杨岐山，与广敷禅师同为神会弟子，一起在广利寺弘法，亦在情理之中。当然，也可能如《刘禹锡碑》所记"繇是结庐此山"，此"庐"即广利寺，只是后世撰修《县志》时均以最早的《康熙萍乡县志·寺观》记载的建寺时间为依据，但这些只是一种推测而已。

乘广禅师来杨岐山的时间，《萍乡宗教文化大观》记载民国初期萍乡学者黄鬻提出："乘广何时来杨岐，圭传载天宝十二年（753）神会以北宗潜伊'聚众'，连贬弋阳、武当、荆襄等地，其徒是即时被解散，乘广之来杨岐，37岁，疑当在是年（753）。"这一说法有一定道理，但不能视为定论。乘广禅师于746年到洛阳从师神会后的时间里，都有可能"悯彼南裔"来杨岐山，确切的说法应是乘广禅师于唐天宝年间来杨岐山。

（二）普通寺得名考

现时流行之说：宋庆历时（1041—1048），方会禅师改广利寺名为普通寺。此说可能是认为宋庆历时方会禅师已住持普通寺，由其改名顺理成章，但此说没有任何史志可佐证，难以定论。

《同治萍乡县志》记载，宋庆历时普惠禅师改寺名为普通寺，也须论证。

按常理，若不是方会禅师改寺名，也应是普通寺或禅宗界的高僧所为。遍查史志僧传，宋庆历时期无普惠禅师的记载。这就只有两种可能：一是，宋庆历时，普惠只是个不知名的禅师；二是，记载的宋庆历时间有误。很难推论，宋庆历时，创立了杨岐派的方会禅师会把更改寺名这样的重大事情交付给一个不知名的普通禅师，这几无可能。对第二种可能，查阅魏道儒著《宋代禅宗文化·宋代禅宗大事年表》，记有：南宋嘉泰四年（1204），敕谥德光"普惠宗觉大禅师"号。

普惠宗觉德光禅师（1121—1203）是杨岐派第六世著名高僧，大慧宗杲的嗣法弟子，在当时声望最高，朝廷诏他长期住持多处名刹，宋孝宗常诏他入宫论禅，留内观堂七宿，待遇殊优，赐佛照之名。普惠德光禅师时期，正是杨岐派如日中天的兴盛时期，作为德高望重的杨岐派第六代宗师，由他改祖庭名为普通寺，自是众望所归。

因此，《萍乡县志》记载普惠禅师改寺名为普通寺，很可能是普惠宗觉德光禅师所为。宋庆历时是杨岐派形成之时，这也可理解《萍乡县志》记载为庆历时改寺名的缘由，当然也可能是由于年代久远而误传。

二、杨岐派形成的契机

杨岐山雄踞"吴头楚尾"的萍乡县境北，占地55平方公里，萍水发源于此山，蜿蜒流经萍乡市区而西注湘江。杨岐山脉凤翼飞翔，峰峦叠嶂，盘郁苍翠。普通寺坐落于杨岐山北麓下，群峰四合，坤元作镇，入杳冥水如僧眼，碧山作佛头青瓦，天造法城。

萍乡民风淳朴，崇信佛道。据《萍乡宗教文化大观》记载，传汉朝时有佛教徒在大屏山结茅为庵，唐时尉迟恭建寺。《萍乡县志》记载：晋时建有九嶷寺、泰和庵；唐时建有宝积寺、蒙泉寺、鹤鸣寺、永昌寺、明山寺、东山寺、多福寺、玉皇山寺、普通禅寺、瑶金山寺、清凉院、妙智院、永福院、永宁院、慈圣院、真果院、惠明院、胜果院、法界院、宝界院等。汉晋唐时，萍乡佛法盛行可见一斑。

杨岐山乃天造地设一法城，民众尚佛，筑巢引凤，神会禅师的法嗣弟子广敷、乘广及马祖道一弟子甄叔，先后应机来杨岐山建寺弘法。要探究杨岐派形成的契机，就必然要论及广敷、乘广和甄叔三位禅师。

（一）广敷禅师

据《景德传灯录》卷十三记载，广敷禅师为菏泽神会大师的十八法嗣之一，无机缘语句见录。广敷禅师生平思想的资料主要依据《宋高僧传》和《新修科分六学僧传》的有关记载。

据《新修科分六学僧传》卷五：

> 唐广敷，姓郑氏。南燕人。少依京师大德思浩出家。既登戒，游涉丛席，遇神会禅师于伊洛间，得曹溪别传之旨。绝江至宜春，营室于杨岐山，而挂锡焉。涧饮木食，终日夕，常坐不卧。地幽僻奇秀，参请之徒，始无与来往者。时有星冠羽帔之士，御鹤乘鸾以过之，谈论移晷而去。后化大行，户屦为满，竟唱灭于贞元元年三月四日，寿九十一。①

---

① 《卍续藏经》第 77 册。

此记载与《宋高僧传》基本相同,依据这两个记载,可略窥广敷禅师的生平和基本思想。

广敷禅师(695—785),唐武后证圣元年生,俗姓郑,南燕(今河南延津县东)人。少依京都高僧思浩出家,接受法理教诲,受具足戒。后游历于伊水、洛河及嵩山、少室山之间,求道访学于佛教的寺院丛林中。其间在东西二京游访时,遇神会禅师,得神会禅师印可,为其法嗣弟子。

神会禅师是中国禅宗六祖慧能大师独赞"唯汝得心法要旨"的法嗣弟子,在慧能大师灭后,胆识具足,高擎南宗之灯,奠定了南宗正统地位,是中国禅宗划时代的改革者。广敷投师于这样一位祖师级的禅门泰斗,深得"不立文字,教外别传,直指人心,见性成佛"的曹溪宗旨和菏泽神会"寂知指体,无念为宗"的顿悟法理。

为参禅修行、弘扬禅法,广敷禅师南下横渡长江至杨岐山,见此幽僻奇秀的天造法城,遂在杨岐山营室建寺,住庵参修。其周遭峰峦积翠,洞穴涉幽,芝菌之苗参于草卉,乃参禅修行的绝佳之境。初时,参请之徒少,广敷禅师终日坐而不卧,参悟"空寂灵知""定慧等持"的禅法玄旨,渴饮山涧之泉水、饥采草木芝菌之食而度日,时有信士来寺,与其长谈阔论,至日落方去;渐而声名远播,缁素两众纷至沓来,户屦为满,曹溪禅法盛行弘扬。其后道化既成,于贞元元年(785)三月四日入灭。

(二)乘广禅师

乘广禅师生平思想的资料主要依据《刘禹锡碑》。

乘广禅师(717—798),俗姓张,容州(今广西容县)人。7岁即崇尚儒学,研读儒家经书,以赋诗书画为事。13岁仰慕佛道,落发出家。至衡阳依天柱想公,以启初地。天柱想公不仅是深通律学的律宗大师,还是一位会通经教的大法师。乘广禅师"生三十而受具",当在天宝五年(746)受具足戒。

唐天宝四年(745),神会大师应兵部侍郎宋鼎之请入东都洛阳,于菏泽寺开法席弘扬慧能顿悟宗旨,于是"曹溪了义,大播于洛阳,菏泽顿门,派流于天下"。乘广禅师受具足戒后,崇尚菏泽神会顿门,当在此时至洛阳依菏泽会公,就像那洪钟本来蕴声,叩至斯应;阳燧聚焰,日晒则燃。乘广禅师少时即入律门,心性本净,得神会大师教化,始由见性,定慧不二而得自在。

有人读了《刘禹锡碑》,可能会认为,碑铭中有乘广禅师调和顿渐二法门的倾向,以下试就《刘禹锡碑》中有关章节做一阐释。

> 常谓机有浅深，法无高下，分二宗者，众生存顿渐之见，说三乘者，如来开方便之门。

佛法无高下优劣，众生的根机则各有浅深，机缘也不同。机有浅深，应机则妙；药无贵贱，对症则良。说三乘是就众生根机之钝、中、利，佛应机而说声闻、缘觉、菩萨之三乘普度众生。因时分南北二宗，而使众人生修行有顿渐之分别。六祖慧能答神会之问："听法顿中渐，悟法渐中顿，修行顿中渐，证果顿中顿，顿渐是常因，悟中不迷闷。"神会大师继承和发展了六祖慧能的顿渐观，提出"顿见佛性，渐修因缘"之说，是则禅学者须顿悟见佛性，而渐修菩萨六度万行之因缘，不离此生而得解脱。在这段话中，乘广禅师正契合了其师顿渐观之真乘。

> 名自外得，故生分别；道由内证，则无异同。遂以摄化为心，经行不倦。

色即是空，万物无常而无自性，众生自性本来清净，迷则为名而生分别心。"佛性本有今无，烦恼本无今有"，众生本具佛性，若从心外执着求证，只会烦恼不断，终生迷悟。只有直指人心，由心内证，见性成佛，则无异同。遂以此观照心性，经行不倦而修定慧。由此可见，乘广禅师禅修之法秉承了曹溪宗风。

> 应念以起教，随方而立因。居涉旬而善根者知归，逮周月而带缚者渐悟。以月倍日，以年倍时，喑朦洞开，荒憬潜革。

"不立文字，教外别传"之本意，是不要为文字所缚，借教悟宗，应念以起教，正是循此旨意。也体现了乘广禅师初启律宗之地，重视经教的特色。随方而立因，更是其禅风特色，从某种意义上来说，已开杨岐宗风之先声。"喑朦洞开，荒憬潜革"，在杨岐山这样较偏远之地，民众得到教化，禅风渐盛，蕴含着巨大的变革，日后禅宗必在此地发枝开花。杨岐派日后在此地建立，实乃天机契合，民风向佛，待机而发矣。

> 邑中长者，十方善众，咸发信愿，大其藩垣。法堂四阿，复宏僧舍，身心恒寂，象马交驶，随其去来，皆得利益。

由此可见，乘广禅师在杨岐山传法行禅，教化民众40余年，成佛法弘扬之盛况，为以后杨岐派的形成筑基蓄势，可谓功不可没。

（三）甄叔禅师

甄叔禅师的生平思想，见录于《宋高僧传》《新修科分六学僧传》《景德传灯录》《联灯会要》《萍乡县志》《杨岐山甄叔大师塔铭》等资料。

据《宋高僧传》卷十：

唐袁州阳岐山[①] 甄叔传

> 释甄叔，不知何许人也。幼而聪敏，偶傥不羁，心目融明，具大人相。观生死轮上，见九地群迷，犹如焦螟，处在蚊睫，受胜妙欲，似嚼蜡无味，遂投簪削顶具佛，標帜求正觉了义，扣大寂禅师。一造玄机，万虑都寂。乃曰群灵本源，假名为佛。体竭形消而不灭，金流朴散而常存。性海无风，惊波自涌。心虚绝兆，万象齐照。体斯理者，不言而遍历沙界，不用而功益玄化。如何背觉，反合尘劳。于阴界中，妄自囚系。于是形同水月，流浪人天哉。叔见宜春阳岐山，群峰四合，叹曰："坤元作镇，造我法城。"一言才发，千岩响答，松开月殿，星布云廊，清岚域中，化出金界。始从宴坐，四十余年。满室金光，昼夜常照。于是化缘已毕，机感难留。元和庚子岁，正月十三日。忽弃尘驱，还归大定。门弟子如坦、良宝等，心没悲海，哀声动山。如月隐天，群星失耀。大集众木，积为香楼，用作荼毗，获舍利七百粒。于东峰下建窣堵波。上足任运者，命志闲为碑纪述矣。[②]

据上记载，甄叔禅师的生年、俗姓、何方人氏不详，唐元和十五年（820）弃世。

幼时聪慧机敏，为人洒脱豪放，心眼融通明彻，具大人相，因见生死轮回中众

---

① 近现代都统称"杨岐山"，以往的禅史典籍中多称"阳岐山"。
② 《大正新修大藏经》第50册，第770页中、下。

生皆迷，犹如极小的焦螟虫，聚集在蚊子的睫毛上结巢，还以为享受了殊胜妙欲，却不知这有多么渺小，味同嚼蜡，转瞬即逝，遂辞官，削发受具足戒而入佛门，拜大寂禅师马祖道一为师。

后于大历八年（773），甄叔禅师来到杨岐山，见此山胜景，不由叹曰："坤元作镇，造我法城。"遂参乘广为师，与师一起在杨岐山弘法。25年后，乘广圆寂，甄叔禅师继掌法席22年，光大法门，满室金光，昼夜常照，声名大振，远播四邑，缁素来者甚众，规模愈宏。

元和十五年（820）正月十三日，甄叔禅师忽弃尘驱，还归大定。获舍利700粒，众徒为其立塔于杨岐东峰下。大和元年（827），高徒任运远涉3000里，恳请沙门至闲撰碑文《杨岐山故甄叔大师塔铭并序》，僧元幽书写，此碑现珍藏在杨岐山普通寺。

甄叔禅师初依马祖道一为师，得其禅法玄机，澄清了心头万种不明烦恼和业障，而显现本来清净空寂的自性。即心即佛，心性即群灵之源，假名即为佛。即悟得"法身佛性"，体竭形销，如蝉脱壳，弃壳而化蝉。金流朴散而常存，生死俨如过客侨居，如此则亘古亘今，不生不灭。

后师乘广禅师，秉其"名自外得，故生分别，道由内证，则无异同"之真机。悟性海本平静无风，烦恼惊波自涌，应处心于虚极，而清净空寂，则万象齐照。内证而悟斯理者，不言而遍历恒河沙数大千世界，无所住而功益玄化。如果背离此觉，反而苟利于尘世之劳，生死轮回于阴界中，妄自囚系，苦海无边。于是形同水月，流浪人天轮回六道之中，而永无解脱。

甄叔禅师身处禅宗两祖师马祖道一与石头希迁并行的时代，其禅风也受二者的影响。

《联灯会要·袁州杨岐甄叔禅师（凡二）》记载：

> 禅月问："如何是祖师西来意？"师提起数珠，月罔措。师云："会么？"云："不会。"师云："某甲参见石头来。"月云："和尚见石头，得何意旨？"师指庭前鹿云："会么？"云："不会。"师云："渠侬得自由。"[①]

此甄叔禅师的机缘语录，承接了马祖道一接机道学的主要方法：一是语言（反

---

① 《卍续藏经》第79册。

问、比喻、暗示），二是身体动作（提起数珠），三是用常用的随身携带的用品（珠），四是在具体的日常生活场景中随时随地发挥（指鹿）。这里，甄叔没有用马祖道一常用的打和喝之法，细品又有希迁禅师"石头路滑"之风格。路滑者"回互"理论描绘的世界往来转化，圆融无住，使禅法运用圆转无碍，如环无端，令学人得悟。由其方言"渠侬"（他、她），可推测甄叔禅师有可能是浙江建德、淳安一带的人。

《乾隆萍乡县志》卷十一《胜迹》记载：

> 甄叔柏，县北普通禅寺，唐元和时，甄叔禅师手植，偈云：柏枝垂地，吾当再来。

200年后，正是柏枝垂地时，方会禅师住持杨岐山普通寺，创建了禅宗杨岐派，岂非天机契合，应了此偈。

第二节 石霜楚圆

石霜楚圆是临济宗由北转南发展的代表人物，石霜楚圆法系下主要为杨岐、黄龙二派。其弟子方会开创的杨岐派，在南宋初期达到全盛而"临天下"，由南宋至今，杨岐派为禅宗的主流宗派。杨岐方会的禅法宗风多师承石霜楚圆，石霜楚圆起着承前启后的巨大作用，是具有深远影响的一代宗师。

有关石霜楚圆生平行状，《禅林僧宝传》《建中靖国续灯录》《五灯会元》《联灯会要》等文献均有记载。惠洪觉范在所撰《禅林僧宝传·慈明禅师》中，对石霜楚圆的生平行状记述较为详细，这里只对石霜楚圆的生平行止作进一步阐释。

一、石霜楚圆生卒年考

各种资料均未载明楚圆的生年，而《禅林僧宝传》所记载的楚圆的卒年，由于笔误而至后世有不同之说。

《禅林僧宝传·慈明禅师》云：

> 慈明禅师，出全州清湘李氏，讳楚圆。少为书生，年二十二，依城南

湘山隐静寺，或云依金地寺得度。其母有贤行，使之游方。公连眉秀目，顾然丰硕。然忽绳墨，所至为老宿所呵，以为少丛林。公柴崖而笑曰："龙象蹴踏，非驴所堪。"尝橐骨董箱，以竹杖荷之，游襄沔间。与守芝谷泉俱结伴，入洛中。闻汾阳昭禅师道望为天下第一，决志亲依。时朝廷方问罪河东，潞泽皆屯重兵，多劝其无行，公不顾，渡大河，登太行。易衣类厮养，窜名火队中，露眠草宿，至龙州，遂造汾阳。……移住兴化。康定戊寅，李都尉遣使邀公曰："海内法友，唯师与杨大年耳，大年弃我而先，仆年来顿觉衰落，忍死以一见公。"仍以书抵潭帅敦遣之。公恻然，与侍者舟而东下。……至京师，与李公会月余，而李公果殁。……遂以明年至兴化，正月初五日，沐浴辞众，跏趺而逝。阅世五十有四，坐夏三十有二。李公之子，铭志其行于兴化，而藏全身于石霜。①

惠洪觉范在《慈明禅师》中记述，石霜楚圆逝于宋康定戊寅年的明年正月初五日。宋康定年间只有庚辰、辛巳二年，宋康定戊寅年则为宋宝元元年，戊寅年的明年为宋宝元二年（1039）。惠洪觉范之"康定戊寅"之说，显然有误。

另据《五灯会元》卷十二记载：

潭州石霜楚圆慈明禅师

宝元戊寅李都尉遣使邀师曰："海内法友，唯师与杨大年耳。大年弃我而先，仆年来顿觉衰落，忍死以一见公。仍以书抵潭师，敦遣之。"师恻然与侍者舟而东下，舟中作偈曰："长江行不尽，帝里到何时？既得凉风便，休将橹棹施。"至京师，与李公会月余，而李公果殁。……后年正月五日示寂，寿五十四，腊三十二。铭行实于兴化，塔全身于石霜。

《续通鉴》则平河东，在太平兴国己卯。据《佛运统纪》，则师入灭于康定庚辰，以寿数逆而推之，则雍熙丁亥师始生，《僧宝传》所载，恐失考证。②

普济在《潭州石霜楚圆慈明禅师》中，对惠洪觉范《慈明禅师》有两处重要改动：

---

① 《卍续藏经》第79册，第395页、396页。
② 《卍续藏经》第80册，第736页。

一是将"康定戊寅"改为"宝元戊寅";二是将"明年"改为"后年"。石霜楚圆入灭时间依此推为康定庚辰年(1040),其依据是后注"据《佛运统纪》"。

《佛运统纪》为南宋禅僧祖琇所撰,其成书时间虽晚于惠洪觉范撰《禅林僧宝传》,但祖琇可能认为惠洪觉范之说有误,而在《佛运统纪》中把入灭时间改为宋康定庚辰年。但祖琇撰《佛运统纪》,"仿左氏,寓褒贬法,兼述篡弑反叛灾异之事"[①],初与《隆兴编年通论》一起流传,宋本觉撰《释氏通鉴》十二卷,在采摭书目中并载两书。以后《佛运统纪》湮没不传,至元念常撰《佛祖历代通载》时已不见记载。不仅《僧宝传》所载恐失考证,而且祖琇将石霜楚圆入灭时间改为康定庚辰年的依据也湮没不传了。

据上述,石霜楚圆入灭时间,有宋宝元二年(1039)和康定庚辰年(1040)二说,但"阅世五十有四"则无异议,后世多依此以"986—1039"或"987—1040"记载石霜楚圆的生卒年。要定于一说,可引旁证来论证。

据《宋史》等各种史料,李遵勖,生于北宋端拱元年(988),卒于北宋宝元元年(1038),潞州上党(今山西长治)人,娶宋真宗赵恒妹万寿公主,进士及第后,历任左龙武将军、驸马都尉等官职。李遵勖信奉禅宗,礼临济宗石门蕴聪禅师为师,编撰《天圣广灯录》行世。与翰林学士杨亿为好友,经杨亿引介,与石霜楚圆结识,三人成为机语相投关系亲密的禅友。

惠洪觉范在《慈明禅师》中记述,石霜楚圆在接到李遵勖恳望见面的书信后,即与侍者乘舟而东下,至京师,与李公会月余,而李公果殁。李遵勖卒于宝元元年(1038)为史籍文献所证实,石霜楚圆于宝元元年(1038)与李公会也就无异议了。依《慈明禅师》说,石霜楚圆"遂以明年至兴化,正月初五日,沐浴辞众,跏趺而逝",则石霜楚圆逝于宝元二年(1039),可定于一说了。

二、生平行状

石霜楚圆的生卒考证,参引《慈明禅师》,简述其生平行状。

石霜楚圆(986—1039),字慈明,俗姓李,广西全州人。于宋景德四年(1007)依隐静寺出家受具,不久即游方参学于襄沔(湖北)之间。大中祥符元年(1008),他与芭蕉谷泉、大愚守芝一起至山西汾阳,依参善昭禅师。

---

① 《大正新修大藏经》第49册。

善昭禅师一见石霜楚圆，知为法器利根，二年内故意"未许入室"，"每见必骂诟，或毁诋诸方，及有所训，皆流俗鄙事"。石霜楚圆伤感"岁月飘忽，己事不明，失出家之利"，去参见善昭禅师，反遭善昭禅师喝斥"怒举杖逐之"。石霜楚圆欲开口拟议，善昭禅师迅掩其口，石霜楚圆豁然顿悟，不由感叹："是知临济道出常情。"

大中祥符九年（1016），石霜楚圆辞别善昭禅师，至并州（今山西太原）三交承天院依唐明智嵩禅师为师。智嵩与名士杨亿交往密切，认为杨亿得法稳密，授意石霜楚圆传书杨亿。

杨亿（974—1020），字大年，建州浦城（今属福建）人。年少以神异及文才闻名于世，而授"秘书省正守"。淳化中，"命试翰林，赐进士第"。后历任翰林学士加兵部员外、户部郎中。杨亿信奉禅宗，师从广慧元琏禅师，奉旨刊削、裁定《景德传灯录》，并为《景德传灯录》作序。[①]

石霜楚圆参访杨亿，两人禅机相投，"恨相见之晚"。后由杨亿结识李遵勖，此后，三人成毕生至交。

石霜楚圆在智嵩门下三年左右，闻智嵩以未见洞山晓聪为憾，约于天禧二年（1018）至江西筠州洞山，依止洞山晓聪三年。

乾兴元年（1022），工部郎中黄宗旦知袁州，请石霜楚圆出世住持袁州南源。石霜楚圆在这里收下最早也是最著名的弟子方会，方会先后随佐石霜楚圆至潭州道吾山、潭州石霜崇胜禅院、南岳福严禅院，总院事。直到景祐四年（1037），石霜楚圆移住潭州兴化，方会才辞别石霜楚圆。方会参学石霜楚圆十六年，深得其旨，后在杨岐山开创杨岐派。

惠洪觉范在《慈明禅师》中谓杨亿致书黄宗旦请石霜楚圆出世，而杨亿在前年（1020）已逝，与史实不符。

天圣三年（1025），石霜楚圆住持潭州道吾山。

天圣五年（1027）石霜楚圆住持潭州石霜山（今湖南浏阳）崇胜禅院，石霜楚圆在石霜时间最久，长达十年，故后世号为石霜楚圆。

景祐三年（1036），石霜楚圆住持南岳福严禅院。在这里收下了另一重要的弟子慧南，慧南开创了黄龙派。黄龙派初盛于杨岐派，但传至南宋初期即沉寂。

景祐四年（1037），石霜楚圆移住潭州兴化禅院。

---

① 《宋史》卷三百五《杨亿》。

宝元二年（1039）正月五日，石霜楚圆入灭，世寿54，僧腊32。

有石霜楚圆撰、黄龙慧南重编《石霜楚圆禅师语录》传世。

门人弟子众多，有杨岐方会、黄龙慧南等13人见录。

三、南源寺址考

石霜楚圆，于宋乾兴元年（1022）至宋天圣二年间住持南源寺，杨岐方会在此期间，在南源寺参师石霜楚圆，得其法，是形成杨岐方会禅法宗风的主要渊源。

南源寺在宋时袁州何处，现时有三说，有必要予以论证。

一说，在现宜春彬江南源村南华山上的广利寺（或称南源寺）。遍考资料均为：宜春守黄公宗旦请石霜楚圆禅师开法袁州南源。查阅明正德刊版《袁州府志》、康熙刊版《袁州府志》，无宜春县南源寺或广利寺之记载，此说无史籍方志为据。

另一说，在萍乡市杨岐山南麓的上南源村。查阅明正德刊版《袁州府志》和康熙刊版《袁州府志》均记载：南源寺萍乡县北五十里。同治刊版《萍乡县志》亦记载：南源寺即万安院在县北萍实里。据考上南源村之得名来源于南源寺，杨岐方会始随师石霜楚圆住南源寺，应为此地。

第三说，在萍乡市杨岐山南麓的关上村泰岭净实里。笔者为此特地到关上村净实里实地考察，村民易六（禄）峰在修建屋前坪地时，掘到一块清代僧人的残碑，碑上"大清国江西道袁州府萍乡县安乐乡平（萍）实里二图上南源五六七保囗利万安寺"字迹依稀可见。所缺一字，据慧南编《楚圆禅师语录·师初住袁州南源山广利禅院语录》，可推断为"广"字。同时，在易六（禄）峰带引下，在关上村泰岭净实里几处靠山水田边缘，找到由大青石堆砌的寺院殿堂的墙基址，结合清代僧人的残碑文，可推论为南源寺的基址。再依同治刊版《萍乡县志》记载，南源寺即万安院在县北萍实里，据此，袁州南源山广利禅院应为此地。

关上村过去叫上南源村，第三说实际上是第二说的地址具体化。

由此又引起联想推测，此袁州南源山广利禅院有无可能是康熙、乾隆、同治三刊版《萍乡县志》所记载的"普通禅寺在县北宣化里杨岐山下，旧名广利寺"。

这次发现的清代僧人的残碑文，证实了最迟在清代，袁州南源山广利禅院旧址在杨岐山南麓的关上村（上南源村）泰岭净实里，由此地去现在的杨岐山普通寺有九公里路程。考察关上村（上南源村）泰岭净实里，与甄叔禅师所说"大造化城"的山势地形有异。

另据元朝学者揭傒斯《揭文安公文集·袁州宜春县逢溪山圣寿寺记》记载：

> 圣寿即逢溪禅师所建也，名与萍乡之杨岐、南源相伯仲。初马祖以佛法振江西，逢溪禅师与杨岐甄叔、南源道明同事之，于八十四人之中，故归皆建坛场以阐其师之道。

可知在唐代，萍乡就已有杨岐、南源两寺，《萍乡县志》亦载明：杨岐山普通寺在县北宣化里；南源寺在县北萍实里。

综上所论，南源山广利禅院应不是杨岐山普通寺（旧名广利寺）。

"临济宗风，特盛于天下，盖其儿孙，皆鹰扬虎视。唯慈明负卓绝逸群之韵，气吞佛祖，锤拂之下，锻炼凡圣。机用超脱，诸方未有出其右者，临济之道恢廓焉。其嗣子杨岐跨三脚驴，踏杀天下人。"章惇在《石霜楚圆禅师语录·序》中，概括了石霜楚圆卓绝逸群的禅法宗风和门下杨岐方会踏杀天下之丰功。

第三节　杨岐方会的生平行状

杨岐派开创者杨岐方会的生平，历来多有著述，也还有一些争议，本节广引参证各家之说，探寻其生平之行状，力图澄清疑点而存真。

有关杨岐方会生平行状，见录于《杨岐方会和尚语录》《杨岐方会和尚后录》《嘉泰普灯录》《林间录》《禅林僧宝传》等资料。

杨岐方会禅师，俗姓冷，宜春人。杨岐方会生年无记载。明确记载杨岐方会卒年的，有《嘉泰普灯录》和蒋维乔著《中国佛教史》。

一、杨岐方会生卒年考

据《嘉泰普灯录·袁州杨岐方会禅师》：

> 皇祐改元示寂（事迹未详），寿五十八。[①]

---

① 《卍续藏经》第79册，第304页上。

现今大多史家学者都依此推其生于宋淳化三年，则其生卒为（992—1049）。而据蒋维乔著《中国佛教史》：

> 杨岐方会入寂于仁宗庆历六年，嗣法者十二人。①

蒋氏注明，此说依据日本境野哲《支那佛教史纲》。此说距《嘉泰普灯录》成书时近千年，很可能把杨岐方会应请到潭州云盖山兴化海会寺任住持之年，误考为入寂年。且有足够的资料可证，杨岐方会于庆历六年（1046）到云盖山住持兴化海会寺，一直到皇祐元年（1049）入寂。如今都未采纳蒋氏之说，公认杨岐方会于1049年寂灭，是有道理的。

记载杨岐方会俗龄的，除《嘉泰普灯录》外，还有《杨岐方会和尚语录》。《杨岐方会和尚语录·潭州云盖山会和尚语录序》记载：

> 李唐朝有禅之杰者马大师，据江西泐潭，出门弟子八十有四人。其角立者，唯百丈海，得其大机。海出黄檗运，得其大用，自余唱道而已。运出颙，颙出沼，沼出念，念出昭，昭出圆，圆出会。会初住袁州杨岐，后止长沙云盖。当时为海得其大机，运得其大用，兼而得者，独会师与！师二居法席，凡越一纪，振领提纲，应机接诱，富有言句，不许抄录。衡阳守端上人，默而记诸，编成一轴。愚仰惠师之名久矣，因就端求其编轴，焚香启读。大矣哉，师之机辩也。若巨灵神劈开太华首阳，河流迅急，曾无凝滞。匪上上大乘根器，曷能凑之乎？端命愚为序，贵师之道流传天下。且会师之名与道，深于识者悉闻之，故不可辞饰，但实序其由。师袁州宜春人，姓冷氏，落发于潭州浏阳道吾山。俗龄五十四，卒于云盖山，塔存焉。皇祐二年，仲春即望日，湘中苾刍文政述。②

此序是杨岐方会弟子白云守端请南岳胜业文政于皇祐二年（1050）春为其师语录所作，是最早最可靠的资料。白云守端是方会嗣下高足，成就最大，从其序中，

---

① 蒋维乔著：《中国佛教史》，群言出版社，2013年，第246页下。
② 《大正新修大藏经》第47册，第645页下、第646页上。

可见其崇仰其师的真挚感情。诚如所述"且会师之名与道,深于识者悉闻之,故不可辞饰,但实序其由",没有任何理由会减改其师的俗龄,俗龄54,生于至道二年(996),是最可信可据的。

《嘉泰普灯录》是南宋嘉泰年间云门宗禅僧雷庵正受撰,距文政作《潭州云盖山会和尚语录序》已近200年,时代变迁,收录人物众多,难免有误,其可信可据度显然不如文政所作序之说。

在《禅宗宗派源流》附录1《中国禅宗宗派法脉传承图》和杨岐宗祖庭普通寺所在地萍乡市政协编《萍乡宗教文化大观》中,杨岐方会的生卒均为"996—1049"。据上论证,此应为正说。

二、参师石霜楚圆得法

杨岐方会早年的情况,《五灯会元》卷十九云:

> 袁州杨岐方会禅师,郡之宜春人冷氏子。少警敏,及冠,不事笔砚。系名征商,课最坐不职。乃宵遁入瑞州九峰,恍若旧游,眷不忍去,遂落发。每阅经,心融神会,能折节扣参老宿。慈明自南源徙道吾石霜,师皆佐之,总院事。依之虽久,然未有省发。每咨参,明曰:"库司事繁,且去。"他日又问,明曰:"监寺异时儿孙遍天下去,何用忙为?"[①]

杨岐方会不喜读书、掌管商税不职而遁之说,最早见于惠洪著《禅林僧宝传》,此说并无据可考。现时则另有所说,可与参照。

据《曹溪禅人物志》记载:

> 另说为公元996年生,俗姓冷,江西宜春人。少警敏,及冠为吏,有政绩。二十岁弃仕到筠州九峰山(在江西高安)出家,参石霜楚圆禅师而得法。[②]

杨岐方会出家的地方,应以《潭州云盖山会和尚语录序》所载为准,并非是在筠

---

① 《卍续藏经》第80册,第516页。
② 易行广编著:《曹溪禅人物志》,广东人民出版社,1994年。

州九峰山，应是潭州道吾山，理由和依据如上所述。杨岐方会出家的授业师，据徐文明《杨岐方会禅师生平经历》一文所论，应是潭州道吾山契诠禅师。道吾契诠为襄州谷隐（在凤凰山，故号凤岭）绍远禅师（始居石门，后迁谷隐）门人，属于曹洞宗青林师虔一系，应于天圣三年（1025）入灭，因为此年石霜楚圆继其住持。

杨岐方会参石霜楚圆为师的时间，是石霜楚圆住持南源时，石霜楚圆在南源三年，即乾兴元年（1022）至天圣二年（1024）。杨岐方会参石霜楚圆为师得其法，亦是形成杨岐方会禅法宗风的主要源渊。

> 慈明自南源徙道吾石霜，师皆佐之，总院事。依之虽久，然未有省发。每咨参，明曰："库司事繁，且去。"他日又问。明曰："监寺异时儿孙遍天下去。何用忙为？"①

石霜楚圆当在天圣三年（1025）至天圣五年（1027），住持道吾山。后来移居石霜山住持崇胜禅院，石霜楚圆在石霜时间最久，长达十年，故后世号为石霜楚圆。景祐三年（1036），石霜楚圆住持南岳福严寺，杨岐方会一直跟随其师石霜楚圆，佐之总院事。

杨岐方会依师楚圆，久未得悟，悟道得法的机缘，据《嘉泰普灯录·袁州杨岐方会禅师》记载：

> 有一老姬，近寺而居，人莫之测，所谓慈明婆也，明乘间必至彼。一日，雨作，知明将往，师侦之小径，即见，遂挡住云："这老汉，今日须与我说，不说打你去。"明曰："监寺知是般事便休。"语未卒，师大悟，即于泥途拜之。起问："狭路相逢时如何？"明曰："你且弹避，我要去那里去。"师归。来日，具威仪，诣方丈礼谢。明呵曰："未在。"一日当参，粥罢，久之，不闻挝鼓。师问行者："今日当参，何不击鼓？"云："和尚出未归。"师径往婆处，见明持橐，婆煮粥。师曰："和尚今日当参，大众久待，何以不归？"明曰："你下得一转语即归，下不得，各自东西。"师以笠子盖头上，行数步。明大喜，遂与同归。自是，明每山行，师辄瞰其出，虽晚，必击

---

① 《卍续藏经》第83册，《指月录·袁州杨岐方会禅师》。

鼓集众，明遽还，怒曰："少丛林！暮而升座，何从得此规绳？"师云："汾阳晚参也，何谓非规绳乎！"今丛林三八念诵罢，犹参者，此其原也。①

由上记载，"慈明婆"是杨岐方会开悟的契机。有学者认为"慈明婆"是石霜楚圆的母亲，日本的一休和尚则将"慈明婆"视为石霜楚圆的婚姻伴侣，不论是哪种情况，"慈明婆"是石霜楚圆的亲人是可肯定的。石霜楚圆虽为住持一方丛林的高僧，仍不弃亲情。杨岐方会听石霜楚圆说："监寺知是般事便休。"而悟得"佛法不离人间"之法，把笠子戴在头上行数步，石霜楚圆大喜与之同归。杨岐方会平时虽然跟随石霜楚圆学习禅法，但似乎很少发问，大家都不太注意他。而此次杨岐方会超乎寻常的举动和对答，令石霜楚圆十分惊喜。杨岐方会的表现，已经展示出内心超然洒脱的禅悟境界，从而得到石霜楚圆的印可。

丛林三八念诵是禅寺每月初八、十八、二十八日举行念诵仪式，请益玄言，法明古今。"汾阳晚参"则源自慈明禅师的师父，《僧宝传·汾州昭禅师传》云："并汾地苦寒，昭罢夜参，有异比丘，振锡而至，谓昭曰：'会中有大士六人，奈何不说法？'言讫，升空而去。昭密记曰：'胡僧金锡光，请法到汾阳，六人成大器，劝请为敷扬。'"日后承继汾阳禅师之法脉者果然有石霜楚圆等六人。在三八念诵之后，又击鼓晚参，无论讲者还是听者都很辛苦。杨岐方会坚持"暮而升座"的晚参，即是根据南方天气暖和，便于晚参的制度创新，也是遵循祖师"劝请为敷扬"的教导，唯恐"禅者问道，多失所在"的"老婆心切"的表现。

杨岐方会任职监院，办理寺务廉洁奉公、细心谨慎，美誉不绝，尤以"杨岐灯盏明千古"为千古佳话。白天由于库房光线昏暗，用寺院的灯照明。夜间自己阅经的时候，另买油点亮自己的油灯。石霜楚圆说："你这样还不算清廉，你的灯挂在寺里的灯下面，寺里的灯油滴进你的油灯里，你还是沾了常住的利益。"杨岐方会恍然醒悟，即将自己的油灯挂在寺院的灯下面，或用小盏盘放在寺院油灯下面，等接满了，再将油放回常住烛台里，体现了公私分明、"无我我所"之高洁境界。这正是落在实处、落在脚跟下的杨岐宗风，杨岐方会在住持杨岐禅寺时，即把这种"佛法在世间，不离世间觉"的禅宗思想弘扬光大。正因为如此，杨岐灯盏才能光耀千古，杨岐派才能在近千年的历史长河中赓续不绝、独占鳌头。

---

① 《卍续藏经》第79册，《嘉泰普灯录·袁州杨岐方会禅师》。

三、开创杨岐派

据《禅林僧宝传·杨岐会禅师》记载：

> 慈明迁兴化，因辞之，还九峰。萍实道俗，诣山请住杨岐。①

景祐四年（1037）石霜楚圆移居潭州兴化。此时，杨岐方会才辞别石霜楚圆，去筠州九峰山。文政在《潭州云盖山会和尚语录序》明言"二居法席，凡越一纪"是说开法13年，亦佐证杨岐方会是在景祐四年（1037）开法。不久，杨岐山禅院虚席，当地道俗诣山请方会禅师住持杨岐。

《林间录》卷二云：

> 杨岐会禅师从慈明游最久，所至丛林，师必作寺主。慈明化去，托迹九峰，忽宜春移檄，命居杨岐。时长老勤公惊曰："会监寺何曾参禅，万一受之，恐失州郡之望。"私忧之。会受请，即升座，机辩逸格，一众为倾。下座，勤前握其手曰："且得个同参。"曰："如何是同参底事。"勤曰："杨岐牵犁，九峰拽把。"曰："正当与么时，杨岐在前耶，九峰在前耶？"勤拟议。会喝曰："将谓同参，却不同参。"自是道价重，诸衲子过其门，莫不伏膺。尝因雪示众："杨岐乍住屋壁疏，满床尽布雪真珠。缩却项，暗嗟吁，翻忆古人树下居。"其活计风味类如此。②

这是杨岐方会最初受请开法情景的记载。九峰勤禅师初闻杨岐方会受请住持杨岐禅寺，不免吃惊，以为杨岐方会佐石霜楚圆禅师做监寺虽称职，但恐未参禅得法，而失州郡缁素之望。却不知杨岐方会是外朴内秀、绵里藏针，一经升座，机辩逸格，显其已得马祖禅法大机大用的大师风范，听众为之折服倾倒。杨岐方会下座，勤禅师即握其手而赞得同参，岂料一番机辩后，勤禅师却为之语塞。杨岐方会初试禅机，宗风如龙。自此，杨岐方会禅风机辩名震四方，僧人过其门，莫不崇仰拜服。

杨岐方会初住杨岐，老屋败椽，仅蔽风雨。适临冬暮，雪霰满床，居不遑处。

---

① 《卍续藏经》第79册，《禅林僧宝传·杨岐会禅师》。
② 《卍续藏经》第87册，第272页下。

衲子投诚愿充修造，杨岐方会却之曰："我佛有言，时当灭却，高峰深谷迁变不常，安得圆满如意，自求称足？汝等出家学道，做手脚未稳，已是四五十岁，讵有闲工夫事丰屋耶？"竟不从。在这样艰苦的环境下，杨岐方会冷得不由缩着脖颈，却还不无诙谐地对众人说："满床尽布雪真珠。"还鼓励僧众，比起古人住树下更要知足。足见杨岐方会为创建杨岐派，不畏艰辛、舍身护法的献身精神和乐观幽默的风格。

杨岐方会在杨岐弘法说理，立足当下，由浅入深，容易理解接受，远近僧人，闻之而来，有如云集。但是，讲堂宿舍拥挤，又由于寺院年深日久，虽经多次维修，但砖瓦木料陈旧，仍有倒塌的危险。杨岐方会决心拆除全部危房，敛资扩建寺院。杨岐方会联谊四方佛教界人士、大德长老、檀越信众，取得他们在财力、物力、人力上的鼎力资助。宋仁宗宝元、康定年间（1038—1040）大兴土木，经过三年的精心施工，全寺建有堂、庵、阁、楼、台共五十余间，未拆之旧房，也修葺一新，杨岐派祖庭始显辉煌。

据《禅林僧宝传·杨岐会禅师》记载：

> 庆历六年，移住潭州云盖山。以临济正脉付守端。[①]

杨岐方会于庆历六年（1046）移住潭州云盖山，杨岐方会住持杨岐十年（1037—1046），故后世号称杨岐方会。

《杨岐方会和尚语录》云：

> 师于兴化寺开堂，府主龙图度疏兴师，师才接得，乃提起云："大众，府主龙图、驾部诸官，尽为尔诸人说第一义谛了也。诸人还知么？若知，家国安宁，事同一家；若不知，曲劳僧正度与表白宣读，且要天下人知。"[②]

由此可知，杨岐方会入主云盖，是由当地知府亲自度疏而请，可见杨岐方会那时已声名远播，杨岐方会创建的杨岐派也方兴未艾。

杨岐方会住持云盖三年，继续弘扬杨岐宗法，融合诸家，大开禅门。禅门高僧

---

① 《卍续藏经》第79册，《禅林僧宝传·杨岐会禅师》。
② 《大正新修大藏经》第47册，第641页上。

多与其交往，参商禅机玄旨，杨岐派影响越来越大。杨岐方会住持云盖的机缘语录，多见于《杨岐方会和尚后录》。

四、天纵神悟，治人如玉

杨岐方会在传授禅法中，巧言善辩，注重方法的灵活性，推崇机锋棒喝，故有"杨岐天纵神悟，善入游戏三昧，喜勘验衲子，有古尊宿之风，庆历以来，号称宗师"[1]之誉。洪觉范禅师曾赞誉杨岐家风："会乃如玉人之治璠玙，砆砄废矣。故其子孙皆光明照人，克世其家，盖《碧落碑》无赝本也。"[2]其意是说：杨岐方会教育弟子就像是善治玉石的工匠，能挑选真正的美玉，加以细细地琢磨，使其光彩照人，而所雕琢出来的美玉就好像《碧落碑》一样，是没有伪本的。

以弟子白云守端开悟为例。有一天，杨岐方会忽然问白云守端："受业师为谁？"白云守端答："是茶陵郁和尚。"杨岐方会又问："我听说他在桥上摔了一跤而开悟，并且当场作了一首偈子，甚为奇特，你还记得吗？"白云守端立即背诵道："我有明珠一颗，久被尘劳关锁，今朝尘尽光生，照破山河万朵。"杨岐方会听完大笑起身离开。守端禅师愕视左右，迷惑不解，通宵未眠。第二天求入方丈室，咨询其事。这时正值岁暮，杨岐当地民间盛行殴傩，地方上请了傩戏班子来酬神。杨岐方会问白云守端："汝见昨日打殴傩者么？"白云守端道："见。"杨岐方会道："汝一筹（相当于'一等'，必定、相必）不及渠（演傩戏的人）。"白云守端惊诧地问道："意旨如何？"杨岐方会道："渠爱人笑，汝怕人笑。"白云守端一听，言下大悟。[3]

对另一位弟子保宁仁勇的接引相当奇特。保宁仁勇原学天台，又参雪窦明觉禅师，后来，听到杨岐方会禅师到云盖山弘法，便前往参访，一入方丈室，杨岐方会一语未发，保宁仁勇即顿明心印。

杨岐方会治人如玉，善于引导教化，令弟子明悟本性、大彻心源，终于形成杨岐派独特的宗风。杨岐方会之法嗣白云守端传五祖法演，法演传佛果克勤，克勤再传大慧宗杲、虎丘绍隆等，个个是法门龙象。后人说杨岐方会接引学人"提纲振领，大类云门"，勘验学人之机锋则如南院（慧颙），兼具临济、云门两家之长，赞其"当时为海得其大机，运得其大用，兼而得者，独会师与"。杨岐派在禅宗诸宗派中脱颖

---

[1] 《卍续藏经》第79册，《禅林僧宝传·杨岐会禅师》。
[2] 《卍续藏经》第83册，《指月录·袁州杨岐方会禅师》。
[3] 《卍续藏经》第79册，《禅林僧宝传·杨岐会禅师》。

而出，法脉延续，传承至今仍盛，是宋代以来中国禅宗的主流宗派，绝不是偶然的。

杨岐方会开创杨岐派时，门庭繁茂，化益四方，蔚成一派，世称"杨岐派"，与同门慧南开创的黄龙派同时并立。其时，黄龙派如日中天，"黄龙三关"更是名震禅林。但黄龙派历经数传就很快衰落，到慧洪觉范时，已是强弩之末，难挽颓势，而杨岐方会法嗣白云守端、保宁仁勇皆为禅林佼佼者。其中白云守端一系传承最久，影响最大，守端传五祖法演，法演传佛果克勤。在佛果克勤时，杨岐派已取代已衰落的黄龙派，把临济宗推向全盛，继而席卷禅林。

禅宗一花五叶，五家七宗，到南宋中后期，杨岐派全盛，曹洞宗尚荣，其他宗派皆衰寂，杨岐派成为中国禅宗的主流宗派。由本节所论述，杨岐方会作为杨岐派创建者的功绩不可磨灭，开宗宗师的地位亦不可动摇。

第四节　杨岐方会的禅法宗风

"三脚驴子弄蹄行"机用超脱之禅法，浑无圭角的如龙宗风，可说是杨岐方会禅法宗风的鲜明写照。杨岐方会禅师的禅法机语，主要出自《杨岐方会和尚语录》和《杨岐方会和尚后录》中。

一、大机大用，立处即真

> 李唐朝有禅之杰者马大师，据江西泐潭，出门弟子八十有四人。其角立者，唯百丈海，得其大机；海出黄檗运，得其大用，自余唱道而已。运出颛，颛出沼，沼出念，念出昭，昭出圆，圆出会。会初住袁州杨岐，后止长沙云盖。当时为海得其大机，运得其大用，兼而得者，独会师与！①

湘中比丘文政在《潭州云盖山会和尚语录序》之述，概括了杨岐方会禅法之精要。

---

① 《大正新修大藏经》第 47 册，第 645 页下—646 页上。

（一）兼得大机大用

何谓马祖的大机大用？圭峰宗密禅师在评论马祖大师的禅风时说道：

> 起心动念，弹指动目，所作所为，皆是佛性全体之用，更无别用。全体贪嗔痴，造善造恶，受乐受苦，此皆是佛性，一切天真自然，故所修行之理，宜顺此而乃不起心断恶，亦不起心修道。道即是心，不可将心还修于心；恶亦是心，不可将心还断于心。不断不造，任运自在，名为解脱人。无法可拘，无佛可成，心性之外，更无一法可得故，但任心即为修也。①

起心动念，弹指动目，所作所为，这一切精神行为活动及其最终的承受都是佛性，而且都是"佛性全体之用"。而这一切，又都是"天真自然"的，得大用者就会顺从人这种自然天性，既不起心去修道，也不起心去断恶，当然更不会起心去作恶，这是因为佛就是这个包括善恶等一切精神内容的心。既然佛就是这个心，所以不论善恶、道与非道，都应采取"不断不造，任运自在"的方式和风格。

"大用"即是全体起用，黄檗希运禅师在其《传法心要》中说："所言同是一精明，分为六和合。一精明者一心也，六和合者六根也。此六根各与尘合……中间生六识，为十八界。若十八界无所有，束六和合为一精明，一精明即心也。学道人皆知此，但不能免作一精明六和合解，遂被法缚，不契本心。"一精明就是全体意义上的心，若不知在全体上起用，仅停留在思维认识上，遂被法缚，不契本心。

马祖道一说"即心即佛"，是其禅法之大机；马祖道一说"平常心是道"，即其禅法之大用。"大用"在日常行为中来体现，在于活泼泼的那一念的灵动，要在这一念之上转境，在这一念之上悟入，要在这一念之上成佛，使人在直接的感受上体悟到全部佛法的玄要。马祖道一又说"非心非佛"，是其禅法之大机大用的彰显。前念且不是凡，后念且不是圣；前念不是佛，后念不是众生。既是又不是人们平常的思善思恶的一念，是能善能恶、能动能静的一念。所以一切色是佛色，一切声是佛声，举着一理，一切理皆然，这就是马祖道一"大机大用"的最好说明。

杨岐方会得马祖道一"即心即佛"之大机，他说："百千诸佛，天下老和尚出世，

---

① 《卍续藏经》第63册，《中华传心地禅门师资承袭图》。

皆以直指人心，见性成佛。若向者里明得去，尽与百千诸佛同参。"①他认为一切文字语言只是分别因缘，要直接从自心处去妄破执，见到本自清净的心性，由此本具的佛性就与百千诸佛同参，达到心法两忘的境地。他上堂开示："只个心，心心是佛，十方世界最灵物。释迦老子说梦，三世诸佛说梦，天下老和尚说梦。且问诸人还曾作梦吗？若也作梦，向半夜里道将一句来。"②以梦为喻，来说明本具的佛性不要为心外之幻境所迷惑，不要为文字语言所缚，文字语言只是参学入道的方便因缘，而要直指人心，明心见性。

所以杨岐方会说："心是根，法是尘，两种犹如镜上痕。痕垢尽时光始现，心法两忘性即真。"这里，方会所说的心是根，是指第七识"意根"，"意根"是心法，有普遍计度执着而想要了知的功能，是能引生意识的心，并且是意识生起后必须依止才能运作的心，大乘法称为"末那"；杨岐方会所说法是尘，则是心外之万事万物如尘土转瞬即逝；这二者都如镜子上的痕垢，无常且无自性，痕垢尽时，真实的本性才始现，心法两忘即是佛。由此，得大机者，能洞触一切因缘有为诸法，即心即佛。

马祖道一"平常心即道"即其禅法之大用，得大用者，就是以空无的如如体性，去面对一切境缘，心性与外境一如，入世而又不为世间法所染。大用者也即不用，是体悟自己应缘的用，故大用不要意会有一法可用，而是无有一法可用，无用而有大用，此则为得大用。大用就在寻常之中，日常生活中的一举一动、所见所闻所思无不是大用。

且看，杨岐方会是如何得马祖道一之大用：

上堂。景色乍晴物情舒泰，举步也千身弥勒，动用也随处释迦，文殊普贤总在里，众中有不受人瞒底，便道："云盖和麸栲面，然虽如是，布袋里盛锥子。"

上堂。僧问："如何是祖师西来意？"师云："担头不负书。"师云："心生种种法生，心灭种种法灭。"拈起拄杖，卓一下云："大千世界百杂碎，捧钵盂向香积世界，吃饭去也。"

上堂。举古人一转公案，布施大众，良久云："口只好吃饭。"

---

① 《卍续藏经》第 68 册，《古尊宿语录·杨岐方会和尚语录》。
② 《大正新修大藏经》第 47 册，第 640 页下。

僧云:"是什么心行。"师云:"不得杨岐赞叹。"僧拟议,师云:"且坐吃茶。"

一日,八人新到,师问:"一字阵圆,作家战将,何不出阵与杨岐相见?"僧云:"和尚照顾话头。"师云:"杨岐今日报马拖旗去也。"僧云:"新戒打退堂鼓。"师云:"道!"僧拟议,师云:"谢上座答话。"僧无语,师云:"将头不猛,累及三军。且作吃茶。"①

好一个"吃饭去也""且坐吃茶",似是随口说来,却在平淡之中现其大用。只随顺时节因缘,无所滞着即是,所谓纵横自在。

(二)脚跟下"立处即真"

再看杨岐方会的"脚跟下":

雾锁长空,风生大野,百草树木作狮子吼,演说摩诃大般若,三世诸佛在尔诸人脚跟下转大法轮,若也会得,功不浪施,若也不会,莫道杨岐山势险,前头更有最高峰。

僧问:"欲免心中闹,应须看古教。如何是古教?"师云:"乾坤月明,碧海波澄。"进云:"未审作么生看?"师云:"脚跟下。"

师云:"尔道云盖末后一句作么道?"进云:"七九六十三。"师云:"念言语汉。"师乃云:"春风如刀,春雨如膏,律令正行,万物情动。尔道脚踏实地一句作么生道?出来向东涌西,没处道看,直饶道得,也是梁山颂子。"

复云:"天堂地狱,罩却汝头,释迦老子,在尔脚跟下。"

只要今日了,山河大地有什么过?山河大地目前诸法,总在诸人脚跟下,自是诸人不信。②

杨岐方会对"脚跟下"似情有独钟,常以此为接引之语。从当下做起,从自身做起,立足脚跟下,脚踏实地,一步一个脚印,足见其深得"一切法即佛法"之大机,

---

① 《大正新修大藏经》第47册,第640—643页上、第645页下—648页。
② 同上。

脚跟下"立处即真"之大用。

（三）随缘转境，直了指实

> 师云："渔翁未掷钓，跃鳞冲浪来。"僧便喝。师云："不信道？"僧抚掌归众。师云："消得龙王多少风。"问："师唱谁家曲，宗风嗣阿谁？"师云："有马骑马，无马步行。"

不仅要立定脚跟，还要万法随缘，终而能转其境为大用。方会的"有马骑马，无马步行"言简意赅，随缘转境，直了指实。

> 僧问："如何是杨岐境？"师云："独松岩畔秀，猿向下山啼。"进云："何是境中人？"师云："贫家女子携篮去，牧童横笛望源归。"

以诗情画意语言"独松岩畔秀，猿向下山啼"，展示杨岐悟道后的光明境界。"贫家女子携篮去，牧童横笛望源归"，喻悟道后洒脱自在的生活。

> 岁旦上堂，僧问："旧岁已随残腊去，今日新春事若何？"师云："钵盂里满盛。"进云："与么则三年逢一闰，九月是重阳。"师云："野火烧不尽，春风吹又生。"
>
> 上堂："身心清净，诸境清净；诸境清净，身心清净。还知云盖老人落地处么？"乃云："河里失钱河里摝。"①

"钵盂里满盛"和"河里失钱河里摝"说的都是平常事，不离日常生活，平和随境，接引的是世间之觉，而有"野火烧不尽，春风吹又生"的悟境。

杨岐方会由"慈明婆"事由，而悟得"佛法不离世间"之法，实际上已得马祖道一禅法之大机大用。他曾上堂云："凡圣不存，佛祖何立。"强调众生与佛不二，一切法皆是佛法，众生若不能返归对自心的证悟，不能随其缘起而转其境，自身本来清

---

① 《大正新修大藏经》第47册，第640—643页上、第645页下—648页。

净之心性都不识，沉迷在尘世间名利欲望的幻境中，就不可能见其佛性，此业力深重，就是佛祖也难消其业障。方会兼百丈怀海、黄檗希运之长，得马祖道一禅法之大机大用，但又浑无圭角，宗风如龙。过去事或善或恶，不思量，未来事不计较，现在事在脚跟下，或顺或逆，亦不着意，一切随缘酬酢，其禅法已臻圣境。

二、承临济，融诸家

曹溪六祖慧能宗法历传南岳怀让、马祖道一、百丈怀海、黄檗希运，临济宗祖师义玄师从黄檗希运，得曹溪之宗旨。临济义玄的得法弟子有兴化存奖等22人，后世临济的嗣法弟子多出于兴化存奖之下。兴化存奖传南院慧颙，南院慧颙传风穴延沼，风穴延沼传首山省念，首山省念的弟子中有著名的汾阳善昭，善昭传石霜楚圆。

杨岐方会参师临济一代宗师石霜楚圆，其禅法继承了临济之禅法宗风，也融合了"五家七宗"诸宗的风格，创建了临天下近千年的杨岐派。

义玄禅师开创的临济禅法，最著名的有所谓三个"四"，即"四宾主"、"四料简"与"四照用"。

义玄禅师立"四宾主"为：宾看主，主看宾，主看主，宾看宾。苦口婆心开示众生，如何在各种不同机境之下，"辨魔拣异，知其邪正"，参悟心地寻得一条正路，使众生回光返照，认取自己的本来面目，不为一切外境所挠动障蔽。

义玄禅师智慧善巧地按学人的不同"根器"，灵活地采取不同的接引方法，总结出了著名的"四料简"：有时夺人不夺境，有时夺境不夺人，有时人境俱夺，有时人境俱不夺。"四料简"集中体现了临济禅法在接引开化学人的过程中善巧方便地因材施教、活泼灵动的特色。

义玄禅师别具一格、独立门庭、活泼灵动的禅法，还体现在他将自己禅修的体证，总结为"有时先照后用，有时先用后照，有时照用同时，有时照用不同时"的"四照用"。

义玄禅师一整套接引学人的方法，因人而异，因境而别，兵来将挡，水来土掩，因材施教，灵活机动，如狮子吼，吹大法螺，充分体现了临济宗禅门龙象的蓬勃气势与峻烈风格。临济接引法随缘自在、天机活泼；临济禅法，机锋犀利，犹如金刚宝剑，能直下斩断一切妄想执着之"乱麻"。

（一）承临济机锋犀利

在方会和尚语录中，随处都可感受到临济禅法的气象：

> 师云："洞庭八百里未时阔。"僧问："如何是真如体？"师云："夜叉屈膝眼睛黑。"问"如何是真如用？"师云："金刚杵打铁山摧。"问"如何是透出乾坤句？"师云："棒下最分明。"僧无语，师乃云："透出乾坤句，未语先剖陈。屈躬来更问，棒下取分明。"
>
> 上堂云："有物先天地，无形本寂寥，能为万象主，不逐四时凋。且道是什么物，还识得么？若识得，乾坤大地，森罗洞明。若也不识，被物拶着，转身不得。"
>
> 上堂："一尘才举，大地全收。"
>
> 上堂云："一即一切，一切即一。"拈起拄杖云："吞却山河大地了也，过去诸佛、未来诸佛、天下老和尚，总在拄杖头上。"遂以拄杖划一划云："不消一喝。"
>
> 上堂："坐断乾坤天地暗黑，放过一着雨顺风调。"
>
> 上堂。有僧问："如何是常照？"师云："针锋上须弥。"云："如何是寂照？"师云："眉毛里海水。"云："如何是本来照？"师云："草鞋里踔跳。"师乃云："常照、寂照、本来照，草鞋底下常踔跳。要会锋针上须弥，眉中海水常渺渺。"
>
> 上堂云："古今日月，依旧山河，若明得去，十方薄迦梵，一路涅槃门，若也不明，谤斯经故，获罪如是。"
>
> 僧问："人法俱遣，未是衲僧极则。佛祖双亡，犹是学人疑处，未审和尚如何为人？"上堂云："锋刃上踔跳，微尘里走马，劳劳去复来，个个是知音者。"[①]

锋刃上踔跳，微尘里走马，锋针上须弥，眉中海水常渺渺，均是芥末里耸立须弥山，水滴中装满海洋水，恒河沙粒尽显娑婆世界大千法象，方会禅法就是这样于细微处见真如实象。

[①]《大正新修大藏经》第47册，第640—643页上、第645页下—648页。

如何是透出乾坤句，棒下最分明，过去诸佛、未来诸佛、天下老和尚总在拄杖头上，遂以拄杖划一划云"不消一喝"。杨岐宗风与临济棒喝、风生云起的宗风何其神似，可说是一脉相承。

乾坤大地，森罗洞明，古今日月，依旧山河。若明得去，十方薄迦梵，一路涅盘门，临济宗禅门蓬勃气势与机锋峻烈风格尽显无遗。杨岐方会禅法犹如"临济"机锋犀利，金刚杵打铁山摧，直下摧毁切断一切妄想执着。

（二）接引学人如慧颙之风

杨岐方会验勘学人之机锋则如南院慧颙。

慧颙有这样一则勘验僧人的公案：

> 问僧："名甚么？"曰："普参。"师曰："忽遇矢橛作么生。"僧曰："不审。"师便打。上堂云："诸方只具啐啄同时眼。不具啐啄同时用。"僧便问："如何是啐啄同时用？"师曰："作家不啐啄。啐啄同时失。"曰："此犹未是某甲问处。"师曰："汝问处作么生。"僧曰："失。"师便打，其僧不肯。后于云门会下，闻二僧举此话。一僧曰："当时南院棒折那。"其僧忽契悟，遂奔回省觐，师已圆寂。乃谒风穴，穴一见便问："上座莫是当时问先师啐啄同时话底么？"僧曰"是。"穴曰："汝当时作么生会。"曰："某甲当时如在灯影里行相似。"穴曰："汝会也。"①

南院慧颙说"诸方只具啐啄同时眼，不具啐啄同时用"是故意设疑，以此勘验僧人。僧未悟，慧颙便打，企望僧人豁然醒悟，真可谓用心良苦，实则若得眼明，其用自备。又道作家不啐啄，啐啄同时失，何故不啐啄。所以道，子若哮吼，其母即丧，十方通畅，大用现前理自然，何必起心作模样。

杨岐方会为求开悟得法，竟挡住其师石霜楚圆说："这老汉，今日须与我说，不说打你去。"就已有南院慧颙之风。

主法杨岐、云盖亦见其宗风：

> 龙兴孜老迁化，僧驰书至。师问："世尊入灭椁示双趺，和尚归真有何

---

① 《卍续藏经》第83册，《指月录·六祖下第七世汝州南院慧颙禅师（亦曰宝应）》。

相示？"僧无语。师捶胸云："苍天苍天。"①

慈明迁化僧驰书至，师集众挂真举哀。师至真前提起坐具云："大众会么。"遂指真云："我昔日行脚时。被者老和尚将一百二十斤担子放在我身上。如今且得天下太平。"却顾视大众云："会么？"众无语。师捶胸云："呜呼哀哉，伏惟尚飨。"慈明忌晨设斋，众集。师至真前，以两手捏拳安头上，以坐具划一划，打一圆相便烧香，退身三步作女人拜。首座云："休捏怪。"师云："首座作么生。"首座云："和尚休捏怪。"师云："兔子吃牛奶。"第二座近前，打一圆相便烧香，亦退身三步作女人拜。师近前作听势，第二座拟议，打一掌云："者漆桶也乱做。"②

一日三人新到。师问："三人同行必有一智。"提起坐具云："参头上座，唤者个作什么？"僧云："坐具。"师云："真个那？"僧云："是。"师云："唤作什么？"僧云："坐具。"师顾视左右云："参头却具眼。"又问第二座："欲行千里一步为初，如何是最初一句？"僧云："到和尚者里，争敢出手。"师以手划一划，僧云了。师展两手，僧拟议，师云了。又问第三座上座："近离什么处？"僧云："南源。"师云："杨岐今日被上座勘破。"③

捶胸、两手捏拳安头上，打一掌云："者漆桶也乱做。"展手、划手等这一连串勘验学人的剧烈动作，好似南院慧颙再世，只为打破学人心头迷雾，接引"迷人"开悟。

（三）兼云门涵盖乾坤

杨岐方会禅风又似雾锁长空、涵盖乾坤，颇具云门宗之风范，兼具临济、云门两家宗风，是杨岐派的一大特征：

上堂。秋雨洗秋林，秋林咸翠色，伤嗟傅大士，何处寻弥勒。

上堂。一尘才举大地全收，拈起柱杖云："如今举也。"卓禅床一下云："山河大地塞却诸人眼睛，有不受人谩底。"出众道看，良久云："玉笛横吹

---

① 《大正新修大藏经》第47册，第642页中。
② 同上。
③ 《大正新修大藏经》第47册，第642页下。

动天地，未曾逢着个知音。"

上堂。三春将杪，四海廓清，风恬浪静，是人知有且道，将长就短一句作么生道，良久云："几度黑风翻大海。未曾闻道钓舟倾。"

上堂。拈拄杖卓一下云："大众，达磨纵有真消息，也落诸人第二机。"

上堂。有句无句如藤倚树，文殊维摩撒手归去，云盖与么道，也是看锢路，更有后语，不得错举。

参驾部归寺上堂，释迦老子为先锋，弥勒大士为殿后，众中还有着力者么？出众来与云盖着力看，如无，云盖自逞神通也。

上堂。雪雪处处光辉明皎洁，黄河冻锁绝纤流，赫日光中须迸烈，须迸烈！那咤顶上吃蒺藜，金刚脚下流出血。

上堂。踏着秤锤硬似铁，哑子得梦向谁说，须弥顶上浪滔天，大洋海底遭火爇。①

释迦老子为先锋，弥勒大士为殿后；黄河冻锁绝纤流，赫日光中须迸烈；那咤顶上吃蒺藜，金刚脚下流出血；须弥顶上浪滔天，大洋海底遭火爇。好一派气吞山河、涵盖乾坤之气势，截断众流、喝醒迷梦人之宗风。宋代以来，杨岐派能代替临济宗领航禅林，与杨岐方会承临济、融诸家有很大关系。

三、"四一"法门

杨岐方会接引学人之法门，概括为"一要、一言、一语、一句"，此即"四一"法门：

上堂："杨岐一要，千圣同妙。布施大众，果然失照。"
上堂："杨岐一言，随方就圆。若也拟设，十万八千。"
上堂："杨岐一语，呵佛斥祖。明言人前，不得错举。"
上堂："杨岐一句，急着眼觑。长连床上，拈匙把筯。"②

---

① 《大正新修大藏经》第47册，第640—643页上、第645页下—648页。
② 《大正新修大藏经》第47册，第640页中。

（一）杨岐无旨的，栽田博饭吃

杨岐方会的"四一"法门，其实是无有法门，强为之名，则称为法门。因此，"杨岐一要"亦不可作实解，切不能以为杨岐真有玄要的禅法可传授。

"千圣同妙"这是说众生本具佛性，众生与佛不二，杨岐若真有其名为"一要"的玄旨，那就是引导人们返归对自心的证悟，从而达到一种"凡圣同绝"的境界。诸布施中，法布施最殊胜，要将达到这种殊胜境界的要法向芸芸众生布施。而这种名为"杨岐一要"之法，实则无法可言。如要执着"杨岐一要"之法，为其法所缚去布施大众，则必然失照自缚。

其上堂云："杨岐无旨的，栽田博饭吃。说梦老瞿昙，何处觅踪迹。"[①]祖师说法都犹如说梦话，杨岐怎么会有要旨呢？只不过是一些种田挣口饭吃的僧人。这看似自谦之语，说的就是不要执着"杨岐一要"之法，而要为学人消粘去缚、除幻解迷、破执自证这一禅理。

（二）杨岐一言，随方就圆

禅法本无定则，往往是随境而转，顺手拈来，随机而示。杨岐方会的机语开示中：世间万物、人情物事以及历史掌故，都可作为接引学人的机具；俗语、诗文、谚语、俚语、方言和戏词曲调，皆可为禅语。这是杨岐方会禅法灵活机动、简洁明了和随意朴实的具体体现。

僧问："如何是佛？"方会答："三脚驴子弄蹄行。"[②]一般人就会想，杨岐有三只脚的驴子吗？还是指其他形似的物件呢？这只三脚驴子弄蹄行，怎么就会是佛呢？就会被这一连串的疑问所迷惑，陷入难以自拔，不得其解的地步，这就是"若也拟设，十万八千"的境况。

这样的"杨岐一言，随方就圆"的机缘语言还很多，如杨岐方会上堂契此和尚临终偈："弥勒真弥勒，分身千百亿。时时示时人，时人皆不识。"遂拈起拄杖云："拄杖岂不是弥勒？诸人还见么？拄杖子横也，是弥勒放光动地；拄杖子竖也，是弥勒放光照耀三十三天；拄杖子不横不竖，弥勒向诸人脚跟下，助你诸人说般若。若也知得，去拈鼻孔，向钵盂里，道将一句来。如无，山僧失利。"[③]有人可能会想，拄

---

① 《大正新修大藏经》第47册，第640页下。
② 《大正新修大藏经》第47册，第640页上。
③ 《大正新修大藏经》第47册，《杨岐方会和尚后录》，第648页上中。

杖子只是一截木头，怎么就成了弥勒佛呢？当然也会有人说，弥勒即能分身千百亿，也就能化身为弥勒佛。说法身偏在、佛性同具也未尝不可，但这还不是禅悟的第一机境界。

实际上，杨岐方会的机缘语句中有很多是指东说西、南辕北辙，甚或完全是风马牛不相及，他正是借助这些看似自相矛盾、答非所问的随心所欲的语言，来绝断学人的妄念执着，引导学人进入方会这种随境回转、圆融无碍的境地，从而开悟得法，这正是"杨岐一言，随方就圆"之旨。

"频呼小玉元无事，只要檀郎认得声。"杨岐方会一言，往往不具所说意义，而只是接引学人内证自悟"认得声"，故切不可照世俗逻辑来望文生义，即"若也拟设，十万八千"的本意。

（三）三脚驴子弄蹄行

为了绝断学人妄念执着，接引学人的机缘语句可以触景借意、随心所欲，极端时候甚至"呵佛斥祖"。禅林流传的"丹霞烧木佛"之公案，在《临济录》中也可见"佛是幻化身，祖是老比丘"和"罗汉辟之犹如厕秽，菩萨如系驴橛"等呵佛斥祖之语，这些惊世骇俗之言行，常人难以理解，佛陀师祖岂可任意烧毁呵骂？

在杨岐方会的机缘语录中，虽没见到直接呵佛斥祖之语，不是也把什么是佛，答为"贼是人做"[①]这样看似不恭的比喻吗？只不过，杨岐方会禅风承临济，融诸宗，话语要委婉些，能让常人接受。

杨岐方会开示："如何是佛，三脚驴子弄蹄行。"白云守端颂云："三脚驴子弄蹄行，奉报行人着眼睛，草里见他须丧命，只缘踢踏最分明。"[②] 保宁仁勇云："前步高分后步低，动头摇尾三只蹄，骑闹市，入东西，湖南更有须菩提。"[③]

禅机本不可言说，踢踏分明即菩提！岂有呵佛之意？

其实，"杨岐一语，呵佛斥祖"不过是一种方便施设，目的在于破除学人对凡圣的分别执着，建立"自心是佛"的信念。再说，佛无处不在，而又不可拟议，岂能被呵骂，其实是来骂醒呵责那些妄执迷途之人。

呵佛斥祖之语，只能是师法而非禅法，只是勘验学人接引初机的手段，以产生

---

① 《大正新修大藏经》第47册，第646页下。
② 《卍续藏经》第69册，《白云守端禅师广录》。
③ 《大藏经》第39册，《禅宗颂古联珠通集》卷四十。

振聋发聩般发人深省的效果，警示学人体悟本心、不向外求。

"明言人前，不得错举"，指的是对那些已开悟且凡圣同境之人，就不能错举此法。"夫大善知识，始敢毁佛毁祖，是非天下，排斥三藏教，辱骂诸小儿，向逆顺中觅人。"① 只有悟得真乘大法的禅师，才能不为物缚，洒脱自在用此法，喝醒徘徊在逆顺中的迷途人。总之，"呵佛斥祖"不是究竟，勘验接引学人开悟、成佛做祖才是目的。

（四）长连床上，拈匙把筋

杨岐一句，实是急喝学人：诸佛在心头，迷人向外求，内怀无价宝不识，一生休。言诠不及，时不我待，须要急着眼觑。

宋时禅林都遵百丈怀海立下的清规：除方丈院外，其他僧人一概住禅堂，堂中设长连床，卧必斜枕床唇，谓之带刀睡。杨岐方会要学人急着眼觑的，既不是时行的文字禅，也不是禅林公案，只是"长连床上，拈匙把筋"的日常生活之事。饥来吃饭、困来眠，不风流处也风流，使奇特还原于平常，至味回归于淡泊。将悟境化作拈匙把筋的日用，世法出世法圆融，圣境凡境不二，事事交参无碍。这是杨岐方会深得六祖慧能"担水运柴无非妙道"之法，在了悟的基础上展开现象界的生活，就能即染而离染，处尘而离尘，在长连床上拈匙把筋中体悟生命的真谛，是其"立处即真，者里须会，当处发生，随处解脱"思想的体现。

禅语无定则，不可执着文字语言，要将禅师之言视作"无意味语"，去领会其"言外之意"而明心见性。杨岐方会破除文字言相束缚，于日常生活中体悟内证，急着眼觑得内怀无价宝，"杨岐一句"的独特禅风发挥得洒脱自如。

杨岐方会创立的"四一法门"，究其实，乃是无有法门。在当时已经颇为流行的"玄文玄语解玄机"的虚幻禅风中，不趋时流，别立法门，开创了清新灵活的"四一"禅风。

杨岐方会禅风机动灵活，信手拈来，顺势适时，因人因境，从根本上消除了为法所缚，形成了立足脚下、简洁明了、挥洒自如、杀活自在的杨岐宗风。在当时即得到了很高的评价，慧洪在所编《禅林僧宝传》中赞誉其："杨岐天纵神悟，善入游戏三昧，喜勘验衲子，有古尊宿之风，庆历以来，号称宗师。"② 杨岐方会创建杨岐派，法脉盛延，传承海内外，临天下而弘扬，不愧为开宗祖师。

---

① 《大正新修大藏经》第47册，《镇州临济慧照禅师语录》。
② 《卍续藏经》第79册，《禅林僧宝传·杨岐会禅师》。

第二章　北宋时期的禅宗杨岐派

第一节　杨岐方会的保宁仁勇与法嗣

据明代圆极居顶编《续传灯录》十三卷记载，杨岐方会法嗣一世弟子有12人，其中以白云守端与保宁仁勇最为著名。保宁仁勇法嗣一世后即未见录，其他十位弟子的法嗣也无传录，后世杨岐派法嗣多出自白云守端法系。

一、杨岐方会的法嗣

（一）崇福善灯禅师

禅宗祖庭南华寺的库房联题："杨岐灯盏明千古，宝寿生姜辣万年。"其上联的"杨岐灯盏明千古"，应指杨岐方会爱惜常住之物、公私分明不背因果而使杨岐宗法传千古的史实。据曲江县博物馆吴孝斌、余万勤所撰《南华寺楹联赏释》一文，说非指物，而是指杨岐派的名僧崇福善灯。此说能否成立，要另当别论，但由此可知崇福善灯在禅林中的名望不低，也让人领会杨岐方会法嗣代代相传、千年赓续不绝之深意。

（二）石霜守孙禅师

据《五灯会元》卷十九记载：

南岳下十二世　石霜守孙禅师

潭州石霜守孙禅师。僧问："生也不道，死也不道。为甚么不道？"师曰："一言已出。"曰："从东过西，又作么生？"师曰："驷马难追。"[①]

[①]《卍续藏经》第80册，《五灯会元·石霜守孙禅师》。

生死事大，岂是言语所能表达其道。一言已出，破除言辞意念所缚，直从心底悟透生死。时光荏苒，如白驹过隙，驷马难追，绝断时空妄念，石霜守孙乃得杨岐方会之真乘。

（三）比部孙居士

据《五灯会元》卷十九记载：

南岳下十二世　比部孙居士

比部孙居士，因杨岐会禅师来谒，值视断次，公曰："某为王事所牵，何由免离？"岐指曰："委悉得么？"公曰："望师点破。"岐曰："此是比部弘愿深广，利济群生。"公曰："未审如何？"岐示以偈曰："应现宰官身，广弘悲愿深。为人重指处，棒下血淋淋。"公于此有省。①

比部是宋代刑部三司之一，孙居士任其职，自然明白方会"棒下血淋淋"所指的现实。职之所牵，怎么才能免离这些血腥造孽之事呢？杨岐方会偈示：孙居士本有慈悲为怀、普度众生的深广弘愿，履职时只要现官宰身，行菩萨道，不冤判枉杀，棒下留人，秉法济众，同样是行佛道。比部孙居士由此而悟道，得法于杨岐方会。

（四）岳州君山守巽禅师

据《建中靖国续灯录》卷十四：

岳州君山守巽禅师

问："山高水深即不问，如何是君山境？"师云："山高水深。"僧曰："如何是境中人？"师云："渔翁鼓桌。"僧曰："宗乘事若何？"师云："岳阳楼望洞庭湖。"②

世间万物、山水之境皆处于不断消长变化之中，无常无实性，人到君山境，山高水深与君山境二者又有什么区别呢？双脚踏地，凡圣不二，境中人与宗乘事，岂

---

① 《卍续藏经》第80册，《五灯会元·比部孙居士》。
② 《卍续藏经》第78册，《建中靖国续灯录·岳州君山守巽禅师》。

不同样是渔翁鼓枻、同登岳阳楼望洞庭湖之意境,君山守巽已得杨岐方会之旨。

(五)澧州钦山千明智因禅师

据《建中靖国续灯录》卷十四:

澧州钦山千明智因禅师

问:"如何是道?"师云:"步步踏着。"僧曰:"如何是道中人?"师云:"眼眼相觑。"问:"如何是和尚家风?"师云:"锦绣银香囊。"僧曰:"客来如何祗待?"师云:"硬糊饼,烂馎饦。"僧曰:"佛法事如何?"师云:"人情浓厚、道情微。"①

三脚驴子弄蹄行,只缘踢踏最分明,"步步踏着",道即在脚跟下。急者眼互觑,长连床上同是道中人。客来硬糊饼、烂馎饦祗待,人情与道情,一切皆佛法事。一句"锦绣银香囊",道尽方会和尚"四一法门"之宗风。

(六)岳州幕阜山长庆显琼禅师

据《建中靖国续灯录》卷十四:

岳州幕阜山长庆显琼禅师

问:"如何是佛?"师云:"泥龛塑像。"僧曰:"如何是法?"师云:"黄卷赤轴。"僧曰:"如何是僧?"师云:"更问阿谁。"②

"泥龛塑像"对开悟者只是佛的物化表像,人皆具佛性,顶礼叩拜佛像,亦是驱散心头迷雾而见佛性之举。佛法不二,实则无有法,"黄卷赤轴"所载,借名则为法。本怀佛、法、僧三宝,"更问阿谁",长庆显琼真乃杨岐方会得法弟子。

(七)衡州茶陵县郁山主

据《续传灯录》卷十三:

---

① 《卍续藏经》第78册,《建中靖国续灯录·澧州钦山千明智因禅师》。
② 《卍续藏经》第78册,《建中靖国续灯录·岳州幕阜山长庆显琼禅师》。

衡州茶陵县郁山主

本州人自少落发，惟以应供为事。院居诸禅刹往来之冲，每有化主至，师必供养之。一日因杨岐化主至，师问以禅宗之旨。化主为举，和尚每问衲子，僧问法灯，百尺竿头如何进步？法灯云恶。师从此参究未尝离念。偶一日赴外请，骑蹇驴过溪桥，驴踏桥穿陷足。师坠驴，不觉口中曰恶，忽然契悟。有颂曰："我有神珠一颗，久被尘劳羁锁。今朝尘尽光生，照见青山万朵。"走谒杨岐，杨岐即印可。师乃白云守端落发之师也。

虽为白云守端落发之师，其时并未彻悟得法。杨岐化缘僧人来院，遂参问禅宗之旨，杨岐化主以勘验学人的举杖默语而示，惑而再问法灯，杨岐化主答灯恶，以此绝断其执物之妄念，仍执念未悟。从此终日参究，行住坐卧未离"法灯为何云恶灯"之念。一日骑蹇驴过溪桥，突坠驴而跌，恼怒之下欲恶口大骂，突然触机醒悟。驴踏桥穿陷足，是坠驴而跌之本因，何由恶口责骂？法灯本在心中，为何心外去求，岂非恶灯！以此悟为颂，走偈杨岐方会，杨岐方会印可为其得法弟子。

《续传灯录》所载，法轮惟一禅师、法石行诠禅师、法石皓蟾禅师的机缘语录未见收录。

二、金陵保宁仁勇

据《五灯会元》卷十九：

南岳下十二世　保宁仁勇禅师

金陵保宁仁勇禅师，四明竺氏子。容止渊秀，龀为大僧，通天台教。更衣谒雪窦明觉禅师，觉意其可任大法，诮之曰："夹㦳座主。"师愤悱下山，望雪窦拜曰："我此生行脚参禅，道不过雪窦，誓不归乡。"即往泐潭，逾纪疑情未泮。闻杨岐移云盖，能钤键学者，直造其室，一语未及，顿明心印。岐殁，从同参白云端禅师游，研极玄奥，后出世两住保宁而终。①

---

① 《卍续藏经》第80册，《五灯会元·南岳下十二世　保宁仁勇禅师》。

（一）生平行状

保宁仁勇是杨岐方会嗣下的上足弟子，四明（浙江宁波）人，俗姓竺，生卒年不详。他幼时即受具足戒出家，初修学天台宗而通，后转为参禅，而谒雪窦重显禅师。雪窦重显觉其根机可任大法，故讥讽而试之："你乃应机接机迟钝的座主。"仁勇被激，愤而下山，望山而拜雪窦重显："我此生行脚参禅，道不过雪窦，誓不归乡。"①雪窦重显用机良苦，激励保宁仁勇立志发奋，而终成禅林龙凤。保宁仁勇即往依泐潭而参，几年下来，疑情仍未开解。闻杨岐方会治人如治玉，善于接引僧人开悟，于云盖弘法，遂往云盖往谒。保宁仁勇直造方丈杨岐方会之室，杨岐方会默然不语，师徒禅机相投，一语未及，即会禅旨，顿明心印。

《建中靖国续灯录》《嘉泰普灯录》《五灯会元》等多记载保宁仁勇往云盖山师事杨岐方会，也有史料记载保宁仁勇是在杨岐师从方会。

据《保宁仁勇禅师语录·金陵保宁禅院勇禅师语录序》记载：

> 凤台山老，南方游行时，至杨朱泣岐处，遇一善知识，白雪蒙头，师子踞坐，以金圈栗棘为佛事，布施十方学者，云："铁围山可透，吾金刚圈不可透；大海水可吞，吾栗棘蓬不可吞。若透一圈，即百千万亿圈，透之无疑，一切烦恼，于此解脱；若吞一蓬，则百千万亿蓬，吞之不疑，一切功德，于此成就。"时诸比丘，囷然退席，莫知所措。彼上人者，从容道场，独蒙授记。后十五年，凤台山顶，震大雷音，三草二木，均沾一雨。其徒录其语，请无为子以序之云耳。时皇宋元丰元年清明日，无为子杨杰述。②

凤台山在保宁寺内，保宁仁勇又称凤台山老。杨岐山得名有多种说法，其中一说，战国初期大思想家杨朱游历至此地，因歧路而泣。杨岐方会说法常以栗棘蓬和金刚圈示人，所说善知识亦即杨岐方会。杨杰作序于宋元丰元年（1078），是比《建中靖国续灯录》等都要早的实录，保宁仁勇更有可能是在杨岐师从方会。

杨岐方会寂后，保宁仁勇与白云守端云游四方。

据《白云守端禅师广录·送勇藏主还明》：

---

① 《卍续藏经》第69册，第631页中。
② 《卍续藏经》第69册，第277页中。

> 湘西昔日聊分袂，屈指年光逾十二。炉峰看雪方偶仝，莲峤乘凉期遽遂（辛酉冬会圆通，壬寅夏回五祖）……当时一席三五百，透得金尘能几人。君兮将适江东去，我已退藏不足豫。清风定播好音来，南北东西看独步。①

这是白云守端于嘉祐七年（1062）于五祖寺送保宁仁勇还明州时所写，由此诗可知，保宁仁勇与白云守端是在皇祐二年（1050）分开。在这 12 年间，白云守端于皇祐四年（1052）往庐山，先后住持庐山承天寺、圆通寺，于嘉祐七年（1062）离开庐山，寓居五祖寺。保宁仁勇游方参修，行状不明，还未出世开法，但由此诗可知，白云守端对保宁仁勇评价甚高，认为他是杨岐方会门下"透得金尘"之人，定是独步禅林之龙凤。

依前无为子杨杰《金陵保宁禅院勇禅师语录序》所述"后十五年，凤台山顶，震大雷音，三草二木，均沾一雨"②，保宁仁勇大约在嘉祐八年（1063）出世住持金陵（今南京）保宁禅院。

保宁仁勇开法上堂，为祖师方会拈香供养，以表不忘师恩。说法接机，满堂皆惊服，叹为"作家宗师，出世太晚"。

保宁仁勇于元丰初年曾告老退院，但很快又再度住持保宁禅院，直至终老。保宁仁勇卒年不详，由他嘉祐八年出世开法，有僧叹其"出世太晚"，以及元丰年间（1078—1085）再度住持保宁禅院，前后住持保宁 20 余年，可推其世寿约在 70 岁左右。

据《樵隐悟逸禅师语录》卷二：

保宁塔（在）建康南门铁索寺后

金刚钻子话何堪，价索辽天死未甘。大法乘绳铁索朽，一原秋色锁城南。③

保宁仁勇寂后塔于建康南门铁索寺后。

---

① 《卍续藏经》第 69 册，第 319 页下。
② 《卍续藏经》第 69 册，第 277 页中。
③ 《卍续藏经》第 70 册，第 309 页下。

保宁仁勇两度住持金陵保宁寺，道播丛林。杨岐派兴起于弱势，保宁仁勇和白云守端功不可没，白云守端早逝，保宁仁勇更是挑起初兴重担，为以后杨岐派的崛起奠定了基础。

（二）承杨岐融诸家

保宁仁勇幼时即具至诚的向佛之心，初修天台宗，转参云门宗雪窦重显，继而依泐潭怀澄，终而在方会宗师处顿明心印，其禅法主承杨岐而融诸家。

据《保宁仁勇禅师语录》：

保宁勇禅师示看经警策文

夫看经之法，后学须知：

当净三业，若三业无亏，则百福俱集。三业者，身、口、意业也。

（一）端身正坐，如对圣容，则身业净也。

（二）口无杂言，断诸嬉笑，则口业净也。

（三）意不散乱，屏息万缘，则意业净也。[①]

由此"看经警策文"，可见保宁仁勇兼通天台教义，倡看经知教义，并策励学僧，看经时须先当净身、口、意三业，则百福俱集。这对于不重教义、不倡读经之风，有警示策励之用。

保宁仁勇也注重在接机引学时，兼融佛法教义于其中。

他开示信众：

> 三界六道轮回，业镜难藏好丑，不须更滞他人，尽是自作自受。如今于诸人分上，各自有一面业镜子，明历历地。且道："是好是丑，试请回头自照看。"又外道问世尊："今日当说何法。"尊云："说定法。"次日复问说何法，尊云："说不定法。"道云："昨日为什定，今日为什不定？"尊云："昨日定，今日不定。"诸仁者，是知佛法，无有定相，无不定相，随机施设，一切临时。说有亦得，说无亦得。说定亦得，不定亦得。犹如太

---

① 《卍续藏经》第69册，《保宁仁勇禅师语录》。

空，荡荡无碍，一任穿凿，纵横自在。如今若有人，问保宁，今日当说何法，即云，说不定法。或次日问，说何法，即云，说定法。或问，昨日为什不定，今日为什定。即云，昨日不定今日定。或问，昨日不定事作么生，即云未曾再谢知府在。或问，今日定底作么生，即云，市户已作茶筵了谢毕。①

佛法无有定相，无不定相，犹如太空，荡荡无碍，一任穿凿，纵横自在。禅法亦无有定法，无不定法，应机接物，心随境转，说来道去，只是平常之事。悟此，灵山会上拈花微笑，禅教相通，回头自照，六道解脱。

保宁仁勇又教诫门人云：

> 正法眼藏，亘古亘今，祖祖密传，印印相可。语言路绝，思虑情忘，一切群生，各具斯事。然难信之法，措者还稀，上上之机，方能凑泊。若凑泊得去，便与三世佛祖，有情无情，悉皆同参无他。非前非后，有何生死可出。佛道可成，不假多劫修行，弹指悉皆具足。行住坐卧，任运施为，见闻觉知，随缘应用。睡来合眼，饭来开口，寒即向火，热即取凉。既到者个平实田，匹上不足，匹下有余。若是祖宗门下客，直须向火焰里藏身，微尘里走马，东涌西没，同死同生。②

"行住坐卧，任运施为，见闻觉知，随缘应用。睡来合眼，饭来开口，寒即向火，热即取凉。"机缘说来，尽显杨岐宗风。"直须向火焰里藏身，微尘里走马"，不愧杨岐方会的高足。

其机缘语录，为（参学门人）道胜、圆净录有《保宁仁勇禅师语录》一卷，见《卍新纂续藏经》No.1350《保宁仁勇禅师语录》，收在《禅宗全书》第41册。

法嗣弟子有月掌智渊、寿圣楚文、灵鹫宗映、景福日余、上芳日益等十一人，保宁仁勇法嗣二世弟子未见传录。

---

① 《卍续藏经》第69册，《保宁仁勇禅师语录》。
② 同上。

第二节 白云守端

杨岐方会治人如治玉，亦慧眼识英才，于"庆历六年，移住潭州云盖山，以临济正脉付守端"[①]。白云守端不负师望，在方会法嗣弟子中成就最大，威望最高，后世杨岐法脉皆出自其法系，是承前启后、弘扬光大杨岐派的一代禅师。

一、生平行状

白云守端（1025—1072），宋衡州（衡阳）人。其生平行状主要见载于《禅林僧宝传》卷二十八、《建中靖国续灯录》卷一十四、《联灯会要》卷一十五、《嘉泰普灯录卷四》等资料。

据《建中靖国续灯录》卷十四：

舒州白云山海会寺守端禅师

衡阳周氏子也，生而异相，遂舍出家，笃志参玄，勤询学问。法悟杨岐，名播宗席。语要颂古，诸方盛传。今也虽亡，道风益扇。[②]

又据《禅林僧宝传》卷二十八：

白云端禅师

禅师名守端，生衡州葛氏，或云周氏。幼工翰墨，不喜处俗。依茶陵郁公剃发，年二十余，参颙禅师（或鹏禅师）。颙殁，会公嗣居焉，一见端，奇之，每与语终夕。[③]

现多依《禅林僧宝传》之说，白云守端俗姓葛。《建中靖国续灯录》是宋徽宗建中靖国元年（1101）刊发，也是最早记载白云守端生平的灯录。《禅林僧宝传》最初刊本为宋宣和六年（1124）侯延庆序本，《建中靖国续灯录》早于《禅林僧宝传》刊行，且慧洪觉范亦载"或云周氏"。因此，依《建中靖国续灯录》记载，白云守端俗

---

① 《卍续藏经》第 79 册，第 608 页。
② 《卍续藏经》第 78 册，第 726 页下、第 727 页上。
③ 《卍续藏经》第 79 册，第 548 页中下。

姓周氏似更可取。

据《嘉泰普灯录》卷四：

舒州白云守端禅师

> 熙宁五年迁化。寿四十八。①

白云守端熙宁五年（1072）迁化，寿48。后世诸多书，似是以周岁来推白云守端生年为1024年。实则，古人均以虚岁计算寿年，由此推之，白云守端生年应是宋仁宗天圣三年（1025）。

白云守端初依茶陵郁山主剃度，不久往潭州参云盖志顺。杨岐方会于宋庆历六年（1046）继席云盖，白云守端即师从杨岐方会，并在杨岐方会处开悟得法。

白云守端虽年少，却禅机雄辩、胆气精锐，说法荡除知见、飘逸洒脱，又唾涕名位，深得杨岐方会赞赏器重。杨岐方会将临济正脉交付白云守端，白云守端为杨岐派第二世高僧。

白云守端遵"不许抄录"之师训，杨岐方会振纲提领、应机接诱的机缘语录默而牢记在心里。杨岐方会寂后，白云守端不忘师恩，为使杨岐宗法千秋永传，于宋皇祐二年（1050），将默而记绪的宗师语录，编成《杨岐方会和尚语录》，并亲往湘中礼请名比丘文政为之作序，为杨岐方会做出了"兼得马祖大机大用，师之机辩如巨灵神劈开太华首阳"的中肯评价，杨岐方会之道得以流传天下。

据杨岐派六世法嗣南宋高僧释晓莹撰《罗湖野录》卷下：

> 端和尚，于皇祐四年寓归宗书堂，郭功甫任星子主簿，时相过从，扣以心法。逮端住承天、迁圆通，郭复尉于江州德化，往来尤密。②

皇祐四年（1052），白云守端来到庐山，先住归宗寺。其间与星子县主簿郭功甫禅机相通，扣以心法，交从甚密。同时，隐居归宗书堂，潜心研读经藏，教理禅机大有进益。自述："多见衲子未尝经及远大之计，予恐丛林自此衰薄矣。杨岐先师每

---

① 《卍续藏经》第79册，第316页中。
② 《卍续藏经》第83册，《罗湖野录》卷下。

言：'上下偷安，最为法门大患。'子昔隐居归宗书堂，披阅经史不啻数百过，目其简编弊故极矣。然每开卷，必有新获之意。"①白云守端始终不忘师诲，怀鸿鹄之志，参禅悟道，不敢偷安懈怠，披阅经史不啻数百过目。虽然所阅经书编纂简陋、错讹处很多，但每阅新卷仍获新的旨意。由此可见，白云守端承杨岐宗旨，重视佛教经藏的研学，禅教融汇的禅风，对后世杨岐派的发展有积极的影响。

据《禅林僧宝传》卷二十八：

白云端禅师

庐山圆通讷禅师，见之自以为不及。举住江州承天，名声爆耀。又让圆通以居之，而自处东堂。端时年二十八。自以前辈让善丛林、责己甚重，故敬严临众，以公灭私，于是宗风大振。②

又据宋释晓莹撰《云卧纪谭·白云厨堂记》：

白云端和尚住浔阳能仁，新其堂与厨，略记其实曰："古之称善知识者，盖专以祖法为务，旦夕坐于方丈间，应诸学者之问而决疑焉。若院之事，则有学者分而集之，故善知识之称，得其实而有尊矣。愚嘉祐丙申孟夏，自圆通应命来继兹席。虽不揆其实而至，且患其法堂、厨舍悉皆颓圮，有风雨不堪之忧，何足以容众而继人之后者哉！已而得州人周氏怀义大新其堂，明年，有慕蔺来者，又新其厨。然后风雨不足忧，而徒众得以安焉。周氏素达于吾教，不欲书以自显。愚谓厨资出诸远近之人，不书之，无以嘉其善，乃并以二善刻于厨壁。噫！考于古之称善知识者之义，愚尚有愧焉。己亥九月十七日住持沙门守端述。"石刻既毁，前辈典刑无复见矣。今立根橼片瓦，便彰饰说，邀功归己，欺于后世，安肯自书其愧耶！③

据此，白云守端于宋仁宗嘉祐元年（1056）孟夏，由庐山圆通寺居讷禅师举荐住持庐山承天寺。承天寺寺小破落无闻，白云守端乃得道高僧，只为众生善行，视

---

① 《卍续藏经》第64册，《禅林宝训合注》卷一。
② 《卍续藏经》第79册，第548页。
③ 《卍续藏经》第86册，《云卧纪谭》。

名利为身外之物，欣然来继法席。在周怀义、慕蔺来二位檀越的捐助下，将法堂和厨舍修葺一新，并自撰文记二位檀越善行，不邀功归己，足见其虚怀若谷之胸怀。自此，白云守端在禅林名声爆耀，威望日增。

嘉祐四年（1059）后，圆通讷禅师又请白云守端住持圆通寺，自住东堂。惠洪觉范说白云守端28岁住持圆通寺，由白云守端自述，己亥年秋他还在承天寺，其年已35岁，住持庐山圆通寺的时间最早也在己亥年末，惠洪觉范之说有误。

据《禅林僧宝传》卷二十八：

白云端禅师

> 遂渡江，夏于五祖之闲房。舒州小刹，号法华。住持者如笼中鸟，不忘飞去。舒守闻端高风，欲以观其人，移文请以居之。端欣然杖策来，衲子至无所容。士大夫贤之，迁居白云海会。①

又据《白云端和尚语录·法华颂古一百十首（自题）》：

> 嘉祐七年壬寅夏，寓五祖之西堂，因禅人见问时，悉以吾之大事印之，往往多未然者。愿请益古德因缘，于其间浸润，欲求其然，乃许之。或间为颂之，凡三十余首。八年癸卯秋九月住此山，山深无事，复如其前，共成一百十首。……治平元年甲辰孟夏既望题之于后。②

嘉祐七年（1062），白云守端离开庐山，寓居五祖寺之西堂，嘉祐八年（1063），住持舒州法华寺。

舒州法华寺是一座小寺院，住持者犹如笼中之鸟，都不安心久住此笼，不忘飞出去。舒州太守闻白云守端淡泊名位、操守高洁，欲试之，观其实际为人，移文请白云守端住持法华寺。白云守端为人率真，表里如一，为弘扬杨岐禅法，欣然应请，离开庐山，乘舟渡过长江，策杖而来，使这座原先门可罗雀的小寺院，一时僧众云集，至无所容。白云守端的高僧大德风范，深得士大夫的赞誉和禅林的推崇。

---

① 《卍续藏经》第79册，第548页。
② 《卍续藏经》第69册，《白云守端禅师语录》。

白云守端离开法华寺后,又迁住舒州龙门山乾明禅寺和舒州兴化禅院,士大夫推崇之。

白云守端住持白云山海会寺的时间,没有明确的文献记载,由其自述及卒年推之,应在宋治平(1064—1067)年间。据《云卧纪谈》卷上记载,浮山法远于治平四年(1067)"仲春六日"即四月六日入灭,若此记载无误,则白云守端继席住持白云海会,应在治平四年(1067)。

白云守端自治平四年初至熙宁五年(1072)去世,一直住白云山海会寺,以后再没有离开过白云山海会寺,故世称白云守端。

二、禅法宗风

(一)宗风如铁壁峻拔

白云守端六居法席,宗风颇似其师杨岐方会,虽然不似临济那么峻烈,但其平实的机语,却如铁壁一般峻拔。

> 学僧有惑而问,白云守端随机接引。上堂云:"明明知道,只是这个,为什么透不过。只为见人开口时,便唤作言句。见人闭口时,便唤作良久默然。"又道:"动转施为,开言吐气,尽十方世界内,无不是自己。所以道,在途中隐隐,犹怀旧日嫌。"①

以平实之语,举日常之言行默语、开言吐气为例,点拨学人处处都是道,只是因为执着于"我",仍像以往一样视而不见。

还有学人"我执"之念不断,白云守端则施以临济之喝。上堂云:"大道只在目前,要且目前难睹,欲识大道真体,不离声色言语。"拈起拄杖云:"者个是拄杖子,阿那个是大道真体,将个什么识想,你者一队漆桶。腊月三十日,只认得驴鞍桥,作阿爷下颔。"乃喝云:"去。"

直斥一队漆桶,大道只在目前,要且目前难睹,欲识大道真体,不离声色言语。若还执迷,拈起拄杖,大喝:"去!"

---

① 本节"禅法宗风"守端机语均引自:《卍续藏经》第69册,《白云守端禅师语录》;《卍续藏经》第69册,《白云守端禅师广录》。

厉喝之下，学人的漆桶桶底尚未打破。白云守端上堂云："一法不明，翳汝眼睛。"拈起拄杖云："者个岂不是眼睛，八万四千法门，无一点影子。八万四千法门，门门解脱，作么生翳得伊。只如每日见山见水，分别青黄赤白不是伊又作么生见。"乃卓拄杖一下云："瞎。"

严词斥责迷者如同眼瞎，每日见山见水，分别青黄赤白，岂不知，八万四千法门即如此中解脱，却说八万四千法门无一点影子。

学人若仍为心外眼中之物所迷惑，白云守端则铁壁截流。上堂云："古人留下一言半句，未透时，撞着铁壁相似。忽然一日觑得透后，方知自己自是铁壁。且道如今作么生透？乃云：'铁壁铁壁。'"

就如同撞着铁壁，截断妄流毫无回旋续流之地，铁壁铁壁，不愧白云守端宗风之本色！

禅机接引开示："此事有一人担得起，价直三千大千世界；有一人担不得，不直半文钱；且道三千大千世界即是，不直半文钱即是。"乃云："不见道，知恩方解报恩。"

（二）得方会禅法真乘

杨岐方会将临济正宗交付白云守端，白云守端不负重托，得方会"兼得马祖大机大用"之真乘。

"三乘教外，直指人心，见性成佛。且道今日如许多葛藤，阿那里是直指处。若向长老口里觅，大似贪观天上月，忘却室中灯。若向不言不语处会，直得尽大地，忘锋结舌，只是个无孔铁槌，有什么用处。"白云守端明示"直指人心，见性成佛"是禅宗之大机，而世人却被世俗我见的葛藤所缠，哪里还知道直指之处。若向高僧机语中寻觅，却似贪观天上月，朦胧而遥不可及，把自家的灯都忘了，怎能知道直指之处？若向不言不语处去理会，却不悟大机，忘锋结舌，只是个无孔的铁槌，又有什么用处呢？

故白云守端云："寻牛须访迹，学道访无心。迹在牛还在，无心道易寻。"又拈起拄杖云："迹在者里。牛在什么处？"乃拄杖一下。

以寻牛这样浅显寻常的例子，说明了只有排除心中妄念，才能学道明了禅机，知道直指之处在人心，悟得直指处，如何见性成佛。

白云守端又云："到者里，直须悟始得。你道，既悟了便休，又何必更须遇人底。当垂手方便之时，着着自有出身之路，不瞎却学者眼。若只悟得个干萝卜底，不唯瞎却学者眼，兼自己动便先自犯锋伤手。"

初悟还须回到现实的人世间，去理会禅之大机，去把握禅机之大用。这犹如白云守端云："大众须知：悟了遇人者，向十字街头，与人相逢，却在千峰顶上握手；向千峰顶上相逢，却在十字街头握手。所以山僧尝有颂云：'他人住处我不住，他人行处我不行。'"

在十字街头的喧闹寻常世务中，体悟到千峰顶上的大机境界；而有了千峰顶上的大机境界，又须到十字街头的人世间去磨砺，才是禅宗大机大用之真乘。

所谓磨砺，只要明白，白云守端说来也不艰深。上堂云："释迦老子有四弘誓愿：烦恼无边誓愿断，法门无边誓愿学，众生无边誓愿度，无上菩提誓愿成。法华亦有四弘誓愿：饥来要吃饭，寒到即添衣，困时伸脚睡，热处要风吹。"

饥来吃饭，冷时穿衣，困时睡觉，热时吹风。平常心即道，禅之大机大用，全在日常生活中去体悟和应用。这正如白云守端所说："大象不游于兔径，大悟不拘于小节，是何言欤？承天道，针眼里跃出狞龙，藕丝中开张世界。"

（三）重教融机

白云守端隐居归宗书堂时，潜心研读经藏，重教融机是其禅法独具的特色。他这样阐述读经藏的重要："大通智胜佛，十劫坐道场，佛法不现前，不得成佛道。直饶得现前，也未得成佛道。何谓如此，欲得不招无间业，莫谤如来正法轮。"不研读经藏，不习佛法，就不能成佛道。就是现在参禅悟道，不晓教理，何以能入机处了大用而成佛道。若由此而谤如来正法轮，则招无间之大罪孽。

重教的根本目的，是要将佛教教理融汇于参禅接机之中。白云守端云："一大藏教，用一字不着。到者里，一大藏教，一字用得着。为什么先用不着，又却用得着？且道饶讹在甚处，不见道。"为什么研读经藏，有时候经藏中一字都用不上，有时候每一字又用得着呢？关键是，阅经时是否有所悟，又能将其有所悟之教理，在参禅接机时融汇证悟，就能见道得道。

"一大藏教，只下得个注脚。然后移身换步，应物投机，却能流出一大藏教。所以道，善言言者，言所不能言。善迹迹者，迹所不能迹。要放行也，万卉常春，要把定也。大地无尘，然虽如是，未称衲僧家风。"如此读经藏、习佛法，移身换步，应物投机，乃白云守端之宗风。

白云守端的机缘语录、颂古偈颂多而丰富,生前不准收录,后世众多门下弟子依其所默记,收录入《白云守端禅师语录》二卷、《白云守端禅师广录》四卷传世。

熙宁五年(1072),白云守端禅师于海会寺圆寂,世寿48岁,塔于白云山海会寺前木鱼包。塔座呈六方形,镌刻"白云守端之塔"六个大字,为五祖法演所书。

白云守端先后住持承天寺、海会寺等六禅寺,传法赣皖,名播禅林。座下龙象云集,四方交参,有五祖法演、云盖智本、琅琊永起、保福殊、居士郭正祥等十二嗣法弟子见录[①]。其中以五祖法演的门庭最盛,影响最大,大震杨岐法门,杨岐派开始走向兴盛。

第三节 五祖法演

五祖法演是白云守端门下高足,在白云守端法嗣弟子中,成就最大,影响最广,门庭最盛而龙象辈出。杨岐派在五祖法演的弘扬盛传之下,呈现超越黄龙派之势,在被誉为"丛林三杰"的弟子"三佛"时期,更是取代已趋衰寂的黄龙派,达到杨岐派的鼎盛时代。五祖法演在其中起了承前启后的作用,可谓厥功至伟。

一、生平行状

五祖法演的生平行状,主要见录于《禅林僧宝传》卷三十、《联灯会要》卷十六、《嘉泰普灯录》卷七、《五灯会元》卷十九和《续补禅林僧宝传》等资料中。

据《续补禅林僧宝传》:

五祖法演禅师

> 禅师讳法演,绵州巴西邓氏,少落发受具。预城都讲席,习百法唯识论,窥其奥,置之曰:"胶柱安能鼓瑟乎?"即行游万所,至无足当其意者,抵浮山谒远录公。公久之无所发明,远曰:"吾老矣,白云端炉鞴不可失也。"演唯诺,径造白云端曰:"川蓦蓦苴汝来耶。"演拜而就列。……

---

① 吴立民主编《禅宗宗派源流》,中国社会科学出版社,1998年,附录Ⅰ《中国禅宗宗派传承图·杨岐系法脉》一、二。

演出世四十余年。晚住太平、移东山。崇宁三年六月二十五日,上堂辞众。时山门有土木之工,演躬自督役,诫曰:汝等好作息,吾不复来矣。归方丈、净发澡浴。旦日吉祥而逝。□维得舍利甚夥。塔于东山之南。盖年八十余。[①]

又据《五灯会元》卷十九:

五祖法演禅师

南岳下十三世白云端禅师法嗣五祖法演禅师,蕲州五祖法演禅师,绵州邓氏子。三十五始弃家,祝发受具。

再据《法演禅师语录》卷上:

况某甲十有余年,海上参寻,见数人尊宿,自为了当。及到浮山会里,直是开口不得。后到白云门下,咬破一个铁酸馅,直得百味具足。[②]

另据《雪堂行和尚拾遗录》:

五祖在受业寺,逐字礼莲经。一夕遇屎字欲唱礼,遽疑。乃白诸老宿曰:"如何屎字亦称为法宝,某礼至此疑不解。"老宿曰:"据汝所问,可以南询,汝正是宗门中根器也。"祖遂南游,初抵兴元府,经时逗留,随房僧赴请,稍违初志。受业师闻之,寄信至祖。祖开缄,只见两行字云:"汝既出得醋瓮,又却淹在酱缸里。"祖读罢,即日登途。往浙西参圆照本,次见浮山远。远异其根器,指见白云端。端示以世尊有密语迦叶不覆藏因缘,久之未契。一日自廊趋上法堂,疑情顿息。未几,令充磨头。[③]

法演禅师,俗姓邓,绵州巴西(今四川绵阳东)人。其祝发(亦称"落发""削

---

① 《卍续藏经》第79册,第554页。
② 《大正新修大藏经》第47册,第469页。
③ 《卍续藏经》第83册,第373页上、中。

发"等）受具年，宋舟峰庵沙门庆老撰《续补禅林僧宝传》中载"少落发受具"，《五灯会元》卷十九《五祖法演禅师》中则记为"三十五始弃家，祝发受具"。法演逝于崇宁三年（1104），世寿80余，又据《续补禅林僧宝传》中所载"演出世四十余年"，其祝发受具年，应为35岁。也由此可推算出，五祖法演的出生年应在1024年或之前。

（一）游方参扣，解惑决疑

五祖法演在家乡四川出家后，在受业寺里，逐字细阅佛经，一日遇屎字欲唱礼，遽疑而未解，问寺中宿僧。宿僧说："据汝所问，说明汝正是宗门中根器，可以南询。"五祖法演遂南游，首先到兴元府（今陕西汉中），逗留多时，与房僧赴请，而稍忘南游访询解惑的初志。受业师得知此情，寄信给五祖法演，信中仅二句："汝既出得醋瓮，又却淹在酱缸里。"五祖法演阅后，幡然醒悟，即刻启程前往成都习唯识宗。

> 不见先师三十五岁方落发，便在成都听习《唯识》《百法》。因闻说菩萨入见道时，智与理冥，境与神会，不分能证所证。外道就难，既不分能证所证，却以何为证？时无能对者，不鸣钟鼓，反披袈裟。后来唐三藏至彼，救此义云："智与理冥、境与神会时，如人饮水，冷暖自知。"遂自思维："冷暖则可可矣，作么生是自知底事？"讲师不能对，乃云："座主要明此理，我却说不到，南方有传佛心宗尊宿却知此事，汝须行脚始得。"先师便行脚京师、两浙，凡是尊宿，便问此事，无不对者，也有说底，也有下语底，只是疑情不破。①

"冷暖自知"是悟者自证境界，实不可言诠，若真正悟入而实有悟境时，则自然"智与理冥，境与神会"，且"能所双忘"是平等性智的表现，凡圣等一，不分高下尊卑贵贱。法演其时尚未到此境界，自然有"不知自知之理"之惑，难明此理下，一时不免有"胶柱安能鼓瑟乎"之感，五祖法演以此惑问本讲师，都未疏解其惑。本讲师由其问，知其根器甚佳，其缘在禅门，遂诱导五祖法演，欲明此理，当往南方丛林，参扣传佛心宗者。

---

① 《卍续藏经》第83册，《古尊宿语录·佛眼清远语录》，第211页中。

五祖法演背着书箱出关，由京师渡淮浙，游方万所，所见尊宿，无不以此语咨决所疑，一直未破此疑。后游访到浙西，洎谒圆照本禅师，古今因缘会尽。唯不理会这个公案："僧问兴化：'四方八面来时如何？'化云：'打中间底。'僧作礼。化云：'我昨日赴个村斋，中途遇一阵卒风暴雨，却向古庙里避得过。'"五祖法演请益圆照本，本禅师云："此是临济下因缘，须是问他家儿孙始得。"①

圆照本禅师是云门宗名僧，宋神宗元丰年间开法瑞光，住持承天名刹，元丰五年（1082）宋神宗诏为慧林第一祖。依此推，五祖法演似在此年间参谒圆照本禅师，推其年纪也有40多岁了。圆照本禅师未作解答，以此公案是临济下因缘，要五祖法演去问临济僧人。

五祖法演遂谒舒州浮山法远圆鉴禅师，请益前话。法远圆鉴禅师号远录公，谒临济名僧汾阳善昭得其印可，乃临济宗非等闲人物，亦善接引学僧。远录公回应法演说："我有个譬喻，说似你。你一似个三家村里卖柴汉子，把个匾担向十字街头，立地问人，中书堂今日商量甚么事？"②远录公以此例点化五祖法演，说他与卖柴人相似，囿于"打中间底"的实则无关话语之中，而不顾要参透的当务之玄机。五祖法演听后似有所悟，默而思之："凭地时大段未在。"③远录公见五祖法演是成大器之才，还须磨砺克厉一番，自己已年老耳聋，恐耽误五祖法演的大事，远录公"遂指教参一小长老，乃白云端也，老僧虽不识他，见他颂临济三顿棒因缘，见得净洁，可往咨决"。五祖法演感恩远录公的指点，作礼辞别远录公。

（二）师从守端，解缚得法

五祖法演听从远录公的指教，来到白云山海会寺拜谒白云守端，自述为葛藤麻花所缠之川人，拜师来求解缚。遂举僧问南泉摩尼珠话，请问。白云守端叱之，法演领悟。献投机偈曰："山前一片闲田地，叉手叮咛问祖翁。几度卖来还自买，为怜松竹引清风。"白云守端特印可，令掌磨房事。④

五祖法演在白云守端呵斥之下猛然醒悟，领悟到应于本心处证悟，不可于心外去求证，否则就似葛藤缠麻花，越缠越结。随以师徒禅机相投为寓意献偈，表明其

---

① 《卍续藏经》第80册，《五灯会元·蕲州五祖法演禅师》。
② 《大正新修大藏经》第47册，第956页中。
③ 同上。
④ 《卍续藏经》第80册，《五灯会元·蕲州五祖法演禅师》。

卖去买来，还是自家田，悟来悟去，还是本心处，唯此才能领略到松竹引清风好风光的开悟心境。白云守端对此非常赞赏，特印可五祖法演为其法嗣，并令其掌管山前磨房之事。

五祖法演开悟只是踏破初关，还未达到心境无碍的彻悟境地，还要触机磨砺一番。

> 未几，云至，语师曰："有数禅客自庐山来，皆有悟入处。教伊说，亦说得有来由。举因缘，问伊亦明得，教伊下语，亦下得。只是未在。"师于是大疑，私自计曰："既悟了，说亦说得，明亦明得，如何却未在？"参究累日，忽然省悟。从前宝惜，一时放下。走见白云，云为手舞足蹈，师亦一笑而已。师后曰："吾因兹出一身白汗，便明得下载清风。"云一日示众曰："古人道，如镜铸像，像成后，镜在甚么处？"众下语不契，举以问师。师近前问讯曰："也不较多。"云笑曰："须是道者始得。"乃命分座，开示方来。①

五祖法演始疑惑不解，私底下想：既然已悟，说也说得，明也已明白，为什么却未在呢？为此日思夜想，参究七日，忽偃息洞然昭彻。白云守端说的"只是未在"，并非说庐山禅客不在这里，而是借此开化法演，日前虽有悟处，但还停留在文字知解的表象上，还未明心见佛性。

五祖法演豁然省悟后，把原先执着的机锋、公案、偈句等"宝"一时放下，心中如云开雾散，吹进一股清新之风。五祖法演以此见告白云守端，白云守端为法演大彻大悟、杨岐派后继有人而高兴得手舞足蹈，五祖法演只是一笑而已，一代宗师的心境已见端倪。镜铸成像，镜在何处？众人惑于表象，自然苦思不得其解。五祖法演答曰"也不较多"，说明其已悟得诸行无常、万物无自性之真旨。白云守端印可曰："须是道者始得。"乃命分座给五祖法演坐上，点化接引学僧。

据《大慧普觉禅师宗门武库》卷一：

> 五祖演和尚，依舒州白云海会端和尚，咨决大事深彻骨髓。端令山前

---

① 《卍续藏经》第80册，《五灯会元·蕲州五祖法演禅师》。

作磨头，演逐年磨下收糠麸钱解典出息，雇人工及开供，外剩钱入常住。每被人于端处斗谍是非云："演逐日磨下饮酒食肉，及养庄客妇女。"一院纷纭。演闻之，故意买肉沽酒，悬于磨院，及买坯粉，与庄客妇女搭画。每有禅和来游磨院，演以手与妇女揶揄语笑，全无忌惮。端一日唤至方丈问其故，演喏喏无他语。端劈面掌之，演颜色不动，遂作礼而去。端咄云："急退却。"演云："俟某算计了，请人交割。"一日，白端曰："某在磨下除沽酒买肉之余，剩钱三百千入常住。"端大惊骇，方知小人嫉妒。时秀圆通为座元，受四面请，即请祖为第一座。①

经几次接机勘验，白云守端知五祖法演堪当重任，要他掌管白云海会寺山前磨房。尽管五祖法演廉洁尽职，由于经手管理磨房钱财的收支，仍招来是非，忌妒诬陷之言不绝于白云守端之耳。五祖法演为教化众人，故以买肉沽酒悬于磨院，与庄客妇女搭画，进而以手与妇女揶揄语笑等不可思议的行为而方便示恶。白云守端唤五祖法演至方丈室问其故，五祖法演喏喏无他语，不作辩解。此时，连白云守端也误以为真，怒而劈面掌其脸。五祖法演心净如水，颜色不改，作礼而退。五祖法演有如此定力，实非一般禅师所能为，五祖法演已得"心净则佛土净"和"入世、出世一而不二"禅宗之真乘。天赐此一代名师，实乃杨岐派之大幸。白云守端晓其真相后，知五祖法演绝非禅林等闲之辈，堪续宗嗣。不久，五祖法演接任前往四面山任住持的圆通法秀的首座之职。

（三）四住名刹，振兴杨岐宗法

熙宁二年（1069），圆通法秀移住庐山栖贤寺，五祖法演继席出世住持四面山双泉寺。熙宁五年（1072），又住持太平山。

据《罗湖野录》卷一：

> 佛眼禅师，元祐三年，为舒州太平持钵，回自沘川，是时二十一岁，而演和尚将迁海会。②

---

① 《大正新修大藏经》第47册，第956页中。
② 《卍续藏经》第83册，第384页上。

据此，五祖法演于元祐三年（1088），离开太平住持白云海会寺。

据《法演禅师语录》卷下：

> 复拈香云："此一炷香，在舒郡二十七年，三处住院，诸人总知。"遂欲烧次，复云："不得也须说破，某十五年行脚，初参迁和尚，得其毛，次于四海参见尊宿，得其皮，又到浮山圆鉴老处得其骨，后在白云端和尚处得其髓，方敢承受与人为师。"①

五祖法演35岁始弃家，四海参询尊宿15年。初参受业师迁和尚，得其毛，访询圆照本禅师等尊宿，得其皮，到浮山谒远和尚，得其骨，在白云端和尚处才得杨岐宗法精髓。五祖法演先后住持四面山、太平山和白云海会寺，在舒州参禅弘法27年。宋元祐六年（1091），再移住蕲州黄梅东山五祖寺，②因较长时期在蕲州五祖寺开堂说法，世称"五祖法演"。

五祖法演在舒、蕲二州，四主舒州四面山、蕲州太平山、白云山和黄梅东山巨刹，弘扬光大临济宗杨岐派，禅林称其"中兴临济法道"，为继五祖弘忍之后中兴祖庭的一代大师。

五祖法演门下弟子龙象云集，有史料可考的有开福道宁、大随元静、天目齐等法嗣弟子25人。其中犹以昭觉克勤佛果、太平慧勤佛鉴与龙门清远佛眼三人最为著名，丛林谓之"三杰"。开福道宁（1053—1113），下传大沩善果等，门庭鼎盛，法脉绵长，成为杨岐派的重要法派，影响较大。

宋崇宁三年（1104），五祖法演逝于黄梅东山五祖寺，塔于五祖寺沙垱。塔高3.5米，为三级石构，塔身呈金瓜瓣棱造型，颇具魏晋古塔风格，为国内宋代墓塔中罕见的珍品。

五祖法演圆寂后，他的门弟子辑录五祖法演一生上堂机语和偈颂，编为四卷，淳熙五年（1178）收入于《古尊宿语要》，后收入于南宋赜藏编《古尊宿语录》四十八卷本中的卷二十至卷二十二。其中卷二十为《演和尚初住四面语录》（参学才良编）、《次住太平语录》（参学清远集）、《次住海会语录》（参学景纯集）；卷二十一为《白

---

① 《大正新修大藏经》第47册，第662页下。
② 黄梅县文化局编：《古塔——法演禅师塔》。

云山海会演和尚语录》；卷二十二为《黄梅东山演和尚语录》（门人惟庆编）。

二、演门宗风白云万里

阅五祖法演机缘语录，无不感受到"白云万里"般广阔清新的禅风迎面扑来，沁人心脾，令人思悟。

> 上堂云："说佛说法拈槌竖拂，白云万里。德山入门便棒，临济入门便喝，白云万里。然后怎么也不得，不怎么也不得，怎么不怎么总不得，也则白云万里。忽有个出来道："长老你怎么道，也则白云万里。"者个说话，唤作矮子看戏，随人上下，三十年后一场好笑。且道笑个什么？笑白云万里。"①

五祖法演常拈槌竖拂来说佛说法，道此是白云万里。德山棒、临济喝，接机禅法名震丛林，亦是白云万里。依此或不依此，总不得其法，无法可说是名说法，也是白云万里。矮子看戏，随人上下，比喻平易生动，参禅亦是如此，笑道演门宗法白云万里。云淡而洁白，如心之晶莹剔透，心外之物只是过眼云烟，没有了执着妄念，就如长空万里，无缚无碍，自由自在。这岂不是彻悟后之心境，这不正是参禅礼佛之真乘。

> 上堂云："青萝夤缘，直上寒松之顶。白云淡宫，出没太虚之中。自十九至二十三日，万余人来此赴会哄哄地。如今只见老汉，独自口吧吧地。若道多人是闹一人是静，直是白云万里，毕竟如何？一人闹浩浩，多人静悄悄，不如归堂吃茶好。"

如同青萝攀升上寒松之顶，万众怀着恭敬之心登上白云山，来听法演说法。法演门下，缁素信众如云，盛况空前。不论是万余人来此赴会热闹哄哄，还是会散一人独自口吧吧，都如白云淡宫，出没太虚之中，直是白云万里之禅风。一人闹浩浩，多人静悄悄，毕竟不如归堂吃茶好，白云万里之禅机本就在寻常生活之中。

---

① 《大正新修大藏经》第47册，第649—669页上。

上堂云:"遍周沙界几曾移步,深山白云是何报土。若是真道人家,日洗钵盂两度。"

出家参禅何处悟道,就在吃、喝、拉、撒、睡的日常生活中,早午饭后洗钵盂两度,这样寻常之事亦是充满禅机。明此理,即悟真道,白云万里深山处即是佛土。

"白云山里白云人,把定封疆无缝罅。无缝罅,知几价,莫有知价底么?"乃云:"一二三四五。"

一二三四五,本来就现成。"世有一物:亦不属凡,亦不属圣;亦不属邪,亦不属正;万事临时,自然号令;抵死要知,换却性命。"白云山里白云人,白云万里处处皆佛性。

有一颂举似大众:"日暖风和花正开,七重山锁白云来。翻思城市繁华处,又出松门步一回。"

步出松门入城市,真空门入建化门。佛法无处不在,禅机无处不有,松门清静如是,闹市喧嚣之处亦是如此,七重山岂能锁住白云万里。

上堂云:"赵州道个柏树子,庐陵随后雪。白米中间有个白莲峰,一口吸尽西江水,太平专使至。"

上堂云:"万里无云点太清,祖天日月自分明。太平不许将军见,却许将军建太平。"

水至清则无鱼,人至察则无徒。若是万里无云点太清,祖天不因云之有无而日月自分明,此是法演"人能弘道、非道弘人"之禅法,是其得六祖慧能"心迷法华转,心悟转法华"心法之精髓。将军已心悟,所以才有"太平不许将军见,却许将军建太平"。

何谓太平专使?丛林都晓赵州从谂禅师的"庭前柏树子"把握眼前,截断妄念,直下人心,契入禅境。庐陵禾山德普禅师的"随后雪",更是生死乃一如,勘破生死,超越生死。得道禅者的眼里，宇宙万物无常无自性，也就无巨微之分，白米中间有个白莲峰，一口也就吸尽西江水，太平专使至。

> 几度白云溪上望，黄梅花向雪中开。不怎么不怎么，嫩柳条金线，且要应时来。不见庞居士问马大师，不与万法为侣者是什么人？马大师云："待汝一口吸尽西江水，即向你道。"大众，一口吸尽西江水，万丈深潭穷到底。掠搭不是赵州桥，明月清风安可比。

几度白云万里溪上望，又是"一口吸尽西江水"，且要万丈深潭穷到底。掠搭不是赵州桥，明月清风安可比。五祖法演宗风不仅平易清新，也是洒脱自如，气势如虹。五祖法演曾说："如果有人能以四大海为砚，以须弥山为笔，向天空中书写'祖师西来意'五个大字，我就会拜他为师。如果写不出，那就是佛法无灵验。"由此可见他的禅法气势之大，内涵之深，非一般可比，五祖法演宗风如是。

三、如何是佛？随机教化

五祖法演接引教化学人，随机答问，因事举扬，不假尖新，自然奇特。以"如何是佛"这个丛林中学僧常提问题，看五祖法演如何随机接引：[①]

> 上堂，僧问："如何是佛？"师云："口是祸门。"乃云："今日上元之节，处处灯光皎洁，不知天意如何，瑞雪翻为苦雪，贫穷变作郓蚕，乌龟冻得成鳖。唯有四海禅流，个个眼中添屑。何故？不说不说。"

口是祸门，原意是祸从口出，若按此解，岂不是问答此问题，都会惹祸。其实，五祖法演这里没有直接回答，只是借用此句迂回而示学人，这个问题不能问，也不能回答，实际上否定了问题的本身。为此，五祖法演还赋诗一首。学人若只从诗句中去找答案，只会苦思难解，越想越迷，不知作何解。其实，此诗本就未正面作答，随境而吟，并无实意。其机全在于解除学人执于文字诗句求解之缚。而在诗句之后，却又直接作答"何故？不说不说"，让人顿生"山重水复疑无路，柳暗花明又一村"

[①] 《大正新修大藏经》第47册，第649页—669页上。

之感，五祖法演接引解答手法之高明，堪称大师。

僧问："如何是佛？"师云："肥从口入。"

同样问题，前者为祸门，这里却是"肥从口入"。正反两答都答非所问，都没正面回答，同样都示机，此问不能问，也不能回答。如果学人陷入从所答的文字语句中去求解，那只会越陷越迷。正反两面都不能自缚得解，那无异于截断了学人文字自缚等妄念之流，转而从本心处去证悟，终而悟得"即心即佛"之真谛。

上堂，僧问："如何是佛？"师云："许多时向什么处去来？"乃云："达磨未来时，冬寒夏热。达磨来后，夜暗昼明。诸人若下得一转平实语，吃盐闻咸，吃醋闻酸。若道不得，迦叶门前底。"

五祖法演又随机变换了答问的方法，将问题巧妙地转向他处，而由此引出达摩来与不来，日夜四季照常循环往复的自然现象，可谓"不废江河万古流"。进而转出平实语，吃盐闻咸、吃醋闻酸，平常心即道，如何是佛就不言自明了。

举："僧问首山：'如何是佛？'首山云：'新妇骑驴阿家牵。'大众，莫问新妇阿家，免烦路上波咤。遇饭即饭，遇茶即茶。同门出入，宿世冤家。"

五祖法演在这里的接引方法又不同，直接提醒学人不要纠缠于"新妇骑驴阿家牵"这类本无实义的答句中，疾呼："大众，莫问新妇阿家，免烦路上波咤。"喝呼之下，惊醒众人，"遇饭即饭，遇茶即茶，同门出入，宿世冤家"。凡圣不二，"凡圣路坦然，各自看谋略"，道在寻常生活之中。

在五祖法演的机缘语录中，"如何是佛"的答问还有很多，再择录几段：

僧问："如何是佛？"师云："独木桥子。"学云："如何趣向？"师云："紧峭草鞋。"乃云："幸然可嘎生，刚地学参问。既然参得了，未免肚里闷。闷即自家闷，困即自家困。祖佛生冤家，好与槌一顿。且道佛祖过在什么处？若人会得，许你具一只眼。"

上堂，僧问："如何是佛？"师云："悉达多太子。"学云："逾城时如何？"师云："自有四天王在。"学云："到雪山时如何？"师云："芦芽穿膝，鹊巢顶上。"学云："争奈未是学人安身处。"师喝云："礼拜了退。"

问："如何是佛？"师云："露胸足。"学云："如何是法？"师云："大赦不放。"学云："如何是僧？"师云："钓鱼船上谢三郎。"乃云："我本无心有所希求，今此宝藏自然而至。世间之宝能变穷为富，此之一宝能转凡成圣。且道如今是凡是圣？太平道总不是。何故？苦瓠连根苦，甜瓜彻蒂甜。"

不论是"独木桥子"，还是直指为"悉达多太子"，甚或是听来不雅的"露胸足"，在五祖法演答问中都是佛。而"三宝"中的法与僧，若从法演的答句中去求解，只会是费思量，而"争奈未是学人安身处"了。五祖法演多变的接引学人方法，最终还是要达到："我本无心有所希求，今此宝藏自然而至，世间之宝能变穷为富，此之一宝能转凡成圣。"而无不显现五祖法演随机问答、解粘去缚、因事而举、机辨无方的平易新奇的禅法。

四、随境而转，解粘去缚

五祖法演禅法最具特色的是"随境而转"为学人解除文字之缚的接机方法。

学云："口是祸门。"师嘘，乃云："秋风飒飒，玉露垂珠。水碧山青，蛩吟蝉噪。"[1]

前者自答"口是祸门"是佛，这里又自嘘之，展现了五祖法演不为文字语句所缚、驾驭文句取舍自如、运机洒脱的高超的接机禅法，不愧为承兴杨岐派的一代大师。

五祖法演还善于通过讲述民俗故事，来点化学人开悟，试举丛林流传甚广的法演给弟子讲述的二则故事来解析领会。

---

[1] 《大正新修大藏经》第47册，第649页—669页上。

上堂云:"山僧昨日入城,见一棚傀儡,不免近前看。或见端严奇特,或见丑陋不堪,动转行坐,青黄赤白。一一见了,仔细看时,元来青布幔里有人。山僧忍俊不禁,乃问长史高姓。他道老和尚看便休,问什么姓。大众,山僧被他一句,直得无言可对,无理可伸。还有人为山僧道得么?昨日那里落节,今日者里拔本。"①

五祖法演举看傀儡戏一事,来点化弟子,傀儡戏如人生,如参禅接引。戏中:有人富足貌端;有人权贵严苛;有人贫苦不堪;有人品行丑陋;有人一生顺畅无忧;有人一生坎坷奇异;有人一生立功特立;动转行坐,青黄赤白,喧嚣多彩世界。可这演示在傀儡戏剧中的人世间,都是虚幻的,剧终即散,梦幻如泡影。到后台一看,才知傀儡(木偶)的演技动作,全靠人在台下的青布幔里拉线操演。五祖法演忍俊不禁,以此告示弟子,人世间的分别差异、喜怒烦恼、富贵贫贱都是虚幻不实的。

揭示木偶由青布幔里的人操演牵动的真相,则表明这一切虚幻假象都是由人心虚构而生发的。五祖法演想问个究竟,却被长史呵斥抢白一句,直得无言可对,无理可伸。五祖法演实际上是以此点化弟子,接引答问,不要总为机缘语句的表义而作究竟,否则只会无言可对、无理可伸。参禅求悟,不能被心外之境,如同傀儡戏的剧情所惑,而要从本心处,如同操演木偶人的心思处去求证开悟。五祖法演以看木偶戏设公案,颇有趣味,既生动,又启人醒悟,游戏人生,接引问答何尝不是如此,其旨意就是要僧众体悟自性。

五祖和尚一日云:"我这里禅似个什么,如人家会作贼。"有一儿子一日云:"我爷老后,我却如何养家,须学个事业始得,遂白其爷。"爷云:"好得。"一夜引至巨室,穿窬入宅,开柜乃教儿子入其中取衣帛。儿才入柜,爷便闭却复锁了。故于厅上扣打,令其家惊觉,乃先寻穿窬而去。其家人即时起来,点火烛之,知有贼,但已去了其贼。儿在柜中私自语曰:"我爷何故如此。"正闷闷中,却得一计作鼠咬声。其家遣使婢点灯开柜,柜才开,贼儿耸身吹灭灯、推倒婢走出。其家人赶至中路,贼儿忽见一井,乃推巨石投井中,其人却于井中觅贼。儿直走归家问爷,爷云:"尔休说,

---

① 《大正新修大藏经》第47册,《法演禅师语录》,第653页中。

尔怎生得出？"儿具说上件意，爷云："尔么尽做得。"①

把自己的禅机接引比喻为教人作贼，始闻诧异，听而侧耳，思而恍然大悟。仔细推敲：学僧欲求开悟解脱，请师授法，这就如同儿给爷说，要学个事业来养家；爷带儿至一巨室，穿窬入宅，开柜乃教儿子入其中取衣帛，如同师示机接引；爷闭柜复锁，故意扣响，令其家惊觉来抓，至儿于绝境，恰似师棒呵斥责截断众流，毫无回旋之地；儿在危难之时，急而生智，情急之下连出作鼠咬声、推巨石投井等求脱逃之奇招，此情景就好像师徒接机之间，弟子被师铁壁截断来路，必自求绝处寻生，若能冲破此碍，自会峰回路转、幡然醒悟而得法。五祖法演所说故事诙谐生动，令人忍俊不禁，其寓意隽深，回味无穷。可谓"师傅引进门，修行靠自己"，其禅意就是提示弟子，师之接引如同引路，要开悟得法，全靠自己"不惜性命"去自证自悟。

五祖法演还经常自举公案让弟子参悟，如《无门关》佛祖机缘第三十八则"牛过窗棂"：

五祖曰："比如水牯牛过窗棂，头脚四蹄都过了，因甚么，尾巴过不得？"

无门曰："若向者里，颠倒着一只眼，下得一转语，可以上报四恩、下资三有。其实未然，更须照顾尾巴始得。"②

这是五祖法演传于禅林的一则难参透的公案，即使《无门关》编著者名僧慧开作了注评，也仍然疑云密布、众说纷揉。这则公案之所以难参透，在于通常只会从常人的识见及文字上去解析，那就无论如何都参不明白。

参此公案，首先是要领会慧开"颠倒着一只眼"的评语，即要逆人世间的常识颠倒去看世界，才下得一转语。滴水含海洋，粒沙藏世界，瞬间游宇宙，握手隔天涯，这些都是伟大的佛陀传扬的难信世间法所揭示的本相。可娑婆世界的刚强众生，被大千世界的似实本幻的现象所迷惑，难信这"真空妙有"的不二佛法，也就难以理解

---

① 《大正新修大藏经》第47册，《法演禅师语录》，第656页上、中。
② 《大正新修大藏经》第48册，第297页下。

"牛过窗棂"之说,更解释不了"头脚四蹄都过了,因甚么,尾巴过不得"了。

禅宗倡导"放下",就是要放下这心外一切虚幻的表象,直指本具佛性之心,自证自悟。若悟,似乎"可以上报四恩、下资三有了",其实未然,这就更要把握住慧开"更须照顾尾巴始得"参此公案之紧要评语了。悟前讲功夫,悟后论见地。这见地就是:不仅要一切放下,而且要放下"放下一切的念头",连放下的念头都没有了,方有"色不异空,空不异色,色即是空,空即是色,受想行识亦复如是"之见地了,则无限大小的时空都无缚无碍了,何况牯牛尾巴乎?

五、教化弟子,龙象辈出

五祖法演在接引开化弟子时,还注重对弟子的教化,这是五祖法演有别于其他禅师的禅教特色。

据净善撰《禅林宝训》:

> 五祖演和尚曰:"今时丛林学道之士,声名不扬,匪为人之所信者,盖为梵行不清白,为人不谛当。辄或苟求名闻利养,乃广炫其华饰,遂被识者所讥,故蔽其要妙。虽有道德如佛祖,闻见疑而不信矣。尔辈他日若有把茅盖头,当以此而自勉。①"
>
> 演祖曰:"衲子守心城,奉戒律。日夜思之,朝夕行之,行无越思,思无越行,有其始而成其终,犹耕者之有畔,其过鲜矣。"②
>
> 演祖曰:"所谓丛林者,陶铸圣凡养育才器之地,教化之所从出。虽群居类聚,率而齐之,各有师承。今诸方不务守先圣法度,好恶偏情,多以己是革物,使后辈当何取法。③"
>
> 演祖见衲子有节义而可立者,室中峻拒不假辞色。察其偏邪诏佞,所为猥屑不可教者,愈加爱重。人皆莫测,乌乎!盖祖之取舍必有道矣。④
>
> 演祖曰:"古人乐闻己过、喜于为善,长于包荒、厚于隐恶,谦以交

---

① 《大正新修大藏经》第48册,《二事坦然集》,第1018页下。
② 同上。
③ 同上。
④ 《大正新修大藏经》第48册,《耿龙学跋法语》,第1019页上。

友、勤以济众。不以得丧二其心，所以光明硕大照映今昔矣。①"

五祖法演教导弟子，见性成佛重在入世，而入尘世间，要见性成佛，就必须先要正己做人。若己不正，梵行不清，为人不谛当，声名不扬，岂能让民众信佛。如只为求己名利和信众豪奢供养，乃广炫其华饰，而蔽佛法之要妙，就是道德如佛祖者，闻见也会疑而不信了。

五祖法演教诫僧人要守住清净之心，遵奉戒律，日夜思之，朝夕行之，行无越思，思无越行。这样始终如一，就会很少犯错了。

五祖法演还直指当今丛林之乱象，诸方不务守先圣法度，好恶偏情，多以己是革物，使后辈当何取法，实则是以此警示弟子，不蹈此辙，抵制丛林乱象。

五祖法演教化僧人，亦不循常法。有节义可教能立者，往往峻拒不假辞色，严加磨砺。偏邪谄佞不可教者，反而温情和语相待。人皆莫测其教法，岂知这正是法演辨才施教的过人之处，可以说是教化之大道。

五祖法演倡导效法古人，乐闻己过、与人为善，长于包荒、厚于隐恶，谦以交友、勤以济众，不以得丧二其心。唯此光明正大之品行，方能照耀千古。

五祖法演对其门下高足"三佛"佛果克勤、佛鉴慧勤和佛眼清远，更是诲而不倦，教化有加。

> 演祖与佛果克勤圆悟书曰："利生传道，务在得人，而知人之难，圣哲所病。听其言而未保其行，求其行而恐遗其才。自非素与交游备详本末，探其志行、观其器能，然后守道藏用者，可得而知。沽名饰貌者，不容其伪，纵其潜密，亦见渊源。夫观探详听之理，固非一朝一夕之所能。所以南岳让见大鉴之后，犹执事十五秋。马祖见让之时，亦相从十余载。是知先圣授受之际，固非浅薄所敢传持。如一器水传于一器，始堪克绍洪规。如当家种草，此其观探详听之理明验也。岂容巧言令色、便僻谄媚而充选者哉。"②

---

① 《大正新修大正藏经》第48册，《答灵源书》，第1019页中。
② 《大正新修大正藏经》第48册，第1018页下—1019页上。

佛果圆悟克勤是"三佛"中翘楚，五祖法演在与圆悟克勤书可说是语重心长。告其利生传道务在得人，而知人之难就是圣贤先哲也会看错人，这就要听其言而观其行、探其志而察其能。且察人识才，绝非一朝一夕所能，特别要注意甄别巧言令色、便僻谄媚之徒，这样选出的人才堪当继承大法。圆悟克勤遵师之教诲，其门下子孙枝繁叶茂、名僧辈出。

同为五祖法演高足的佛眼清远注重真参实悟，五祖法演在与佛眼清远书中则着重强调慧（惠与慧古义同）与德二者兼行、废一不可。

> 五祖法演曰："住持大柄在惠与德，二者兼行，废一不可。惠而罔德则人不敬，德而罔惠则人不怀。苟知惠之可怀，加其德以相济，则所敷之惠，适足以安上下、诱四来。苟知德之可敬，加其惠以相资，则所持之德，适足以绍先觉、导愚迷。故善住持者，养德以行惠，宣惠以持德。德而能养则不屈，惠而能行则有恩。由是德与惠相蓄，惠与德互行。如此则德不用修而敬同佛祖，惠不劳费而怀如父母。斯则湖海有志于道者，孰不来归。住持将传道德、兴教化，不明斯要而莫之得也。"①

五祖法演教导佛眼清远，德慧兼具，才能适足，继承先觉、引导愚迷。要佛眼清远务必传道德、兴教化，不明其要，也就谈不上真参实悟。

> 佛鉴和尚，初受舒州太平请，礼辞五祖。祖曰："大凡住院，为己戒者有四：第一势不可使尽；第二福不可受尽；第三规矩不可行尽；第四好语不可说尽。何故？好语说尽，人必易之，规矩行尽，人必繁之，福若受尽，缘必孤，势若使尽，祸必至。"鉴再拜服膺而退。②

这是五祖法演教诫另一高足佛鉴慧勤的"四戒"，在丛林流传甚广。其意是物极必反，人世间任何事物都有个"度"，势与福、话与规都不能逾越其"度"，亦即不可使尽、受尽、行尽和说尽，否则福若受尽，缘必孤，势若使尽，祸必至。此"四戒"

---

① 《大正新修大正藏经》第48册，《禅林宝训·与佛眼书》，第1019页中。
② 《大正新修大藏经》第47册，第952页上。

不仅对慧勤,也对其门下弟子都产生了深刻的影响。

五祖法演机辩峻捷,接引随方,教化弟子严格,然后所学之道尊,门下弟子多贤德而超迈者。五祖法演克绍洪规,门下"龙象辈出",法嗣繁衍,齐作"狮子吼",杨岐派也由此源远而流长,领航禅林千年。

第四节　佛果克勤与《碧岩录》

佛果克勤是杨岐派第四世杰出的高僧,其名著《碧岩录》流传至今,在中国禅宗史上具有深远的影响。其生平及禅法思想,主要见录于《僧宝正传续》《嘉泰普灯录》《联灯会要》《五灯会元》《续传灯录》《古尊宿语录》《宗门武库》等众多文献中。

一、生平行状

据《嘉泰普灯录》卷十:

东京天宁佛果克勤禅师

彭之崇宁人,族骆氏,世宗儒。师犀颅月面,骨相不凡,幼日记千言。偶游妙寂寺,见佛书,三复怅然,如获旧物。曰:"子殆过去沙门也。"即去家,依自省祝发。从文照通讲说,又从敏行授《楞严》。俄得病,濒死,叹曰:"诸佛涅盘正路,不在文句中。吾欲以声求色见,宜其无以死也。"遂弃去。至真觉胜禅师之席,胜方创臂出血,指示师曰:"此曹溪一滴也。"师矍然良久,曰:"道固如是乎。"即徒步出蜀。首谒玉泉皓,次依金銮信、大沩喆、黄龙心、东林总,佥指为法器,而晦堂称他日临济一派属子矣。最后见白云,尽其机用,祖皆不诺,且诃曰:"汝欲了生死大事,何以意气得耶。"师不顾,趋出。抵吴中,已而复还。祖迎笑曰:"吾望子久矣。"即命入侍。司会部使有解印还蜀,诣祖作礼,问佛法大意。祖曰:"不见小艳诗云:'频呼小玉元无事,只要檀郎认得声。'"使者惘然。师旁侍,窃聆,忽大悟,立告祖曰:"今日去却膺中物,丧尽目前机。"祖曰:"佛祖大事,非小根劣器所能造诣,吾助汝喜。"师述偈曰:"金鸭香囊锦绣帷,笙歌丛里醉扶归。少年一段风流事,只许佳人独自知。"由此所至,众推为上首。崇宁中,还里省亲,四众迎拜。成都帅翰林郭公知章请开法六祖,更昭觉,再出蜀。次荆南,会无尽居士张公商英以师礼留居碧岩。复徙道林,枢密邓公子常奏赐紫服、师名。政和中,诏住金陵蒋山,学者无地以容,名振京师。来补天宁万寿,上召见,褒宠甚渥。建炎初,又迁金山。适驾幸维扬入对,赐圆悟禅师。改云居,久之,复领昭觉。……绍兴五年八月己酉,示微恙,趺坐书偈遗众,投笔而逝。茶毗,舌齿不坏,设利五色无数,塔于昭觉之侧。寿七十有三,腊五十有四。六年三月,谥曰真觉,塔曰寂照。①

佛果克勤(1063—1135),俗姓骆,字无着②,四川彭州崇宁(成都郫都区唐昌镇)人,其生平行状可分三阶段叙述。

(一)游方参学,得法"五祖"

佛果克勤生于世代宗儒之家,儿时聪颖,记忆力极好,日阅千字过目不忘。偶游崇宁妙寂院,见佛书如睹旧物似曾读过,三次往返复阅佛书难分难舍,不禁怅然自思,我的前生定是个和尚。于是依妙寂院自省法师,受具足戒出家。游成都,从法师文照通讲说,又从圆明敏行法师习《华严经》《楞严经》《般若经》《圆觉经》等经藏,亦涉习唯识论,颇能洞察经论之玄奥。

一天,佛果克勤得了重病,病重濒死之际,只觉得前路黑茫茫的,不知往何处去。苏醒后,不禁感叹道:"诸佛涅盘正路不在文句中,吾欲以声求色见,宜其无以死也。"佛果克勤从死亡边缘挣扎回来而愈后,深感以往执着于文字知见的做法,是声色中求正解,不是修行佛法的正路。如果沉溺于名相文诠,无异于缘木求鱼,于了觉生死无益,即弃经纶之习,而参禅门大德。

佛果克勤遂到当时名盛禅林的黄龙派真觉胜禅师那里去求法,胜禅师当时正臂创出血,就随境而示机说:"此曹溪一滴法乳。"佛果克勤初谒禅林大德,自是不晓机缘接引,听了不免一愣,久思疑惑难解,佛之道就是这样的吗?

怀着解惑求法之愿,佛果克勤徒步离开蜀地,一路东游参访丛林的名僧大德。他先参谒云门宗名僧当阳玉泉寺承皓禅师和荆州金銮寺信禅师,次参蕲州北乌牙方

---

① 《卍续藏经》第79册,《东京天宁佛果圆悟克勤禅师》。
② 《卍续藏经》第79册,第569页下。

禅师①，又往潭州大沩寺参真如喆禅师。真如喆禅师为石霜楚圆嗣下二世弟子，一日，真如和尚问："如何？"佛果克勤答："起灭不停。"真如和尚曰："可知是博地凡夫，老僧三十年在里许践履，只得个相似。"②佛果克勤见真如喆公，颇有省。

时庆藏主，众推饱参，尤善曹洞下宗旨，佛果克勤从之游，往往尽其要。圆悟克勤曾拜见东林照觉禅师，不久谓庆藏主曰："东林平实而已。"③丛林对庆藏主品行虽有微词，但其颇谙曹洞宗法，佛果克勤从其游，亦窥曹洞宗之旨。而谒世誉为"马祖再来"的江州东林常总照觉禅师后，虽曰平实，也见其颇晓黄龙宗法。这些禅林高僧，都对佛果克勤赞赏有加，认其为堪当大任之法器。

据《大慧普觉禅师普说》卷二：

> 圆悟禅师才出川来，便参真如。当时会中有个庆藏主，曾参承大宗和尚来，先师最亲近之。……先师自此俱入其室，又入得真如门户，真如剧称道之。一日，真如问曰："小勤你今年几岁？"答曰："二十四岁。"真如云："更过二十四年后，做个没量大人。"便授记他。④

据此，佛果克勤24岁时（元祐元年，1086）在潭州大沩寺处，参真如喆公，得其授记。不久，又参谒黄龙晦堂祖心禅师，祖心和尚说："我住院十二年不会，如今方会，脚尖头也踢出个佛。"并对佛果克勤说："他日临济一派属子矣。"⑤祖心和尚亦是慧眼卓见，日后，佛果克勤在其师五祖法演磨砺雕琢下，弘扬杨岐宗法而"临济一派属子矣"。

历经几番习经参禅，机缘所趋，佛果克勤最后慕名去杨岐派五祖法演处求了生死之法。佛果克勤初习通经论，遍参丛林名僧，尽窥黄龙、云门、曹洞、临济之旨，初至五祖法演处，自恃甚高。

> 师恃豪辩，与之争锋，演不怿曰："是可以敌生死乎，他日涅盘堂，孤

---

① 《卍续藏经》第69册，第628页上。
② 《大正新修大藏经》第47册，第949页中。
③ 《卍续藏经》第79册，《僧宝正续传·圆悟勤禅师》。
④ 《大正新修大藏经》第59册，第858页中。
⑤ 《大正新修大藏经》第47册，第949页中。

灯独照时自验看。"以不合辞去。抵苏州定慧，疾病几死。因念畴昔所参俱无验，独老演不吾欺也，会病间即日束包而返。演喜其再来，容为侍者。①

五祖法演洞悉佛果克勤他日堪承弘扬杨岐派之大任，但恃才惑心，必先挫其傲气，才能净其心而得法。五祖法演对佛果克勤要求非常严格，决不徇一丝一毫的人情，凡佛果克勤豪辩机锋，五祖法演都不认同，且诃曰："是可以敌生死乎？"圆悟克勤尚未领会五祖法演的良苦用心，自觉平生所得一句用不着，久之又无契悟，是五祖法演强移换他。佛果克勤遂不顾而趋出，抵苏州。这时，生一场大病，使再临濒死边际的佛果克勤，想起五祖法演"他日涅盘堂，孤灯独照时自验看"的机语，猛然醒悟，往昔所参俱无验，不能了生死大事，只有五祖法演没有欺骗他，从其师才能得其大法。佛果克勤一生参悟得力处，可说就是几场大病，遂做出师从五祖法演求法不弃的决定，病初愈，即束包而返，再拜见五祖法演。五祖法演欣其迷途知返，迎而笑对佛果克勤说："望子返回很久了。"即命佛果克勤为侍者。

佛果克勤的彻悟，亦是缘至触机所致。一日，司会部使有解印还蜀，诣五祖法演而作礼问佛法大意。五祖法演答："不见小艳诗云，'频呼小玉元无事。只要檀郎认得声。'"使者惘然，不知作何答，佛果克勤侍旁听了有所悟。使者走后，佛果克勤问："师父举小艳的诗，他悟道了没有？"五祖法演说："他只认得声。"佛果克勤再问："他既然认得声，为什么不能领悟道呢？"五祖法演却答非所问："什么是祖师西来意？大声问庭前的柏子吗？"佛果克勤听了，又陷沉思中，走到山门外，正好看见一群野鸡，飞离栏杆，振翅而发声。佛果克勤忽然大悟，声本无常生灭法，只认得声，执着于"已认得声"之念，怎么能悟正道呢？立即返回告五祖法演："今日去却膺中物，丧尽目前机。"五祖法演见佛果克勤已彻悟，非常高兴道："佛祖大事，非小根劣器所能造诣，吾助汝喜。"佛果克勤写了一首悟道偈子，呈给五祖法演："金鸭香囊锦绣帏，笙歌丛里醉扶归。少年一段风流事，只许佳人独自知。"五祖法演喜曰："吾宗有汝，自兹高枕矣。"②佛果克勤由此得到五祖法演印可得法，成为五祖法演法嗣高足。

五祖法演迁五祖寺，佛果克勤随往执管寺务。方建东厨，庭中有一嘉树，五祖

---

① 《卍续藏经》第79册，《僧宝正续传·圆悟勤禅师》。
② 《卍续藏经》第80册，第396页上中。

法演告诉圆悟克勤,嘉树纵然有碍,也不可伐。佛果克勤不听,将树砍伐,五祖法演震怒举杖逐打佛果克勤,佛果克勤急走避,忽然猛省此临济用意处,遂不避而接其杖说:"老贼我识得你也。"① 五祖法演听了,大笑而去。

五祖法演见佛果克勤已得其真旨,自此,即命佛果克勤分座说法。"三佛在五祖时,尝于一亭上夜话归方丈。灯已灭,五祖乃于暗中曰:'各人下转语。'佛鉴对曰:'彩凤舞丹霄。'佛眼曰:'铁蛇横古路。'佛果云:'看脚下。'五祖云:'灭吾宗者,乃克勤尔。'"② 只此一答,五祖法演知佛果克勤不仅已尽得其要法,他日定会超越自己,兼融诸宗,将其宗法推陈出新,让杨岐派发扬光大,此乃五祖法演说灭吾宗者之意。

(二) 著《碧岩录》荡涤"禅病"

北宋崇宁(1102—1106)年初,佛果克勤辞别法演,回四川探望老母,寺内诸长老互相说:"道西行矣。"佛果克勤在众僧心目中,道法之高可见一斑。

佛果克勤回到四川成都,四众讶拜,后应成都知府郭知章之请,开法于成都六祖寺,宋徽宗崇宁年间(约1104年前后),六祖寺复名昭觉寺,佛果克勤继而住持成都昭觉寺。

佛果克勤住昭觉寺8年后,于大观三年(1109),再度离开四川。佛果克勤抵荆州,当世名士丞相张无尽慕名礼谒之,佛果克勤与张无尽谈《华严经》要妙,逞辞婉雅,玄旨通贯,张无尽不觉近前席而听。次年,佛果克勤48岁,利州刺史请佛果克勤住持夹山灵泉禅院(现又名夹山寺),继而又住持湘西道林。其间,启蒙太保枢密邓子常的奏请,得赐紫服及佛果禅师之号,史称佛果克勤。

佛果克勤在住持成都昭觉寺、夹山灵泉禅院、湘西道林寺期间,开堂说法时,为方便学僧领悟,对禅林竞相传诵的雪窦重显的《颂古百则》加以垂示、着语、评唱,众弟子记录整理佛果克勤之所讲,编集而成"禅宗第一书"《碧岩录》。这正应了真如和尚的48岁为"没量大人"的预言。《碧岩录》的横空出世,在禅林中产生了深远的影响,是一部在中国禅宗史上占重要地位的传世之作,也由此确立了佛果克勤在杨岐派乃至中国禅宗的重要地位。

---

① 《大正新修大藏经》第49册,第685页下。
② 《卍续藏经》第80册,第393页下。

（三）主法名刹，振兴杨岐

北宋政和年末，佛果克勤奉诏住持金陵蒋山寺，前来参禅听法的缁素信众如潮涌般而趋之，学者无地以容，大振杨岐宗法。北宋宣和六年（1124），佛果克勤又奉敕补天宁万寿寺住持，并被徽宗诏见，"褒宠优渥"。

靖康之乱（1126—1127）年间，佛果克勤避乱南下，又奉敕住持镇江金山天游寺。南宋建炎元年（1127）十一月，宋高宗驾幸扬州，诏佛果克勤入对，佛果克勤道："陛下以孝心理天下，西竺法以一心统万殊，真俗虽异，一心初无间然。"高宗遂赐圆悟禅师法号，史称圆悟克勤。佛果圆悟克勤禅师两次得到朝廷赐封法号，可唯殊胜至荣，名震禅林。

佛果克勤晚年乞云居山归老，朝廷厚赆其行，住持云居真如禅寺二年。建炎三年（1129），佛果克勤复归于蜀，大师王伯绍迎居成都，再度住持昭觉寺。绍兴五年（1135）八月五日，佛果克勤示微恙，将终，侍者持笔求颂，趺坐书曰："已彻无功，不必留颂，聊尔应缘，珍重珍重。"掷笔而化。荼毗，舌齿不坏，舍利五色无数，塔于昭觉寺之侧。寿73，腊54。绍兴六年三月，谥曰真觉禅师，塔曰寂照。

佛果克勤传世之作，有《碧岩录》《佛果击节录》《佛果圆悟真觉禅师心要》等，其言行也被收入《圆悟佛果禅师语录》（共20卷）中。

佛果克勤门下弟子众多，史料见录的法嗣就有80位之多[①]，有大慧宗杲、虎丘绍隆、护国景元、瞎堂慧远等禅门龙象，可谓是龙象云集、欣欣向荣，杨岐派蓬勃兴盛。

二、禅法宗风

佛果克勤受具足戒后，即习经藏，对佛法经论有很深造诣。由于一场重病，使他转求禅法以了生死大事，但在他宏大无碍、博辩纵横的禅法宗风中，处处都可窥其对佛法教理的精深理解，在开堂说法时，也经常结合运用经论说法。

据《圆悟佛果禅师语录》卷二：

> 所以道，显大机大用，得失俱丧，是非杳忘，绝尘绝迹，透声透色，重重无尽，事事圆融。有如华严法界无边香水海，不可说浮幢王刹，尽向

[①] 吴立民主编：《禅宗宗派源流》，中国社会科学出版社，1998年，附录Ⅰ《中国禅宗宗派传承图：杨岐系法脉》一、二。

这里一时开现,即此现成,即此受用。不以眼见,不以耳闻,不以口谈,不以心知。还证得么,若也证得,不必觉城东际见文殊,楼阁门开方参慈氏。敢问大众,且道,即今是什么人境界。举拂子云:"卢舍本身全体现。"

上堂云:"本来是佛,无成不成。正体湛然,离出不出,本分事上直得万里无云,犹未可放过。更说什么诸余,其或随机,且论个出世不出世。所以道,净法界身本无出没,大悲愿力示现受生。且道,释迦老子即今在什么处,只知事逐眼前过,不觉老从头上来,下座。"①

佛果克勤用《华严经》的教理经法来解说禅法,将华严法界无边香水海视为禅者的悟境,将"卢舍那佛"视为人人本具的本妙觉心,华藏海重重无尽交融,禅法亦是处处显露大机大用。世间无处不有真机,解脱不离世间,入世、出世本是一体无二,净法界身本无出没,应境而转,随机悟道。

佛果克勤在开堂说法和接引学者中,引用诠释《华严经》思想创造性地阐述自己的禅法。不明佛理,何以说禅,据此才有"明心见性、见性成佛"的说禅主旨,也就使其对《华严经》的引用解说,具有强烈的禅化特征,其宗风也如华藏海世界般圆融无碍、自由洒脱。

政和间谢事,复出峡南游。时张无尽寓荆南,以道学自居,少见推许。师舣舟谒之,剧谈华严旨要,曰:"华严现量境界,理事全真,初无假法。所以即一而万,了万为一,一复一,万复万,浩然莫穷。心佛众生,一二无差别,卷舒自在,无碍圆融。此虽极则,终是无风币币之波。"公于是不觉促榻。师遂问曰:"到此与祖师西来意,为同为别?"公曰:"同矣。"师曰:"且得没交涉。"公色为之愠。师曰:"不见云门道,山河大地,无丝毫过患,犹是转句。直得不见一色,始是半提。更须知有向上全提时节,彼德山、临济,岂非全提乎?"公乃首肯。翌日复举事法界、理法界、至理事无碍法界。师又问:"此可说禅乎?"公曰:"正好说禅也。"师笑曰:"不然,正是法界量里在。盖法界量未灭,若到事事无碍法界,法界量灭,始好说禅。如何是佛?干屎橛。如何是佛?麻三斤。是故真净偈曰:事事无碍,

---

① 《大正新修大藏经》第47册,第719页中。

如意自在。手把猪头，口诵净戒。趁出淫坊，未还酒债。十字街头，解开布袋。"公曰："美哉之论，岂易得闻乎！"①

佛果克勤虽认为华严境界圆融极致，但终究是"无风匝匝之波"，即有将"理"与"事"划分两截之嫌。此是细中之粗，亡知于知还如，直得忘知于觉，细中之细，觉即佛境。佛果克勤以"且没得交涉"，否定了张无尽的华严境界与祖师西来意相同之见，并指出山河大地等"事法界"只是转境之句，直得不见一色，一切事物皆空性的"理法界"，也终不过是"半提"而已，肯定"德山棒""临济喝"等接机禅法是"向上全提"，当下契入、究竟圆融之法。佛果克勤阐述了"祖师禅"的思想，这可说是开了要参"祖师禅"之先河，到明代中期，汉月法藏更是将此说发扬光大。佛果克勤这一思想与其作《碧岩录》一样在后世颇受争议，岂应五祖法演云"灭吾宗者，乃克勤也。"乎？

当张无尽翌日再举华严的"事法界、理法界、至理事无碍法界"主张，说这正好说禅时，佛果克勤则直言不能够用来说禅，因其仍有一个"量未灭"之世界。只有"事事无碍法界"才究竟无碍、如意自在，但也只能用来说禅，还须防止陷入"文字窠窟"里，否则就无法达到圆融自在的禅悟境界。由此可见，佛果克勤也经常引用《华严经》来说法，使其禅法看似有较浓的华严思想色彩，但其宗旨只是为了方便说禅，启迪学人明佛理而参禅，从本质上来说，是五祖法演禅法的发扬光大。

三、《碧岩录》

《碧岩录》全称《佛果圆悟禅师碧岩录》，又名《碧岩集》。此书面世后，即风靡禅林，在中国禅林中引起了很大反响，对杨岐派乃至中国禅宗的发展都产生了深远的影响，被誉为与《坛经》合璧的"禅门第一书"。

（一）启迪后学，雾海指针

《碧岩录》后序云：

> 雪窦"颂古百则"，丛林学道诠要也，其间取譬经论或儒家文史，以发

---

① 《卍续藏经》第80册，第396页中下。

明此事，非具眼宗匠时为后学击扬剖析，则无以知之。

圆悟老师，在成都时，予与诸人请益其说。师后住夹山道林，复为学徒扣之，凡三提宗纲，语虽不同，其旨一也。门人撮而录之，既二十年矣，师未尝过而问焉。流传四方，或致椎驳，诸方且因其言以其道不能寻绎之，而妄有改作，则此书遂废矣，学者幸谛其传焉。

宣和乙巳春暮上休[①]

此后序由佛果圆悟克勤弟子无觉所写，刊行于北宋宣和七年（1125）。序中所提及的雪窦"颂古百则"，是后世誉为"云门宗中兴祖师"的雪窦重显禅师所作的《百则颂古》。百则颂古大多由流行禅林的1700多则禅宗公案中精选汇集，每则都附加颂古，以阐扬其旨。雪窦重显禅师禅法精深，意境高邈，博学多才，颂古诗句精美，寓意深刻，为禅林所推崇、竞相传颂。颂古百则，是丛林学道之诠要，其间取譬经论或儒家文史，非禅林具法眼宗匠者为后学击扬剖析，则后学无以知其玄要。

佛果圆悟为方便后学，使学人能洞窥《百则颂古》的妙旨，在住持成都昭觉寺、夹山灵泉院、湘西道林期间，前后20年为门人讲解，由众弟子记录为公案评唱编集。此公案评唱集成于夹山灵泉院，夹山是善会禅师在唐懿宗咸通十一年（870）开辟的道场。善会禅师曾赋诗"猿抱子归青嶂里，鸟衔花落碧岩前"，以答僧问"如何是夹山境"。其禅意诗情，极为浓郁，因而传诵一时，夹山也被丛林称为"碧岩"，遂以此意境将评唱集命名为《碧岩录》。

《碧岩录》以《百则颂古》的"本则（公案）"和"颂古"为底本，在每则公案的前面先设"垂示"，对本则公案作提纲挈领的垂示，学人若能领会得，则易把握住理会该则公案之关要。在每则"本则"及"颂古"句下，注"着语"，虽字数不多，却字字千钧，契理切要，助人渐入悟境。在每则"本则"及"颂古"后作"评唱"来击扬剖析，学人若"会得"，终以"评唱"之有言而悟无言之禅机。

《碧岩录》构思独特，颇具匠心，每则分为垂示、本则、本则评唱、颂古、颂古评唱五部分，在本则和颂古中适时加以"着语"，层层推进，解疑去惑，发人深省，开启悟门。由于该书对参禅悟道有较大的启迪作用，尤其深得参禅的士大夫的推崇珍爱，初入禅门的新学视其为"雾海之南针，夜途之北斗"而朝诵暮习。

---

① 《大正新修大藏经》第48册，《佛果圆悟禅师碧岩录》。

(二)敢为人先,文载法传

后序说此书编著,其师佛果克勤未尝过问之,似乎是向世人表明,佛果克勤禅师无意编著成书面世,这其中其实是有难言之隐的。

中国禅宗唯一尊而为经书的《坛经》,是在六祖慧能入寂后,由其弟子记其生前所授编纂而成。杨岐派的历代祖师杨岐方会、白云守端、五祖法演的机缘语录集,也均为其弟子记其生前所说编集而成。《碧岩录》的主要部分的"垂示""着句""评唱"无疑全出自佛果克勤的口授,也是其禅法道学的真实体现。

但前有历代禅门祖师的祖训楷模,佛果克勤有避嫌"超宗越祖"之虑,这是其一。其二,宋代以来,丛林虽"文字禅"风渐盛,但诘责反对之声亦烈。心闻贲和尚即如此评说:"教外别传之道,至简至要,初无他说,前辈行之不疑,守之不易。天禧间,雪窦以辩博之才,美意变弄、求新琢巧。继汾阳为颂古,笼络当世学者,宗风由此一变矣。逮宣政间,佛果克勤又出己意,离之为《碧岩集》。彼时迈古淳全之士,如宁道者死心、灵源、佛鉴诸老,皆莫能回其说。于是新进后生珍重其语,朝诵暮习,谓之至学,莫有悟其非者。痛哉!学者之心术坏矣。"①

《碧岩录》面世之前后,即遭禅林迈古淳全之士的规劝反对,其中有享誉禅林的黄龙死心、黄龙灵源等黄龙派高僧,也有佛果克勤的同门师兄弟开福道宁禅师(丛林称宁道者)和佛鉴慧勤禅师,就是与佛果克勤师兄弟情深的佛眼清远,注重真参实证,也并不认同。其师五祖法演曾说过:"灭吾宗者,乃克勤尔。"其意是佛果克勤他日定会超越自己,让杨岐宗法发扬光大,也含有佛果克勤禅法与其有所不同之评。在这一片质疑反对声中,佛果克勤必然有所顾虑。

即是如此,佛果克勤为什么饰以未尝过问之词,仍让《碧岩录》以"雪窦重显大师颂古圆悟克勤大师评唱"而出呢?这是佛果克勤执"文字禅"为"药"治"禅病"为根本目的,顺应彼时禅宗发展趋势和社会变化所决定的。

达摩初祖西来,"南天竺一乘禅"经慧可、僧璨传至四祖道信,道信禅师在湖北黄梅双峰山住锡,经其弟子弘忍等之延续,高树"东山法门",寰宇流布,四海归宗,禅宗在唐代开始兴盛。这段时期,禅宗的思想大体上是"借教悟宗",即所谓如来禅。六祖慧能提出"直指人心,见性成佛"的主张,在其嗣下五家七宗发扬光大,"以心印心"的祖师禅法成为禅宗的主流思想,禅宗也开始成为中国佛教的主流。

---

① 《大正新修大藏经》第48册,第1036页中。

文以载道，无文之道难于传世。为了弘扬传承禅宗禅法，就必然要借助于文字来传播禅理学说，《坛经》以及禅宗各宗派祖师、高僧的机缘语录集的传世，标志着禅宗从"不立文字"转向"不离文字"，假借以文字名相方便，利益有情。

北宋初以来，以临济宗汾阳善昭、云门宗雪窦重显等禅宗高僧为代表，以"代别""诘问""拈古""颂古"的文字诗偈的方式阐释公案，被称之为"文字禅"应势而发，风靡禅林，颂古之作如汗牛充栋。由于颂古的语言风格诗情韵远、意蕴含蓄，得到了学者、士大夫的喜爱拥戴，纷纷学禅问道。但如心闻和尚所诘："天禧间，雪窦以辩博之才，美意变弄、求新琢巧，继汾阳为颂古，笼络当世学者。"相对汾阳善昭的颂文平和质朴，续后的雪窦重显的颂古则追求华丽奇异，文字含蓄，常蕴言外之旨。佛学修养和历史文学素养较低的学人很难理解领悟，对于文化低的学禅民众，更犹如蚊子咬铁牛一般。迷执于雪窦重显的颂古，使"文字禅"易趋变为"禅病"。

另一方面，轻教贬经，不究佛理，不明禅法，而致禅病。"衲子因禅致病者多。有病在耳目者，以瞠眉努目、侧耳点头为禅。有病在口舌者，以颠言倒语、胡喝乱喝为禅。有病在手足者，以进前退后、指东划西为禅。有病在心腹者，以穷玄究妙、超情离见为禅。据实而论，无非是病。"① 日久生弊，佛法是应病与药，应机设教的。法无定法，只是随缘应化而已，禅门需要推陈革新，应病施药。佛果克勤正是"天降大任于斯人"，顶着禅门名宿的怀疑诘责挺身而出，《碧岩录》应运行世。

佛果克勤敢为天下先，对症禅病，针砭施药，可谓杰出者必具卓识。"教外别传，不立文字"并不是否定经教，不能借助文字，因为经教也是佛性中的妙有。学人可以借语言文字为方便，借教悟宗，因宗明教，明达本心而不执着文字相，而非排斥文字。以指月为喻，教外别传，指非月也，谓"指外别有月"可也，而月正在所指中；谓"指外别无月"亦可也；执指为月，谓"更无月"者，愚也；违其所指，而别求所谓月者，狂也。佛说的经教，祖师的语录、公案的颂古评唱，皆是不得已而为痴迷众生大开方便之门，悉皆无非是标月之指。学人要依指见月，但必须是于指外见月，指非是月故。教外别传之真旨，是令人借指（文字般若）于指外见月。执指为月，则是执着于文字幻相，非教非宗之愚人。禅宗直指人心"以心印心"，世人业深慧浅，每将直指本分之话，认作解义训文之词。

"心之妙不可以语言传，而可以语言见。盖语言者，心之缘、道之标帜也，标帜

---

① 《大正新修大藏经》第48册，《禅林宝训》，第1036页上。

审则心契。"① 慧洪道出了"文字禅"的真谛。颂古评唱必涉经教，宗须教印，如木须从绳则正。这正如：佛祖拈花，迦叶微笑而得心印别传，还须结集三藏传世，而并不另弘别传之法。禅宗乘妙处，夺情不夺法。执着文字，须云不立。若执不立，却是依文解义，妙药反成大病。

禅宗禅法亘古发展传承至今，也离不了文字典籍行世传藏。没有《坛经》传世，世人怎能知行六祖心法；没有五家七宗历代祖师和高僧的机缘语录、《灯录》等禅宗典籍，禅法何以传承至今。佛果克勤心明卓见，初习经藏，因大病因缘，而悟正路不在文句中。洞悉"文字禅"真谛：水载舟行，文载法传；水狂覆舟，执文禅病。《碧岩录》把公案、颂文和经教三者有机结合起来，用"评唱"的形式，把禅法的内涵玄旨，以法眼巨匠之功力击扬剖析，让学人易于理解，使文字禅的发展运用达到了顶峰。

（三）执指之徒，执药为病

《碧岩录》为学人参禅悟道开方便之门，却被一些学人"执指为月"，为文字"葛藤"所缚，终不得出。更有一些投机取巧的学僧，不去真参实悟，当作接机求证的"敲门砖"，败坏了丛林禅风，让公案评唱的"文字禅"蒙上毁禅之名。佛果克勤的高足大慧宗杲禅师，在勘验学僧时发现所答，非其实悟，只是出自《碧岩录》的模仿记忆。大慧宗杲认为长此以往，专尚文字，不求证悟，参禅将变成虚有其表，毅然将《碧岩录》版付之一炬，以救其弊，并禁止在世间流传。

"文字禅"的发生以及《碧岩录》的出现，是禅宗宗法与社会的世俗文化交相互动的结果，对禅宗的普世化具有重要的推进价值。尽管佛果克勤推行《碧岩录》的根本目的，是期望后学从对"颂古"的"评唱"当中悟出"禅机"，而最终"明心见性"。但在其流行过程中出现了"执药为病"的弊端，尤其是新进后学把《碧岩录》当敲门砖而致"禅病"，这显然与佛果克勤禅师的初衷相违背。

对于大慧宗杲的焚书之举，历来褒贬不一。元成宗大德四年（1300），三教老人在其《碧岩录序》中评说："圆悟顾子念孙之心多，故重拈雪窦颂。大慧救焚拯溺之心多，故立毁《碧岩集》。释氏说一大藏教，末后乃谓未曾说一字，岂欺我哉！圆悟之心，释氏之说经心也；大慧之心，释氏讳说经之心也。"② 此评说较为公允得当。

---

① 《卍续藏经》第 63 册，《临济宗旨》。
② 《大正新修大藏经》第 48 册，第 139 页下。

百年之后,《碧岩录》重新面世,广为流传至今,说明了其作为"禅门第一书",在一定的社会历史时期及禅宗本身发展中所体现的存在价值。佛果克勤的《碧岩录》和以后大慧宗杲的"看话禅",推进杨岐派进入新的辉煌时代。

第五节 佛眼清远

佛眼清远的生平及禅法,多见于《僧宝正传续》《五灯会元》《古尊宿语录》《续传灯录》《嘉泰普灯录》等文献中。

一、生平行状

据《五灯会元》卷十九:

舒州龙门清远佛眼禅师

舒州龙门清远佛眼禅师,临邛李氏子。严正寡言,十四圆具,依毗尼,究其说。因读《法华经》,至"是法非思量分别之所能解",持以问讲师,讲师莫能答。师叹曰:"义学名相,非所以了生死大事。"遂卷衣南游,造舒州太平演禅师法席。因丐于庐州,偶雨足趺仆地,烦懑间,闻二人交相恶骂,谏者曰:"你犹自烦恼在。"师于言下有省。及归,凡有所问,演即曰:"我不如你,你自会得好。"或曰:"我不会,我不如你。"师愈疑,遂咨决于元礼首座。礼乃以手引师之耳,绕围炉数匝,且行且语曰:"你自会得好。"师曰:"有冀开发,乃尔相戏耶?"礼曰:"你他后悟去,方知今日曲折耳。"太平将迁海会,师慨然曰:"吾持钵方归,复参随往一荒院,安能究决己事耶?"遂作偈告辞,之蒋山坐夏。邂逅灵源禅师,日益厚善,从容言话间,师曰:"比见都下一尊宿语句,似有缘。"灵源曰:"演公天下第一等宗师,何故舍而事远游?所谓有缘者,盖知解之师与公初心相应耳。"师从所勉,径趋海会,后命典谒。适寒夜孤坐,拨炉见火一豆许,恍然自喜曰:"深深拨,有些子,平生事,只如此。"遽起阅几上传灯录,至破灶堕因缘,忽大悟,作偈曰:"刀刀林鸟啼,被衣终夜坐。拨火悟平生,穷神归破堕。事皎人自迷,曲淡谁能和?念之永不忘,门开少人过。"圆悟因诣其寮,举青林般土话验之。且谓:"古今无人出得,你如何会?"师曰:"也有甚难。"悟曰:"只如他道,铁轮天子寰中旨意作么生?"师曰:"我道帝释宫中放赦书。"悟退语人曰:"且喜远兄便有活人句也。"自是隐居四面大中庵,属天下一新崇宁万寿寺,舒守王公涣之命师开法,次补龙门,道望尤振。后迁和之褒禅。枢密邓公洵武奏赐师号紫衣。①

又据《僧宝正续传》卷三:

龙门远禅师

又曰:"诸方老宿临终必留偈辞世,世可辞耶?且将安之。"宣和二年冬至前一日,饭食讫,整衣跌坐,合掌怡然而逝。春秋五十四,坐四十夏。门人奉灵骨舍利,葬龙门之灵光塔。②

佛眼清远禅师(1067—1120),四川临邛(现四川邛崃市临邛街道)李氏子,为人严明清正、沉稳寡言。14岁即受具足戒出家,依律宗研习其说。因读到《妙法莲华经》中"至是法,非思量分别之所能解"③处,而思:"佛法,为什么不能用识心来分别思量呢?"遂持其疑而问讲师。殊不知:识心意识以分别、执着为义,分别则远离中道;执着,即执着我法、昧于空性。学出世间法,用识心来分别思量则远矣,无由解脱。一切佛法皆不可宣说,讲师自是不能作答。佛眼清远即未明其理,不由叹曰:"对律宗义学的研习,仍不能阐释世间名相的虚幻不可得,岂能了生死大事。"遂卷衣离蜀,南游江淮间。

(一)帝释宫中放赦书

佛眼清远游方江淮间,首参黄龙慧南法嗣真觉胜禅师,不契。闻名而拜谒舒州太平寺五祖法演法席,五祖法演一见深奇之,知佛眼清远可以弘持法忍,壁立不少假,是可深造之法器,遂欣而收之。

佛眼清远的开悟,亦几经曲折才得。一日,佛眼清远去庐州持钵丐斋时,因下

---

① 《卍续藏经》第80册,《龙门清远禅师》。
② 《卍续藏经》第79册,《僧宝正续传》。
③ 《卍续藏经》第83册,《指月录·舒州龙门清远佛眼禅师》。

雨路滑，不慎跌倒，不禁愤从心起。但当他闻二人交相恶骂，谏者曰"你犹自烦恼在"，不觉有省：一切愤懑恼怒都由心生，心净自无，求法开悟，岂非如此？回寺后，佛眼清远凡有所问，五祖法演不作正面回答，总是说："我不如你，你自会得好。"或干脆说："我不会，我不如你。"佛眼清远未揣其师雕琢其器、逼其自证自悟之意，疑惑愈深，遂咨询首座元礼以决疑，元礼乃以手引师之耳，绕围炉数匝，且行且语曰："你自会得好。"且说："你日后得悟，就会知道今日所经曲折耳。"佛眼清远方有所省说："有冀开发，乃尔相戏耶？"

五祖法演将离太平寺住持海会寺，佛眼清远或觉屡问禅于五祖法演未悟，不能了己生死大事，遂以持钵方归为由，作偈告辞五祖法演，自行去蒋山寺。后邂逅黄龙灵源禅师，俩下相契，交谈甚洽。佛眼清远对灵源禅师说："见到他，好比是见到了京都的尊宿高僧，与他似有缘。"言下有依灵源禅师之意。灵源禅师也很欣赏佛眼清远，认为佛眼清远悟性极高，将来必成为振兴禅林的宗师，但他并没有将佛眼清远留在自己的门下，而是对他说："演公天下第一等宗师，何故舍而事远游。所谓有缘者，盖知解之师与公初心相应耳。"① 佛眼清远听后，为之所动，从灵源禅师所勉，径趋海会寺，复依五祖法演。五祖法演知佛眼清远为人沉稳，办事周到细致，后命佛眼清远掌管寺中宾客请见接待之职。

佛眼清远栖迟七年，未曾妄发一语，几经周折，缘起触境忽彻悟。一日，寒夜孤坐，拨炉见火一豆许，恍然自喜曰："深深拨，有些子。平生事，只如此。"遽起阅几上传灯录，阅至破灶堕和尚公案，忽然大悟。作偈曰："刀刀林鸟啼，被衣终夜坐。拨火悟平生，穷神归破堕。事皎人自迷，曲淡谁能和？念之永不忘，门开少人过。"② 破灶堕和尚禅杖击灶神而破堕，破除其自迷妄执"灵性"之相，本为泥瓦合成，破也破，堕也堕，可谓尽物一如，如朗月当空，无所不见。佛果克勤闻之，遂造访清远居室，举青林和尚般土（搬柴）公案勘验其是否彻悟。还强调说："古今无人出得，你如何会？"清远则说："也有甚难。"佛果克勤语出逼人："只如他道，铁轮天子寰中旨意作么生？"面对机辩锋锐名盖天下的师兄，佛眼清远婉转而对曰："我道帝释宫中放赦书。"佛果克勤退而对他人说："且喜远兄便有活人句也。"③ 五祖法演印

---

① 《卍续藏经》第83册，《指月录·舒州龙门清远佛眼禅师》。
② 同上。
③ 同上。

可佛眼清远得法。

(二)并称"三佛",法传东瀛

宋绍圣三年(1096)五祖法演迁五祖寺,弟子"三佛"等随行。不久,佛眼清远辞五祖法演,至庐山归宗寺参谒黄龙僧真净克文。次年,又回五祖寺,任首座分座说法。

佛眼清远几经曲折,终于彻悟,由是洞彻超诣,机辩峻捷,莫敢当锋,僧人争相归依之。佛眼清远却更加沉静默然,自隐才能,不自为得,不使声名彰显,隐居四面山大中庵。逢天下新崇宁万寿寺,方择人以处持,舒州太守王涣之迎请佛眼清远住持开法。不久,太湖县龙门寺法席虚待,遂引荐佛眼清远补之。佛眼清远居龙门寺12年,道风大振,四方学者都师从龙门佛眼清远。由是云集佛眼清远座下,居无所容。佛眼清远应机酬酢,未尝有倦色,示曲折数篇,学者聚而编之为《示禅人心要》。其间,住持太平寺的黄龙灵源禅师,与佛眼清远交从甚洽,经常来龙门寺,见佛眼清远临莅大众周详细密,办事恰到好处,问其要领。佛眼清远说:"用事宁失于宽、勿失于急,宁失于略、勿失于详,当持之于中道,待之以含缓,庶几为临众行事之法也。"① 由此可窥佛眼清远慧德兼备的宗风。

佛眼清远经常三自省察,丛林共高仰之。见近世问话者,不知伸问致疑咨请之意,后生相承,多用祝赞语。或奉承在座官员,或奢华修设檀信,没有些许僧人仪范气节,佛眼清远深恶之,诫曰:"夫问话者,激扬玄极,不在多进语,三两转足矣,贵得生人信,不致流荡取笑俗子。"②

北宋政和(1111—1117)年末,佛眼清远道行闻于朝,有旨移迁和州褒禅山(马鞍山市含山县)。"师风仪秀异,操守严正,性淡泊寡言,笑动有规则,学者瞻形仪而服膺。其为教,疏通广大,剀切禅病中衲子之心。至入室提纲,则绝蹊径,离文字,亦不滞乎空荒漫诞之说。其徒非大有契证,不妄许可。平居以道自任,不从事于务。尝曰:'长老端居丈室,传道而已。与士大夫游,不为利屈,道合则忻然造之。不尔,虽过门,或不得见,君子以是高之。'"③ 左司陈公瓘见佛眼清远法语,叹曰:"诸佛心宗,众生性海,远公涵泳深矣。"佛眼清远由是道望尤振。枢密邓公洵

---

① 《卍续藏经》第64册,《禅林宝训顺硃》。
② 《卍续藏经》第79册,《僧宝正续传·龙门远禅师》。
③ 同上。

武奏赐法号佛眼,世称佛眼清远,与佛果克勤、佛鉴慧勤一起并称"三佛",名震禅林。岁余,以疾辞离褒禅,时佛果圆悟住持蒋山(南京紫金山),佛眼清远往而依之。

北宋宣和二年(1120)冬至前一日,佛眼清远于蒋山,饭食讫,整衣趺坐,合掌怡然而逝,世寿五十四,僧腊四十夏。辞世前曰:"诸方老宿临终必留偈辞世,世可辞耶,且将安之。"门人奉灵骨舍利,葬于龙门寺之灵光塔。

佛眼清远的法嗣,史料见录的就有雪堂道行等21人[1],分布于大江南北。再传弟子蒙庵元聪门下,有日本僧人俊回国开法,杨岐宗法从此传入日本,并成为日本禅宗主流,寻根溯源,佛眼清远禅师可谓居功至高。

《佛眼清远禅师语录》分为上堂、小参、普说、垂示、垂代、心要、偈颂、颂古八类,近七万字,共八卷,收于《古尊宿语录》卷二十七至三十四。《古尊宿语录》是晚唐五代至南宋初期禅宗的一部重要语录汇编,凡四十八卷,收录佛眼清远语录达八卷之多,可见佛眼清远影响之深远。

二、禅法宗风

(一)注重真参实证

佛眼清远注重真参实悟,"不以见闻言辞辩博为事,使人洞真源,履实际"[2]。禅法精深醇粹,非深识博雅之士,则不能窥其缊奥,堪称法演宗门之正传。"观其指示心法,辩如百丈黄檗,作为偈句,词如汾阳雪窦,悟门超极,不愧雪峰玄妙,履践明验,端如南泉赵州,真一代之大宗师也。"[3] 名僧慧洪在《僧宝正续传》中对佛眼清远的评价,可谓精当。

> 佛果克勤云:"今时兄弟,参佛果底,不肯见佛眼,见佛眼底,不肯参佛果。譬如众盲摸象,岂知二老之意耶。殊不知,佛眼便是有规矩底佛果,佛果便是无规矩底佛眼。若是要为人不瞎人眼,却来见佛果。若只见佛眼,涅盘堂禅,自救即得,为人即不得。老南会下得底兄弟,便指教见真点胸

---

[1] 吴立民主编:《禅宗宗派源流》,中国社会科学出版社,1998年。
[2] 《卍续藏经》第68册,《古尊宿语录·佛眼禅师塔铭》。
[3] 《卍续藏经》第79册,《僧宝正续传·龙门远禅师》。

盖手段苦辣为人自别也。"①

佛眼清远在《示禅人心要》中说："近世皆曰：'无不是道。'譬如饭箩边坐说食，终不能饱，为不亲下口也。证者绝能所也，非别有玄理在。寻常日用处，如见色时是证时，闻声时是证时，饮水食粥是证时，一一绝能所。此非久习不假熏炼，盖现成之事，世人不识，名曰流浪。故云：'唯证乃知难可测。'"②

世间万物万事无不是道，只是众人没有去证悟寻常日用处所蕴含之道。这就如同人坐在饭箩边上，只是口说吃饭多么重要，不吃就会饿死，却不亲口吃饭一样，"望饭止饥"，岂有饱之理。佛眼清远用这个浅显明白的比喻，揭示的是深刻的禅理。学人都知，参禅悟道如同布帛菽粟，须臾不可离开，却只沉溺于口头说禅之中，以为非如此深习苦练不能得道。岂不知，道就在身边现成之事中，反而弃本离源，不在日常的见色、闻声、饮食中去真参实证，则离道远矣。

"千说万说，不如亲面一见，纵不说，亦自分明。王子宝刀喻，众盲摸象喻，禅学中隔江招手事，望州亭相见事，迥绝无人处事，深山岩崖处事，此皆亲面而见之，不在说也。"③所以，唯有亲参实证，才能开悟得道。

佛眼清远注重真参实证，不主张"口头说禅"，主张"就已知归"和"履践修行"，还提倡"须是当人自作活计，莫听他人说"，"只要诸人自契"，要"意在自明"④。只要诸人自证自契，佛眼清远这一禅理见解，对杨岐宗风有较深影响。

（二）龙门向道，不觅不骑

佛眼清远在《示禅人心要》中强调：若人以语言名状心，终不得心；不以语言名状心，亦不得心；语言本是心，名状之故不得也；无语言本是心，不名状之故不得也；种种会当，皆不与自心契。⑤

语言本是心，无语言亦本是心，若以本心去名状心，终不得心，这就如："学道之士有二种病，一骑驴觅驴，二骑却驴了不肯下。且如骑却驴了更觅驴，可杀是

---

① 《大正新修大藏经》第47册，第955页中。
② 《卍续藏经》第68册，《古尊宿语录卷·示禅人心要》。
③ 《卍续藏经》第85册，《佛祖纲目·清远禅师住龙门》。
④ 《卍续藏经》第68册，《古尊宿语录·佛眼禅师塔铭》。
⑤ 《卍续藏经》第68册，《古尊宿语录卷·示禅人心要》。

大病,龙门向道不要觅。灵利人,当下识得,除却觅底病,狂心遂息。既识得驴了,骑却不肯下,此一病最难医。龙门向道不要骑,你便是驴,尽大地是个驴,且作么生骑,你若骑,管取病不去。若不骑,十方世界廓落地。此二病一时去,心下无事。"①

身边事,眼前物,无不是道,却如骑驴找驴人,甚或识得驴了,骑却不肯下,以此去求道,岂不谬哉。只有不觅不骑,不作文字之解,不生纸笔之见,彻底斩断语言之"葛藤",才能去粘解缚,心下无事,十方世界宽廓空寂。

(三) 方便有二,法则为一

佛眼清远的禅法,直而不迂,明而不昧。他在《示禅人心要》中如是说:"从上来有二种方便:有真实方便,所谓说无有间;有善巧方便,所谓妙应群机。若从真实方便得入,不假思量,性自神解,永无有退,妙用河沙也。若从善巧方便得入,得坐披衣,向后自看,始得未足,将为究竟。此二种方便,皆一法也,不可须臾有失,学者思之。"②

佛眼清远将历来入道得法归纳为二种方便,即真实方便和善巧方便。真实方便入门,即不要在语言文字上去纠缠思量、在本心外妄作分别,而是要履实践真,直指本心亲证自悟,悟得"真空妙有"不二法门,则永不退转。若从善巧方便入门,则披袈裟坐禅堂,听法参禅,问答接机,但须注意"今时学者,但以古人方便为禅道,不能与古人同参也"。

"譬如有力人负一百二十斤担过独木桥,不倾不侧,何物扶持得如此耶,其精致无杂而已,为道亦尔。近世多以问答为禅家家风,不明古人事,一向逐末不反,可怪可怪。昔人因迷而问,故问处求证入,得一言半句,将为事究明令彻去,不似如今人胡乱问趁口答取笑。"③ 如此向后自看,问处求证入,才始得未足,将为究竟之法门。

方便有二,法则为一。所谓佛语心为宗,无门为法门也。佛眼清远反复叮嘱此不可须臾有失,输诚苦口要学者思之。悟其要旨者,生灭心行,未用超佛越祖得了要超,亦不难也。

---

① 《卍续藏经》第79册,《僧宝正传续·龙门远禅师》。
② 《卍续藏经》第68册,《古尊宿语录·示禅人心要》。
③ 《卍续藏经》第68册,《古尊宿语录》卷三十四。

第六节　佛鉴慧勤

演门"三佛"中，有关佛鉴慧勤的生平及禅法的史料相对要少些，主要见录于《僧宝正续传》《嘉泰普灯录》《五灯会元》《禅林宝训》《宗门武库》。

一、生平行状

据《五灯会元》卷十九：

太平慧勤禅师

舒州太平慧勤佛鉴禅师，本郡汪氏子。卅岁师广教圆深，试所习得度。每以"唯此一事实，余二则非真"，味之有省。乃遍参名宿，往来五祖之门有年。恚祖不为印据，与圆悟相继而去。及悟归五祖，方大彻证，而师忽至。意欲他迈，悟勉令挂搭，且曰："某与兄相别始月余，比旧相见时如何？"师曰："我所疑者，此也。"遂参堂。

一日，闻祖举："僧问赵州：'如何是和尚家风？'州曰：'老僧耳聋，高声问将来。'僧再问，州曰：'你问我家风，我却识你家风了也。'"师即大豁所疑。曰："乞和尚指示极则。"祖曰："森罗及万象，一法之所印。"师展拜，祖令主翰墨。后同圆悟语话次，举"东寺问仰山，镇海明珠因缘"，至无理可伸处，圆悟征曰："既云收得，遽索此珠，又道无言可对，无理可伸。"师不能加答。明日谓悟曰："东寺只索一颗珠，仰山当下倾出一栲栳。"悟深肯之。乃告之曰："老兄更宜亲近老和尚去。"师一日造方丈，未及语，被祖诟骂，而退归寮，闭门打睡，恨祖不已。悟已密知，即往扣门。师曰："谁？"悟曰："我。"师即开门。悟问："你见老和尚如何？"师曰："我本不去，被你赚累我，遭这老汉诟骂。"悟呵呵大笑曰："你记得前日下底语么？"师曰："是甚么语？"悟曰："你又道东寺只索一颗，仰山倾出一栲栳。"师当下释然。悟遂领师同上方丈。祖才见，遽曰："勤兄，且喜大事了毕。"

明年，命师为第一座。会太平灵源赴黄龙，其席既虚，源荐师于舒守孙鼎臣，遂命补处。五祖付法衣，师受而捧以示众曰："昔释迦文佛，以丈六金栏袈裟，披千尺弥勒佛身。佛身不长，袈裟不短。会么？即此样,无他样。"自是法道大播。政和初,诏住东都智海,五年乞归,得旨居蒋山。①

又据《僧宝正续传》卷二:

智海勤禅师

枢密邓公子常,奏赐楮服,佛鉴师名。留智海三年,累表恳辞归山,寻得旨住江宁府蒋山。政和七年十月八日,沐浴更衣,端居丈室,手写别故旧书数幅,停笔而化。灵骨舍利塔于本山。②

佛鉴慧勤禅师,舒州(安庆)怀宁人③,俗姓汪。其出生年,历来史料、灯录未载,查《佛学大词典》记载:政和七年(1117)入寂,世寿59。据此记载,则其生卒年为1059—1117年。

(一)仰山倾出一栲栳

佛鉴慧勤幼年时即师广教圆深,研习经藏以求得度。每阅《法华经》中"唯此一事实,余二则非真"虽有所省,仍觉其旨意隽深,为觅其要,乃遍参名宿。"圆悟和尚尝参北乌崖方禅师,佛鉴和尚尝参东林宣秘度禅师,皆得照觉平实之旨。同到五祖室中,平生所得,一句用不着。久之无契会之缘,皆谓五祖强移换他,出不逊语,忿然而去。"④佛鉴慧勤参东林宣秘度禅师后,与佛果克勤同依五祖法演处,几年过去,一直未得五祖法演印可,不免愤懑不平,遂与时有同感的佛果克勤相继出走。

佛果克勤由于大病因缘返回,重依五祖法演而彻悟。这时,佛鉴慧勤自浙中归祖山来见佛果克勤,踌躇不肯挂搭,意欲去他处丛林以得证悟。佛果克勤力劝佛鉴慧勤,并以两人分别月余后,自己重依五祖法演而彻悟的现身说法,消除了佛鉴慧勤的疑惑,佛鉴慧勤遂挂搭留下参拜五祖法演。

一日,闻五祖法演举僧问赵州从谂和尚家风公案,豁然省悟五祖法演为何不予

---

① 《卍续藏经》第80册,《太平慧勤禅师》。
② 《卍续藏经》第79册,《僧宝正续传·智海勤禅师》。
③ 《卍续藏经》第79册,《嘉泰普灯录》。
④ 《卍续藏经》第69册,第628页上。

印证之奥。悟与不悟，全在自心，证与不证，不在言表。佛鉴慧勤乞请五祖法演对己深加开化，五祖法演曰："森罗及万象，一法之所印。"举示佛鉴慧勤："天地万物，凡所见色，皆是见心。心不自心，因色故有，岂能心取外法。"佛鉴慧勤蓦然便道："祖师西来直指人心见性成佛，于今诸方多是曲指人心说性成佛。"[1]即请五祖法演赐教行跪拜之礼，五祖法演遂令佛鉴慧勤主寺里文笔书状职事。后与佛果克勤话语间，举东寺如会禅师问仰山慧寂禅师之镇海明珠公案，佛鉴慧勤初未能应答，次日答以："仰山已倾出一笆斗明珠。"婉而道出：佛法本无法，无言可说，无理可喻，即心即佛之禅理。深得师兄佛果克勤首肯。

佛果克勤要佛鉴慧勤多亲近法演老和尚，以图禅法精进。佛鉴慧勤接受师兄的建议，去拜谒五祖法演，还未说话，即被五祖法演一番诟骂而退。佛鉴慧勤一时不明就里，回到职室关门而睡，怨恨祖师不已。佛果克勤已经密知五祖法演呵斥佛鉴慧勤，将其逼至绝境而得自证悟之禅意，即扣佛鉴慧勤职室之门而问。佛鉴慧勤先是责怪佛果克勤之议，使他遭受师诟骂之辱。佛果克勤点破他，导引佛鉴慧勤是否还记得前日所答"东寺只索一颗，仰山倾出一栲栳"，佛鉴慧勤顿时释然，恍然彻悟。此时方明法演祖师若说心说性，便是恶口，为雕琢法器，痛加斥骂，磨砺其志，逼其证悟的良苦用心。

佛果克勤见佛鉴慧勤已彻悟，遂带他去方丈室拜见五祖法演。五祖法演一见佛鉴慧勤，马上就说："勤兄，且喜大事了毕。"佛鉴慧勤几经磨砺，终获五祖法演印证开悟得法。

(二) 太平家业在，千古袭杨岐

佛鉴慧勤得法后次年，五祖法演命其为首座的殊尊之位。更早的《嘉泰普灯录》等灯录记载："五祖法演的弟子慧勤学成后，应惟清的要求，五祖法演将他送到太平寺，惟清命为第一座。"[2] 佛鉴慧勤先后任五祖寺、太平寺首座，佛鉴慧勤禅法之精进，显然已得禅林的认可。其后，太平寺住持灵源禅师再迁黄龙山，法席待补。灵源禅师与五祖法演交往甚深，非常敬佩法演禅师，盛赞法演禅师天资殊异，与上古圣哲同列，对其高足"三佛"亦赞赏关爱有加。灵源禅师法嗣下虽有多个高足，但他仍然唯才是举，向舒州太守孙鼎臣举荐佛鉴慧勤，遂命佛鉴慧勤住持这座名刹。

---

[1] 《大正新修大藏经》第47册，第956页下。
[2] 《卍续藏经》第79册，《嘉泰普灯录·舒州太平佛鉴慧勤禅师》。

五祖法演付法衣与佛鉴慧勤，佛鉴慧勤受而捧以示众曰："昔释迦文佛，以丈六金襕袈裟，披千尺弥勒佛身。佛身不长，袈裟不短。会么？即此样，无他样。"佛鉴慧勤礼辞五祖法演，五祖法演曰："大凡住院，为己戒者有四，第一势不可使尽，第二福不可受尽，第三规矩不可行尽，第四好语不可说尽。何故，好语说尽，人必易之，规矩行尽，人必繁之，福若受尽，缘必孤，势若使尽，祸必至。"佛鉴慧勤再拜服膺而退。

佛鉴慧勤没有辜负其师厚望和灵源禅师的荐举，在住持太平寺期间法道大播，朝野盛名。宋徽宗政和年（1111—1117）初奉诏住持京城开封智海禅院，将杨岐宗法传到了京城，佛鉴慧勤是杨岐派进京传法的首位禅师，为杨岐宗法的发扬光大，可谓厥功甚高。枢密邓公子常，奏赐椹服，赐佛鉴法名，世称佛鉴慧勤禅师。佛鉴慧勤禅师住持东都智海寺，五年乞归①。累表恳辞归山，得旨归居江宁府（南京）蒋山寺。

政和七年九月八日，佛鉴慧勤上堂示众曰："祖师心印，状似铁牛之机，去即印住，住即印破，直饶不去不住。亦未是衲僧行履处，且作么生是衲僧行履处，待十月前后，奉为诸人注破。"②寂前示机众僧，禅法无所可住，亦无所去。即于1个月后，政和七年（1117）十月八日，佛鉴慧勤沐浴更衣，端居丈室，手写别故旧书数幅，停笔而化，灵骨舍利塔于本山。

佛鉴慧勤接引学人很严格，颇有黄龙慧南"三关"之遗风。"师室中以木骰子六只，面面皆书么字。僧才入，师掷曰："会么？"僧拟不拟，师即打出。③无论来者回答还是不回答，通常都被打出方丈室，一般学僧很难能得其印可。

据《禅林宝训》卷二：

> 佛鉴勤和尚自太平迁智海，郡守曾公元礼问："孰可继住持？"佛鉴举禺首座，公欲得一见。佛鉴曰："禺为人刚正，于世逸然无所嗜好，请之犹恐弗从，讵肯自来耶？"公固邀之，禺曰："此所谓呈身长老也。"竟逃于司空山。公顾谓佛鉴曰："知子莫若父。"即命诸山坚请，抑不得已而应命。④

---

① 《僧宝正续传》卷二《智海勤禅师》则记为"留智海三年"。
② 《卍续藏经》第83册，《指月录·舒州太平慧勤佛鉴禅师》。
③ 《卍续藏经》第80册，《五灯会元·太平慧勤禅师》，第697页。
④ 《卍续藏经》第64册，《禅林宝训顺硃》。

真可谓慧眼识法器,严师出高足。佛鉴慧勤法嗣弟子除上录的南华智昺禅师外,收录于史料、灯录的有何山佛灯守珣、龙牙智才、祥符清海、文殊心道等 17 位弟子,均名扬丛林。

二、禅法宗风

佛鉴慧勤法才富赡,禅风平实履践而又高深玄妙,深得五祖法演真机大用三昧,天下丛林无不推崇敬仰。其机缘语录虽未编集行世,仍遍见收录于众多的灯录史料中。

(一)修行参学,为道至要

佛鉴慧勤道学基深源长,德高品正,为天下丛林所推崇敬仰。"初受太平日,即具仪,扣灵源之室,请曰:'住院董众,宜何所先。'灵源曰:'此无他,当以杖笠包具,置方丈壁间,去住如衲子之轻则至矣。'"① 佛鉴慧勤终身奉行之,成为一代宗师的典范。

佛鉴慧勤与秀紫芝书中这样论道:"为道不忧则操心不远,处身常逸则用志不大。古人历艰难尝险阻,然后享终身之安。盖事难则志锐,刻苦则虑深,遂能转祸为福、转物为道。多见学者,逐物而忘道、背明而投暗,于是饰己之不能,而欺人以为智,强人之不逮,而侮人以为高。以此欺人,而不知有不可欺之先觉。以此掩人,而不知有不可掩之公论。故自智者,人愚之,自高者,人下之。惟贤者不然,谓事散而无穷,能涯而有尽,欲以有尽之智而周无穷之事,则识有所偏、神有所困。"②

立身处世,修行参学,为道至要。为道则能克难锐志,刻苦虑深。忘道则如弃明投暗,岂不知先觉不可欺,公论不可掩,欲以有尽之智而周无穷之事,则识有所偏、神有所困。可谓满书皆真道,字字是珠玑。他还说:"凡为一寺之主,所贵操履清净,持大信以待四方衲子。差有毫猥琐之事于己不去,遂被小人窥觎,虽有道德如古人,则学者疑而不信矣。"③ 他是这样说的,也是这样做的,节操清净,持大诚信待四方僧人,在禅林享有嘉誉。

佛鉴慧勤禅师对嗣下弟子更是言传身教,诲而不倦。《禅林宝训》卷二收录三则

---

① 《卍续藏经》第 79 册,《僧宝正续传第二卷・智海勤禅师》。
② 《卍续藏经》第 64 册,《禅林宝训顺硃》。
③ 同上。

佛鉴教导弟子的语录：

> 佛鉴谓昺首座曰："凡称长老，要须一物无所好，一有所好则被外物贼矣。好嗜欲则贪爱之心生，好利养则奔竞之念起，好顺从则阿谀小人合，好胜负则人我之山高，好掊克则嗟怨之声作。总而穷之，不离一心，心若不生，万法自泯。平生所得，莫越于斯，汝宜勉旃规正来学。"
>
> 佛鉴谓龙牙才和尚曰："欲革前人之弊，不可亟去，须因事而革之，使小人不疑则庶无怨恨。予尝言，住持有三诀，见事能行果断。三者缺一，则见事不明，终为小人忽慢，住持不振矣。"
>
> 佛鉴谓询佛灯曰："高上之士不以名位为荣，达理之人不为抑挫所困。其有承恩而效力、见利而输诚，皆中人以下之所为。"①

佛鉴慧勤告诫弟子南华智昺，要清心寡欲，心若不生，万法自泯，则不会嗜欲贪利、阿谀好胜，更不会搜刮民财而招嗟怨之声，勉励其要遵规矩走正道，努力习法参禅。对龙牙智才则以亲身体会，传授做好住持之三诀，谆谆教导发人深思。教导何山佛灯守珣要淡泊名位，通达事理则不为抑挫所困扰，不作承恩见利而效诚之所为。

由此可见，佛鉴慧勤非常重视道德规范的修养。参禅修法必先遵道正己，忘道背理则不能正己，己不正，谈何具"正见、正思维、正语、正业、正命、正精进、正念、正定"之八正道，又岂能清净自心、见性成佛。佛鉴慧勤是禅林中遵道修行的一代宗师。

（二）即心即佛—非心非佛—平常心是道

如何是佛，何为佛性，是中国佛教界尤其是中国禅宗注重的佛学问题。佛鉴慧勤得五祖法演真机，承扬马祖道一之宗风，将"佛性"中国化为"道"，他是这样阐释"道"的："不见道，穷诸玄辨。若一毫置于太虚，竭世枢机，似一滴投于巨壑。况祖师心印，诸佛本源，千圣悟由，群生性命。非中非外，不灭不生，在圣在凡，无增无减。弥纶天地，混茫太虚而不知其大。鼓燮阴阳，陶铸万物而不宰其功。浩浩然，不可以语言造。昭昭然，不可以寂默通。语言求之，翻成诤论，寂默求之，

---

① 《卍续藏经》第64册，《禅林宝训顺硃》。

堕于断灭，到此唯圣与圣乃能共知。"①

佛陀是彻证宇宙万法实相的正等正觉者，其所现证的实相，是非智所测、唯证相应的一切诸法（一切宇宙现象）的空性，所得佛法（道）甚深微妙，难解难见，寂净无为，智者所知，非愚所及。诸法实相缘起性空，不生不灭，不常不断，非中非外，在圣在凡，不增不减。此起故彼起，此灭故彼灭，无常无自性。道（佛性）不可言说，心行处灭，言语道断。

佛鉴慧勤阐释了道（佛性）之实相缘起性空，亦表明了：不可寂默照通（默照禅）求之，堕于断灭；不可语言（文字禅）求之，缚而翻成净论；众生解脱，况祖师心印，直指心性，即心即佛。

六祖慧能心印"即心即佛"，乃佛之本源，参禅悟道者无不效之。但随着时间的推移，却又使人执着于"即心即佛"，而有成僵化教条之"窠臼"的趋势。"有僧问：'即心即佛即不问，非心非佛事如何。'曰：'昨日有人问，老僧不对。'云：'未审与即心即佛相去多少。'曰：'近则千里万里，远则不隔丝毫。'"②"非心非佛"本是为破执着"即心即佛"之"窠臼"的否定，若解说，又会落入新的"窠臼"。佛鉴慧勤深领马祖道一"非心非佛"之玄旨，"老僧不对"与"远近均同"截断妄执之流，真乃接引开化的高僧。

道即难以言说，不可执着于心念，该如何参禅悟道呢？佛鉴慧勤如是说："上堂。举：世尊有密语，迦叶不覆藏。乃曰：'你寻常说黄道黑，评品古今，岂不是密语？你寻常折旋俯，拈匙把箸，祗揖万福，是覆藏不覆藏？忽然瞥地去，也不可知。'又僧问：'如何是祖师西来意？'曰：'吃醋知酸，吃盐知咸。'"③

世尊拈花有密语，迦叶微笑不覆藏。寻常说黄道黑，评品古今，即是密语；寻常接引问答，吃、喝、拉、睡、行，叩拜祈福，无不覆藏。吃醋知酸，吃盐知咸，即知祖师西来意。一言概之，平常心是道，正如三祖在《信心铭》云："至道无难，唯嫌拣择，但莫憎爱，洞然分明。"

佛鉴慧勤的"即心即佛—非心非佛—平常心是道"的佛法思想体系，上承曹溪、洪州之宗旨，近扬五祖法演的杨岐宗法，正如他所说："太平家业在，千古袭杨岐。"

第三章　南宋禅宗杨岐派

北宋末叶，以《碧岩录》为代表的圆悟克勤的"文字禅"风靡丛林，到南宋，大慧宗杲倡导的"看话禅"更是风行天下禅林，杨岐派信众遍天下。而沩仰宗、云门宗、法眼宗已势衰渐寂，只有曹洞宗尚荣，中国禅宗呈现"临天下，曹一角"之势。因临济宗的黄龙派在南宋时已衰寂，所以从南宋中叶起至今，杨岐派"临天下"，成为中国禅宗的主流。

这一时期，大慧宗杲及其弟子佛照德光，虎丘绍隆及其法系下的弟子，开福道宁系下四传弟子无门慧开禅师，是杨岐派的主要代表人物。

第一节　大慧宗杲与"看话禅"

大慧宗杲"上承隋唐，下启明清"，在中国禅宗思想史上有着很重要地位和深远影响，是杨岐派第五世杰出的高僧。有关他的生平，史料记载较多，以《大慧普觉禅师年谱》记载最详。

一、生平行状

大慧宗杲（1089—1163），宣州（安徽）宁国人，俗姓奚。与佛门夙有因缘，童年时气宇爱好即不凡，喜闻亲近佛法。"师七岁形体岐嶷，气宇如神，不喜戏玩，语不妄发，群儿皆畏之。有僧道至其家，即侍父侧，客去，记其谈论，片言不遗，举族异之，按普说，云余六七岁时，每闻僧语，唯喜视听。"① 大慧宗杲"灵根夙具，慧性生知，年方十二，即投无云齐公"②。

---

① 《嘉兴藏》第1册，《大慧普觉禅师年谱》。
② 《大正新修大藏经》第50册，第915页下。

13岁入乡校，有一天，与同窗玩耍，以砚投之，误中先生帽，赔偿现金三百而弃学。父责大慧宗杲，大慧宗杲说："读世间书，曷若究出世法？"①大慧宗杲从小就怀探究出世法的志向。

"师年十六，父母知师无处俗意，遂令寓质县之西寺，未几，鄙所闻见，不就槽厂，弃去。"②能成大事者，必怀大志，大慧宗杲参求出世法之志不凡，于是年九月（崇宁三年，1104），诣东山慧云院，礼慧齐为师。"按正续传云：院先于元丰戊午，塑释迦文像，有异人丁生过，焉语寺僧曰：'今日立像后，当出一导师，大兴宗教，照明浊世，然去此一纪方生，若像有难，是人始至，及像之毁，是人婴祸。'崇宁甲申，果有盗穴像之腹，取其所藏，齐因追绎丁生之言，谓像有难而人至，符丁生之谶，非子而谁，因以宗杲名之。"③

大慧宗杲17岁时出家，受具足戒于宣州景德寺。

大慧宗杲落发入佛门后，参学得法，弘法兴宗，遭谤流放，复出法盛，可谓波澜壮阔、跌宕起伏。

（一）参学得法

大慧宗杲在景德寺出家后，天赋智辩聪敏，不假师承。他虽在村院，常买禅门诸家语录遍阅之，尤喜看云门文偃、睦州道明的语录。他常疑思，禅宗始由达摩西来所传创，为何现在有五家七宗。时宣州有明教绍珵禅师者，宗杲闻其饱参，倾心事之，遂前往请教。"常请益雪窦拈古颂古及古宿因缘，珵指示惟要直下自见自说，不少假其言语，师洞达先德微旨。珵异之，每叹云：'杲再来人也。'"④

大慧宗杲19岁时离开景德寺，游方参学丛林大德。初至太平州（当涂）杯渡庵，主僧于前日梦伽蓝神曰："今日云峰悦禅师来，且戒其为待耳。"⑤隐静老宿以悦禅师语示之，大慧宗杲过目能诵，自此以大慧宗杲为云峰文悦后身，待之甚厚。次年秋，大慧宗杲至郢州大阳寺，在洞山微和尚及元首座、坚首座三座下参学近两年，参得曹洞宗旨。"受授之际，皆臂香，以表不妄付授。师自惟曰，禅有传授，岂佛祖

---

① 《嘉兴藏》第1册，《大慧普觉禅师年谱》。

② 同上。

③ 同上。

④ 《大正新修大藏经》第51册，《续传灯录》卷二十七。

⑤ 《嘉兴藏》第1册，《大慧普觉禅师年谱》。

自证自悟之法。"①大慧宗杲认为微和尚将"功勋五位、偏正回互、五王子之类许多家事来传"②,非佛祖自证自悟之法,遂离三位禅师而去。

大慧宗杲21岁,至舒州(安徽省怀宁县)依海会从禅师。未几,至大沩真如喆禅师座下,参访庆藏主和贤蓬头禅师之室,又与庆藏主同往黄龙见晦堂禅师,参谒庐山东林寺照觉禅师,俱不合。不久,又谒云居山真如禅院住持心印珣禅师。"珣秀铁面之高第,与师语大奇之,欲留会下,而师不乐,珣因指令往宝峰参准禅师。"③心印珣禅师时享曹洞宗大德之名,大慧宗杲在微和尚处就质疑洞宗传授之法,不乐意留下,智珣禅师虽爱惜大慧宗杲为难得法器,知其因缘不在洞宗,遂示大慧宗杲去参谒黄龙派宝峰寺(今江西靖安县)湛堂文准禅师。

大观三年(1109),大慧宗杲至宝峰寺挂搭,湛堂文准禅师是真净克文禅师的法嗣,佛学造诣非常高深,他一见到大慧宗杲,知其为法之大器,遂着意雕琢。宗杲初到,受宣州化主,持钵宣州化缘二年。

"师二十四岁,居侍者寮,按武库曰,湛堂一日至寮,见看经次,乃问看甚经,对曰:'《金刚经》。'湛堂曰:'是法平等,无有高下,为什么云居山高,宝峰山低。'对曰:'是法平等,无有高下。'湛堂曰:'你做得个座主。'"④大慧宗杲回宝峰寺为侍者,做座主。一日,湛堂禅师问大慧宗杲:"尔鼻孔因什么今日无半边?"大慧宗杲对之:"宝峰门下。"湛堂禅师曰:"杜撰禅和。"又一日,于妆十王处,问大慧宗杲,此官人姓什么,大慧宗杲对之:"姓梁。"(湛堂禅师俗姓梁)湛堂禅师以手自摸头曰:"争奈姓梁底少个幞头。"对曰:"虽无幞头,鼻孔仿佛。"湛堂禅师又曰:"杜撰禅和。"

经几次勘验,湛堂禅师已知大慧宗杲参禅须精进处。"湛堂告诉大慧宗杲:'杲上座,我这里禅,你一时理会得,教你说也说得,教你做拈古、颂古、小参、普说,你也做得,只有一件事不是,你还知么?'对曰:'什么事,某甲不知。'湛堂曰:'你欠者一解,在你不得者一解,我在方丈里与你说时,便有禅,才出方丈,便无了,惺惺思量时便有禅,才睡着时便无了,若如此,如何敌得生死。'对曰:'正是

---

① 《大正新修大藏经》第47册,第953页中。
② 《嘉兴藏》第1册,《大慧普觉禅师年谱》。
③ 《大正新修大藏经》第51册,《续传灯传》卷二十七。
④ 《嘉兴藏》第1册,《大慧普觉禅师年谱》。

某甲疑处。'"①

湛堂禅师指出了大慧宗杲最须用力处,在参禅的同时,要有自证自悟的"妙然顿悟",时时处处体证禅的境界,才能敌得生死,对大慧宗杲参禅悟道启发很大。"后湛堂疾亟。问曰:'和尚若不起此疾,教某依附谁,可以了此大事?'曰:'有个勤巴子,我亦不识他,尔若见之,必能成就此事。若见他了不得,便修行去,后世出来参禅。'"②

湛堂文准嘱咐大慧宗杲去参谒佛果克勤禅师,定可成就悟道得法之大事。湛堂文准禅师示寂后,大慧宗杲至当朝名士张商英处,请求为湛堂禅师作塔铭。"湛堂归寂,师谒张公无尽求准塔铭。无尽门庭高天下,少许可见。师一言而契,下榻,朝夕与语,号之曰妙喜,字之曰昙晦。"③宗杲从无尽居士处受"妙喜"之法号和"昙晦"之字,以后常以此名之,大慧宗杲与无尽居士相知匪浅,以后两人经常参访论道,无尽居士与佛果克勤是四川同乡且交往甚深,亦力荐大慧宗杲参谒佛果克勤。

大慧宗杲一直未忘文准禅师之遗示和无尽居士之荐,只是机缘未契,一直未得见佛果克勤。离开宝峰寺后,继续云游丛林参学访道。先后参访黄龙派高僧潜庵清源、兜率慧照、草堂善清、法云佛照杲,也曾依临济僧普融道平禅师。与湛堂文准的同门师弟名僧惠洪觉范交从甚密,惠洪觉范对大慧宗杲评价很高,大慧宗杲对惠洪觉范也推崇备至,两人意气相投,大慧宗杲禅风与惠洪觉范也多有相似之处。

大慧宗杲离开宝峰寺,游方参学九年,悟道得法,因缘始契。宣和七年(1125)四月,大慧宗杲抵京师,参见到奉命诏离川住持天宁的佛果圆悟克勤,大慧宗杲挂搭天宁。"一日,同赵表之方丈药石次,把箸在手,忘了吃食,圆悟顾师而语表之曰:'这汉参得黄杨木禅也。'师遂引狗看热油铛为喻,圆悟曰:'只这便是金刚圈、栗棘蓬。'居无何,扣圆悟曰:'闻和尚尝问五祖此话,不知记其答否。'圆悟笑而已。师曰:'若对人天众前问,今岂无知者耶。'圆悟乃曰:'向问有句无句,如藤倚树时如何,祖曰描也描不成,画也画不就,又问忽遇树倒藤枯时如何,祖曰相随来也。'师闻举,乃抗声曰:'某会也。'圆悟曰:'只恐你透公案不得。'云:'请和尚举。'圆悟遂举,师出语无滞。圆悟曰:'今日方知吾不汝欺也。'遂着临济正宗记以付之,

---

① 《大正新修大藏经》第47册,第953页中。
② 同上。
③ 《大正新修大藏经》第47册,第836页下。

俾掌记室,分座训徒。"①

大慧宗杲 17 岁具足戒出家,游方参学 20 年,在佛果圆悟克勤处参禅终于彻悟得法,承接临济正宗杨岐宗法,可谓佛缘夙具、历经曲折、机缘契合、法器大成。

(二) 定杨岐宗旨,中兴杨岐派

大慧宗杲得法,被授予临济正宗记,在天宁分座训徒。"乃炷香为誓曰:'宁以此身,代众生受地狱苦,终不以佛法当人情。'乃握竹篦为应机之器,于是声誉蔼着,丛林咸归重之。"②此时的大慧宗杲,犹如一块历经打磨的璞玉浑金,开始熠熠耀辉。"于有句无句言下得大安乐法,纵横踔厉,无所疑于心,大肆其说,如苏张之雄辩、孙吴之用兵,如建瓴水转圆石于千仞之坂,诸老敛衽,莫敢当其锋。于时贤士大夫,往往争与之游。"③大慧宗杲在京师很快就声誉大振。靖康元年(1126)四月,右丞相吕公舜徒所重奏,赐紫衣,师号佛日大师。

"女真之肆骄,取禅师十数,师为首选。圆悟遣悙上人侍行,有西密三藏俱馆金明池,上日与论义,密深敬服,庞酉壮师不少屈,由是一众获免其行,师于是年八月出京"。④靖康元年八月,大慧宗杲避女真之肆骄离京,次年避居扬州天宁,十月,侍师圆悟克勤于金山吴门少憩。后抵云居寺,为众第一座,辩博无碍,圆悟克勤亦让其雄。

次年,圆悟克勤乞老回成都昭觉寺,大慧宗杲因会世扰攘,入云居之西,结庵于古云门寺基。阅二年,避地赣湘。绍兴元年(1131),大慧宗杲登仰山,邂逅佛眼清远的高徒竹庵圭禅师,一见相契,遂定杨岐宗旨,杨岐派由此而扬名禅林,赓续不绝,"临天下"近千年。后二年,竹庵圭禅师自仰山来云门庵同居,效白云守端禅师和保宁仁勇禅师,遂取古公案各作颂古 110 篇,斟酌古人之深浅,讥诃近世之谬妄,不开知见户牖,不涉语言蹊径,各随机缘,直指要津,为有志参玄之士洗心易虑。

绍兴四年(1134),二月作七闽之行,三月至福建长乐广因寺,结庵于洋屿。时见宗徒拨置妙悟,使学者困于寂默,因著《辨正邪说》,而攻诘"默照禅"以救一时

---

① 《嘉兴藏》第 1 册,《大慧普觉禅师年谱》。
② 同上。
③ 《大正新修大藏经》第 47 册,第 836 页下。
④ 《嘉兴藏》第 1 册,《大慧普觉禅师年谱》。

之弊。

据《禅林宝训》心闻昙贲说：

> 绍兴初，佛日入闽，见学者牵之不返，日驰月骛，浸渍成弊，即碎其板，辟其说。以至祛迷援溺，剔繁拨剧，摧邪显正，特然而振之，衲子稍知其非而不复慕。然非佛日高明远见，乘悲愿力救末法之弊，则丛林大有可畏者矣。①

大慧宗杲毁《碧岩录》板的具体时间，史无记载。如据此说，其师圆悟克勤其时尚在世，宗杲此举真可谓惊世骇俗。"重念先师眷眷如此，其至者，岂于某有所私也。要之，以付托之重，俾于镢头边觅本分种草，期得一个半个，恢张临济已坠之宗，开凿后昆眼目，贵不虚阅世，实先师之志愿也。不肖安足以承遗训，区区图报，未知所从，此其所以含凄哽塞，不能自已，倾倒底蕴，先师实临之至。"②据其接师讣音的心情，大慧宗杲毁板之举，实是要不负先师恢张临济宗杨岐派之付托。

毁《碧岩录》板与力排默照禅的出发点一样，都是为下猛药治"困于寂默、专尚文字、不求证悟"的禅病，祛迷援溺，剔繁拨剧，而承师遗训，不负其师"恢张杨岐之宗、开凿后昆眼目"之重托，但也由此可窥，大慧宗杲为人刚正的一面。

绍兴五年，泉南给事江公，创庵小溪延请宗杲居，缁素笃于道者毕集，杨岐宗风煜耀泉南。"师示众举，自颂赵州庭前柏树子话，拈云庭前柏树子，今日重新举，打破赵州关，特地寻言语。敢问大众，既是打破赵州关，因甚特地寻言语，良久云：'当初将为茅长短烧了，元来地不平。'"③这是大慧宗杲阐释"看话禅"的最早记载，大慧宗杲在扫荡默照禅和《碧岩录》之禅病时，也开始形成自己的"看话禅"方便法门。

这段时期，大慧宗杲平居参禅，绝无应世意，坚辞临川太守曾公纡住广寿寺之请。圆悟克勤在蜀闻之，嘱丞相张浚捎信宗杲，如果宗杲首座不出来应世，则无可支临济法道。适临安径山能仁禅院法席虚待，丞相张浚力请，缁素信众翘望，必欲宗杲而致。绍兴七年（1137），大慧宗杲幡然起赴，开法于临安府径山。

---

① 《卍续藏经》第64册，《禅林宝训顺硃》卷四。

② 《嘉兴藏》第1册，《大慧普觉禅师年谱》。

③ 同上。

大慧宗杲住持径山能仁禅院五年，恢张杨岐宗法，座下龙象骈集，坐夏者一千七百有奇，皆诸方角立之士，缁素信众更是遍布天下。"师行首山令，起临济宗，憧憧往来，其门如市。学徒咨扣，日入玄奥，规绳不立，而法社肃如也。由是宗风大振，号称临济再兴。"①大慧宗杲不负圆悟克勤付"临济正宗记"之重托，临济宗杨岐派达到鼎盛时期。

（三）菩提心则忠义心

大慧宗杲住持径山时，金人背盟，大举南侵，宋高宗苟安议和，屡贬黜、诬杀岳飞等主战将士。国难当头，大慧宗杲提出"菩提心则忠义心也，名异而体同"②的禅学思想。这是大慧宗杲不同于一般禅僧之处，是他深谙佛教入世的要旨，阐扬忠义爱国之心，非宗师巨匠而不能为。

他还说："予虽学佛者，然爱君忧国之心与忠义之士等。但力所不能，而年运往矣。"③表述他强烈的爱国忧患情结，这也必然使他与主战反议和的礼部侍郎张九成等交往甚密。

据《宋史·张九成本传》：

> 径山僧宗杲善谈禅理，从游者众，九成时往来其间。桧恐其议己，令司谏詹大方论其与宗杲谤讪朝政。

大慧宗杲爱国忠义之举遭秦桧的忌恨，而被加"谤讪朝政"之罪名。

绍兴十一年（1141），大慧宗杲与张九成作偈："神臂弓一发，透过千重甲，仔细拈来看，当甚臭皮囊。"④大慧宗杲被加"坐议朝廷"罪名，被追牒流放衡州（湖南衡阳）。"拙庵谓野庵曰：'丞相紫岩居士言，妙喜先师，平生以道德节义勇敢为先，可亲不可疏，可近不可迫，可杀不可辱，居处不淫，饮食不渎，临生死祸患，视之如无，正所谓干将、镆铘难与争锋，但虞伤阙耳。'后如紫岩之言（幻庵记闻）。"⑤大

---

① 《嘉兴藏》第1册，《大慧普觉禅师年谱》。
② 同上。
③ 同上。
④ 《卍续藏经》第64册，《禅林宝训笔说》卷下。
⑤ 同上。

慧宗杲遭追牒流放之大难，应了紫岩居士之言。

大慧宗杲居衡州十年。绍兴二十年（1150），再度准命移梅州（广东省）。"负大经论者有之，博极书史者有之，诗词高妙者有之，翰墨飘逸者有之。其所以未能明彻，则佛祖大事因缘而已，是以不惮艰险，随侍而来，得依仁政，幸莫大焉。守且骇异，知其徒皆为法忘躯之士，自是于师日益加敬。"① 梅州时为偏僻荒蛮之地，仍然有众多高士学僧，不畏艰辛，紧随前往，不由太守骇异，可见虽遭流放十余载，大慧宗杲威望依然。

大慧宗杲在梅州居六年，绍兴二十五年（1155）十二月，"蒙恩自便"遇赦。"师六十八岁，正月二十一日，离梅阳，太守邓公酢宾礼，委官兵津发，居民扶老携幼，遮道祖饯，眷恋有不胜情者，盖其道使之然也"②。绍兴二十六年（1156），大慧宗杲遇赦，离梅阳，士民眷恋，遮道相送。

流放16年，大慧宗杲的影响和民望仍盛。同年三月，大慧宗杲被旨恢复了僧籍。流放期间，大慧宗杲主要为禅僧学人阐释"看公案话头"，著《正法眼藏》六卷。

绍兴二十七年（1157），大慧宗杲住持明州育王山光孝寺（在今宁波）。"裹粮问道者万二千指，百废并举，檀度响从，冠于今昔。"③ 因育王山地势较高，饮水缺乏，众僧甚以为苦，大慧宗杲遂凿泉而为大池。又因僧人众多，粮食不足，又率众围垦海岸闲地，筑涂田数千顷，用赡斋厨。这些农禅并举、以农养禅之举，受到了朝廷的褒奖，诏赐其座，名为"般若"。

绍兴二十八年（1158），被旨迁住径山能仁禅院，坐夏禅僧千余众。次年，为孝宗皇帝举扬般若说偈："大根大器大力量，荷担大事不寻常，一毛头上通消息，遍界明明不复藏。"④ 上嘉叹之。其后三年，应朝官和各禅寺之请，说法普说不已。

绍兴三十二年（1162），居明月堂，虽年事已高，然接引后进，未尝少倦。孝宗赐以"大慧禅师"之号，世称"大慧宗杲"。

隆兴元年（1163），七月十二日，示微恙，大众力请说法以为末后垂训。大慧宗杲委曲嘱咐："老僧来日无多，汝等侍吾之众，宜各随所缘，以佛法为念，莫负初

---

① 《嘉兴藏》第1册，《大慧普觉禅师年谱》。
② 同上。
③ 同上。
④ 《大正新修大藏经》第47册，第856页中。

志,实吾所愿。"①八月十日,大慧宗杲应众恳求,书偈:"生也只恁么,死也只恁么,有偈与无偈,是甚么热大。"②投笔就寝,吉祥而逝。诏以明月堂为妙喜庵,赐谥普觉,塔名宝光,其徒以全身葬于庵之后。

嗣其法者,《禅宗宗派源流》附录I《中国禅宗宗派传承图》记载有佛照德光普惠禅师等105人,校核6人重复,应为99人。实际大慧宗杲法嗣太多,各种《灯录》等史料记载各有不同,难以精确统计,超百人应无疑,缁素信众更是遍天下。

所著《辨正邪说》惜已失传,《正法眼藏》传于世。门人集其著述讲说,编为《大慧普觉禅师语录》三十卷和《大慧普觉禅师宗门武库》等传于世。

二、看话禅及禅法思想

大慧宗杲倡导并完善化的"看话禅",是其禅法思想的集中体现。它不仅在两宋交际时期,风行于禅林,其传扬还直至明清及近现代,是禅宗发展史上影响极其深远的方便法门。

(一)"看话禅"形成的时代背景

禅宗之旨是"不立文字,直指人心",但是由于众生根性和悟性的差异,宗师大德为便于学人参学开悟,遂开方便之门,以"代别""颂古""拈古""评唱"等形式,对流行禅林的一些著名公案,进行解说,接引学僧悟入宗门。这种接引修行方法,到宋代演变成了盛极一时的文字禅。文字禅的创立原本是用来"指月"的,但在流布的过程中,部分学人尤以士大夫和文人为多,误入歧途"执指为月",沉溺于对公案的意识知解,崇迷文辞修饰华丽,不从心性上真参实证。这样一来,文字禅本是接引学人参禅的方便之门,却被部分学人执药为病,违其本意,变成了"葛藤禅",成为学人参禅悟道的障碍之门。

与此同时,曹洞宗的宏智正觉禅师提倡"默照禅",注重静坐默照,主张"忘情默照"及"照默同时",强调要远离心意识之分别,跳出语言的窠臼。"默照禅"亦是参禅修行的方便法门,对扭转丛林中崇尚文字知解的弊端起了一定的作用。但是,默照禅在流布的过程中,被很多学人执药为病,在默照参禅时,住于空静之境而执为究竟,偏离中道,落入动静二边中的静边,最后成了"魂不散的死人","默照禅"

---

① 《嘉兴藏》第1册,《大慧普觉禅师年谱》。
② 同上。

流布过程产生的"禅病",也就成了阻碍学人参禅悟道的"枯木禅"。

大慧宗杲示真如道人:"今时学道人,不问僧俗,皆有二种大病。一种多学言句,于言句中作奇特想。一种不能见月亡指,于言句悟入,而闻说佛法禅道,不在言句上,便尽拨弃。一向闭眉合眼,做死模样,谓之静坐观心默照。更以此邪见,诱引无识庸流曰:'静得一日,便是一日工夫。'苦哉!殊不知,尽是鬼家活计。去得此二种大病,始有参学分。经云:'不着众生所言说,一切有为虚妄事,虽复不依言语道,亦复不着无言说。'又云:'观语与义,非异非不异,观义与语,亦复如是。若语异义者,则不因语辨义,而以语入义,如灯照色。'所以云:'依义不依语,依了义经,不依不了义经。语默二病不能除,决定障道不可不知,知得了,始有进修趣向分。'"[①]在这里,大慧宗杲称葛藤禅和枯木禅为"语默二病",这两种禅病在当时非常盛行。大慧宗杲在严厉批判和扫荡这两种禅病的同时,建立了新的应病与药的方便法门——"看话禅"。

一种新的参禅修行方便法门的盛行,必然要与当时的社会现实和信众正法修行的需要相适应。大慧宗杲禅师认为,看话禅既可解"葛藤禅"之缚,又可祛"枯木禅"之毒,而且能给学人一个"不可把捉的把柄",让学人有个下手处。通过参话头,一方面可以将学人的心意识逼进死胡同,将其意识知解心和分别执着心,统统扫荡干净,令其言语道断,心行处灭。另一方面,又可使学人保持灵动的智慧觉照,避免落入舍动趣静、不得活用的枯寂状态。"看话禅"正是在这一特定时代背景下应世而出,在大慧宗杲的大力倡导下得以完善普及。

(二)看话禅体系的建立

禅宗史上将大慧宗杲参究公案"话头"的禅法,称为看话禅。相传,最早引用赵州"狗子无佛性"这则公案看"话头"的是黄檗希运。五祖法演重视这则公案,提倡看话头。

据《古尊宿语录》卷二十二:

> 僧问赵州:"狗子还有佛性也无?"州云:"无。"僧云:"一切众生皆有佛性,狗子为什么却无?"州云:"为伊有业识在。"师云:"大众,你诸人

---

① 《大正新修大藏经》第47册,第895页中。

寻常作么生会？老僧寻常只举无字便休。你若透得这一个字，天下人不奈何你。你诸人作么生透？还有透得彻底么？有则出来道看。我也不要你道有，也不要你道无，也不要你道不有不无，你作么生道？"①

从这段记载来看，五祖法演所倡导的看"话头"，不是对公案的内容和语义作解释，只是对公案的答语"无"字，即"话头"来参究。而参究"话头"，既不是对"话头"本义作解释，也不是回答公案中提出的"狗子还有佛性也无"的问题。不要你道有，也不要你道无，也不要你道不有不无，只要你证悟言外作么之道。五祖法演提举"话头"来参究，是认为一个"话头"，甚或是本则公案只有一个"无"字的"话头"，却蕴含着深奥玄妙的禅理。最终若透得这一个"无"字，顿悟"话头"作么道，悟道得法，天下人不奈何你。

《大慧普觉禅师年谱·绍兴五年》最早记载了大慧宗杲的看"话头"：

师示众举："自颂赵州庭前柏树子话，拈云庭前柏树子，今日重新举，打破赵州关，特地寻言语，敢问大众，既是打破赵州关，因甚特地寻言语？"良久云："当初将为茅长短烧了，元来地不平。"

这段记载说明，大慧宗杲由于"元（原）来地不平"，即指"语默二病"时兴，阻碍学人参禅悟道，遂举五祖法演看"话头"的禅法，重新提举公案，特地寻言语，亦即"话头"，接引学人打破赵州关而开悟。由此可见，大慧宗杲的看话禅源自黄檗希运和五祖法演的看"话头"，在此基础上不断发展完善，而形成了自己的看话禅完整体系。他的禅法思想，特别是关于看话禅，在《大慧普觉禅师语录》的卷十三至卷三十的"普说"、"法语"和"书中"有翔实的记载，仅有关"狗子还有佛性也无"的"看话头"记载就有 20 多处。

据《大慧普觉禅师语录·钱计议请普说》：

僧问赵州："狗子还有佛性也无？"州云："无。"尔措大家，多爱穿凿说道。这个不是有无之无，乃是真无之无，不属世间虚豁之无。怎么说时，

---

① 《卍续藏经》第68册，《黄梅东山演和尚语录》。

还敌得他生死也无。既敌他生死不得,则未是在。既然未是,须是行也提撕,坐也提撕,喜怒哀乐时,应用酬酢时,总是提撕时节。提撕来、提撕去,没滋味,心头恰如顿一团热铁相似,那时便是好处不得放舍。忽然心华发明,照十方刹,便能于一毛端,现宝王刹,坐微尘里,转大法轮。①

大慧宗杲的看话禅比五祖法演的看"话头",有了很大的提高和发展。看话禅既与公案相联系,又不同于对整个公案的解释。所以引入公案的作用,仅仅是为了提举看话的"话头",而不对公案本则作任何识解,也就是说完全可以脱离公案的上下文去参究"话头"。"尔措大家,多爱穿凿说道",囿于公案事由和语句文辞的知解,结果只能是,越参越迷,愈解愈结,犹如被葛藤所缠缚,不得解脱。看话禅就是要把迷参之人,从葛藤缠缚中解脱出来,斩断葛藤的利器就是看话禅的参究"话头"。

大慧宗杲看话禅的"看话"即指参究"话头","话头"指的是公案中禅师的答话,而不是公案的全部。看话禅的根本目的,是由参究"话头"而悟"道"。在这段公案中,则是参究"无"字"话头",参悟得"真无之无,不属世间虚豁之无,能敌得生死之无"。这就要求参"话头"的学人,"须是行也提撕,坐也提撕,喜怒哀乐时,应用酬酢时,总是提撕时节",时时处处去参究,在寻常生活中去参究,锲而不舍去参透"话头"。提撕来、提撕去,没滋味,心头恰如顿一团热铁相似,那时便是好处不得放舍。忽然心华发明,一旦参透,就会豁然顿悟,敌得生死,转得"法华"。

从提举公案引出"话头",到只参究话头,以悟为则,时时处处提撕不舍,直至参透顿悟,已形成看话禅参禅过程的整套内容与方法。但"提撕来、提撕去,没滋味"时,却是看话禅参究"话头"的最紧要处,是最易"执药为病"的时候,是最需着力下功夫的关键之时。大慧宗杲为此开出了良方:"但将妄想颠倒底心,思量分别底心,好生恶死底心,知见解会底心,欣静厌闹底心,一时按下,只就按下处看个话头。僧问赵州:'狗子还有佛性也无?'州云:'无。'此一字,乃是摧许多恶知恶觉底器仗也。不得作有无会,不得作道理会,不得向意根下思量卜度,不得向扬眉瞬目处採根,不得向语路上作活计,不得飏在无事甲里,不得向举起处承当,不得向文字中引证。"②

---

① 《大正新修大藏经》第47册,第486页上。
② 《大正新修大藏经》第47册,第921页下。

在答张舍人状元（安国）书中亦复："只管提撕举觉，左来也不是，右来也不是。又不得将心等悟；又不得向举起处承当；又不得作玄妙领略；又不得作有无商量；又不得作真无之无卜度；又不得坐在无事甲里；又不得向击石火闪电光处会。直得无所用心，心无所之时，莫怕落空，这里却是好处。蓦然老鼠入牛角，便见倒断也。"①

大慧宗杲明确提出，要将妄想颠倒的心、思量分别的心、好生恶死的心、知见解会的心及欣静厌闹的心，一时按下。这五种"心"，归根究底是意识解心，是人本具佛性之心，为世尘所蔽而起的心外妄解。要荡除这五种"心"，非已彻悟的大德难为之，参学之人只得也必须先按下这五种"心"，只在按下处看"话头"。一旦看透"话头"，这些意识解心也就荡然无存。

按下了这些意识解心，在看"话头"时，大慧宗杲先后提出了十二个"不得"。其中："不得作有无会"和"不得作真无之无卜度"，是要求看"话头"时要守"有无两边之中道"；"作道理会"和"向意根下思量卜度"一样，都是由"知见解会底心"和"思量分别底心"所衍生的，在看"话头"时，不得为之；"不得向语路上作活计"和"不得向文字中引证"，是反对由"知见解会底心"而执求文字知解，显然是针对"文字禅"的弊病"葛藤禅"而提出的要求；"不得坐在无事甲里"，从广义上来说，是反对动静两边执于静边的禅风，在这里是针对"默照禅"的弊病"枯木禅"而发的；"不得向扬眉瞬目处採根"和"不得向举起处承当"，反对的是借"不立文字"为口实，对"举起处"回以"扬眉瞬目"等怪动作，胡喝乱斥一顿；"不得作玄妙领略"和"不得向击石火闪电光处会"，则是由"妄想颠倒底心"所生，即先按下，看"话头"时，更要禁止。

这十二个"不得"，尤以"不得向意根下思量卜度"为紧要，这样才能"直得无所用心，心无所之时"，只管提撕举觉，莫怕落空，这里却是好处，蓦然参透顿悟。

大慧宗杲在形成看"话头"的整套内容与方法的基础上，契理契机，应病与药，又提出按下"五心"和十二个"不得"的看话参禅之法，从而建立了看话禅的完整体系。

---

① 《大正新修大藏经》第47册，第941页中。

（三）看话禅之要法

看话禅是禅宗禅法中一个重要的参禅体系，以只看"话头"的简明参禅方法，参究玄深宏大的禅理，而达参透顿悟的境地。其中，理会参究禅理之要法，是关键之所在。看话禅之要法，大慧宗杲以"信愿、破疑、活句、净心、寻常、悟则"概而论之。

1. 坚定看"话头"信愿

任何好的参禅方便法门，务必要参学之人坚信不疑，抱着锲而不舍的愿心去参究，才能行而排碍，终达悟境，看话禅的看"话头"亦是如此。

大慧宗杲答富枢密（季申）："左右若信得山僧及试向闹处看狗子无佛性话，未说悟不悟，正当方寸扰扰时，谩提撕举觉看。还觉静也无，还觉得力也无，若觉得力，便不须放舍。要静坐时，但烧一炷香静坐。坐时不得令昏沉，亦不得掉举，昏沉掉举，先圣所诃。静坐时，才觉此两种病现前，但只举狗子无佛性话，两种病不着用力排遣，当下怗怗地矣，日久月深，才觉省力便是得力处也。亦不着做静中工夫，只这便是工夫也。"[①]

大慧宗杲明确开示，只有信得他的看话禅和看"狗子无佛性"话头，才能在方寸扰扰时，谩提撕举觉看，若觉得力，便不须放舍。昏沉掉举时，也只须举看"狗子无佛性"话头，不着用力排遣，亦不着做静中功夫，只这看"狗子无佛性"话头，便是真功夫。

对于迷于"葛藤禅"和"枯木禅"的学人，坚定看"话头"的信心和愿心，尤其重要。对迷于"葛藤禅"，大慧宗杲答张舍人状元（安国）如是说："故信笔葛藤如许，被明眼人觑见，一场败阙。千万相听，只以赵州一个无字，日用应缘处提撕，不要间断。"[②]而对迷于"枯木禅"，大慧宗杲开示陈少卿（季任）："那时方信静时便是闹时底，闹时便是静时底；语时便是默时底，默时便是语时底。不着问人，亦自然不受邪师胡说乱道也，至祷至祷！"[③]

大慧宗杲告诫"语默二病"学人，千万要相信和听他的看话禅，只以看"赵州一个无字话头"，日用应缘处提撕，不要间断。他也把自己看"话头"，而悟"静与闹"

---

① 《大正新修大藏经》第47册，第922页上、中。
② 《大正新修大藏经》第47册，第941页下。
③ 《大正新修大藏经》第47册，第923页上。

和"语与默"的不二之理,来提醒参"默照禅"的学人,不要受邪师胡说乱道,而堕入"枯木禅",语之切切,意之恳恳。

对于那些失意时才来参看"话头"的士大夫,大慧宗杲示妙证居士:"今时士大夫学道,多是半进半退。于世事上不如意,则火急要参禅,忽然世事遂意,则便罢参,为无决定信故也。禅乃般若之异名,梵语般若,此云智慧。当人若无决定信,又无智慧,欲出生死,无有是处。"[①]警示看"话头"的士大夫,必须要立决定信,否则,难了生死,无有是处。

而对初次参看"话头"的学人,大慧宗杲开示空慧道人:"担荷此事,直是具决定志,一棒打不回头底。若半进半退,似信不信,纵得个入头处,亦禁大炉鞴烹锻不得,况欲向千差万别处作主宰耶。"[②]告诫初看话头者,必须对看话禅具有坚定的信愿,否则,必然半途而废,纵然得了个入头处,亦难得玄旨禅机,更不要说荡除"分别心"而主宰自己的人生。

大慧宗杲开示妙圆道人:"应当竖起精进幢,直下信得及,只这信得及处,便是超生死、越苦海底消息。故释迦老子曰:'信为道元功德母,长养一切诸善法。'又云:'信能远离生死苦,信能必到如来地。'要识如来地么,亦只是这信得及底。既信得及,不须起心动念求出生死,但十二时中念念不离,决定要得入手,方为勇猛之士。若半信半疑,则不相续矣。此事不论男之与女、贵之与贱、大之与小,平等一如。"[③]如是教示学人,还须勇猛精进,才能直下信得及,坚定看"话头"参禅的信愿。信为道元功德母,不论男女老少、贫富贵贱,竖起精进幢,信得及便是超生死、越苦海,必到如来地。

2. 话头上疑破

对看"话头"的参禅法,要有坚定不移的信愿。但对"话头",大慧宗杲却极力倡导要在"话头"上起疑和设疑,疑字当头,疑问上去参究,则有下功夫处。"但只以所疑的话头提管。如僧问赵州,狗子还有佛性也无?州云无。只管提撕举觉。"[④]只以所疑的话头提管,如对公案"狗子还有佛性也无",只对话头"无"起疑而提管,只管提撕举觉之所疑。

---

① 《大正新修大藏经》第47册,第894页上。
② 《大正新修大藏经》第47册,第895页下。
③ 《大正新修大藏经》第47册,第909页中。
④ 《大正新修大藏经》第47册,第941页中。

如何去提撕举觉所疑的话头，大慧宗杲如是说："千疑万疑，只是一疑。话头上疑破，则千疑万疑一时破。话头不破，则且就上面与之厮崖。若弃了话头，却去别文字上起疑，经教上起疑，古人公案上起疑，日用尘劳中起疑，皆是邪魔眷属。第一不得向举起处承当，又不得思量卜度，但着意就不可思量处思量。心无所之，老鼠入牛角，便见倒断也。又方寸若闹，但只举狗子无佛性话。佛语祖语诸方老宿语，千差万别，若透得个无字。一时透过，不着问人。若一向问人，佛语又如何，祖语又如何，诸方老宿语又如何，永劫无有悟时也。"①千疑万疑，只是要在话头上疑破。若弃了话头，去文字上、经教上、公案上和日用尘劳中起疑，则是堕入邪门魔道，永无疑破之日。

要话头上疑破，难免心中方寸闹乱，仍只举狗子无佛性的话头"无"，全靠自我去下功夫，疑破则透。"这里疑不破，只在这里参，更不必自生枝叶也。若信得云门及，但恁么参，别无佛法指示人。若信不及，一任江北江南问王老，一狐疑了一狐疑。"②。

疑何处，则参何处，千万不要节外生枝，别处参。至于怎么参，并无佛法可指示。为此，大慧宗杲开示陈少卿（季任）："愿公只向疑情不破处参，行住坐卧不得放舍。僧问赵州：'狗子还有佛性也无？'州云：'无。'这一字子，便是个破生死疑心底刀子也。这刀子柄，只在当人手中，教别人下手不得，须是自家下手始得。若舍得性命，方肯自下手。若舍性命不得，且只管在疑不破处崖将去，蓦然自肯舍命一下便了。"③

妄念起时，怎么参？但举个无字，举来举去，只向疑情不破处参，行住坐卧都不得放舍。疑情不破处参，亦只能是自己舍得性命，手握话头"无"这个破疑情的刀柄子，便是断生死路头的刀子。"疑生不知来处、死不知去处底心未忘，则是生死交加，但向交加处，看个话头。僧问赵州和尚，狗子还有佛性也无，州云无。但将这疑生不知来处、死不知去处底心，移来无字上，则交加之心不行矣。交加之心既不行，则疑生死来去底心将绝矣，但向欲绝未绝处，与之厮崖。时节因缘到来，蓦然喷地一下，便了教中所谓绝心生死、止心不善、伐心稠林、浣心垢浊者也。"④蓦然自

---

① 《大正新修大藏经》第 47 册，第 931 页下。
② 《大正新修大藏经》第 47 册，第 918 页下。
③ 《大正新修大藏经》第 47 册，第 923 页上。
④ 《大正新修大藏经》第 47 册，第 911 页上。

肯舍命，一下便了。

为破解话头上的疑情，大慧宗杲还要求看话头的学人"时时处处都把自家平昔所疑处，贴在额头上，常时一似欠了人万百贯钱，被人追索，无物可偿，生怕被人耻辱，无急得急，无忙得忙，无大得大底，一件事方有趣向分"①。话头上的疑情若破，平昔所疑处，当下冰消瓦解，则真实不疑，自然豁然开悟，这正如他答严教授（子卿）所述："真实到不疑之地者，如浑钢打就生铁铸成，直饶千圣出头来，现无量殊胜境界。"②

3. 要参"活句"

看话禅特别强调活句和死句的区别，强调要参活句，不参死句。"死句活句"之说，在参究话头的宋代，影响非常大，对以后的参禅修行也有重要的指导作用。

何为活句、死句？洞山守初禅师说："语中有语，名为死句；语中无语，名为活句。"③

何谓"语中有语"和"语中无语"，惠洪禅师在《禅林僧宝传》卷十二《荐福古禅师传》中对此作了阐释："夫语中有语，名为死句；语中无语，名为活句。使问提婆宗，答曰外道是；问吹毛剑，答曰利刃是；问祖教同异，答曰不同。鉴作死语，堕言句中。今观所答三语，谓之语则无理，谓之非语则皆赴来机，活句也。"④也就是说，"语中有语"，是指答之所问，语中有解，即通常可意识解的语句，堕在言句中，谓之语则无理，即为死句。"语中无语"，则是答非所问，不能从字句上作解，谓之非语则皆赴来机，超越"语句"即为活句。

《僧宝正续传》的作者祖琇，则对惠洪只从语句中阐释提出了异议。他在《代古塔主语洪觉范书》中指出："承许巴陵三语曰：谓之语则无理，谓之非语则赴来机。呜呼，此失远矣！夫死句活句，虽分语中有语、语中无语之异，然在真实人分上，棒喝讥诃，戏笑怒骂，以致风声雨滴，朝明夕昏，无非活句，岂唯玄言妙句而已哉。"⑤祖琇认为，一切超越语言、动作、境界给人启迪开悟的都是活句，而不应仅仅限在"语中无语"上。

---

① 《大正新修大藏经》第47册，第899页下。
② 《大正新修大藏经》第47册，第936页下。
③ 《续藏经》第1辑第2编乙第21套第4册，第299页。
④ 《卍续藏经》第79册，《禅林僧宝传》。
⑤ 《卍续藏经》第79册，《僧宝正续传》。

德山缘密禅师对"活句、死句"也有其独特见解，他说："但参活句，莫参死句。活句下荐得，永劫无滞。一尘一佛国，一叶一释迦，是死句。扬眉瞬目，举指竖拂，是死句。山河大地，更无諨讹，是死句。时有僧问：'如何是活句？'师曰：'波斯仰面看。'曰：'怎么则不谬去也？'师便打。"① 在这里，山河大地、扬眉瞬目和举指竖拂的思维动作，若不能启悟学人，都是死句。概而言之，坐断中边，超脱三际，谓之参活句。

大慧宗杲极力倡导，参究话头时要参"活句"，不要参"死句"。他在与秦国太夫人普说中强调："夫参学者，须参活句，莫参死句。活句下荐得，永劫不忘；死句下荐得，自救不了。尔诸人，每日上来下去，寮舍里吃茶吃汤，庄上搬盐搬面，僧堂里行益，长廊下择菜，后园里担粪，磨坊下推磨，当恁么时，佛眼也觑尔不见。且道：是死句，是活句，是不死不活句，试定当看直饶定当得出，也未免在三句里。岂不见，僧问南泉和尚：'即心是佛又不得，非心非佛又不得，师意如何？'泉云：'尔但信即心是佛便了，更说甚么得与不得。'只如大德吃饭了，从东廊上、西廊下，不可总问人得与不得也。遮里若识得南泉，方不被三句所使，便能使得三句。既使得三句，始与南泉同一眼见，同一耳闻，同一鼻嗅，同一舌尝，同一身髑，同一意思，更无差别。只为尔执药为病，旧病未除，新病复作，却被死句活句，使得来七颠八倒，将他古人径截处，一时纡曲了。"②

在这里，大慧宗杲即承袭了前人"活句与死句"的一些观点，更将其扩展提高，主要体现在三个方面。一是把"活句与死句"引申到看话禅体系中，强调参学者，须参活句，莫参死句，活句下才能参透得悟，永远都不会忘记。二是在前人"活句与死句"的观点上，首次提出了"不死不活句"的新观点。虽然，他没有解释什么是"不死不活句"，但这显然是他在接引学人参究话头的过程中，总结概括出来的，是学人参究话头时确实存在，又容易被忽视的现象。而这种参"不死不活句"的现象，显然是要禁止和消除的，且危害性较大，因其会被参学者误认为是在参"活句"，而贻害参学之人。三是强调在寻常生活劳作、饮食起居和僧堂行益时，都要"试定当看直饶定当得出，也未免在三句里"，在能够启迪人本具佛性的一切情境"活句"中去参悟。

---

① 《卍续藏经》第82册，《五灯会元·德山缘密禅师》，第935页。
② 《卍续藏经》第47册，第870页中。

4. 摒弃心意识去参话头

"众生无始时来，为心意识之所流转，流转时浑不觉知。故佛在般若会上，说诸法空相，谓眼耳鼻舌身意，色声香味触法，皆空徒有名字而已。到究竟处，名字亦空，空亦不可得。若人夙有善根种性，只向不可得处，死却心意识。"① 心意识是指：人本具佛性，却为世尘所蔽而生的妄念幻识。而分别心和执着心，乃是众生心意识所衍生。分别心，即分别诸事万物之二边，远离中道，而堕于一边。执着心，即执着我法，昧于空性。大慧宗杲指出，参修看话禅，只向不可得处参究话头，不死却心意识，则无由解脱。

大慧宗杲答王教授（大受）："不识左右别后，日用如何做工夫。若是曾于理性上得滋味，经教中得滋味，祖师言句上得滋味，眼见耳闻处得滋味，举足动步处得滋味，心思意想处得滋味，都不济事。若要直下休歇，应是从前得滋味处，都莫管他，却去没捞摸处、没滋味处，试着意看。若着意不得，捞摸不得，转觉得没把柄捉把，理路、义路、心意识都不行，如土木瓦石相似时，莫怕落空，此是当人放身命处。不可忽！不可忽！聪明灵利人多被聪明所障，以故道眼不开，触途成滞。众生无始时来，为心意识所使，流浪生死，不得自在。果欲出生死、作快活汉，须是一刀两段，绝却心意识路头，方有少分相应。故永嘉云：'损法财、灭功德，莫不由兹心意识，岂欺人哉。'顷蒙惠教，其中种种趣向，皆某平昔所诃底病，知是般事，飏在脑后。且向没巴鼻处、没捞摸处、没滋味处，试做工夫看。如僧问赵州，狗子还有佛性也无，州云：无。寻常聪明人，才闻举起，便以心意识领会抟量引证，要说得有分付处。殊不知，不容引证，不容抟量，不容以心意识领会。纵引证得、抟量得、领会得，尽是髑髅前情识边事，生死岸头定不得力。"②

参禅之人把心意识比作"家亲作祟"，意谓此"家亲"血脉相连，断骨断筋，难断血脉，容易被它暗算。若无舍得性命之心志，很难出它的毒手。所以，大慧宗杲经常教诫学人，在看话头时要摒弃心意识，以无所得心，向"绝分别、破执着、灭理路处"用功夫。

做功夫处，即举看话头。只是寻常聪明人，才闻举起，便以心意识领会抟量引证，要说得有分付处。殊不知，不容引证，不容抟量，不容以心意识领会。"但向平

---

① 《大正新修大藏经》第47册，《大慧普觉禅师法语·示妙证居士（聂寺丞）》，第893页下。
② 《大正新修大藏经》第47册，第934页中、下。

昔心意识凑泊不得处，取不得处，舍不得处，看个话头。僧问云门：'如何是佛？'门云：'干屎橛。'看时不用将平昔聪明灵利思量卜度，拟心思量，十万八千未是远。莫是不思量、不计较、不拟心便是么。"①看个话头，亦是在一切行事意境处。

大慧宗杲示太虚居士（邓直殿伯寿）："伯寿，但日用行住坐卧处，奉侍至尊处。念念不间断，时时提撕，时时举觉。蓦然向柏树子上，心意识绝气息，便是彻头处也。"②心意识绝断，便是看话头彻透开悟处。

大慧宗杲还应新淦县众官请普说："如今聪明灵利底人，不能便悟。病在于何，却为心意识先行，被心意识障却自己光明，塞却行路，进步不得。"③士大夫大多聪明伶俐，善于思维，心意识强于一般人，凡事总是以心意识来分别，参看话头时，也不会真实地做功夫。殊不知佛法不可思议，唯证方知，心意识终是虚妄，自是进步不得。

"聪明利智之士，往往多于脚根下蹉过此事。盖聪明利智者，理路通，才闻人举着个中事，便将心意识领览了。及乎根着实头处，黑漫漫地不知下落，却将平昔心意识学得底引证，要口头说得到，心里思量计较得底，强差排，要教分晓。殊不知，家亲作祟，决定不从外来。……心意识之障道，甚于毒蛇猛虎，何以故？毒蛇猛虎尚可回避，聪明利智之士，以心意识为窟宅，行住坐卧未尝顷刻不与之相酬酢，日久月深，不知不觉与之打作一块。亦不是要作一块，为无始时来，行得这一路子熟，虽乍识得破，欲相远离亦不可得。故曰：'毒蛇猛虎尚可回避，而心意识真是无尔回避处。'"④大慧宗杲大声疾呼：心意识之障道，甚于毒蛇猛虎，毒蛇猛虎尚可回避，而心意识真是无有回避处。自恃聪明伶俐之人，尚不猛醒，参看话头终不得到彻头处。

"拟将心意学玄宗，状似西行却向东。临济云：尔但歇得念念驰求心，则与释迦老子不别。"⑤大慧宗杲教诫学人，摒弃心意识看话头，亦是方便之药语，不得作实有之定法来理会。

5. 寻常处、居家处，时时看话头

看话头要在寻常生活劳作、饮食起居和僧堂行益时，在能够启迪人的情境"活

---

① 《大正新修大藏经》第 47 册，第 937 页下。
② 《大正新修大藏经》第 47 册，第 910 页上。
③ 《大正新修大藏经》第 47 册，第 884 页中。
④ 《大正新修大藏经》第 47 册，第 897 页中。
⑤ 《大正新修大藏经》第 47 册，第 903 页中。

句"中去参悟。看个话头,摒弃心意识,亦是在一切行事意境处。概言之,看话禅是要在寻常行思处,时时参究话头。这其中有两层含义:一是不仅仅在参禅时,而且在寻常生活劳作中都时时参究话头,若只守于参禅时看话头,则在用功夫时,行路狭窄,进步维艰;二是在一切能启开智慧的意境中看话头,往往会随缘触境,豁然透悟。

"但向十二时中四威仪内,时时提撕,时时举觉。狗子还有佛性也无?云:无。不离日用,试如此做工夫看,月十日便自见得也。一郡千里之事,都不相妨。古人云:'我这里是活底祖师意,有甚么物能拘执他。'若离日用,别有趣向,则是离波求水,离器求金,求之愈远矣。"①道无处不在,无时不存,无论众人身处何境地,它一刻都没有离开过众生。大慧宗杲为此要求学人,每天十二时辰,行、住、坐、卧四威仪中,看个话头,时时提撕,时时举觉。活的祖师意,自在寻常日用中。若离开日用,别处去参究话头,则是离波求水,离器求金,求之愈远。

大慧宗杲开示吕机宜(舜元):"一心一意向自己脚跟下理会,生从何处来,死向何处去,既不知来处,又不知去处。现今历历孤明,与人分是非、别好丑底,决定是有是无,是真实是虚妄,直待到如人饮水,冷暖自知,不向他人口头受处分。忽然喷地一发,到究竟安乐大休大歇处,方始自肯。"②

他强调指出,在寻常日用中参看话头,要注重自证体验,一心一意向自己脚跟下理会。佛法不可思议,禅法难以言表,必须要自己去证悟。凡事只有自己亲身经历过,才知其真伪、是非和有无,待到忽然参透,就如人饮水,冷暖自知了。

"平昔学道,只要于逆顺界中受用。逆顺现前而生苦恼,大似平昔不曾向个中用心。祖师曰:'境缘无好丑,好丑起于心。心若不强名,妄情从何起?妄情既不起,真心任遍知。'请于逆顺境中,常作是观,则久久自不生苦恼。苦恼既不生,则可以驱魔王作护法善神矣。"③学人寻常看话头时,临到逆顺境界现前一点也不得受用,那就会徒生苦恼,阻碍用功夫。大慧宗杲为此告诫学人,不要苛求环境,要把一切顺逆境界作是观。顺境让人惰,逆境使人退,所以逆顺境,亦是因心而起,亦随心而转。心若不强名,妄情和苦恼也无从可起。

---

① 《大正新修大藏经》第 47 册,第 921 页下。
② 《大正新修大藏经》第 47 册,第 902 页上。
③ 《大正新修大藏经》第 47 册,第 939 页下。

大慧宗杲注重在寻常日用中看话头，他认为："俗人在火宅中，四威仪内与贪欲嗔恚痴为伴侣，所作所为，所闻所见，无非恶业。然若能于此中打得彻，其力却胜我出家儿百千万亿倍。"① 所以他主张，士大夫及在家居士，不必一定要出家在寺院里参禅，在家和职分上时时处处去参看话头，甚或是比出家更好的参禅修行方式。

大慧宗杲还指出："昼三夜三，孜孜矻矻，茶里饭里，喜时怒时，净处秽处，妻儿聚头处，与宾客相酬酢处，办公家职事处，了私门婚嫁处，都是第一等做工夫、提撕举觉底时节。昔李文和都尉，在富贵丛中参得禅，大彻大悟。杨文公参得禅时，身居翰苑。张无尽参得禅时，作江西转运使。只这三大老，便是个不坏世间相而谈实相底样子也。又何曾须要去妻孥，休官罢职，咬菜根，苦形劣志，避喧求静，然后入枯禅鬼窟里作妄想，方得悟道来？不见庞居士有言：'但自无心于万物，何妨万物常围绕。铁牛不怕师子吼，恰似木人见花鸟。木人本体自无情，花鸟逢人亦不惊。心境如如只这是，何虑菩提道不成。'"②

大慧宗杲这一主张，深受士大夫及在家居士的欢迎，吸引了大量士大夫、文人和在家居士踊跃参禅修行。两宋以来，官僚士大夫和文人与禅门高僧交往甚密，如黄庭坚与灵源，苏轼与佛印，张商英（无尽）与圆悟克勤等，不胜枚举。与大慧宗杲交从甚密的侍郎张九成、丞相李邴、学士吕本中等，更是经常登堂入室，畅谈酬唱，参禅论道。

集中体现大慧宗杲禅法思想的《大慧普觉禅师书卷》，绝大多数都是回复士大夫和文人的书信。在大慧宗杲的主张倡导下，看话禅法吸引了士大夫文人阶层，居家参禅看话头，形成了士大夫文人参禅的普遍社会现象，使士大夫禅学成为禅宗不可或缺的重要组成部分。其影响更是扩展到全社会广大在家居士，渗透到社会各阶层，形成看话禅缁素信众遍及天下之大观。这对于杨岐派乃至禅宗的弘扬发展，具有非常积极的推进作用和深远影响。

6. 以悟为则，随缘放旷，任性逍遥

"古德有言：研穷至理，以悟为则。若说得天华乱坠，不悟总是痴狂外边走耳，勉之不可忽。"③ 大慧宗杲认为"以悟为则"是看话头的准则和最终目的。

---

① 《大正新修大藏经》第 47 册，第 894 页中。
② 《大正新修大藏经》第 47 册，第 899 页下、第 900 页上。
③ 《大正新修大藏经》第 47 册，第 941 页下。

何为悟？佛陀拈花，迦叶微笑，遂云："吾有正法眼藏、涅盘妙心，分付于汝。佛法不可思议，悟亦自证，不可言表。""群惑既破，则人人脚根下大事洞明。大事既明，则十二时中，折旋、俯仰、弹指、謦咳，无非佛之妙用。既是佛之妙用，则不从人得；既不从人得，亦不在己躬；既不在己躬，则内不放出、外不放入；既外不放入，则外息诸缘，内不放出，则内心无喘；既内心无喘，外息诸缘，则一切智通无障碍；既无障碍，则一切智智清净，无二无二分，无别无断故，正当恁么时。"① 破除了本心所染世间诸惑，泯灭了分别心、执着心，无二无二分，无别无断故，清净无碍，若强为言说，是名为"悟"。

正当恁么时，"行住坐卧，但时时提撕，蓦然喷地一发，方知父母所生鼻孔只在面上"②，提来撕去，蓦然看清了真实的"自我"。

大慧宗杲还反复强调，在看话头的过程中不能将心待悟。"时时以话头提撕，莫求速效。穷研至理，以悟为则。然第一不得存心等悟，若存心等悟，则被所等之心障却道眼，转急转迟矣。"③ 这种不以迷悟为念的思想，是六祖慧能"无念"之旨的新发挥。在看话头时，执悟为念，欲求速悟。这样一来，不是欲速而不达，饥不择食而误入邪门，就是沉溺于参途风光以为究竟，不得解脱。

"举话时，都不用作许多伎俩，但行住坐卧处，勿令间断，喜怒哀乐处，莫生分别。举来举去，看来看去，觉得没理路、没滋味、心头热闷时，便是当人放身命处也。记取！记取！莫见如此境界便退心，如此境界正是成佛作祖底消息也。"④ 参看话头，泯灭了分别心、执着心，令学人如临绝壁悬岩，无可把捉，参到无滋味处、苦恼处、艰难处、绝望处，正是成佛作祖的消息，正是得力的时候，切不可放舍。

看话头而开悟，如人饮水，冷暖自知，不可自欺，亦不可欺人，须是真达不疑之地，如十字街头亲见爹娘一般。更不要问人，若问人，决定是不透。唯时时处处以话头提撕，不弃不舍，才有可能蓦然喷地一发，通透而见本性，从而进入一种自由无碍的境界。

"若得地一下，儒即释，释即儒；僧即俗，俗即僧；凡即圣，圣即凡；我即尔，尔即我；天即地，地即天；波即水，水即波。酥酪醍醐搅成一味，瓶盘钗钏镕成一

---

① 《大正新修大藏经》第47册，第813页中。
② 《大正新修大藏经》第47册，第900页中。
③ 《大正新修大藏经》第47册，第941页下。
④ 《大正新修大藏经》第47册，第933页中。

金，在我不在人。得到这个田地，由我指挥，所谓我为法王，于法自在，得失是非，焉有圭碍，不是强为，法如是故也。此个境界，除无垢老子，他人如何信得及。"①

大慧宗杲所描述的悟时境界，即六祖慧能所说"心悟转法华"，心转万事万物而不为其所转，不以物喜，不以己悲，不为识缚，不为情迷，"随缘放旷，任性逍遥"。

"儒即释，释即儒；僧即俗，俗即僧；凡即圣，圣即凡"之悟境，则是大慧宗杲"世间法则佛法，佛法则世间法"禅法思想的体现。"三教圣人立教虽异，而其道同归一致，此万古不易之义。"②大慧宗杲认为，儒、释、道三教立教虽异，而其道同归一致。"三教圣人所说之法，无非劝善诫恶，正人心术。心术不正，则奸邪，唯利是趋；心术正，则忠义，唯理是从。理者，理义之理，非义理之理也。"③大慧宗杲把禅法与儒家道教的法理，视为殊途同一的世间法。

他也肯定忠孝人伦之情，无事亦须读圣人之书，资益性识。"如何是不坏世间相而谈实相？妙喜为尔说破，有奉侍尊长顺颜色，子弟之职当做者不得避忌，然后随缘放旷、任性逍遥。日用四威仪内，常自检察，更以无常迅速生死事大时时提撕，无事亦须读圣人之书，资益性识。苟能如是，世出世间俱无过患矣。"④这也是大慧宗杲不坏世间相而谈实相、入世出世、随缘放旷、任性逍遥之真谛。

所谓看话禅的六个要法，实则无要法，只是看话禅参看话头的"应病与药"，为表"病"与"药"，而名之为要法。看话禅只是参禅修行的方便法门，"应病与药"时，还须防"执药为病"，此亦为大慧宗杲看话禅精髓之所在。

大慧宗杲是禅宗史上，承前兴后，引领杨岐派走上巅峰的杰出的一代宗师。他倡导的士大夫禅学，成为后世居士佛教的思想先导。他主张"佛法即世间法"，"忠孝人伦"乃世间法，释、儒、道三教"道同归一"的思想，是禅宗与中国传统思想文化有机融汇的典范。由其倡导完善的看话禅，更是禅宗史上影响深远的参禅法门，在中国禅宗思想史上具有非常重要的地位。

纵观禅宗历史，后世禅学基本上承扬了看话禅的思想体系，从这个意义上来说，大慧宗杲的禅法是"上承隋唐，下启明清"的最具创造性的禅学体系。

---

① 《大正新修大藏经》第 47 册，第 932 页中。
② 《大正新修大藏经》第 47 册，《大慧普觉禅师语录》卷二十二。
③ 《大正新修大藏经》第 47 册，第 921 页上。
④ 《大正新修大藏经》第 47 册，第 906 页下、第 907 页上。

第二节　佛照德光及其法系

佛照普惠德光（1121—1203）是大慧宗杲的法嗣弟子，杨岐派第六世大德高僧，有关佛照德光生平行状，《佛祖历代通载》、《佛祖纲目》及《大明高僧传》等有相关记载。

一、生平行状

据《佛祖历代通载》卷二十：

> 径山佛照德光禅师入寂。讳德光，姓彭氏，临江新喻人。父术母袁，梦异僧入室，惊寤有娠。既生，乃祖曰："吾家世积德，乃生此儿，必光吾门，因是命名。年九岁，寇扰辟地于袁之木平寺，有妙应大师，伯华善相，曰："是子伏犀贯顶，出家必作法门梁栋。"时师年十岁，遽失怙恃，伯父循、伯母万，育而教之。年二十有一，闻人诵《金刚经》，忽然通解。归白母曰："适闻诵经，身心欢喜，世间万事真如梦幻。"力恳出家，族不能夺。遂散家赀，第存度牒僧具，余悉以予其族。诣同邑光化禅院主僧足庵处发。①

佛照德光（1121—1203），俗姓彭，名德光，临江新喻人（江西新余）。10岁时，父母双亡，由伯父母扶养教育。时年21岁，闻人诵《金刚经》，忽然有一种通达解悟之感。回来后，即跟伯母说："刚才闻诵经，身心欢喜，忽悟世间万事真如梦幻。"并极力恳求出家，族人不能定夺。佛照德光出家之志坚定不移，即散卖家财，除了添置度牒、僧具的花费外，其余财产悉数散发给族人，遂到新喻县光化禅院出家，住持足庵禅师为其落发。

（一）参游闽赣，契悟大慧

不久，足庵禅师遂携德光入闽。"足庵寓福之西禅，谓之曰：'是行，为子择所依，东禅月庵善果具衲僧眼。'子依之，时复省吾足矣。"②佛照德光经足庵禅师举荐，

---

① 《大正新修大藏经》第49册，第694页中。
② 《大正新修大藏经》第49册，第694页中、下。

转投月庵禅师，月庵禅师勘验德光后，即令佛照德光参堂。"次谒月庵杲应庵华百丈震，皆无所入。"①佛照德光依月庵后，还先后参谒百丈道震禅师和饶州天台寺应庵昙华禅师，觉禅学长进不大。"是时老宿多在闽中，如妙湛佛心圆觉，望重丛林，师悉参扣遍历五十余员善知识。"②当时，为避战乱，禅林大德高僧多住福建寺院，佛照德光皆礼参拜谒，悉参扣遍历50多位禅林高僧，仍自觉未省悟。

佛照德光的彻悟，是在参依大慧宗杲后。"末后见大惠于育王，举：'唤作竹篦则触，不唤作竹篦则背，不得向举处承当，不得向意根下卜度，速道速道'。师云：'杜撰长老如麻似粟。'惠云：'你是第几个。'师云：'今日捉败者老贼。'次年佛涅日，因顶谒次，自念佛常住法身何有生灭，头未至地，忽然契悟。遽告大惠，惠云：'你者回彻也。'"③

佛照德光听说自己所崇仰的大慧宗杲禅师住持明州（今宁波）阿育王寺，即投大慧门下，经大慧宗杲接引磨砺，终于豁然彻悟，得大慧宗杲印可，为其嗣法弟子。"惠再主径山，拉以偕往阅夏。暂至蒋山省应庵，庵称赏不已，谓人曰：'光兄顿出我一头地。'乃移书与李侍郎浩曰：'光兄自径山老叔印可，如虎插翅。'留月余而归。大慧说偈以顶相付师曰：'有德必有光，其光无间隔，名实要相称，非青黄赤白。'"④大慧宗杲再住径山时，带佛照德光一起去径山，佛照德光的禅法得以精进，大慧宗杲以自像题赞偈付德光，佛照德光已是大慧宗杲赞许的门下高足，在禅林的声望渐盛。

（二）道契王臣，杨岐兴盛

"乾道丁亥，李侍郎分符天台，与师论道相契，以鸿福延之及迁郡之天宁，衲子云集。"⑤南宋孝宗乾道三年（1167），台州（今浙江临海）知州侍郎李浩与佛照德光谈禅论道十分投机，便请佛照德光住持临海鸿福寺，后又迁住天宁寺主法。佛照德光禅法精进，声誉日盛，四方僧人云集天宁寺。

佛照德光卓有建树的转折点，始于宋孝宗皇帝诏德光禅师住持灵隐寺。"淳熙三

---

① 《大正新修大藏经》第50册，第921页下。
② 《大正新修大藏经》第49册，第694页下。
③ 同上。
④ 同上。
⑤ 同上。

年,诏住灵隐寺,遣使降香开堂,恩宠优渥。是冬召对便殿,问佛法大意,师敷奏直截帝大说,留禁中观堂五宿,两赐御颂,特赐佛照禅师之号。"[1]淳熙三年(1176),德光禅师为帝说禅讲法,甚为契机,孝宗皇帝大悦,两赐御颂,特赐佛照禅师之号。翌年冬,再召入内问法,深得恩宠和优渥。"七年育王虚席,露章乞老,得请东归。又承圣问圆觉四病,冬召见便殿。绍熙改元,孝宗御重华宫召见,奏对逾时。四年,被旨住径山,抗奏辞免,孝宗曰:'欲速相见郡将。'坚请不容辞。二月,望宣见于重华。自后两赐圣问,应机而答,天颜皆悦。庆元元年春,复请老,祈恳再三,诏从之。师在观堂也,驾时时临幸,舆以小辇,侍卫二十余人。至则促席而坐,或起行并立,欢如平生。"[2]

佛照德光住持灵隐五年,侍应孝宗皇帝参禅讲法,帝以师礼相待。淳熙七年(1180),奉诏命入住明州阿育王寺。光宗绍熙四年(1193),受旨住持杭州径山寺。宁宗庆元元年(1195)春告老隐退于东庵,帝驾时时临幸问禅。自淳熙三年(1176)起,在这20多年里,佛照德光应孝宗皇帝宣见赐圣问,应机而答,帝颜皆悦。帝驾时时临幸,至则促席而坐,或起行并立,欢如平生。似此当朝皇帝与禅师参禅论道甚密弥久,实为罕见。

佛照德光与宫廷士大夫也常有参访,名公贵卿多从其游,与参知政事范成大、左丞相周必大和大诗人陆游等交从甚密。范成大访阿育王寺,即兴挥笔作诗四首赠佛照德光,佛照德光将范成大的诗和宋孝宗赐给他的诗颂一起刻入石碑。日本京都东福寺的开山祖师圆尔辩圆,来宋朝参学宋时得其拓本,后带回日本,现原拓珍藏于日本皇室宫内厅书陵部。陆游为《佛照禅师语录》作序,盛赞:"拙庵之道,栋梁大法,无语可也。拙庵之语,雷霆百世,无录可也。"[3]佛照德光逝后,周必大亲作《圆鉴塔铭》,给予佛照德光很高评价,称其:"续佛慧命,必有其人,其人谓谁,佛照禅师是也。"

"师谓育王产薄,不足赡众,遂以所赐及王臣长者所施之资置田,岁增谷五千。国史陆游为记其事。师创数椽以自处,号曰东庵,掩关自娱,接人不倦,时许衲子入室。"[4]佛照德光住育王寺时,力辞不受孝宗宣赐的三万贯财物,归寺为用,遂以所

---

[1] 《大正新修大藏经》第49册,第694页下。
[2] 《大正新修大藏经》第49册,第694页下、第695页上。
[3] 〔南宋〕陆游著:《陆放翁全集》,中国书店出版社,1986年。
[4] 《大正新修大藏经》第49册,第695页上。

赐及王臣长者所施之资财,全用于育王寺置田,岁增谷五千担。陆游作《明州阿育王山买田记》一文,褒扬佛照禅师道行高尚,倾尽所有买田养寺农禅并作之举,反对寺院"不耕而食,既饱而嬉,厉民以自养"之风。晚年,佛照德光自搭建简居,号东庵,掩关期间仍接引学人不倦。时许僧人入室问禅参学,接引扶掖后学不已,其法脉得以绵延兴盛。

"嘉泰癸亥三月,告众曰:'吾世缘将尽。'至十日,询问左右曰:'今日月半也。'对曰:'然。'又二日,索纸作遗书。与平昔所厚者二十,早集众叙别,皆法门之旨要,无半语及他事。索浴更衣大书云:'八十三年弥天罪过,末后殷勤尽情说破。'跌坐而逝,弟子塔全身于庵后。僧腊六十,请谥于朝,敕谥普惠宗觉大禅师,塔曰圆照。"[①] 南宋嘉泰三年（1203）,佛照德光跌坐而逝。据此,佛照德光普惠宗觉大禅师,生于北宋宣和三年（1121）,世寿83,僧腊60。

佛照德光普惠先后住持天宁寺、灵隐寺、阿育王寺和径山寺等名刹大院,与朝廷关系密切。孝宗皇帝在位27年及为太上皇四年期间,每宣诸禅林长老说禅论道,为佛照德光普惠最为知遇。《古尊宿语录》收《佛照禅师奏对录》一卷,其门下弟子集编《佛照光和尚语要》一卷行世。

二、主要成就

佛照德光在大慧的座下参"竹篦"话头而彻悟,其禅法基本承袭大慧宗杲的看话禅,同时也继承了自菏泽神会以来的传统,主张"顿悟渐修",即在"顿悟成佛"的同时,还要参禅行道。其所以朝野盛名,在杨岐派史上具有重要地位,主要取决于两个方面的成就。

（一）获朝廷支持,振兴杨岐派

两宋时期,朝廷对佛教采取了既不盲目崇奉也不过分抑制的基本政策。在这期间,杨岐派经佛果克勤、大慧宗杲等高僧大德弘扬发展,已成为禅宗的主流宗派,禅宗也逐渐成为佛教中影响最大的宗派。杨岐派乃至禅宗的兴盛发展,取得朝廷王臣的支持,可说是重要的因素。

"佛照禅师与上神交道合,频奉诏旨,屡宿观堂,并曰:'此一时之际遇也。'"[②]

---

① 《大正新修大藏经》第49册,第695页上。
② 《卍续藏经》第76册,《历朝释氏资鉴·宋下》。

在中国佛教史上，当朝皇帝崇奉佛教，宣诏高僧进宫讲经说禅并加褒奖赐赏的并不少见，但像佛照德光与孝宗皇帝关系这样密切长久的，却是罕见。宋孝宗崇佛尚禅，自佛照德光住持灵隐寺，亲诏进宫为之说禅论道，两相禅机契洽，如遇知音。后佛照德光诏迁住明州阿育王寺，宋孝宗仍时时驾临，视佛照德光为师，问禅不已。"四年被旨住径山，抗奏辞免。孝宗曰：'欲速相见郡将。'坚请不容辞。"① 可见，宋孝宗对佛照德光已是只欲速相见，关系密切不同一般。

佛照德光是杨岐派第六世大德高僧，宋孝宗对佛照德光崇信有加，朝廷各方面扶持杨岐派，大大提升了杨岐派在禅林和朝野的地位和影响力，形成了"临天下"之势。佛照德光在其中起了不可忽视的作用，功不可没。

还须一提的是，据本书前文论证，加以本节阐述，杨岐派祖庭更名为"普通寺"，很可能是佛照德光普慧宗觉大禅师所为。

（二）法脉繁衍，远播东瀛

"明河曰：南渡后，宗师唯妙喜老子，得人为多，开堂说法，显然为天人师者，不下数十人，然皆不数传寂寂矣。能使道脉长永，枝叶繁茂，不忝师门传受，唯师一人而已。古称妙喜，能大圆悟之门。愚谓：妙喜之得师，犹圆悟之得妙喜。《续灯》举妙喜之嗣，契悟广大者九人，师不与焉，已失其鉴。至谓弟子之超卓者，又蚤世不使久开法，俾法嗣广布，然则师岂非超卓而夭者耶。噫！所谓瞋目而不见泰山也。"② 释明河对佛照德光的评述可谓中肯，大慧宗杲法嗣广布，超卓弟子虽多，然皆不数传而寂寂矣，能使大慧宗脉长久、枝叶繁茂，主要是佛照德光法系。

远播东瀛，则是指南宋时期佛照德光禅法传播日本的一段史实。杨岐禅法东渐日本，始于睿山觉阿、大日能忍等日僧。大日能忍为日本"达磨宗"始祖，为了使达磨宗获得正宗法脉，得到日本佛教界承认，日本文治五年（南宋淳熙十六年，1189），大日能忍派弟子练中、胜弁二人为代表来中国，怀藏能忍悟道后所写诗偈，拜谒佛照德光大师，期望得其印可。

　　德光感其精诚，当即给与印可，并赠达磨像、德光本人顶像及赞文。
　　达磨像的赞文曰："直指人心，见性成佛。太华擘开，沧溟顿竭。虽然

---

① 《大正新修大藏经》第49册，第695页上。
② 《卍续藏经》第77册，《补续高僧传·佛照德光禅师》。

接得神光,争奈当门齿缺。"

其赞文之后记曰:"日本国忍法师远遣小师练中、胜弁来求达磨祖师遗像。大宋国住明州阿育王山法孙德光稽首致赞。己酉醇十六年六月初三日书(印)"

德光的顶相的自赞文则曰:"这村僧无面目,拨转天关,掀翻地轴。忍师脱体见得亲,外道天魔俱窜伏。"

其赞文之后记曰:"日本国忍法师远遣小师练中、胜弁到山问道,绘予幻质求赞。己酉淳熙十六年六月初三日大宋住明州阿育山拙庵德光题。(印)"[①]

大日能忍得佛照德光印可,成其法嗣弟子,即为杨岐派七世弟子。禅宗东渐日本后,虽然达磨宗在日本很长的历史时期被边缘化,但在日本禅宗发展史中仍然有着特殊的地位。正是在大日能忍等先行者的努力下,日本禅宗终成大气候。在日本禅宗二十四宗派中,大多为杨岐派法系,佛照德光作为杨岐禅法初传日本的大德高僧之一,载入禅宗史册。

三、德光法系

佛照德光普惠宗觉禅师弟子众多,得度者120余人,名公贵卿多从师游,海东国人往往望风归散。[②]其法系主要有北涧居简、育王如琰、妙峰之善三大支系,法裔延及五世,在元、明都出现过许多名僧。

(一)育王如琰法系

育王如琰(1151—1225),宁海人,俗姓国。佛照德光弟子,杨岐派第七世高僧。15岁,出家净土院,18岁祝发,31岁得法于佛照德光。出世开法于南剑州含清,先后住持越州能仁寺、明州光孝寺、建康蒋山、天童寺,嘉定十一年(1218)迁住径山。嘉定十七年(1224),宋宁宗赐号佛心禅师。宝庆元年(1225)圆寂,世寿75。

门人弟子众多,名僧辈出。弟子大川普济,南宋著名禅僧,著有《五灯会元》传

---

① 张文良:《日本的达磨宗与中国禅宗》,《佛学研究》,2007年第1期。
② 〔宋〕周必大撰:《文忠集·圆鉴塔铭》。

世。二传弟子云峰妙高,与元世祖论禅,得以平息教禅之争。

(二)妙峰之善法系

妙峰之善(1152—1235),吴兴人,俗姓刘,生于豪门世家。13岁出家,参佛照德光,悟旨得印可,杨岐派第七世高僧。出世开法于慧因寺,先后住持鸿福寺、万年寺、明州瑞岩、苏州万寿寺,绍定五年(1232)住持灵隐寺。端平二年(1235)圆寂,世寿84岁。

二传弟子元叟行端,受元仁宗礼敬,颇具声名。三传弟子楚石梵琦,明初朝野誉为"国初第一等宗师"。四传弟子有明代文琇、宋濂、道衍姚广孝等,皆一代英杰。

(三)北涧居简法系

北涧居简(1164—1246),潼川通泉人,俗姓龙,字敬叟,生于业儒世家。21岁剃度受具,后游方南方,参佛照德光得印可,杨岐派第七世高僧。嘉泰三年(1203)出世开法于台州般若寺,嘉定二年(1209)住持台州报恩寺,住持报恩寺六年后,隐居飞来峰北涧十年。宝庆二年(1226),出山先后住持湖州铁佛寺、西余大觉寺、圆觉寺、宁国彰教寺、常州显庆寺、碧云寺、平江慧日寺。嘉熙三年(1239)起,二度住持杭州净慈寺。淳祐六年(1246)寂灭,世寿83。

度众无数,嗣法弟子150人,以物初大观法系影响最大。居简法系繁衍,名僧辈出,三传弟子笑隐大䜣为元代有名禅僧。

第三节 虎丘绍隆及其法系

圆悟克勤法嗣下,主要有大慧宗杲法系和虎丘绍隆法系。大慧宗杲虽法嗣广布,能使大慧宗脉长久、枝叶繁茂,主要是佛照德光法系,但其传五世后亦渐沉寂。而虎丘绍隆法系绵延近千年,名僧辈出,明清以后,杨岐派弟子大多都出于此法系。

南宋时期,虎丘绍隆法系的传承为:虎丘绍隆传应庵昙华,应庵昙华传密庵咸杰。密庵咸杰法嗣较广,主要为破庵祖先、松源崇岳和痴绝道冲三大法系。

祖先系不仅繁衍兴盛,且出无准师范等著名高僧。无准师范门下有雪岩祖钦和日僧圆尔辩圆,以及宋元之际的高峰原妙、中峰明本等著名高僧,这一系在把禅宗传向日本起到了突出作用。其时,德光法系影响已不及祖先系,且真正传承发扬大慧宗杲"看话禅"的亦是祖先系,元代南方最著名的禅师大都出于这一系。

松源崇岳系也有虚堂智愚、石溪心月、虚舟普度以及兰溪道隆等高僧辈出,法系繁衍,其影响力也较大。

一、虎丘绍隆

虎丘绍隆是杨岐派第五世高僧,虎丘派之祖。《嘉泰普灯录》卷十四、《五灯会元》卷十九、《续传灯录》卷二十七、《补续高僧传》卷十、《佛祖历代通载》等资料记载了其生平。

(一)生卒考证

据《嘉泰普灯录》卷十四:

平江府虎丘绍隆禅师

和之含山人也。九岁谢睹,居佛慧院。逾六年,得度受具。又五年,荷包谒长芦净照信禅师,得其大略。有传圆悟语至者,师读之,叹曰:"想酢生液,虽未浇肠沃胃,要且使人庆快,第恨未聆謦欬耳。"遂由宝峰依湛堂,客黄龙叩死心,其机语妙出一时。即至夹山,闻悟移道林,师随往。一日,入室,悟问曰:"见见之时,见非是见,见犹离见,见不能及。"举拳曰:"还见么。"云:"见。"曰:"头上安头。"师闻,脱然契证。悟叱曰:"见个甚么?"云:"竹密不妨流水过。"悟肯之。自此旦旦不忘,二十年尽圆悟之妙。归邑,继住城西开圣。建炎之扰,乃结庐铜峰之下。郡守尚书李公光延居彰教,四年,徙虎丘,道化益盛。①

又据《嘉泰普灯录》卷十四:

---

① 《卍续藏经》第79册,《嘉泰普灯录》。

平江府虎丘绍隆禅师

　　绍兴丙辰,感微疾,白众曰:"当以首座宗达承院事,请于郡从之。"乃书偈而逝,五月八日也,塔全躯于寺之西南隅。住世六十有五,坐夏四十有五。①

　　若据此说,虎丘绍隆世寿65,但有几点存疑处需论证。

　　一是,此《灯录》上已记载,绍隆15岁受具足戒,"坐夏四十有五",则其世寿应为60。这里,有可能是将绍隆20岁离家出外参游,误计为坐夏之始。二是,南宋左朝奉司农少卿徐林撰《临济正传虎丘隆禅师碑》(后简称为《碑铭》)记有:"实绍兴六年丙辰岁,五月甲午八日乙亥也,建塔于山之阳。凡住世六十年,坐四十五夏。度弟子复如等六十人。"此《碑铭》应不迟于《嘉泰普灯录》刊行之时,且又是绍隆禅师弟子亲叙,请徐林撰此《碑铭》,应为可靠可信。鉴于此,虎丘绍隆应生于北宋熙宁十年(1077),逝于南宋绍兴六年(1136),世寿60。除《嘉泰普灯录》外,其他资料均记载此说,"住世六十有五"之说并不成立。

　　虎丘绍隆(1077—1136),和州含山(今安徽省含山县)人。9岁即于本邑佛慧院出家,15岁受具足戒。

(二)依止克勤,开山虎丘

　　虎丘绍隆20岁时,开始游方参学,首参云门宗第七世长芦崇信禅师。在信禅师处,偶阅圆悟克勤禅师开示录,感觉就像一想到醋就生口液,令人畅快,即生移止圆悟克勤之心。其后,他又先后到湛堂文准禅师和黄龙死心禅师处参学。

　　数年后,闻圆悟克勤禅师住夹山(湖南)灵泉禅院,虎丘绍隆便前往参谒。不久,圆悟克勤移住道林,虎丘绍隆随同前往。"(癸巳)克勤禅师传法绍隆。"②虎丘绍隆于政和三年(1113),在圆悟克勤处脱然契证,得圆悟克勤印可,为其法嗣弟子,圆悟克勤命虎丘绍隆为藏主。"有问圆悟曰:'隆藏主柔易如此,何能为哉?'圆悟曰:'瞌睡虎耳。'及住虎丘,道大显著。"③政和七年(1117),圆悟克勤迁住蒋山,虎丘绍隆紧随圆悟克勤前往,圆悟克勤命虎丘绍隆为首座,分座训徒。

---

① 《卍续藏经》第79册,《嘉泰普灯录》。
② 《卍续藏经》第85册,《佛祖纲目》卷三十七,第745页上。
③ 《卍续藏经》第83册,《罗湖野录》卷下,第390页中。

宣和六年（1124）十二月，圆悟克勤奉诏住天宁。虎丘绍隆紧随圆悟克勤十余年，斧搜凿索，尽得其妙。"师以二亲垂白，归寓乡郡褒禅寺。盖修摩耶忉利故事也，继受请住城西之开圣寺，四众翕然归仰。"①虎丘绍隆念家中双亲年迈，辞别圆悟克勤，回故乡弘法。圆悟亲书数则付虎丘绍隆，以表法嗣。

虎丘绍隆回故乡后，寓居乡郡褒禅寺。南宋建炎元年（1127），应请住持开圣寺，开堂为圆悟克勤燃香，表明嗣法于圆悟克勤，不忘师恩。

"建炎之乱，盗起淮上，乃南渡。宣城士庶素钦师名，为结庐铜峰下。适彰教虚席，郡守李尚书光延师居之，道化益振。四年，而迁虎丘。时圆悟以时未平，泛峡归蜀，曩之同参辐辏川奔，一时后生望山而趋。师每登座，从容示露，一味平等，随根所应，皆惬其欲。故圆悟之道，复大播东南，诸方谓圆悟如在也。"②虎丘绍隆为避建炎之乱，乃由淮南渡，先后结庐铜峰下，应郡守李尚书之请住持彰教寺四年。绍兴三年（1133），住持虎丘，禅法益振，大播圆悟克勤之法于宋之东南，遂成虎丘法系。

门人嗣瑞编纂《虎丘隆和尚语录》一卷，明神宗万历二十年（1592）刊行，收于《万续藏》第 120 册。

按《碑铭》所记，虎丘绍隆度弟子复如等 60 人。虎丘绍隆门风孤峻，门下高足天童应庵昙华传其法至密庵咸杰。密庵咸杰门下著名弟子主要有破庵祖先、松源崇岳以及痴绝道冲，这三法系龙象蹴踏，传衍近千年。

虎丘绍隆在杨岐派史上，具有重要地位。这主要是他作为虎丘派法系的开山祖师，其系高僧辈出，枝繁叶茂，绵延近千年，其法系的众多中日禅僧曾传法于日本，大震杨岐派。

二、天童应庵昙华

天童应庵昙华（1103—1163），虎丘绍隆最著名的得法弟子，为杨岐派第六世高僧。其生平见录于《嘉泰普灯录》卷十九、《佛祖历代通载》卷二十、《释氏稽古略》卷四、《续传灯录》卷三十一等资料。

据《嘉泰普灯录》卷十九：

---

① 《大正新修大藏经》第 49 册，第 686 页下。
② 《大正新修大藏经》第 49 册，第 686 页下、第 687 页上。

庆元府天童应庵昙华禅师

黄梅人，族江氏。生而奇杰，年十七，往东禅院去发。首依水南遂禅师，染指法味。因遍历江湖，与诸老激扬，无不契者。至云居，礼圆悟禅师，悟一见，痛与提策。及入蜀，指见彰教。教移虎丘，师侍行，未半载，顿明大法。去谒此庵，分座连云。处守以妙严请开法，继住衢之明果、蕲之德章、饶之报恩、荐福、婺之宝林、报恩、江之东林、建康之蒋山、平江之万寿。两住南康归宗，后居天童。①

再据《嘉泰普灯录》卷十九：

庆元府天童应庵昙华禅师

隆兴改元。六月十三奄然而化，春秋六十有一，夏腊四十有三。塔全身于院之西麓。②

据此，天童应庵昙华禅师（1103—1163），南宋蕲州黄梅（今湖北黄梅县）人，俗姓江，号应庵，年17岁，于本邑之东禅院出家。"明年为大僧，又明年杖锡参访。"③应庵昙华18岁受具足戒，19岁出游参访。

首参曹洞宗水南遂禅师，不契而告辞。"闻得圆悟住云居，直造会下。凡遇入室，机机相副。得数时，圆悟提起向上巴鼻，竟不能开口。圆悟每向人说：'这个蕲州子，得即得，只是脑后少一锥在。'圆悟归蜀，师祖也要随佗去，圆悟道：'你不须随我去，有呆首座、元侍者、彰教隆藏主见处共老僧一般，但去见佗，必为汝了却大事。'"④应庵昙华参谒圆悟克勤禅师，入室接机虽机机相副，向上尚差一着。圆悟克勤回四川，要应庵昙华去参大慧宗杲、此庵景元和彰教寺绍隆。应庵昙华遂到彰教寺参绍隆，绍隆禅师移住虎丘，应庵昙华侍行前往，虎丘绍隆命其为维那。

一日闻虎丘绍隆举五祖法演"牵牛过窗、尾巴末过"话头，应庵昙华刚要拟对，被虎丘绍隆当胸一拳，自此打断命根。不到半年，通彻大法，亦明杨岐禅法之玄要。

---

① 《卍续藏经》第 79 册，《嘉泰普灯录》。
② 同上。
③ 《卍续藏经》第 69 册，《应庵昙华禅师语录》。
④ 《卍新续藏经》第 70 册，第 101 页中。

得虎丘绍隆印可，为其得法弟子。

不久，礼辞虎丘绍隆，参谒此庵景元禅师。此庵景元禅师是圆悟克勤最器重高足，宋人称其"元布袋和尚"，享誉丛林。应庵初依圆悟克勤会中，与此庵景元和尚为友。其时，此庵景元和尚住持连云寺，应庵昙华初到，便令作首座，此后应庵昙华相从十余年，分座立僧说法。

绍兴十六年（1146），处州守请应庵昙华出世，住持妙严寺。以后，他先后住持衢州桐山明果寺、蕲州德章安国寺、饶州报恩光孝寺、饶州东湖荐福寺、饶州莞山宝应禅院、婺州宝林寺、婺州报恩光孝寺、江州东林太平兴隆禅寺、建康蒋山太平兴国寺、平江报恩光孝寺，其间两住庐山归宗寺。绍兴三十二年（1162）九月，应庵昙华受明州天童山景德寺之请，退离光孝寺。翌年四月，在天童山景德寺开堂说法。隆兴元年（1163）六月十三日奄然而化。

门下弟子有密庵咸杰、资福守诠、禾山心鉴、居士李浩、南书记、光孝善登、智者满、居士严康朝等八人[①]，唯有密庵咸杰法系延绵传承至今，其他弟子法嗣未见录。

有《应庵和尚语录》二十卷传世。

"师于室中能锻炼耆艾，故世称大慧与师居处为二甘露门。"[②] 应庵昙华禅师禅法道行盛誉禅林，将应庵昙华与大慧宗杲并论，其威望和成就虽无大慧宗杲那样显赫，但也可知其禅林声誉之高。

"径山妙喜禅师，声价隆重，方其显赫，时争屈之下，师执常礼无加损。及其在梅阳，有僧传师垂示语者，妙喜见之，极口称叹。后以偈寄归宗云：'坐断金轮第一峰，千妖百怪尽潜踪，年来又得真消息，报道杨岐正脉通。'其归重如此。"[③] 应庵昙华更得大慧宗杲赞许推重。

大慧宗杲将杨岐正法脉的传承归重于天童应庵昙华，天童应庵昙华不负重托，承前盛后，弘扬杨岐宗法，其嗣法弟子密庵咸杰法系延绵传承至今，这就使天童应庵昙华禅师，垂名杨岐派史册。

---

① 《卍新续藏经》第83册，第31页上。
② 《卍续藏经》第80册，《五灯会元》卷二十。
③ 《卍续藏经》第69册，《应庵昙华禅师语录》卷十。

三、密庵咸杰

密庵咸杰是应庵昙华的嗣法弟子,杨岐派第七世高僧。其生平见录于《密庵咸杰禅师语录》及所附宋葛邲撰《密庵咸杰禅师塔铭》,《嘉泰普灯录》卷二十一、《五灯会元》卷二十等资料亦有记载。

据宋代葛邲撰《密庵咸杰禅师塔铭》记载:

> 密庵得法于应庵华,华得法于虎丘隆,隆得法于圆悟勤,盖临济之正宗、丛林之巨擘也。师讳咸杰,俗姓郑,福州福清人,密庵其自号也。母尝梦灵山老僧入其舍,已而生。师自幼颖悟不凡,每厌尘染,欲求出世间法;及受戒为僧,不惮游行,遍参知识。初谒应庵,孤硬难入,屡遭呵咄,心不退转,久而相契,遂蒙印可。自此道价益喧,人天推出,其分坐而说法,则见于吴门之万寿、四明之天童;其正坐而说法,则见于三衢之乌巨、之祥符,金陵之蒋山,无锡之华藏。①

密庵禅师(1118—1186),俗姓郑,讳咸杰,号密庵,福州福清人。自幼聪颖悟性不凡,17岁出家,受具足戒后,遂行脚云游,遍参大德高僧。初谒应庵禅师,其门风孤峻,虽屡遭呵咄,出世之心仍不退转,久而禅机相契,终获应庵禅师印可,为其嗣法弟子。密庵咸杰遂为吴门万寿寺、四明天童寺的首座,分坐而说法。后应荐请,乾道三年(1167)出世开法,住持衢州西乌山乾明禅院。乾道七年(1171),密庵咸杰住持衢州大中祥符禅寺。乾道八年(1172),住持建康府蒋山太平兴国禅寺。乾道九年(1173),住持无锡华藏禅寺。淳熙元年(1174),住持常州华藏禅寺。

再据宋代葛邲撰《密庵咸杰禅师塔铭》:

> 文彩既彰,声名上达。淳熙四年,有旨住径山,召对选德殿,问佛法大要。开堂灵隐,又遣中使降香,道俗观者如堵。七年,自径山迁灵隐,上亲洒宸翰,询以法要。又遣侍臣,以《圆觉经》中四病为问,师皆以实语对,恩遇甚宠。十一年,归老于天童。十三年六月,忽示微疾。十二日跌

---

① 《大正新修大藏经》第47册,第982页下。

坐而逝。年六十有九，腊五十有二。葬于寺之东。①

密庵咸杰住持乾明禅院等寺院，禅法精湛，声名远播朝野。淳熙四年（1177），诏旨住持径山兴圣万寿禅寺。淳熙七年（1180），奉诏迁住临安灵隐寺。淳熙十一年（1184）正月，归老住天童景德寺。住持三山时，深得宋孝宗恩宠信任，召对宫殿问佛法，亲书询禅法法要，遣侍臣、中使问经降香。朝廷支持，信徒如堵，杨岐派大势临天下。淳熙十三年（1186）密庵咸杰圆寂，葬于寺之东。世寿69，僧腊52。

《禅宗宗派源流》第666页记载其生卒（1110—1186），可能为笔误。

有《密庵咸杰禅师语录》二卷，收入《续藏经》。

密庵咸杰法嗣较广，嗣其法者，破庵祖先、松源崇岳、痴绝道冲等13人，破庵祖先、松源崇岳、痴绝道冲为三大法系，尤以祖先系枝繁叶茂，硕果累累，绵延至今。松源崇岳系在南宋末及元代，亦出虚堂智愚等著名禅僧。其中虚堂智愚在日本有很大名望，其弟子日僧南浦绍明和巨山志源是日本禅宗的著名禅僧，至今，日本禅宗的禅僧前来径山拜谒虚堂智愚的连年不绝，虚堂智愚为杨岐宗法传播东瀛做出了杰出贡献。

"释迦如来，灭度之后，其徒未免囿于名相，至达磨西来不立文字，直指人心见性成佛，而人始知佛之所以为佛也。六传而至大鉴，五宗而得临济，而佛之道益光明盛大，而不可掩矣。临济之宗，直截根源，不涉阶级，全机大用，棒喝齐施。或者喜其路之捷而得之速也，然未免承虚接响，错认话头，拨无因果，生大我慢，却堕邪见，了不觉知。自非有明眼宗师，见处分明，行处稳实，则何以倒用横拈，得大总持炉鞴后学，皆成法器耶。近世卓然杰出了此事者，则天童密庵师也。"②密庵咸杰禅师禅法：远接杨岐方会，直截根源，全机大用，行处稳实；近承虎丘、应庵，话头提撕，看处分明，炉鞴后学，皆成法器。

其宗风："所至之处，举扬宗旨，露裸裸活鲅鲅，七纵八横，无少挂碍。然十二时中，步步皆踏实地。虽不待修证，而修证未尝忘；虽不假精进，而精进未尝息。滴水滴冻，照莹明彻。遂使天下衲子，响合云臻，相遇诸途，则曰：'何不礼师去。'"③世誉之"虎丘之中兴祖师"，可谓实至名归。

---

① 《大正新修大藏经》第47册，第983页上。
② 《大正新修大藏经》第47册，第982页下。
③ 《大正新修大藏经》第47册，第982页下、第983页上。

四、破庵祖先

破庵祖先（1136—1211），为密庵咸杰禅师法嗣高足，杨岐派第八世耆宿高僧。其生平见《增集续传灯录》卷二、《破庵祖先禅师语录·行状》等资料。

据《破庵祖先禅师语录·行状》：

> 师讳祖先，蜀广安新明王氏子。幼警悟，父母继丧。从罗汉院僧德祥出家，时已知教外之意。闻缘老宿者住昭觉，有道行，往归之，一见相投，令奉圆悟庵香火。一日，从方丈前过，缘问："庵头有人么。"师云："无人。"语未竟，缘劈胸与一拳云："你聻。"师忽有省。从而奋励，缘化去，遂出峡，依澧州德山涓禅师，识其为法器，与落发受具。①

破庵祖先禅师，四川广安新明王氏子，讳祖先，号破庵。父母继丧，从罗汉院僧德祥出家。初归昭觉寺缘老宿者，机缘相投而忽有省。他27岁时，出三峡，依澧州（今湖南常德辖区内）德山子涓禅师，落发受具足戒。

又据《增集续传灯录》卷二：

夔州卧龙破庵祖先禅师

> 遍参诸方，至苏之万寿，值雪夜坐，自念行脚十年矣，尚不能彻去。正闷闷间，不觉钟动，趋后架，举头见"昭堂"二字，疑情顿释。既而见水庵师一于双林，水庵问："师子尊者被罽宾斩却头固是，你道西天胡子为什么无须？"师云："非双林不举此话。"水庵云："今日撞着个作家。"师云："心不负人，面无惭色。"水庵遂拓开师云："勘破了也。"逮水庵谢事，遂往见密庵于乌巨，庵命师典客。偶庵对旁僧举："不是风动，不是幡动。"师闻豁然大悟。次日庵遇师，于众寮前谓师曰："总不得作伎俩，你试露个消息看。"师应声曰："方丈里有客！"庵呵呵大笑。庵迁蒋山，师侍行相，从凡五载，尽得旨，要辞归蜀。②

---

① 《卍续藏经》第70册，《破庵祖先禅师语录·行状》。
② 《卍续藏经》第83册，《增集续传灯录·卧龙破庵祖先禅师（增备）》。

破庵祖先受戒后，云游参访丛林，到湖南沩山，参大沩行禅师，看"狗子无佛性"话头。后离开沩山，经江西到江浙一带参访，先参谒瞎堂慧远，又到杭州净慈寺参月堂道昌，再至衢州乌巨山依密庵咸杰，闻密庵咸杰举"不是风动，不是幡动"话头豁然大悟，得密庵咸杰印可，密庵咸杰任其为知客。

乌巨任职期满后，破庵祖先又到婺州双林参水庵师一，勘破禅机。又至平江府万寿寺，见止庵灯禅师。挂单于万寿寺期间，一日，偶然举头见"昭堂"二字，行脚十年，疑情顿释。乾道八年（1172），密庵咸杰迁住蒋山，破庵祖先至蒋山再参密庵咸杰，机用相契。破庵祖先参学相从密庵咸杰前后五年，尽得密庵咸杰之要旨。次年，破庵祖先拜辞密庵咸杰回四川，密庵咸杰付偈送破庵祖先于半山。

  师既归蜀，初住果之清居，梓之望川。未几，复振锡而南至夔门。时尚书杨公辅素闻师名，以卧龙招之，留三年。出峡，至常州华藏遁庵演。始延师分座立僧，众皆倾服。至于金山退庵奇、灵隐笑庵悟、径山蒙庵聪，师至，必延居第一座，众辄倍常。历住常州荐福，真州灵岩，平江秀峰。后居张循王所舍宅广寿慧云禅寺，为开山住持。三年辞去，众争留之，师云："箭既离弦，岂有返意。"众不能强。师平生去就多若此，又住平江穹窿，学者争为出力。持钵以自赡，虽藜羹糁饭，而谈道终日，有古风焉。会杨和王府以凤山资福延师，师以年高，无往意。而学者强之，居无何，即辞。上径山，时净慈阙主者。朝旨下，诸山举有道者三人，师尝预焉相继。镇江侍郎傅公以甘露起师，师不乐就，盖知时节将至也。师苦脾疾，忽一日，咐嘱后事，亲作遗书，别常所厚善者。至晚，书四句偈云："末后一句，已成忉怛，写出人前，千错万错。"书讫，端坐而化。实嘉定四年六月九日也，后三日荼毗。先是师遗嘱欲弃骨山下，主人石桥禅师为建塔于凌霄峰别峰塔之右。寿七十六，腊四十九。①

破庵祖先回故乡四川，先后住持果州（今南充）清居寺和梓州（今四川三台县）望川。淳熙十二年（1185），破庵祖先受夔州安抚使杨公辅之请，住持卧龙咸平禅院，留三年，又复出三峡。至常州华藏寺遁庵宗演禅师处，始为首座说法。在华藏

---

① 《卍续藏经》第 70 册，《破庵祖先禅师语录·行状》。

寺数年后，苏州灵岩住持笑庵了悟和金山寺住持退庵奇先后请破庵祖先为首座，众皆倾服。其后，先后住持常州荐福寺、真州灵岩寺、平江秀峰寺、广寿慧云禅寺。开禧三年（1207），径山住持蒙庵聪请破庵祖先为首座。嘉定二年（1209），住持平江穹窿寺。次年，迁住湖州凤山资福寺，受朝廷密印禅师之号，破庵祖先曾受朝廷紫衣，可谓二受皇恩。

南宋嘉定四年（1211），破庵祖先归径山，再为首座。上径山时，杭州净慈寺法席虚待，诸山举有道者，破庵祖先曾预焉相继。虎丘虚席，请破庵祖先主法席未应。是年六月，破庵祖先自知时日不久，遂亲作遗书，书毕，端坐而化，寿76，腊49。

有《破庵祖先禅师语录》传世。

> 佛祖正法眼藏，初不可传，可传者，筌蹄耳。然而师承真正根蒂分明，则有言无言，无非正法。凡所以发扬祖道，开示后学，使人因指见月，其可无传乎？先破庵老和尚九坐道场，说无义语，壁立千仞，峭绝巉岩，售用纵横。打破密庵窠窟，行持高峻。远绍佛果家风，正令全提，诸方风靡，大机密用，外道潜踪。独运本分炉锤，烹炼几多禅衲。近世宗师，如公无几。①

破庵祖先深谙教外别传的心法要旨：有言无言，无非正法；宗风接杨岐，说无义语，售用纵横；法承佛果，正令全提，大机密用；开示后学，因指见月，烹炼无数法器禅衲。破庵祖先实乃当世之宗师巨擘。

破庵祖先法系子孙繁茂，高足无准师范名震海内外，其系龙象辈出，是杨岐派绵延至今的主要法系。

第四节　无准师范及其法系

无准师范是杨岐派第九世著名高僧，其生平见《无准和尚奏对语录·行状》和《续传灯录》卷三十五、《大明高僧传》卷八等资料。

---

① 《卍续藏经》第70册，《破庵祖先禅师语录·破庵语录序》。

一、生平行状

据《续传灯录》卷三十五：

临安府径山无准师范禅师

剑州梓潼雍氏子。九岁出家，请益老宿坐禅之法。宿曰："禅是何物？坐底是谁？"师昼夜体究。一日如厕，提前话有省。

谒育王佛照，照问："何处人？"师曰："剑州。"照曰："带得剑来么？"师随声便喝。照笑曰："者乌头子也乱做。"

至灵隐，时破庵为第一座。同游石笋，庵有道者请益"胡孙子"话。师于侍傍大悟。

初住明州清凉，迁焦山、雪窦、育王，后受诏主径山。

无准师范的生年，史料中记载多不详。《住临安府径山兴圣万寿禅寺语录》中，无准师范上堂说法时提及："山僧淳熙四年生，经今六十五岁。"① 据此，无准师范生于南宋淳熙四年（1177）。另据《无准和尚奏对语录·行状》记载，无准师范寂于南宋淳祐九年（1249）。

无准师范（1177—1249），俗姓雍，号无准，四川剑州（今绵阳市）梓潼县人。

（一）参学耆宿，嗣法祖先

"九岁依阴平山僧道钦出家，经书过目成诵，而又喜阅宗门语要。师兄澄道印有声讲席，每以机缘诘之，师应答如响。"② 无准师范9岁即依阴平山（剑州境内）僧道钦出家，乃法器璞玉。

"绍熙五年十月，登具戒，即欲南询。母何氏病笃，师刲股救疗。明年次成都，坐夏正法。首座老尧，瞎堂高弟，道行四川。师请益坐禅之法，尧曰：'禅是何物，坐底是谁？'师受其语，昼夜体究。一日，如厕提前话，有省。"③ 宋光宗绍熙五年（1194），无准师范18岁，受具足戒。母病重，师范割大腿上肉给母治病。次年，母痊愈，无准师范辞亲，南下游访参学，至成都正法寺，拜谒尧首座，体究其接引之

---

① 《卍续藏经》第70册，第241页。
② 《卍续藏经》第70册，《径山无准禅师行状》。
③ 同上。

语，即有所悟。

"六年秋，次荆南玉泉寺，有言老宿者，尝参大慧。觉老宿，见班穷谷，师周旋二老间，多获其言论风旨。明年辞去，见保宁全无用，金山奇退庵。"①宋光宗绍熙年间只有5年，此引文中的"六年秋"，依无准师范生平行状时序推论，不可能是宋宁宗庆元六年，应是宋宁宗庆元元年（1195）秋，无准师范游三峡出蜀。

先至荆州玉泉寺，拜谒俨禅师。俨禅师曾参学于大慧宗杲，后又嗣穷谷宗班。无准师范又拜见穷谷宗班禅师，多获二师之法旨。庆元二年（1196），无准师范先后参学南京保宁寺的无用净全禅师和镇江金山寺的退庵道奇禅师。"游四明，依育王瑞秀岩。时佛照禅师居东庵，印空叟分座，法席人物之盛，为东南第一。"②同年，无准师范依育王寺师瑞秀岩，谒佛照德光禅师、应空禅师等大德高僧。

"师年方二十，而临机不屈类如此。贫甚，无资剃发，故佛照室中常以乌头子目之。空叟尝指师谓众曰：'范年方二十，更二十年未可量也。'"③无准师范20岁，在育王寺参禅访学，为禅门耆宿看好，未来不可限量。

据德如笔录《佛鉴无准禅师行状》中记载：

> 居三年，复谒松源岳于灵隐，时屦满户外，艰于挂塔，师至则忻然而诺之。凡四阅寒暑，岳门庭孤峻，其于提唱，莫谕其旨。④

此段阐述，明白记载"居三年"，不会让人产生"庆元三年"的歧义。师范在育王寺参学3年，庆元五年（1199），前往灵隐寺，参禅于松源崇岳。"已而钱塘，见岳松源于灵隐。往来南山，屡入充肯堂室，栖迟此山六年。游吴门，谒万寿修无证。先破庵住西华秀峰，遂往依焉。"⑤聚无文行文断句似有误，容易被误解为无准师范在灵隐寺参学六年。推论无准师范生平行状时序，以此为基准往后推算，则时序错乱。"栖迟此山的6年"似应为庆元六年（1200），此句应为："栖迟此山。六年，游吴门，谒万寿修无证。"无准师范在灵隐寺参学一年，其间，往来南屏山，与肯堂充禅师参

---

① 《卍续藏经》第70册，《径山无准禅师行状》。
② 同上。
③ 同上。
④ 〔宋〕德如撰：《大宋国临安府径山兴圣万寿禅寺住持特赐佛鉴禅师行状》，日本京都东福寺藏。
⑤ 《卍续藏经》第70册，《径山无准禅师行状》。

究禅理。离开灵隐寺后,无准师范游学至万寿报恩光孝寺,拜谒月林师观禅师,与其参无修无证之法。

是时,破庵祖先住持西华山秀峰寺,无准师范即前往拜谒参依破庵祖先。遇一纯颠者参禅时横机不让,破庵欲将其逐出山门。无准师范从中调解说:"禅和家争禅亦常事,何至如此?"破庵却说:"岂不闻到,我肚饥,闻板声,要吃饭去呢!"[①]由此可知,无准师范参有所得。

"无何,辞往华藏,依演遁庵。三年,复还灵隐。破庵居第一座,斋余同游石笋庵,庵之道者请益曰:'胡孙子捉不住,乞师方便。'破庵曰:'用捉他作什么,如风吹水,自然成文。'师于侍傍,平生碍膺之物不辞而去。"[②]不久,无准师范辞别破庵祖先,前往常州府华藏寺,参学于遁庵宗演禅师处。宋宁宗嘉泰三年(1203),无准师范返回灵隐寺,在随破庵祖先同游石笋庵时豁然彻悟。

"约斋张公镃以广惠新创,请破庵开山,师偕往,执侍三年。散席,同登径山,又三年。破庵过天童扫密庵塔,偕师绝红。逮其赴穹窿,师留天童。依观息庵,俾归藏司,不就。破庵退穹窿,归径山,师往省候。破庵迁寂,付密庵法衣、顶相,师不受,惟领圆悟墨迹及密庵法语。既举丧,遂访旧友岩云窠于穹窿,与首众云窠迁瑞光,复居板首。"[③]第二年,无准师范随破庵祖先到广惠禅院,执侍三年。广惠禅院散席后,开禧三年(1207)又和破庵祖先同登径山寺,执侍破庵祖先左右。嘉定二年(1209),随破庵祖先到天童扫墓,破庵祖先往平江住持穹窿,无准师范留天童依观息庵。

綮无文撰文中有"师不受,惟领圆悟墨迹及密庵法语"之记载。

而据无准师范高足日僧"圣一国师"圆尔辩圆的《圣一国师语录》:

宋径山住持圆照老僧书复日本东福堂头尔长老

和南手白承天堂头长老。向曾收书,已尝回答。就有锦法衣壹顶附去,乃是从上来请知识所传者,以表付授不妄。且知长老还故国,缘法殊胜,所至响合,更宜以此道力行,使吾祖之教,在在处处,炽然而兴。此为至

---

① 《卍续藏经》第70册,第278页。
② 《卍续藏经》第70册,《径山无准禅师行状》。
③ 同上。

祝也。便风聊复眷眷之意,未闻切宜为大法保爱,余不一一。①

无准师范住持径山时,在山中另辟幽静之地,敞室东西偏,奉祖师与先世香火。御笔亲赐牌额"圆照",用来嘉赏师范。此是无准圆照师范复其法嗣日僧"圣一国师"圆尔辩圆的亲笔信,应为可信,取此说似为可靠。

宋宁宗嘉定四年(1211),破庵祖先由湖州资湖寺归径山,无准师范遂回径山省候。破庵祖先付密庵法衣、顶相于无准师范,无准师范得杨岐派正脉法嗣。同年六月,破庵祖先圆寂。无准师范为破庵祖先举丧后,离开径山寺,探访旧友瑞岩云窠禅师,从苏州穹窿禅寺到台州瑞岩寺,瑞岩云窠禅师均留他分座说法。

(二)参修绝顶,住持名刹

"无何,泉高原有四明梨洲命。高原谓人曰:'范首座肯往,吾当一行,不然,虽兜率内院,不往也。'师遂与俱。四明诸山以仗锡为高绝,而梨洲距仗锡又二十里,寺在绝顶,高寒荒落,非人所居,师婆娑其上,三年如一日。麻麦粟豆仅给日食,而未尝有饥色。"② 嘉定十年(1217),无准师范为弘扬禅法,不惧高寒荒落,住持四明山绝顶上的梨洲寺,三年如一日。

"明州清凉专使至,师以倦游,力拒其请。适数僧来访,自言旧业清凉,幽邃深靖,古称小天童。寺之护法者,茅其姓,灵异甚著。师省前梦,乃易书受请,入院。"③ 嘉定十三年(1220),无准师范受请出世,住持明州(宁波)清凉寺,升堂开法,大阐其宗风。

"三年,京师诸禅以焦山举师。密院札奉化津遣,师不赴。再札,乃行。期年,迁雪窦。三年,被旨移育王。又三年,嵩少林散席径山,朝命以师补处。"④ 京师众僧推举,枢密院再三札请,无准师范住持镇江普济禅寺。是年末,无准师范迁住雪窦山。绍定二年(1229),无准师范奉旨住持育王山。

---

① 《大正新修大藏经》第80册,第22页下。
② 《卍续藏经》第70册,《径山无准禅师行状》。
③ 同上。
④ 同上。

(三)二番重建,弘法径山

绍定五年(1232),无准师范奉朝廷之命,住持径山兴圣万寿禅寺。

"明年寺毁。先是师梦有烈丈夫授以明珠二十一颗,莫知谓何,及寺焚,则四月二十一日也。师逆知其数,不动容变色,安众行道,如无事时。是年七月,有旨入内,上御修政殿引见。师奏对详明,上为之动色,赐金襕僧伽黎。仍宣诣慈明殿升座,上垂帘而听。"① 绍定六年(1233)四月二十一日,径山兴圣万寿禅寺火灾,无准师范临灾不惊,泰然处之。同年七月,南宋理宗宣召无准师范入宫奏对说法,帝悦赐金襕僧伽黎。

"师嘉熙三年正月二十五日奉圣旨,特赐佛鉴禅师。"② 嘉熙三年(1239),宋理宗赐无准师范佛鉴禅师。

"三年寺成。又六年复毁。师不惊不变,不徐不亟而多助云至。荆湖制师孟侯珙蜀之思播二郡。与夫海外日本,皆遣使委施。不数年,寺宇崇成。"③ 端平二年(1235),径山兴圣万寿禅寺重建成。淳祐元年(1241),径山又遭火灾复毁,这次修缮规模再次扩大,无准师范还翻修废寺供登山之人休息,购置田地、募民砍樵以帮扶百姓,另建祠堂以供俗世祖父,皇上闻而嘉叹,亲题匾"圆照"。

这期间,日僧圆尔辩圆于端平三年(1236),远航跨海上径山参谒无准师范。其后二年,无准师范先后为圆尔辩圆书法语、题顶相赞,圆尔辩圆为杨岐派第十世法嗣弟子,杨岐宗法远播东瀛。

"淳祐戊申秋,寺再成。师筑室明月池上,榜曰退耕,乞老于朝。而旧疾适作,涉春不愈。"④ 淳祐八年(1248),径山兴圣万寿禅寺再重建成。无准师范乞老退耕,且旧病复发,到第二年春未愈。

"十八日黎明,索笔书偈,侍僧以纸笔至。师曰:'第一句道什么。'僧云:'此是第二句。'乃执笔疾书:'来时空索索,去也赤条条,更要问端的,天台有石桥。'移顷而逝,停龛二七日。遗表上闻,上遣中使降香赐币。四月一日归正续,二十日,奉全身塔于圆照。"⑤ 南宋淳祐九年(1249),无准师范于径山入寂,世俗73,坐腊

---

① 《卍续藏经》第70册,《径山无准禅师行状》。
② 《卍续藏经》第70册,《无准师范禅师语录》。
③ 《卍续藏经》第70册,《径山无准禅师行状》。
④ 同上。
⑤ 同上。

五十六。

有《无准师范禅师语录》五卷、《无准和尚奏对语录》一卷行世。

二、主要成就及地位

国内有关无准师范的论述文章不多,评价也不一。有誉其为"南宋佛教界之泰斗";有认为其禅法无建树,且在国家内忧外患之时,与宋理宗奏对时,有奉承之嫌。实则,对历史人物包括禅师的评价,应置其于所处的历史背景,全面客观来分析。

宋代朝廷对佛教采取既不盲目崇奉也不过分抑制的基本政策,取得朝廷的支持,对佛教各宗派来说就很重要。无准师范作为杨岐派一代宗师,为获得朝廷支持,与皇帝奏对时说些溢美之词,亦是顺应时世之为。大慧宗杲何等忠勇刚正,因爱国主战被朝廷夺牒流放16年,后赦住持径山,与皇帝奏对时,亦有赞美之词。更不要说,深受宋孝宗崇信的佛照德光禅师。杨岐派能绵延不绝而"临天下",从某种意义上来说,与佛照德光、无准师范等高僧与朝廷关系密切不无关系。著名高僧亦和历史人物一样,有其历史的局限性,不宜苛求。

无准师范的禅法宗风虽无大慧宗杲那样超卓特立,仍有其自身的特点。"幼不嗜学,闲居未尝执卷。鼓鸣众集,肆口而说。多不病繁,少不病简。不为险辞怪语,簧鼓后学。平夷而峭峻,简明而圆活,如转丸于千仞之冈,纵横高下,无影迹可寻。踞座筹室,迅机痛快,破山截流。至于随病与药,能曲施方便。常曰:'合掌问讯,总识得伊来处。'不录过,不没善,不受谮,诉不执法厉众,是以天下之士归之如市。"① 綮无文在《径山无准禅师行状》中,对无准师范禅法宗风的评价还是较为中肯的。

无准师范在杨岐派乃至禅宗史上据有重要地位,主要在二方面有着较大成就。一方面,中国禅宗的主流宗派杨岐派中,无准师范法系是主要支系,繁衍流传至今。另一方面,无准师范高足日僧圆尔辩圆,是致力于将杨岐禅法在日本传播弘扬的开拓者,开创了日本禅宗圣一派,对日本禅宗发展影响深远;前往日本弘法的无学祖元和兀庵普宁是无准师范的高足,在日本分别创立了佛光派和宗觉派;赴日弘法的灵山道隐嗣法无准师范门下的雪岩祖钦,其法系称为佛慧派;无准师范法系在整个

---

① 《卍续藏经》第70册,《径山无准禅师行状》。

日本禅系中最为繁茂,影响也最大。无准师范为杨岐派在日本的传播弘扬,做出了显著贡献。

无准师范的书法、绘画造诣也颇高,在日本受到极高尊崇,他是宋朝时中日文化交流的杰出代表。在中国,没有多少人知道他,而在日本,他赢得了镰仓、室町两个时代的辉煌。作为南宋时期名震海内外的杨岐派著名高僧,无准师范应不会被人们淡忘。

三、无准师范法系

嗣法弟子22人,以雪岩祖钦、断桥妙伦、希叟绍昙、西岩了慧、环溪惟一、别山祖智以及日僧圆尔辩圆等最为著名。[①]雪岩祖钦支系和断桥妙伦支系繁茂传延至明清,圆尔辩圆建立的禅宗圣一派更为日本禅宗主流宗派。

(一)雪岩祖钦法系

1. 生卒年考

雪岩祖钦的生卒,历来诸书有不同记载。《禅宗宗派源流》附录I《中国禅宗宗派传承图》杨岐系法脉(十)记为:雪岩祖钦(1215—1287),且又另注明:祖钦(1204—1287),见《曹溪禅人物志》第148页。杨曾文著《宋元禅宗史》记述为"祖钦(约1218—1287)"。[②]

雪岩祖钦卒于至元二十四年(1287),基本无异议,生年却有多种说法,还需论证。

据《雪岩祖钦禅师语录》卷一:

> 上堂:集云峰头独立,仰祝圣寿无极,百千甲子春秋。臣僧今日七十。乙酉正月初一。[③]

这是雪岩祖钦在乙酉年(至元二十二年,1285)正月新春在仰山寺上堂说法,自述年龄应为可信。由此而推之,雪岩祖钦应生于宋嘉定九年(1216)。

---

① 吴立民主编:《禅宗宗派源流》,中国社会科学出版社,1998年,附录I《中国禅宗宗派传承图》。
② 杨曾文著:《宋元禅宗史》,中国社会科学出版社,2006年,第606页。
③ 《卍续藏经》第70册,第604页中。

2. 生平道行

祖钦（1216—1287），号雪岩，福建漳州人，杨岐派第十世高僧。16岁受具，19岁参妙峰之善，又先后参天目文礼、石田法熏、痴绝道冲、笑翁妙堪、北涧居简、石溪心月等禅宗耆宿，参学无准师范十年，为无准师范门下弟子。

宝祐元年（1253），雪岩祖钦出世主法潭州龙兴寺。翌年，迁住潭州道林。景定元年（1260）住持处州南明佛日寺，景定五年（1264）住持台州仙居护圣寺，咸淳二年（1266）住持湖州天宁。咸淳四年（1268）住持袁州仰山寺，主法仰山20年。

元世祖至元二十四年（1287），雪岩祖钦圆寂，世寿72。

雪岩祖钦法系下龙象辈出，门下高足高峰原妙、二传弟子中峰明本、三传弟子千岩元长，均是元代禅宗著名的高僧巨擘，影响远及明清。

（二）断桥妙伦法系

妙伦（1201—1261），号断桥，俗姓徐，台州黄岩（今属浙江）松山人，又号松山子，杨岐派十世高僧。

嘉定十一年（1218），断桥妙伦18岁，依其叔永嘉广慈院宗嗣论禅师剃发出家。不满一年行脚，首见谷源道于瑞岩，次年谒灵隐石鼓希夷。后往雪窦参无准师范，侍服左右，顿悟得法。理宗淳祐元年（1241），断桥妙伦出世初住台州瑞峰祇园禅寺。淳祐四年（1244），迁住台州瑞岩净土禅寺。宝祐二年（1254）初，入住天台国清教忠禅寺。宝祐四年（1256），被旨住临安府净慈报恩光孝禅寺。

景定二年（1261）四月二十五日，断桥妙伦趺坐入寂，世寿61，僧腊44。①

有文宝等编《断桥妙伦禅师语录》二卷，收入《续藏经》。

断桥妙伦是名震南宋末期的禅门宗匠，其法系枝繁叶茂，高僧宗匠辈出，对后世有很大影响。门下弟子方山文宝是宋元时期有名禅师，影响较大。法系下著名的禅师有：无际了悟、楚山绍琦是明代著名禅师，云谷法会、憨山德清是明代后期的著名高僧。

---

① 《卍续藏经》第70册，《断桥妙伦禅师语录》。

第五节　无门慧开与《无门关》

无门慧开是杨岐派第八世著名高僧，是开福道宁支系下月林观的嗣法弟子。其生平主要见于《续传灯录》卷三十五、《增集续传灯录》卷二、《五灯严统》卷二十二、《五灯全书》卷五十三和《无门慧开禅师语录》等资料。

一、生平行状

据《增集续传灯录》卷二：

> 杭州良渚人，俗姓梁，母宋氏。礼天龙肱和尚为受业师，参月林于苏之万寿。林令看无字话，经于六年，迥无入处，乃奋志克责，誓云："若去睡眠，烂却我身。"每至困时，廊下行道，以头向露柱磕。一日在法座边立，忽闻斋鼓声，有省成偈曰："青天白日一声雷，大地群生眼豁开，万象森罗齐稽首，须弥蹦跳舞三台。"次日入室，欲通所得，林遽曰："何处见神见鬼了也。"师便喝，林亦喝，师又喝，自此机语吻合。嘉定十一年出世安吉报国，继迁隆兴天宁、黄龙翠岩、苏之开原灵岩、镇江焦山、金陵保宁，淳祐六年奉旨开山护国仁王寺。[①]

又据《无门慧开禅师语录》：

> 师于庚申年三月二十八日，辞履斋丞相及诸府第朝士。履斋问："何日去？"师答云："佛生日前去也。"四月一日师命工砌塔，至初六日晚问匠毕工也未，匠答云已毕工来，早请禅师看塔。师于初七日早看塔，回方丈索纸写遗书。自撰起龛语云："地水火风，梦幻泡影。七十八年，一弹指顷。孝子顺孙休恋慕，八臂那咤拦不住。宝所在近，休恋化城。"起入塔语曰："东西十万，南北八千。到处去来，不如在此。此之描不成分画不就，赞不及兮休生受。本来面目露堂堂，外面风头稍硬，归来暖处商量。法身遍界不曾藏，毒恶声名播大唐。"辞世偈云："虚空不生，虚空不灭。证得虚空，

---

① 《卍续藏经》第83册，《黄龙无门慧开禅师（增备）》。

虚空不别。"书偈毕，跏趺而逝。①

无门慧开禅师（1183—1260），杭州钱塘（今杭州余杭区）人，俗姓梁，字无门，生于南宋孝宗淳熙十年（1183），卒于南宋理宗景定元年（庚申年，1260），世寿78岁。

无门慧开早年礼杭州天龙寺肱和尚为受业师，披剃出家。初习佛教经论，历参多位丛林著名禅师，后依万寿寺杨岐派七世高僧月林师观禅师。

在月林师观禅师处，无门慧开矢志六年苦参"无"字话头，终得豁然彻悟，得月林师观禅师印可，为其嗣法弟子。

南宋宁宗嘉定十一年（1218），无门慧开出世住持湖州安吉报因禅寺，继而先后住持隆兴府（江西南昌）天宁禅寺、隆兴府黄龙崇恩禅寺、隆兴府翠岩光化禅寺、平江府（今江苏吴县）灵岩显亲崇报寺、镇江府（今江苏镇江）焦山普济禅寺、平江府开元禅寺及建康府金陵保宁禅寺。淳祐六年（1246）冬，奉旨开山住持护国仁王禅寺。

绍定戊子年（1228），夏安居时，无门慧开应学人之请，在福州永嘉龙翔寺阐释公案，选其48则公案，加上评唱与颂，抄录成集，题名《禅宗无门关》，于当年十二月刊行，南宋淳祐五年（1245）重刊。日本另有应永二十八年（1421）、宽文六年（1666）、宝历六年（1757）等版本，其注疏在日本有数十种之多，流传颇盛，该书在海内外影响较大。

"师于淳祐七年五月十一日，门司太尉张允显恭奉圣旨宣引入内起居，奉旨先于缉熙殿祈雨道场观音前祝香，次奉圣旨索祈雨偈，次奉圣旨宣入选德殿，对御。"② 南宋淳祐七年（1247），无门慧开奉宋理宗诏见，祈雨并入选德殿谈禅说法。宋理宗赐禅师金襕法衣，敕封为佛眼禅师。南宋景定元年（1260），佛诞前一天，无门慧开禅师跏趺入寂，宣葬于护国灵洞山。

无门慧开嗣法弟子有：护国臭庵宗禅师、慧云无传祖禅师、华藏瞎驴见禅师、无疑定禅师（此下无传）、赵信庵居士③；法灯觉心（日）、居士余放牛④。瞎驴无见嗣

---

① 《卍续藏经》第69册，《无门慧开禅师语录》。
② 同上。
③ 《卍续藏经》第83册，《增集续传灯录·黄龙无门开禅师法嗣》。
④ 吴立民主编：《禅宗宗派源流》，中国社会科学出版社，1998年，附录I《中国禅宗宗派传承图》。

法弟子铁觜念庵主①。

有名作《无门关》和门人编集的《无门慧开禅师语录》传世。

二、《无门关》及禅法思想

无门慧开虽然不是圆悟克勤法系和大慧宗杲法系的嗣法弟子，但却是南宋时期圆悟克勤的阐释公案和大慧宗杲看话禅思想的最出色的克绍拓新者。

无门慧开阐释公案的内容散见于《无门慧开禅师语录》中，但诠释公案更为系统和精要的部分则荟萃于其代表作《无门关》。无门慧开因为苦参"无"字话头而彻悟，因此特别着重"无"字法门，他将历代禅宗重要的公案斟选汇编，围绕参看"无"字话头，精心选择其中的48则公案，纂集成为《无门关》一书。

《无门关》篇幅虽不长，但紧扣看"无"字话头，启迪悟禅，特色鲜明。《无门关》阐释每则公案的形式，基本参照圆悟克勤的《碧岩录》等阐释公案之作。每则公案都是独立的单元，分为三个部分：第一部分是公案本则；第二部分是以"无门曰"开头的评唱，这一部分则在《碧岩录》评唱形式上以看话头为评唱的主要内容，评唱简洁透彻，是无门慧开参看"无"字话头的禅法思想的真实体现，是《无门关》之精髓所在；第三部分是以诗偈为形式的颂文。

《无门关》在形式上虽与以前的阐释公案之作没有大的区别，但其把阐释公案与看话禅有机地结合起来，把大慧宗杲着重倡导的"赵州狗子无佛性"列于48则公案之首，亦在大慧宗杲看话禅体系上有所拓展。

五祖法演最早评讲"赵州狗子无佛性"的公案，着重只举"无"字。

> 师云："大众，你诸人寻常作么生会？老僧寻常只举无字便休。你若透得这一个字，天下人不奈何你。你诸人作么生透？还有透得彻底么？有则出来道看。我也不要你道有，也不要你道无，也不要你道不有不无，你作么生道？"②

无门慧开在《无门关》的第一则公案，乃至全书更是紧扣"无"字评唱。

---

① 《卍续藏经》第83册，《增集续传灯录·华藏瞎驴见禅师法嗣》。
② 《卍续藏经》第68册，《古尊宿语录·黄梅东山演和尚语录》。

无门曰:"参禅须透祖师关,妙悟要穷心路绝。祖关不透,心路不绝,尽是依草附木精灵。"且道,如何是祖师关。只者一个无字,乃宗门一关也,遂目之曰禅宗无门关。透得过者,非但亲见赵州,便可与历代祖师,把手共行,眉毛厮结,同一眼见,同一耳闻,岂不庆快。莫有要透关底么。将三百六十骨节,八万四千毫窍,通身起个疑团,参个无字,昼夜提撕。莫作虚无会,莫作有无会。如吞了个热铁丸相似,吐又吐不出,荡尽从前恶知恶觉,久久纯熟,自然内外打成一片,如哑子得梦,只许自知。蓦然打发,惊天动地,如夺得关将军大刀入手,逢佛杀佛,逢祖杀祖,于生死岸头,得大自在,向六道四生中游戏三昧。且作么生提撕,尽平生气力举个无字。若不间断,好似法烛,一点便着。①

无门慧开当初依月林师观禅师,月林师观禅师要他只参一个"无"字话头。无门慧开每天苦苦参究"无"字话头,六年寒暑过去,始终没有契悟,慧开于是在佛前立誓道:"我如果参不透这无字话头,绝不寤寐休息,我要是懈怠睡眠,就烂却全身,无一完好之处!"从此更加精进参究"无"字话头,有时疲惫至极,就以头颅撞击廊柱,以坚证悟"无"字话头之志。有一天,无门慧开正在法堂内参"无"字话头,这时,从斋堂那一头传来一阵一阵绵绵密密、如排山倒海般的击鼓声,敲散了无门慧开心中"无"字话头的疑团,无门慧开豁然彻悟。无门慧开苦参"无"字话头而彻悟,在《无门关》中始终贯穿"只者一个无字,乃宗门一关也"来加以评唱。

无门慧开不仅继承了法演"无"字公案的提举阐释,更是把大慧宗杲的看话禅思想有机地融汇在评唱中。"尔措大家,多爱穿凿说道。这个不是有无之无,乃是真无之无,不属世间虚豁之无。怎么说时,还敌得他生死也无。既敌他生死不得,则未是在。既然未是,须是行也提撕,坐也提撕,喜怒哀乐时,应用酬酢时,总是提撕时节。提撕来、提撕去,没滋味,心头恰如顿一团热铁相似,那时便是好处不得放舍。忽然心华发明,照十方刹,便能于一毛端,现宝王刹,坐微尘里,转大法轮。"②大慧宗杲所述的提撕话头的行状,正是无门慧开参"无"字话头的现身写照,也是无门慧开在《无门关》中极力倡导的。

---

① 《卍续藏经》第68册,《古尊宿语录·黄梅东山演和尚语录》。
② 《大正新修大藏经》第47册,第886页上。

所以山僧寻常教兄弟将三百六十骨节八万四千毫窍通身起个疑团，参个公案，盖要诸人透祖师关穷心路绝，只如僧问赵州狗子还有佛性也无。州云："无。"且道古人意作么生，便好向者里起个疑团参个无字。不得向举起处承当；不得向意根下卜度；不得作有无之无；不得作无无之无。但恁么举，举来举去。如咬生铁橛相似，但觉心头热闷不得放。求生不得，求死不得，眠不得，坐不得。咬来咬去，蓦然齿折铁碎。开口不在舌头上，便见祖关不透而自透，心路不绝而自绝，便乃与古佛同一方便，共一舌头。如狮子奋迅，谁敢当其威。猛似太阿在握，孰敢犯其锋铓，我为法王于法自在。尽大地是解脱门；尽大地是自己；尽大地撮来如粟米粒；尽大地是沙门一只眼。无三界可出，无涅盘可证。上无攀仰，下绝己躬。亦无人，亦无佛，大千沙界海中沤，一切圣贤如电拂。①

无门慧开把参究"无"字话头的证悟历程阐述得透彻明了，非亲证实参而彻悟者不能为之，对后学参"无"字话头，具有发人深省的、较强的引导作用。

欲把生蛇化活龙，先将毒药灌喉咙。常教满腹如针刺，抛向洪波大浪中。敢问诸人，唤什么作毒药，二六时中你肚里常如针刺么？怎么怎么，德山临济齐立下风；不怎么不怎么，释迦弥勒眼瞎耳聋；怎么不怎么，掀翻大地粉碎虚空；不怎么却怎么，昨夜南山虎咬大虫；怎么总不怎么，指南为北唤西作东；不怎么中总怎么，阿呵呵，熨斗煎茶铫不同。复举历代宗师颂狗子佛性话，师云："老拙亦有一偈举似诸人，不取说道理。若也信得及，举得熟，于生死岸头得大自在。无无无无无，无无无无无，无无无无，无无无无无。"②

一句怎么样（怎么），道尽了以"药"治病后的悟境。归根究底仍是参看话头，举其偈，只是雨点般的"无"字。他曾说："参这一个'无'字，成佛底如雨点。"他认为看话头，特别是参究"无"字话头，是开悟成佛的必由之路。

---

① 《卍续藏经》第69册，《无门慧开禅师语录》。
② 同上。

《无门关》在精选阐释禅林公案时，倡导看话头，特别是参究"无"字话头的禅法思想，在继承大慧宗杲看话禅思想的基础上有新的变化，有简明直截的实践性特征，较《碧岩录》更为简单实用，这是《无门关》能够流传至今并对禅林产生较深影响的主要原因。

第四章　元代禅宗杨岐派

元代实行不平等的民族等级和地区制度，信奉佛教的汉族等级低下，主要在南方流传的禅宗杨岐派受到前所未有的冲击。

元代从成吉思汗时期起，制定了允许多种宗教并存的政策，北方的杨岐派初期受朝廷崇奉。忽必烈时期，确立了崇奉喇嘛教（藏传佛教）的帝师制度，召开教禅廷辩而致尊教抑禅，北方的杨岐派受到沉重打击，南方的杨岐派则消极抵抗，大多数禅师与朝廷保持距离。

元朝中期，朝廷实行怀柔政策，以中峰明本为代表的南方杨岐派盛誉江南，元朝中期诸帝也对明本大加推崇，多次征召，但都被明本拒绝。到了元代末期，南方杨岐派的禅师也逐渐与朝廷拉近了距离，但在元代，南方杨岐派总体是以山林禅宗的形式存在发展的。

第一节　杨岐派的南北两支

进入元代，杨岐派分为南北两大传承支系，北方以海云印简为代表，南方则以高峰原妙、中峰明本、千岩元长等为代表。

北方杨岐派在元朝初期，与朝廷关系密切，被朝廷奉为"正宗"，势倾朝野，但在禅法上没有什么创新和建树。到元朝中后期，朝廷奉喇嘛教为正统，尊教抑禅，给北方杨岐派造成了沉重打击。

南方杨岐派则总体与朝廷保持距离，保持宋代以来杨岐丛林宗风，继承并丰富了大慧宗杲看话禅法体系，成为杨岐派发展的主流。

一、海云印简及法系弟子

（一）海云印简

海云印简是杨岐派第十世高僧，是天目齐法系下中和璋禅师的嗣法弟子，是金元之际北方杨岐派宗师。他一生的活动对元代禅宗杨岐派乃至整个元代佛教的发展，都产生过较大影响。其生平事迹在《佛祖历代通载》《雪楼集》《大蒙古燕京大庆寿寺西堂海云禅师碑》中记载甚详。

据《佛祖历代通载·庆寿海云印简大师》记载：

印简禅师（1202—1257），字海云，俗姓宋，山西岚古宁远（今山西岚县）人。自幼出家，8岁礼中观沼禅师为师，受以净戒，使修童子行。

金崇庆元年（1212），海云印简11岁，受金卫绍王恩赐纳具足戒。随中观沼禅师寓于岚州广惠寺，年少已能升座演法。金贞祐三年（1215），被金宣宗赐以通玄广惠大师之号。金贞祐五年（1217），蒙古太师国王木华黎攻陷宁远，海云印简与中观沼禅师被执，成吉思汗下诏，迁住兴安香泉院，署中观沼禅师为慈云正觉大禅师。中观沼禅师不受，以海云印简为寂照英悟大师，天下皆称海云印简为小长老。

成吉思汗十六年（1221），中观沼禅师和海云印简北渡朔漠，来到赤城，当时海云印简才19岁。同年，中观沼禅师圆寂。海云印简侍中观沼禅师示寂后，游学四方。一日，过松浦值雨，宿于岩下，因击石取火，忽大悟。自扪面门曰："今日始知眉横鼻直！始信天下老宿不诳语。"

尔后至景州谒本无玄禅师，旋经洵州至燕京庆寿寺。依住持中和璋禅师，相与问答，深有所契，遂留之以为记室。中和璋禅师嘱海云印简："汝今已到大安乐之地，好善护持。"遂以法衣颂付之，海云印简为中和璋禅师嗣法弟子。[①]

成吉思汗十七年（1222）以后，海云印简云游四方。"历燕之庆寿、竹林，易之兴国，兴安之永庆，昌平之开元，真定之临济，云中之龙宫、华严诸大刹。而主永庆者二，庆寿者三。放浪辽海上，手刺血，和金泥，书大乘三聚戒本十有六部，布之天下。……凡主大会七度，弟子千余，名王才侯受戒律者百数，士民奔走依向者以千万计。皇太后尤深敬礼，累号燕赵国大禅师、佑圣安国大禅师、光天镇国大士。"[②]

---

① 《大正新修大藏经》第49册，第702页中—703页下。
② 〔元〕程钜夫撰：《雪楼集》。

窝阔台汗三年（1231），太宗闻海云印简之名，特遣使赐以"称心自在行"。定宗贵由二年（1247），定宗颁诏，命海云印简统僧，赐白金万两，此为大蒙古国命僧官主持全国佛教事务之始。辛亥年（1251），蒙哥皇帝即位，颁降诏恩，显遇优渥，命海云印简复领天下僧众，给予银章。同年四月，忽必烈大王取海云印简之自号，改燕京普济禅院为"海云禅寺"。

窝阔台汗七年（1235），镇阳史帅疏请（海云）住持府中的临济禅寺。海云印简应命，重修祖师道场为庄严壮丽之地，时人称之为临济中兴名匠。是年，窝阔台差官选试天下僧道，禅教诸老宿并差官，请海云印简主其事，处置法度悉从海云印简。

> 厦里丞相以忽都护大宫人言，问印简曰："今奉圣旨，差官试经，识字者可为僧。不识字者，悉令归俗。"印简曰："山僧不曾看经，一字不识。"丞相曰："既不识字，如何做长老。"师曰："方今大官人还识字也无。"于时外镇诸侯皆在，闻师之言，皆大惊异。丞相复曰："必竟如何？"印简曰："若人了知此事通明佛法，应知世法，即是佛法，道情岂异人情哉？古之人亦有起于负贩者，立大功名于世，载于史册，千载之下，凛然生气。况今圣明天子在上，如日月之照临。考试僧道如经童之举，岂可以贤良方正同科国家。宜以兴修万善敬奉三宝，以奉上天永延国祚可也。我等沙门之用舍，何足道哉。"①

丞相以是言白于忽必烈大官人，乃从而奏闻。由是，虽承考试，僧人无复退落。寻有诏肯，蒙圣皆悉依圣祖皇帝存济，听僧如故。这是元朝首次颁行僧道试经制度，海云印简此举保护了众多僧人，其影响深远。

窝阔台汗八年（1236），元朝正括中原户口，有司欲用"印识人臂"的非人道手段防止人们逃亡。海云印简力陈于忽必烈："人非马也，既皆归服国朝。天下之大，四海之广，纵复逃散，亦何所归？岂可同畜兽而印识哉？"② 由是印臂之法遂止。

1236年，孔子第五十一代孙孔元托海云印简向元朝廷陈情，准于袭封衍圣公，并免差役。海云印简为其进言于忽必烈："孔子善稽古典，以大中至正之道，三纲五

---

① 《大正新修大藏经》第49册，第703页下—704页上。
② 《大正新修大藏经》第49册，第704页上。

常之礼，性命祸福之原，君臣父子夫妇之道，治国、齐家、平天下，正心诚意之本。自孔子至此，袭封衍圣公，凡五十一代，凡有国者使之袭承，祀事未尝有缺。"[1] 忽必烈闻是言，乃大敬信，于是从海云印简所言，命其复袭其爵，以继其祀事。海云印简复以颜孟相传孔子之道，令其子孙不绝，及习周孔儒业者为言，亦皆获免其差役之赋，使之服勤其教为国家之用。

由此可见，海云印简在劝说元朝贵族接受汉文化，以儒术治国方面，充分发挥了其影响力。

1242年，忽必烈请海云印简到漠北帐下讲法，三问佛法大意。海云印简初示以人天因果之教，次以种种法要，开其心地，忽必烈生信心，求授菩提心戒。忽必烈首问："佛法中有安天下之法否？"海云印简劝其："宜求天下大贤硕儒，问以古今治乱兴亡之事，当有所闻也。"忽必烈次问："三教何教为尊，何法最胜，何人为上？"海云印简说："诸圣之中吾佛最胜，诸法之中佛法最真，居人之中唯僧无诈，故三教中佛教居其上，古来之式也。"由是太后遵祖皇圣旨，僧居上首。海云印简临走前，忽必烈三问："佛法此去如何受持？"海云印简又说："信心难生，善心难发，今已发生，务要护持。专一不忘，元受菩提，心戒不见，三宝有过。恒念百姓，不安善抚，缓明赏罚，执政无私，任贤纳谏，一切时中，常行方便，皆佛法也。"[2] 不可否认，海云印简为元朝初期推行尊崇佛教的政策，起了不可忽视的作用。

元宪宗蒙哥七年（1257）丁巳年四月，海云印简禅师圆寂，世寿56岁，谥圆明大师。戊午年（1258）五月，奉忽必烈令旨，建塔于大庆寿寺之侧，额曰"特赠光天普照佛日圆明海云佐圣国师之塔"。由其弟子可庵智朗立《海云禅师碑》，碑文为著名学者王万庆所撰。

元武宗至大二年（1309），赵孟頫奉敕撰《临济正宗之碑》，其碑文中曰："唯师所传号为正宗。一传为兴化奖，再传为南院颙，三传为风穴沼，四传为首山念。又五传为五祖演，演传天目齐，齐传懒牛和，和传竹林宝，宝传竹林安，安传海西堂容庵，容庵传中和璋，璋传海云大宗师简公。海云性与道合，心与法冥，细无不入，大无不包。师住临济院，能系祖传以正道统，佛法盖至此二中兴焉。"[3] 把海云印简一

---

[1] 《大正新修大藏经》第49册，第704页上。
[2] 《大正新修大藏经》第49册，第704页中、下。
[3] 《大正新修大藏经》第49册，第727页中。

系奉为临济正宗，海云印简为临济第十七世，杨岐派第十世禅师。

海云印简是一位积极参与朝政且活动能力很强的禅师，其主要成就是通过元朝朝廷对他的高度尊崇信任，做了许多保护推崇佛教和卫护汉文化、汉民的事情，确立了元朝初期北方杨岐派居上的地位。

海云印简无《语录》等著作刊发行世。

（二）法系弟子

海云印简有二高足可庵智朗禅师和赜庵儇禅师，可庵智朗的弟子刘秉忠很有名。另一说，刘秉忠为海云印简弟子①。

刘秉忠（1216—1274），字仲晦，初名侃，邢州（今河北邢台）人。刘侃17岁时为邢台节度使府令史，1238年，辞去吏职，出家为僧，法名子聪，号藏春散人。1242年，受海云印简赏识，推荐入藩王忽必烈的幕府。子聪博学多能，善于出谋划策，深受忽必烈重视。1250年，他向忽必烈上万言策，提出"以马上取天下，不可以马上治"之策，主张改革当时的弊政，建立制度，对于忽必烈采用"汉法"起了有力的推动作用。

1260年，忽必烈称帝，命子聪制定各项制度，如立中书省为最高行政机构，建元中统等。至元元年（1264），忽必烈命子聪还俗，复刘氏姓，赐名秉忠，授光禄大夫、太保、参领中书省事、同知枢密院事。至元八年（1271），忽必烈以大元为国号，也出于刘秉忠的建议。刘秉忠还主持了元朝大都和陪都上都的营建。

赜庵儇的弟子西云安，元武宗时，赐以"临济正宗之印"，封其为荣禄大夫、大司空，并"领临济一宗事"。② 这对海云印简一系在元初中期持续兴盛起了很大作用。

海云印简一系由朝廷奉为"临济正宗"，主要是海云印简世缘殊胜，得到元朝朝廷尊崇隆遇，与其禅法上有无建树没有直接关系。一旦失去元朝廷的支持，到元中后期，其法系也就很快衰寂了。

二、南方杨岐派支系

元代南方禅宗是杨岐派的天下，有影响的禅师多出自大慧宗杲和虎丘绍隆两系。宗杲弟子德光的嗣法后裔，主要为灵隐之善、北涧居简、育王如琰三支系。虎丘绍

---

① 吴立民主编：《禅宗宗派源流》，中国社会科学出版社，1998年，附录Ⅰ《杨岐系法脉》三。
② 《大正新修大藏经》第49册，第727页中。

隆的再传弟子密庵的嗣法后裔,主要为破庵祖先和松源崇岳两支系。

灵隐之善法系,在元代以其二传弟子元叟行端名气最大。

北涧居简法系,在元代以三传弟子笑隐大䜣最具代表性。这两法系的禅师,多承德光之宗风,靠拢朝廷,取得皇室王臣的支持。

元代的松源崇岳系禅师,以昙芳守忠、古林清茂为代表,有相当一部分禅师,沿袭虎丘绍隆的宗风,与朝廷保持着密切关系。

破庵祖先法系在元代可谓龙象辈出,高峰原妙、中峰明本等高僧巨擘横空出世,千岩元长与天如惟则,则是元朝后期南方杨岐派著名的禅师。以他们为代表,元代祖先系的禅师则多与朝廷疏远,大多数居山隐修,部分在民间传禅弘法。在禅法思想上,继承、丰富了大慧宗杲的看话禅法,影响很大,是元代南方杨岐派发展的主流。

第二节 元叟行端和笑隐大䜣

一、元叟行端

元叟行端是元代杨岐派妙峰之善系下名气很大的禅僧,为杨岐派第九世高僧。

(一)生平行状

元叟行端禅师,俗姓何,台州临海(浙江临海)人,12岁依茂上人剃度出家,18岁受具足戒。

1. 生卒年考

有关元叟行端及其师藏叟善珍的生卒有多种说法,要予以论证。

《禅宗宗派源流》附录I《中国禅宗宗派传承图》记载元叟行端的生卒为1235—1341年,嗣法于妙峰之善法系下藏叟善珍,并记载藏叟善珍的生卒为1134—1217年。两相对照,必然产生疑问,行端怎么可能嗣法于在他出生前就早已圆寂的善珍呢?再看藏叟善珍之师妙峰之善的生卒记载为1150—1257年,藏叟善珍比其师竟然大17岁,这其中必然有误。

据《续传灯录》卷三十五:

育王光禅师法嗣

杭州灵隐妙峰善禅师，吴兴刘氏子。……遂逝。实端平二年九月二十八日，寿八十四，腊七十一。火浴，获舍利不可数计，塔于灵隐之西冈。郑公铭其塔。①

据此，妙峰之善生卒为1152—1235年。

又据《续传灯录》卷三十五：

灵隐之善禅师法嗣

杭州径山藏叟禅师名善珍，泉南安县吕氏子。年十三，依郡之杭州径山崇福寺南和尚出家落寇。十六游方至杭，受具足戒，谒妙峰善公于灵隐，入室悟旨。后出世，住里之光孝升承天，继迁安吉思溪圆觉、福之雪峰。复以朝命移四明育王，临安径山福之雪峰。……师生于宋绍兴甲寅十月十二日，示寂于丁丑五月二十一日，寿八十三。塔全身于径山南塔院云。②

依此，善珍的生卒为1134—1217年，前所论述，这显然有误。后世史料多沿袭这一误说，只有《续灯正统》和《宗统编年》记载，善珍寂于景炎二年丁丑（1277）③。由寿八十三而推之，善珍应生于绍熙五年甲寅（1194），寂于景炎二年丁丑（1277），寿八十四，腊六十。④据此，善珍的生卒应为1194—1277年。

另据元叟行端撰、门人编《元叟行端语录》卷八《塔铭》：

以至正辛巳八月四日，终于径山之丈室，世寿八十八，僧腊七十六。⑤

《元叟行端语录》于元至正元年（1341）序刊，时间最早，卷八中门人黄溍撰《塔铭》，当可为据，则元叟行端生卒为1254—1341年。

---

① 《大正新修大藏经》第51册，第706页。
② 《大正新修大藏经》第51册，第708页。
③ 《卍新续藏》第86册，第257页下。
④ 《径山志》卷三。
⑤ 《卍续藏经》第71册，第547页。

2. 行状

元叟行端受具足戒后,参访径山藏叟善珍,深契藏叟善珍之禅机,于藏叟善珍言下豁然顿悟,藏叟善珍领之为法嗣弟子。

藏叟善珍寂灭后,元叟行端去杭州净慈寺依石林行巩,为书记。又参访承天寺觉庵真公,后到袁州仰山,随雪岩祖钦参学习禅三年。雪岩祖钦圆寂后,元叟行端又回到径山为首座,作《拟寒山子诗》百篇,影响颇大,"皆真乘流注,四方衲子多传诵之"①。

元成宗大德四年(1300),元叟行端住持湖州翔山资福寺,出世开法接引僧众,一时"学徒奔凑,名闻京师"②。

大德七年(1303),元成宗特旨赐元叟行端"慧文正辩禅师"法号。大德九年(1305),中书平章政事张闾公任行宣政使,举荐元叟行端住持中天竺万寿禅寺,元叟行端悉心整修寺院,重显当年之盛。

元仁宗皇庆元年(1312),元叟行端住持灵隐寺,奉旨主持金山的水陆法会,升座说法。事后于便殿觐见元仁宗,从容奏对,深契元仁宗之意,元仁宗赐号元叟行端"佛日普照"。

元英宗至治二年(1322),径山虚席,元叟行端为众望所归,住持径山寺。泰定元年(1324),获"大护持师"玺书。

(二)禅法宗风

元叟行端禅风,"以呵叱怒骂为门弟子慈切之海,以不近人情行天下大公之道"③,与大慧宗杲握竹篦为应机之器"宁以此身,代众生受地狱苦,终不以佛法当人情"的禅风有所不同。

元叟行端的禅法思想,见于门人梵琦等编《元叟端禅师语录》。微笑居士雍虞在集序中评说元叟行端为"大慧之流风余韵,犹有如此者矣",笑隐大䜣说:"今我径山大叔(行端),再世妙喜也。"④都将元叟行端与大慧宗杲相提并论。

《元叟端禅师语录》中多见提举公案之说:"上堂。举僧问赵州,狗子还有佛性

---

① 《卍续藏经》第71册,《元叟行端禅师语录·塔铭》。
② 同上。
③ 同上。
④ 《卍续藏经》第69册,《笑隐大䜣禅师语录》。

也无,州云无。又僧问赵州,狗子还有佛性也无,州云有。师云:'若以无为究竟,后来因甚道有。若以有为谛当,前面因甚道无。者里捉败赵州,许你天上天下。'"①
禅师提举"赵州狗子有无佛性"公案甚多,元叟行端评唱此公案另辟蹊径,至于关要,隐而不发,以待启迪。

  上堂。举赵州初参南泉问,如何是道,泉云:"平常心是道。"州云:"还假趣向不?"泉云:"拟向即差。"州云:"不拟焉知是道。"泉云:"道不属知,不属不知,知是妄觉,不知是无记。若真达不疑之道,犹如太虚廓然虚豁,岂可强是非耶。"州于言下大悟。师云:"南泉被赵州一问,直得分疏不下。赵州被南泉一坐,至今抬身不起。两个汉,总有过处,诸人检点得出,许你真达不疑之道。"②

南泉分疏不下,赵州抬身不起,两汉过处,诸人检点,评唱设疑之下,定有疑散悟道之处。

  上堂。僧出众云:"丹霞烧木佛,院主眉须堕。"师云:"一家有事百家忙。"僧回首召云:"大众记取。"师云:"老僧今日不着便。"师乃云:"若论此事,不可以有心求,不可以无心得,不可以语言造,不可以寂嘿通。十二时中,且作么生得相应去。者里风头稍硬,且归暖处商量。"③

不可有心求;不可无心得;不可执着于文字;不可陷入枯木寂照;元叟行端评唱"丹霞烧木佛"公案可谓精到。
  类似的阐释公案,在《元叟端禅师语录》中多见,可见元叟行端是主张评唱公案"文字禅"的,也有其新的见地。但大慧宗杲的看话禅法,在《元叟端禅师语录》中基本未述及。说元叟行端"再世妙喜也",是其当世之声名可与大慧宗杲并提。
  元叟行端在元朝廷尊崇藏传佛教、尊教抑禅的历史背景下,能"三被金襕袈裟

---

① 《卍续藏经》第71册,《元叟行端禅师语录》。
② 《卍续藏经》第71册,《元叟行端禅师语录》卷三。
③ 《卍续藏经》第71册,《元叟行端禅师语录》卷四。

之赐"①，四住名刹，名播朝野，门徒众多，在元代中后期禅师中是少见的，对南方杨岐派的发展起到了卫护作用。元叟行端的弟子楚石梵琦、梦堂昙噩等亦为元末明初名僧，之善系也成为活跃于元末明初势力最大的杨岐派支系。

二、笑隐大䜣

北涧居简系知名禅师较多，其中笑隐大䜣是居简系具有代表性的禅师，是北涧居简的三传弟子，为杨岐派第十世高僧。

（一）生平行状

笑隐大䜣禅师（1284—1344），讳大䜣，字笑隐，俗姓陈氏，本九江义门唐尚书操诸孙，分居南昌。生于元世祖至元甲申（至元二十一年，1284）八月二十七日，9岁从郡城水陆院法云者出家，法云之徒为笑隐大䜣剃发受具足戒。居八年，参学日进，知求佛法大意。17岁，往见庐山开先寺一山万公，一山万公一见知为法器，留之左右，日夕警诲。不久，命笑隐大䜣诣百丈山晦机元熙禅师，晦机元熙使其侍方丈。一日，晦机元熙举百丈野狐话问之，晦机元熙震威喝下，笑隐大䜣群疑顿释，得法于晦机元熙禅师。

晦机元熙禅师迁住净慈寺，笑隐大䜣从之，仍以为书记。中峰明本禅师居天目山师子岩，中外声名甚盛，笑隐大䜣常谒之。与之参语至夜半，忽起大风，崖石摇摇欲坠，左右避走，笑隐大䜣却端坐如平时，中峰明本亦服其定力。

元武宗至大四年（1311），笑隐大䜣初受请住持湖州乌回寺。元仁宗延祐七年（1320），诸刹尊宿共迎笑隐大䜣住持杭州大报国寺。泰定二年（1325），浙江行省丞相脱欢公，兼行宣政院事，领东南浮图之教，凡大刹，非名德不轻授，特请笑隐大䜣住持中天竺，笑隐大䜣道望声名渐盛。

天历二年（1329），笑隐大䜣际遇元文宗，从金陵入登皇位，遂于潜邸启建大龙翔集庆寺，诏笑隐大䜣为开山祖，奉帝诏住持金陵大龙翔集庆寺。元文宗命笑隐大䜣为太中大夫，赐号"广智全悟大禅师"。

至顺元年（1330），与蒋山昙芳忠等南方名禅师，俱北上召至京师，京师之为禅宗者，出迎河上。当时，朝廷崇尚教乘，塔庙之建，为禅寺者寂寥，自笑隐大䜣起，

---

① 《卍续藏经》第71册，《元叟行端禅师语录》卷八。

禅刹始兴。文宗召对奎章阁，赐坐说佛心要，深契上旨，赐貂裘、金衲衣及诸金币。居十日，笑隐大䜣请还，文宗从之，赐中天竺名为天历永祚寺。

顺帝至元二年（1336），笑隐大䜣以老病求退，优诏不许，加号释教宗主，兼领五山寺。至正四年（1344）五月一日，笑隐大䜣请以径山县芳守忠禅师代己升堂，击鼓辞众，退居广智庵。居20天，将两朝所赐金币等尽付于寺僧，使营万佛阁以报国恩。五月二十四日，笑隐大䜣乃卧示疾，召入室弟子各加勉谕，从容作偈，俨然而逝。世寿61，僧腊46，谥广知全悟大禅师。

初龙翔寺成时，即营建三塔于石头城之东冈。弟子龛奉全身，措于塔院，自宪台郡县大小吏士和缁素老幼送者万众。[1]

笑隐大䜣住持湖州乌回寺、杭州报国寺、中天竺寺、金陵大龙翔集庆寺四会说法，门人编集《笑隐大䜣禅师语录》传世。笑隐大䜣工于诗，尤善五古，有《蒲室集》外集诗文若干卷行世。

至元年间（1335—1340），居简系的百丈山德辉奉敕重编《百丈清规》，笑隐大䜣奉旨校正修改，并分为九章十卷，重修后称为《敕修百丈清规》。迄今近700年间，这个《清规》一直作为历代寺院的基本寺规，居简系的笑隐大䜣和德辉为修订丛林清规功不可没。

（二）禅法宗风

笑隐大䜣认为："百丈作清规而丛林大备，有书状、有藏主、有首座，将使禅者兼通经教外典，欲其他日柄大法，可以为全材而御外侮。"[2] 可见，笑隐大䜣不仅倡遵丛林清规，还认为作清规有促于禅者兼通经教外典，体现了其倡导禅僧修学经藏的思想。

"公每示众。举百丈野狐话云：'百丈野狐，野狐百丈，埋着一坑。'"[3] 笑隐大䜣由举百丈野狐话而悟，但其禅风却"行棒行喝"，强调"脱爱网，离无明，直指本性，以悟为则"。

---

[1] 笑隐大䜣行状引据：《卍续藏经》第69册，《元广智全悟太禅师太中大夫住太龙翔集庆寺释教宗主兼领五山寺笑隐䜣公行道记（有赞）》。
[2] 《卍续藏经》第69册，《笑隐大䜣禅师语录》卷四。
[3] 《卍续藏经》第69册，《元广智全悟太禅师太中大夫住太龙翔集庆寺释教宗主兼领五山寺䜣公塔铭并序》。

对部分禅僧参修看话头时"持药为病"产生的流弊,笑隐大䜣直予斥责:"每见近时宗师,教人提个话头,万法归一,一归何处。又教人看,僧问赵州,狗子还有佛性也无,州云:'无。'使其朝参暮参,疑来疑去,谓之大疑,必有大悟。虽是一期善巧方便,其奈愈添障碍。以故愚痴之辈,一丁不识,窃吾形服,经教不知,戒律不守,问着百无所能,但道:'我请益善知识,举个话头。'口里诵,心里想,如三家村里,学堂教小儿子念上大人相似。眼醒记得,睡着忘了。或用心太过,愈疑愈乱,遂至失心颠狂。或妄生卜度,胡言乱语,诳吓无知;或痴痴兀兀,黑山下鬼窟里,淹过一生。直至头白齿黄,眼光落地,不得纤毫之力。"①

笑隐大䜣所揭露的"愚痴之辈"参话头的流弊,时至今,禅林中都存在,对"病"入迷途者有警示作用。但他虽认可"看话头"是"一期善巧方便"之门,但却未揭示产生这一流弊的根本原因,是妄执"药"治"病","药"亦转化为"病"。禅宗的要旨是"不立文字,直指人心",看话禅、文字禅、默照禅乃至棒杖呵斥都是参禅悟道、直指本性的善巧方便法门,各方便法门没有好坏高低之分。所不同的,只是参修者依其不同资质和领悟程度所适合的方便法门的不同,只是针对不同禅病参修对症治病的方便法门的不同。不论哪种方便法门,都是不二法门,若妄执一边,必然导致"执药为病",堕入魔道。

两宋以来,由于部分参修文字禅的学僧,执着文字知解而成"葛藤禅";参修默照禅住于空寂之境而执为究竟,而堕为"枯木禅",成为学人参禅悟道的"语默二病"障碍之门。大慧宗杲禅师在严厉批判和扫荡这两种禅病的同时,应势而行,建立了新的应病与药的方便法门看话禅。看话禅既可解"葛藤禅"之缚,又可祛"枯木禅"之毒,而且能给学人一个"不可把捉的把柄",让学人有个下手处。正由于此,自两宋到元代乃至明清、近代,禅林都盛参看话禅。

不可否认,任何方便法门,在其流行发展过程中,必然会产生这样那样的"弊病",笑隐大䜣痛斥元代中后期出现的看话头的流弊,对警示学僧勿堕岐途、纠正看话禅发展中的弊病,具有积极的作用。但笑隐大䜣认为"使其朝参暮参,疑来疑去,谓之大疑,必有大悟,虽是一期善巧方便,其奈愈添障碍",将"弊病"的产生简单归因于"大慧宗杲所极力倡导的'话头'上起疑和设疑,疑字当头,疑问上去参究"之旨,愈添障碍"有待商榷。

---

① 《卍续藏经》第69册,《笑隐大䜣禅师语录》卷二。

在《笑隐大䜣禅师语录》中也看不到看话头的阐释,这也基本代表了大慧宗杲法系下居简系的宗风。继承发扬大慧宗杲看话禅思想的,却是虎丘绍隆法系下的祖先系,本章另予阐述。

第三节 崇岳系和居简系的弟子

松源崇岳(1132—1202),俗姓吴,处州龙泉之松源人,以松源自号。为密庵咸杰著名弟子,杨岐派第八世高僧,南宋禅门宗匠。

松源崇岳法系繁衍绵长,虚堂智愚、石溪心月、虚舟普度等名僧辈出,影响远及明清。以兰溪道隆、南绍浦明(日本)为代表的众多法系下弟子,东渡日本传法,为杨岐派传行东瀛做出了很大贡献。

昙芳守忠与古林清茂是元代中后期松源崇岳系下名气大的禅师,多沿袭虎丘绍隆的宗风,与朝廷保持密切关系。

一、昙芳守忠

昙芳守忠禅师是杨岐派十二世禅僧,松源崇岳系下高僧虚舟普度高足玉山珍的嗣法弟子。

昙芳守忠(1275—1348),元世祖至元乙亥年(至元十二年,1275)十月一日生,南康都昌人,俗姓黄,讳守忠,字昙芳。

9岁志求出家,母不同意,亲族劝母,方遂其志,从云居玉山珍禅师,12岁祝发即受具足戒。行脚游方至金陵蒋山,留二年。一日,过天禧官讲,听《法华经》,即解其旨意。久之,拜虎岩伏公于径山,职其法度一年。往育王寺见东岩日公,命任典藏,昙芳守忠辞而不就。乃礼谒杨岐派十一世禅师玉山珍于灵隐寺,玉山珍禅师举庭前柏树子话头,昙芳守忠言下尽释所疑。元成宗大德九年(1305)众推请昙芳守忠住持金陵崇因寺,出世开堂为玉山珍禅师拈香,表明为其法嗣。

英宗至治元年(1321),江浙行中书省丞相脱欢请昙芳守忠迁住金陵蒋山,声望日盛。图帖睦尔在金陵时,与昙芳守忠来往甚密,昙芳守忠为其祈祷得吉,预言他日后为帝。天历元年(1328),图帖睦尔即位,是为文宗皇帝,元文宗授昙芳守忠"佛海普印大禅师"号。是时,改潜邸为大龙翔集庆寺,敕行御史台择开山者,以昙芳守忠应选,昙芳守忠力辞,举笑隐大诉以代。天历二年(1329),加赐昙芳守忠"大中大夫广慈圆悟大禅师"号,住持崇禧和蒋山两禅寺。

至顺元年(1330)秋,御史中丞赵世安传旨,召昙芳守忠与笑隐大诉北上赴京。文宗及皇后、太子和帝师召见,礼遇隆洽,赐金丝织袈裟、金襕衣,赏赐极多。至顺二年(1331),高公纳璘为行院使,首以聘昙芳守忠住持径山,命三返,才启程往径山。浙右臣族闻昙芳守忠至,争馈粮赡,径山寺盛况一时,学者众逾两千。

顺帝至正五年(1345),奉旨住持"江南第一寺"金陵龙翔集庆寺,殊荣备至。江浙丞相朵而只公,亲为敦请,昙芳守忠至金陵,众随至,寺无所容。至正六年(1346)告老于朝,居广慈庵待命。是年七月,集庆寺失火,昙芳守忠亲主集庆寺修复工程,众院宇一时皆作,龙翔集庆寺得以再造落成。

至正八年(1348),十月二十八日,感微疾。召门弟子勉之:"汝等宜力吾道,以无负国家崇奉之意。"是日圆寂,台府诸司各致奠,士庶率财作大会七日,至燃顶臂香为供者。舆龛出东门,倾城伎乐皆至,送者数万人。①

"所以道重王臣,名喧寰宇。"②这是昙芳守忠禅师一生行状真实写照,临终亦托嘱弟子要"无负国家崇奉之意"。其宗风"开示学者,不假辞色,号铁面,然人人亲服。应酬偈语,未尝起草,引纸疾书,而文理严正雄浑,《五会录》可见也"。③

"上堂。古德道,我立地待汝构取,我坐地待汝构取。德山入门便棒,临济入门便喝,如将梵位直授凡庸,更若踌躇,醍醐毒药。下座。"④昙芳守忠其禅法颇有松源崇岳之遗风,倡导多用棒喝显示大机大用的方便法门,使参禅之人得以豁然开悟。

"向上一路,何处寻讨?饥来吃饭,寒来着袄。金粟通身是病,文殊一见便好。大众天寒,不宜久立,各自归堂向火。"⑤昙芳守忠承扬松源崇岳的解脱之道不离生活日用的思想。

昙芳守忠的《五会录》中未见大慧宗杲看话头之阐释,承扬的是松源崇岳的禅法宗风。他开示学人:"然佛无二法,而为之师者,其进退缓急,则有时节因缘者焉。当大慧时,其徒讥毁以相胜,其来者或自谓亲证,或自谓罢参,安得不高峻以折其

---

① 《卍续藏经》第71册,《有元大中大夫佛海普印广慈圆悟大禅师忠公行业记》。
② 《卍续藏经》第71册,《昙芳守忠禅师语录》题跋。
③ 《卍续藏经》第71册,《有元大中大夫佛海普印广慈圆悟大禅师忠公行业记》。
④ 《卍续藏经》第71册,《昙芳守忠禅师语录》卷上。
⑤ 同上。

我慢，行正令以绝其邪原。是如选锋破阵，不以雷电震惊为嫌也。今昙芳之时，请益怀疑之士，怅怅然，莫之所归。从求一盂一席之安，以从事其学。得其所者，或寡矣，双径险绝。不惮高远，云从川涌而至者，岂有它哉。非汪洋充弘，而无以容其来。非明白直截，而无以顺其入。故师之立言，所谓因时而制宜，据病而对治者欤。是以渊博，如沧溟慈航之发无碍，平实，如陆地大车之载易从。此则与大慧同条，而共贯者乎。"①

昙芳守忠接引学人，汪洋充弘容其来，明白直截顺其入，因时而制宜，据病而对治。与大慧宗杲之高峻折其慢、行正令以绝其邪原，可谓法殊同妙。

二、古林清茂

古林清茂（1262—1329），字古林，号金刚幢。温州乐清人，俗姓林。松源崇岳三传弟子，杨岐派第十一世禅师。

12 岁从天台山国清寺孤岩启出家，试经得度，遂游方天下，历参雪窦山简翁敬、南屏石林巩、承天觉庵真。后师事雁宏能仁寺横川如珙禅师门下，精进参研，并于 19 岁时得如珙禅师印可嗣其法。

元大德二年（1298），出世开法于平江府天平山白云寺，住持九年后迁开元寺。不久，退居虎丘山绍隆塔院，重拈雪窦重显的百则举古。

皇庆元年（1312），再主法开元寺，因杨国公之奏请，元仁宗赐"扶宗普觉佛性禅师"号。延祐二年（1315），移住饶州永福寺。后住持金陵保宁寺六年，奉朝廷之命列席金山大会。得元英宗和元文宗的崇信，备受王臣士大夫等之尊崇，缁素求法问法者千余人。

天历二年（1329）十一月二十二日示寂，寿 68。②

嗣法弟子多人，南堂清欲、仙岩猷、竺仙梵仙、月林道皎、石室善玖等九人见录。其中竺仙梵仙东渡日本传法，开创竺仙派，为日本禅宗二十四派之一，该派因创始者梵仙是古林清茂的嫡嗣弟子，所以又被称为古林派。日僧弟子月林道皎、石室善玖，回国后住化一方，传扬杨岐禅法。古林清茂为杨岐宗法东传日本，做出了贡献。

---

① 《卍续藏经》第 71 册，《昙芳守忠禅师语录》卷上。
② 古林清茂行状引据：《卍续藏经》第 71 册，《古林和尚行实》。

有《古林清茂禅师语录》五卷和《古林清茂禅师拾遗偈颂》二卷行世。

三、北涧居简法系的弟子

北涧居简法系枝繁叶茂，著名的法嗣弟子有物初大观，物初大观法系下有晦机元熙等十九位弟子。除前述笑隐大䜣外，居简系下有名禅师众多，梅屋念常和宝州觉岸等禅师，对佛教史学也做出了贡献。

梅屋念常，晦机元熙弟子，杨岐派第十世禅僧。俗姓黄，号梅屋，世居华亭（今上海松江）。12岁出家，从平江圆明院体志学律，成宗元贞元年（1295）受具足戒。此后游历江浙各大丛林，博览群典。至大元年（1308），前往杭州净慈寺参拜晦机元熙，7年后，晦机禅师迁径山寺，即住持净慈寺，后又住持嘉兴祥符禅寺。至治三年（1323），赴燕京书写黄金佛经，备受帝师发思巴的尊宠。在此期间，收集佛教流传事迹和史料，历时20余年，撰写成22卷佛教编年体通史《佛祖历代通载》。该书主要补述宋、元二代的佛教史实，是一部研究宋元佛教的重要著作。

宝州觉岸禅师，晦机元熙弟子，杨岐派第十世禅僧。著编年体通史《释氏通鉴》四卷，按干支帝纪年号，记载三皇五帝到南宋末的历史沿革和佛教史迹，对研究南宋以前的佛教史实有一定参考价值。

第四节　高峰原妙

破庵祖先传无准师范，师范传雪岩祖钦，祖钦传高峰原妙，高峰原妙是宋末元初南方名僧，杨岐派第十一世著名高僧。其生平及禅法思想主要见录于洪乔祖《高峰原妙禅师行状》、《新续高僧传》、《高峰原妙禅师语录》和《高峰原妙禅师禅要》等资料。

一、生平行状

据洪乔祖《高峰原妙禅师行状》：

> 师讳原妙，号高峰，吴江人，俗姓徐。母周氏，梦僧乘舟投宿而孕，宋嘉熙戊戌三月二十三日申时生。才离襁褓，喜跌坐，遇僧入门，辄爱恋

欲从之游。十五岁，恳请父母出家，投嘉禾密印寺法住为师。十六剃发，十七受具，十八习天台教。二十更衣入净慈，立三年死限学禅。一日父兄寻访，巍然不顾。二十二请益断桥伦，令参"生从何来，死从何去"话。①

原妙禅师（1238—1295），号高峰，吴江（今江苏苏州）人，俗姓徐。生于南宋嘉熙二年（1238），生来与佛教有宿缘。15岁时，前往嘉禾密印寺随法住大师出家。15岁剃度，17岁受具足戒，18岁始习天台宗。

（一）苦参话头，物我俱忘

高峰原妙20岁，前往净慈寺，改投无准师范法嗣断桥妙伦，给自己立下了三年参禅开悟的死限期。在此期间，父亲与兄长来看望他，高峰原妙巍然参禅而不相见，矢志修行而不移。22岁时，妙伦禅师令他参"生从何来，死从何去"话头。"于是胁不至席，口体俱忘。或如厕，惟中单而出；或发函，忘肩镭而去。"②高峰原妙参看话头已到废寝忘食之境。当时，有一位同参僧人显和尚见高峰原妙如此用功，不由感慨道："吾己事弗克办，曷若辅之有成，朝夕护持惟谨。"③此后，显和尚各方面照顾高峰原妙，使他专心参看话头。

但时近一年，高峰原妙仍然"只如个迷路人相似"。"时，雪岩祖钦寓北涧塔，欣然怀香往扣之。方问讯，即打出闭却门，一再往，始得亲近。令看'无'字，自此参扣无虚日。一日，雪岩祖钦忽问：'阿谁与你拖个死尸来？'声未绝即打。如是者不知其几，师扣愈虔。"④雪岩祖钦要高峰原妙参究"赵州狗子"中的"无"字话头，高峰原妙虽苦于参究，仍是迷局中人。

后来祖钦禅师赴住南明，高峰原妙到径山参禅。在径山参禅半月后，高峰原妙忽于梦中想起当初妙伦禅师所说"万法归一，一归何处"的话头。"疑情顿发，三昼夜目不交睫。废寝忘餐，东西不辨，昼夜不分。开单展钵，屙屎放尿，至于一动一静，一语一默，总只是个一归何处，更无丝毫异念，亦要起丝毫异念了不可得。正如钉钉胶粘，撼摇不动。虽在稠人广众中，如无一人相似。从朝至暮，从暮至朝，

---

① 《卍续藏经》第70册，《高峰原妙禅师语录》。
② 同上。
③ 同上。
④ 同上。

澄澄湛湛，卓卓巍巍，纯清绝点。一念万年，境寂人忘，如痴如兀。"[1] 不觉至第六日，正值达摩祖师的忌辰，高峰原妙随众到塔前诵经，偶一抬头看见五祖法演禅师画像上"百年三万六千朝，反复原来是这汉"的颂辞，"蓦然触发日前仰山老和尚问拖死尸句子，直得虚空粉碎，大地平沉，物我俱忘，如镜照镜。百丈野狐，狗子佛性，青州布衫，女子出定话，从头密举，验之，无不了了。般若妙用，信不诬矣。"[2] 高峰原妙疑情顿时打破，豁然开悟。高峰原妙时24岁，距他发愿立下参禅开悟时限，正好三年时间。

结夏安居后，高峰原妙前往南明参见祖钦禅师。"祖钦禅师一见他便问：'阿谁与你拖个死尸到这里？'原妙即大喝一声。祖钦禅师抓起棒子要打，原妙一把抓住说：'今日打某甲不得。'祖钦禅师问：'为甚么打不得？'原妙拂袖便出。第二天，祖钦禅师问原妙：'万法归一，一归何处？'原妙答：'狗舔热油铛。'祖钦禅师又问：'你那里学遮虚头来？'原妙答道：'正要和尚疑着。'"[3] 祖钦禅师这才罢休认可，自此，高峰原妙禅机锋锐不亚于祖钦禅师。

第二年，高峰原妙到江心寺结夏安居，游访于江浙一带丛林，于雪窦山资圣寺中见到了江西谋禅师与希叟昙禅师。昙禅师问："那里来？"原妙闻言抛下蒲团。昙禅师又问："狗子佛性，你作么生会？"原妙曰："抛出大家看。"[4] 禅机应答，立见高低，昙禅师亲自送高峰原妙回僧寮。

南宋咸淳元年（1265），雪岩祖钦主持天宁寺时，高峰原妙随侍在祖钦禅师左右，不辞劳苦。屡将有所委任，辞色毅然，终不可强。一天，祖钦禅师问他："日间浩浩时，还作得主么？"高峰原妙答："作得主。"祖钦禅师又问："睡梦中作得主么？"高峰原妙答："作得主。"祖钦禅师又问："正睡着时，无梦无想，无见无闻，主在甚么处？"高峰原妙无言以对。于是祖钦禅师嘱咐他："从今日去，也不要汝学佛学法，也不要汝穷古穷今，但只饥来吃饭，困来打眠，才眠觉来，却抖擞精神，我遮一觉，主人公毕竟在甚么处安身立命？"[5]

---

[1] 《卍续藏经》第70册，《高峰原妙禅师语录》。

[2] 同上。

[3] 同上。

[4] 同上。

[5] 同上。

（二）苦行隐修，坐禅入定

高峰原妙在雪岩祖钦禅师处，"虽信得及，遵守此语，奈资质迟钝，转见难明"①。遂于次年冬，辞别祖钦禅师，奋志入临安龙须山苦行隐修，自誓："拼一生做个痴呆汉，决要遮一着子明白。"如此苦参力修五年，因同宿友推枕堕地作声，廓然大彻大悟。"如在罗网中跳出，追忆日前佛祖所疑诵讹公案，古今差别因缘，恰如泗州见大圣，远客还故乡，元来只是旧时人，不改旧时行履处。自此安邦定国，天下太平，一念无为，十方坐断。"②

高峰原妙在龙须山隐居参修九年，自伐茅柴结庵而居。风吹日晒，无论寒冬还是炎夏，都只穿着一件衲衣，既不用扇子驱暑，也不生炉子祛寒。每天只吃些松子捣拌的稀粥，勉强充饥。有一次，大雪封山10多天，道路被堵，绝烟火，众人都以为高峰原妙死了。等到雪停能进山，众人一看，积雪掩没茅庵，高峰原妙却仍端坐庵内坐禅入定。

咸淳十年（1274），高峰原妙迁武康双髻峰。慕禅师盛名，求学的人云涌而来。但庵小难容众，高峰原妙乃选拔其中优秀者居之。南宋恭宗德祐二年（1276），元兵南侵，学徒避兵四去，高峰原妙丝毫不为所动，独自闭关，神色自若，端然正坐。后有人按堵启户而视，见高峰原妙如在龙须山中一样坐禅入定了。于是声名远扬，户履弥伙，应接不暇。高峰原妙慨然而叹："榔标横肩不顾人，直入千峰万峰去。"③而生隐居深山参修之念。

（三）高峰古佛，"死关"与三关

元世祖至元十六年（1279），高峰原妙趁夜色独自悄然离开双髻峰，到天目山参修。天目山西峰山肩有一狮子岩，拔地千仞，崖石林立，高峰原妙颇中意此地，遂生在此终生隐居参修之心。弟子法升等追寻高峰原妙踪迹，也到了狮子岩，为师盖了一座茅庵。不久，慕名参学之众又云集而来。高峰原妙攀登上狮子岩西面的石洞，在里面另辟一间长一丈、宽五尺的石室，并榜示为"死关"。"死关"上面潮湿溜滑，下面是泥沼，如风雨飘摇小石舟。高峰原妙屏绝弟子的随侍和衣物供给，不洗澡，不剃发，截断瓦瓮作为煮食的器具，只在午前一食，长年累月，天天如此。如果没

---

① 《卍续藏经》第70册，《高峰原妙禅师语录》。
② 同上。
③ 同上。

有梯子，就不能登临石洞，平常撤梯断缘，就是弟子也罕得登洞瞻视。

对前来参学者，高峰原妙设有三关语以验学者，云："大彻底人，本脱生死，因甚命根不断？佛祖公案，只是一个道理，因甚有明与不明？大修行人，当遵佛行，因甚不守毗尼？"① 若求学者答语不契，遂闭门不接。此"三关"语，若从语义去理解，显然是相互矛盾的，依此回答只会离要旨愈远。求学者若囿于文字识解，就如同陷入葛藤乱麻中，越解越结，永无解缚之日。若按寻常思维去推理卜度，只会越思越迷，愈推愈乱，岂能契机。唯具法根利器的求学者，由此"三关"语起大疑情，并立大志、奋力参究所起疑情，才有可能得高峰原妙接纳登洞参学。

能被允许登洞问学，说明求学者是可接引之根器，高峰原妙又有"入室三关"来接引勘验学人。即为："杲日当空，无所不照，因甚被片云遮却？人人有个影子，寸步不离，因甚踏不着？尽大地是个火坑，得何三昧，不被火烧？"② 既是接引勘验登洞学人，则与前"三关"语侧重面不同，强调的是学人是否坚定了一个"信"字。"殊不知有一所无尽宝藏，蕴在其中。若也拾得，百劫千生，取之无尽，用之无竭。须知此藏不从外来，皆从你诸人一个信字上发生。若信得及，决不相误，若信不及，纵经尘劫，亦无是处。"③ 人本具佛性，此人之本性如杲日当空，无所不在，无所不照。若信得及，知人皆具有一所本性无尽宝藏，不从外来，则杲日虽被世俗妄念片云所遮，终难掩其光辉普照，人之肉身影子虽寸步不离，虚幻无常亦难惑本性；若信得及，证得"无心三昧"，世欲烦恼尽是大火坑，烦恼灭，则欲火自熄灭，何从被火烧；若信不及，则暗无天日，踏影不着，被火焚烧，纵经尘劫，亦无是处。故而，前来参学人如不具法器大根，且心怀高远志向，没有不望岩退却的。因此，虽有数万求学者慕名而来，却鲜有能入室参学且又得其法者。

雪岩祖钦禅师此时期住持仰山寺，在南方禅林影响很大，曾三次请高峰原妙前去辅助弘法，高峰原妙隐居参修之志不移，坚辞不去。祖钦禅师以竹篦、尘拂和"绿水青山同一受记"授高峰原妙，视其为嗣法高足。

元世祖至元二十七年（1290），鹤沙瞿提举敬仰高峰原妙多年，终得登山一瞻师颜，恍如宿契，欲布施一处大庄园以供养海众。高峰原妙说："多易必多难，吾力弗

---

① 《卍续藏经》第 70 册，《高峰原妙禅师语录》。

② 同上。

③ 同上。

克胜。"① 坚拒之。鹤沙瞿提举施心弥笃,高峰原妙乃命僧议,以此田租岁入,别于西峰建一"大觉禅寺",由原妙弟子祖雍权管寺事,大觉禅寺成为高峰原妙重要的传禅寺院。高峰原妙超尘出世的高邈道风名扬天下,被誉为"高峰古佛",来参禅求学的有数万人,更有其他国家的求学者慕名远渡重洋前来参学。

元成宗元贞元年(1295)十一月二十六日,弟子祖雍偕明初来"死关"看望高峰原妙,高峰原妙竟以末后事咐嘱,遂取两真轴,口占二赞,乃书之。十二月初一日黎明,辞众云:"西峰三十年妄谈般若,罪犯弥天,末后有一句子,不敢累及平人,自领去也。大众!还有知落处者么?"良久,云:"毫厘有差,天地悬隔。"众皆哀恸不已。至辰巳间,说偈曰:"来不入死关,去不出死关,铁蛇钻入海,撞倒须弥山。"② 泊然而寂。弟子遵其遗命,塔全身于"死关"。寿58,腊43。

二、宗风孤峭冷峻

高峰原妙宗风孤峭冷峻,接引勘验弟子极其严格,及请益者数万人,仅百人受毗尼,嗣其法者,仅中峰明本和断岩义公五人。示寂后,远近之人恨不得承颜领诲,于塔前恸哭,燃顶炼臂者,犹憧憧不绝。

高峰原妙生于南宋末,他参究话头豁然彻悟,正值蒙古统一中国建立元朝时,其坐禅弘法名震天下都在元朝初期。他得法后,远离尘世,隐居深山丛林,在极其艰苦的生活环境下,坐禅参修,矢志不移。后期,在危岩峭壁上的岩洞中自造一"死关",在极其艰难的生存条件下,整整十六年不出"死关"闭关参修。他一生摒弃名利,过着"苦行僧"的苦修生活;他超凡脱俗,操守高洁,不与朝廷官府来往;他虽不曾住持禅寺,但其禅法精深,道风高邈,信徒遍及海内外,其时,禅林无人可与之比肩。高峰原妙是禅林真参苦修、实证亲悟的典范,他继承大慧宗杲看话禅思想,并有新的建树和发展。高峰原妙"弘悟普度,名冠元世"③,后世对其评价极高。

也有个别评论,认为元朝初中期推行"尊教抑禅"政策,高峰原妙在此形势下只能"遗身孑立"。但观其稍后,元叟行端亦曾师从雪岩祖钦,以其为代表的之善系,以笑隐大䜣为代表的居简系和崇岳系的昙芳守忠等,都积极靠拢元朝廷,得到朝廷崇信。不可否认,宋元以来,朝廷加强了对佛教的控制利用,寺院的住持多由朝廷

---

① 《卍续藏经》第 70 册,《高峰原妙禅师语录》。

② 同上。

③ 《大藏经补编》第 19 册,《新续高僧传》。

官府任命,争取朝廷支持亦是谋求发展之举。可见,高峰原妙避世隐修只是其禅风操守的体现,而不是迫于形势的无奈之举。从这种意义上来说,祖先系的高峰原妙,代表了杨岐派禅法的主流,是元代南方山林禅宗的杰出代表。

三、高峰原妙的禅法

高峰原妙是参究"万法归一,一归何处"话头彻悟的,其后的"入门三关"语和"入室三关"语,体现了其"话头上起大疑情"、"坚定一个信字"和"无心三昧"的主要思想。

(一)参举话头须能起大疑情

高峰原妙参话头"万法归一,一归何处?"而悟,其参禅方式亦主要是参话头。他的参话头在继承大慧宗杲看话禅的基础上,有新的改进。所参公案的话头,以看时须能起大疑情为要,有易下手作功夫处,而不仅拘泥于答话。

他参的话头"万法归一,一归何处?"与大慧宗杲参的"无"字话头一样,也选自赵州从谂的公案。据《赵州禅师语录》记载:"僧问赵州:'万法归一,一归何处?'州云:'我在青州作一领布衫重七斤。'"若循大慧宗杲参答话"无"字话头以及答话"一领布衫重七斤"来参话头,虽会起疑情,但不如问话"一归何处?"能起大疑情,更利于学人参究开悟。因此,高峰原妙参的话头是问话。

> 寻常教人做工夫,看个"万法归一,一归何处?"公案。看时须是发大疑情,世间一切万法,总归一法,一毕竟归在何处?向行住坐卧处,着衣吃饭处,屙屎放尿处,抖擞精神,急下手脚。但怎么疑,毕竟一归何处,决定要讨个分晓。不可抛在无事甲里,不可胡思乱想,须要绵绵密密,打成一片。直教如大病一般,吃饭不知饭味,吃茶不知茶味,如痴如呆,东西不辨,南北不分。工夫做到遮里,管取心华发明,悟彻本来面目。生死路头,不言可知,须要世间情念放教轻微,道念自然浓厚。古人云:"生处要熟,熟处要生。"闲时不要看经消遣,工夫不得成一片,只要起身行道,急着精神,讨个一归何处着落。①

---

① 《卍续藏经》第 70 册,《高峰原妙禅师语录》。

大慧宗杲倡导要"话头"上起疑和设疑，疑字当头，疑问上去参究，则有下功夫处。高峰原妙则进一步强调，看话头首要须是发大疑情。"万法归一，一何归？只贵惺惺着意疑，疑到情忘心绝处，金乌夜半彻天飞。"① 直教如大病一般，由此去参破疑情，悟透生死之大事。

他也如大慧宗杲那样主张看话头要"一心一意向自己脚跟下理会"，向行住坐卧处、着衣吃饭处抖擞精神，讨个一归何处的分晓处。"万法归一，一归何处？狭路相逢，两手分付，逴得便行，黄河三千年一度清。"② 心生则法生，心灭则法灭，一心生万法，万法归一心，一心乃"本性"，亘古永恒存。若问一归何？且作偈一首："万法无常归一处，一归何处发疑情。沧桑巨变显本色，黄河横流水也清！"

高峰原妙力举参"万法归一，一归何处？"话头，这与其得法前参话头的经历有关。初依断桥妙伦，参"生从何来，死从何去"话头，苦参一年，仍是迷局中人，后改参"无"字话头。"前所看无字，将及三载。除二时粥饭，不曾上蒲团，困时亦不倚靠。虽则昼夜东行西行，常与昏散二魔辊作一团，做尽伎俩，打屏不去，于遮无字上，竟不曾有一饷间省力成片。自决之后，鞫其病源，别无他故，只为不在疑情上做工夫。一味只是举，举时即有，不举便无。设要起疑，亦无下手处。设使下得手，疑得去，只顷刻间，又未免被昏散打作两橛。于是空费许多光阴，空吃许多生受，略无些子进趣。一归何处，却与无字不同，且是疑情易发，一举便有。不待返覆思惟计较作意才有，疑情稍稍成片，便无能为之心。既无能为之心，所思即忘。致使万缘不息而自息，六窗不静而自静不犯纤尘。"③ 高峰原妙废寝忘食将及三年，做尽伎俩，于"无"字话头上，仍是昏散一团。

高峰原妙得法后，鞫其病源，别无他故，只为不在疑情上做功夫，一味只是举，又无下手处，空费光阴，毫无进展。参"万法归一，一归何处？"话头，则疑情易发，又有易下手处，一举便有，终而豁然彻悟。所以他力主后学参"万法归一，一归何处？"话头，且强调参话头，首要是话头上要发大疑情，从而有易下手处做功夫。

高峰原妙要求学人只参"万法归一，一归何处？"话头，主要出于其参看话头的切身体验和心得。其实，选择那一则公案和公案中的答话还是问话，甚或整则公案，

---

① 《卍续藏经》第70册，《高峰原妙禅师语录》。

② 同上。

③ 同上。

作为话头来参究,亦是因人而异、随缘而就。高峰原妙不循大慧宗杲以公案答话为话头之旧,为后学如何参看"活句"话头一个很好的启示。他所提出的参举话头须能发大疑情,也为参修看话禅,提供了实参真修的方法。

(二)疑以信为体,信以疑为用

高峰原妙强调发大疑情是参修之要,是基于参话头有易于下手做功夫处,并不是只要起疑情就必然会参透话头而开悟,而是必须先要对佛法禅理和参话头坚定一个"信"字。

"须知:疑以信为体,悟以疑为用。信有十分,疑有十分;疑得十分,悟得十分。"① 信是疑之根本:无信之疑则虚幻缥缈,是为假"疑",虚假疑情参话头,只会愈参愈迷;以信为体之疑,是为真"疑",才能发大疑情,并以此为用而参悟。"若论此事,只要当人的有切心。才有切心,真疑便起。真疑起时,不属渐次,直下便能尘劳顿息,昏散屏除,一念不生。前后际断,才到遮般时节,管取推门落臼。若是此念不切,真疑不起,饶你坐破蒲团百千万个,依旧日午打三更。"②

高峰原妙说的"有切心",是指有"信心","信"为体,是参话头的根本。坚定了信心,真疑便起,直下昏散屏除;若信心不坚,真疑不起,坐破蒲团百千万,话头也参不透,不能开悟。"大抵参禅,不分缁素,但只要一个决定信字。若能直下信得及,把得定,作得主,不被五欲所撼,如个铁橛子相似,管取克日成功,不怕瓮中走鳖。"③ 只要一个决定信字,就作得主,高峰原妙把"信"提到为"主"的最高位置,起疑情只是参话头的要法,是主体"信"之用。前述参举话头,须能发大疑情,亦只是参举话头时之要法,一旦参悟话头,也必须坚定一个"信"字,发真疑情,在易下手处,做功夫破疑情,奋力精进而得悟。

何为一个"信"字?高峰原妙这样阐释:"杨岐参慈明和尚,令充监寺,以至十载打失鼻孔,道播天下,亦不出遮一个信字。从上若佛若祖,超登彼岸,转大法轮,接物利生,莫不皆由此一个信字中流出。故云信是道元功德母,信是无上佛菩提,信能永断烦恼本,信能速证解脱门。"④ 以杨岐派始祖方会为举,上溯佛陀祖师,信

---

① 《卍续藏经》第70册,《高峰原妙禅师禅要》。
② 同上。
③ 同上。
④ 同上。

即道元功德母,信是无上佛菩提。参看话头的终极目的是要开悟得法,坚定自己对佛法禅理的信仰。因而参话头,疑以信为体,信亦以疑为用,信与疑是体用的关系,绝不是互相否定。所以,信有十分,疑有十分,疑得十分,悟得十分。

高峰原妙强调发真疑情,是参话头不可或缺的要法,如何发真疑情就是一个十分重要的问题。"先将六情六识,四大五蕴,山河大地,万象森罗,总镕作一个疑团,顿在目前。不假一枪一旗,静悄悄地,便似个清平世界。如是行也只是个疑团,坐也只是个疑团,着衣吃饭也只是个疑团,屙屎放尿也只是个疑团,以至见闻觉知,总只是个疑团。疑来疑去,疑至省力处,便是得力处。不疑自疑,不举自举,从朝至暮,粘头缀尾,打成一片。无丝毫缝罅,撼亦不动,趁亦不去。昭昭灵灵,常现在前,如顺水流舟,全不犯手,只此便是得力底时节也。"[1]即要把人之主观情识思维,人外客体世界,乃至日常生活、见闻觉知,都镕作一个疑团,疑来疑去,疑至省力处,自会不疑自疑,成为参话头时的一种本能,对话头自发大疑情。

高峰原妙还教诫后学:"起个疑情,疑来疑去,直教内外打成一片,终日无丝毫渗漏,鲠鲠于怀。如中毒药相似,又若金刚圈,栗棘蓬,决定要吞,决定要透。但尽平生伎俩愤将去,自然有个悟处。"[2]

发大疑情,只是为了决疑情而透,自然有个悟处。他又说:"西天此土,古今知识,发扬此段光明,莫不只是一个决疑而已。千疑万疑,只是一疑,决此疑者,更无余疑。"此一决疑,是参话头所起之疑,如参"万法归一,一归何处?"话头,即"一归何处"?然而"迷中有悟,悟复还迷,直须迷悟两忘,人法俱遣"[3],终决此疑即大彻大悟。

何为大彻大悟?即了生死大事,如高峰原妙所说:"生死事大,无常迅速。生不知来处,谓之生大;死不知去处,谓之死大。只遮生死一大事,乃是参禅学道之喉襟,成佛作祖之管辖。三世如来,恒沙诸佛,千变万化,出现世间,盖为此生死一大事之本源。"人法俱忘,人执、我执、众生执、寿执俱灭,则了生死大事。"即与释迦弥勒,净名庞老,不增不减,无二无别。同一眼见;同一耳闻;同一受;同一出没。天堂地狱,任意逍遥。虎穴魔宫,纵横无碍。腾腾任运,任运腾腾。故《涅

---

[1] 《卍续藏经》第70册,《高峰原妙禅师语录》。

[2] 同上。

[3] 同上。

盘经》云：'生灭灭已，寂灭为乐。'须知此乐，非妄念迁注，情识之乐，乃是真净无为之乐耳。"① 真净无为、寂灭为乐，即为参话头欲修之境界。

（三）参禅三要

高峰原妙以参话头为主要参禅方式，他在极其恶劣环境下坐禅入定的参禅功夫，更是著称于世。他在接引学人参修时，多教其参究话头，也常提举阐释公案和拈古、颂古等参禅方式，有时亦用呵斥拄杖等手段勘验接引学人。"诸方拈槌竖拂，接物利生，只解指虚空说虚空，指灯笼露柱说灯笼露柱。于是药头无验，误人多矣。西峰要向未有虚空名字以前说虚空，未有灯笼露柱以前说灯笼露柱。要使闻者见者，一得永得，一证永证。大众：'未有名字以前，毕竟凭何施设？'以拂子击禅床一下，又连击两下。"②

他谈及自己的参禅之要："不可执蒲团为工夫，堕于昏沉散乱中，落在轻安寂静里，总皆不觉不知，非惟虚丧光阴，难消施主供养。一朝眼光落地之时，毕竟将何所靠。山僧昔年在众，除二时粥饭不曾上蒲团，只是从朝至暮，东行西行，步步不离，心心无间。如是经及三载，曾无一念懈怠心。一日蓦然踏着自家底，元来寸步不曾移。"③ 即参禅不要执着蒲团为工夫，重在心心无间，从朝至暮东行西行，无一念懈怠心。所谓心心无间，既是："参须实参，悟须实悟，动转施为，辉今耀古。若是操心不正，悟处不真，妆妆点点，斗斗钉钉，被人轻轻拶着，未免唤灯笼作露柱。"④

若谓着实参禅，实参实悟，高峰原妙提出："决须具足三要：第一要有大信根，明知此事，如靠一座须弥山；第二要有大愤志，如遇杀父冤仇，直欲便与一刀两段；第三要有大疑情，如暗他做了一件极事，正在欲露未露之时，十二时中。果能具此三要，管取克日成功。"⑤ "参禅三要"的要有大疑情和要有大信根，前已论述，这里阐释"第二要有大愤志"。

"直欲发大信，起大疑，疑来疑去，一念万年，万年一念，的的要见遮一着子下落。如与人结了生死冤仇相似，心愤愤地，即欲便与一刀两段。纵于造次颠沛之际，

---

① 《卍续藏经》第 70 册，《高峰原妙禅师语录》。
② 同上。
③ 同上。
④ 同上。
⑤ 同上。

皆是猛利着鞭之时节。若到不疑自疑，寤寐无失，有眼如盲，有耳如聋。不堕见闻窠臼，犹是能所未忘，偷心未息，切宜精进中倍加精进。直教行不知行，坐不知坐，东西不辨，南北不分，不见有一法可当情，如个无孔铁锤相似。能疑所疑，内心外境，双忘双泯，无无亦无。"①参禅时，发大信，起大疑，然后要似与人结了生死冤仇，心愤愤地，即欲便与一刀两段，此即是高峰原妙所说大愤志。而且参到不疑自疑的境界，还须有大愤志，如急水滩头泊船，咬定牙关，牢牢把定绳头，切宜精进中倍加精进。可见，高峰原妙所说的要有大愤志，实际上就是参禅须要奋志精进。

"起一念精进心求之。又却不得将心待之；又却不得要一念纵之；又却不得要一念弃之；直须坚凝正念，以悟为则。"②高峰原妙指出，具足参禅三要，着实参禅，要以悟为则。若论克期得悟取证，高峰原妙说："如人担雪填井，不惮寒暑，不分昼夜，横也担，竖也担，是也担，非也担。担来担去，纵使经年越岁，以至万劫千生。于其中间，信得及，踏得稳，把得定，作得主。曾无一念厌离心，曾无一念懈怠心，曾无一念狐疑心，曾无一念求满心。"③

参禅参到无心处，高峰原妙仍教诫后学："问平常心是道，无心是道。此平常心无心之语，成却多少人，误却多少人。往往不知泥中有刺，笑里有刀者。"此是高峰原妙禅法精深之见，不愧为著称于世的大德高僧。至于，具足参禅三要，精进参禅要达到的终极境界，高峰原妙如是说："古云：'莫道无心云是道，无心犹隔一重关。'何止一重，更须知有百千万重在，苟不发愤志，精进下一段死工夫，岂于木石之有异乎。凡做工夫到极则处，必须自然入于无心三昧，却与前之无心天地相越。"④具足参禅三要，精进参禅的终极境界，必须自然入于无心三昧。

> 直得胸次中，空劳劳地，虚豁豁地，荡荡然，无丝毫许滞碍，更无一法可当情，与初生无异。吃茶不知茶，吃饭不知饭，行不知行，坐不知坐，情识顿净，计较都忘。恰如个有气底死人相似，又如泥塑木雕底相似。到者里，蓦然脚蹉手跌，心华顿发，洞照十方，如杲日丽天，又如明镜当台，不越一念，顿成正觉。非惟明此一大事，从上若佛若祖，一切差别因缘，

---

① 《卍续藏经》第70册，《高峰原妙禅师禅要》。
② 同上。
③ 同上。
④ 同上。

悉皆透顶透底。佛法世法，打成一片。腾腾任运，任运腾腾，洒洒落落，干干净净，做一个无为无事出格真道人也。①

着实精进参禅，自然入此无心三昧，则不负平生参禅修行、得法成道之志。

第五节 中峰明本

中峰明本是高峰原妙的得法弟子，杨岐派第十二世杰出高僧，元代至明清最具影响力的著名高僧。有关中峰明本的生平及禅法思想的资料较多，以中峰明本撰、庭慈寂等编《天目中峰和尚广录》②及卷末附《山佛慈圆照广慧禅师中峰和尚行录》（以下简称《中峰和尚行录》）记载较详。

一、生平行状

据《中峰和尚行录》记载：

> 禅师讳明本，号中峰。杭之钱塘人，俗姓孙。母李氏，梦无门开道者持灯笼至其家，翌日遂生。师神仪挺异，具大人像，才离襁褓，便跏趺坐，能言，便歌赞梵呗，凡嬉戏，必为佛事。九岁丧母，读《论语》《孟子》未终卷已辍学，年十五决志出家。礼佛然臂，誓持五戒。日课《法华》《圆觉》《金刚》诸经，夜则常行，困以首触柱自警。居近灵洞山，时登山巅习禅定。甫冠阅传灯录，至庵摩罗女问曼殊："明知生是不生之理，为什么却被生死之所流转。"有疑，已而，沙门明山者，指师往参天目高峰和尚妙公。高峰孤峻严冷，不假人辞色。一见骇然，欲为祝发。师以父命未许，高峰曰："可举阇夜多尊者出家因缘喻汝父，勿自沉溺。"未几，颂《金刚般若经》，至荷担如来处，恍然开解。由是内外典籍皆达其义趣。而师自谓识量依通非悟也。时年二十有四，实至元丙戌岁也。明年从高峰剃染于师

---

① 《卍续藏经》第 70 册，《高峰原妙禅师禅要》。
② 《大藏经补编》第 25 册。

子院，又明年受具戒。又明年，观流泉有省，即诣高峰求证，高峰打趁出。既而民间讹传选童男女，师因问曰，忽有人来问和尚讨童男女时如何。高峰曰："我但度篦子与他。"师言下洞然，彻法源底。陆沉众中，人无知者。于是，高峰书真赞付师曰："我相不思议，佛祖莫能视，独许不肖儿，见得半边鼻。"

又据《有元敕赐智觉禅师法云塔铭》：

> 师讳明本，宋景定癸亥岁生，钱塘姓孙氏。年六十一，僧腊三十七。大元至治癸亥八月十四日，化于其山东冈之草庐。[①]

中峰明本，杭州钱塘人，俗姓孙。生于南宋理宗景定四年（1263），圆寂于元英宗至治三年（1323）。

（一）得法高峰，竿上林新篁

中峰明本出生传说颇具佛缘色彩，母梦无门者持灯笼至其家，翌日遂生。据明朝吴之鲸撰《武林梵志》卷五记载："师（无门慧开禅师）既迁化，距宋景定四年岁癸亥十一月。钱塘孙某妇李氏梦一僧持灯笼寄宿，自云慧开道人。翌日，遂产男子，异相非凡。逮长，身长九尺有奇，出家受具，是为中峰和尚。于时咸识为无门祖师后身，斯像征也。"中峰明本才离襁褓，便跏趺坐，能言便歌赞梵呗，凡嬉戏，必为佛事。9岁丧母，读《论语》《孟子》未终卷已辍学。

中峰明本15岁即立志出家，礼佛燃臂，誓持五戒。自此，中峰明本昼夜研读《法华》《圆觉》《金刚》等佛经，疲困时，头触碰柱子以祛睡意。还经常到居家附近的灵洞山上，坐习禅定。

24岁时，因读灯录中"明知生是不生之理，为什么却被生死之所流转？"而发疑情，中峰明本前往西天目山，参学于高峰原妙禅师。在读诵《金刚经》至"荷担如来"处时，疑情豁然开解，由是内外典籍皆能通达其义趣。但中峰明本认为，那还只是触发识根善缘，还非实悟。

[①] 《大藏经补编》第25册，《天目中峰和尚广录》。

25岁，中峰明本依高峰原妙削发出家。26岁，受具足戒。于高峰原妙"我但度竹篦子与他"接机言下，中峰明本"洞然彻法源底"而彻悟。高峰原妙书《真赞》付明本，印可明本得法，中峰明本成为高峰原妙的得法弟子。

27岁，"己丑，充堂司"[①]，中峰明本即司职维那[②]，"淮僧子证常问高峰，诸弟子优劣。高峰曰：'若初院主等，一知半解不道全无，如义首座固是根老竹，其如七曲八曲。惟本维那却是竿上林新篁，他日成材未易量也。'"中峰明本深受原妙的倚重。此后，中峰明本随侍高峰原妙，白天劳作，夜晚习禅，乃至"十年胁肤不沾席"。"松江瞿公霆发施田二百七十顷，即山之莲花峰建大觉正等禅寺。元贞乙未冬十一月，高峰将迁化，以大觉属师，师辞推第一座祖雍主之。"往后几十年中，朝廷及各地官吏虽曾多次请中峰明本住持名刹，但都被他所拒。

（二）习头陀行，江南古佛

高峰原妙圆寂后，中峰明本继承高峰原妙隐居参修的宗风，亦酬宿志，习头陀行。据《武林梵志》记载："云居圣水寺，旧名云居禅庵，在七宝山，元贞年间中峰禅师建。"元贞二年（1296），中峰明本离开天目山，结庵杭州西湖东南的吴山，称云居禅庵，开始他结庵山林和船居，游方参禅习头陀之行。元大德元年（1297），中峰明本登皖山、游庐阜、至金陵，前后十余月，栖隐于山林草庐间。元大德三年（1299），中峰明本来到庐州弁山，在资福寺后之黄沙坑结庵。自此，中峰明本结庵均以"幻住庵"为名隐居参修。

"学者辐辏，师虽拒之，而来者愈众。庚子，结庵平江雁荡，众即颗，遂成法席。"大德四年（1300），中峰明本又一次来到吴中（今苏州），于阊门之西五余里的雁荡结草庐幻住庵隐居参修。

中峰明本虽承高峰原妙隐居苦参的禅风，远距朝廷官府，坚辞住持名刹之请，但又不像高峰原妙隐居深山悬岩中苦修，而是云游山水而参禅，结庵弘法而自成法席。从元贞二年（1296）至大德六年（1302），中峰明本游方参禅、结庵弘法，声名远播。中峰明本门下高足如千岩元长、无照玄鉴等，都在此时参依中峰明本成为其嗣法弟子。

"时，吴兴赵公孟頫，提举江浙儒学，叩师心要。师为说防情复性之旨。公后入

---

① 《大藏经补编》第25册，《天目中峰和尚广录》。
② 同上。

翰林，复遣问金刚般若大意，师答以《金刚般若略义》一卷。公每见师所为文，辄手书又画师像，以遗同参者。"名士赵孟頫等亦慕名礼叩中峰明本。

大德八年（1304），中峰明本返天目山，为高峰原妙守塔。次年"领师子院"，自后，住持师子禅院三年。至大元年（1308），"仁宗皇帝在东宫，赐号法慧禅师"，中峰明本道行誉满朝野。

"已而乞食勾吴，因谢院事。"至大二年（1309），"道仪真，即船以居"。中峰明本朝礼五台山，因道路阻隔而返仪真（今江苏扬州附近），买船居于白洋曲。翌年，应大众恳请回到天目山，居于幻住庵。兵部尚书郑云翼于余杭等候问法，中峰明本推明经世出世之学以答之。

一年后，又离开天目山而船居于吴江。"陈子聪建顺心庵，请师开山。即而渡江，拟游少林，至汳。隐其名僦城隅土屋以居。僧俗争相瞻礼，以手额曰：'江南古佛也。'"中峰明本游少林寺，途中至汳水（河南境内的汴水），隐姓埋名住土屋，四方僧俗仍闻风而至，争相瞻礼，誉之为"江南古佛"，中峰明本禅法道行如古佛御空，遍照江南。

元皇庆元年（1312），中峰明本结庵于庐州六安山（今安徽省合肥市）。"江浙省丞相奉书访问，师去之东海州。"中峰明本避官府之访，远走东海州（江苏连云港）。第二年，瞿霆发逝世，中峰明本回天目山吊丧。

"公之子时学，奉宣政院疏，复请师住大觉，师举首座永泰代己。泰欲嗣师，师俾泰嗣开先一山万公。"中峰明本不囿门户，唯贤是举，举开先一山万公法嗣永泰代己。时以院承嗣之风甚盛，中峰明本对这一为住持寺院而改变嗣法师父的弊端，痛心彻首，极力维护丛林法嗣嫡传传统。永泰欲嗣法于他，中峰明本不以佛法为人情，断然拒绝，令其续嗣一山一万禅师。中峰明本此举，足为后世丛林之楷模。

"丞相延师私第，恳请住持灵隐寺，师固辞。"中峰明本再次固辞丞相住持灵隐寺之恳请，习头陀行，矢志不移。

（三）远离朝廷名利，道播海内外

"延祐丙辰春，上命宣政院使整治释教，距杭期入山候谒。师闻避之镇江。丁巳，丹阳蒋均建大同庵，延师居之。"延祐三年（1316）春，朝廷命宣政院使整治佛教，朝廷官员到达杭州时，准备上天目山拜谒中峰明本。中峰明本闻此消息，便离山而避之镇江。次年，丹阳蒋均居士为中峰明本建大同庵居住，中峰明本于此作《幻住庵清规》，这是禅宗史上一部重要的清规，影响了此后编纂的《敕修百丈清规》。

元延祐五年（1318），因中书平章事再请住灵隐寺，中峰明本以病辞归天目山。"九月，上顾谓近臣曰：'朕闻天目山中峰和尚道行久矣，累欲招之来，卿每谓其有疾，不可戒道，宜褒宠旌旗异之，其赐号佛慈圆照广慧禅师，并赐金襕袈裟，仍敕杭州路优礼外护，俾安心禅寂。改师子禅院为师子正宗禅寺，诏翰林学士承旨赵孟頫撰碑以赐，特赠高峰和尚佛日普明广济禅师。'"元朝虽行"尊教抑禅"政策，且中峰明本始终坚辞朝廷之诏和官府之请，但中峰明本禅法精深，名震朝野，威望极高，元仁宗仍二次赐其法号和金襕袈裟，以示尊崇。

"先是驸马太尉沈王王璋，遣参军洪钥斋书币叙弟子礼，请上命南来参叩。己未秋九月王奉御香入山，谒师草居咨决心要，请师升座为众普说。师激扬提唱万余言。王复求法名别号。师名王以胜光，号曰真际。王因建亭师子岩下，以记其事。"元延祐六年（1319），高丽忠宣王、驸马太尉王璋奏奉圣旨御香，入天目山拜谒中峰明本于幻住庵。中峰明本名扬海内外，日本、韩国等异邦来天目山求法者络绎不绝。

"至治壬戌，行宣政院虚径山席，强师主之。师贻书院官，卒不就。结茅中佳山，将终焉。山北距西峰三十里，重溪复涧，穿径崖险。扪萝薜冒豺虎。缁白随礼无虚日，师悯其跋涉，寻归草庐。"元至治二年（1322），行宣政院虚径山席，强令中峰明本住持，中峰明本再次拒绝，并结茅中佳山而避之。径山兴圣万寿禅寺，为南宋以来江南五山十刹之首。在"念念谋僧官，买大住持"盛行的元代，中峰明本此举深受僧俗敬仰。就连深受朝廷恩宠的笑隐大䜣对中峰明本亦不由赞叹："有妙喜之波澜而不住凌霄峰，有圆悟之福慧而不对延和殿。"将中峰明本与杨岐派杰出高僧佛果圆悟和大慧宗杲并列而赞，对其不与世俗同流，远离朝廷名利的道行禅风更是赞誉有加。

中峰明本怜悯弟子每日艰难跋涉中佳山，不久又回到草庐中。"十月，英宗皇帝特旨降香，并赐金襕僧伽梨，诏行宣政院官亲诣山宣谕恩意。"中峰明本拒住径山后，同年十月，英宗皇帝特旨降香，赐中峰明本金襕僧伽梨，宣谕其恩意。

（四）名震朝野，殊谥国师

至治三年（1323）春天某日，中峰明本自叙其出家始末，说是"六旬幻迹"，似乎已有去世之意。至八月十三日，中峰明本手书遗别外护，并作偈颂遗别法嘱故旧。

八月十四日早晨，中峰明本起身后，再次作偈辞别大众："我有一句，分付大众；更问如何？无本可据。"写完偈子后，中峰明本置笔安坐而逝。

天历二年（1329）正月，中峰明本逝世后第七年，元文宗赐谥明本"智觉禅师"号，塔曰"法云"，并敕奎章阁学士虞集撰《法云塔铭》。顺帝元统二年（1334），中峰明本被追谥为"普应国师"，其门人北庭慈寂所编集的三十卷《中峰广录》亦获赐入藏流通。

中峰明本著述颇丰，有众多语录、诗文行世，大部分被收入了《天目中峰和尚广录》和《天目明本禅师杂录》之中。《天目中峰和尚广录》共三十卷：卷一至卷十收录了"示众""小参""拈古""法语""书问""佛事""佛祖赞""自赞""题跋"；卷十一为《山房夜话》；卷十二为《信心铭辟义解》；卷十三为《楞严征心辩见或问》；卷十四为《别传觉心》；卷十五为《金刚般若略义》；卷十六为《幻住家训》；卷十七为《拟寒山诗》；卷十八为《东语西话》；卷十九至卷二十为《东语西话续集》；卷二十一至卷二十六为赋、记、箴、铭、序、说、文、疏、杂著；卷二十七至卷三十为"偈颂"；卷末附录中峰明本的行录、塔铭、道行碑及入藏并封号国师表等。《明本杂录》由上、中、下三卷组成：卷上题为《天目中峰广慧禅师语》，其内容包括中峰明本的开示语录、偈颂和"歌"等；卷中和卷下则同样题为《天目中峰和尚普应国师法语》，纯粹为中峰明本的开示语录；《明本杂录》卷下之末则附录了《天目中峰和尚怀净土诗》108首及《中峰和尚和冯海粟梅花诗百咏》。中峰明本另撰有《三时系念》之佛事和仪范各一卷，还编撰了禅宗史上一部重要的清规《幻住庵清规》。

中峰明本能诗善文，在文学上有较高造诣。中峰明本还擅书法，手书遗迹留院中者甚多，不少真迹当时由日本留学僧带回，现珍藏在日本。

二、卓特不凡的宗风

元朝崇奉藏传佛教，建立藏传佛教僧人为国师的帝师制度，但元朝中期诸帝却推崇中峰明本，追谥中峰明本为国师。王公贵族、文人士大夫更是趋之若鹜，拜于中峰明本禅师门下。元代南方禅师唯有中峰明本享此殊遇，这即是中峰明本崇高威望之所趋，亦是对南方禅宗的逐步肯定。

中峰明本所获殊遇，可以说达到了元朝汉族僧人从未有过的高度。中峰明本对此却不屑一顾，唯恐避之不及。对于官府和各大名刹的纷纷迎请，中峰明本东走西避，在近30年的岁月中，他常常以船为居，往来于长江、淮河流域的江河湖泊中，抑或筑庵而居，皆以"幻住庵"为名，自然而成法席，说法弘法于山林庵居之中。他毕生清苦自持，行如头陀，虽名高位尊而不变其节，风骨独卓，世尊之为"江南古佛"。蒙古人灭宋，尊崇藏传佛教，使在宋代一度繁荣的禅宗跌入低谷。在这国破家亡之时，中峰明本以其精深禅法、卓特不凡的宗风和超凡脱俗的禅学思想，为跌入低谷的禅宗开启了上升的新空间。

中峰明本的禅法思想不仅对后世产生了重要影响，而且元明后的杨岐派法脉大多由中峰明本一系传承下来。在中峰明本之后的元代后期，中峰明本的传法弟子天如惟则、千岩元长等皆是禅门宗匠，也是当时杨岐派最为重要的代表人物。明中后期，杨岐派高僧幻有正传是中峰明本的十传弟子，幻有正传门下有著名禅僧密云圆悟，密云圆悟系下的汉月法藏、破山海明等多是明末清初望重一时的高僧。从而，在明末清初，禅宗呈现出中兴气象。由此来看，中峰明本一系，实乃明清两代中国禅宗的主流。而如今禅宗丛林禅僧，亦多为中峰明本的法脉子孙。

"四方学者，北殚笼漠，南极六昭，西连身毒，东倾搏桑，裹粮蹑履，万里奔走而辐辏赴师者逮无虚日。"[①]蒙古人本信藏传佛教，云南唯有南传佛教，因中峰明本的巨大影响力，禅宗方流布于蒙古、云南，并出现了玄鉴等一批禅宗高僧。

中峰明本在世之时，影响就遍及海外，朝鲜、日本、越南等国的众多僧人均前来参学。渡海入元求法的日僧中，很多都是至天目山依随明本参学。如木宫泰彦曾言："在元朝，禅的中心与其说是在以径山为首的禅院五山各寺院，毋宁说好像已移到杭州路（即宋临安府）的天目山了。所以入元僧中就有不少在天目山挂锡的。"中峰明本在日本禅僧心目中具有崇高地位。中峰明本的禅法，对日本足利时代有着相当的影响。朝鲜国王、元帝驸马王璋亦亲自归拜于中峰明本禅师门下。

由此可见，中峰明本在元代禅宗中享有崇高地位和威望，是元代最为杰出的高僧。与元叟行端、笑隐大䜣、昙芳守忠等"道契王臣"的禅僧不同，中峰明本是元代山林禅的杰出代表。

三、中峰明本的禅法

中峰明本禅法高远精深，前承大慧宗杲、高峰原妙，后兴明清杨岐禅法宗风。

---

① 《大藏经补编》第 25 册，《天目中峰和尚广录·有元普应国师道行碑》。

（一）禅是何物

自达摩西来，少林面壁，传立禅宗以来，禅是何物？这个问题就一直萦绕在参禅修学之人的心头。禅宗历代祖师、高僧大德虽有阐释，但似总有些不够明了透彻，容易使学人有披上一层神秘面纱之感。中峰明本禅学卓特，对这个参禅求学之人必须解决的首要问题，有其独特简明的见解，让学僧有拨迷雾而见杲日之觉。

1. 禅即心

"禅是诸人本来面目，除此外别无禅可参。亦无可见亦无可闻，即此见闻全体是禅，离禅外，亦别无见闻可得。"① 中峰明本之说直截了当，毫无掩藏晦涩，让人一闻即明。禅是每个人的本来面目，人之本来面目之外无禅可参。离开人的本来面目，别处去参禅，只会愈参愈迷，必然堕入邪途，永无得悟解脱之日。

这就要明了什么是人的本来面目，是人之可见可闻之五官吗？中峰明本已指明，亦无可见亦无可闻，亦非受想行识之色身。"禅为何物？乃吾心之名也。心何物也？即吾禅之体也。达摩西来，只说直指人心，初无所谓禅，盖于直指之下有所悟入，于即悟之间，主宾问答，得牛还马，遂目之为禅。然禅非学问而能也，非偶尔而会也，乃于自心悟处，凡语默动静，不期禅而禅矣。其不期而禅，正当禅时，明知自心不待，显而显矣。是知禅不离心，心不离禅，惟禅与心异名同体。"② 中峰明本所说人之本来面目，在这里阐释得非常明白，即人之自心。此自心，非想识的色身之心，更非主血液循环的肉团之心，而是人人本具佛性的心，亦即达摩西来只说直指人心的心。此心即人本来面目，此心即禅，禅即此心，禅与心异名同体。人之自心，为尘世妄念幻觉而蔽，为执着世俗欲望而迷，而不能见人本来面目，不知人人本具佛性。所以，参禅即参心，参透妄念执着皆幻，直指人心，而见佛性。

2. 参禅只要生死切

明了禅即心这一参禅的根本问题，如何参禅即是参学之人面临的主要问题。中峰明本告诫门人："参禅无秘诀，只要生死切。此个为生死大事之心真切，久远不退，虽终身在十字街头乞食，总是心空及第之时。如今你三人在山中住，但一切不要造作，有饭吃饭，无饭吃粥。工夫做得做不得，道业成办成不办，只由你自

---

① 《卍续藏经》第 70 册，《天目明本禅师杂录·结夏示顺心庵众》。
② 《大藏经补编》第 25 册，《天目中峰和尚广录》卷五下。

心，究竟不从人得。"①如何参禅无秘诀，只要了生死大事之心真切。迷成生死，悟成涅槃。

"生死无常即是禅之骨髓，禅即是生死无常之眼目。"②不参生死无常是无始时一段最大因缘，是迷蔽自心的最大执着妄念。参禅不了生死，无从坚信志，无从入处作功夫，无从发大疑情，无从立愤志，无从必欲相应都无异方便。

参禅必要了生死大事，是贯穿中峰明本禅学思想中特色鲜明的一条主线，把握了这条主线，也就明了中峰明本的禅学思想体系，也就明了如何参禅的"秘诀"。

3. 参禅必欲悟

中峰明本24岁依高峰原妙为师，随侍高峰原妙，白天劳作，夜晚习禅，乃至"十年胁肤不沾席"。高峰原妙入寂后，中峰明本习头陀行，游于山水丛林中，结庵隐居参禅。这样的参禅苦修的经历，使中峰明本对坐禅和行禅等参禅方式，都有其独特的见解和主张，是其禅学思想体系的重要组成部分。

中峰明本在示山徒时，就告示弟子，只要有了生死大事之心真切，只须在日常行作中参修，一切不要造作，有饭吃饭，无饭吃粥，虽终身在十字街头乞食，总有心空开悟之时。一切都要实参实证自心，佛陀祖师都帮不了你，究竟不从人得。中峰明本虽主张在日常行作中参禅，但他强调："行时行体究，坐时坐体究，忙时忙体究，闲时闲体究，老时老体究，病时病体究，乃至死时死体究。"③参禅不拘泥于形式，不受时空限制，行住坐卧，忙时闲时，老病体弱时，乃至死时都可参禅，都要参禅。

参禅方式虽可缘起而就，随境而择，因人而异，但必须遵循一个基本的原则。中峰明本告示学人："参禅必欲悟，不求解。"④这就是说，参禅必欲悟是选择参禅方式的基本原则，只要符合这一原则，选择哪种参禅方式都是可行的。而为求识解，妄执某一参禅方式，则必生禅病，堕入邪途。

中峰明本随侍高峰原妙"死关"习禅十年，亦倡导坐禅。他在其《坐禅箴》序文中阐述："夫非禅不坐，非坐不禅，惟禅惟坐，而坐而禅。禅即坐之异名，坐乃禅之别称。尽一念不动为坐，万法归源为禅。或云：'戒、定是坐义，智慧即禅义。'非

---

① 《卍续藏经》第70册，《天目明本禅师杂录·示山居徒》。
② 《大藏经补编》第25册，《天目中峰和尚广录·东语西话续集》。
③ 《大藏经补编》第25册，《天目中峰和尚广录·示明昶上人书（华严经）》。
④ 《卍续藏经》第70册，《天目明本禅师杂录·示熏禅人》。

情妄之可诠,岂动静之能间? 故知不离四威仪而不即四威仪也。"① 中峰明本清楚地表述了坐禅之坐的本义,即为尽一念不动为坐,此一念是了生死心切之念,巍然不动,别无他念。中峰明本还将佛法中的"戒"与"定"也归类于"坐"义,"慧"为禅义。这样的坐乃禅之别称,这样的禅即坐之异名,这样的坐则是"非禅不坐,非坐不禅,惟禅惟坐,而坐而禅"。中峰明本进一步诠释,这样的坐禅,不是情识妄念可以理解,也不被动与静之境态所改变,由此而知不离而不即"行、坐、立、卧四威仪"。

中峰明本虽主张坐禅,但他决然反对违背坐之本义的坐禅。"参禅只要痛为死生大事,单提所参话于动静闲忙中体取,决不可执坐为工夫。你若执个坐底,执个静底,更妄认四大身中轻安寂静境界,久之则生百千种禅病,佛也莫救你。"② 参禅只要痛为死生大事,唯此一念不动而坐禅。若狂心不歇,杂念纷纭而坐,绝非真实坐禅,哪怕坐上百年也不可诠解禅理。若执着于枯坐参禅,或执着于追求寂静之境,只会禅病百生,陷入"枯木"禅病中,绝不能了生死大事,佛祖也救不了。

中峰明本矢志于习头陀行,主张在日常行作中参禅,但他也绝不会认可,以反对"枯木禅"为名,行放浪形骸、游荡不拘之实的参禅。古人云,禅不在坐,其本义是不要执着于坐,实则禅不离坐。中峰明本所说"非坐不禅,非禅不坐",亦同此义。而有别于并超越古人之处,中峰明本不仅把坐与行,还把所有形式的参禅,都归结于参禅必欲悟这一根本原则,只要符合这一原则,即可随缘而择参禅的形式,且不执着于某一种参禅方式。这是中峰明本禅学体系中卓越思想的一部分,对后世学人参禅具有启迪和可行性。

(二)禅戒一体

中峰明本继承高峰原妙之宗风,毕生严守戒律,强调持戒的重要性。当时丛林中,一些僧人曲解永嘉玄觉"大悟不拘小节"之说,并借此提出"抱妻骂释迦,醉酒打弥勒,俱成一行三昧"③的主张,不守戒律,放荡无羁。明本对此深恶痛绝,严加痛斥:"阎罗大王要捉此等说底来吃铁棒!"④ 依中峰明本之见,大悟即已明了生死大事,戒是佛法中"戒、定、慧"首先要持守的,若不严持戒律,就无从谈"定"与

---

① 《大藏经补编》第25册,《天目中峰和尚广录·坐禅箴》。
② 《卍续藏经》第70册,《天目明本禅师杂录·示运禅人》。
③ 《大藏经补编》第25册,《天目中峰和尚广录·信心铭·辟义解》。
④ 同上。

"慧"，绝不是小节，又岂能明了生死大事，又何从说什么已大悟。且"戒"与"定"也归类于"坐"义，"慧"为禅义。这样的坐乃禅之别称，这样的禅即坐之异名，不守戒律，则无禅。不守戒律而放浪形骸，参而无禅，最终不能明了生死大事，必然落入恶道，则阎罗大王要捉此等说的来吃铁棒！

中峰明本进而阐述："戒即是道上之戒，道即是戒中之道，名二而理不二也。因甚么持戒，为生死也。因甚么学道，亦为生死也。若是为生死之心切，不期戒而戒自持，不向道而道自进。你若真心不为生死大事，持戒也不是，学道也不是。"① 将戒等同于道，二者名异而理不异，可见持戒何等重要。且持戒与道都是为了生死，若是为生死之心切，则不期持戒向道，而戒自持，道业自然长进。所以，大悟即已明了生死，不期持戒而自戒，这才是"大悟不拘小节"之真旨。

中峰明本不仅将戒等同于道，还视禅戒为一体，这是明本禅学思想中又一独特之处。"须知一个所参话终日横于方寸，不思善，不思恶，善恶二途自然忘念，而言修断，何其赘耶？且参此话时，不见有一众生而可度脱，乃非饶益而饶益也。此所参话虽不称三聚，而具存三聚无少间也。朝参之，夕究之，久远而守之，一旦开悟，……不知戒之在我，我之在戒也。"② 这里引人注意的是，他是以其看话禅法的参究话头来阐释禅戒一体的关系。

中峰明本把参究话头与信守"三聚净戒"相等同，来阐述其禅戒一体的主张。"三聚净戒"说的是"无善不修"、"无恶不断"和"无众生不度"，明本认为，参究话头时，不思善，不思恶，终日只看一个话头，善恶两端皆忘，不期修善断恶，而自然不生任何善恶分别之念。且参究话头的时候，是证悟"不见有一众生而可度脱"的凡圣无别的境界，乃非饶益而饶益，不见度而自度，亦即"无众生不度"了。由此可见，参究话头即可达"三聚净戒"的一切要旨。一旦开悟，则不知戒之在我，我之在戒，达到禅戒一体的境界。

（三）扫荡禅病的批判精神

中峰明本基于其"禅即心"的禅法思想，毫不留情扫荡丛林中各种禅病，其批判精神，可与荷泽神会相媲美，是中峰明本禅法的重要部分。

---

① 《卍续藏经》第 70 册，《天目明本禅师杂录·示圆禅人（因受戒）》。
② 《大藏经补编》第 25 册，《天目中峰和尚广录·示云南护上人求示三聚净戒》。

1. 对执着于知见解的批判

中峰明本认为，丛林中流行的各种禅病，以执着于知见解的禅病为常见，故对其的批判也较犀利。"入此门来，莫存知解。《楞严》亦谓，知见立知即无明本，知见无见斯即涅盘。从上若佛若祖，扫荡学者之知解，非得已也。"① 参禅不求解，入禅门切莫存知见解，且以《楞严经》语告诫禅人，立知愈迷本性，立见远离涅槃。佛祖慈航渡迷，不得已之下，扫荡学者之知见解，只因世人其性刚强执着于知见解。

他还以佛印元禅师"四易、四难"说为例，加以剖析："今人例以聪明之姿，不待悟入，遽以四易之说领略在识量中，自谓实证，便捐福惠二严，俱无交涉，极理之谭未尝不是。殊不知，不曾悟入堕在识量分别中，终日说食而不疗饥也，且悟既不真，如人未曾亲到家庭，便欲于途路中作屋里活计，可乎不可乎。由是知道既不悟，其修之为难也。"②

何为四易？"自己是佛，不用别求师资，若欲供养佛，只供养自己，一易也；无为是佛，不用看经礼像行道坐禅，饥餐困卧任缘随运，二易也；无着是佛，不用毁弃形体、捐弃眷属，山林市井处处自在，三易也；无求是佛，不用积功累善、勤修苦行，福慧二严元无交涉，四易也。"③ 世人以己聪明学识，不欲求悟，以知见解"四易"，自己是佛，无为、无执、无求是佛，自以为己实证。却不知，不曾悟自本性，其知见愈多，其迷愈深，即堕在识量分别中，其参修如缠缚在葛藤中，永无解脱开悟之日。

中峰明本还列举了当时丛林参禅的现象："或有以枯形死志，冥心壁观之谓禅；或有以教外别传，不立文字之谓禅；或谓微尘法界，明暗色空，动植纤洪，飞摇蠢蝡，当机不昧，觌体全真之谓禅；或有拨开万象，透过色声，坐断有无，不立凡圣之谓禅；或有向四大五蕴中认个昭昭灵灵，闻见知觉之谓禅；或有放下身心，休歇万事，一念不动，六情不摇之谓禅；或有以临济一喝，德山一棒，灵山拈花，少林得髓，繁兴大用，举必全真之谓禅；或有以'德山托钵''云门话堕''赵州勘婆''洞山三顿棒'等，谓之'向上一关，末后一句'，掀转面皮，露出牙爪，活路生机，不容近傍者之谓禅。"④ 所列的除了"枯木禅"和"葛藤禅"等禅病外，还列了被冠

---

① 《卍续藏经》第70册，《天目明本禅师杂录·示海东可翁然禅人·住京师南禅寺》。
② 《卍续藏经》第70册，《天目明本禅师杂录·示徒》。
③ 同上。
④ 《大藏经补编》第25册，《天目中峰和尚广录·示嗣禅上人》。

之为如来禅、祖师禅、平实禅、杜撰禅、文字禅、默照禅等等名号的禅法。

中峰明本认为："如上所见，并是情存取舍，意涉所依，用为机关，堕为窠臼。"① 名号虽多，仍是情识分别而存取舍，依知见解会中来，与了脱生死无关，以此为用，作为开悟之机关，只会堕入迷幻的窠臼。中峰明本的批判精神，可谓广而犀利，非一般禅师所能为之。

中峰明本为此进一步揭示："古人开辟禅门，贵要伊了生死，越苦轮，断分别，息憎爱。如大火轮触着则燎却面门，丧却性命，岂止于言说义路而已哉？"② 再次强调，参禅必欲悟，只要了生死心切，切莫执着知见而求解。

2. 批判公案诠释中之弊端

中峰明本所剖析的上述弊端，尤以其时丛林仍流行的对公案诠释中最为突出。"今之丛林商量，大不如此。乃以向佛问西来意之一问一答，如麻三升、干屎橛、须弥山、莫妄想之类，唤作单提浅近者；以勘婆、话堕、托钵、上树等为向上全提者；或以众机缘列归三玄，或以诸语言判入四句。中间曲谈巧辩，网罗千七百则公案，各立异名，互存高下，不识古人之意界尔否？"③ 古德高僧阐释公案的本意，是要启迪根机浅悟性低的后学领悟，多为古德高僧接引学僧以欲开悟之机语，非有实义。切莫以世之知见强解其意，否则，不仅背离古德高僧阐释公案的本意，而且只会陷入知见解的谜团中难以自拔，离佛法愈来愈远，永无开悟之日。而将公案分为莫妄想、单提浅近者及向上全提者等类，更是差强附会的荒唐之举，是将人引入不欲悟、只求解的邪途之中，危害匪浅。

对此危害参禅修行的禅病，中峰明本自是予以痛加鞭挞。"无边众生，各各脚跟下有一则现成公案。灵山四十九年诠注不出，达摩万里西来，指点不破，至若德山、临济摸索不着，此又岂雪窦能颂而圆悟能判者哉？纵使《碧岩集》有百千万卷，于他现成公案上一何加损焉？昔妙喜不穷此理而碎其版，大似禁石女之勿生儿也。"④ 众生本具佛性，欲悟见本性，只须从脚跟下始参修，此即明本所说有一则现成公案。一切都要靠己实参实修、自证自悟，离此，灵山诠注不出，达摩指点不破，德山、临济摸索不着，《碧岩集》百千万卷对此现成公案也无助无损。

---

① 《大藏经补编》第 25 册，《天目中峰和尚广录·示嗣禅上人》。
② 同上。
③ 《大藏经补编》第 25 册，《天目中峰和尚广录》卷十一。
④ 同上。

中峰明本这里又强调，参禅欲悟，全靠自参自证，切不可企图走捷径。对自家脚跟下的现成公案视而不见，却拿来别家公案强加识解，自以为悟，自欺欺人，若以此传教他人，则互相带累入知见网中，行处了无交涉。

中峰明本对大慧宗杲碎其师《碧岩集》板之举，则很不以为然，认为宗杲未穷学人从自己脚跟下的现有公案去诠释之理，虽以惊世骇俗之举以断"葛藤禅"病，却于事无补，大似禁石女之勿生儿也，比喻虽略尖锐，却是在理。说明中峰明本亦赞成斩断"葛藤禅"，只是强调要注意方式，要挖其根，才能使其藤不复生。由此也可知，中峰明本并不反对诠释公案的文字禅法，他所反对的只是囿于知解去诠释公案，从而"持药为病"。从这点出发，他要求僧人："但遇着古今因缘，都不要将心领会，只消举起一个，顿在前面，发起决要了生死之正志，壁立万仞，与之久远参去。"[①]一句话，不要将心去知解领会，只消举起一个，则是后面要阐述的明本的看话禅法。

（四）禅净不二与教宗一旨

中峰明本所处的元朝，朝廷独尊藏传佛教（密宗），且推行抑禅崇教政策，禅宗处于被抑制的弱势地位。另一方面，净土宗由于其简便易行的修持方式，打开了广大民众修行之门，成为民间普遍信持的主流宗教。中峰明本作为禅宗一代宗师，虽以其精深禅法和崇高道行，获得了朝廷的尊崇和上中层人士的拥戴，也不能不受历史潮流的驱动和影响，形成了禅净不二、教宗一旨的禅法思想。

1. 禅净不二

唐代中叶以前，学习佛教的多是社会上层人士，净土信仰被视为引导一般愚民的方便教说，净土宗发展较为缓慢。自五代后周时期，法眼宗永明延寿倡导"禅净兼修，指心为宗"，特别是据传是其作"四料简"流行于世后，净土信仰到元朝在民间已渐成燎原之势，参禅之士主张"禅净兼修"的呼声也越来越高。

中峰明本处在这个时代，也受其影响。他在《劝念阿弥陀佛》偈中这样劝念佛："念佛念心，念心念佛。口常念佛，心常敬佛，眼常观佛，耳常听佛，身常礼佛，鼻常数佛，香花灯烛，常供养佛。行住坐卧，不离念佛；苦乐逆顺，不忘念佛；着衣吃饭，无不是佛；在在处处，悉皆有佛。动也是佛；静也是佛；忙也是佛；闲也是佛；横也是佛；竖也是佛；好也是佛；恶也是佛；生也是佛；死也是佛。念念是佛，

---

① 《大藏经补编》第 25 册，《天目中峰和尚广录》卷十一。

心心是佛。"① 中峰明本的念佛，很似净土初祖慧远，侧重于禅观念佛。"念佛念心，念心念佛"和"念念是佛，心心是佛"无不是明本禅学思想所主张的"心即禅""禅即心"的异名同旨。而行住坐卧不离念佛、着衣吃饭无不是佛，与其主张在日常行作中参禅，如出一辙。说明这是中峰明本应势所趋，在净土宗持号念佛中融合禅观的善巧方便之门。

在《天目明本禅师杂录》中，还记载有净土偈颂《怀净土》（十首）和《怀净土诗》（一百零八首），这些偈颂既有净土情怀，也表达了中峰明本禅净不二的思想，在世间流通甚广，影响很大。中峰明本还在其所作《中峰国师三时系念》和《幻住庵清规》中，创立了很多具体的念佛修行仪轨。三时系念为中峰明本所提倡，将禅净不二思想融合于念佛修行之中，成为净土宗修行念佛法门之一，对于禅净融合共荣具有开创意义。

中峰明本禅净不二思想，主要体现在其对"四料简"的勘辩中。传为永明延寿所撰"禅净四料简"广为流传后，顿起禅净孰优之争。从"禅净四料简"文句内容来看，似乎净土法门修行更要简便稳妥，且"无禅有净土，万修万人去，但得见弥陀，何愁不开悟？"对广大信徒无疑具有极强的吸引力。响应永明延寿"禅净兼修"的也多是禅宗僧人，在禅净孰优之争中，禅宗处于守势。

中峰明本与永明延寿关于禅净二者关系的思想较为相近，所以中峰明本对"禅净四料简"的勘辩只是委婉地提出自己的见解。他在《次鲁庵怀净土诗十首并序》中说："永明和尚以禅与净土拣为四句，谓：'有禅有净土''无禅无净土''有禅无净土''无禅有净土'，特辞而辨之，乃多于净土也。致业单传者，不能无惑焉。或谓禅即净土，净土即禅，离禅外安有净土可归，离净土岂有禅门可入？审如前说，则似以一法歧而为二矣。不然，教中有于一乘道分别说三，永明之意在焉。"② 在这里，中峰明本已表达了其"禅净不二"的见解。

为使其思想阐释得更清晰有说服力，中峰明本又说："或有号西归子者过门曰：'某念阿弥陀佛求生净土，其透脱生死似易于参禅，盖远承阿弥陀佛愿力冥资故也。尔参禅无把捉，无圣力冥资，苟非大根利器一闻千悟者，难于趣入。以故永明寿禅师有十人九蹉路之讥。'咄！是何言欤？审如是，则净土外别有禅耶？使果有之，则

---

① 《卍续藏经》第 70 册，《天目明本禅师杂录·劝念阿弥陀佛》。
② 《大藏经补编》第 25 册，《天目中峰和尚广录》卷二十八，第 341—342 页。

佛法二字自相矛盾，安有会入圆融之理哉？尔不达善权方便，局于己见，评谤先哲。夫永明拣禅、净土为四句，乃曲循机宜，特方便抑扬耳。"① 中峰明本在阐述其"禅即净土之禅，净土即禅之净土，二者圆融不二"的主张后，作为杨岐派一代宗师，又直抒：永明的"四料简"乃曲循机宜，方便抑扬而已，而他的禅净不二主张，亦是弘扬禅宗的善权方便。

中峰明本的"禅净不二"思想虽与永明延寿相近，但仍有不同之处。"且参禅要了生死，念佛修净土亦要了生死，圣人设教，虽千途万辙，一皆以决了生死为究竟。然破生死根尘，惟尚一门深入。"② 中峰明本认为，禅净二宗均以决了生死为究竟，但要破生死根尘，惟尚一门深入，这与永明延寿"禅净兼修"的主张有所不同。

在中峰明本前后，均有高僧耆宿提出禅净不二的理论，中峰明本有独创性之处，是在实际参修中，将参究话头与念佛结合起来。他在给一位居士的信中说："居士久亲净土之学，复慕少林直指之道，直以父母未生前那个是我本来面目话置之念佛心中，念念不得放舍，孜孜不可离弃。工夫纯熟，识见愈精明，道力益坚密，一旦于忘能所、绝气息处豁然顿悟，始信予言之不尔欺矣。"③ 中峰明本这里讲的，将参究父母未生前本来面目的话头置之念佛心中，将念佛与看话禅相结合，开拓了一条禅净双修的新的参修途径，对后世禅林产生了很大的影响。

2. 教宗一旨

中峰明本主张禅净不二，源于其教宗一旨，没有教内教外及门户之分的禅学思想。他告示禅人："古今天下所传佛法，安有教内教外之分。古佛出现，不奈众生迷失自性，妄逐轮回。于无言象中演出一大藏教，更无一字不与人破除生死，令自悟本性。"④ 中峰明本认为，佛教的教义和各宗的主旨都同一无异，即与人破除生死令自悟本性，因此不存在教宗之分和各宗之别。

中峰明本所处的元代，以藏传佛教的地位最高，是密宗的代表；天台宗、华严宗和唯识宗被朝廷尊崇为教门，在北方得到扶持发展；以高峰原妙和中峰明本为代表的禅宗，在南方广为发展；净土宗在民间迅猛发展；律宗的律义则多为各宗认同奉行。中峰明本对这种教宗共存发展的局势，有其清晰的认识，他认为："夫四宗共

---

① 《大藏经补编》第 25 册，《天目中峰和尚广录》卷十一，第 192 页。
② 同上。
③ 《大藏经补编》第 25 册，《天目中峰和尚广录》卷五，第 165 页。
④ 《卍续藏经》第 70 册，《天目明本禅师杂录·示逸禅人》。

传一佛之旨,不可缺也。然佛以一音演说法,教中谓:唯一佛乘,无二无三。安容有四宗之别耶?谓各擅专门之别,非别一佛乘也。譬如四序成一岁之功,而春夏秋冬之令不容不别也。其所不能别者,一岁之功也。密宗春也,天台、贤首、慈恩等宗夏也,南山律宗秋也,少林单传之宗冬也。"①

佛教的教义和各宗都为一佛之旨,唯一佛乘,无二无三,岂有分别。中峰明本以一年四季来譬喻四宗不可或缺,也生动地表述了四宗所处的不同地位和发展态势。最意味深长之处,是把禅宗譬喻为冬天,寓意冬天虽为严寒,但冬天来了,春天就不远了,充分表达了他对禅宗春天的期盼和自信。实际上,如前所述,以中峰明本为代表的南方禅宗,已打破坚冰,开启了一片新天地,迎接春天的到来。明本这里所说的四宗,是指密、教、律、禅四宗,净土宗虽未提及,也应在其所说四季之宗中。

中峰明本将禅宗譬喻为冬,还有其另外的情怀。有元一代,禅宗常遭其他教宗之诘责,有教门诘问:"彼三宗皆不言别传,唯禅宗显言别传者何耶?"②中峰明本自是针锋相对,以佛旨据理驳之:"理使然也!诸宗皆从门而后入,由学而后成。为禅内不涉思维计度之情,外不加学问修证之功,穷劫迨今,不曾欠少,拟心领荷,早涉途程,脱体承当,翻成钝置,诚别中之别也。"③中峰明本直言,诸宗皆由学而后成,禅宗承佛心旨,不涉思维计度之情,直指人心,见性成佛,自是不须入门,不加学问修证之功,此即教外别传之称。言辞之中,中峰明本为禅宗指心之旨自豪之情怀流露不已。

值得注意的是,中峰明本还主张释儒同理,各秉善权而融会之。他说:"如六祖谓不思善、不思恶之际孰为本来面目,乃复性之大旨也。子思谓喜怒哀乐未发之谓中,发而皆中节之谓和之说,乃防情之极论也……子思言天命之谓性,指中庸之体也,率性之谓道,指中庸之用也。修道之谓教,欲人依体用而契中庸也。道也者,不可须臾离,可离非道者,必使其举念动心无斯须不在中庸之域,防情之论极于此矣……妙喜以复性之学会防情之教,子由以防情之教会复性之学,一儒一释各秉善权而融会之,使二家之说不相悖。或不之辩,则至理不胜其悖矣,或者以余说

---

① 《大藏经补编》第 25 册,《天目中峰和尚广录》卷十一。

② 同上。

③ 同上。

为然。"①

将儒家中庸之说与禅宗不思善、不思恶的思想,融会而贯通,亦是中峰明本之创见。也由此可知,中峰明本对儒家之说亦是熟悉。中峰明本博采众家之长,其禅学思想可谓博大精深。

四、中峰明本的看话禅法体系

中峰明本继承捍卫并复兴了大慧宗杲的看话禅法,但其看话禅法又与大慧宗杲有所不同,与其师高峰原妙亦有不同之处。他博采各宗各家之长,融汇于看话头之中,使看话禅成为参禅之人愿意接受和修行的参禅法门。

(一)为看话禅正名位

看话禅的创立者是大慧宗杲,在此之前,没有完全形成这一参禅法门。为此,丛林常有看话禅没有传承的质疑之声。"或谓《传灯录》一千七百单一人,皆是言外知归,迎刃而解,初不闻有做功夫看话头之说。在此自年朝至岁暮,其切切不绝口,唯是说看话头做功夫,不但远背先宗,无乃以实头缀系于人乎?"②中峰明本挺身而出,为看话禅正名而回应:"谓看话头做功夫,固是不契直指单传之旨,然亦曾赚人落草,最是立脚稳当,悟处亲切。纵使此心不悟,但信心不退不转,一生两生,更无不获开悟者。如《传灯录》中许多言外知归之士,焉知其不自夙生脚踏实地做来?"③中峰明本坦然看话禅"固是不契直指单传之旨",但看话禅法是所有参禅法门中最立脚稳当、悟处亲切的方便法门,只要立大信心,持之以恒参究话头,没有不开悟者,与直指单传法门法别旨同,皆是脚踏实地参修而来。

前述,中峰明本要求学僧"都不要将心领会,只消举起一个,顿在前面,发起决要了生死之正志",中峰明本所说,即举起一个话头来参究。他认为一切参禅法门都是为了生死大事,证悟自心本具佛性。但是自心却被通常的知见闻觉所蒙蔽,而产生虚幻妄执之见,看话禅即是不要将心领会,远离抛开这些知见闻觉而参修证悟的法门。

"于是古人别资一种善巧法门,将个无义味话头,抛向学人面前,令其究竟。但

---

① 《卍续藏经》第 70 册,《天目明本禅师杂录·防情复性》。
② 《大藏经补编》第 25 册,《天目中峰和尚广录》卷一。
③ 同上。

知体究话头，则与见问知觉等不期离而离矣。"①中峰明本阐释了为什么要参话头之缘由，并将看话禅法正位为参禅证悟的最好善巧方便法门之一，也为后世禅僧所认可。

（二）参究哪个话头？

看话头既是参修的善巧方便法门，参几个话头？参什么话头？看话头人必然会关注这些问题。与其师高峰原妙有所不同的是，中峰明本并不倡导只看"一归何处？"一个话头，他认为："参禅但信得一个话头，及便只参一个，但是正参底也。用赵州因甚道个无字话外，更有一归何处话现前，你但莫采它，久之自然忘去也。"②中峰明本明确表示，参禅只看一个信得的话头。

何谓信得的话头，中峰明本如是说："然参禅是痛为生死大事，了参不为别事。你但为生死之念真切，自然参得行也。你若不为生死，直饶参得禅会得禅，都是业识，都无用处。"③看话头只要是了生死之念真切的话头，就是信得的话头。中峰明本还说："自有宗门以来，虽曰直指人心，其涉入门户，千途万辙，各各不同。盖师家据一个直指之理，各人根性及自家悟入之由不同，所以诱引不同。"④即参那个话头，由各人根性及自家悟入之由不同，应缘而择，不要随众执持某个话头。

随缘应机只看一个信得的话头，这是中峰明本主张看什么话头的基本原则，但中峰明本仍推举参看"赵州无字"话头。他说："昔僧问赵州：'狗子还有佛性也无？'如倚天长剑，涂毒鼓声，触之则尸横，婴之则魂丧，虽佛祖，亦不敢正眼觑着。"明本把此话头比喻为"倚天长剑，涂毒鼓声"，连佛祖都不敢正眼觑着，可谓对"赵州无字"话头推崇备至。对于以前参看过其他话头的学人，中峰明本要他们不要睬这些不时现前的话头，只管参看"无字"话头，久之自然忘去。

参看一个信得的话头后，中峰明本告诫学人："但除却一个所参底话头外，更有心念，不问是佛念、法念，乃至善恶诸缘，皆是第二念。此第二念久久不起，惟于所参话上一坐坐断，久之和个所参话同时超越。"⑤中峰明本独特地提出了"第二念"这一新概念，并阐释除所看话头外的任何心念都是"第二念"，即使是佛念、法念，

---

① 《大藏经补编》第 25 册，《天目中峰和尚广录》卷五。
② 《卍续藏经》第 70 册，《天目明本禅师杂录·示然禅人》。
③ 同上。
④ 《卍续藏经》第 70 册，《天目明本禅师杂录》卷中。
⑤ 《卍续藏经》第 70 册，天目明本禅师杂录·示无隐晦禅人》。

亦是如此。必须把定一个所参的话头，惟于所参话上一坐坐断，久之和个所参话头同时超越。

（三）看话头之要

把定了所看话头，就要落实到如何看话头。中峰明本在继承高峰原妙看话头"三要"的基础上，有新的见解和建树：一是，在"要有大疑情"上有新的拓展，二是，首次提出了"偷心"与"昏散"的新见解和对治之策。

1. 要在了生死上起大疑情

高峰原妙提出看话头要有大疑情，主要是在"万法归一，一何归？"的话头上，"只贵惺惺着意疑"。中峰明本认为："工夫上说起疑情，当知疑情初无指授，亦无体段，亦无知觉，亦无把柄，亦无趣向，亦无方便，亦无做作安排等事。更无别有道理，可以排遣得教你起疑。其所谓疑者，但只是你为自己躬下一段生死大事未曾明了，单单只是疑此生死大事。因甚么远从无量劫来流转迨今，是甚么巴鼻？又因甚么从今日流入尽未来际，决定有甚了期？只这个便是疑处，从上佛祖皆从此疑，疑之不已，自然心路绝，情妄消，知解泯。能所忘，不觉忽然相应，便是疑情破底时节也……离死生外别无话头。离话头外，别无生死。"①

中峰明本又说："疑情无大小，但疑之重是谓大疑，疑之轻是谓小疑。何谓重，但说着个生死事大，便自顿在胸中，要放下也放不得，如大饥之人要求食相似，自然放不过。虽欲不举，不自由而举之也，是谓重。故名大疑。"②

显然，中峰明本所说看话头要起大疑情，是要在了生死之上起大疑情，且并不局限于某一个话头。起疑情，本不是为参话头而能强起之，它不能依人意愿做作安排等事而起。但只要参话头时，说着个生死事大，便自顿在胸中，自然放不过，不由自举，而自会起大疑情。

中峰明本这一见解，比其师高峰原妙更进了一步，为后世参看话头的学人，提供了参看话头的方便之门。

2. 对治昏散

昏沉散乱，是参看话头时常遇到的大问题，此问题不治，看话头往往难以坚持下去而半途而废。中峰明本对此非常重视，提出了许多对治昏散的见解。

---

① 《卍续藏经》第70册，《天目明本禅师杂录·示海东渊首座》。
② 《卍续藏经》第70册，《天目明本禅师杂录·示逸禅人》。

中峰明本认为，人的世俗烦恼染习太重，是昏沉散乱之根本。"昏沉散乱全体是本地风光，其实际理地中无二法也。"①昏沉散乱只是表象，其根本不仅是烦恼染习太重，更是生死事未了，本心不明，参禅正念不真切，却着意去参究话头，企望成佛作祖。"而不知昏迷乃觉之源，烦恼乃喜之本也。能即其源而扣其本，到烦恼昏迷觉之，与喜俱无所住，于无所住处大觉大喜。"②此即所谓，全体本地风光，实际理地中无二法也。

昏沉散乱既只是表象，则只有从根本上对治。中峰明本教示学人："所以教你昏沉散乱时，只就昏沉散乱上看。也不是别有何物可看，亦不是看昏沉散乱是何物，亦不教你于昏散顺逆等别寻巴鼻。只教你，便就昏散等上单单提起话头自看，永不放舍，亦不妄起第二念。分别此是昏散顺逆等，此非昏散顺逆等。大凡做工夫，只要悟话头，不要你排遣昏散等，你但痛念生死无常大事，单单提个话头，起大疑情以求正悟。惟是生死念切，自然话头绵密，于看话头绵密处，昏散等自然不现。凡是做工夫时见有昏散等，即是你念生死之心不切，看话头之念不密耳。"③昏沉散乱时，只就昏沉散乱上看，不要着意去排遣昏散，只要了生死心真切，起大疑情单参个话头，自然话头绵密，昏散自会不排而散。"如不息时，亦不要强去遏捺佗，但是你做工夫之正念绵密便了。其做工夫之正念坚密，自然念消。"④

中峰明本还指出："参禅全是一团精神。你若精神稍缓，便被昏散二魔引入乱想狂妄窟中，作颠倒活计。参到精神不及处，蓦忽猛省，方知只个精神，亦无着处。便见自己即宗，惟宗即己，宗外无己，己外无宗，惟己与宗俱成寐语。"⑤参禅看话头要愤大志，一团精神不稍缓，昏散则不能作狂妄颠倒活计。参到精神都无着处，唯己与宗俱成寐语，则超然顿悟。

3. 偷心死尽

"偷心"之说，在中峰明本之前，似未见明确提出来。中峰明本这样阐释"偷心"："凡做工夫不灵验者，往往只是偷心未死。所以虚延岁月，别无他病。若是偷心死于今日，则今日便相应。死于明日，则明日便相应。何谓偷心？但离却个所参

---

① 《大藏经补编》第25册，《天目中峰和尚广录·山房夜话》。
② 《卍续藏经》第70册，《天目明本禅师杂录·觉喜泉记》。
③ 《卍续藏经》第70册，《天目明本禅师杂录·示夫上主》。
④ 《卍续藏经》第70册，《天目明本禅师杂录·示禅人》。
⑤ 《卍续藏经》第70册，《天目明本禅师杂录》。

底话外，别见有个自己，是偷心。于所见之自己外，别见有人有我，是偷心。做得纯熟时，知道纯熟，是偷心。做不纯熟时，知道不纯熟，是偷心。面前见有昏沉散乱时，是偷心。不见有昏沉散乱，唯有个所参底话头与疑情交结不断时，是偷心。但是看话头处瞥生一念子，不问是凡是圣、是真是伪，总言之，皆偷心也。忽有个伶俐人，向予说处总不相干，别资一路，为道为理，为见为闻，此又是偷心中之偷心，佛亦不可救药。"①

概而言之，人之一切见闻觉知、识见解、思维情感和分别执边，皆为偷心，"偷心乃识情之异名"②。中峰明本进而阐释："偷心何物？即如来妙明元心之之至体耳，以求其道之之志不真不切，为诸妄所蔽，转为偷心也。"③人之偷心与生即有，即"如来妙明元心之至体"只是为世俗妄执情识所蒙蔽，又由于学人求道之志不真切，未证悟如来妙明元心之本性，才转而为偷心。偷心既是与生俱来，则偷心中之偷心，则佛亦不可救药。

偷心既是与生即有，就不能简单消除。中峰明本针对这点，提出偷心死尽的见解。"古人学道之有灵验者，盖偷心死尽故也。便偷心一毫死不尽，则万劫无有自成之理。直而论之，死得一分偷心，则是学得一分道。死得偷心五分，则是学得五分道。偷心全无，则全体是道。盖偷心之障道，犹飞埃游尘之覆镜光也。今人惟知有道可成，而不知有偷心可尽。或偷心之未尽，而欲道之有所成，是犹坐卧于水中求其不湿，天下古今无是理也。"④

中峰明本提出了偷心死尽的见解，至于如何死尽偷心，中峰明本则主张："但求道之念真切，虽寝食于人不可一日无之之事尚能废忘，何偷心之不泯哉！"⑤中峰明本虽未提出死尽偷心的具体措施，但指出了，只要求道之念真切，偷心没有不死尽的，亦指明了死尽偷心之要。

纵观中峰明本的看话禅法，要了生死大事心真切，是其禅法的核心主旨。不论是以此应缘把定一个话头，并由此而起疑情，还是对治昏散和死尽偷心，乃至整个参禅悟道的过程，都要遵循这条主旨而参修得悟，这是中峰明本禅法思想的主要特征。

---

① 《卍续藏经》第70册，《天目明本禅师杂录·示众》。
② 《大藏经补编》第25册，《天目中峰和尚广录》卷十一。
③ 同上。
④ 《卍续藏经》第70册，《天目明本禅师杂录·示正闻禅人》。
⑤ 《大藏经补编》第25册，《天目中峰和尚广录》卷十一。

第六节　千岩元长和天如惟则

千岩元长和天如惟则是元朝后期禅僧中最著名的代表，由他们参禅弘法的行止，可以了解元朝后期禅宗的发展态势。这种态势主要体现在两方面：一是，由于高峰原妙和中峰明本为代表的高僧道行威望的有力影响和推动，南方禅宗从元朝前期"抑禅"的低谷中走出来，呈现出复苏的趋势；二是，禅净融合、禅密不二和禅教同旨，已逐渐形成不可忽视的发展潮流，影响着后世禅宗的走向。

一、千岩元长

千岩元长是中峰明本门下有名的法嗣弟子，杨岐派第十三世高僧。有关他的生平行止，《五灯会元续略》卷三下、《五灯严统》卷二十三等均有记载，记载翔实的是其门人所撰的《千岩和尚语录》及其附录中宋濂所撰的《佛慧圆明广照无边普利大禅师塔铭》。

（一）生平行状

据《佛慧圆明广照无边普利大禅师塔铭》：

> 师讳元长，字无明，一号千岩，越之萧山县许贤乡人，族姓董氏。……至正丁酉夏六月十四日，师示微疾，索浴更衣会众，书偈云："平生饶舌，今日败阙，一句轰天，正法眼灭。"遂投笔而逝。春秋七十四，夏五十六。①

元长禅师，字无明，号千长，浙江萧山人，俗姓董。生于元世祖至元二十一年（1284），逝于元顺帝至正十七年（1357）。

1. 依止明本参话头，世俗蹉跎复苦参

"母何氏，晚而生师，欲弃之，嫂谢氏鞠，以为子。7岁即就外傅，诸书经目辄成诵，出入蹈矩循蠖，有若成人。"② 千岩元长叔父昙芳学佛于富阳法门院，欲收千岩元长为嗣，谢母不从。不久，千岩元长患重病，医治无方，谢母情急之下，祈祷于

---

① 《嘉兴藏》第32册，《千岩和尚语录》。
② 《嘉兴藏》第32册，《千岩和尚语录·佛慧圆明广照无边普利大禅师塔铭》。

观音菩萨:"佛幸我慈,俾此儿不死,令服洒扫役终身。"祈祷后,千岩元长泄污而下,得以痊愈,谢母这才让千岩元长从昙芳游学,是年,千岩元长17岁。

千岩元长广觅良师益友,切磋琢磨儒道九流及百家之学说。经过一段时期学习,千岩元长认为这些学说非出世之法。复从授经师学《法华经》,学至《药王菩萨品》这一章而发问:"药王既燃二臂,曷为复现本身耶?"授经师闻而异之。

千岩元长19岁时,剃发出家,并受具足戒,至杭州武林灵芝寺学习律宗。律师问:"八法往来,片无乖角,何谓也?"千岩元长反诘:"何不问第九法乎?"律师不由赞叹:"问律而答以禅,真大乘法器也!"

在一次江浙行省丞相府设斋供僧时,千岩元长适遇中峰明本大和尚。中峰明本即呼而问之:"汝日用何如?"千岩元长答:"唯念佛耳。"中峰明本又问:"佛今何在?"千岩元长刚要拟议,中峰明本厉声叱之。千岩元长遂胡跪作礼,恳求中峰明本开示禅法要旨。中峰明本授嘱元长,参究"赵州狗子无佛性"的话头。

千岩元长拜别中峰明本大和尚,于灵隐寺后山缚茅结庵,参究"无字"话头。后应杭州净慈寺住持雪庭正传禅师召请,执掌该寺内记。他文采斐然,下笔成章,众人为之叹服。不久,千岩元长弃参修而随顺世俗之缘,十年蹉跎,倏忽即过。一日猛然省醒,喟然叹曰:"平生气志充塞乾坤,今乃作瓮里醯鸡矣。"遂重回灵隐寺后山草庵,把定"狗子无佛性"话头,跏趺危坐,三年胁不沾席,立大愤志,刻苦参究。因往望亭,闻鹊声恍然有省,急切之下去见明本大和尚,具陈自己有省的经历缘因。中峰明本复斥之,不予印可。

千岩元长不由愤愤然而归。夜临寂静,忽然闻老鼠翻食猫之器堕地之声,蓦然开悟。惊喜之下,不觉跃身而跳,如蝉蜕壳于污浊之中,浮游玄奥空间,上天下地,一时清朗。千岩元长披衣待天明,复拜见具陈明本大和尚。中峰明本问:"赵州何故云无?"千岩元长答:"鼠食猫饭。"中峰明本接应:"未也!"千岩元长又答:"饭器破矣。"中峰明本又问:"破后云何?"千岩元长答:"筑碎方甓。"一番听似答非所问的接引问答,实则禅机锋利,非局中人所能了悟。明本大和尚乃微笑祝师:"汝宜善自护持,栖遁岩穴,时节若至,其理自彰。"

千岩元长初参"无字"话头未悟,十年世尘蹉跎,复立大愤志,三年苦参"无字"话头,终得彻悟得法,得中峰明本印可,为其法嗣弟子。

2. 隐修山庵道日显,应缘出世弘禅法

千岩元长得法后,遵中峰明本之嘱,栖遁岩穴,隐于天龙山之东庵,耽悦禅味。

虽隐于山林草庵，其禅法道望，自是隐而日显。笑隐大䜣禅师，时住持中竺寺，力荐起之。江浙行省丞相脱欢公时领宣政院事，遣使迫其出世。千岩元长皆不从，隐修不出。

不久，诸名山宝刹亦争相请住。千岩元长忖度不为时所容，乃与弟子希升避而逾涛涛江水，东至乌伤之伏龙山。见山形如青莲花，天造化地，遂卓泉依树结庵而居。其时，元泰定三年（1326）冬十月，千岩元长已四十有三。

伏龙山早年曾有一圣寿禅寺，久已成废墟。当地望族楼如浚、楼一得等在原遗址上重建圣寿禅寺，请千岩元长住持。千岩元长不忘师之咐嘱，知时节已至，遂住持圣寿禅寺，说禅弘法30年，而辉映丛林朝野，道望远扬海内外。元朝南北，云贵越南、东瀛日韩参学之人莫不奔走膜拜，咨决心学，恒留圣寿禅寺求学者数百人之众。有至诚求道者，断臂千岩元长师前以明其志。千岩元长皆应缘接引，随其根性而为说法。

千岩元长远避名利而隐，其名自扬而倾朝廷，元朝廷三遣重臣，降名香以宠嘉之。王公大臣如仰日月般崇仰千岩元长之道行，江淮雄藩宣让王下令加护其教，镇南王则亲书寺额，赐僧伽黎衣及"普应妙智弘辩禅师"之号。帝师亦再降旨，俾势家无有所侵凌，仍更号为"佛慧圆鉴大元普济大禅师"。资政院又为启于东朝，命朝臣制令号并金襕法衣。

元至正十七年（1357）夏六月十四日，千岩元长示微疾，索浴更衣会众书偈："平生饶舌，今日败阙，一句轰天，正法眼灭。"书讫，投笔从容而逝。有《千岩和尚语录》《和智觉禅师拟寒山诗》流传于世。

千岩元长弟子众多，高足万峰时蔚法系下龙象辈出，涌现出天奇本瑞、笑岩德宝、幻有正传等一代宗匠，弟子日僧大拙祖能和高丽僧慧清等更是将其禅法远播东亚。

（二）倡看话禅

千岩元长依中峰明本后，遵其嘱看"赵州狗子无佛性字"话头。初因受世尘俗念之缚，加之参究信念不坚，弃禅而返世俗。千岩元长十年尘海浮沉，蹉跎岁月而痛醒，深省"生死事大，无常迅速，今日不了，万劫余殃"[①]。复而立大愤志，三年苦参话头，终于彻悟得法。此看话头之曲折不凡经历，使千岩元长对看话头有切身之悟，

---

① 《嘉兴藏》第32册，《千岩和尚语录·示润禅人》。

从而对看话头具有坚定的自信，毕生倡导看话禅。

千岩元长虽由参究"赵州狗子无佛性"话头而得悟，但他并不像师祖高峰原妙那样倡参一个话头，而是主张随境而转，应缘而就，把定话头而参究。他为此还列举了时兴的话头："果须到佛祖田地，须悟：万法归一，一归何处话；与父母未生前话；不是心，不是佛，不是物话。无丝毫疑滞，无些子差错，尽平生力量，一味捱将去。捱到露布极，伎俩尽，命根断，便是到佛祖田地也。"① 千岩元长在这里，并未列举他参的"赵州狗子无佛性"话头，可见他并不主张专看一个话头。选择那个话头参究，并无定则，要随顺各人根机因缘而定。关键是要把定能起大疑情、断命根、了生死的话头，尽平生力量一味参究。

为消除时下一些学人对看话头的疑惑，千岩元长以其师祖高峰原妙为例来阐释"万法归一，一归何处？"这八个字，是天目高峰老祖自证自悟之后，又将这八个字教四海学者，个个令其自证自悟。当自证自悟处，却不可作自证自悟之见，又不可滞在无证无悟处。如今多有人不肯信他，只为不曾做这般真实功夫，所以不能到他田地。虽曰参学，往往于万法上得些入头处，于一法上又打失了，于一法上得些入头处，于万法上又打失了。所以不能如我祖师到证悟处，所谓毫厘有差，天地悬隔。②

千岩元长指出，如今多有人不肯信高峰原妙"一归何处？"话头，是各人于自证自悟处当作自证自悟之见，或总滞留在无证无悟处，不尽平生力去做真实功夫，差之毫厘，失之千里，所以到不了高峰原妙的证悟田地。他又进一步阐述："须当人亲证亲悟始得，清凉云说：'说悟则不可示人，说理则非证不可。'且证悟之理，亦是对未悟者立个方便。不作方便，亦无渐次，方到得无碍法界。"③ 一番话犹如醍醐灌顶，使学人释疑而去做真实功夫。

至于如何做真实功夫，千岩元长如是说："你既要了这一件大事，把从前知见解会束作一团，抛向他方世界，如腊月扇子相似，永不得拈着，永不得顾着。一切放下，便如死人一般，木石一般，只于行住坐卧、语默动静、上床下地、吃粥吃饭、屙屎送尿时，单单提个话头，与之斯挨，挨到极处，不见有佛祖玄妙，不见有

---

① 《嘉兴藏》第32册，《千岩和尚语录》。
② 《嘉兴藏》第32册，《千岩和尚语录·示朱德圭居士》。
③ 《嘉兴藏》第32册，《千岩和尚语录·示圭讲主》。

世界纵横,不见有话头可提,不见有提话头者,经云:'见见之时,见非是见,见犹离见,见不能及。'正与么时,也只是工夫纯一处,更须保养圣胎,自然会回机转位。"① 也就是说,做真功夫,必须要履践真参,实证实悟,把定话头,至死不渝。

千岩元长还强调,做真功夫看话头,还须要参活句。"参禅人须参活句,莫参死句。何谓活句?只如僧问:'赵州狗子还有佛性也无?'州云:'无。'又问:'一切众生皆有佛性,因甚狗子无佛性?'州云:'他有业识在。'这便是活句。这僧向活句上问赵州,又向活句上答你。如今要这一则公案分晓,只就(每日每夜)业识纷飞处,看来识与么纷飞,如何是无业识田地,佛性现成如何,得见佛性与佛祖一般。"② 这对于学人来说,无异于拨云雾而见天日,把个参"活句"阐释得透彻明了。

(三)禅密不二

千岩元长出世说禅弘法时,已是元朝后期,藏传佛教仍把持了朝廷和地方的宗教事物。藏传佛教以密宗为主旨,但与唐五代以来在内地传播的密宗体系有所不同。元代以来,唐密尚未成大气候,藏密得朝廷尊崇,势大广传。而此时,南方禅宗已成渐兴之势,禅、密孰优之争论纷起。

千岩元长作为南方禅宗著名代表,从弘扬禅宗出发,重视沟通禅密之间的关系,主张禅密不二。他在《示首仁大师》中说:"秘密一宗,显诸佛不传之旨,阐上上大乘之教,故能入凡入圣,入一切国土而无所入,于诸境界亦无所碍。"③ 千岩元长认为,密宗是显诸佛不传之旨。言下之意,诸佛不传之旨,既是禅宗不立文字,直指人心,教外别传之旨。二者同旨无二,只是宣旨于传旨的形式不同而已。与其师明本所说"密宗乃宣一佛大悲拔济之心也,禅宗乃传一佛大觉圆满之心也"④ 无异。

千岩元长接着开示:"你若打理窟不破,事上便不明;事上既不明,诸法皆有滞;诸法既有滞,持咒观想,皆是虚妄生死根本。唤作法身佛得么?唤作无等等咒得么?唤作大慈悲、大忿怒、大解脱、大自在得么?且道如今作么生?你但无事于心,无心于事,自然虚而灵、寂而妙。若有毫发许,本末言之者,皆为自欺。随缘着衣吃饭,任运快乐无忧,不与凡圣同缠,超然名之曰祖。如上说底,即非密也。

---

① 《嘉兴藏》第32册,《千岩和尚语录·示禄禅人》。
② 同上。
③ 《嘉兴藏》第32册,《千岩和尚语录·示首仁大师》。
④ 《中国汉文大藏经补编》第25册,《天目中峰和尚广录》卷十一。

密在汝边,已是说了。无明门下,须吃棒始得。何故,大事为你不得,小事自家支当。"①千岩元长认为,密宗与禅宗一样,皆是以祛虚妄、了生死为根本。密宗持咒宣法,禅宗印心传旨,只是修行之法不同,殊途同归"真空妙有"之佛境。所说随缘穿衣吃饭,自是千岩元长所持信的"参修始于脚根下"的禅法思想。而"任运快乐无忧",则有"禅中有密"与"密中有禅"之义,可见千岩元长受密宗影响,试图以禅说密的倾向。

千岩元长在《示达儿嘛失唎大师》中,阐述了禅密不二的思想。

> 云门普、赵州无、德山棒、临济喝,你寻常想底佛,持底咒,同耶不同耶?同则禅分五宗,教分五教。不同,则总是释迦老子儿孙,何有彼此之异?到这里具眼始得,若不具眼,师家学者皆为瞎汉。无明常云,说底显个不说底秘密,作用处表个无作用处,思议境示个不思议境,不是秘密。只是显密不二,显中显,密中密。②

他指出,禅宗的各种参禅法,密宗持咒修行法,虽不同,但总是释迦老子儿孙,都是佛说之法。众生本具佛性,但根器有利钝,妄持有深浅,佛说八万四千法门,只是随缘应机,应病与药,度化众生,明了本性,没有彼此之异。只是显密不二,显中显,密中密。

千岩元长毕生遵循其师中峰明本之嘱,远离朝廷官府,不住名山大刹,隐于山林岩洞草庵参修。其隐而自显,名不举而自扬。"世之论者,谓师践履真实,谈辩迅利,或无愧于智觉。师之道,超出有无,实非凡情之可窥测。"③明初名臣宋濂,将千岩元长践履真实,谈辩迅利的禅法宗风,与永明智觉延寿禅师相媲美,可谓实至名归。

千岩元长倡看话禅,做真实功夫,主张禅密不二,时人赞誉有加:"千岩禅师,居婺之伏龙山,其道大行,四众归之。当元之盛时:庵居知识在天目,则中峰本公;华顶则无见睹,屹然法幢东西角;立伏龙虽晚出,而与天目、华顶并高矣。"④将千岩

---

① 《嘉兴藏》第32册,《千岩和尚语录·示首仁大师》。
② 《嘉兴藏》第32册,《千岩和尚语录·示达儿嘛失唎大师》。
③ 《嘉兴藏》第32册,《千岩和尚语录》。
④ 《嘉兴藏》第32册,《千岩和尚语录·洪武七年佛涅盘日天界住山宗泐谨题》。

元长与中峰明本、无见睹公相提并论,可见,其在元代后期禅宗中有相当大的影响。

二、天如惟则

天如惟则亦是中峰明本门下有名的法嗣弟子,杨岐派第十三世高僧。有关他的生平及禅法思想,《五灯会元续略》卷三下、《五灯严统》卷二十三、《五灯全书》卷五十八、弟子善遇编的九卷《师子林天如和尚语录》等均有记载。

(一)生平行状

据《五灯会元续略》卷三下:

苏州狮子林天如惟则禅师

吉安永新谭氏子。幼岁入禾山祝发,后游天目,依附中峰。①

查阅《萍乡市宗教文化大观》,有释怀善撰《杨岐禅宗在中国文化中的地位》记述:"惟则,号天如,俗姓谭,江西莲花县坪里乡人。少年为豪门放牧,放牧中读《雪岩祖钦语录》产生信心,14岁遇海印昭如禅师,知其聪颖过人,荐入永新禾山甘露院,受具后,游方虎丘,中峰许为嗣法弟子。"莲花县坪里乡,元朝辖属吉安路,1992年,划归萍乡市管辖。

1. 生卒年考

惟则禅师,号天如,俗姓谭,江西萍乡市莲花县人。有关天如惟则生卒,《灯录》等均无记载,各种论著资料对此也有几种不同说法。

据《师子林天如和尚语录》卷四《水西原十首(并引)》:

至正丙戌,余年六十又一。缁白诸禅友念余不知老之将至,乃衰钱买山六七亩于虎丘之南二里许,为余作归藏之计云。今年丁亥秋九月戊申,作门于水际,榜曰水西原。②

至正丙戌年即至正六年(1346),据此推之,天如惟则生于元至元二十二年

---

① 《卍续藏经》第80册,《五灯会元续略》卷三下《苏州狮子林天如惟则禅师》。
② 《卍续藏经》第70册,《师子林天如和尚语录·水西原十首(并引)》。

（1285）。

又据吴郡沙门道衍撰《诸善人咏》一书中《天如惟则禅师》诗后小传：

> 天如惟则禅师……受著《净土或问》，劝人念佛，发明西方教法，最为切者。春秋六十九，临终灵瑞甚异，塔全身于水西之原。

道衍即姚广孝之法名。姚广孝年轻时在苏州妙智庵出家为僧，是杨岐派高僧元叟行端的再传弟子，杨岐派十一世禅僧。明洪武十五年，被明太祖挑选，以"臣奉白帽着王"结识燕王朱棣，主持庆寿寺，成为朱棣的主要谋士。后助朱棣登基为帝，任僧录司左善世，又加太子少师，为明朝著名的"黑衣宰相"。所记载天如惟则小传应为可靠，据此，天如惟则逝于元至正十三年（1353）。

天如惟则生卒为1285—1353年，世俗寿69。

2. 出家时间考

天如惟则出家时间，《灯录》和史料无翔实记载。《师子林天如和尚语录》中有几处提及：

> 山僧自幼便知有参禅学道，可惜不遇人，殃殃祥祥弄了一二十年。
> 老僧从十岁以来拍盲学坐，将贪瞋痴当头按下。
> 山僧从小年来闻有宗门下事也，学坐禅，惜乎不遇恶辣钳锤。[①]

由此可肯定，天如惟则幼年学禅，十岁以来拍盲学坐。

具体出家时间，韩溥撰《江西佛教史》卷四中记及："十四岁路遇海印如禅师，甚奇之，荐入与莲花毗邻之禾山甘露禅院（永新县西禾山赤面峰下）为沙弥。"释怀善之说与此同，从二书出版时间的先后推之，释怀善之说有可能是引于韩溥其书，但均未注明引据的资料出处。在最可信的原始资料《师子林天如和尚语录》中，有这样一段记述："始余别家时，仁远从弟年才十七，今将四十矣。"[②] 有学者由此认为天如惟则很可能是18岁出家。"别家"有可能指出家，但也可能是指离家方游。综上

---

① 《卍续藏经》第70册，《天如惟则禅师语录》。
② 《卍续藏经》第70册，《师子林天如和尚语录·赠弟仁远入京（并引）》。

所述，天如惟则出家时间，似应在 14 岁至 18 岁之间。

3. 嗣法明本，隐修道振

由于"可惜不遇人，殃殃祥祥弄了一二十年"，天如惟则遂离开家乡，参访高僧大德求学。游方中，闻中峰明本"江南古佛"盛名，即前往天目山拜中峰明本为师。另一说，即"受具后，游方虎丘，中峰许为嗣法弟子"。

此后，天如惟则一直依附中峰明本参学。"后来被中峰老师折挫一上，又被灯笼冷笑一上，忽觉脑门热发，满面惭惶。方自信参禅学道是错用心，成佛作祖是错用心，从此一放放下，做个无转智、无出豁汉，吃粥吃饭过，听风听雨眠。"① 经中峰大和尚厥功妙密的折挫教化，以及"灯笼冷笑"之际缘，天如惟则一放下，终于豁然开悟得法，中峰大和尚许其为嗣法弟子。

中峰大和尚完寂（1323）后，天如惟则约两年后离开天目山。"泰定乙丑丙寅间寓吴门幻住庵。"② 天如惟则于 1325 年至 1326 年间，在中峰大和尚建的吴门（今苏州）幻住庵隐修。

"余之隐所在城北，距城二里许。居址林园虽高，而绕围沃壤悉变为湖，帆橹往来宛有西湖孤山风致……自余来华亭今十载……不幸今戊寅之水，其毒尤酷，漳人之哄两浙间。"③ "今戊寅"，即元顺帝至元四年（1338），华亭县即今上海市松江区。"一个蒲团半间屋，吴松江上九峰间。"④ 九峰位于上海松江，9 座山峰都在 100 米以下，据此，天如惟则应在 1328 年起隐修于华亭九峰山。"江浙诸名山屡请主席，坚却不受。遁迹松江之九峰间十有二年，道价日振。帝师与以佛心普济文慧大辩禅师之号，兼与金襕僧伽梨衣。"⑤

4. 居狮子林说法，名播朝野

"姑苏城中有林曰师子，有寺曰菩提正宗，天如禅师惟则之门人为其师创造者也……至正二年壬午，师之门人相率出赀买地结屋以居其师，而择胜于斯焉。"⑥ 元至正二年（1342），天如惟则门人出资于姑苏（今苏州）城中买地建狮子林，林中有菩

---

① 《卍续藏经》第 70 册，《师子林天如和尚语录》。
② 《卍续藏经》第 70 册，《天师子林天如和尚语录》卷三。
③ 《卍续藏经》第 70 册，《师子林天如和尚语录》卷七。
④ 《卍续藏经》第 70 册，《师子林天如和尚语录》卷五。
⑤ 《卍续藏经》第 70 册，《师子林天如和尚语录·师子林菩提正宗寺记》。
⑥ 同上。

提正宗禅寺，为其师居住。

此后12年，天如惟则一直住此说法。"师每说法，参问多至数百。随其悟解开导诱掖，有所质疑剖析至当，莫不虚往实归。至于安众必择法器，不泛然以容。檀施与赍视师意向，亦不强委，师取共具财足即止。诸行省平章，若河南之图鲁，江浙之道童，江西之买住，行宣政院使若岳叔木，肃政使者若普达实立，稽颡问道，执弟子礼弥恭，旁观异之。师法施平等，官资崇庳若罔知也。"①天如惟则说法随学人根性悟解开导诱掖，有所质疑剖析至当，且法施平等，无贵贱之分，学人莫不虚往实归。虽高僧大德荐举，官府选请，屡次请其出世住持名刹，天如惟则一概辞而不出，于山峰园林中，隐修说法30余年。

天如惟则虽与官府保持距离，不住持名刹，但道望日振，名播朝野，隐而自显。据《师子林天如和尚语录》卷九《宗乘要义》：

> 高丽僧猊长老请开示戒法普说，师云："央掘魔罗千指鬘，声闻位里证涅槃。提婆达多五逆罪，法华会中得授记。波离结犯淫杀，虽曰有条攀条，问着维摩大士疑情日出霜消。……"②

高丽僧猊长老入元求法于天如惟则，天如惟则道播高丽王国。

（二）禅法思想

1. 提倡看话禅

天如惟则继承了中峰明本提倡看话禅的思想，他说："近代宗师为见学者不守正念、不具正信，反于生死之疑不真不切，由是教参话头。贵令放舍一切见闻觉知，乃至世出世间诸缘杂务，单单起大疑情参去。离话头外，别无生死，离生死外，别无话头，话头既透，生死亦明。"③其说与中峰明本为了生死大事参话头的思想一脉相承。

他也提出了参话头时的七个不得："单单守取个所参底话，却不得别起第二念穿凿注解；不得听其自然打归懵懂袋里去；不得撑眉努目强着气力，克时限日，速

---

① 《卍续藏经》第70册，《师子林天如和尚语录·师子林菩提正宗寺记》。
② 《卍续藏经》第70册，《师子林天如和尚语录·宗乘要义》。
③ 《卍续藏经》第70册，《师子林天如和尚语录·示权藏主》。

求开悟；不得特地宽展程期，待其自悟；不得于境缘纷乱处仓皇失措；不得于境缘寂静处放旷自如；又不得尽依古人硬法度。当知各人做处各各不同，宜自调停自作转变，要在历历常现前，步步不相离。忽然守到无滋味处，无倚靠处，无可奈何处，如堕坑堑之中，进不得退不得，那时政是好消息也。切须紧把绳头拶将去，拶到水穷山尽处，自然有个转身时。"①

2. 禅净不二

天如惟则也继承了其师中峰明本"唯心净土，自性弥陀"和"禅净不二"的思想，他说："盖不知参禅念佛，不同而同也。参禅为了生死，念佛亦为了生死。参禅者直指人心，见性成佛，念佛者达惟心净土见本性弥陀。既曰'本性弥陀惟心净土'，岂有不同者哉。"②

他将"禅净不二"思想付诸于实际参禅修行中，提倡修持"念佛禅"，这无疑发展了中峰明本的"禅净不二"思想，对当时和后世的影响较大。

"昔中峰和尚倡道于杭之天目山，学者云集。既委世三十年，能任其付授之重，守其责望之言，韬光铲采，久而愈章，杰然而独立者，吾庐陵天如则禅师也。禅师既承密印，诸大方争聘之，遂隐于吴门师子林。一室卧云，泊然无意于当世。然四方之欲求其道者，惟禅师是归，故其言不待结集而盛行于时。"③天如惟则承中峰明本密印付授之重，杰然而独立，四方仰望，在元朝后期的禅宗中有相当影响，是南方禅宗有名的代表之一。

天如惟则论著颇多，涉及禅、净、教诸方面，有《楞严会解》、《净土或问》、《十法界图说》和《师子林天如和尚语录》九卷行于世。

---

① 《卍续藏经》第 70 册，《师子林天如和尚语录·普说》。
② 《卍续藏经》第 70 册，《师子林天如和尚语录》卷二。
③ 《卍续藏经》第 70 册。

第五章　明代禅宗杨岐派

明太祖朱元璋，少失双亲，17岁在皇觉寺出家为禅僧，游方乞斋几年，后加入奉弥勒聚众起义的农民军。这些亲身经历，使他了解到元末佛教的真实状况及流弊，认识到佛教在全社会的广泛影响和地位。朱元璋即位后，从维护皇室极权统治出发，对佛教既管控又利用，制定了严密且针对性强的整顿佛教的各项措施，奠定了整个明朝佛教政策的基石。

明太祖取消了喇嘛教的特权，多次颁布诏令，将寺院分为禅、讲、教三类。"讲"相当于元以前的"教"，"教"指祈福消灾、追荐亡灵等各种法事。明太祖把法事单列为"教宗"，与元末以来民间法事普遍盛行，深刻影响了禅、净等教宗有关。此后，将法事与各教宗相关联之习，绵延影响着明清二代乃至近现代。明太祖未把净土宗单列为宗，实则明代净土信仰已成一般趋势，禅净融合已是众多禅师和士大夫的共识。

明太祖的整顿措施主要针对的是禅宗，凡欲为僧者，必考试经典，发度牒，不许任意出家，禁僧侣混杂俗人中生活，严惩带妻者。设立"善世院"，后又改设僧录司，统天下释教事，起用了倾向于义学的禅师来管理僧教事务，任命杨岐派禅师慧昙、宗泐主领善世院。

其后，杨岐派禅僧道衍广孝助明太宗朱棣为帝，明太宗即位后，任道衍为善住院左善世，更擢为太子少师。

相对来说，明朝前期的杨岐派还处于尚盛态势，以元叟行端和笑隐大䜣两系影响较大。行端系的楚石梵琦、愚庵智及为元末明初有名禅师，大䜣系的天界慧昙、天界宗泐是元末明初较有名气的禅师。

明朝中期，杨岐派总体处于低潮。到明朝后期，杨岐派又掀起复兴的浪潮，涌现出密云圆悟、汉月法藏、憨山德清等著名高僧，明后期的复兴浪潮一直波及清朝初期。

第五章 明代禅宗杨岐派

第一节 明代前期的杨岐派

一、楚石梵琦

楚石梵琦是元叟行端的著名弟子,杨岐派第十世高僧。有关他的生平行状,《五灯严统》卷二十二、《续灯存稿》卷五、《续灯正统》卷十三等均有记载,《楚石梵琦禅师语录》附录中的《楚石和尚行状》及宋濂所撰的《佛日普照慧辩禅师塔铭》记载较翔实。

据《楚石和尚行状》:

> 师讳梵琦,字楚石,小字昙曜,明州象山人,姓朱氏。父杲好善有隐德,母张事佛惟谨,以大元元贞二年,丙申之岁,六月丁巳,梦日堕怀中而生师。……四岁失怙恃,祖母王氏鞠之。口授以《论语》,辄能成诵。或问书中所好者何语,即应曰:"君子喻于义。"六岁善属对,七岁能书大字,诗书过目不忘,一邑以奇童称之。九岁抵西浙,从海盐天宁讷翁模公受经业。又依从族祖晋翁洵公,于湖之崇恩。赵文敏公,以先陇在崇,数往来其间,每见师异之,为鬻僧牒,礼讷翁得度。年十六,于杭之昭庆,受具戒为大僧。……世寿七十五,僧腊六十有三。①

楚石梵琦(1296—1370),浙江宁波象山人。4岁丧亲,9岁弃俗,从天宁永祚寺讷翁模公受经业。12岁剃度出家,16岁于杭州昭庆寺受具足戒为大僧。

楚石梵琦20岁,随晋翁洵公迁道场寺,为侍者。阅首《楞严经》有省,然执于名相,终有滞碍。于是往谒元叟行端,行端禅师问:"言发非声,色前不物,其意何如?"元叟行端以其语反诘之。楚石梵琦方拟议欲答,元叟行端咄之使出,自是群疑塞胸,如填巨石。元泰定元年(1324),楚石梵琦奉选上燕都书《大藏经》,一夕闻西城楼鼓动,顿时汗下如雨,豁然彻悟。复见呈告元叟行端,元叟行端印可曰:"西来密意,喜子已得之矣。"即委楚石梵琦为第二座,有来参叩者,多命楚石梵琦辩决之。

不久,行宣政院命楚石梵琦出世住持海盐州福臻寺,道行渐盛,世称"妙喜五

---

① 《卍续藏经》第71册,《楚石梵琦禅师语录·楚石和尚行状》。

世"。元天历元年（1328），迁住州之天宁寺。元至元元年（1335），住持杭州报国寺。元至正四年（1344），住持嘉兴郡本觉寺。至正七年（1347），帝师赐号"佛日普照慧辩禅师"。至正十七年（1357），迁住天宁寺。至正十九年（1359），以海盐天宁有山海之胜，遂筑寺西偏以退居，别自号西斋老人。至正二十五年（1365）天宁寺主祖光寂，又出而主寺事。三年后，举弟子上首景璘自代，而复居于西斋。

明洪武元年（1368），明太祖征楚石梵琦说法于蒋山，廷臣奏其说，明太祖大悦。洪武二年三月，再征楚石梵琦于蒋山说法，明太祖闻其说又大悦，赐宴赐金，亲承劳问。洪武三年七月，明太祖征楚石梵琦、梦堂昙噩等十六僧众，以鬼神之理甚幽，意先佛必有成说，至天界馆候斋日奏对。是月，楚石梵琦二十二日示微疾，二十六日，忽索浴更衣，跏趺书偈："真性圆明，本无生灭。木马夜鸣，西方日出。"置笔与梦堂昙噩说："师兄，我去也。"梦堂昙噩问："何处去？"师答："西方去。"梦堂昙噩又问："西方有佛，东方无佛耶？"[①] 楚石梵琦震威一喝而逝。

"师纵横自如，应物无迹，山川出云，雷蟠电掣，神功收敛，寂然无声。由是内而燕、齐、秦、楚，外而日本、高丽，咸咨决心要，奔走座下。得师片言，装潢袭藏，不翅拱璧。师可谓无愧妙喜诸孙者矣。"[②] 宋濂赞楚石梵琦，无愧于大慧宗杲诸孙者，名扬海内外。

前已提及，承扬大慧宗杲看话禅法的多是绍隆系下破庵祖先的弟子，如高峰原妙、中峰明本等禅宗巨擘。而宗杲系下诸代弟子却多为"道契王臣"禅僧，如楚石梵琦之师元叟行端等。楚石梵琦在《楚石梵琦禅师语录·秉拂小参》中阐述："只如坐禅，须是了却自己偷心始得，若不了却自己偷心，空坐何益。且阿那个是偷心，但是一切不了，念起念灭，总是偷心。死得偷心，便与佛祖不别。佛祖要人速证无上妙道，长期短期，克期取证。毕竟所证何事，只教你死尽偷心，顿明自性而已。"[③] 楚石梵琦在这里说坐禅时要死尽偷心，似应中峰明本之说，纵览《楚石梵琦禅师语录》，有关看话头的此类阐释很少，可见，楚石梵琦虽是大慧宗杲法系下第五世弟子，承继的多是其师元叟行端的禅法宗风。

明末四大名僧之一袾宏亦称："本朝第一流宗师，无尚于楚石矣。筑石室，扁曰

---

① 《卍续藏经》第71册，《楚石梵琦禅师语录·楚石和尚行状》。
② 《卍续藏经》第71册，《楚石梵琦禅师语录·佛日普照慧辩禅师塔铭》。
③ 《卍续藏经》第71册，《楚石梵琦禅师语录·秉拂小参》。

'西斋',有《西斋净土诗》一卷。今止录十首,以见大意。"① 袾宏如此高度评价楚石梵琦,可能更多是从楚石梵琦举扬净土宗的突出作用而说。楚石梵琦在所著《净土诗》中曰:"一寸光阴一寸金,劝君念佛早回心……尘尘刹刹虽清净,独有弥陀愿力深。"正如袾宏所说,以见其倡净土之大意。

楚石梵琦临终时与梦堂说"去西方净土了",足见其坚信西方净土,至死不渝。誉为"本朝第一流宗师"的楚石梵琦,亦融入了元明禅僧"禅净融合"的潮流。

楚石梵琦著有《北游集》《凤山集》《西斋集》《净土诗》等作,其弟子编有《楚石梵琦禅师语录》20卷,并行于世。

二、愚庵智及

愚庵智及是元叟行端的著名弟子,杨岐派第十世高僧。有关他的生平行状,《愚庵智及禅师语录》后附的宋濂所撰《塔铭》记载较翔实。

据《塔铭》:

> 师讳智及,字以中。苏之吴县,顾氏子。父茂卿,母周氏。师之始生,灵梦发祥。及入海云院为童子,智光日显,释书与儒典并进,其师嘉之。同见闽国王清献公都中公大赏异,留居外馆,抚之如己子,使其祝发,受具足戒……戊午八月,忽示微疾,至九月四日,索笔书偈而逝……世寿六十八年,为僧五十一夏。②

智及禅师(1311—1378),号愚庵,江苏吴县人,俗姓顾。

早年出家,17岁受具足戒。往建业(今南京)见笑隐大䜣等公,同参屿禅师呵问:"无尽灯偈,所谓黄叶飘飘者,不知作何见解。"③愚庵智及不能答,即归海云禅院(苏州西郊),胸中如碍巨石。一个多月,日思夜想,都不能释疑。一日,忽见秋叶吹坠于院庭,豁然有省。上双径山谒元叟行端,得其勘辨印可,为其法嗣弟子。

元至正二年(1342),江南行宣政院荐举智及,住持庆元路隆教禅寺。至正五年(1345),转住邻刹普慈寺。至正十八年(1358),江浙行省左丞相达识帖穆尔延请愚

---

① 皇明名僧辑略:《楚石琦禅师》。
② 《卍续藏经》第71册,《愚庵智及禅师语录·塔铭》。
③ 同上。

庵智及住持杭州净慈禅寺。至正二十一年（1361），复请住持径山兴圣万寿禅寺。期间遭诬陷，衙使受贿，摄提愚庵智及问状定罪。愚庵智及视此为还宿债，也不分辩，亦无丝毫愠色，后经省宪二府白其冤。"且山僧虽离此山，恰恰二年"①，两年后，愚庵智及复还住径山。

明洪武六年（1373），明太祖诏有道僧人十余人，集京师大天界寺。愚庵智及居其首，以病不及召对。洪武八年（1375），赐还穹窿山海云禅院（苏州西郊）。洪武十一年（1378）八月，愚庵智及忽示微疾，至九月四日，索笔书偈而寂。

愚庵智及为大慧宗杲五世法孙，览《愚庵智及禅师语录》全书，亦只一处提及其祖师禅法："毕竟如何，饭堂吃茶。师云：'妙喜怎么提持？正是错认驴鞍桥，作阿爷下颔，误他后代儿孙。'"②其禅法趋向已显见。

> 僧问："如何是祖师西来意。"师以水洒之，僧便走。师唤："来来，古人水泼梃逐不去，汝因甚便走。"僧却以手作洒水势。师云："汝作道理会也。"僧便喝，师亦喝。僧复喝，师便打。僧云："和尚莫错打某甲。"师云："汝但吃棒，我要者话行。"③

类此呵斥棒打的接引学僧之法，书中比比皆见，且屡提祖师杨岐方会、白云守端之禅法。可见，愚庵智及禅法多有杨岐方会、白云守端之遗风。

愚庵智及亦承其师元叟行端的宗风，与朝廷官府关系密切，他说："所谓王臣尊礼，为人天师，建法幢立宗旨，则吾岂敢……冀诸胜众，戮力匡持，弘赞法社。"④虽谦称岂敢，实则行之，这也是他能得到元明两朝信任重视的原因。

愚庵智及亦受"禅净融合"思潮的影响，亦主张："尽十方世界，是唯心净土；尽十方世界，是本性弥陀；尽十方世界，是大解脱场；尽十方世界，是妙庄严域，无边刹境。"他还指出："心净则佛土净，刹刹尘尘大圆镜。"⑤

愚庵智及的著名弟子道衍，即历史上有名的"黑衣宰相"姚广孝，曾依从愚庵智

---

① 《卍续藏经》第71册，《愚庵智及禅师语录》卷五。
② 同上。
③ 《卍续藏经》第71册，《愚庵智及禅师语录》卷一。
④ 《卍续藏经》第71册，《愚庵智及禅师语录》卷六。
⑤ 《卍续藏经》第71册，《愚庵智及禅师语录·示净心禅人》。

及在径山参修禅法。姚广孝后助朱棣夺得皇位,明成祖朱棣对佛教较宽松,与此不无关系。

三、天界慧昙

天界慧昙是笑隐大䜣的有名弟子,杨岐派第十一世禅师。有关他的生平行状,《增集续传灯录》卷五、《五灯会元续略》卷二、宋濂撰《天界善世禅寺第四代觉原禅师慧昙遗衣塔铭》等有记载。

据《增集续传灯录》卷五:

应天府天界觉原慧昙禅师

天台杨氏,母贾,梦吞明珠而有娠,及生,广颡丰颐、平顶大耳,相甚异焉。长依越之法果大均学出世法,迨冠,剃染具戒,习华严于高丽教公,听止观于上竺澄公,已而,皆弃去。时广智在中天竺,师造焉。……辛亥秋,道憩僧伽罗国。其王奉师于佛山精舍,执弟子礼。九月示微恙,二十六日沐浴更衣,亟命尚书至,谓曰:"某幻缘终此,不能复命矣。"仍诫谕左右,屹然端坐。夜过半,问曰:"天明也未?"对曰:"未也。"少顷复问,对曰:"日出矣。"遂恬然而逝。世寿六十八,僧腊五十三。①

天界慧昙(1304—1371),浙江天台人,俗姓杨。年少即从越州(浙江)法果大均出家,受具足戒。曾修习华严学、天台摩诃止观和律宗,后参谒笑隐大䜣禅师,得其印可嗣其法。

至顺二年(1331),天界慧昙住持牛头山祖堂寺。至正三年(1343),迁住清凉广惠禅寺。道行闻于朝野,帝师授以净觉妙行之号。至正十五年(1355),迁住保宁禅寺。至正十六年(1356),元太祖高皇帝定建邺,天界慧昙谒于辕门,帝命主持蒋山太平兴国禅寺。至正十七年(1357),赐改龙翔为大天界寺,诏天界慧昙住持,亲御墨书"天界第一禅林"六大字悬于三门,以旌宗极。

明洪武元年(1368)春,太祖设立"善世院",秩视从二品。诏天界慧昙领"善世院",脱紫衣及金襕方袍,御制诰章,其略曰:"自予肇业,命汝匡宗。德风振起

---

① 《卍续藏经》第83册,《增集续传灯录·天界觉原慧昙禅师》。

于法门，景运赞襄于家国，特授演梵善世利国崇教大禅师，住持大天界寺统诸山释教事。颁降诰命，俾服紫方袍，章逢之士以释氏世蠹请灭除之。"①明太祖于天界慧昙，可谓宠信有加。

洪武二年（1369）冬，天界慧昙中风得喑疾，遂罢院事。洪武三年（1370）春疾愈，六月，廷议西域未臣服，太祖以彼域崇尚佛乘，特命天界慧昙为使往西域。天界慧昙承命即日登途，衣盂之资一无顾惜。洪武四年（1371）七月，至省合剌国（今斯里兰卡），九月示微恙，恬然而逝。

"浮图之禅学者，自隋唐以来，初无定止，唯借律院以居。至宋，而楼观方盛然，犹不分等第，唯推在京巨刹之首。南渡之后，始定江南五山十刹，使其拾级而升，黄梅曹溪诸道场反不与其间，则其去古也益远矣。元氏有国，文宗潜邸在金陵，及至临御诏建大龙翔集庆寺，独冠五山，盖矫其弊也。国朝因之，锡以新额，就寺建官，总辖天下僧尼，当是时，觉原禅师实奉诏莅其职。夫当兴土之运，亲受圣王咐嘱以统释教之事，诚优钵昙华千年一现者，其顺寂也，恶可不勒群行以贻后世乎。"②宋濂在《天界善世禅寺第四代觉原禅师慧昙遗衣塔铭》中，简明地概括了禅宗建制变迁史，衬托出天界慧昙的作用与地位。

天界慧昙的禅法语录著作，鲜见于世。在《增集续传灯录·应天府天界觉原慧昙禅师》中记有：

> 时章逢之士以释子为世蠹，奏请除之。上以疏章示师，师对曰："孔子以佛为大圣人，以此知真儒必不非佛，非佛必非真儒矣。"上亦以佛之教阴翊王度，却不听。

"上堂。恢杨岐宗风，坐南泉钵位。佛祖命根，衲僧巴鼻。"③由此亦可见，天界慧昙奉护佛教、恢宏杨岐宗法的思想。

---

① 《卍续藏经》第83册，《增集续传灯录·天界善世禅寺第四代觉原禅师慧昙遗衣塔铭》。
② 同上。
③ 《卍续藏经》第83册，《增集续传灯录》卷五。

四、天界宗泐

天界宗泐是笑隐大䜣的有名弟子,杨岐派第十一世僧师。其生平行状,《增集续传灯录·应天府天界季潭全室宗泐禅师》《补续高僧传·季潭宗泐禅师》等书有记载。

据《增集续传灯录》卷五:

应天府天界季潭全室宗泐禅师

> 台之临海人,周姓,父吉甫,母葛氏。师生始能坐,即跏趺,父母亲族咸异之。八岁命从杭之中天竺广智学佛,经书过目成诵。十四剃发,二十受具。智开山金陵龙翔集庆寺,师与俱……二十四年复领右街善世,居无何,以年老赐归槎峰。诣阙拜辞,上曰:"寂寞观明月,逍遥对白云。汝其往哉。"绝江至江浦石佛寺,俄示疾,召门人诫谕已,遂泊然而寂。阇维设利无算,乃九月十日也。世寿七十四,夏六十,余骼附葬于天界广智塔右。①

天界宗泐(1318—1391),字季昙,号全室,台州临海人,俗姓周。8岁起从笑隐大䜣学佛法,14岁剃度,20岁受具足戒。笑隐大䜣开山于金陵龙翔集庆寺,天界宗泐随师同往。其后,往径山谒元叟行端,命掌记室。后出世住持泾水西宝胜寺,20余载。②

明洪武元年(1368),天界宗泐住持杭州中天竺寺。洪武四年(1371),迁住径山寺。洪武五年正月,明太祖在蒋山寺(后重建为灵谷寺)举办广荐法会,命天界宗泐撰《献佛乐章》,升座说法。不久,住持天界寺。

洪武十年(1377)春,奉诏同杭州普福如玘注《心经》《楞伽》《金刚般若》三经行世。洪武十一年(1378)十二月,太祖以佛书有遗逸,命天界宗泐领徒30人往西域求之。天界宗泐一行不惮惧劳苦烦疲,往返十四万余里,竟达天竺国(古印度),得《庄严宝王》《文殊》等经。洪武十五年(1382)三月,天界宗泐历尽艰辛还朝。

善世院革废,明太祖再次设立僧司衙门,中央设立僧录司,"掌天下僧教事"。僧录司设善世(正六品)、阐教(从六品)、讲经(正八品)、觉义(从八品)各二

---

① 《卍续藏经》第83册,《增集续传灯录·应天府天界全室宗泐禅师》。
② 宗泐行状引据:《卍续藏经》第83册,《增集续传灯录·应天府天界全室宗泐禅师》。

员，天界宗泐被任命为右善世。"因命育发，将授以儒职，师姑奉命。至发长，上召而官之，师再辞求免，愿终释门。上嘉叹从之，赐免官说以旌其志。"[1]明太祖命选高僧侍诸王，天界宗泐推荐了道衍，道衍得以侍燕王朱棣。[2]

洪武十六年（1383），天界宗泐因长官奏事获谴，同往凤阳槎峰建寺。三年完工，来赐圆通之额。洪武十九年（1386）秋，天界宗泐还归天界寺，明太祖引见赐诗，有"泐翁去此问谁禅，朝夕常思在目前"之句。洪武二十一年（1388），旧寺遭火灾，天界宗泐率众住山，以兴复为己任。次年春，明太祖准奏重建于聚宝门外，天界宗泐为重建力无倦色，新天界寺落成。洪武二十三年（1390）夏，诏天界宗泐再住持天界寺。洪武二十四年（1391），复领右善世。

"后追治胡惟庸党及师，着做散僧，执役建寺。徐察其非辜取还，复领右善世。居无何，以老赐归槎峰。"[3]天界宗泐渡江至江浦石佛寺，忽示疾，泊然而寂。

天界宗泐得元明两朝信任，住持诸刹之首天界寺，领善世院统诸山释教事。其间，虽有出使西域、贬槎峰建寺、涉胡惟庸党案等风波，但天界宗泐"见心疏放，师谨密，故其得祸为尤轻"[4]，为明初名气较大禅僧。天界宗泐与朝廷关系密切，参与朝政较多，又经常为皇室王公持办法事，在禅法上也就难有新处。

天界宗泐也善为词章，有《全室集》《全室外集》《西游集》行于世。

由上所述，明初禅宗杨岐派"尚盛"，更多的是指其在明初社会中的地位与影响。他们与朝廷关系较密切，管理全国佛教事物，经常参与皇室主办的法会，在禅学上也受"禅净融合""禅教合一"思潮的影响。

第二节 明代中期的杨岐派与笑岩德宝

一、明代中期的杨岐派

明代中期，从宣宗到穆宗（1426—1572）的近 150 年间，由明太祖奠基的佛教

---

[1] 《卍续藏经》第 77 册，《补续高僧传·季潭宗泐禅师》。
[2] 《明太宗实录》。
[3] 《卍续藏经》第 77 册，《补续高僧传·季潭宗泐禅师》。
[4] 同上。

政策，由于政治、经济等各种因素，产生了一些变化。到明代宗景泰二年（1451）开始卖牒救灾，后世沿袭，直到明末，由此促使僧尼剧增，寺院竞建。

明世宗（1522—1566）即位，溺于道教，举道士邵元节任礼部尚书，又举道士陶仲文进少保礼部尚书，封恭诚伯。嘉靖四十年（1561），索天下符箓秘书，道士四方来集者甚多，道教之势极盛。明世宗力排佛教，即位之初，毁宫中佛像，凡百九十六座，又命破坏京师寺院，悉除禁中佛殿。

明初二代王朝，杨岐派尚盛。一方面，是高峰原妙、中峰明本等巨擘宗师复兴的杨岐宗法余势尚盛。另一方面，得益于明太祖任用慧昙、宗泐等杨岐派禅僧，统天下佛教事。道衍广孝助太宗即位，更是委以太子少师领左善世之重任。

到明中期，期中虽有明武宗（1506—1521）的尊崇佛教，到明世宗又力排佛教，大部分时段，都没有明初朝廷那样较有力的支持。更主要的是，明中期，没再出现中峰明本这样的杰出高僧，杨岐派各支系禅僧的禅法已渐失活力，少有建树和发展。

有明一代，明朝廷推举习经讲经，明中期义学仍相对较盛，禅僧多攀附义学。"断桥一脉，几及平沉。虽南方刹竿相望，率皆半死半生。佛祖慧命，殆且素矣。"[①] 断桥妙伦是无准师范法嗣高足，其法系下，明初中期只有楚山绍琦（1404—1473）有较大影响。无准师范另一法嗣高足雪岩祖钦门下，曾有高峰原妙、中峰明本、千岩元长等龙象辈出，到明中期，其法系下也只有笑岩德宝等少数禅师有一定影响。南方禅宗虽然禅寺林立，却乏生机活力，禅宗杨岐派在明中期处于沉寂，也就成为基本趋势。

幻有正传是笑岩德宝有名的弟子，幻有正传门系下涌现了密云圆悟、汉月法藏等著名高僧，推动了明代后期禅宗的复兴。

二、笑岩德宝

笑岩德宝是中峰明本第九代弟子，杨岐派第二十一世高僧，其生平行状见于《补续高僧传·月心宝公传》《南宋元明禅林僧宝传·笑岩宝禅师》《续指月录》《月心笑岩宝祖南北集》等书。

---

① 《卍续藏经》第79册，《南宋元明禅林僧宝传·笑岩宝禅师》。

（一）生平行状

据《补续高僧传·月心宝公传》：

> 德宝，字月心，金台锦衣卫族。父吴公，母丁氏，举师于正德壬申年。既冠，偶过讲肆，闻法师讲《华严》大疏，至十地品初地菩萨舍国城妻子头目髓脑处。发愤叹曰："千古犹今，同一幻梦，富贵功名，纵得奚益。"遂投广慧院能长老出家，既祝发具戒。……以万历辛巳正月示寂，阅世七十，僧腊四十有九。①

笑岩德宝（1512—1581），字月心，金台（今北京朝阳区中西部）锦衣卫族人，俗姓吴。

22岁（1533）礼广慧寺大寂能长老剃发出家，即受具足戒。此后行脚游方，"历参南北知识三十余人"②，"遍谒大川、月舟、古春、古拙诸老宿"③。

后因宝峰和尚指点，笑岩德宝至湖北随州关子岭龙泉寺，参无闻绝学明聪禅师，明聪禅师是中峰明本法系下第七代禅僧天奇本瑞禅师的高足。入室次，明聪禅师机锋接引，连下语数十转，笑岩德宝皆不契，心路俱绝，于是奋志用功。

一日，笑岩德宝在溪涧边洗菜，一根菜茎掉进水中，随水流而转。笑岩德宝几次未能抓住，忽然有省。明聪禅师几番勘验，笑岩德宝皆应答无滞，心路初蒙启开。

后来，笑岩德宝又前往襄阳，参礼大觉圆禅师。"觉曰：'若以今时诸方，子当绝类为不可测人。今则不然，老僧将你烂熟底一则因缘问你。外道问佛，不问有言，不问无言，世尊良久，外道便大悟佛旨。且既不涉有无，良久亦是闲名，正怎么时，外道大悟个甚么。'师拟答。觉急以手掩师口曰：'止止，犹更挂齿在。'"笑岩德宝豁然顿省。

大觉禅师圆寂后，笑岩德宝又重回关子岭，参礼明聪禅师。明聪禅师问："人人有个本来父母，子之父母今在何处？"一番问答后，笑岩德宝呈偈曰："本来真父母，历劫不曾离。起坐承他力，寒温亦共和。相逢不相见，相见不相识。为问今何

---

① 《卍续藏经》第77册，《补续高僧传·月心宝公传》。
② 《卍续藏经》第79册，《南宋元明禅林僧宝传·笑岩宝禅师》。
③ 《卍续藏经》第84册，《续指月录·北京柳巷月心笑岩德宝禅师》。

在，分明呈似师。"明聪禅师遂印可道："如是如是！只此一偈，堪绍吾宗。"又咐嘱道："汝谛受持，遇缘熟者，智愚皆度。续佛慧命，须待其人。"

笑岩德宝得法受记后，继续留在明聪禅师座下，执侍有年。后辞别明聪禅师，游化于湘鄂陕豫一带。此后至南京，寓居净海寺、牛首寺、高座寺等处数年。大约在明嘉靖二十五年（1546），笑岩德宝返回故乡北京，住持圆通、南寺、鹿苑、慈光、善果、宝禅等刹，出世说法弘法。[1]

"师力弘法柄，随方建立，可行则行，否则默之。然铲邪劈胶，间不容发。即据室匡徒之辈，雕龙吐凤之俦，始与师抗，次与师游，终乃俯首入煅死尽偷心。"[2]在明中期，禅宗处于沉寂之际，笑岩德宝力弘法柄，自是名扬海内，海内禅子，皆奔走座下。

"既谢游辙，门无杂宾，乃整齐先觉经纶，提掇古德纲目，或征、或赞、或判、或颂。"[3]万历五年（1577），应缁素之请，笑岩德宝隐居北京西城柳巷草庵。

明神宗万历九年（1581），笑岩德宝禅师圆寂于北京，塔葬于京城西直门外高梁桥之北郊（今北京市西直门北大街与京张铁路之间的笑祖塔院，遗址位于今兆家园西侧）。有《月心笑岩宝祖南北集》四卷、《沙弥成范》二卷行世。

笑岩德宝有法嗣弟子多人，《南宋元明禅林僧宝传·笑岩宝禅师》记载："法幢所树，不定何所。有龙象八人，常随师游，时号八杰。"影响大的法嗣弟子主要为幻有正传、幻也佛慧、瑞峰三际广通三人。明末四大高僧之一的云栖袾宏受具后游方，先参遍融禅师，后参笑岩德宝，在辞别德宝师的归途上闻樵楼之鼓声忽然大悟，亦是笑岩德宝的得法弟子。

（二）禅法宗风

笑岩德宝接引学人常施以"临济喝""德山棒"。

> 上堂。拈拄杖曰："有么有么。"时有僧出作礼，师劈脊便打。曰："多口作么。"曰："某甲一言也未，何为多口。"师复打曰："再犯不容。"
>
> 僧问："如何是和尚昔年获益事。"师以拂子倒悬视僧云："会么。"僧

---

[1] 《卍续藏经》第 77 册，《补续高僧传·月心宝公传》。
[2] 《卍续藏经》第 79 册，《南宋元明禅林僧宝传·笑岩德宝禅师》。
[3] 同上。

云:"某甲已识和尚做处也。"师曰:"你道荆州黄四娘礼佛,求个什么?"僧无对,师乃打出。

　　僧参。问从上千七百老冻侬,某甲今日一串穿来,献与和尚,伏请判断。时门外忽闻犬吠,师遽顾侍者,看是什么客来。侍者出问话,僧罔措。师曰:"上座适才问什么?"僧拟重举,师与连棒打出。①

以"喝""打"的接引作法,截断学人识见解和妄执。类此之作法,在笑岩德宝语录中屡见不鲜。

　　僧参。问:"承闻诸佛出世,为一大事因缘,请问和尚如何是大事因缘?"师曰:"着衣吃饭,屙屎放尿。"僧不肯,不礼拜而出。师唤回,示以偈曰:"诸佛出于世,唯为大因缘。屙屎并放尿,饥餐困打眠。目前紧急事,人只欲上天。谈玄共说妙,遭罪复输钱。"僧惭惶作礼而去。②

笑岩德宝开示学人从日常行作中参修,且一片"老婆心切"之教风,上承杨岐方会之宗风。

笑岩德宝也很重视执戒,并亲撰《沙弥成范》二卷行世。《沙弥成范》的主要内容是阐释初学沙弥的行为规范,由此可见,笑岩德宝亦很重视出家僧众的戒律教育。

笑岩德宝坚持禅僧本色,强调"审思于诸己躬"③,对义学纷纭的时风提出批评。他的禅法思想,上承高峰原妙、中峰明本的看话禅思想,又融汇了时兴的净土念佛的方便法门,将看话禅与净土念佛融为一体。笑岩德宝提倡的看话禅,实际上已成为看话、念话与念佛的方便法门。

笑岩德宝是参话头"父母未生以前,哪个是我本来面目?"而开悟的,他出世说法,就常教引学人参看这个话头。

　　直下举个"不起一念处,哪个是我本来面目?"或云:"一念未生时,哪个是我本来面目?"初用心必须出声,或三回,或五回,或至数回,默默

---

① 《卍续藏经》第84册,《续指月录·北京柳巷月心笑岩德宝禅师》。
② 同上。
③ 〔明〕德宝撰:《笑岩北集》。

审定。次或唯提一句云:"不起一念处。"或云:"一念未生时。"疑句用心不定,顺意则可,只要第五个处字时,字上宜疑声永久,沉沉痛切。此正疑中,当驻意着眼。或杜口默切,或出声追审,的要字字分明,不缓不急,如耳亲闻,如目亲睹。即心即念,即念即疑,即疑即心,心疑莫辨,黑白不分。①

大慧宗杲强调要摒弃心意识去参看话头,笑岩德宝独特地主张要通过念话头去参看话头,且提出了具体完备的念话头与参看话头结合的方法。中峰明本主张看话头要在了生死大事上起大疑情,笑岩德宝提出在念话头上起疑,即念即疑。显然,笑岩德宝的看话头,虽与大慧宗杲、中峰明本的看话头有一定的继承连贯性,但有较大的改变。

笑岩德宝亦受"禅净融合"时代思潮的影响,主张看话头与持号念佛相结合。"向无依无着干净心中唯提一个阿弥陀佛,或出声数念,或心中默念,只要字字朗然……如此用心,不消半年一载,话头自成片,欲罢而莫能也。"②这实际上是把持号念佛当成话头来念来参,笑岩德宝的看话禅也就具有浓厚的"念佛禅"色彩。他提出了"向无依无着干净心中"的前提,但没有解释如何做到心中干净无依无着,也就给参看话头的学人留下了疑思之处。

笑岩德宝将看话头与念话头、念佛号相结合的禅法思想,是自身参看话头的体验与总结,也深深刻上了时代思潮的印痕。先不遑论其是否推进了看话禅的发展,他在明中期禅宗处于沉寂之时,勇于探索,力图为看话禅注入新机的精神,值得肯定。也正是由于他的努力,为明后期禅宗的复兴奠定了基础,说他为"末世之光明幢",亦为适当。

第三节 明代后期的杨岐派复兴

明代后期,豪强掠夺和官吏营私舞弊,朝政腐败,对佛教的管控减弱。在这

---

① 〔明〕德宝撰:《笑岩北集》。
② 同上。

社会急剧动荡变化中，佛教界出现了迅猛浩大的复兴浪潮。这股浪潮在明万历（1573—1619）时达到高潮，一直延续到清雍正时期。

复兴浪潮分为两股潮流：一股潮流主要在山林村野中奔涌，以丛林禅僧及广大民间信众为主体，以杨岐派密云圆悟、汉月法藏为代表的"禅宗复兴运动"；另一股潮流在都市城镇中兴起，以士大夫、在家居士为主体，以云栖袾宏、藕益智旭、憨山德清、紫柏真可"明末四大高僧"为代表的"佛教综兴运动"。

在复兴浪潮的激荡下，明末杨岐派也从明中期的沉寂，开始复苏振兴。在禅法思想上，在禅净融合、禅教并重的主潮流中，有主张复古，承扬禅宗古来大德宗风之潮，亦有继承改进大慧宗杲看话禅思想之流。

这时期，杨岐派最活跃、影响大的禅僧，多出自笑岩德宝的高足幻有正传的门下。幻有正传的著名弟子有密云圆悟、天隐圆修和雪峤圆信，再传弟子汉月法藏及其徒潭吉弘忍等人。其中，密云圆悟与汉月法藏最著名，他们分别是明末僧诤的代表人物，是明后期山林禅宗复兴的代表。

"佛教综合复兴运动"的代表云栖袾宏、憨山德清，亦出自杨岐派门下。

云栖袾宏为杨岐派高僧笑岩德宝的弟子[①]，以倡修净土著称，被奉为莲宗第八代祖师，还为华严宗宗密一支的第二十二代祖师[②]。

"明末四大高僧"之一的憨山德清，是杨岐派断桥妙伦系下杨岐派第二十世高僧云谷法会的弟子[③]，是明后期"佛教综合复兴运动"的代表之一。

"佛教综合复兴运动"另一代表紫柏真可，师从虎丘云岩禅寺明觉禅师，明觉禅师派系无考，虎丘云岩禅寺为南宋时杨岐派虎丘法系的祖庭，明觉禅师有可能出自虎丘绍隆法系，紫柏真可亦曾求学于笑岩德宝及云谷法会。

本章以"禅宗复兴运动"的代表密云圆悟、汉月法藏为主线索，阐释明后期禅宗杨岐派之复兴，也介绍云谷法会与憨山德清的行状思想，以展现明后期禅宗杨岐派的发展全貌。

---

① 吴立民主编：《禅宗宗派源流》，中国社会科学出版社，1998年。
② 魏道儒著：《中华佛教史·宋元明清佛教史卷》，山西教育出版社，2013年，第274页。
③ 吴立民主编：《禅宗宗派源流》，中国社会科学出版社，1998年。

第四节 密云圆悟和汉月法藏

一、密云圆悟

密云圆悟是幻有正传法嗣弟子,杨岐派第二十三世著名高僧,其生平行状见录于《南宋元明禅林僧宝传·天童密云悟禅师》《天童密云禅师年谱》《天童密云禅师塔铭》《续指月录》等资料。

(一)生平行状

据《天童密云禅师塔铭》:

> 师讳圆悟,号密云,嘉靖戊寅岁生常州宜兴,姓蒋氏……示微疾,趺坐频申而逝,崇祯十五年壬午七月七日也。世寿七十七,僧夏四十四。[①]

密云圆悟(1566—1642),江苏宜兴人,俗姓蒋,字觉初,号密云。

"师四岁甫离襁褓,而气度凝重,殊无孩稚之意,终日捆石间堆堆坐地若忆持者。"圆悟6岁入乡学,不乐章句读诵,唯喜挥笔书写。8岁时,忽动世间无常之想,自然发意念佛。年轻时,在家乡做过渔夫、樵夫和耕农。26岁时,偶阅《六祖坛经》,始对禅宗产生浓厚兴趣。27岁时,挑柴过一山弯,忽见一堆柴突露面前,而恍然有省。29岁时,决意出家,区分家事安置妻室后。次年正月,圆悟前往荆溪龙池山禹门禅院(江苏宜兴),礼幻有正传禅师为师。

幻有正传令密云圆悟在寺里执劳服役,密云圆悟"身任众务,以至鬻薪陶器,负米百里之外"备尝艰辛。次年,幻有正传又传令:"命师剃染,而师愿终身苦行供僧役,故传上下舟车,师一巾服以随有类厮养然。"密云圆悟在劳作侍师之时,参究益力,"只觉生死到来,毕竟不稳当"。他请益幻有正传,幻有正传说:"汝若到这田地,便乃放身倒卧。"密云圆悟后屡次请益,却遭幻有正传斥责詈骂。密云圆悟深感岁月倏忽,己事未明,忧而病倒,十数天后醒过来,便向幻有正传请求闭关参修。

密云圆悟闭关三年中,与正传禅师言及有心无心之旨,问答接引,当机不让,正传禅师言:"终未大悟。"密云圆悟也自觉未得个安稳。

[①]《嘉兴藏》第10册,《密云禅师语录·天童密云禅师塔铭》。

万历三十年（1602），幻有正传入京，命密云圆悟监理禹门禅院院务。次年，密云圆悟过铜官山顶，忽觉："情与无情焕然等现，觅纤毫过患不可得，大端说似人不得，正所谓大地平沉底境界。"密云圆悟豁然大悟，彻悟之时，密云圆悟已38岁。

万历三十三年（1605），密云圆悟带领后昆弟子北上京都参谒幻有正传。密云圆悟彻悟后禅法精进，与幻有正传机语应接，机锋相对，幻有正传赞叹密云圆悟"宛有古人之作"。幻有正传后嘱其南还，密云圆悟因从两浙游经会稽，陶石篑太史延居护生庵，"为诸名宿开发积疑，莫不惊叹，得未曾有"。万历三十九年（1611），幻有正传回禹门禅院，召密云圆悟回，以衣拂付密云圆悟，复以扶持佛法相嘱托。

万历四十二年（1614），幻有正传圆寂，密云圆悟为之"心丧伴柩"三年。其间，伴柩龙池山顶，高寒焚香，却坐日无余事，乃简古公案近二百则为之颂，以明佛祖大意。万历四十五年（1617），正传和尚示寂三年既毕，众请开堂，乃继席住持龙池禹门禅院。

密云圆悟52岁时，始出世传法，凡闻其所说者无不叹服。"师五十六岁，悯诸学者参禅不得力，作偈九首为示入道之要。"次年正月，密云圆悟飘然曳杖登匡庐，留东林寺七日，至庐山归宗寺复留半月。经衡山，取道宜春，在袁州泗洲寺度夏。有僧请住天台山通玄寺，密云圆悟因念托付之重，幡然就之。十二月到天台山，次年在通玄寺开堂说法，始定九旬安居之制。

明天启四年（1624），密云圆悟依盐官蔡子谷之请，迁住金粟山广慧寺（嘉兴府海盐县），一切悉依丛林规制，从学者多达七百。"凡师所过，缁素求瞻礼者，喧阗杂沓，每至遮道不得行。"于是宗风大振，时众满万指，门下高徒云集。

明崇祯三年（1630），密云圆悟应请住持福州黄檗山万福寺。崇祯四年（1631），入住宁波育王山广利寺。不久天童山景德寺（浙江鄞县东）和金粟寺，两寺交迎，密云圆悟征求座下门人之意，住持天童山景德寺。

密云圆悟入住天童山景德寺十年，天童景德寺重建恢宏，弟子云集，三倍于金粟寺，成为禅林名刹。门下学人，无论晨夕随侍，还是书信请问，或是邂逅咨请，"得师激发，无不虚往而实归"。[①]

崇祯十四年（1641），密云圆悟以老病衰迈为由，坚辞皇室说法之命和朝官重兴南京报恩寺之请，并于次年正月回天台山通玄寺。

[①] 《嘉兴藏》第10册，《密云禅师语录·天童密云禅师年谱》。

崇祯十五年（1642）七月七日，密云圆悟禅师在通玄寺示寂。

密云圆悟出世弘法二十六年，始终坚持以本分接人，不循人情，不阿贵要。"以真实心，行真实行，悟真实道，说真实法，化真实众。"①一条棒直指一切含灵本命元辰立地处，棒打之下，截断学人识见妄念，彻见杨岐本派境界，牢卫宗法。

密云圆悟以身作则，严守古德丛，躬行耕作，以耕养寺。所建通玄、金粟、天童三大寺规模宏大，而密云圆悟本人始终是壁挂一瓢而已。

密云圆悟一生历主多处名刹，言满天下，名扬海内外。剃度弟子300余人，嗣法弟子12人，汉月法藏、费隐通容、木陈道忞、破山海明等最著名，是明末清初望重一时的高僧。可以这样说，明末清初，禅宗呈现的中兴气象，与密云圆悟承扬禅宗古来大德宗风不无关系。

有《密云禅师语录》十二卷行世。

（二）禅法宗风

密云圆悟出身贫寒，不乐章句读诵，孩童时即自意念佛，年轻时渔、樵、耕辛苦劳作，30岁才出家，38岁方彻悟，52岁出世传法。这些人生境缘，逐渐形成了他的禅法宗风。

1. 一条白棒，当头直指

密云圆悟的禅法，追本溯源于六祖慧能"直指人心，见性成佛"的思想，其宗风，上继"德山棒""临济喝"，下承笑岩德宝、幻有正传之遗风。

密云圆悟的禅法简明直白，他曾总结自己一生参修体验："山僧出家将及四十载，别也无成得甚么事，只明得祖师西来，直指人心，见性成佛一着子。"②

高峰原妙、中峰明本系下法嗣子孙，在千岩元长力倡看话禅后，已少见其法嗣子孙再倡扬看话禅，笑岩德宝、幻有正传时，棒喝之风已渐盛。密云圆悟随侍幻有正传劳作参究近二十年，接引之下，屡遭其棒打喝骂，受其师影响很大。密云圆悟重扬曹溪"直指人心，见性成佛"的宗旨，特别指出"不立文字，教外别传，直指人心，见性成佛"乃世尊"拈花"的精神所在，认为这才是临济"佛法大意"的根本。他反对文字识见解，摒弃"葛藤禅"与"枯木禅"等丛林时行禅病，亦不倡导"看话头"等其他方便法门。密云圆悟倡扬禅宗古来大德宗风，从某种意义上来说，是对

---

① 《嘉兴藏》第10册，《密云禅师语录·天童密云禅师塔铭》。
② 《嘉兴藏》第10册，《密云禅师语录》卷三。

禅宗思想的一种复古。他的主张也得到了很多禅僧和信众的支持，对扫除当时丛林颓迷之禅风，无异于猛药治病，具有现实意义。

密云圆悟的这一禅法思想，体现在其宗风上，即是棒击下开正眼。"老僧生平不解打之绕，唯一条棒一味从头棒将去，直要人向棒头拂着处豁开正眼，彻见自家境界，不从他得。"①密云圆悟这一禅风，在明后期特定的社会环境下，获得了僧俗两界信众较广泛的支持。

"主金粟山广慧寺，众满三千指。是时宗风大振，学徒踵至，遂满七百。有奇而超然，神骏不可控抑者，多出于席下矣。"②。其后住持天童寺，"是时龙象云集，又倍于金粟"。七十诞辰之日，来祝者肩摩袂接，寺不能容，多溢处于山谷间，可见其影响之大。

密云圆悟强调，唯一条棒一味从头棒将去，不从他得，也就不太倡导其他参修方便法门。圆悟单倡"棒喝禅"做法，自然也引起了相当一部分僧俗的疑惑和抵制。明后期，大慧宗杲、中峰明本倡导的看话禅仍然时兴，有僧曾当面指说他"老老大大，话头也不识"③，言下有指其不识直系祖师禅法之意。与他齐名的弟子汉月法藏亦问："问也打，不问也打，饱领多矣，今请别垂方便。"密云圆悟便喝，汉月法藏进云："打也问，不打也问，呈似多矣，此时另转家风。"密云圆悟再喝。④这也就导致了后来在禅宗史上有名的密云圆悟与汉月法藏之禅诤。对此，密云圆悟亦坦承："贫道生无学识，兼之口讷，不善委曲接人，故以一条白棒当头直指耳。"⑤

由此可知，密云圆悟为扫除丛林弊病，倡导"一条白棒，当头直指"的方便法门。这也就如同大慧宗杲为扫除"葛藤禅""枯木禅"，不得已毁师《碧岩集》版本，倡导看话禅一样，出发点都是"以药治病"。

他在给王选侍的复函中说："贫道但请选侍向拂着处自看，是生耶？死耶？苦耶？乐耶？行耶？坐耶？忽然觑破拂着处，则动静二相，了然不生，觅生死且了不可得，何苦乐之有哉？故大慧云：'无悟时心识纷飞，悟了时方怗怗地。'然则怗怗地便是拂着处，拂着处便是不从人得、超越佛祖之向上事也，又岂有旋起旋失之心，

---

① 《嘉兴藏》第10册，《密云禅师语录》卷十二。
② 《嘉兴藏》第10册，《密云禅师语录·天童密云禅师行状》。
③ 《嘉兴藏》第10册，《密云禅师语录》卷三。
④ 《嘉兴藏》第10册，《密云禅师语录》卷二。
⑤ 《嘉兴藏》第10册，《密云禅师语录·复清漳东里王居士》。

舍此取彼之念哉？惟愿选侍自信自悟，决不相赚。"①密云圆悟阐释了白棒之下何以自悟，要一条白棒拂着处看，觑破拂着处则自信自悟。

何以觑破拂着处？密云圆悟如是说："如黑漆桶处于黑夜，初无二色，即无二见。既无二见，则不见有男，不见有女，不见有缠缚、有解脱，不见有凡圣、有净秽。亦不见有玄有妙，有觉不觉，亦不见有道不道，不见有空不空，有真不真，不见有苦乐昏慧、火宅清凉。"②要觑破拂着处，决不可生二见，即不可生分别之心，不可生心意识解。则能看透心外之虚幻外相，妄心熄灭，无所住而自悟。

参禅而彻悟，往往要经历漫长曲折的参修过程。"大悟一十八遍，小悟不计其数。然从上佛祖，皆经远劫，岂止大悟小悟。"③密云圆悟则称："一条白棒下，一悟不再悟，深达法源底，坠地便称尊。"④如此简捷的参修法门，是对当时禅林繁缛绮丽禅风的一种扫荡，也无疑对参修学人具有很大的吸引力，这也是"棒喝禅"在当时受欢迎的原因之一。

但执"药"为"病"：执着文字禅则蜕变为"葛藤禅"；执着"默照禅"则蜕变为"枯木禅"；执着"棒喝禅"，亦有蜕变为"狂喝禅"之虞。根基好、悟性高的学僧，棒喝之下往往猛然省悟，而见佛性；反之，则愈打愈昏，越喝越惑，难以开悟。更有一知半解、不明曹溪宗旨的禅僧，接引学人只知乱棒胡喝，"狂喝禅"下岂有开悟人？这也是后来汉月法藏诘责密云圆悟"棒喝禅"的弊端之处。

2. 一条白棒，九偈为要

密云圆悟的一条白棒下，可谓大道至简，本分接引学人，言简意赅，点到为止，但并非无要可循。在他出世传法后，悯诸学者参禅不得力，根据自己参修开悟、说法弘旨的历验，作偈九首为示入道之要。

据《密云禅师语录·参禅偈九首》：

> 参禅莫妄想，亦莫着除妄。一念未生前，试看底模样。
> 参禅一着子，不假异方便。须着自回光，悟取本面目。
> 参禅参直指，毋遭歧路使。竖起铁脊梁，直下超生死。

---

① 《嘉兴藏》第10册，《密云禅师语录》卷六。
② 同上。
③ 《嘉兴藏》第25册，《古庭禅师语录辑略》。
④ 《嘉兴藏》第10册，《密云禅师语录》卷十二。

> 参禅参直参，莫着心意识。千差万别来，直下当头截。
> 参禅参自由，撒手复何求。赤身如白刃，谁取犯当头。
> 参禅欲吐气，须参转身处。转身吐气时，语语无剩句。
> 参禅节要处，切莫顾危凶。当机擒虎兕，信手捉狞龙。
> 参禅求真实，莫参口头弄。终不哄他人，到头终自哄。
> 参禅贵正因，弗用记时辰。佛法无多子，久长难得人。①

但凡人在尘世，无不被世间万事万物的虚幻之相所惑，以为这些都是永恒之实相，而生追求执着之妄想。殊不知，一切有为法，梦幻如泡影，一生执着追求，到头来只是一场空，可惜耽误了短暂宝贵之人生。所以，参禅首要莫妄想，妄想不灭，无从参禅。但若执着于莫妄想，又生莫妄想之妄想，无异于火上添薪。只有参禅时一念不生，还人本来清净之心性，则妄想无处可生。

参禅须要实参真修，不要企图走方便捷径之门，不作真功夫。参禅还须亲证自悟，"唯此一事实，余二则非真，他人难用力，自度自家身"②。

参禅就要"直指人心，见性成佛"，世人不知本分具足，将谓别有。乃于一切言教中求，公案上去参，纸墨文字上觅，以至种种伎俩，皆是以思维妄想造作，以未离心识故，而误入参修歧途。只有挺起脊梁，棒喝之下，才能豁然开悟，直了生死大事。

参禅要直参，不生心意识之解，不生分别二见之心。直参见自性，心净转万境，千差万别当头截。

参禅就要做到自由自在，撒手无求，赤身无住，最终明了生死大事，达到凡圣不二、物我两忘的境界。

何谓参禅转身吐气处？即看还有为人处也无？若言为人，命根不断，全是生灭心，依言缚杀你。若言不为人，意在什么处？不知转身吐气，则为堕身死汉。所以参禅欲吐气，须参转身处。参至这里明得去，知见无见，无差别智，语语无剩句，达到觉悟解脱。

参禅到节要处，是越苦轮，断分别，息憎爱的生死关头。如大火轮触着，则燎

---

① 《嘉兴藏》第10册，《密云禅师语录·参禅偈九首》。
② 《嘉兴藏》第10册，《密云禅师语录·示继清太华二居士》。

却面门,丧却性命一般。此时切莫顾危凶,要立大愤志,似与人结了生死冤仇,即欲与一刀两断。要当机立断擒拿拦路的猛虎、犀牛,信手缚捉挡道的凶残狞,拼死闯过此生死关头,就会豁然清净光明。

参禅必要真参实悟,但要开悟得法之心真切,要作真功夫。要了这一件大事,把从前语言文字知见解会束作一团,抛向他方世界,不见有佛祖玄妙,不见有世界纵横。只于行住坐卧、语默动静处,时时处处下真功夫,履践真参,实证实悟。切莫口念心不参,投机取巧走捷径,如此参禅,只会是"见指不见月",无有真悟。如人饮水,冷暖自知,不可自欺,亦不可欺人。更不着问人,若问人,决定是不透,最终哄不了他人,只能哄误自己。

参禅切勿自定开悟时日,也不能将心待悟,莫求速效。若此,则被所等所定之心念障却道眼,执悟为念,欲求欲待欲速。这样一来,不是欲速而不达,饥不择食而误入邪门,就是沉溺于参途风光以为究竟,不得解脱。

参禅贵在逐境而转,无念而参,行住坐卧处,勿令间断,喜怒哀乐处,莫生分别。

参禅贵在随缘而悟,穷研至理,泯灭了分别心、执着心,参到无滋味处、苦恼处、艰难处、绝望处,正是参禅得力之时,切勿生退心。佛法无多子,此子即自性,一切都是他,再没有其他的,只要认得这个,也没有其他的参修,从此一切心境合一性。久长难得人,学道如初心,作佛也有余,始终都不变。只有不弃不舍,才有可能缘起而通透见本性,进入一种自由无碍的开悟境界。

参禅九偈,是密云圆悟直参亲证、本分接人的经验总结,可谓简明扼要,具有较强的实践性和引导性。它不仅是密云圆悟"一条白棒"下的参禅之要,也是密云圆悟禅法思想的具体体现。

3. 一条白棒,本分一着

密云圆悟力倡"一条白棒"直击猛省,源于其禅法"本分一着"的核心思想。密云圆悟说的"本分一着",即曹溪"直指人心,见性成佛"一旨。他认为禅法只此一旨,别无他旨。"五家语者,自达摩西来,至六传再四世,法遍中华,禅备众体,机语不一,无心而分,自成五家。故谓沩仰、临济、曹洞、云门、法眼。"[①] 对于曹溪"一花开五叶"的丛林大观,他自是了然于胸,并不否认。他认为,五宗只是机语不

---

① 《嘉兴藏》第10册,《密云禅师语录》卷十二。

一、无心应缘方便而分，五宗之叶开于曹溪一花，五宗之旨源归于曹溪一旨。

"纵五宗差别之语言，亦无非明人本分一着，若离人本分一着，别有差别之智，则随名相展转，生差别之情识，依旧无自由分。"①密云圆悟认为，五宗虽然机锋转语有别，宗风不同，但其宗旨归根结底都是明了人的本分一着，见其清净之佛性，即得根本智。得根本智，则在语言般若、文字般若上无碍无缚。若离根本智，依止于心，缘于外境，种种分别，境智有异，则生差别之情识，是名差别智。差别智随文字名相而辗转，仍然不能撒手无求，赤身无住，没有自由自在之分。

密云圆悟阐明其禅法核心思想是明人本分一着，五宗归根究底也无非同此一旨，并认为差别智为文字名相辗转而无自由分。差别智亦称后得智，要入世磨炼参修，广度众生，方能圆满差别智。真正的佛法是世间法，得不到后得智，无法生大妙用。真正的出世，是为了入世；真正的入世，是为了出世。

密云圆悟说差别智无自由分的本意，似出于二方面而说。一是指出，入世说法没有相当的定力和智慧，就有可能为文字名相所缚，没有自由分，甚或失去原有的根本智。二是教诫学人，不要总费神尽心去研究五家宗旨，而要在明人本分一着上去用功夫。他在回复居士吴道婆书中说："细观来书，于本分一着，尚未亲证。当据实呈本分，然后所疑五宗说话不妨开来，贫道方好点化，否则断不敢细解注也。"②即表明了其主张。

密云圆悟主张"一条白棒，本分一着"，其本意是匡正当时颓迷的禅风，重扬禅宗古来大德宗风。但明末丛林，禅僧根性不复如德山、义玄时代，白棒当头，易导致僧众迷惘，甚或反对。其再传弟子王谷在所撰《天童密云禅师行状》就提到："师主法二十有五年，以本分接人，终始不易。间有执杜撰之解，起而相角者，师一一究诘，以明厥旨。门人中有付拂者，早离师席，未尽其妙，于本分外，别生枝节，师谆谆诲之。不听，则出辟书判说，且欲摈之，不以受嘱而少假。又其徒著《五宗救》，师出《辟妄救略说》。后有人求师勿行，师不许。若士大夫意见不同，龃龉其间，师不为势位而迁就。有形于文字者，师亦往复折之，不少惮。盖师用本分钳锤，学者难以凑泊，而道理知解之言，穿凿乞巧之说，易于惑人，受其惑者，往往至于

---

① 《嘉兴藏》第10册，《密云禅师语录》卷十二。
② 《嘉兴藏》第10册，《密云禅师语录》卷八。

失正知见。"① 这里提到的密云圆悟出《辟妄救略说》，是指密云圆悟与其徒汉月法藏之僧净，下节另叙。

二、汉月法藏

汉月法藏是杨岐派第二十四世著名高僧，其生平行状见于《续指月录》《苏州三峰汉月法藏禅师》等资料，以《三峰和尚年谱》记载较详。

（一）生平行状

据《三峰和尚年谱》：

> 明万历元年，和尚降生东震旦国古扬州无锡，苏氏。②

又据《续指月录》卷十九：

苏州三峰汉月法藏禅师

> 崇祯乙亥七月二十二日，将入寂。侍者问："如何是身后事？"师曰："床头老鼠偷残药，壁上孤灯照旧衣。"侍者再问，师举手曰："放下幔子着。"中夜，索浴更衣，泊然而逝。③

法藏（1573—1635），字汉月，号于密，俗姓苏，无锡人。出身于儒学世家，5岁闻父为门生讲《孟子》，神思慨然。④ 7岁始出即学《论语》章句。12岁作《出家歌》，父撕之，法藏恸哭。15岁，出家德庆院，法受名法藏。19岁，礼部牒下得度。

汉月法藏在德庆院，于古经训各有参同，研习《易经》"推高发隐，穷赜析微，粘《河图》《洛书》于壁，尝语人曰：'十河九洛，象教总持，须从无文字道理处求之直指。'"他犹研习佛教经典和禅宗大德语录，在答钱薛二公举《楞严》《圆觉》诸经论之问时说："但能转物，即同如来，临济、德山又岂能过之。圆觉云：'知幻即离，

---

① 《嘉兴藏》第10册，《密云禅师语录·天童密云禅师行状》。
② 《嘉兴藏》第34册，《三峰藏和尚语录·三峰和尚年谱》。
③ 《卍续藏经》第84册，《续指月录·苏州三峰汉月法藏禅师》。
④ 《嘉兴藏》第34册，《三峰藏和尚语录·三峰和尚年谱》。

不作方便，离幻即觉，亦无渐次。'而今诸家浩浩说禅，争能许便捷。"又顾二公笑说："恐当日寂音诠注二经，犹不及我三段义。"当此时，汉月法藏道名益高，来问道的四方士大夫纷至沓来。

汉月法藏感慨："宗乘中事，我自问理会也理会得，说也说得，只是一事未在，敌他生死不得。"遂决意行脚游方决此大事。29岁时，离开德庆院。"走云栖祩宏处乞戒，宏大师曰：'朝廷戒坛未开，姑先受息慈戒。'和尚拜受命。"游访双径、白云、车溪等禅寺，晤寒灰、无幻等老宿。返回德庆院，得云栖新刻高峰原妙禅师语录。"读之如逢故物，曰：'吾今得所归仗矣。'"遂效高峰原妙，闭关参看话头"万法归一，一归何处"，昼夜不懈参究话头。

32岁时，汉月法藏再上云栖乞具足戒，祩宏仍以戒坛未开而辞，再求改名，亦未允。

汉月法藏遍阅古尊宿语录，读至前哲悟道机缘师资扣击处，汉月法藏感慨万千，哀恸哭泣，于初祖前燃臂香誓曰："倘得彻悟，愿不惜身命，力弘祖道。"后于新德庆大殿谒大司马岳元声，司马叹曰："堂堂我辈中巨人，被释门束之以袈裟，信儒门淡薄耶。"

古心和尚开南山法门于金陵灵谷寺，汉月法藏几经曲折，37岁才得受具足戒。次年，携四五僧住常熟虞山之三峰清凉院，单看"一归何处？"话头，苦行如风穴延昭当年。第二年，庐山五乳寺弟子包福明十余人破家而来，三峰清凉院始成丛席。

汉月法40岁时，与朗泉大德相期入百日不语死关。才上蒲团，忽眩晕呕痰一斗，遂放身熟睡，如坠千尺井中，求出相似手足都无攀揽。至第五日巳间方深睡时，窗外二僧夹篱拗折大竹，声若迅雷，顿见虚空粉碎，大地平沉，人法俱消而彻悟。汉月法藏既悟门广大，复深研玄要之旨。从梅蓓蕾闭关，疽发于背，不自觉推窗见黄梅堕地，千门万户划然天开。偶抽架得慧洪觉范所著《临济宗旨》，如对面亲授于五百年前，叹曰："我以天目为印心，清凉为印法，真师则临济也。"

张九服举人来请益，汉月法藏乃令看宗杲"竹篦子"话头，两日有省。当是时，儒林向往，名士李长蘅等诸公并云栖弟子往来座下。

径山法席久虚，寒灰禅师与闻谷禅师二老宿同诸士大夫，迎请汉月法藏住天下名刹径山（杭州余杭区径山镇径山），汉月法藏辞请。

汉月法藏践五乳大师约，春游庐山。经由牛首山、金山、焦山还三峰，四方来学益众，提唱无虚。汉月法藏曰："威音已后不许无师，恐将来未得，谓得者倚我蔑古法，我罪深矣。"遂日不正席，不升座。庐山归宗寺请住，钱太史以书坚留，汉月法藏辞归宗寺之请。

汉月法藏52岁时，密云圆悟于金粟广慧寺，请汉月法藏升座，汉月法藏示临济宗旨来源。一番阐旨释法、机锋转接后，圆悟和尚请汉月法藏居首座。制完，汉月法藏辞行，圆悟和尚手书从上承嗣源流并信拂咐嘱汉月法藏。

明天启五年（1625），结夏苏州邓隐山圣恩禅寺之万峰关，汉月法藏作《五宗原》。序中曰："盖传宗旨者不悟宗旨者也，抹宗旨者不知宗旨者也，兹当操提未破之密印，以擒托伪之奸党，此政今时荷担如来命脉之真子也，岂浮滥者可混入哉。"十一月，密云圆悟60寿，汉月法藏率徒众上金粟礼拜圆悟和尚而去。

次年，奉姑苏（苏州）檀越之请，主城中北禅寺（大慈院乾元寺）。汉月法藏专使请命密云圆悟，圆悟和尚手书报曰："一一精明，诚堪克绍。"汉月法藏住北禅寺时曰："前古尊宿开堂奉朝廷命令也，今当事奉行骇听矣。"仍不开堂。然而提唱不废，室中握竹篦以验方来衲子，远近咸曰："三峰和尚，今之汾州也。"大司马岳公来晤，见汉月法藏勤苦法命，近古无俦，不禁叹曰："真天人师，我二十年前不曾失却一只眼也。"翌年，密云圆悟专使送僧伽黎至手书，云："老僧年迈，不能领众说法了也，旧衣一顶，惠与代劳耳。"汉月法藏特上金粟广慧寺礼谢，留二日回北禅寺。

此后，汉月法藏先后住持及开法于杭州临平安隐寺、苏州邓隐山圣恩寺、无锡梁溪龙山锦树禅院、杭州净慈寺（杭州西湖南）、秀州真如寺、松隐圣寿寺等禅寺。汉月法藏不倦开演如是甚深之法，衲子满座，士庶拥道，叹曰："临济大师没七百余年，正法眼大光明于江浙淮海，岂易得哉。"高丽僧昙晦亦来安隐寺参学。

"弘储兄弟辈散广陵、嘉禾诸郡，募置参禅田，期岁得沿湖葑田三百余亩于寺之西，和尚率众入田，构茆凿池，刈榛疏浍，名之曰大义庄。"汉月法藏60岁，住持无锡梁溪龙山锦书院时，率众身行农禅制。

明崇祯七年（1634），密云圆悟著《辟妄七书》驳《五宗原》，汉月法藏与密云圆悟之僧净公开化。汉月法藏日三上堂曰："万峰不同诸方闭门入室，此事如击石火，如爆龟文，机变无心，吉凶立见，那容低头定夺，背地思量，肆意纲宗，有提尽古人未到处，诸方益惊，谤议竞起。"不久又作《五宗哭诗》。

明崇祯八年（1635）正月，吴江士大夫迎开堂圣寿寺，汉月法藏慨然曰："临济大师至于今七百余年，我鞠躬尽瘁，死欲倡明其道，而终不能大遂我志，今老且病，安能仆仆对世人费口舌哉。"四月十二日,书从上源流咐嘱澹予垣、剖石璧、于盘鸿、慧刃铦、潭吉忍、具德礼、弘储等七人,各副以衣拂,硕机圣在西江留信衣法语,命弘储继万峰席。七月廿二日,以手抚膝,泊然而化。

汉月法藏在明代后期,禅宗清理批判佛教末流的狂禅之风中,起到了先锋主力的作用,是明后期禅宗复兴的有名代表。他引申佛理,对于禅、话头、禅机等以正面的解说将其义理化,倡扬发展了看话禅法,是明代后期很有影响力的著名高僧。

得法弟子梵伊致、一默成、问石乘、在可证、项目彻、澹予垣、剖石璧、于盘鸿、慧刃铦、潭吉忍、具德礼、继起储、硕机圣、刘道贞凡十四人[1],尤以具德礼、继起储与汉月法藏并称"佛法僧三宝"[2],得教化省悟者众。

有《三峰藏和尚语录》等著作行世。

(二)禅法思想

汉月法藏受戒、嗣法经历坎坷曲折,中年闭关参话头,自悟得法。开山三峰清凉院,虽禅学道行名扬禅林,名刹纷请住寺,因无正宗嫡传,均辞请。52岁,礼密云圆悟为师,得受杨岐正宗传法,一生主八处道场。这些不同寻常的经历,形成了汉月法藏卓尔不凡的禅法思想。

1. 参禅要参祖师禅

自宋代以来,祖师禅的提法在禅林已较流行,但其旨要阐释尚不十分明晰,一般多理解为"超佛越祖"之禅。到明代中期,禅宗处于沉寂,禅师们也就很少提祖师禅了。到明代后期,密云圆悟"一条白棒,当头直指"之"猛药"风行禅林,给原先沉寂的丛林带来复兴气象。此气象之下,自然少提祖师禅,而"执药为病"滋生诸多禅病,其中又以不明禅理、沉溺于棒喝无言和文字心意识解为甚。

当此时势,汉月法藏查其弊病,阐释祖师禅之要旨,力图唤起僧众明究禅理,扫荡禅病。他在圣恩寺普说:"参禅贵先决择祖师禅、如来禅。"[3]告示参禅者,参禅时首先要在祖师禅与如来禅之间抉其一。他接着阐释:"祖师禅者,透十法界之外,不堕如来之数,故曰出格。如来禅者,超于九种法界,堕在十法界之顶,犹是格内。欲知格内、格外之分,须在一事一物上分清。十法界诸种之见,直到极顶,方是如

---

[1] 〔明〕黄宗羲撰文:《道长苏州三峰汉月藏禅师塔铭》。
[2] 魏道儒著:《中华佛教史·宋元明清佛教史卷》,山西教育出版社,2013年,第348页。
[3] 《嘉兴藏》第34册,《三峰藏和尚语录》卷六。

来地位。祖师禅又从佛顶上透出，出格之外，又越两种祖师外道，若是真正祖师禅，则末后一句始到牢关。"这就直接阐明了，祖师禅是从如来禅上透出，透十法界之外，所以又名"出格"。在答熊鱼山明府时又说："祖师禅即从如来禅尽处一椎，谓之独透独露。"① 进一步阐述祖师禅之内涵要旨，实则倡导参禅要参祖师禅。

为什么参禅要参祖师禅，汉月法藏疾呼："今以格外之禅远之又远，且置勿论。"② 这就指明了，当是时，参禅要参祖师禅的主要缘由。

2. 扫荡没溺于语言和无言之禅病

汉月法藏接着又揭示了，将祖师禅置之不论所造成的弊端："法道可怜极矣，不可不救也。可怜者何，盖以文字禅没溺于语言，一棒一喝，禅没溺于无言，无言则颠顸乱统，有言则摘句寻章。摘句寻章，但堕外而未易堕魔，颠顸乱统，易堕魔而又复堕外，尝昼夜思之，无法可治。"③ 汉月法藏呼吁不可不救治的禅病，主要为没溺于语言的文字禅和没溺于无言的棒喝禅。

棒喝禅不仅和文字禅一样会堕于外道，还易堕于魔道，也就是说造成的后果和危害性更大。汉月法藏认为，在"法道可怜极矣"的时代，禅僧的根基和悟性不能和德山、临济时期相比，也就不能完全领会棒喝之下绝断心意识解、直指人心之旨意。若只知一味棒喝交加，没溺于无言，则易"执药为病"，堕魔而又复堕外，且易误导有些悟道不深的禅师，胡喝乱打一气，既误学人也害自己，而"颠顸乱统"的剑锋之所指，也就不言自明了。

有僧认为，临济以棒喝为宗旨，汉月法藏反驳说："临济以三顿棒得来，以一喝为用，岂不知棒喝之径捷不枝，而不以示人，偏以三句示人哉。盖世间法、出世间法，难以棒喝一例收尽。若单以棒喝，则一切语言遂成剩法，有剩法又何贵于禅。为若单重棒喝，则棒喝时，清净至于语言时，依旧道理玄妙等生死起也，何能处处干竭耶？"④ 德山棒、临济喝为大机而大用，截断学人的心意识流，摒弃妄念执着，而见清净之本性。但世间法、出世间法不能仅以棒喝收尽，所以临济棒喝之径捷不以示人，而以三玄三要等语句接引示人，这才是临济之真旨。

且若单以棒喝而无语言，临济示人之三句岂不成了剩法，大机岂能大用，棒喝

---

① 《嘉兴藏》第34册，《三峰藏和尚语录·答熊鱼山明府》。

② 《嘉兴藏》第34册，《三峰藏和尚语录》卷六。

③ 《嘉兴藏》第34册，《三峰藏和尚语录·答西空居士》。

④ 同上。

之下，怎能直指人心？可见，汉月法藏是赞成痛快酣畅的棒喝的方便法门，他在上堂接引学人时就经常用此法门。他所反对的是，执此为禅病，没溺于无言的乱棒胡喝的"狂禅"。

如上所述，汉月法藏倡参祖师禅的另一原因，是要扫荡没溺于语言心意识的文字禅。在《三峰藏和尚语录》中，汉月法藏剖析批驳文字禅之说比比皆是。

汉月法藏在《示翁季祥居士书》中指出："禅是提出教之骨髓，一见便向语言文字外了却心地，心地了，则何教不尽。教是悬拟禅之影响，一看便落语言文字中寻觅枝叶，枝叶繁，则禅愈难透。"[①]向语言文字外了却心意识，是禅宗之精髓，落于语言文字中，则禅难以参透。这就是说，参禅必定要先了却心意识，不落语言文字的窠臼中。

所谓文字禅的弊病，是指执着于文句的识见解，落入语言文字的窠臼中。并不是说参禅全不要语言文字，只是要在语言文字外了却心意识，因此，了却心意识，才是扫荡没溺于语言的文字禅之关键。

汉月法藏在《离心意识辨示禅者》中作了透彻的剖析："心照生明堕在明白里，正是无明生死根本也。意根把捉堕在我相里，正是无明生死根苗也。五识起明了，外揽生明，六识起分别，内揽计着，同为无明生死枝叶也。知之一字，便落心意，意识非缚即脱，非善即恶，非凡即圣。着相则结缚而凡，离相则解脱而圣。着相、离相是对待法两头语，全是生死何由出离耶。若将心去离心意识，则离即心意识。若将心去出凡圣路，即使离得，也是法尘分别影子。……所以佛祖指示，参禅向上一路全不落者格子，令人向离心意识处加个参字，向出凡圣路处加个学字，于去不得处参去，不得处学去。不得不明白，便非心意识，所到凡圣路可通。……但愿信此一句，顿弃平生心意识之凡圣学路，向者里参去。"[②]汉月法藏在书中，把心意识剖析得可谓透彻。汉月法藏还强调："离心意识，参出凡圣路，学此二句，是千圣不易之定论。"[③]让学人信而顿弃平生心意识，不落语言文字的窠臼，去参出凡圣路。

如何了却心意识，汉月法藏如是说："大都聪明人学道，多用心意识领荷，不能自肯。纵然会得些子，却与学问相似，于有心凑泊处觉得也好，于无心霍乱时便觉

---

① 《嘉兴藏》第34册，《三峰藏和尚语录·示翁季祥居士》。
② 同上。
③ 《嘉兴藏》第34册，《三峰藏和尚语录·离心意识辨示禅子》。

不稳。以是回头转脑,愈参愈难,便疑佛法无什灵验。日久岁深,置之闲处,竟作退道心人,而不自知其过在何处。可惜许也!……若以此心意意识去学禅是学魔耳非学佛也……一旦聪明心尽,极力一净,自然顿断平生识路,当下自肯。自肯之后,须得真师良法重重锻去法中聪明,一切心尽,方是得道。若真得道,便与寻常人等耳,岂有奇特受用玄妙等魔事哉……宜锻尽知识,去尽受用,洗尽佛法,忘尽道气为得也。若以聪明心,务要佛法有些好处,则大背道阶,窜入恶道矣。"①汉月法藏告示学人,要了却心意识,先要世间聪明心尽,当下自肯。自肯之后,还须真师良法重重锻去法中聪明,一切心尽,方是得道。

而于教中人参禅,汉月法藏还特别指出:"教中人参禅最难下手,只为他平日学得底都有言路、意路,言思不断,动落四句法之外道,不觉不知,与之没溺。"②教中人平日言路、思路不断,易落于语言文字中去识解,不知不觉就没溺其中。所以教中人,要特别注意截断言路、意路去参禅。

汉月法藏还告诫教中参禅人:"盖心意识,从无始迷闷以来,只在两头语上轮转。不是善,定是恶;不是凡,定是佛;不是生,定是死;不是修证,定是无修证。有此两头心路,则时时在生死中流浪,不得出离。如今若得提脱者些根蒂,则佛祖头上一例踏去,讨什么生死来,此便是教之骨髓也。"③

3. 继承发展看话禅方便法门

自大慧宗杲完善倡立看话禅方便法门后,经高峰原妙、中峰明本、千岩元长等杨岐派高僧代代承扬,到汉月法藏时,已历500年。在这禅宗波澜起伏、盛衰交错的几百年中,各种方便法门应机而立,但不乏因执着其端而生弊病的法门,终衰而沉寂。看话禅虽因朝代更替历经起伏,却是被众多缁素学人肯定,是较少遭人诟病的方便法门。

(1) 承扬看话禅,扫空千古禅病

汉月法藏倡参祖师禅,扫荡时行禅病,承扬发展的方便法门即是看话禅。汉月法藏对于看话禅有较深刻的认识和概括,他说:"所谓话头者,即目前一事一法也。凡人平居无事,随心任运,千思百量,正是无生死处。只为将一件物事到前,便生

---

① 《嘉兴藏》第34册,《三峰藏和尚语录·示俨公去疾二居士》。
② 《嘉兴藏》第34册,《三峰藏和尚语录·示看教者》。
③ 《嘉兴藏》第34册,《三峰藏和尚语录·示翁季祥居士》。

九种见解，所以流浪生死无有出期。故祖师家令人于一事一物上，坐断九种知见，讨个出格之路，故谓之看话头。"①

这里包含了汉月法藏对看话禅三个层面的理解：一是，看话禅是讨个出格之路，亦即参看祖师禅之话头；二是，目前一事一法即为看话禅参看的话头，这就在大慧宗杲单倡参看"狗子无佛性"话头的基础上，将看话禅向普及易行方面发展；三是，看话禅是截断心意识见解之流、了却生死的方便法门。

汉月法藏还进一步阐释："大慧一出，扫空千古禅病。直以祖师禅一句话头，当下截断意根。任是疑情急切，千思万想，亦不能如此如彼，有可着落。既无着落，则识心何处系泊？令人于无系泊处一进，则千了百当。可见才看话头，则五蕴魔便无路入矣。"②扫空千古禅病，何等气魄！既是对大慧宗杲的尊崇，也是肯定看话禅是扫除千古禅病的拂尘法器。

禅宗方便法门百千，汉月法藏着力倡导看话禅，除了上述对看话禅的理解外，还有更深层的原因和情怀。首先，汉月法藏和大慧宗杲一样怀有"宁以此身代众生受地狱苦，终不以佛法当人情"的弘法护法的胸怀，为"法道可怜极矣，尝昼夜思之无法可治"而忧。其次，"我以天目为印心"，汉月法藏认为自己的禅法得自高峰原妙之真旨，自当与高峰原妙一样承扬看话禅。再次，汉月法藏在礼密云圆悟为师之前，其禅法道行已名盛于禅林，并不简单认同密云圆悟的"棒喝禅"。

正基于这些缘由，汉月法藏曾昼夜思之后感言："唐宋以来，问答者久久习成故事，轻如戏论不能发悟，纵有悟入，亦无受用。故祖师家翻出个看话头，起疑情做工夫法子，令人把古公案，或问头或答语剪取一则半则，蕴在胸中，把两端意识一截截断，便去不得，去不得不是了手，政向了不得处，发起勇猛，忽然情见断绝，猛地撞着一声一色、一语一默、一棒一喝，顿明出身路子，再不重来向生死过。"③故而，要承扬扫空千古禅病的看话禅法，而"不得已，千方百计以救末世之弊"④。

（2）"一事一法"均可为看话头

汉月法藏主张"一事一法"均可为看话头，所以他虽是参看"一归何处？"话头彻悟，并不要求学人也只看此话头。他自己，后来在开堂说法和答复学人问法时，

---

① 《嘉兴藏》第34册，《三峰藏和尚语录·广录》。
② 《嘉兴藏》第34册，《三峰藏和尚语录》卷七。
③ 《嘉兴藏》第34册，《三峰藏和尚语录·示王梦叟居士》。
④ 《嘉兴藏》第34册，《三峰藏和尚语录·答西空居士》。

也多以宗杲"竹篦子示人"为话头，引导他们参此话头。

"所谓话头者，若昔大慧禅师，把竹篦子示人，曰：'唤着竹篦则触，不唤着竹篦则背，不得有语，不得无语。'只此四句，将一个竹篦子，实实落落顿在目前，于事物参去，不得向心窝里看本性妙心等。"①汉月法藏进一步阐释："拈出个竹篦子问你，唤着竹篦则触，此是落凡见故，不唤着竹篦则背，此是落圣见故。除却凡圣二见，你向那里安身立命，只者一问，便收尽世出世间一切有言无言等语，故谓之话头。"②他教诫学人实实落落参"竹篦子"话头，不得以世间识见解去看竹篦子的"触"与"背"，切忌向理上去会解。要在事物上着力去参，一事参透则万法了，除却凡圣不二见，何所不会。

（3）参看话头要两头坐断，于中直截

汉月法藏还告示学人，看话头是转识见解为智慧的捷径妙法。

所以千方万计立转识成智之法，以度之最为捷径。厥后法之最捷而妙者，但教人看个话头，才看才疑，便顿离心意识。三法如话头，云："唤着竹篦则触，不唤着竹篦则背，唤不得则出凡路，不唤不得则出圣路。以其参情两不可得，则凡圣路已出也。唤不得，则分别之散乱六识已离，唤着不得，则七识之执认已离，不唤不得，则灵灵之闲坐及寂寂之沉酣已离。唤着则触，不唤着则背，两路去不得，两路罢不得，则六识不能分别，七识不能执认，一切两头语齐断齐平，为平等性之质分别不得。③"

参此话头，则两路去不得、罢不得，一切两头分别不得，这是汉月法藏看话禅的独特的重要思想。

祖家正法，只在不堕两头，自然本无习气，不用照了，直用中间，习气若中，即是浩然充塞。……心外无法，法外无心，心法既无，更欲教谁顿尽耶。可见，两头坐断，习气无从不露两头，不妨于中直截。……若知心本无心，先落得无量自在受用，但在问着处，则两头形露，当一刀两段，

---

① 《嘉兴藏》第34册，《三峰藏和尚语录·示王梦叟居士》。
② 《嘉兴藏》第34册，《三峰藏和尚语录·书问》。
③ 《嘉兴藏》第34册，《三峰藏和尚语录·书问：离心意识辨示禅子》。

便放他过去,更有何物敢系缚人。……所以古人,逢着问西来大意,只道个庭前柏树子,他安身立命处不在者里也。安身立命既不在者里,则所应一切俱是捏空,为弹破他心骨而已,开口不在舌头上也。①

他在示王梦叟居士时,又进一步阐述了这一思想:

何谓两端取舍心?一切对待法是对待者:上与下对;东与西对;大与小对;真与假对;凡与圣对;善与恶对;道与俗对;贫与富对;寤与寐对;有与无对;佛与众生对;出生死与生死对。但一念一动、一语一默才落两端,便是取舍。不知不觉,时时刻刻,念念刹那,堕在生死之中,永不能出脱自在。纵使念得佛、持得咒、坐得禅、修得观、作得福、忏得罪,亦皆从两端心识上流注,做尽活计,与向上菩提有何交涉?所以达磨东来,直指人心,见性成佛。人心者即两端心是,成佛者即透两端心是,了却两端,则不名人不名佛。②

汉月法藏把达摩"直指人心,见性成佛"的要旨,阐释得如此透彻,让学人也不应为"庭前柏树子"的捏空语而惑缚了。

(4)看话禅的新发展

汉月法藏不仅提出了参看话头要两头坐断、于中直截、一刀两断的新思想,在承循大慧宗杲、高峰原妙、中峰明本的参话头之要的基础上,还有些新的主张。

然不得执着久坐,坐久则心细而弱,疑情必不猛烈。永嘉曰:"行亦禅,坐亦禅。"可见四威仪中不时翻换。不使精神昏堕,但用心亲切处,便是确实工夫,何须执着死坐哉。……可见参禅不独坐在静中,也复有看话头而不肯参请者,又有执参请而不看话头者,皆偏枯也。何不向话头疑处着个参请,参请疑处反复自看,如此参,如此看,两路夹攻不愁不得。③

---

① 《嘉兴藏》第34册,《三峰藏和尚语录·书问》。
② 《嘉兴藏》第34册,《三峰藏和尚语录·示王梦叟居士》。
③ 《嘉兴藏》第34册,《三峰藏和尚语录》卷七。

这就对只知一味苦参话头，日夜久坐的做法，汉月法藏提出了只要用心亲切，作确实功夫，就不须执着死坐的见解。他还提出，看话头要与向外参究参学相结合，也就是说要与机锋转语、棒喝直指、诠释公案等相结合，内外两路夹攻，不愁不得。这是很有见地的主张，对于看话头的学人有较强的可行性。

汉月法藏不主张看话头执着久坐，是觉察到，这容易使参话头者精神昏堕，疑情必不猛烈。为此他认为参话头时要精神饱满，他说："做工夫，先须养精神，精神若旺，便得专志猛烈，话头便有精彩，有精彩，便得跃然活泼参情，从此发而真疑起矣。真疑若起，则触不开打不失久久，自然卒地爆地耳。"[①] 汉月法藏主张参话头先须养好精神，这在其他高僧大德中也属罕见，实有独到可行之处。

汉月法藏对看话头须勇猛精进，也有其独特见解。"大都修行人不知真修方便，多为勇猛精进四字误过一生。然此四字是同所修各异，有以身勇猛精进者，有以心勇猛精进者，昼夜坐禅，执身不倒，或单遣昏沉，务求不睡，或炼顶烧身同于拔发，或以戒律威仪中极琐细事日夜盘桓。故南岳曰：'如牛驾车，车若不行，打牛即是，打车即是，可见舍却心地法门，专于髑髅边作佛事，与出生死绝不相干。'……皆因心法未忘用心混杂，向有功用处作勇猛精进，不知修处不精进，何所进，勇猛长劫亦徒为耳。尝试论之，勇者无怯也，猛者不弱也，精者不杂也，进者不退也，四字惟参禅心地法门者。"[②] 勇猛精进唯参禅心地法门者，不知真修方便、修处精进，多为勇猛精进四字误过一生，这又是汉月法藏看话头的新见解。

由上所述，汉月法藏不仅继承了大慧宗杲、高峰原妙、中峰明本的看话禅法，而且提出了新的见解和主张，改进发展了看话禅法，把看话禅推进到新的阶段。

继承汉月法藏衣钵的得法弟子众多，门叶繁荣，在明末清初，法藏系的看话禅法还有一定影响。但到清雍正时期，雍正皇帝亲自出面严厉打击，法藏一系被朝廷取缔。另一方面，禅宗衰落已成总体趋势，看话禅到清中叶以后，也就趋于沉寂了。

因此，从某种意义上来说，汉月法藏把看话禅法推进到一座承前续后的高峰之上。明末清初，虽还有破山海明等倡看话头，但也难超越这一高峰，到清中叶以后，也随时势而趋弱了。

---

① 《嘉兴藏》第 34 册，《三峰藏和尚语录》卷七。

② 同上。

4. 著《五宗原》，弘扬禅宗五家宗旨

弘扬禅宗五家宗旨，是汉月法藏禅法思想中重要的组成部分。汉月法藏这一思想的形成，与他受戒、嗣法的曲折经历，以及力图扫荡禅病乱象、弘法救世的胸怀有很大关系。

汉月法藏出家后，道行渐增，曾两次请求明末四大高僧之一的袾宏授具足戒及更名，均被辞拒。这连当朝大司马岳元声亦叹："堂堂我辈中巨人，被释门束之以袈裟，信儒门淡薄耶。"汉月法藏感慨万千，于初祖前燃臂香誓曰："倘得彻悟，愿不惜身命，力弘祖道。"苦参话头，40岁方自悟得法。后二年，得慧洪觉范所著《临济宗旨》，如对面亲授于500年前。叹曰："我以天目为印心，清凉为印法，真师则临济也。"汉月法藏力弘祖道思想渐趋形成。

汉月法藏37岁，才得受具足戒。次年开山三峰清凉院，禅法精深，名扬禅林，四方来学益众，提唱无虚，汉月法藏弘扬禅宗五家宗旨思想已臻于成熟。直到汉月法藏52岁时，密云圆悟于金粟广慧寺请汉月法藏升座，汉月法藏示临济宗旨来源，辞行时，圆悟和尚手书从上承嗣源流并信拂咐嘱汉月法藏。次年，汉月法藏著《五宗原》，系统阐述五家宗旨思想。翌年，汉月法藏住持苏州北禅寺（大慈院乾元寺），受密云圆悟手书付法，汉月法藏"辞不开堂，然提唱不废，室中握竹篦以验方来衲子，远近咸曰：'三峰和尚今之汾州也。'"是年冬，汉月法藏住持杭州安隐寺，才上堂开法"始为悟和尚拈香"，表明为密云圆悟弟子，嗣法临济宗杨岐派正宗。由此可见，汉月法藏禅法思想体系自成在前，接受密云圆悟付法在后。

汉月法藏在小参时述及："山僧昔年究极五家宗旨，既有所立，苦无先达为证。因不远千里，参见一尊宿，志诚求决。宿曰：'五家宗旨是马祖以下人所建立，非前人意也。子盍简释迦而下，逮于六祖三十四传之偈，其禅原无许多事，若向马祖之下辄作禅语，则恶俗不可当矣。'余闻之，怃然而返。复参一尊宿，问及临济宗旨，宿曰：'我不用临济禅，我今尽欲翻掉他窠子，从六祖而上直溯释迦老汉，绍其法脉耳。若接临济源流，便有宾主等法，若有宾主等法，便有生死矣。'余复为之怃然，复参一二老宿，皆贬三玄三要为谩人语，无如是事。及考迹来诸尊宿语录，虽不多见，然于五家宗旨，概无吃紧语，未尝不置卷长叹也。窃谓五宗原非后人自立，以罗笼人者。乃从达磨所传七佛诸祖之偈中拈出，以定纲宗者耳。今试以释迦一偈言之，可见其概。偈曰：'法本法无法，无法法亦法，今付无法时，法法何曾法。'……此所谓五宗摄于一偈。……今且不能智与师齐，而欲扫尽师承之正法，竖起自己之颟顸，以欺后世之豪杰，岂不深可痛哉。是以不惜口业，略为指示，以定纲宗。向后倘有真人再兴，救得此弊，虽万死，足为诸佛报恩也。"① 这表明，汉月法藏在礼密云圆悟之前，早就究极五家宗旨，且有所立。苦无先达为证，为此参多位禅林耆宿高僧，却令他抚然失望。这使他对当时禅林扫没五家宗旨正法，各竖自家派系、颟顸法门之乱象，而痛心不已，更激起他立誓不惜口业、以定纲宗救此时弊的志愿。

汉月法藏还强调，五宗原非后人自立，以笼络人众，乃从达摩所传七佛诸祖之偈中拈出的。他在《五宗原》中阐释："尝见绘事家图，七佛之始始于威音王佛，惟大作一〇圆相。之后，则七佛各有言诠，言诠虽异，而诸佛之偈旨不出圆相也。夫威者，形之外者也，音者，声之外者也，威音王者形声之外，未有出载，无所考据文字以前最上事也。若龙树所现，而仰山所谓无相三昧然灯以前是也，圆相出于西天诸祖七佛偈，出于达磨传来盖有所本也。"② 汉月法藏指出，五宗原始于威音王佛一〇相，虽无出载考据，但为龙树菩萨所现，仰山耆宿所说，出于达摩所传，是为有法理所本之说。这就为汉月法藏弘扬五家宗旨的佛法思想，提供了法理宗旨的依据。

汉月法藏在《五宗原》序中述："若夫，法法自明，心心相印，岂若室中密授之死法耶。盖传宗旨者，不悟宗旨者也，抹宗旨者，不知宗旨者也，兹当操提未破之密印，以擒托伪之奸党，此政今时荷担如来命脉之真子也，岂浮滥者可混入哉。"这就表明了，汉月法藏作《五宗原》就是要讨伐当是时乃至元代以来的禅林泛滥的室中密授传承之死法。汉月法藏从自身受戒、嗣法的曲折经历中，以及上下纵观禅林这一传承乱象，对这一"自心师法"的传承深恶痛绝而大加鞭挞。尤其是"检其法嗣"，禅林付法传承与世间宗法制度高度结合后，可能出现了名存实亡的法脉延续，发现当时临济宗门的传人竟"未有续之者"，"因愿遥嗣其宗旨"，立志弘传临济正宗。

他在《五宗原》后总结："得心于自，得法于师，师有人法之分，心有本别之异。根本智者，自悟彻头彻尾者是；差别智者，自悟之后，曲尽师法以透无量法门者是。良以师必因人，人贵法妙，分宗别派，毫发不爽。故传法之源流，非独以人为源流也。……当知大器晚成，切莫半途而废，师承在宗旨，不在名字。源流证悟尽差别焉，可根本坐定。痛快者翻成跋扈，廉纤者到底缠绵，缠绵尚有脱时，跋扈终成异

---

① 《嘉兴藏》第 34 册，《三峰藏和尚语录·小参》。
② 《嘉兴藏》第 34 册，《三峰藏和尚语录·五宗原》。

路。殷勤至再叮嘱,万千幸勿扫宗旨,以藏拙正,当究宗旨而竭情,情竭细除,人忘法灭,方可为人师表。"汉月法藏认为只有"心法同传"才是真正的传承之法,师承在宗旨,不在名字,而非独以人为传承源流。说大器晚成者,似有自勉之意。而说痛快者翻成跋扈,则有所指。

显然,汉月法藏这一思想与密云圆悟所奉之旨不同,尤其是汉月法藏对当时禅林付法传承乱象的讨伐,两者直接冲突和诤辩只是时间的迟早了。

(三)汉月法藏与密云圆悟之僧诤

> 汉月法藏因苏州北禅寺请开堂,派专使持信请密云圆悟付法,信中表明其宗旨:"法藏夙缘何幸,得获上传。……自谓得心于高峰,印法于寂音,无复疑矣。乃复发愿弘两枝法脉,合起临济正宗,凡遇扫宗旨者,力为诤之,不独负荷潙沩,将使云门、沩仰、曹洞四家遥承近续,令五宗再灿,愿世世生生为接续断脉之种。所以酝酿有年,搜披不满,提持之暇,屈指诸家。知和尚乃高峰嫡骨正传,敢不一探堂奥,向于金粟山前叩承委付。①

密云圆悟初见汉月法藏,即手书从上承嗣源流并信拂咐嘱汉月法藏,这次也可能出于同样考虑,对汉月法藏予以肯定,咐法于汉月法藏。第二年,密云圆悟又专门派人送来僧伽黎(法衣),亲笔写信要汉月法藏代他说法。但汉月法藏上金粟礼谢后没有接受密云圆悟之议,密云圆悟欲纳汉月法藏于其门系下的想法落空,不免怅然失望。

崇祯三年(1630),密云圆悟收到汉月法藏送来的《五宗原》,即束之高阁。而汉月法藏八主禅院,力倡临济宗旨,影响日著,世盛誉:"临济大师没七百余年,正法眼大光明于江浙淮海,岂易得哉。"汉月法藏的三峰系与密云圆悟的天童系已成分庭鼎立之势。密云圆悟为维护天童系的临济正宗地位,在规劝汉月法藏无效后,于崇祯七年(1634)出《辟妄七书》,斥汉月法藏妄执临济宗旨。由此天下谤议竞起,汉月法藏心中凄苦,作《五宗哭诗》抒发心中凄苦。崇祯八年(1635),密云圆悟又

---

① 《嘉兴藏》第34册,《三峰藏和尚语录·复金粟老和尚》。

给汉月法藏写信,即次年所出《辟妄三录》,再次笔伐之。汉月法藏长叹:"临济大师至于今七百余年,我鞠躬尽瘁,死欲倡明其道,而终不能大遂我志。"遂于七月抱憾而逝。

然而,汉月法藏与圆悟之僧诤并未因汉月法藏圆寂终止。圆悟弟子木陈道忞著《五宗辟》,再次讨伐《五宗原》。汉月法藏弟子潭吉弘忍乃著《五宗救》维护汉月法藏之说,兼驳密云圆悟《辟妄三录》。密云圆悟又作《辟妄救略说》十卷,对汉月法藏、潭吉弘忍一起批判。

密云圆悟围绕"不以实法与人"来批判汉月法藏师徒,他说:"然则汉月于自己外,别有四法交加,双头独结,一〇为千佛万佛之祖,及执三玄三要等名相为宗旨,正是以有所得心,执有所得法。"① 密云圆悟所说的"实法",只是他所强调的:"老僧只据临济道,你但自家看,更有什么?山僧无一法与人,是临济正宗。……老僧拈条白棒,问着便打,直教一个个迥然独脱,无倚无依,者便是老僧的宗旨。"② 密云圆悟的批驳和所说宗旨,多少有些苍白简单。

对汉月法藏讨伐当时禅林付法传承乱象,且似涉疑密云圆悟及其师幻有正传,密云圆悟更是激愤斥责:"汉月抹杀老僧,便是外道种子,所以老僧竭力整顿他,亦为道也,非为名分也。"接着又指责:"汉月攀高峰为得心之师,觉范为印法之师,真师则临济,正若世间无父之子,认三姓为父亲,遗臭万年,唾骂不尽。"似又不仅是为道也。

禅林僧诤本有助于各家争鸣,丛林才气象万千、一派生机。曹溪一脉,一花五叶,五宗发展虽不同,而共扬禅宗之宗旨。汉月法藏和密云圆悟是明后期禅宗二巨擘,衔命出世,为法忘躯,大力弘扬杨岐派,虽宗风不同而起僧诤,却给明中期以来一片沉寂的禅林带来争鸣和生机,禅宗勃然复兴。

对这场禅宗史上著名的僧诤,法藏第四代弟子纪荫在所著《宗统编年》中,作了较客观的评论:"佛祖纲要,自神庙而后,茫昧几希,而临济宗旨,已同沦坠。非天童祖一棒振其颓纲,何以砥滔天之澜?然不得三峰祖力提血战,大声而呼,玄要主宾,扫土尽矣。是知,非天童,无以起临济之广大,非三峰,无以尽临济之精微,两祖盖互相成襦,以逆为用者也。文殊起佛见法见,世尊摄向二铁围山。佛果作

---

① 《卍续藏经》第65册,《辟妄救略说》。

② 同上。

《碧岩集》，大慧欲毁其板。佛祖大机之用，而可以圣见凡情测哉。昧昧者分水火铓，左右袒，则过矣。"①

第五节　云谷法会和憨山德清

一、云谷法会

云谷法会是杨岐派第二十世大德高僧②，上承圆悟克勤、断桥妙伦，下传憨山德清等明后期"佛教综合复兴运动"的高僧，在明后期杨岐派复兴中起着承前启后的作用。

（一）生平道行

有关云谷法会的史料很少，其生平道行，主要依据憨山德清之作《云谷先大师传》。

据《云谷先大师传》：

> 师讳法会，别号云谷，嘉善胥山怀氏子，生于弘治庚申。幼志出世，投邑大云寺某公为师。……师居乡三载，所蒙化千万计。一夜四乡之人，见师庵中大火发，及明趋视，师已寂然而逝矣，万历三年乙亥正月初五日也。师生于弘治庚申，世寿七十有五，僧腊五十，弟子真印等荼毗葬于寺右。③

云谷法会（1500—1575），浙江省嘉善县胥山镇人，俗姓怀，15岁在本邑大云寺出家。

1. 参话头，得法法舟济

云谷法会起初在寺中习瑜伽焰口，做些赶经忏、超度唱诵的法事。每自寻思：

---

① 《卍续藏经》第86册，《宗统编年》卷三十一。
② 魏道儒著：《中华佛教史·宋元明清佛教史卷》，山西教育出版社，2013年。
③ 《卍续藏经》第73册，《憨山老人梦游集·云谷先大师传》。

"出家本为了生死大事,岂可只为衣食生计碌碌而为?"①19岁时,即决志行脚操方,参访善知识,以明了生死大事。

先是专心精研修习天台宗的小止观法门,后闻有位法舟济禅师,是继承了大慧宗杲禅法思想的杨岐派高僧,正闭关于本郡天宁寺,遂前往参叩。云谷法会将自己所修呈告法舟济禅师,法舟济禅师开示云谷法会:"修习止观之要,内不依附于身心,外不着于气息,内外超脱,才是此法门之本然。而你现在之所修习,已流落于下乘的修行中,岂有'祖师西来之旨意'呢?!学道之人,要以悟心为主,不可弃明心见性之本而它求!"法舟济禅师的开示,犹如清风驱散了云谷法会心头之迷雾,即悲戚自己过往弃本求末的修为,更崇仰法舟济禅师的禅法道行。云谷法会恳切请教修行之道,法舟济禅师教他参看"念佛是谁?"话头。

自此,云谷法会依法舟济禅师之教导,日夜看"念佛是谁?"话头,在"谁?"字上起大疑情而参究,以至寝食俱忘。一日吃饭时,专注于看话头,食尽亦不自知,饭碗不由自主堕地,"啪"的一响亮碎声,云谷如大梦惊醒,疑情顿破,豁然省悟。云谷法会即请益法舟济禅师,得法舟济禅师印证,法舟济禅师上承圆悟克勤、断桥妙伦之禅法宗风,为杨岐派第十九世高僧②,云谷法会为其嗣法弟子。

2. 效法契嵩,终身顶礼观世音

云谷法会悟后,阅永明延寿大师《宗镜录》,对书中"三界唯心"的宗旨,彻底了悟。自此,所有佛经藏典,以及禅宗诸祖公案,云谷法会都了然洞彻,就像亲眼看见家中的旧物一样。彻悟后的云谷法会,心明清净,韬光晦迹于丛林寺院中,心甘情愿地做生火捣米、执侍等苦累杂役,从不怕苦。

一日,云谷法会阅宋代契嵩禅师之作《镡津集》,如见契嵩大师护持佛法的深切诚心。契嵩大师起初礼拜观世音菩萨,日夜称诵菩萨名号十万声。云谷法会遂发心效法契嵩大师,时时顶礼观世音菩萨像,通宵达旦也不睡觉。如此礼拜经行,终身不懈。

3. 隐修坐禅,恢拓禅宗

是时,禅宗处于沉寂绝响之中,坐禅修行之僧稀少。云谷法会初到南京,居住在天界寺毗卢阁下的人行道上,日夜坐禅,见此情景的人无不惊异。魏国先王听到

---

① 《卍续藏经》第73册,《憨山老人梦游集·云谷先大师传》。
② 魏道儒著:《中华佛教史·宋元明清佛教史卷》,山西教育出版社,2013年。

这样的传闻，便请云谷法会到其西园的丛桂庵去受供养，云谷法会住在这里，坐禅入定三天三夜。

不久，掌管僧录司兼报恩寺住持西林老和尚，前往天界寺礼谒云谷大师，并恭请云谷法会住到报恩寺的三藏殿。云谷大师整天端坐在只容一人盘腿坐下的佛龛里，整整三年足不出寺门半步，没有人知其行住。偶有权官达贵游至此处，见云谷法会端坐不理会他们，便以为大师傲慢无礼，而对其有谩骂和侮辱的言行，云谷法会淡然处之。

云谷法会后离开报恩寺，拽杖至南京北郊的摄山（今栖霞山）栖霞寺。云谷法会爱其山幽静深邃，于是在千佛岭下斫除茅草，搭筑一茅庵而居，住下后从未走出此山。后一盗贼晚上侵入，窃走茅庵内所有物品，夜遁至天明，却还在茅庵附近。他人将其抓获至云谷法会处，云谷法会不仅未斥责盗贼，还把食品饮水给他吃，走时，还把所有物品全给他。云谷法会以恩报怨的坦荡胸怀，禅修境界之高深，闻者无不为之感化。

太宰陆五台，初仕为祠部主政，因察访古道场，偶游栖霞，见云谷大师气宇不凡，深为敬重。陆主政发心重修栖霞寺，恳请云谷大师出任方丈，云谷法会坚辞不受，力荐嵩山少林寺善公老和尚出任方丈。善公和尚出任栖霞寺住持后，驱走了长期强占寺院第宅的豪民，尽复古刹栖霞寺的原貌，又建起了禅堂，开设讲经说法的讲席，接纳四方行脚挂搭的僧众。江南的丛林制度又肇始恢复，此乃云谷大师举荐促成之力。

栖霞道场既开，拜谒游方者甚多，云谷法会又移居到后山最幽深的天开岩，一如以往，形单只影，坐禅修行。许多官员士大夫和在家居士，由此知晓了有最上乘的禅宗，云谷大师的道行风范被缁素大众传颂，都前往拜谒请教云谷大师。凡是参请者，一见之下，云谷法会即问："平常日用事如何？"不论贵贱僧俗，入室必掷蒲团于地，令其端坐，返观自己本来面目，甚至终日竟夜无一语。临别时，云谷法会又会叮咛："要用功参究，切莫空过了岁月！"再见时，又必定要问："别后是否用心参究，作功夫的难易如何？"那些尚无所悟，或未发心参究而空过岁月的人，自是一脸茫然而无所答。每遇此，云谷大师慈悲心愈切，更会严格开示督导他们用功参究。

4. 无缘大慈、同体大悲

云谷法会禅修之处，虽无门庭设施，但其精深禅法和高尚道行如巍巍山崖，见者不由敬畏得不寒而栗。然而，云谷大师无不以平等心相摄，从来接引学人都是软语低声，一味平怀开示，从未严词厉色，士大夫皈依者越来越多。有不能入山参请见者，云谷法会以化导为心，每年都会到城里回光寺一次，接引开示他们。每至回光寺，在家男女二众居士，归之如绕华座，云谷法会一视如幻化人，曾无一念生分别心，故亲近者，如婴儿之傍慈母也。

云谷大师的慈悲心，随其渐老，越来越深切。即使遇最小沙弥，也都以慈祥的眼光注视着他们，待之以礼，凡是语默动静、行住坐卧等日常中的行持，无不耳提面命，循循善诱教导开示他们。凡是拜见、参请过云谷大师的人，都认为大师对自己特别亲切，其实是云谷大师护法心深切，既不轻视初学之人，也不怠慢破戒者，是无分别的本然之心的自然流露。

诸丛林寺院中，凡有不守戒律，被官府羁押的僧人，云谷大师一旦知道后，不等其请求，必定去解救他们。恳切请求主事官员说："佛法咐嘱王臣为外护，惟在仰察体会佛心，辱僧即辱佛呀！"主事官员听后，无不改容释然，云谷大师竭力周全，必至这些僧人解脱而后已。人人都不会以为大师多事而烦，知道这是大师"无缘大慈、同体大悲"之心的自然流露。

明隆庆六年（1572），嘉善籍的吏部尚书吴默泉、刑部尚书郑旦泉，以及时为太仆的陆五台和其弟陆云台，一同恭请已72岁的云谷大师，回到故乡大云寺弘扬禅法。诸公时时入室参请问道，每见必恭执弟子礼，炷香请益，表达对云谷大师的崇仰之情。

云谷大师总是以寻常生活来开示接引学人，特别揭示唯心净土法门。生平随缘任运，不为自己树立门庭宗派。诸山寺院但有禅讲道场，必请云谷大师坐在方丈席位上。至则举扬百丈清规，务明先德典刑，不少假借。云谷大师居则恒定安静、寡言少语，出语则如空谷之音，定力摄持。住山清修，四十余年坐禅如一日，胁不至席，终身礼佛诵持，没有间断一天。时当江南禅道初兴，出入多口是非之地，却始终无一非议，其操行之高尚，由此可知已。

  达摩单传之道，五宗而下，至我明径山之后，狮弦将绝响矣。唯我大师，从法舟禅师，续如线之脉。虽未大建法幢，然当大法草昧之时，挺然力振其道，使人知有向上事。其于见地稳密，操履平实，动静不忘规矩，犹存百丈之典刑。遍阅诸方，纵有作者，无以越之，岂非一代人天师表欤！

正如憨山德清所评述，云谷法会实为明中后期承前启后、复兴禅宗的一代高僧大德。

（二）云谷的弟子

云谷大师开示导化的学人信徒众多，因其未留机缘语录、应化开示记录，也不出任住持和建宗立派，史料记载的嗣法弟子只有憨山大师和进士袁黄[①]。而这两名弟子，却是明代后期佛教界与思想界的著名人物，有很高名望和影响。明代四大高僧之一的紫柏真可大师，常同尚书平泉陆公、中书思庵徐公拜谒云谷大师，求扣华严宗旨，云谷大师为其发挥阐释四法界圆融之妙，皆叹未曾有！

袁黄（1533—1606），初名表，后改名黄，字庆远，又字坤仪、仪甫，初号学海，后改了凡，后人常以其号"了凡"称之。嘉善县魏塘镇（今属浙江嘉兴）人。

袁了凡于明隆庆三年（1569）至栖霞山，拜师受教于云谷大师。"了凡袁公未第时，参师于山中，相对默坐三日夜，师示之以唯心立命之旨。公奉教事，详省身录，由是师道日益重。"[②] 了凡居士奉教于云谷大师"唯心立命"之旨后，他的一生发生了根本改变。

据袁了凡以后所作《了凡四训》中记述，他以前的命运被《邵子皇极经世》算定，无丝毫差错。与云谷大师对坐一室，凡三昼夜不瞑目后，云谷大师知其甘服于宿命而无所进取，笑曰："我待汝是豪杰，原来只是凡夫。"又教导了凡："人未能无心，终为阴阳所缚，安得无数？但惟凡人有数；极善之人，数固拘他不定；极恶之人，数亦拘他不定。汝二十年来，被他算定，不曾转动一毫，岂非是凡夫？"进而开示："六祖曰：'一切福田，不离方寸，从心而觅，感无不通。'若不反躬内省，而徒向外驰求，则求之有道，而得之有命矣，内外双失，故无益。"

了凡得云谷大师教示，如梦方醒，拜而受教。因将往日之罪，佛前尽情发露，为疏一通，先求登科；誓行善事三千条，以报天地祖宗之德。云谷大师遂出功过格示于了凡，令所行之事，逐日登记，善则记数，恶则退除。且教持准提咒，以期必验。

袁了凡奉云谷大师之教而行，彻底改变了原有的命运。他是明代重要思想家，在许多思想领域都做出了贡献，共计有著述22部，198卷。袁了凡是中国第一位具

[①] 魏道儒著：《中华佛教史·宋元明清佛教史卷》，山西教育出版社，2013年。
[②] 《卍续藏经》第73册，《憨山老人梦游集·云谷先大师传》。

名的善书作者,其传世之作《了凡四训》,是研究中国中古思想史的一部重要代表作,问世以来,深受推崇,广为流传,印行传播足有几千万册。他又是中国佛教史上颇具规模的大藏经《嘉兴藏》的最早倡刻者。在佛教界,在日、韩、美、澳、东南亚以及港澳台等地,袁了凡享有盛誉,目前设有很多专门的研究机构。

(三)《古云山碑记》考

2015年,江西省部分缁素人士,对萍乡市莲花县境内的古云山遗址反复探查,在早已坍塌的古寺废墟中,发现了尚存的《古云山碑记》。其碑文虽经几百年风雨侵蚀,部分已模糊不清,但还能窥其基本大意。

据《古云山碑记》原碑文:

> 莲新界地名曰珑山口,连琴水之胜,有寺翼然而立于江上者,古云山也。建山者谁?吾祖贾森公也。住持者谁?云谷和尚也。云谷和尚初居禾山,何以□居古云山□,吾祖贾森公□延请者也。吾公□之山僧甚□,吾祖何独于禾山□云谷和尚以□有古□师□足以祀□祖而□宗□也。是以于□建告竣之日□之□佛□□时□以□香火以□□□焉。嗣复云谷和尚面壁功深,开戒□次□门□可□□□首□□□□并兴□智大师义峰师再传□传□师月禅师□□□大师□□五□□□□孙徒□□宗风绕于下□至见□师而旧归□复□传月□□□□□□□□大□古云山系余等述□由来,岂有他□□史□□人□古云山□□□□古云山之始自云谷和尚者,皆吾祖杰公之所为□□□□□□
>
> 三十世孙贺纯　三十世孙大□□撰
三十一世孙贺□□□　三十二世孙□□□□□□□□
大清嘉庆十年岁次乙丑十一月　　　　穀旦

据此《古云山碑记》所撰,古云山寺由其祖珑山口贺公杰生所建,闻云谷和尚面壁功深,贺公杰生往禾山延请云谷和尚,至古云山寺任第一任住持。其后有智大师、义峰禅师、月禅师等诸代禅僧掌管寺庙香火,使云谷宗风绕于下□。据当地人介绍,古云山寺鼎盛时信徒达三百之众,新中国成立后由释法缘管理寺庙,年过百岁而终。20世纪80年代古云山寺曾修复过一次,后因无人管理,寺破败坍塌,沦为废墟。

禾山甘露寺在永新县城西约十余公里的龙门镇禾山脚下，该寺始建于约公元700年。寺原名大智院，又名禾山寺，宋诏改名为甘露寺。该寺兴于唐宋，唐朝姚崇、牛僧孺二相及宋朝刘沆宰相等留迹，后以迄两宋，禾山之名与青原、匡庐鼎峙江右，为江南名刹之一，香火很旺，信徒众多。而珑山口（今称砻山），明代时属永新县（今划为萍乡市莲花县升坊镇），离禾山不远，贺公闻云谷和尚面壁功深，前往禾山礼请云谷大师为古云山寺住持，亦在情理之中。

由此，有人认为此碑文所记云谷和尚是明朝的云谷法会禅师，云谷法会有可能曾在禾山面壁坐禅修行，后受贺公礼请出任古云山寺住持。但详加推论，上说不能成立，主要有两点：

一、此古碑于清嘉庆十年（1805），由贺氏后三十世孙所撰立，由此推算其祖贺公应是南宋时期的人，云谷法会（1500—1575）是明朝中后期的著名高僧，时间上不可能。

二、史籍无任何云谷法会任古云山寺住持的记载，憨山德清在《云谷先大师传》中也明确记述其师一生都拒辞出任寺院住持，更无任何来禾山的记载。

查阅南宋宗敬编《云谷祖庆禅师语录》①，有云谷和尚初住平江府圣寿禅寺记载：师于宝祐四年八月入院。云谷祖庆禅师是杨岐派十一世高僧，松源崇岳支系著名高僧石溪心月（佛海禅师）的高徒，于南宋宝祐四年（1256）住持圣寿禅寺，后还住持本觉禅寺、开元禅寺、云岩禅寺，从时间上来说，云谷祖庆禅师可能是《古云山碑记》所记云谷和尚，云谷祖庆禅师是否来过禾山和住持古云山寺还需考证。

二、憨山德清

憨山德清是云谷法会的嗣法弟子，杨岐派第二十一世著名高僧②，明后期佛教综合复兴运动的代表人物之一，被称为"明末四大高僧之一"。

（一）生平行状

憨山德清（1546—1623），俗姓蔡，字澄印，号憨山，法号德清，谥号弘觉禅师，安徽全椒人。憨山德清一生致力于复兴佛法，名震禅林，波澜起伏，可分为三

---

① 又名《云谷和尚语录》。
② 魏道儒著：《中华佛教史·宋元明清佛教史卷》，山西教育出版社，2013年。

阶段述其实。①

1. 嗣法云谷，禅定入悟境

7岁时，钟爱他的叔父病死，憨山德清切疑之，"由是死去生来之疑，不能解于怀矣"，开始思索生死之事。9岁时，在寺中读书时，闻僧念观音经，能明生死，憨山德清心为之喜，潜心阅读，不久即能背诵。嘉靖三十六年（1557），12岁时，闻报恩寺西林大和尚有大德，即往谒之。大和尚喜憨山德清骨气不凡，携其往谒开讲于该寺的无极大师，教其诵习经教，先授《法华经》，及听讲佛法，虽不知言何事，"然心愤愤"，习研四月，即熟诵。经习二年，流通诸经皆能诵。遂延师教习"诸子"，读"四书"，两年后，背四书首尾不遗一字。17岁时，始读《易》并时艺及古文辞诗赋，不久即能诗述文。憨山德清却渐生"厌其俗，不欲出家之意"②。

嘉靖四十三年（1564），19岁的憨山德清，往谒栖霞山云谷大师。云谷大师知憨山德清有背离初心之意，开导憨山德清："汝知厌俗，何不学高僧。古之高僧，天子不以臣礼待之，父母不以子礼畜之，天龙恭敬不以为喜。"③云谷大师又开示出世参禅、悟明心地之妙，历数传灯诸祖及高僧传，命憨山德清取看。

> 予检书笥，得中峰广录，读之未终轴，乃大快，叹曰："此予心之所悦也。"遂决志做出世事，即请祖翁披剃，尽焚弃所习，专意参究一事。未得其要，乃专心念佛，日夜不断。未几，一夕梦中见阿弥陀佛，现身立于空中，当日落处，睹其面目光相，了了分明。予接足礼，哀恋无已。复愿见观音势至二菩萨，即现半身。自此时时三圣，炳然在目，自信修行可办也。是年冬，本寺禅堂建道场，请无极大师讲华严玄谈，予即从受具戒。随听讲至十玄门，海印森罗常住处，恍然了悟法界圆融无尽之旨。切慕清凉之为人，因自命其字曰澄印。请正，大师曰："汝志入此法门耶。"

憨山德清为此请嗣法师云谷指正，云谷大师素无宗派门户之见，大度开示此其志也。憨山德清虽为杨岐派云谷法会弟子，但无太强的宗门意识，而是以复兴佛法为己任，显然亦受其师云谷大师的影响。

---

① 《卍新纂续藏经》第73册，《憨山老人梦游集·憨山老人自序年谱实录》。
② 《憨山老人梦游集》卷三十《云谷先大师传》第1557页，福建省莆田广化寺佛经流通处印发。
③ 同上。

嘉靖四十四年（1565）冬天，时南京，各寺院参禅的人不过四五僧，云谷大师悲悯禅宗衰绝，召集了五十三位同道大德，在天界寺结期坐禅。力拔憨山德清共修，开示其参看话禅，且先教念佛数声，再反观这"念佛的人是谁"。憨山德清"从此参究，一念不移，三月之内，如在梦中，了不见有大众，亦不知有日用事"。

隆庆元年（1567），报恩寺设义学，请憨山德清为师，教僧徒，授业行童150余人。过两年，又应聘金山寺教馆两年。

隆庆五年（1571），憨山德清辞别云谷大师北游，云谷大师告诫憨山德清："古人行脚，单为求明己躬下事，尔当思他日将何以见父母师友，慎毋虚费草鞋钱也。"憨山德清涕泣礼别恩师，于是："游青原，见寺废，僧皆蓄发，慨然有兴复之志。乃言于当道，选年四十以下者尽剃之，得四十余人。"次年，北游参学至北京，听安法师说法华唯识，而明三支比量。参遍融真圆及笑岩德宝二高僧，请示禅要。

万历元年（1573）春，憨山德清往游五台山，见北台憨山风景奇秀，"默取为号，诗以志之"。返回北京西山，与名士王凤洲、汪次公、欧桢伯等结识，以诗文相唱酬。

万历二年（1574）秋，憨山德清行脚至河东，太守陈公待意甚勤。他为校阅刻肇论中吴集解，阅至："梵志自幼出家，白首而归。邻人见之曰：'昔人犹在耶？'志曰：'吾似昔人，非昔人也。'恍然了悟。"于是去来生死之疑，从此冰释。乃有偈曰："死生昼夜，水流花谢，今日乃知，鼻孔向下。"

次年，憨山德清与妙峰禅师同上五台山，独居北台之龙门最幽峻处，见万山冰雪，身心洒然。单提一念，直至一字不识之地，如此忘身参禅半年有余。一日，"忽立定不见身心，唯见一大光明藏，如大圆镜，圆满湛寂，山河大地影现其中。及觉则朗然，自觅身心，了不可得。即说偈曰：'瞥然一念狂心歇，内外根尘俱洞彻。翻身触破太虚空，万象森罗从起灭。'"憨山德清以前疑情，当下顿消，自此彻悟，内外湛然，无复音声色相为障碍。

万历四年（1576），袾宏大师游五台山，憨山德清留其居数日，每夜对坐而谈，机语甚契。是年十月，憨山德清回访平阳太守胡公，胡公请憨山德清为开府高公之园亭作赋，以胸中无一字力拒之。偶阅几上诗集，"忽机一动，则诗句迅速不可遏捺"，倏忽落笔二三十首。憨山德清意识到此文字习气之魔，遂闭门坐禅以驱之，不觉入定。五日后，胡公破窗而入，疾取供佛击子耳边鸣数十声，憨山德清方醒觉，不知身在何处，只觉心空境寂，其乐无喻。

2. 血书《华严经》，主法会讲经

32岁时，因念父母养育之恩，于法为障，遂发心刺血泥金，书写《大方广佛华严经》一部。明神宗母慈圣皇太后闻后，颁赐金纸给憨山德清抄写经书。憨山德清抄经时每落一笔，心中必念佛一声，渐入不动三昧之中。僧俗请其开示佛法，一边抄经，一边接引，应答如流，众皆敬异之。到万历九年（1581），憨山德清抄写血经圆满，与亦刺血书《华严经》的妙峰禅师共同发愿，筹建一场无遮大法会以回向。妙峰到京都延请五百高僧大德来山，憨山德清募化资金，造了华藏世界转轮藏。其后，慈圣皇太后派遣三千人到五台山为皇室"祈嗣法会"修造了舍利塔，并修缮了寺院。憨山德清将血泥和金抄写的《华严经》安置在塔内，又写了一篇发愿文供上，力排众议，主持"无遮法会"与"祈嗣法会"一起进行。万历十年（1582），憨山德清在五台山塔院寺开讲《华严玄谈》，十方闻讯赶来的僧俗大众，每天不下万人，憨山德清道望由是日盛。

万历十一年春（1583），憨山德清离开五台山，独自到东海牢山（山东崂山）那罗延窟附近幽静处，在一大树下坐禅7个月。当地居士感而为其诛茅结庐，憨山德清入住坐禅一年多。后皇太后派遣使者寻找到隐修崂山的憨山德清，为赏赐憨山德清祈求皇嗣有功，在京城西山造一座寺院请其住，憨山德清婉言谢绝，皇太后遂派内使送3000两黄金建立寺庵。时山东正遭饥荒，憨山德清遂全数施舍救济灾民。憨山德清高尚的道行，不仅享誉朝野丛林，也得到下层民众的拥戴。

万历十四年（1586），神宗皇帝敕颁藏经15部，散施于天下名山。慈圣太后特送一部给崂山，因为无处安置，太后与宫中眷属便筹资，在崂山修建海印寺，以供奉藏经。这一年，紫柏真可达观大师与其弟子为刻印大藏经事，特来崂山拜访憨山德清。两人在崂山相处20多天，谈禅论道，法味盎然，甚为相投。是年冬，海印寺落成，禅室初就，憨山德清始得安居。一夕，憨山德清静坐禅夜起，望湛蓝大海，澄彻星空。"忽然身心世界，当下平沉，如空华影落，洞然一大光明藏，了无一物。即归室中，取《楞严经》印正。开卷即见汝身汝心，外及山河虚空大地，咸是妙明真心中物，则全经观境，了然心目。"憨山德清即提笔疾书，蜡烛才燃过半，《楞严悬镜》一书即成。

万历二十年（1592），憨山德清造访真可达观于房山的上方山，同游石经山，撰《复涿州石经山琬公塔院记》和《重藏舍利记》，与真可达观相对盘桓四十昼夜，结交至深。

3. 流放南粤，重兴祖庭

万历二十三年（1595），皇太后派人送经到崂山。神宗不满太后为佛事耗费财物，抓捕憨山德清入狱。憨山德清在崂山教化12年，人心得其感化，3岁儿童皆知念佛，至若舍邪归正者比比皆是。离开时，城中士民老小倾城而出，涕泣追送。三月，至京城下狱。十月，以私建寺院的罪名充军广东雷州，朝士大夫多亵服策蹇相送至津济。次年三月，到达雷州，正逢当地旱灾，饿殍遍野，憨山德清与孝廉柯时复劝众收拾，埋掩尸骨以万计。乃作济度道场，"天即大雨，平地水三尺，自此厉气解"。八月，镇府檄还广州。次年正月，江门会城死伤骸骨暴露，憨山德清请人收拾，埋掩骸骨数千，乃建普济道场七昼夜，"先是粤人不知佛，自此翕然知归"。四月，憨山德清注《楞伽经》笔记成，自谓："深窥佛祖之奥，盖实有资于是也。"[①]

万历二十六年（1598），粤臬台周公阐阳明之学，乃集诸子问道于憨山德清，始知有禅法，俱来请益。憨山德清开示以向上事，谛信不疑，切志参究，有龙璋、王安舜、冯昌历三人同归憨山德清门下，归依者日益众。是年夏，憨山德清始构禅堂于垒壁间，将拟大慧冠巾说法，乃集远来法侣，并法性寺菩提树下诸弟子通岸、超逸、通炯等数十人，诵《法华经》，为众讲之。憨山德清对学人重下钳锤，使其幡然大悟，作澄心铭以警之。翌年，刻《楞伽笔记》成，为众讲解，并印百余部，遍致海内法门知识。粤俗遇中元节，皆以杀生祭先祖。憨山德清作盂兰盆会，劝是日斋僧放生，用蔬祭，从者甚众。

万历二十八年（1600）秋，南韶地方官请憨山德清住曹溪南华寺。南华寺衰落积弊已百余年，寺产祖山多被四方流棍侵占。憨山德清来后，乃往白制台戴公，得官府支持，三日内，尽行驱逐流民，尽拆铺居。是年秋，开辟祖庭，改修风水道路，选僧受戒，立义学作养沙弥，设库司清规，查租课，赎僧产，归侵占。次年，重修祖殿，培后龙，改路径，辟神道，移僧居，拓禅堂，创立规制。禅宗祖庭积垢一旦如洗，百废具举。

万历三十一年（1603）冬十一月，真可达观大师，在北京遭"妖书"之厄，被捕下狱。真可达观其书为憨山德清鸣冤，牵涉憨山德清。次年，憨山德清仍被遣返雷州。万历三十三年（1605）夏四月，制府檄憨山德清回广州。秋七月，憨山德清再回曹溪南华寺。其时祖殿修造已完十之六七，欠工料费千金。憨山德清化二内使者

[①]《卍续藏经》第73册，《憨山老人梦游集》，第602页。

施,尽偿之。是年,修五羊(广州)长春庵,为曹溪廨院,为六祖办供之所。次年秋八月,皇长孙诞生而大赦天下,憨山德清得赦,第二年春,安置于曹溪。憨山德清积十五年参究之功,在山中终成《道德经解》。

万历三十六年(1608),议修曹溪南华寺大殿,憨山德清得制台戴公支持,募款千金。憨山德清亲往粤西,至端州(今肇庆)采木。次年,有僧人向按察院告憨山德清私用寺院财产,后来经官府查实,无分毫及憨山德清。官府重责其僧,再三请憨山德清留住山中,憨山德清力辞之,回广州寓居长春庵。在长春庵三年,憨山德清先后开讲《大乘起信论》《八识规矩颂》《百法明门论》《圆觉经》,著《法华品节》。

4. 赐还僧牒,复兴佛法

万历四十一年(1613),憨山德清大师离开常住17年之久的广东,在衡阳灵湖万善寺为众僧说戒。第二年,慈圣太后诏书赐还大师僧衣度牒。冯元成居士替大师造昙华精舍,作弘法道场。憨山德清曾立意著作《楞严通议》,是年五月又重新动笔,经50日稿成,并于次年为大众讲解《楞严通议》,著《法华通议》《起信论略疏》,开讲《大乘起信论》。

万历四十四年(1616),憨山德清离开湖南,经武昌,登庐山,游东林寺,夏天在金竹坪避暑,并作《肇论注》。九江四众弟子为憨山德清建静室于五乳峰下。七月,憨山德清游归宗寺,往黄梅礼拜四祖和五祖。此后入紫云山,过桐城,游浮山,登九华,抵金沙,渡梁溪,至惠山,过吴江,一路游览山川名胜,开示佛法真谛。

是时,云栖袾宏、紫柏真可两位大师都已圆寂,憨山德清身为禅门一代宗师,又兼通净土、华严、天台、唯识等宗之学,为复兴佛法,罹难生还,声誉隆盛,为明末佛教界泰斗,所到之处,受到了官员、名人学士、僧俗大众弟子的崇仰拥戴,皈依者不计其数。

十月底,抵达余杭径山。憨山德清手拾真可尊者的灵骨、舍利入塔,同时写了一篇祭文。在径山禅堂为大众开示《参禅切要》。为法铠请问唯识法相的宗义,作《世相通说》。第二年,憨山德清又到云栖山吊唁云栖袾宏大师,作《云栖大师塔铭》。在杭州净慈寺传讲菩萨戒,作《宗镜堂记》。各地高僧大德、居士名人俱集杭州西湖问法,各申诘难,时谓东南法会之最胜。

万历四十六年(1618),憨山德清回到庐山五乳峰法云寺,开始建造佛殿和禅堂,次年正月,殿宇修成后,开始讽诵《华严经》,还为大众讲解《法华通议》《首楞严经》《大乘起信论》《金刚经》《圆觉经》《唯识论》等。一直到八月十五日,讲经法会圆满后，掩关静修，六时念佛，专心净土。此后，憨山德清先后作《华严纲要》《圆觉经直解》《起信论直解》及《庄子内七篇注》，为弟子讲解《楞严笔记》。

天启二年（1622），憨山德清离曹溪到庐山已有八年。曹溪弟子日夜思念，多次派人恭请大师回曹溪，憨山德清都婉言谢绝。这次，在曹溪弟子以及当地官员的再三恳请之下，憨山德清遂以77岁高龄，再次回到曹溪南华寺。

天启三年（1623）十月初五，憨山德清示微疾。十一日，申时饮水沐浴，焚香示众："大众当念生死事大，无常迅速。"说毕端坐而逝。圆寂后，如生时入定一样。弟子将其肉身龛护送到庐山法云寺，安供在塔院中。20年后，肉身龛护送至曹溪，打开龛龛，憨山德清双跌端坐，如生时一般庄严。400年过去，憨山德清的金刚不坏之肉身，至今端坐于曹溪南华寺道场中。

憨山德清开示教化信众不计其数，弟子门人众多，以通炯、福善、超逸等较知名，居士弟子以钱谦益、陆梦龙、吴应宾等为有名。

憨山德清在庐山法云寺，即以通炯为首座，后任广州光孝寺住持。憨山德清入狱八月，福善一人供馈，憨山德清发遣雷州、中兴曹溪、庐山净修弘法，福善荣辱与共，紧随侍服。

钱谦益（1582—1664），明礼部侍郎，南明礼部尚书，明朝东林党领袖，明末清初文坛宗主。

陆梦龙为明万历进士，刑部主事、员外郎和广东按察使，明崇祯时任湖广右参政等职，后战死赠太仆寺卿。

憨山德清著作多而广博，著有《金刚经决疑》《华严经纲要》《观楞伽经记》《楞伽补遗》《法华击节》《圆觉经直解》《般若心经直说》《大乘起信论直解》《大乘起信论疏略》《性相通论》《肇论略注》，憨山撰、福善录、通炯编《憨山老人梦游集》55卷，还有《观老庄影响论》《道德经解》《大学纲目决疑》《春秋左氏心法》等著作。

（二）参禅切要

憨山德清师从云谷法会，深得其师参禅心法。《憨山老人梦游集》录编的法语、书信等，较全面体现了憨山德清的禅法思想，从中可窥其力主践行的参禅切要。

憨山德清承扬了云谷法会参禅的唯心法门，他开示学人："修行最初发心，要谛信唯心法门。佛说：'三界唯心，万法唯识。'多少佛法，只是解说得此八个字。分明使人人信得及大段圣凡二途，只是唯自心中迷悟两路。一切善恶因果，除此心外，无片事可得。"① 憨山德清认为人人本具佛性，只因妄想情虑，爱根种子，障蔽了妙明自性。所以参修只是随顺自心，净除妄想，拔除爱根。若妄想顿消，彻见清净本然自心，了无一物则悟。除此心之外，别无可修悟。憨山德清提出，爱根种子障蔽自性，识情为心境之垢，参修必要深拔爱根，这是其参修心法的独特深刻之处。

在如何参看话头作功夫方面，憨山德清也有许多独到见解。他直接开示，参禅提话头作功夫，只是不得已而为之。这就如，兵者本为不祥之器，但时势所趋，有时又不得已而用之。"但吾人积劫习染坚固，我爱根深难拔。今生幸托本具般若，内熏为因，外借善知识引发为缘。自知本有，发心趣向志愿，了脱生死，要把无量劫来，生死根株，一时顿拔，岂是细事。若非大力量人，赤身担荷，单刀直入者，诚难之难。"② 非高僧大德具大力量者，难以单刀直入而见自性，一般都须借助参看话头而开悟。

古来公案话头很多，憨山德清认为，唯独念佛审实的话头，参究作功夫中极易得力。这虽与其师云谷法会一脉相承，但憨山德清认为，就是"念佛是谁？"这个话头，也要如敲门瓦子一般，终要抛却，只是少不得用一番。他还主张，若看话头用力不得处，须礼佛诵经忏悔，又要密持咒心，仗佛密印以消除。这不仅是憨山德清参禅切要独特之处，也体现了他唯心净土、禅密相印的思想。

憨山德清还对何为真参实悟，阐释了自己的见解：

> 凡修行人，有先悟后修者，有先修后悟者。然悟有解证之不同，若依佛祖言教明心者，解悟也，多落知见。于一切境缘，多不得力。以心境角立，不得混融，触途成滞，多作障碍。此名相似般若，非真参也。若证悟者，从自己心中朴实做将去，逼拶到水穷山尽处，忽然一念顿歇，彻了自心，如十字街头见亲爷一般，更无可疑。如人饮水，冷暖自知，亦不能吐露向人，此乃真参实悟。然后即以悟处融会心境，净除现业流，识妄想情虑，皆镕成一味真心，此证悟也。③

其见解颇具新意和独到之处，为参禅人证悟指明了通途。

---

① 《卍续藏经》第 73 册，《憨山老人梦游集·答郑昆岩中丞》。
② 同上。
③ 同上。

憨山德清还对参禅学人，提出了六条基本原则：第一不得贪求玄妙；第二不得将心待悟；第三不得希求妙果；第四不得自生疑虑；第五不得生恐怖心；第六要坚定自心是佛。这六条最基本的是第六条，若坚信自心是佛，则不会生疑虑恐怖心，也自然不会贪求玄妙、希求妙果而将心待悟，这与憨山德清一贯坚信人人本具佛性的思想完全一致。

（三）唯心净土

憨山德清力主看"念佛是谁？"是唯一得力话头，且在做功夫不得力时，要一心礼佛，显见其唯心净土的思想。憨山德清彻悟及入定时，屡见阿弥陀佛和观音菩萨、大势至菩萨，更坚定了他对净土宗的信仰。在晚年入住庐山法云寺时，更是掩关静修，六时念佛，专心净土。

憨山德清的净土信仰，与云栖袾宏、紫柏真可二大师有所不同。云栖袾宏坚定信仰和倡导西方有相净土，并被奉为莲宗第八代祖师。紫柏真可虽与憨山德清一样信仰净土，但认为要参禅以清心，方好念佛，主张禅净兼修。憨山德清开示信众："今所念之佛，即自性弥陀；所求净土，即唯心极乐。诸人苟能念念不忘，心心弥陀出现，步步极乐家乡，又何必远企于十万亿国土之外，别有净土可归耶？"① 显然，憨山德清信仰的是唯心净土，主张禅净双修。憨山德清与紫柏真可虽都是从禅宗出发来倡导净土，但"双修"与"兼修"，说明二者顺序轻重的趋向不同。

（四）以教印宗

憨山德清初从学于无极大师，习《法华经》，后又请无极大师讲华严玄谈，恍然了悟法界圆融无尽之旨。切慕华严宗四祖清凉澄观国师之为人，自命其字曰澄印。因念父母养育之恩，于法为障，刺血泥金书写《大方广佛华严经》一部。毕生著《华严经纲要》《金刚经决疑》《法华击节》等10多部佛教著作，经常在全国各地开讲佛教经藏。由此可见，"以教印宗"是憨山德清复兴佛教的基本思想。

憨山德清在《径山杂言》中阐释："教眼宗眼，原无二眼。永明师提宗，全撮教语印入，恐人一向无义路边错下脚。若不得教眼，便落邪见。我注《金刚》《法华》《楞伽》《楞严》等经书，从情识不到处，没义路边进出者拈取，却欲以教印宗，学

---

① 《卍续藏经》第73册，《憨山老人梦游集·示优婆塞结社念佛》。

者当自得之。"① 他认为，教宗原无二眼，若强分之，则教为佛眼，禅为佛心。若无教眼，则恐学人向无义路边错下脚，以教眼印之，则不落邪见。"佛祖出世，千言万语，种种方便，说禅说教，无非随顺机宜，破执之具。"② 禅教齐驱，并行不悖。

憨山德清习研华严颇深，与参禅相印参修的倾向也较明显。他开示念松通禅人："华严以平等法界为宗，以无障碍为门。苟能悟此宗、入此门，无一物不播遮那之体，无一声不阐圆妙之音，无一时不修普贤之行，无一人不是刹尘知识。是则光网三昧，举目昭然。普眼真经，随念具足。举足下步，不离寂灭之场。居尘出尘，顿到般若之岸。"③ 参禅与习修华严、净土三者并重，是憨山德清复兴佛教的主要思想。

（五）三教一理

憨山德清自幼习读孔孟之书和老庄之学，对其"三教一理"思想的形成，有较大影响。他后来在其作《论学问》中阐述："学佛而不通百氏，不但不知是法，而亦不知佛法。解庄而谓尽佛经，不但不知佛意，而亦不知庄意。此其所以难明也。故曰：'自大视细者不尽，自细视大者不明。'余尝以三事自勖曰：'不知《春秋》，不能涉世；不知老庄，不能忘世；不参禅，不能出世。知此，可与言学矣。'"④ 不但不排斥儒道之学，还把知《春秋》史书和老庄之学与参禅相提并论，可见憨山德清对儒道之学的重视。

憨山德清在《论教乘》中还进一步阐释："或问：'三教圣人，本来一理，是果然乎？'曰：'若以三界唯心、万法唯识而观，不独三教本来一理，无有一事一法，不从此心之所建立。若以平等法界而观，不独三圣本来一体，无有一人一物，不是毗卢遮那海印三昧威神所现。'"⑤ 憨山德清明确指出：三教本来一理，三圣本来一体，最终归结为佛法与毗卢遮那佛，阐释了其三教相通归一的思想。

憨山德清一生，不仅撰写了众多佛教经藏注解的著作，还编写了较多评述儒道学说之作，《道德经解》《大学纲目决疑》《观老庄影响论》等著作，都体现了其三教相通归一的思想。他还执教金山寺教馆，讲授《春秋左传》。

---

① 《卍续藏经》第 73 册，《憨山老人梦游集·径山杂言》。
② 《卍续藏经》第 73 册，《憨山老人梦游集·答郑昆岩中丞》。
③ 《卍续藏经》第 73 册，《憨山老人梦游集·示念松通禅人》。
④ 《卍续藏经》第 73 册，《憨山老人梦游集·论学问》。
⑤ 《卍续藏经》第 73 册，《憨山老人梦游集·论教乘》。

"纵其乐说无碍之辩,曲示单传,而融入一尘法界,似圭峰。解说文字般若,而多得世间障者,似觉洪。森罗万行以宗一心,而产无生往生之土,又似永明。"[①]弟子吴应宾在所撰《憨山大师塔铭》中,对憨山德清的佛法宗风及治学之广博作了较全面的评述,也是憨山德清毕生复兴佛教的真实写照。

---

① 《卍续藏经》第73册,《憨山老人梦游集·大明庐山五乳峰法云寺前中兴曹溪嗣法憨山大师塔铭(有序)》。

第六章　清代禅宗杨岐派

第一节　清代皇室对杨岐派的影响

明后期的禅宗复兴一直延续到清初期，这主要取决于三个因素：一是，自南宋中叶以来，杨岐派已是"临天下"的禅宗主流宗派，明末清初杨岐派的三大主要支系，密云圆悟的天童系、汉月法藏的三峰系以及天隐圆修的磐山系①，在南方尤其在江浙继续发展，涌现了一批有影响的禅师；二是，清朝初期采取保护利用佛教为清廷服务的政策，禅宗的发展得到朝廷一定的支持；三是，明清以来，禅净融合已成基本趋势，吸引了广大中下层人士的加入。

清世祖喜好参禅，多次召见杨岐派有名禅师，天童系的憨璞性聪、木陈道忞和磐山系的玉林通琇、茆溪行森先后应诏进京。玉林通琇还被赐号"大觉普济能仁国师"，这是继中峰明本、海云印简后再被朝廷封为国师的杨岐派禅师。清圣祖亦禀世祖成规，对佛教加以保护，二次南巡都到灵隐、灵岩等处禅寺，亲自拈香礼佛，赐额赐书，发帑重建寺宇。在这段时期，三峰系以灵隐具德弘礼、灵岩继起弘储为代表的有影响的禅师辈出，大阐宗风，门徒遍及江南，与天童系的禅净也已化干戈为玉帛。密云圆悟弟子破山海明，在川蜀一带弘扬杨岐宗风，弟子众多，在西南具有很大影响。杨岐派在顺治、康熙两朝仍保持兴旺之势。

清世宗在即位前曾深入参禅，强调真参实悟，自称"圆明居士"，推崇喇嘛教章嘉呼图国师为其得悟证明恩师。清初，禅宗在江南影响很大，特别是三峰系更是隆盛，仅"灵隐门庭甲天下，学众满数万指"②，有复明情绪的士大夫亦集其门下。雍正十一年（1733），清世宗为维护清王朝统治，拿三峰系开刀，不屑以皇帝之尊，作《御制拣魔辨异录》，诛伐汉月法藏、弘忍师徒，复特下明谕，毁其语录著书之板，尽削三

---

① 据考证，圆修禅师开山于宜兴磐山禅院，清康熙时改称磐山崇恩寺，以此称圆修法系为磐山系。
② 《卍续藏经》第86册，《宗统编年》。

峰系下支派，不许开堂说法。法藏系遭此剿杀，遂盛极而衰落。其后，雍正为禅宗制定一系列不准违反的律令，严厉控制禅宗发展，将禅宗纳入完全为清王朝服务的轨道。禅林尽"雍正禅"一言，生机顿失，禅宗渐失其本具的特色。另一方面，净土宗兴盛而普及，念佛、习经、做法事也逐步成为禅宗的重要仪规。

到清朝中后期，从清仁宗起，随着清王朝的衰落，特别是太平天国对异教"自下而上"的毁灭性打击破坏，禅宗也跌落到衰寂的谷底。杨岐派式微已甚，其法脉不绝如缕，传承犹存。

第二节　破山海明及其法系

一、破山海明

破山海明是密云圆悟法嗣弟子，杨岐派第二十四世有名高僧。明末清初之际，破山海明在巴蜀弘扬杨岐宗法33年，重兴巴蜀沉寂了几百年的禅宗，是巴蜀及西南最有影响力的著名禅师，其生平行状见录于《破山明和尚行状》《双桂破山明禅师年谱》《破山明禅师塔铭》《续指月录》《四川夔州破山海明禅师》等资料。

（一）生平行状

据印正撰述《破山明和尚行状》：

> 师讳海明，号破山，万历丁酉岁生蜀北果州之大竹，先籍渝州蹇氏忠定公裔。十九岁诣本郡佛恩寺大持老宿脱白，……越丙午春，上堂，辞众。以眼耳鼻舌身意分作六偈，付授六人，趺坐而逝。经旬，颜貌如生。门人遵治命，殓以木直，褹塔于本院后山。世寿七十，僧腊四十三。①

破山海明（1597—1666），四川大竹县人，俗姓蹇。19岁，在本郡姜家庵（后改名为佛恩寺）随大持律师出家。"持视师志气轩昂，英姿出类，命名海明，号旭东。"②

---

① 《嘉兴藏》第26册，《破山禅师语录·破山明和尚行状》。
② 《嘉兴藏》第26册，《破山禅师语录·双桂破山明禅师年谱》。

次年，大持律师圆寂。破山海明前往延福寺，听受慧然法师讲《楞严经》，并熟读《楞严》十卷，恍然觉有入处。诣慧然法师室请益，法师但以因缘开示，不能决常住真心之疑。于是决意了生死大事，瓢笠出蜀游方参学。

1. 出蜀游方，破头山开悟

破山海明行脚出蜀，途经蕲水（今湖北浠水县东）吴王庙时，患上了严重的痢疾，孤身在外，命悬一线。幸遇居士张棱溪，扶其至家中以药调理，三月余病愈。破山海明辞谢张居士继续云游，行脚游方中"翻阅古人公案语录，一发如银山铁壁一般"，难以契悟。至湖北黄梅县破头山，遂发誓"若不明此事，终世不落山"。破山海明"住破头山，草衣木食三载"，仍然"一生伎俩，尽情搬弄历验过，只是胸中厮结不开，昏沉散乱，打并不下"，遂效高峰原妙，以七日为限，刻期取证。快到七日，他心中疑团仍厮结不开，失望恍惚间，"举意欲经行，不觉堕落岩下"。所幸只损伤了脚，晚上睡时，忽感脚一阵钻心的疼痛，心中的疑团也随之而散，心境一片轻松清凉。破山海明豁然开悟，兴奋得大叫，邻卧一居士以为他脚痛难忍，好言相慰，破山海明笑说："非公境界。"

2. 参访不契，嗣法圆悟

破山海明开悟后，在破头山养伤百日，愈后下山继续行脚求学。至庐山法云寺，礼憨山德清大师。破山海明为印证自己的开悟，直接问："如何是妙明真心？"憨山德清说："一切智清净，无二无二分，无别无断故云云。"破山海明礼辞憨山而去。

参曹洞宗博山无异大师，破山海明问："学人从偏位中来，请和尚向正位中接。"无异大师默然。破山海明出云："老大一个善知识，被我一问，只得口哑。"破山海明与曹洞宗风不契，后因议论其警语"甚不堪刻"，无异大师闻之，排斥破山海明出院。

破山海明于是自江西下浙江，参瓶窑的闻谷广印禅师。广印是莲池大师的学生，融通三教，主张老实念佛参禅。广印禅师问："在甚处来？"破山海明竖一拳，广印禅师说："我这里没有这个门庭，为径山往来者作个盏饭店。你要弄嘴，诸方有这等知识。"破山海明拂袖便行。

破山海明遂上径山参雪峤大师，雪峤大师问："你是那里人？"破山海明答："西蜀又过西。"雪峤大师戏说："我径山八十一代祖师，也有几个是你四川人。独四川人，最是恶癞。"破山海明叉手而说："合蒙高鉴。"雪峤大师遂留之。一夜吃茶，雪峤大师举木香炉说："看看是个甚么。"破山海明便夺来做扑碎势，雪峤大师连忙两手托住，破山海明喝一喝便出，不久即下山。

天启三年（1623）冬，破山海明前往杭州报国禅院，参见湛然圆澄禅师，机锋转接，非常契机，遂留院专心参修。经一冬的锤炼，破山海明受益匪浅。圆澄禅师有意传受法要，叫破山海明写个偈颂来，破山海明却不着笔墨，呈上白纸一张，喻法本无可说，但没得到圆澄禅师的印可。次年，破山海明补维那职，受具足戒。

翌年春，破山海明怀香诣金粟，参密云圆悟。问答转接后，破山海明喝一喝便出。次日，进方丈室见密云圆悟，一番机锋相接，密云圆悟颔之。破山海明30岁时，再到金粟谒见密云圆悟。密云圆悟几番棒喝追打，破山海明推倒禅床，又脚踏密云圆悟的鞋子而应之，禅机相契，密云圆悟令破山海明任维那之职。天启七年（1627）春，密云圆悟书曹溪正脉来源一纸并信金付破山海明。破山海明受之，嗣法密云圆悟，得杨岐派正传。

明崇祯二年（1629），破山海明应请住持浙江嘉禾东塔广福禅寺。破山海明开法于东塔，以禅法凌厉而声名远播。次年，圆悟和尚专使送法衣至，破山海明为此题诗云："大庾岭头提不起，鸡足山前成滞货。衲僧今日获一披，如云普覆华王座。"破山海明住广福禅寺三年，入院阐扬，全提正令，龙象扣击，声誉日隆，凡垂手接人，机锋迅捷，远近观光，罔不悦服，道风遂大振于江南。

3. 提持杨岐宗风，重振巴蜀禅宗

崇祯六年（1633），破山海明自南京乘船回巴蜀，先住四川万县广济寺，不久应请住持梁山县（今重庆梁平区）万峰山太平禅寺。次年，破山海明迁住梁山县中庆禅寺。"及迁中庆后，则有开之栖灵、大宁、紫云、栖凤、宕渠之祥符、大竹之无际、佛恩、叙泸之蟠龙、南浦之万福，至若金城、双桂，皆师逸老最久最盛之地也。"

四川历史上曾经建立过不少的禅宗法派，如唐代果州（属四川）的宣什宗，成都新罗无相禅师创建的净众宗，还有从净众宗下分出的保唐宗，都是上承五祖弘忍的法系，禅宗在巴蜀曾兴盛一时。自宋代圆悟克勤禅师之后，巴蜀禅林日渐衰落，一片沉寂。明末清初时期的巴蜀禅宗式微，少有住持一方的禅宗大德。破山海明回到巴蜀，住持重兴万峰山太平禅寺等10多处禅寺，提持杨岐宗风，弘扬直指心印的禅法，前来求学问道者络绎不绝，门下龙象蹴踏。"盖西川自宋圆悟大随而后，少室纲宗，久矣绝响，人皆习为讲诵。师一提最上极则之事，远近瞻风，心怀畏爱，道望又于是乎大著矣。"破山海明再次振兴巴蜀禅宗，因破山海明在巴蜀首开万峰太平

寺，自号"万峰老人"，世称"万峰法派"。

清顺治十年（1653），金城寨（今重庆梁平区内）地方武装首领姚玉麟，在离金城寺半里远的万竹山新建佛寺。"梵宇巍峨，寮舍恬静，其中皆真诚学道之士，约万有余指。"因寺中有桂树两株，取名叫双桂堂禅院，迎请破山海明住院。破山海明在双桂堂禅院传法二十余载，虽时逢战乱，仍在巴川开一代禅风，大开炉鞴，天下英杰云集，弘法度生，名声远播，大震西南禅林。

4. 战乱救民，弘法西南

破山海明在巴蜀弘法的中后期，四川处于各方混战、兵荒马乱时期。张献忠农民武装军转战四川等地，并在成都短期建大西国。名义上归属南明政权，却拥兵自重的"夔州十三家"的各路地方武装，既受农民武装军的打击，又遭清军镇压，他们为了保护家园，联合当地民众抗击来犯的兵马，有时各路又自相混战。破山海明虽然为禅门之人，也不可避免卷入战乱之中。

明崇祯十六年（1643），破山海明避张献忠之乱，回乡将大竹县姜家庵修整一新，更名为佛恩寺。在佛恩寺期间，破山海明被张献忠部将误为达州唐进士，抓去严刑拷打。崇祯十七年（1644）明朝灭亡，改元大清，破山海明接受"夔州（今四川奉节）十三家"之一秦良玉的邀请，住持石柱司忠县三教寺。清顺治四年（1647）应请入住天佑寺，又在军中度化南明相国吕大器，吕大器执为弟子礼。吕大器归依破山海明后，许多地方武装首领也纷纷拜破山海明为师。顺治七年（1650），夔东十三家之一的李立阳、李总戎屯兵涪陵，破山海明为救万民破戒止杀，感化二李，应请到军中住锡传播佛法。另一位地方武装于小山，也礼请破山海明到黄化城署中，频频请示佛法禅理。顺治八年（1651），破山海明避战乱于南滨黎水，受司官覃敦源的邀请，住持福田寺。顺治九年，破山海明住持南浦太白崖万年寺，同年冬季，受梁山县地方武装首领姚圣瑞的邀请，住持金城寺。破山海明斡旋在各路兵马之间，常为他们宣说罪福报应之事，或以不杀为至德，尽量减少战乱之灾难，救民于水火。

破山海明在巴蜀具有巨大感召力，清廷为瓦解巴蜀南明政权、农民军及地方武装的反抗，多次派人拉拢破山海明。顺治十四年（1657），平西王吴三桂以福晋陈圆圆的名义派使者送上信香法衣等物。制台李国英入川伊始，便给破山海明写了封极其谦恭的信，破山海明没有回应。顺治十八年（1661），双桂堂新修法堂告成，李国英书"灯传无尽"四字为额，以表仰慕之意。李国英平川蜀之战刚结束，即派差役前往双桂堂，迎请破山海明到重庆超荐其母。破山海明有很深的民族情结，反复考虑下，为消弭战乱余殃，让川民过上和平生活，且李国英亦崇信佛教，遂前往重庆。重庆民众闻"破戒止杀"而"全活数万生灵"的高僧来到山城，"缁素争先拜于街市，乃至屠儿，亦皆稽首"，破山海明受到空前欢迎。不久，破山海明坚辞李制台之请住，回双桂堂继续弘法。

康熙五年（1666），破山海明临终前嘱众弟子："老僧行径，虽异诸方，然去亦不同故套。从上有坐脱立亡者，有拈拂坚指者，有奇言妙语、惊世骇俗者，老僧若入涅盘，只是起居如故，候时至则瓜熟蒂落，自然之道也。"三月十六日亥时，迅雷疾风四起，天降瓢泼大雨，破山海明趺坐端严，手指烛火而逝。

明末清初的巴蜀，陷入多方混战、兵荒马乱之中。在这段时期，破山海明在巴蜀传禅弘法37年，开堂十四处禅寺，重兴巴蜀沉寂了几百年的禅宗，在佛教界乃至全社会产生了广泛的影响，是继圆悟克勤后在巴蜀最有影响力的著名禅师。

破山海明得法弟子87人，度化信众更是不计其数，有《破山明禅师语录》行世。

（二）禅法宗风

破山海明游方参学中曾参谒憨山大师等几位有名高僧，都因机不相契而离去。后参密云圆悟，棒喝接机，可谓相当，而得密云圆悟认可传法。破山海明不仅禅风凌厉、棒喝交加，而且倡导看话禅，将看话头与其禅净教戒融通的思想相结合，这三点是破山海明禅法思想的鲜明特色。

1. 棒喝接机，杜绝情识

破山海明认为禅宗"直指人心，见性成佛"的宗旨，不能由言语直抒、文字理会这些情识来达到，而是需要各种方便法门来实现，他倡导棒喝交加、杜绝情识的方便法门。

破山海明在接机启悟学人时，突出展现了直下承当、杜绝情识的凌厉禅风。

> 凡师开法席处，众集如云，久参初进，绝不以词色稍为宽假，唯拈白棒，据令而行。如狮子哮吼，百兽一闻，罔不胆丧。复不问来机利钝、器量浅深，皆施本分钳锤。若拟议而不能顿领，并倔强而妄为低昂，必以痛棒棒到底，直要逼得生蛇化龙。况寻常语默谈笑，皆是陷虎之机。纵有强记座主，辩似县河，一当椎拂之下，即结舌藏锋。嗣是有志道流，收入炉

锤之内。①

破山海明对学人的无明妄想和分别执着，拈一条白棒直下打去，不让有一丝毫回旋思虑之处，棒喝之下直断情识，令学人当下独自承当，打破黑漆桶，亲见本来面目，可谓痛棒热喝、险峻凌厉。

破山海明这样阐释这一方便法门：

> 自我达磨初祖，观东震旦国，有大乘根器，特航海而来，直指人心，见性成佛。以言句露这消息，易惹人情识，乖戾直指之旨。后出临济大师，以棒喝接机，则杜绝情识，痛与棒，热与喝，如击石火，似闪电光，直下令人无回避处。如将梵位直授凡庸，更不如何若何，谓是知痛痒汉。近来去圣时遥，情窦日凿，又将棒喝处穿凿不少。以打处云痛切，审痛底是谁？可怜生不独不会吾祖棒喝之旨，且不会鼻祖西来之意也。然而鼻祖以言句定旨，盖疏通执心执性之谓。后以棒喝定旨，盖疏通嚼言嚼句之谓。岂是以打处痛处云知痛痒也耶！若如是会去，则吾祖这条棒早已拗折了也，西来大意早已抹杀了也，又安继于今日哉。②

破山海明认为达摩祖师的"直指人心，见性成佛"是禅宗的核心之旨，达摩祖师借言明旨，却因以言句露这消息，易惹人情识，执着于文字识见解，穿凿附会，乖戾直指之旨。临济、德山诸祖师棒喝之下，截人思路，直断情识，如击石火，似闪电光，直下令人无回避处，而灭妄念执着。若以棒打痛处寻思量，还自以为是"知痛痒汉"，远离达摩"西来之意"，辜负了历代祖师的一片苦心。

> 而又谓行棒行喝，以至五位君臣者，尽是窠臼，是分别，是取舍。敢保渠未梦见也，若梦见，必不谓棒者，挂杖子也。如是古人不应曰："先照后用，先用后照，照用同时，照用不同时"；又云："唤作挂杖子则触，不唤作挂杖子则背"；又云："你有挂杖子，与你挂杖子，你无挂杖子，夺你

---

① 《嘉兴藏》第 26 册，《破山禅师语录·破山明和尚行状》。
② 《嘉兴藏》第 26 册，《破山禅师语录》卷三。

拄杖子"。又僧参一老宿，入门便棒，进云："打岂慈悲耶？"忿然欲去。老宿云："你作打会耶？"其僧乃悟。……渠谓是窠臼，是分别，是取舍，则古人大机大用，脱罗笼，出窠臼，虎骤龙骧，星驰电激，转天关，回地轴，负冲天意气，用格外提持，悉成剩语也。①

破山海明在与聚云吹万禅师的净辩中，针对聚云吹万对棒喝接机的疑问，举出诸多公案和临济"四照用"，来阐明棒喝是直悟的方便法门。

针对聚云吹万批评时下流行的喝问，其实不过是咄咄之声而已，破山海明针锋对言："又谓喝者，咄咄声也，如是古人不应有言：'我有时一喝，如金刚王宝剑；有时一喝，如踞地狮子；有时一喝，如探竿影草；有时一喝不作一喝用。'又云：'一喝分宾主，又云一喝分五教，难道也是马祖一喝始当？'时百丈被喝，耳聋三日，其余一喝，分宾主、五教、宝剑、狮子、探竿者，何耶？"②

破山海明对聚云吹万的驳斥，是其棒喝接机凌厉禅风的体现。他宣称："万竹山中无剩言，拟开口处便还拳，连连打彻自家胜，胜过诸方五味禅。"③以棒喝接引学人，到破山海明这里，可说是承前领后了。

所谓承前，是指破山海明承扬临济、德山棒喝接机的禅法，像他们那样循"至道无言，借言显道"之道。破山海明如是而说："若论第一义，白椎上座已露了也，更要山僧鼓两片皮，弄三寸舌，堪作甚么？虽然如是，要且新万峰不忍杜口去也，只得向无言语处形言语，无机用处发机用。终不似三家村里装哑卖聋，咳吐掉臂，以当宗乘中极则。"④破山海明认为，禅宗直指之道，言论不足以辩，文字不足以载，唯体任之。但"至道无言，借言显道"，只得向无言语处形言语，不立文字而不离文字。这就是他为什么以临济"四照用"的言说，来批驳聚云吹万禅师之疑诘的原因。

至于说领后，破山海明痛棒热喝、险峻凌厉的禅风，恐无后来者可比肩。

2. 倡参话头

破山海明棒喝接机的凌厉禅风虽与密云圆悟如出一辙，但他不似密云圆悟单拈"一条白棒"，而是还倡导参禅要参话头。"长连床上一句话头，铁壁银山，直教粉

---

① 《嘉兴藏》第26册，《破山禅师语录》卷二十。
② 同上。
③ 《嘉兴藏》第26册，《破山禅师语录》卷十四。
④ 《嘉兴藏》第26册，《破山禅师语录》卷二。

碎。毋问魔来、佛来、天来、龙来、神来、鬼来，即此一觑觑破。"① 参看一句话头，直教铁壁银山粉碎，可见破山海明重视倡参话头。

与汉月法藏一样，破山海明亦主张，参话头要依各自的根基悟性而随缘择机。"若是一定有话头与人参，有实法与人会，则达磨初祖不知担几许话头来，迄今也是有尽。山僧每对人言，遇境生疑，逢缘理会，甚是捷当，甚是至要。"② 即是说没有特定的话头待人来参，而是随人逐境而生疑，以此生疑情的事物为话头，逢缘破疑而参，就是参话头的捷当至要。

破山海明认为："凡初做工夫，切不可忙举话头，念来念去，念得疲劳厌倦，便打退鼓，谓是禅道佛法没灵验。"③ 初习参禅一般不要忙着举话头，否则易在念头上流转。在诵经阅典时有所不明，或看公案有所不透，此不明不透处，疑情顿发之时，便是应参话头。"顿在面前，微着眼觑，忽地里觑破素所疑、素所碍者，则不倒断而自倒断也。"④ 也就是说，在参禅时有不明不透处，日常生活中有所疑碍处，都是契合自己心性的话头。一句话，所参话头，必要起大疑情，从起疑情处下手去参看话头。

破山海明开示学人参的话头也较多，并不像大慧宗杲、高峰原妙那样倡参一个话头。但他并不是要学人同参多个话头，而是主张择定适合自己的话头后，就要锲而不舍地参此一个话头，不了生死，彻悟见性，决不改参放弃。

破山海明倡参话头，主张从三方面去着手下功夫。

（1）遇境逢缘处生疑情

破山海明在选择参什么话头时，就强调了疑情起处就是所参话头。"凡是遇境逢缘处，即是触发，忽一触发，便是大疑，有大疑，必有大悟，疑乃悟之因也，不疑则不悟，既是众中信根稍具，即此不可蹉过珍重。"⑤ 参话头是为开悟，疑是悟之因，悟是疑之果，二者不可分割。无疑之参，终难得悟，大悟必由大疑而参，有大疑必有大悟。而之所疑，应是逐境而转，随缘而择，触发而生。切勿人为而拟，拟则必为假疑。

"所贵者在疑，此疑便是日用喜怒上，逼迫不过处，逆顺中打搅不开时，却是好

---

① 《嘉兴藏》第 26 册,《破山禅师语录》卷九。
② 《嘉兴藏》第 26 册,《破山禅师语录》卷六。
③ 《嘉兴藏》第 26 册,《破山禅师语录》卷五。
④ 同上。
⑤ 《嘉兴藏》第 26 册,《破山禅师语录》卷七。

消息也。"① 疑为悟之先因，自是可贵。且疑便是在日常生活中，有逼迫不过、打搅不开时而生，不要忽略蹉跎而过，要抓住遇境生疑、逢缘理会处，不要迟疑，此正是参话头下功夫最紧要处。

（2）在参"谁？"字话头上下功夫

"士又闻师开示禅者，参谁字话。复到榻前，问知痛痒者是谁？弟子问和尚者复谁未审是谁识谁，乞和尚端的处道一句。师云：'两头三面汉。'士无语。师云：'我教单看谁字者，令遇境逢缘勿使间断故也。'"② 参"谁？"字话头，切勿在谁字上去做文章，去作文字情识解，否则就如破山海明所答"两头三面汉"，而是遇境逢缘，勿使间断，这才是参"谁？"字话头的正道。

如何是遇境逢缘处，破山海明如是说："将我日用寻常，穿衣吃饭，迎宾待客，屙屎放尿，看是阿谁主张？贴体理会去。"③ 又说："行时且道行的是谁，住时且道住的是谁，坐时且道坐的是谁，卧时且道卧的是谁，毕竟谁作主宰，忽地里觑破者，着八字打开纵横无碍。"④ 只在日常生活、行住坐卧中去贴身体验理会，看是谁主张，谁作主张，由此去参"谁？"字话头，忽然参透看破，则大悟而纵横无碍。

破山海明还主张在参公案中的话头时，亦要在"谁？"字上去参究。"念佛的是谁？单在谁字上着力，岁久日深，触着磕着此个道理，始知念佛一声漱口三日。"⑤ 看"念佛的是谁？"的话头，实则落在"谁？"字上，参透了"谁？"字话头，方知"念佛一声，漱口三日"之旨意。又如参"托死尸者谁"话头："竹阳叶氏之子与吾同乡，从乱而治出家，固善务要学出世法，死心蹋地看个话头，始不负出家之志也，且道阿谁？拖你者死尸来。"⑥ 破山海明提举公案"托死尸者谁？"的话头，又将看话头落在"谁？"字上，以此荐举为学出世法，不负出家之志的要法。

他在示塔坡禅者说："老僧曾住此山，经今不觉十有四载，忽过平山，虽闻贤孙宦门子弟，而一旦出尘，忝为吾门觉城之高足，寄纸一幅，欲老僧法语，老僧合掌

---

① 《嘉兴藏》第26册，《破山禅师语录》卷七。
② 《嘉兴藏》第26册，《破山禅师语录》卷七。
③ 《嘉兴藏》第26册，《破山禅师语录》卷六。
④ 《嘉兴藏》第26册，《破山禅师语录》卷八。
⑤ 《嘉兴藏》第26册，《破山禅师语录》卷九。
⑥ 《嘉兴藏》第26册，《破山禅师语录》卷十。

向渠道：'谁缚汝三字参之可也。'"①以参"谁缚汝"三字，实则落在"谁？"字上，为法语赠之，道尽参禅之要旨，可见破山海明何等看重参"谁？"字话头。

（3）参话头要生死心切

破山海明一贯强调："参禅学道，贵在生死心切，二六时中不可间断。"②而且他把这一主张贯穿到参话头中，具体又落在他倡参的"谁？"字话头上。他在示苍然禅人时说："出家行脚，志在雄猛，要一念万年，万年一念，只将生死为急务，一切动静看是阿谁主张，忽省得来，只在者里，且道者里是甚么所在参。"③要将了生死心切为念，一念万年，万年只此一念。万年者，入世出世也。以此念来参"谁？"主一切动静。动静者，其心及心外万法也。

破山海明认为参公案中的话头，必要生死心切，将怖生死的心时刻在念。他在示发辉蔡善人时说："然而初用心处，志在行住坐卧，无丝毫间断，孜孜切切，将怖生死心体取，'念佛的是谁？'"④他又在示道标吕居士时开示："学道人志须远大，一切时中，只将怖生死底心，刻刻在念。看个'不是心，不是佛，不是物，是个甚么'不拘岁月，以彻为度。然所彻者，不是别有个物，只在不疑生、不疑死，则法法头头，无不是子放身舍命处也。"⑤在提举两个公案中的话头来参究时，都要将怖生死心刻刻在念，去体取。而彻者亦只是不疑生死，疑为生死而疑，彻为生死而彻，则放身舍命处也。

3. 破山海明的禅净教戒统一观

破山海明顺应明末清初禅宗与各宗融合的潮流，倡导禅净教戒的统一。他指出："佛祖树此多门，到家里一。而念佛亦念此心也，持咒亦护此心也，参禅亦悟此心也，看教亦辨此心也。"⑥佛祖因人根器悟性殊异、遇境随缘不同，而树禅净教戒等多宗门。宗门虽不同，从不同门进去，却都是到同一个家里。念佛、持咒、参禅、看经，别无它旨，都是要明了自心的本来面目。

---

① 《嘉兴藏》第26册，《破山禅师语录》卷十一。
② 《嘉兴藏》第26册，《破山禅师语录》卷六。
③ 《嘉兴藏》第26册，《破山禅师语录》卷九。
④ 《嘉兴藏》第26册，《破山禅师语录》卷九。
⑤ 《嘉兴藏》第26册，《破山禅师语录》卷八。
⑥ 《嘉兴藏》第26册，《破山禅师语录》卷六。

（1）禅净无异路

破山海明在示升所冉居士时开示："参禅念佛本是一个道理，念佛，念此心也，参禅，参此心也，心外无法，法外无心，只此一心，别无岐路。一心不生，万法无咎，试问如何是汝一心？默默自知田地稳，腾腾谁谓肚皮憨。士作礼问：'参禅与念佛是同是别？'师云：'同则总同，别则总别。'士礼谢。师偈云：'参禅与念佛，顿渐两条路，勿问别与同，到家蓦直去。'"① 参禅念佛都为明本心，只此一心，禅净无异路。二者只是参修方便法门之同别，信得参禅，就励志参禅，直指此心，顿悟成佛；信得念佛，则矢志不移，持号念佛，脱轮回，往净土。虽顿渐两条路，都为明本心、了生死，实则殊途同归，禅净无异，蓦直同到一家，正所谓："净业参禅无异路，归根去作天作师。"②

破山海明还为学人开示禅净无异路、念佛参禅之要："参禅念佛二门，究竟生死为极。了知生死，别无禅参，别无佛念。有佛念，则是生死中佛；有禅参，则是生死中禅。于是二中间，未梦见生死在，还知么？生从何来，死从何去？参！"③ 参禅念佛都以了生死为要，生死了，则无禅可参、无佛可念。这就要参禅念佛时，不起善恶取舍等两边之执，不执迷于参修时的境像，否则生起轮回处。只一心参禅念佛，而成佛道。

禅净即无异路，二者亦可融合兼修。破山海明倡参"念佛者是谁？"的话头，便是将念佛与参禅合二为一，达到禅净双修。并强调单在谁字上着力，行住坐卧，无丝毫间断，"谁"字若参破，念佛就不会执着于境像，不起法执，而明心见佛于净土。

（2）禅教一致

破山海明主张禅教一致，他在示旨一禅者时说："参禅学教二法门，有深有浅，然深者禅，浅者教。但形言语，即粗相分，皆教也。若达教之了义即禅，亦是如来禅，非祖师禅也。"④ 破山海明认为禅教二法门旨意一致，只是有深浅之分。以言语文字阐释记载佛法教理，即为教门，如天台宗、华严宗等皆是。若明了而达教之义，亦是如来禅，然二者旨义一致，都是度人明本性、得解脱而成佛道。可见，破山海

---

① 《嘉兴藏》第26册，《破山禅师语录》卷九。
② 《嘉兴藏》第26册，《破山禅师语录》卷十五。
③ 《嘉兴藏》第26册，《破山禅师语录》卷九。
④ 《嘉兴藏》第26册，《破山禅师语录》卷十一。

明将如来禅基本等同于教门。

破山海明还指出,如来禅非祖师禅,他在答僧问二者之同别时说:"复举僧问古德云:''祖意、教意,且道是同是别?'德云:'鸡寒上树,鸭寒下水。'"师云:"虽然如是,鸡肚不知鸭肚事,遂为禅教之分。若有人问着大宁则不然,只要向他道:'水向石边流出冷,风从花里过来香。'"颢鉴禅师以"鸡寒上树,鸭寒下水"来回答,是表明不必分别祖意、教意的差异性,只要契合众生根机,遇境随缘,即合佛法。破山海明认为此说虽然达理,但毕竟"鸡肚不知鸭肚事",才有祖师禅与如来禅之分。祖意不立文字,教外别传,直指见性。教意以圣言量为基础,闻思而修,终成无上道。这即是"水向石边流出冷,风从花里过来香",二者只是随缘顺机,方便开示不同根性之人的施法有所不同而已。

破山海明还强调:"禅教二宗,所贵信得及,把得住。任是禅不好参,一定期悟;教不好学,一定要透。虽然顿渐二途,到家一也。"[①]禅教二法门,都要坚定信心,坚持不懈用功,才能悟得禅机,透彻教理。虽是顿渐二途,但旨义一致,同归一家。

(3)禅戒一法

破山海明对持戒非常重视,他说:"戒为菩提种子,遇雨露而能茂盛,植高远而能漂渺。故以戒生定,以定生慧,修戒定慧,成无漏学。"[②]戒是觉悟与智慧的种子,无种子,则无从发芽结果,无戒,则无从生定慧而成无上道。所以,佛祖遗训弟子要"以戒为师"。

持戒即如此重要,当如何持戒,破山海明教示学人:"持戒不过护此心也。此心若寂,更有何处起惑作业?"[③]又说:"既受老僧戒,当行持老僧事。然而老僧别无他语,只要人人莫造业,知因果,明罪福,即是真守戒法也。"[④]可见,破山海明不仅严格持守戒律,而且更重视心之持戒,心若净寂,无处起惑,惑灭则自持戒。由此,他还明确提出莫造业、知因果及明罪福三条真守戒法。心净寂,必知因果、明罪福,惑灭,自不会造业,归根结底,持戒不过护此心。

破山海明即主张持戒不过护此心,也就对"直指人心"的禅宗与持戒的关系,有

---

① 《嘉兴藏》第26册,《破山禅师语录·示如岳禅人》。
② 《嘉兴藏》第26册,《破山禅师语录》卷十。
③ 《嘉兴藏》第26册,《破山禅师语录》卷九。
④ 《嘉兴藏》第26册,《破山禅师语录·示瑞峰戒子》。

其较深刻的认识。他说:"参禅为第一,持戒为第二。然而禅戒一法也,何云二耶?此二之说,意有别耶?"① 这里说的参禅与持戒之次第,破山海明是针对参禅之人而说,所以他特别强调禅戒一法,此一法无疑是指心法,参禅直指人心,持戒亦护此心,何云二耶? 所以,破山海明在示尼见微戒子时说:"持戒之人不上天堂,犯戒之人不落地狱,若向此处理会,得无戒不持,无生不度,即此是真持戒者。"② 他以平等宽容的态度这样说真持戒,也敢于豁达磊落这样去践行。禅门著名的"破山肉"公案,说的就是,破山海明为制止夔东十三家之一李立阳滥杀无辜,破山海明与之订约吃肉,救万人性命之事,而被广为传颂。

最具破山海明"禅教一法"特色的是,他将参看话头与持戒紧密联系起来。他在开示真空戒子时指出:"受戒之后,务要坚远大志,以生死为极,则二六时中,看'生从何来?死从何去?',若会得生之来处,死处亦明,忽然情忘见绝,即是真持戒,真了生死人也。"③ 参看"生从何来?死从何去?"话头,而明了生死。受戒之后,坚远大志,以了生死为极。看话禅与持戒则为一法,是为真持戒。

综观破山海明禅法思想,他虽然禅风凌厉,但并不仅"棒喝"接引学人,还倡导参看话头,将参禅与净土、持戒、经教相统一,对后世尤其在西南一带有深远影响。

二、破山法系

破山海明在巴蜀传禅弘法三十七年,"剃度弟子印开等百余人,嗣法弟子八十七人,南北分化,各振家声。或辅弼丛林,深养厚蓄,或诱一郡,或导一国,或居止不定,诃佛骂祖,虽未付授,而昭昭然大有光明者,又未可枚举也"④。嗣法弟子后来弘化一方,住持各地禅刹,开法遍及四川、重庆、贵州、云南、江西、辽宁、河南、河北、湖南、陕西、浙江、江苏等地区,几乎遍及全国。而尤以西南的巴蜀、黔、滇为多,至今西南禅宗多是破山法系,并尊奉破山海明开山道场双桂堂为中兴西南佛教的祖庭。其法系之盛,正如破山海明弟子象崖性挺所说:"西来一宗,自天童中兴,济上儿孙遍天下,可谓盛矣。然未有如双桂之尤超于诸方也。"

清中叶以来,破山法系仍传衍不绝。嗣法弟子中较有影响的有丈雪通醉、莲月

---

① 《嘉兴藏》第 26 册,《破山禅师语录》卷九。
② 《嘉兴藏》第 26 册,《破山禅师语录》卷十。
③ 同上。
④ 《嘉兴藏》第 26 册,《破山禅师语录·双桂破山明禅师年谱》。

印正和象崖性挺等人。

1. 丈雪通醉

丈雪通醉（1610—1695），俗姓李，四川内江人，法号通醉。[①]5 岁即礼清然和尚为师，剃发出家。17 岁从师翁天祥法师受沙弥戒，25 岁参谒破山海明。因一句"父母未生前在什么处？"话头，开口拟答，被破山海明乱棒打出。丈雪通醉胸中越发疑惑，如坐在千尺井底出不得。一夜因倒穿鞋，脚套不上，拟伸手拔，忽然猛省，肚腹中如掉了一块石。见破山海明而得印可，并任破山海明的书记。

丈雪通醉后避乱贵州桐梓，住持白牛山雪居寺，道名渐扬。两年后，应请住遵义府禹门寺，门下弟子达 500 余人，参禅之外，带头垦田，农禅并举。清顺治十一年（1654），受破山海明命，前往天童寺为密云圆悟扫塔，往返六年才回四川。其间，先后受请住持陕西汉中府静明寺和浙江嘉兴青莲禅院，弘法传禅，道行远播。

丈雪通醉回四川后，又先后住持保宁府（今阆中）草堂寺和顺庆府（今南充）毗卢山鹤乘寺。康熙二年（1663）起，重建成都昭觉寺，此后，一直在昭觉寺传禅弘法。康熙三十三年（1694），已 85 岁高龄的丈雪通醉，推举弟子僧冤彻纲继住昭觉寺法席。

康熙三十四年（1695）十二月，丈雪通醉索笔书遗偈，浴毕大喝一声而寂，世寿 86 岁。[②]

丈雪通醉生前编有《锦江禅灯》二十卷，与门人所编《昭觉丈雪通醉禅师语录》《昭觉醉禅师年谱》《丈雪老人耆老篇》《丈雪通醉禅师里中行》《丈雪通醉禅师青松集》等行世。嗣法弟子有溪声彻圆、月幢彻了、佛冤彻纲等二十一人，其中月幢彻了在云南、贵州一带传法，影响较大。

2. 莲月印正

莲月印正（1617—1694），四川岳池人，俗姓姜，讳道正，号莲月。初习《楞严》《唯识》等经，后有志于禅，遂上万峰参破山海明。顺治十五年（1658），进住遵义府九青山东印寺，其后历住巴县涂山觉林寺、巴县白岩山宝轮寺、度达寺、南充鹤鸣山保寿寺、湖北龙兴、景德等寺。

---

① 《嘉兴藏》第 27 册，《昭觉丈雪通醉禅师语录·昭觉醉禅师年谱》。

② 同上。

康熙三十三年（1694），莲月印正示寂，世寿78。① 有《莲月禅师语录》六卷、《玉泉莲月正禅师语录》二卷行世。

3. 象崖性挺

象崖性挺（1598—1651），福建福清人，俗姓陈。投长乐之常熙福出家，19岁，受业于百丈山克融法师，习教典。

象崖性挺先参黄檗遇中师叔和鼓山无异元来，后参密云圆悟受具足戒。嗣法于时住浙江东塔的破山海明，任东塔寺西堂之职。随破山海明入蜀后，开法梁山玉屏寺。避兵乱，入酉阳大酉禅林，后在中庆寺任首座，应请住持忠州（今重庆市忠县）东山龙幡禅寺。破山海明送法衣至，师云："大庾岭头提不起，鸡足山中笑点头。玉鼎长焚白月团，随风直到巾瓶处。"象崖性挺后继迁住忠州拈华报恩寺、忠州楞伽山玉峰禅寺、婺川（今贵州务川县）西禅寺、华严禅寺诸刹。

顺治八年（1651）七月，象崖性挺示寂，世寿五十四，僧腊三十一②，有《象崖珽禅师语录》四卷行世。嗣法弟子有云腹智、云石谷慧、余山瑞、惟雪、灵锋、纯一道源等禅师。

第三节 密云圆悟法系弟子

明末清初，密云圆悟的法系弟子，在南北各地弘法传禅都有一定影响，尤以汉月法藏、破山海明、木陈道忞和费隐通容四支系影响为大。

一、法藏三峰系

法藏三峰一系，在明末清初盛行于江南，以人才众多、门庭繁荣而著称，弟子中以灵隐具德弘礼和灵岩继起弘储最著名。"三峰、灵隐、灵岩，海内称佛法僧三宝。灵隐门庭甲天下，学众满数万指，不减南宋佛海时。"③ 弘储之嗣法宝云："吾先师灵岩储和尚，起而躬集大成，临济之道，至先师为极盛矣。"④ 由此可见，清顺治、

---

① 《卍续藏经》第82册，《五灯全书》卷七十。
② 《嘉兴藏》第34册，《象崖珽禅师语录·象崖珽禅师行状》。
③ 《卍续藏经》第147册，《宗统编年》。
④ 蒋维乔著：《中国佛教史》，群言出版社，2013年，第301页。

康熙年间，三峰系最为隆盛，大兴宗风，门徒繁多，遍布江南。

清雍正时期，由于三峰系的弟子与有复明思想的遗民关系密切，清世宗为维护清王朝统治，拿三峰系开刀，三峰系遭严厉镇压剿灭，遂盛极而衰落。

（一）灵隐具德弘礼

具德弘礼（1600—1667），绍兴山阴人，俗姓张①，汉月法藏嗣法弟子，杨岐派第二十五世高僧。

具德弘礼生于明末望族之家，系著名文学家张岱之族弟。从小随父兄移居杭州，"喜与黄冠导引之士游"，后游吴山紫阳洞，拜一苏姓道人为师。19岁时，辞别苏师，到普陀山，依宝华庵仲雅师祝发修习《楞严经》，剃发受具出家。为究经义，又到玉山仲庵法师处习研。为了生死大事，遂参禅修行，参谒金粟元汉和尚，昼夜苦参"本来面目"话头。一日，见案头镜中自像，闻旁人说："照破你老面皮。"忽然有省，疑团顿豁。

后来，元汉和尚带其到杭州安隐寺见汉月法藏，先在寺内管理菜园、厕所，苦行力作无不身任。得汉月法藏锤冶雕琢，终于彻悟得法，机用横出，丛林中有铁策之称。汉月法藏举为维那之职，纲纪一众。不久辞去，及闻三峰掩关邓尉，遂归省觐，受汉月法藏最后之嘱咐。

明崇祯八年（1635），具德弘礼守师丧毕，到杭州灵隐寺，从潭吉弘忍，协撰《五宗救》。潭吉弘忍不久圆寂后，具德弘礼遂行脚游方，在会稽、扬州、高邮等地开坛说法。先后住持十禅刹，弘法行化30载。住持扬州天宁寺，道法大振江淮之间，而住持灵隐寺为时最久，道望最盛。

清顺治六年（1649），具德弘礼应请住持灵隐寺，重兴因遭战乱而破毁的江南名刹。"先师具德老人荼瘁二十余年，举全座灵山尺寸而鼎兴之，从外至内，殿阁巍峨，堂寮鳞砌，佛像严丽，金碧辉煌，随一殿一堂，一房一舍，一楼一阁，皆一手擎出，脱体斩新，虽曰重兴，实同开创。"②灵隐百废重兴，法席冠天下，具德弘礼可谓功冠八纮、道光千载，而斯志则空前、后其不朽矣。堪比中兴灵隐的永明延寿大师，而重兴后的灵隐寺其规模更为宏大。

---

① 〔清〕孙治撰：《本师具德老和尚行状》，载入《武林灵隐寺志》卷七，浙江大学出版社，2021年，第500页。

② 〔清〕孙治撰：《康熙十一年灵隐晦山和尚》，载入《武林灵隐寺志》卷七，浙江大学出版社，2021年。

灵隐寺重兴之后，具德弘礼退居杭州的双径寺，命弟子晦山戒显继主灵隐法席。清康熙六年（1667），扬州天宁寺再请开法。具德弘礼欣然前往，衲子云拥，应机说法，千言不竭，七日后圆寂。

有《语录》三十卷行世。门徒众多，以灵隐晦山戒显、云居愿云显影响较大。

（二）灵岩继起弘储

继起弘储（1605—1672），号退翁、担雪老人。江苏南通人，俗姓李，父嘉兆，明末志士，[①] 汉月法藏嗣法弟子，杨岐派二十五世高僧。

继起弘储幼年即由祖母抚养成人，"七岁闻祖母学佛之训，切忧生死，不乐章句"。后在本郡，从若昧法师，修净土宗二年，仍为生死事而疑。25岁时，慨然曰："大丈夫一事不知，犹以为耻，况如来大法，不千门万户一蹴而开，非夫也。"遂投邓尉山三峰寺法藏和尚门下，剃发受具足戒。

逾年侍从汉月法藏，后随汉月法藏至杭州安隐寺，日夜苦参。自期七日开悟明道，至第六日，开堂时，继起弘储危立如塑像，见两行僧对问讯，猛然，积劫未明之事，自落彻底现前。亟趋方丈室见汉月法藏，经汉月法藏几番开凿勘验，赞继起弘储"当起吾宗"，得汉月法藏印可。继起弘储又服勤三年，禅法益臻玄奥，汉月法藏乃书临济正宗记付于继起弘储。

继起弘储首住常州夫椒山祥符寺，出世开法，揭五宗要旨。"室中出十二种，日旋三昧，以验方来，一时东南衲子贤士大夫，目为龙门。"[②] 继起弘储志发古人，曳杖入天台山，隐居参修，三年不出，为天台文邑侯可纪请住天台国清寺。后历住台州兴化灵石寺、天宁瑞岩寺、苏州灵岩崇报寺、苏州尧封宝云寺、苏州虎丘云岩寺、淮阳龙华寺、秀州（今嘉兴）金粟广慧寺、南岳福严寺、汉阳大别山兴国寺诸刹。

"以如来大法为己任，刻苦祖宗家政，单提第一义，为法施。直欲刳人肺肝，而还之古，所至云拥雨集。"[③] 继起弘储住灵岩山崇报寺的时间为最长，从清顺治二年（1645）起，直至圆寂，达20余年。

继起弘储建立六成就八要门，定灵岩六不容法禁："一不得截生死流，二不得踞

[①] 赵獭山编：《弘储和尚年谱》。

[②] 同上。

[③] 同上。

祖佛位，三不得互分宾主，四不得驰骋问答，五不得曲顺机宜，六不得平怀常实。"①继起弘储弘法灵岩山，道行隆盛，各地信徒云涌而来，以至不能容，嗣法者几遍于江浙诸刹，大震杨岐宗风，灵岩山崇报寺遂成一大丛林，弟子遍及天下。

继起弘储是一位寓忠孝于佛理、极具民族气节的高僧。明亡之时，许多明朝遗民志士不屈于异族统治，纷纷投佛门落发出家而成"逃僧"。继起弘储住持的灵岩山崇报寺是江南著名丛林，他同情接纳明朝遗民志士。一时高士名流，如熊开元、徐枋、董说、赵庚、沈麟生、张有誉、王廷璧等都投灵岩山出家，成为继起弘储门下弟子。正如其弟子徐枋所记叙："惟吾师一以忠孝作佛事，使天下后世洞然明白，不特知佛道之无碍于忠孝，且以知忠孝实自佛性中来。"②每值三月十九日崇祯帝自缢煤山日，继起弘储必着素服，在苏州焚香北向挥涕，28年如一日，不改初衷。③

继起弘储为此被清廷所忌，顺治八年（1651），继起弘储受牵连入狱。后因其道望甚高，又加多方大力声援而释放。出狱后，矢志如初，他说："道人家得力，正于不如意中求之，使忧患得其宜，汤火亦乐国也。"

康熙三年（1664），继起弘储60岁，前往灵岩山贺寿者络绎不绝，群贤毕集。继起弘储以他的道行名望与高节，在他周围聚集了众多信徒和一批有民族气节的遗民和名士，其中有前礼部侍郎钱谦益和徐崧、恽日初等名流，可谓"皆相接纳，从者如市"。清初大儒黄宗羲亦上灵岩，在他倡议下，黄宗炎、高斗魁、王廷璧、邹文江、文秉、周茂藻以及弘储、徐枋共九人于天山阁"纵谈七昼夜"，这就是清初有名的"灵岩聚会"。

继起弘储有《南岳继起和尚语录》《南岳单传记》《灵岩树泉集》《雪舟集》二卷等行世，苏州灵岩山寺藏有《祥符录》《浮湘录》《虎丘语录》《辛亥录》《升座语录》等康熙刻本各一册和《灵岩退翁和尚近录》抄本四册。

门下弟子众多，有原直赋住南岳福岩、楚奕豫住潭州云盖，大阐宗风。清雍正期间，被削去支派，法脉断绝。

---

① 《卍续藏经》第86册，《南岳单传记·第六十九祖衡州南岳般若寺退翁弘储禅师》。
② 徐枋撰：《退翁老人南岳和尚哀辞》，收入《居易堂集》卷十九，华东师范大学出版社，2009年。
③ 罗振玉编：《明季三孝廉集》，上虞罗氏排印本，1919年。

二、木陈道忞与天童寺

（一）木陈道忞

木陈道忞（1596—1674），字木陈，号山翁，广东大埔县茶阳人，俗姓林。密云圆悟嗣法弟子，杨岐派第二十四世高僧。

木陈道忞幼时沉毅有宿慧，青年时业儒，试为生员。他21岁时，始读《金刚经》，即知佛法大意。道忞阅《大慧宗杲语录》，有感"则夙世腰包行脚之状，历历如见，真若云山一会，俨然未散者，出家之志，于兹遂决"[①]。至庐山开先寺依若昧智明和尚出家，23岁，奉父母命还俗，并生有一子。

木陈道忞27岁，再投先师智明和尚门下。智明和尚为其举"台山婆子"话头，遂于言下荐得赵州意旨。自验生死关头未破，遂行脚游方参学，参憨山德清，受具足戒，续参黄檗有诸尊宿，终不自肯。

木陈道忞后参密云圆悟于金粟，机缘不契。"直趋双径，谒语风信。信问：'曾到金粟否？'师曰：'曾到。'曰：'曾问话否？'师曰：'不曾。'曰：'你怕打那？'师曰：'某甲一向不曾置得问头，请师处借转问头。'信乃开示，师不肯。复回金粟，举前话，悟曰：'你吃饭还问人借口么？'师拟议，悟便打。后因参'殃崛产难'因缘，打破疑团，始明得从上古人关键。"嗣法于密云圆悟。居侍司掌记室，随侍密云圆悟十四年，禅法日臻玄奥。

明崇祯十五年（1642），密云圆悟示寂，木陈道忞继主天童寺。清顺治三年（1646），退居慈溪五磊山灵峰禅寺。其后他历住越州（绍兴）云门寺、台州（浙江三门县）瑞云山广润寺、越州（温州乐清）大能仁禅寺、湖州（浙江）道场山护圣万寿寺、青州（济南高唐县）法庆寺。顺治十四年（1657）返回明州（宁波鄞县太白山）天童寺。

顺治十六年（1659），奉诏入京，进万善殿。清世祖屡临万善殿，与木陈道忞说禅论究，有《三世奏对录》。他甚受顺治赏识，赐号"弘觉禅师"。入宫近八个月辞归，顺治帝送至北苑门，命使臣护归，并御书"敬佛"二大字及送御画二幅赠行。

木陈道忞南还后，康熙元年（1662），移金粟，晚年隐居会稽（绍兴平江镇）化

[①]〔清〕道忞编：《山翁忞禅师随年自谱》，国家图书馆藏抄本。

鹿山阳明洞天，康熙十三年（1674）示寂，塔于黄龙峰下，世寿79。①

有《弘觉禅师语录》二十卷、《弘觉忞禅师北游集》六卷及《弘觉忞禅师奏对录》《山翁忞禅师随年自谱》《九会百城北游》《诗文集》等书行世。

（二）清代天童寺概况

宁波天童山弘法禅寺，自密云圆悟重兴后，门下人才众多，后多出主诸方名刹。其下派生出多个支系，天童法嗣弟子遍及宇内。密云圆悟寂后，木陈道忞继主天童，后退居慈溪五磊山灵峰禅寺，费隐通容接住天童法席。顺治十四年（1657），木陈道忞返回天童，再住法席。之后，木陈道忞弟子本晢和本昼先后主天童法席。

本晢在木陈道忞离京后，留京住隆安寺，不久即归住天童。本昼初嗣平阳法席，晚年住天童。本昼喜文词，书法亦佳，颇得晋人风致，其宗风亦受其染。其后住天童者，多为本晢、本昼之门下弟子，沿袭祖师之遗风，能诗善词者居多。太平天国之时，天童寺宇全毁。清末，金山之净心法师，始予重兴天童寺。②

三、费隐通容

通容禅师（1593—1661），字费隐，俗姓何，福建福清人，密云圆悟嗣法弟子，杨岐派二十四世高僧。

费隐通容14岁投三宝殿出家，受具足戒后，即游方参学。后投寿昌慧经禅师座下请益，参学日久，对慧经禅师说："今日看破和尚家风也。"23岁时，上庐山参谒憨山德清，与憨山大师纵辩玄奥禅理，深得憨山大师赞赏。万历四十四年（1616），至肖山听湛然和尚讲《楞严》，并受具足戒。

明熹宗天启二年（1622），费隐通容往吼山，礼谒密云圆悟。初见密云圆悟便问："觌面相呈事如何？"密云圆悟禅师不答话，提起菩提大数珠，照着费隐通容的脑袋就打。费隐通容道："错。"密云圆悟又打。通容禅师于是大喝一声，圆悟禅师接着又打。如此七番打喝，费隐通容的所有知见疑惑，顿然冰消瓦解。后再经密云圆悟几番辛辣钳锤，得其印可。密云圆悟禅师移住金粟后，费隐通容奉命前往住西堂寮，第二年，密云圆悟便将法源衣拂传给费隐通容。

明崇祯六年（1633），费隐通容出世开法于福清黄檗山万福禅寺，三年后，迁住

---

① 《卍续藏经》第84册，《续指月录·宁波天童山翁木陈道忞禅师》。
② 蒋维乔著：《中国佛教史》，群言出版社，2013年，第306页。

建宁府建安莲峰院。崇祯十年（1637）春，为天童寺首座，秋住持温州法通寺。崇祯十一年（1638），移住金粟广慧寺。清顺治三年（1646），迁住天童寺。顺治六年（1649），住持云间超果。翌年又迁住杭州径山兴圣万寿寺。顺治十二年（1655），住持虞山维摩院。顺治十三年（1656）住持尧峰（苏州西南郊），次年住持福严寺。顺治十八年（1661），圆寂于福严寺（嘉兴桐乡），春秋69岁。[①]

费隐通容"十坐名刹，力挽颓宗"[②]。他曾编撰《五灯严统》，因涉及宗法传承之僧诤，引起曹洞宗禅师群起讨伐，而遭官府毁版，后弃前嫌和解，亦不失禅师们的纳僧气度。

费隐通容著述颇多，有《费隐禅师语录》十四卷、《五灯严统》二十五卷、《五灯解惑篇》一卷、《费隐别集》十八卷并行于世。

费隐通容门下信徒众多，法脉独盛，有法嗣弟子64位，以隐元隆琦影响最大。隐元隆琦应日本缁素信众屡次恳请，于清顺治十一年（1654）离开住持17年的福清黄檗寺，东渡日本传法，将杨岐禅法在日本传播弘扬，并开宗立派创建了禅宗法系，为示不忘根源宗承，该法系称为黄檗宗，成为与日本临济宗、曹洞宗三足鼎立的日本禅宗宗派，在日本佛教界有着深远影响，为中日文化交流做出了较大贡献。

第四节　玉林通琇与磬山系

自幻有正传弟子圆修开山宜兴磬山，磬山系在清前期子孙繁衍，涌现出玉林通琇、箬庵通问等有影响的高僧，声闻九重。清康熙时，磬山系声势已超天童系。到清道光时，磬山系亦随时势而式微。太平天国后，禅宗一蹶不振，唯有磬山系不绝如缕，有江苏的金山、高旻、天宁三禅寺和浙江西天目山禅源寺，犹尚能接承磬山之宗风。

一、玉林通琇

玉林通琇是天隐圆修的法嗣弟子，杨岐派第二十四世有名高僧。其生平行状，

---

① 《嘉兴藏》第26册，《费隐禅师语录·福严费隐容禅师纪年录》。
② 《嘉兴藏》第26册，《费隐禅师语录·福严费隐禅师纪年录》。

《大觉普济能仁玉林琇国师语录》卷五《敕封大觉普济能仁国师塔铭》《大觉普济能仁国师年谱》《续指月录》及蒋维乔著《中国佛教史》等资料均有记载。

（一）生平行状

据《敕封大觉普济能仁国师塔铭》：

> 师讳通琇，号玉林，常州江阴人，族姓杨氏。父芳，母缪氏，皆与般若有大因缘。师之生也，母梦大士携童子自牖入，寤而生师。堕地，敏悟夙成，能语，辄诵佛号，坐常跏趺。十五，阅语录，参谁字，疑情大发，寝食俱废，昼夜彷徨室中。因触翻溺器有省，遂蝉蜕万缘，决意究竟大事。……乙卯春，遂屏给侍，飘然常住，因触热渡江，止于淮安清江浦之慈云庵，索浴说偈而逝。时康熙乙卯八月十日也。寿六十有二，腊四十三。弟子奉龛归天目，全身塔于东坞庵之后陇。①

通琇禅师（1614—1675），号玉林，俗姓杨，江苏江阴人。童时即颖异不凡，15岁即决意究竟生死大事。"年十九，投磬山剃染受具，执侍巾瓶，夜则随众坐香。"② 玉林通琇参修勤奋，危坐达旦，必欲得悟乃已。一晚参禅至五更，磬山圆修举古话"不与万法为侣者是谁？"，并点拨他"不问你不侣万法，要你会一口吸尽"，玉林通琇当下有省，不觉身心净快，自叹："佛法落吾手矣！"自此，玉林通琇纵横自如，当机不让。"偶乘月泛小舟，举头顿忘迷悟，如虚空玲珑，不可凑泊，急就证天隐于武康之报恩。叩击之次，迎刃不留，至掀案而出。隐知其透关，叹曰：'此吾宗狮子儿也。'"③玉林通琇后归江阴，19岁即得彻悟。

明崇祯九年（1636），磬山圆修示寂，遗命玉林通琇主法席。玉林通琇始不从，避凌霄峰绝顶。僧众莫之许，只得出而住持湖州报恩寺，时年才23岁。开法之日，缁素万众环绕，盛况空前。

清顺治二年（1645），玉林通琇令弟子代住报恩寺。"遇大雄，乐其山川幽寂，

---

① 《中华大藏经（汉文部分）》第80册，《大觉普济能仁玉林琇国师语录·敕封大觉普济能仁国师塔铭》。
② 蒋维乔著：《中国佛教史》，群言出版社，2013年。
③ 《敕封大觉普济能仁国师塔铭》。

就荒烟蔓草葺茅为屋,有终焉之志。然声光外流,逐膻者益众,期年复成蘩席。"①玉林通琇到余杭大雄山、常熟虞山、宜兴龙池山等丛林游方,声名外播。当是时,密云圆悟的天童系盛于东南,汉月法藏的三峰系遭密云圆悟诛伐受挫,其他支系无能与其争锋。玉林通琇虽年少,但出世最早,后先角立,应机接物如疾雷破山,非真实证悟者,不能窥其纵夺之妙。玉林通琇承扬磬山圆修宗法,磬山系渐盛于禅林。

顺治十五年(1658),世祖皇帝闻玉林通琇盛名,特遣司吏院掌印官张嘉谟,颁赐玺书诏其入京。次年春,玉林通琇应诏赴京,见顺治帝于外朝,慰劳优裕。顺治帝命近侍送通琇居万善殿,升座举扬大法,顺治帝常亲临,屡与问答道要。皇情大悦,称赞玉林通琇"实获我心,深契喻志"②,赐号"大觉禅师"。不久,玉林通琇以母未葬为由恳乞还山,诏许之,帝留其弟子行森和尚在京。

顺治十六年(1659),顺治帝又颁敕谕,褒其"实发大乘之秘,传灯可续,末法所希",寄望"重扬法席之辉,永镇山门之宝",加封玉林通琇"大觉普济禅师",赐以紫衣,并予金印,遣使赍往。

顺治十七年(1660),顺治帝建坛选僧受菩萨戒,复诏玉林通琇进京,进封"大觉普济能仁国师"。至世尊成道日,于京师阜成门外慈寿寺,为一千五百僧众说菩萨大戒。又去内廷说法,撰《客问》,帝命大学士金之俊附"评注"作序刊行。次年,世祖皇帝升遐,玉林通琇领大弟子作佛事七昼夜毕,辞还山。钦命遣官护送,其宠荣无有比肩者,玉林通琇成为"道契皇帝"的禅门显要。玉林通琇第二次入京,为时亦较久,磬山圆修系与天童圆悟系竞传于京都,一时称盛于朝野。

康熙四年(1665),浙江直宰官护法敦请玉林通琇住持天目山狮子正宗禅寺,以重振高峰原妙宗风,光辉祖席。天目狮子正宗禅寺岁久荒废,一片颓垣败壁之中,玉林通琇踏看后,决定在山麓的"双清庄"的断垣残迹上增新移旧。玉林通琇身为国师,声名显赫,远近缁素闻风奔赴而来,前后只年余时间就重建而成。重建后的禅寺,后由雍正帝御书"禅源寺"匾额,殿宇恢宏,庄严辉煌,世人叹为观止。玉林通琇为重振祖庭应请而来,禅源寺重建不久,即思归回老旧林。

康熙十二年(1673),玉林通琇在宜兴官府的支持下,进住宜兴国山善权寺,寺内有祖师幻有正传剃度师乐庵的塔。曹洞宗百愚净斯禅师,于康熙元年重修此寺,

---

① 《敕封大觉普济能仁国师塔铭》。
② 《中华大藏经(汉文部分)》第80册,《大觉普济能仁玉林琇国师语录·玉音五道》。

并将本宗亡僧遗骨藏于乐庵塔内。玉林通琇以"保护祖塔"为名，赶走了曹洞宗僧人，不久交弟子白松行奉住持，又回浙江。在此之前，玉林通琇曾作《辩魔录》，痛斥百愚净斯之师瑞白明雪"断常邪见"，两宗之净尚未了结。白松行奉住持善权寺后，因欲扩占寺侧陈氏祠堂，与陈氏家族产生矛盾。"康熙十三年（1674）九月，陈氏家族聚众火烧善权寺（有说是受净斯弟子寒松智操的操纵），杀死几十名僧人，行奉也丧命寺中。"①

玉林通琇得知后，乃尽屏参侍，不食粒米。"子身潜出，渡江而北，至清江浦，止慈云庵，示微疾，唯饮冷水，索笔书曰：'本是无生，今亦无死。此是正说，余为魔说。'掷笔而逝。"②一代高僧，竟然而逝，令人扼腕叹息。

有《大觉普济能仁玉琳琇国师语录》行世。

得法弟子29人，皆能传灯续命，接席分辉，以筇溪行森最知名。

行森禅师，号筇溪，又号慈翁，广东博罗人，俗姓黎。27岁于归宗寺剃度出家，归依龙池雪峤圆信门下。后拜谒嗣法于玉林通琇，玉林通琇令其分座报恩、崇福二山说法，接引海众。一时目为大鹏劈海，又称为森铁棒。顺治十六年，玉林通琇辞京还山，清世祖问："和尚座下有可语上首否？"玉林通琇乃荐筇溪行森，且云："彼骨硬，惟善遇之。"此后，筇溪行森帝前问答召旨，深契帝意。康熙十六年，乃自刻化期，手书封龛偈而寂，世寿64，僧腊36，雍正十一年，追封明道正觉禅师。

（二）禅法思想

玉林通琇的禅法思想，由所述"学道如何不蹉路"之"七谛当"③，可见其端倪。

1."七谛当"与"十三不可"

第一，须发心谛当。若要究竟出世之无上妙道，则要专了断生死大事才可得。不了生死，必崇尚知见和追求世间之技能，则非愚即狂，成魔落外道。

第二，须工夫谛当。为生死发心学道，若能具大根器，则一闻千悟，非此，须参话头。一日不透一日参，一生不透一生参，今生不透来生参，永无退失，永无改变。参定一句话头，便是斩知见葛藤之利刃，如是专一，必得佛祖心髓。

第三，须悟处谛当。既为生死，须要纯一参究。必待命根断，见本来面目，不

---

① 魏道儒著：《中华佛教史·宋元明清佛教史卷》，山西教育出版社，2013年，第356页。
② 蒋维乔著：《中国佛教史》，群言出版社，2013年。
③ 《中华大藏经（汉文部分）》第80册，《大觉普济能仁玉琳琇国师语录·机缘（一）答客问》。

疑生死与古今，才是悟处。若以粗放狂乱为大机大用，以颠顸为透脱无余，言句应参而不参，不烦穿凿而穿凿，则难入悟门。

第四，须师承谛当。要正宗真传，不可杜撰其师，承虚接响。若无真正作家宗师，虽有实悟，自了则可，为人则祸生。倘若自方空豁，瞎棒瞎喝下更迷茫；或自沾着邪知恶解，不知错认，则误人害己。

第五，须末后谛当。不透末后一句牢关，绝莫言得大机大用。不透此关，有正悟者，犹可为一时唱导之师。如无正悟，不知有向上一关者，则必谤先圣，误后人。

第六，须修道谛当。虽具上述五谛当，更须自己觉察，是否真得道，而事事无碍。行解相应名之为祖，试看先宗是何标格。

第七，须为人谛当。决要人真参，决要人实悟，决以见性谓之悟。不可为图门庭热闹，轻意牢笼人，认妄为真。宁绝嗣，不乱传，方谓之为人谛当。

玉林通琇答后还强调："此道不可以有心得，不可以无心求；不能忘身，不可以学道；不能忘心，不可以学道；不能忘世，不可以学道；名不能忘，不可以学道；利不能忘，不可以学道；妻孥眷属不忘，不可以学道；家园事业不忘，不可以学道；知见不忘，不可以学道；记习不忘，不可以学道；喜有靠傍，不可以学道；贪易畏难，不可以学道。"[①]所述十三之"不可以学道"，可为学人参禅学道之鉴。

2. 禅净一致

玉林通琇所处时代，禅净兼修已非常盛行，这必然深刻影响其禅法思想。他在答颜居士问中说："尘劳中知有大事因缘，足征般若，因深铖持十念法门，当先万缘放下，执持名号，一心不乱。若有念起，须看念从何来，看彻念头起处，则亲见自己真面目，一口吸尽西江水，庞公去人岂远哉。见得自己真面目，则见得阿弥陀佛真面目，西方来东土，也得掇东土入西方，也得禅净一致，宗教俱圆，岂不真大丈夫所为哉！"[②]玉林通琇把其"禅净一致、宗教俱圆"的思想，在这答问中阐述得颇有说服力。

玉林通琇在学人参禅悟道时，又教人兼修净业，勤持药师如来名号。他在答王泰卿居士三问中说："居士真为生死，须知制心一处，无事不办，但勤持药师如来万德洪名。持到持而无持，彻见念未生前本来面目，则率性而行，头头是道。如是方

---

① 《中华大藏经（汉文部分）》第80册，《大觉普济能仁玉林琇国师语录·机缘（一）答客问》。
② 《中华大藏经（汉文部分）》第80册，《大觉普济能仁玉林琇国师语录·机缘（二）答颜居士问》。

能了生脱死,方可出死入生。何谓了生脱死?如太虚空先天地而生,后天地而不老。何谓出死入生?譬如大海日照光明生,风来波浪起,到此则去来自在,夭寿不二。又临去时作得主,有二种彻见本来面目,则了知生死不相干。如上所云,若未见本来面目,勤持药师如来,则临命终时八大菩萨接引上生极乐世界,入不退地见佛明心。"① 玉林通琇教人修净业持药师如来名号,净禅二宗均不多见,得度者皆谓,玉林通琇从彼世界应化而来。

玉林通琇六坐道场,七会说法,"师据师子座,举明正法,发轰雷掣电之机,虽老参宿学,罔知所措。既而闭关习静,龙象萃处一室,而户外不闻人声。至于广厦细旃,从容诏对,语巧意圆,穷极实际,能助九重增长法喜,一时贵近无不函香问道。师于弘法外,不发一言,其善慧深厚如此。是以缁素四众,罔不倾心驯至,名德上闻于天宠,被鸿名,龙光赫奕,则师岂非乘凤世愿轮,随助圣人敷扬大化者乎!"② 由此评说,可见玉林通琇的宗风名望。

后有学者评说,玉林通琇曲意迎合清朝皇廷,这似是仅把他当世间人来评判。试想若无清皇廷的支持,磐山系岂能有此盛况,到清末还能主要由其系绵延杨岐法脉。诚然,玉林通琇不似高峰原妙、中峰明本那样的旷古烁今,民族危机之际,远离皇廷官府,参修弘法于民间与深山丛林中。但作为杨岐派禅僧,为弘扬振兴禅宗做出了贡献,玉林通琇仍不失为承前续后的一代高僧。

二、清代的磐山系

(一) 高旻寺与西天目山禅源寺

1. 高旻寺

自磐山圆修传玉林通琇,玉林通琇传栖云岳,栖云岳传南谷颖,南谷颖传灵鹫诚,灵鹫诚传至天慧实彻。逢清雍正皇帝访玉林通琇法师法裔,天慧实彻道行有名,奉诏入京,奏对称旨,帝赐紫衣。雍正十二年(1734)命住磐山圣月寺,雍正十三年(1735),命住高旻寺,由此高旻寺法席极盛,至今不绝如缕。清代高旻寺略系:

---

① 《中华大藏经(汉文部分)》第80册,《大觉普济能仁玉林琇国师语录·机缘(二)答王泰卿居士三问》。
② 《中华大藏经(汉文部分)》第80册,《大觉普济能仁玉林琇国师语录·敕封大觉普济能仁国师塔铭》。

天慧实彻—了凡际圣—昭月了贞—宝林达珍—如鉴达澄—方聚悟成—道源真仁—德慈恒演—朗辉事融—月朗全定①。

较有影响的禅师有了凡际圣、昭月了贞、宝林达珍等。

际圣（1700—1756），杨岐派第二十九世禅僧，字了凡，浙江海宁人，俗姓薛。24岁出家，受具足戒后，与居士张世空一同游方参学。后至杭州崇福寺参谒首座天慧实彻，令看"万法归一，一归何处？"话头有省。天慧实彻住持磬山圣月寺，召其入院频加钳锤。一日睹露柱，彻悟而知情与无情，天慧实彻云："子大事了毕。"②

天慧实彻迁住高旻寺，即令了凡际圣分座说法。后上天目山、天台山华顶参修。"乾隆十年（1745），天慧实彻示寂前，遣人送衣钵，命其继席高旻寺。此后'道问傍淹，遐迩慕德'后又历主镇江府嘉山寺、真州（今江苏仪征）寿宁寺及常州府开利寺等刹，最后又归于扬州府高旻寺。'每结制，衲子云集，开悟者，岁得三五人。'乾隆二十一年（1756），令昭月了贞禅师继席。不久即示寂，世寿五十七。"③

昭月（1729—1785），杨岐派第三十世禅僧，字了贞，江苏沛县人，俗姓余。自幼出家，20岁受具足戒。常诵《法华经》《金刚经》而有疑惑，遂游方参学。拜谒高旻寺了凡禅师，了凡际圣开示曰："谁教你坐在者里，悬崖撒手，自肯承当，绝后更俗，欺君不得。"昭月了贞闻之恍然大悟。昭月了贞28岁继主席高旻寺，虽年少，接引开示学人无有曲折。后又先后住持丹阳万寿寺、杭州崇福寺，主法席30余年，规约严明。"故三十年来，海内丛林知有生死大事者，必以高旻为归。"昭月了贞后归老于高旻寺，乾隆五十年（1785）示寂，年57。④

达珍（1731—1790），杨岐派第三十一世禅僧，字宝林，江西抚州人，俗姓刘。⑤20岁出家，后拜谒高旻寺了贞禅师嗣其法绪。先后住持湖北当阳万寿寺、杭州大雄山崇福寺、狮子崖弥陀寺、高旻寺、北嵩岩法轮寺、天台国清寺等禅寺。宝林达珍20余年八主法席，整纲纪，兴道场，参徒景从，卓然有成。乾隆五十五年（1790）示寂，世寿60，著《正源略集》十六卷、《补遗》一卷。

---

① 蒋维乔著：《中国佛教史》，群言出版社，2013年，第302页。
② 蒋维乔著：《中国佛教史》，群言出版社，2013年，第304页。
③ 萧淑玲：《清代临济宗三大法脉略梳》，《宗教学研究》，2006年第2期。
④ 蒋维乔著：《中国佛教史》，群言出版社，2013年，第304页。
⑤ 同上。

2. 西天目山禅源寺

西天目山禅源寺，原为高峰原妙所创狮子正宗禅寺，为中峰明本国师道场，明末衰废。清代玉林国师重兴之，雍正十一年（1733），赐名禅源寺，与金山、高旻、天宁、天童四大禅宗丛林齐名。

西天目山禅源寺略系：

> 玉林琇—美发淳—晦石琦—澹如永—玉辉真—定慧知—能和果—智长云—见空圆—来悟明—灵慧德。①

太平天国之时，禅源寺遭乱而荒废。清同治后，常州天宁寺清宗禅师续兴之，渐复旧观，宗风延续至今。

（二）箬庵通问与金山寺、天宁寺

清初磬山系有影响的禅师，还有玉林通琇的同门师兄箬庵通问。

据《续指月录》卷十九：

> 吴江俞氏子，参磬山修和尚得法。其自述云：父美长先生，晚忧无子，建鹫峰寺无遮大会百日，应祷而生。幼失恃，病甚，饮酒不自好。年十六，始自惊曰："奈何使身心无措足之地哉？"奋志读书。一日偶过山寺，见《楞严经》云："此身及心，外洎虚空，山河大地，咸是妙明真心中物。"有疑，特走谒磬山本师，教看父母生前本来面目话。②

又据木陈道忞著《布水台集》卷十四：

> 顺治十三年乙未之岁，箬庵问禅师解夏磬山，预告逝期。至年秋二十七日，蜕化于吴江之应天寺。世寿五十二，坐二十九夏。③

---

① 蒋维乔著：《中国佛教史》，群言出版社，2013年，第305页。
② 《卍续藏经》第84册，《续指月录·杭州南涧理安箬庵通问禅师》。
③ 《嘉兴藏》第26册，《布水台集·南涧箬庵问禅师塔铭》。

上叙"顺治十三年乙未之岁"有误，顺治十三年为丙申之岁，史籍记载卒于顺治乙未季秋二十七日，当取此为正说。

通问禅师（1604—1655），字箬庵，苏州吴江人，俗姓俞。磬山圆修法嗣弟子，杨岐派第二十四世高僧。

箬庵通问谒磬山圆修，磬山圆修教看"父母生前本来面目"话头。"一日，本师与客立涧边，提《金刚经》，山僧多口，本师蓦札云：'如何是其心？'当时不觉自失。"①

箬庵通问24岁，婚事苦逼，竟宵遁投南涧法雨大师出家。经常夜跪佛灯下，单参"父母生前本来面目"话头，不契。闻密云圆悟在北禅，腰包赶入吴中谒见，得蒙痛棒垂示。复回磬山，五更闻得一阵风声，疑情顿释，了无一法当情，通身尽快，遂作偈："千玄万妙隔重重，个里无私总不容。一种没弦琴上曲，寒崖吹落五更风。"箬庵通问呈此偈与磬山圆修，磬山圆修曰："玄妙即不问，如何隔底句？"箬庵通问拟答对，却被磬山圆修一顿棒喝。磬山圆修见箬庵通问尚疑滞，遂示颂、诘问、棒喝，反复锤冶，箬庵通问遂悟得道。

箬庵通问得法后，初住持杭州南涧理安寺，后住持镇江金山江天寺，大振杨岐宗风，开金山支系之先河。此后金山支系在江南兴起，清乾隆年间，金山系的大晓实彻移住常州天宁寺，古刹重兴，天宁寺与金山江天寺虽经清后期式微，仍传衍至今。

箬庵通问后复回磬山。顺治十二年（1655）夏，磬山解制后，箬庵通问将方丈所有道具、手书分送诸方，然后杖锡出游。至武康报恩扫塔，晤玉林通琇备托法门细大。预定游期于九月二十七日，行至吴江（今苏州吴江区），寓应天寺，如期坐逝。

有《语录》十卷、《续灯存稿》十二卷行世，嗣法者铁舟行海等14人。

1. 镇江金山寺

清代金山略系于下：

箬庵通问—铁舟行海—法乳超乐—量闻明诠、月潭明达—大晓实彻—天涛际云—六益了谦—沧海达慧—不空悟圆、正一悟明—志学悟通、广慈

---

① 《卍续藏经》第84册，《续指月录·杭州南涧理安箬庵通问禅师》。

真济—道华清登—月溪显谛、观心显慧—大定密源。①

各代禅师中,从行海到悟明都有《语录》行世。较有名的禅师有铁舟行海、法乳超乐、大晓实彻、观心显慧、大定密源等禅师。

铁舟行海,杨岐派第二十五世禅僧,俗姓蒋,名韵可,河南新安人。3岁失母,未及冠,父殁。幼年时曾入忠灵院祈佑,见佛像端严瞻礼经行,依然若老衲。后出家受具足戒,参通问禅师,蒙其印证,嗣其法。顺治十五年(1658),继席升座②,住持金山30年。

铁舟行海佛学造诣深厚,也能诗善画,所绘观音像呈在皇宫,深得康熙母子赏识,据说康熙的母亲还曾拜其为师参学佛法。

著有《行海金山寺志略》二卷存世。于康熙二十八年示寂,年75。

法乳超乐(1642—1702),杨岐派第二十六世禅僧,俗姓陈,浙江海盐人。生于喜禅悦之家,年幼即喜听梵吹之音。父母丧后,剃度出家,拜铁舟行海为师,嗣其法,后继行海住持金山寺。期间适逢清康熙帝第三次南巡至金山寺,法乳超乐奏对称旨,契帝意,特赐紫衣,名扬江南丛林。其时,曹寅(曹雪芹祖父)随侍康熙南巡,受旨与超乐洽印《箬庵语录》,之后,法乳超乐恭请曹寅为《铁舟海和尚塔铭》刻碑篆额、钤章。

大晓实彻(1685—1757),杨岐派第二十八世禅僧,崇明人,俗姓陈。23岁出家,后游方参学,入终南山住石洞中,参看"父母生前本来面目"话头,勤参不已。一晚睹夜空,天无星月,忽然电光一闪,豁然大悟。得悟后,参谒月潭明达禅师,得其印可付法。③

明达禅师寂后守心丧三载,大晓实彻应众请住持蒋山香林寺,历十二载,弘扬杨岐宗法。"雍正十二年(1734),奉旨主金山寺,住十六载,'刻苦励众,尽力恢宏,海内衲子,无不仰望。'乾隆十五年(1750),镇江府士庶敦请住持常州天宁寺,勉力应允入院,大事修建,殿宇一新,百废俱兴,宗风再盛,参徒日增,实为古刹重兴。"④乾隆二十二年(1757),帝南巡,赐紫衣杯杖等,是年示寂。

---

① 蒋维乔著:《中国佛教史》,群言出版社,2013年,第302页。
② 〔清〕卢见曾编:《金山寺志》。
③ 蒋维乔著:《中国佛教史》,群言出版社,2013年,第302页。
④ 萧淑玲:《清代临济宗三大法脉略梳》,《宗教学研究》,2006年第2期。

得其法者十人,其中天涛际云继住金山寺,纳川际海续承天宁寺法席。

显慧(1810—1874),杨岐派第三十五世禅僧,字观心,江苏丹徒孙氏子。29岁披剃,受具于浙江海潮寺,参叩高旻寺天慧禅师有省。道光二十五年(1845)回金山寺,得法于道华禅师,继住金山寺。太平天国时期,金山寺毁于兵乱,结茅为禅堂。得曾国藩器重,为之重建金山寺,并亲撰碑记。金山寺得以重建再兴,观心显慧功不可没。同治十三年(1874),趺坐入寂,年65。[1]

2. 常州天宁寺

清代天宁略系如下:

大晓实彻—纳川际海—净德了月—恒赞达如—雪岩悟洁、普能真嵩—定念真禅—青光清宗、冶开清镕。[2]

各代禅师影响较大的有恒赞达如、普能真嵩、定念真禅、冶开清镕等。

恒赞达如(1762—1840),杨岐派第三十一世禅僧,广州府南海人,俗姓何。[3]21岁出家,受具足戒后,在羊城景泰寺旧址上结茅而居,兴复寺宇。后至海幢禅堂,参看"不思善不思恶"话头有省。27岁出岭南,游方丛林。后到常州天宁寺,参谒净德了月禅师,得其印证付法。次年分座领众,声誉渐盛。后随侍了月到镇江夹山竹林寺,为监院,恢复旧观。嘉庆八年(1803),继住竹林寺。嘉庆十六年(1811),应请入住常州天宁寺。"龙象蹴踏,万指围绕,识者谓大江南北法筵之盛,百年以来未之有也。"清道光二十年(1840)示寂,世寿79。撰有《恒赞如禅师语录》十卷、《佛祖心髓》九卷、《和寒山诗》一卷。

普能真嵩(1794—1868),杨岐派第三十三世禅僧,衢州府龙游(今浙江衢州)人,俗姓徐。[4]10岁出家,18岁受具足戒。后游方丛林,参访禅林大德。道光二十五年(1845)到常州天宁寺,领职后堂。咸丰二年(1852)继住天宁寺,"座下万指围绕,遐迩景仰"。咸丰十年(1860)太平军攻克常州,乃避之江北。同治五年(1866)返回天宁寺,是年谢院事,有同门定念禅师继席。同治七年(1868)示寂,

---

[1] 蒋维乔著:《中国佛教史》,群言出版社,2013年,第303页。
[2] 蒋维乔著:《中国佛教史》,群言出版社,2013年,第304页。
[3] 萧淑玲:《清代临济宗三大法脉略梳》,《宗教学研究》,2006年第2期。
[4] 同上。

世寿 75。

定念真禅（1807—1874），杨岐派第三十三世禅僧，汉阳人，俗姓陈。[①]30 岁出家，受具足戒后，精进参修有省。后游方丛林，参谒大德。至常州天宁寺拜谒雪岩悟洁禅师，得法后，任职维那，道名渐扬，丛林皆称其与普能真嵩为"雪叟双乳神狮"，尊为二甘露门。普能真嵩主席天宁，定念真禅分座说法。太平天国之乱，避居终南山。同治五年继住天宁寺，重兴寺宇殿堂，弘扬杨岐宗乘。同治十三年（1874）示寂，世寿 68。

---

① 同上。

第七章　近代禅宗杨岐派

进入近代以来，中华大地一直处于列强侵略、太平天国起事、军阀混战的兵荒马乱之中，给中华民族带来深重的灾难，也给中华传统文化造成极大的破坏，中国佛教也跌落至低谷。

鸦片战争的爆发，腐朽没落的清王朝不堪一击，却把巨额赔款转嫁于民，民不聊生。贫乏又无处归依之人，为糊口而出家，也有人为避战乱或触犯刑律匿身寺庙，至清末，僧尼人数骤增，达 80 余万。[①] 流品即杂，良莠不齐，既乏学力，且多坏戒规，导致僧才摧萎。本已式微的禅宗杨岐派，处此变乱激流之中，犹如雪上加霜，宗风衰颓。

日趋衰落的禅宗，亟待重兴。时代之召唤，潮流之所趋，出现寺僧与居士鼎足力图复兴之势。

僧为佛教三宝之一，是禅宗重兴的主体。近代禅宗杨岐派涌现了：专门禅宗，倡参话头的宗门泰斗来果禅师；身祧五宗，真参实究的佛门泰斗虚云老和尚；解行相应，禅净兼修的圆瑛大师；道参向上，卫教护法的"八指头陀"敬安和尚；承扬直指宗旨，与虚云齐名的真空禅师；清末宗门两大禅僧，大定禅师和冶开禅师。诸如以上禅宗巨匠，为力挽颓势、重兴宗门而不懈知解信行。

要予一提的是：太虚大师力图实行佛教自我革新，把人间佛教理想推向社会，做出了艰辛的探索和努力，在近代佛教史上留下了浓重的一笔。

居士刻经弘法、兴学培育僧才，是近代促进佛教崛起的主流之一。杨仁山、欧阳竟无等居士创办金陵刻经处、金陵祗洹精舍，为弘扬佛法、培养僧才做出了贡献。康有为、梁启超、杨度、蔡元培等都入门执弟子礼兼治佛学，为佛教复兴推波助澜。有关居士弘扬佛法这方面的史实，《中华佛教史》等佛教史志著作都有翔实的记述，

---

① 麻天祥著：《中华佛教史·近代佛教史卷》，山西教育出版社，2014 年，第 178 页。

本章不另阐述。

第一节　来果禅师

来果禅师是高旻寺明轩西瑞禅师的嗣法弟子，杨岐派第三十九世高僧，近代宗门泰斗。其生平及禅法思想见录于《来果禅师语录》《自行录》《来果禅师讲述开示录》《扬州高旻寺来果禅师塔铭并亭记》《来果禅师自述行禅路》等资料。

一、生平行状

据《扬州高旻寺来果禅师塔铭并亭记》：

> 师讳妙树，字来果，一号净如，湖北黄冈农户刘姓子。……师生于清光绪七年，岁次辛巳，七月初二日寅时。灭度于公元一九五三年，岁次癸巳，十月十七日寅时。世寿七十有三，僧腊四十九春，戒腊四十九夏，法腊三十九秋，住持三十五冬。①

来果禅师（1881—1953），法名妙树，号净如，湖北黄冈市人，俗姓刘，祖上耕读为业。出生后不食母乳，雇素乳母长大，至三四岁时，喜捏泥土佛像而拜。②来果7岁时，听到附近寺中僧人诵《心经》，至"无智亦无得"句，心生欢喜似有所思。遂每天早晨和日暮时各诵《心经》七遍，习以为常。12岁时萌生脱尘之志，遂潜逃离家，一路跋涉到汉阳，拟投归元寺出家。其兄寻而强拖回，如是气绝数次。父持棍逼其吃肉，威胁不吃就要三棍打死他。来果禀告父，请父打死，誓不吃荤，被母拦住。

（一）至心参"念佛是谁？"话头

来果15岁时，皈依大智和尚，大智和尚教来果念佛以了生死大事，来果遂能念佛成片，梦寐中依然念之。大智和尚曰："此真念佛！念佛是那一个，汝知否？"来

---

① 温光熹撰：《来果禅师开示录·扬州高旻寺来果禅师塔铭并亭记》，版本待考。
② 来果著述：《来果禅师语录》附《自行录》。

果不能答，和尚曰：'待汝寻到念佛之人，再向汝道。'"来果向佛之心益坚。

18岁时，父病弥笃，医药无效，来果佛前盟誓，自割肝疗父疾，父不多时而愈。19岁，父母迫其结婚，慈命难违，只得事先与女商约，名为结婚，不染世尘，各自念佛，母劝慰无效，只得作罢。在他的劝化下，母皈依三宝，兄弟姊妯娌、全家人都信佛。22岁，被叔祖父所逼同到任年余，目难忍睹极刑多重，遂辞职归乡里。来果静思猛省，要了生死大事，非出家不可。

光绪三十一年（1905）六月，来果告别双亲，朝谒普陀山。途中遇五苦行僧人，有感"还有真修行人在焉"，遂往宝华山剃落受戒。来果禅师几经磨难，感而作诗偈："普陀离俗意欲奢，实为生死到宝华，多蒙师众收留我，参明本性脱尘沙。"又不知寺规，寺僧怀疑其是歹人。来果禅师不胜寺僧磨折，遂逃离宝华山，沿途乞讨无门，不食多日，夜与野犬同卧。绝望之中，至扬子江欲投江而死，幸遇救于京口弥陀寺僧人。来果禅师回思宝华山之事，皆由文字构害，立誓再不作诗文自缚。

次年三月，来果禅师赶到金山受戒，至戒期圆满，发心游方行脚。"从此立行，每日太阳将出，先举'念佛是谁？'起身，手拗蒲团，举功夫上肩，至晚太阳将落，即放蒲团为止。"不论止在何处，先提功夫，后放蒲团，若空放，提起重举功夫再放。由此行至五台山，礼拜文殊塔后，即向北由桂花城出国，拟往中天竺国游方。路遇东印度来中国进香的喇嘛，告之欲回国却因途中艰难障碍太多，不敢妄行又返回中国。来果禅师只得打消西行念头而归，历经艰难困苦回到故里，度化父亲皈依三宝。于光绪三十三年（1907）春，回金山销禅堂假。

来果禅师初进禅堂，因不熟悉规矩，常被击香板，多时被击四百余次。于是留心学习禅堂规矩法则，堂内堂外默背熟透。单参"念佛是谁？"话头，立愿以悟为期，不悟不出禅堂。因制心一处参话头，毫无杂念妄想，从未举头上望，人问大殿供什么佛像，竟不能答。

光绪三十四年（1908）九月二十六日，"晚六枝香开静鱼响，猛然豁落，千斤重担放下，打失娘生鼻孔，痛哭不止"。觉云空川流，随问随答，了无碍滞。和尚、班首临堂赞叹，来果禅师向各寮求忏悔，止其莫赞。一日，"慈本老人举手巾作洗脸势，问是甚么？答曰：'多了一条手巾，请将手巾放下。'慈老不答而退。"来果禅师自是益加仔细，苦心用功，以免自大。首座劝任班首，力辞而职饭头，力事节约。首座再逼任班首，来果禅师自度学浅，遂于清宣统二年（1910）四月，避往高旻寺。

（二）主高旻，立规约，专禅宗

来果禅师在高旻寺，安住禅堂参禅精进。一日，请月郎定祖师开示，问答相投，定祖请来果禅师当班首，百计推托不许，只得勉强答允。受执事后，禅堂凡出坡诸事，来果禅师一人担当，各库各寮事棘手者一肩担夯。内清外净，身心潇洒，了无挂碍，人见似有禅僧古风。

任班首四年，忽动游方行脚之念，遂往终南山湘子洞潜修参禅。至民国五年（1916）夏，金山寺慈融二老和高旻寺月郎定老祖均催归寺，又遇高鹤年居士，来果禅师纳其力劝而返高旻寺。月郎定祖令住持明轩西瑞传法来果，于是年九月十五日，随请诸山，如期云集，来果禅师继主高旻寺法席。明轩西瑞上承杨岐派玉林通琇法系，来果禅师为杨岐派第三十九世法嗣。

两天后，月郎定禅师圆寂，临终前执手，坚命来果禅师发愿："生为高旻人，死为高旻鬼。"来果禅师踌躇多时，方答允。

来果禅师住持高旻寺后，不畏艰难，矢志恢复规范高旻寺丛林旧制。订立《高旻寺丈室规约》，严格遵守常住规约和早晚上殿规矩。特定宗旨：专门参修禅宗，单参"念佛是谁？"话头，凡与参禅无关的一切活动一律禁止。宁动千江水，不动道人心，彻底拔除经忏根子。收回并重兴高旻寺中兴天慧彻祖塔，修建寺院殿堂，建成古凉亭，水木清幽，增人法喜。

来果禅师住持高旻30余年，世誉其"道侣咨扣，檀信皈依者累万数，有'马驹踏杀天下人'之概，重扬少室家风。竹篦拈来，大演磬山嫡旨"。恢复杨岐派禅门气象，为诸山丛林之垂范，世言："天下丛林不止单、守禅制者，独有高旻耳！"

来果禅师生平以弘法悟道为己任，在恢复禅宗丛林制度等方面，居功至高。近世禅寺多遵行《高旻寺丈室规约》，参禅亦多看"念佛是谁？"话头，可见来果禅师影响力之深远，不愧为近代宗门泰斗。

1953年，来果禅师圆寂于上海，世寿73岁。皈依、剃度、受戒、得法弟子甚多，著名的门人弟子有深圳弘法寺本焕长老、杨岐慧通老和尚等。有《自行录》《语录》《开示录》等行世。

二、禅法宗风

来果禅师住持高旻寺30余年，始终坚持"专门禅宗"的禅法寺制，参禅又专参"念佛是谁？"话头，强调真参实究，这是来果禅师禅法的鲜明特色。来果禅师这一

"专门禅宗"思想,不仅在近世禅寺中不多见,也深刻影响了近世禅林参禅修行的方向与程式。

来果禅师宗风高峻,钳锤紧密,荡涤一切穿凿、卜度之病,直示旨归,不落前人窠臼,发古德之未发,明今人之不明。接引学人,逐层策发,一路挟持,令学人寻究到无用心处,而豁见自己安身立命所在,刻骨究实,不妨易得。

(一)专门禅宗

元末以来,民间法事普遍盛行,深刻影响了禅、净等教宗。此后,将办法事与各教宗相关联之习,绵延影响着明清二代。太平天国对异教"自下而上"的毁灭性打击破坏,禅宗也跌落到衰落的谷底,念佛、习经、做法事也逐步成为禅宗的重要程式,禅宗渐失其本具的特色,这种趋势一直延续到近世。

来果禅师痛念禅宗式微,应缘而兴,刹竿扶起,全提正令,力挽颓势。他指出:"即建丛林,必依古法。古法有二:(一)古法者,佛句世间,宏法之所,度生之处,悉为丛林。(二)唐代以还,马祖开丛林,百丈立清规,如大冶炉,如陶家器、陶佛模,出佛相,铸祖模,出祖相,好模型出好货,坏模型,出坏货。"① 强调近世禅宗丛林要挽颓势,首先要恢复和遵循《百丈清规》等丛林规制,冶铸出祖相级的法器禅才。

恢复建立丛林清规后,首要是在禅寺的一切程序活动中"专门禅宗"。来果禅师在《扶宗说》中阐述:"参禅人,守住一门做功夫。何以?专办此事,尽此一生,尚不容易办好,何能这一头,那一头?……类如人说拜佛好,即便拜佛;人说念佛好,即便念佛;人说看经好,即便看经;人说参禅好,即便参禅;人说朝山好,即便朝山。总是随人口转,或是随人脚转,直许空过光阴,正是法门胡混。"② 参禅人究其一生,专注一禅门做功夫,都不容易开悟得法,怎么还能去做经忏法事等其他的事呢?若一会儿参禅,一会儿阅究经藏,一会儿念佛修净土,一会儿又去朝山,禅也参不透,其他也做不好。所以禅寺要禁止举办与参禅无关的程序活动,禅僧要专一参禅。

基于这一思想和力挽近世禅宗式微之宏愿,来果禅师住持高旻寺后,就矢志于将高旻寺打造为专门禅宗的道场,制定各项规约,停禁一切与参禅宗旨相违背的程序活动,不放焰口、不打水陆、不拜大忏、不念小经、不与人送殡、不出门做经忏,

---

① 来果著述:《来果禅师语录》卷二《开丛林》。
② 来果著述:《来果禅师语录》卷一《扶宗说》。

彻底拔掉经忏根子,也不得容外道、开学堂、立莲社、不传戒、讲经、学密宗、打念佛七等,亦不成就人阅藏、住茅蓬、住关。

在禅宗衰落之时,众多禅寺为求存立运作,而兼办法事经忏等与参禅无关的活动。在这一大趋势下,来果禅师要着实力行"专门禅宗",面临的困难是艰巨的,承受的压力也是空前的。但来果禅师弘扬禅法、专门禅宗的志愿无比坚定,即使寺院再困难,宁可沿门化斋乞食,也不破坏这些规约。不以佛法徇人情,不依己是,任刀架在颈上,宁死不改专门禅宗之初衷。

> 近十余年,宇内苦兵,盐酱多缺。百丈农禅之制,既失修而废,寺众常百数十人,少壮者或事编织杂作以餬口。苦行长老,难胜劳作,守死不去,秕糠菜根,甘之如饴。而挂单者犹踵相接,禅堂内行、坐十四枝香,拄杖、竹篦敲击相应,亘古如新。昔人语云:"上有文殊、宝光,下有金山、高旻。"今行脚僧言:"天下丛林不止单、守禅制者,独有高旻耳!"①

在来果禅师的带领坚持下,高旻寺成为近世"专门禅宗"的名刹丛林,前来参禅的学人纷至沓来,对近世禅宗走出低谷有着积极的影响。

来果禅师在高旻寺实行"专门禅宗",是从力挽禅宗颓势、恢复禅门本来面目而行的。但他并不反对禅、净、教、律、密兼修相融,他本人就是宗说兼通的禅宗大师。在《来果禅师语录》的首卷,来果禅师就对禅宗与其他教宗的关系专门作了精辟的阐释。在《开示录》中对"打七"的僧人教示:"你们不晓得宗门下是一个甚么门,它是一个绝相、超宗、离名、离相的门庭。并非教你把经典毁掉,把净土丢掉,没有这样的!"又说:"三学兼修,一参具备,三学就是戒、定、慧。……看经、念佛、持咒,都是向外驰求。各人的生死不从外得,不依他有,都从自己家里来的,你向外跑,越跑越远。你要知道:参'念佛是谁'就是往家里跑。……向家是甚么?没有生,也没有死。说明心、见性,也是多的话。到家,心不待明,本来明。性不要见,现现成成的。"②来果禅师强调"三学兼修,一参具备",参禅并不是把净土、经典丢掉。当然,作为禅门宗师,他亦指出参禅是直接往"家"跑的正法宗门。

---

① 温光熹撰:《来果禅师开示录·扬州高旻寺来果禅师塔铭并亭记》。
② 温光熹撰:《来果禅师开示录》。

来果禅师对学人如何兼修，亦有其主张：若修一切杂行，必悟心修，不可迷心修；悟心修杂行，成六度万行；迷心修杂行，成轮回生死；果悟心修，可不过问；若迷心者，赶快投入宗门，将心修悟，再修杂行可也。有参禅人问云："何为迷心？何为悟心？"答曰："凡所有心，皆称迷心，心本无生，始称悟心，行人大须仔细。"①显然，来果禅师主张参禅人要悟心方可修杂行，对大多数未悟的迷心者，则要赶快投入禅门，专心修悟。

（二）念佛是谁？

来果禅师在高旻寺实行"专门禅宗"，"专门禅宗"亦即专门参禅。在高旻寺参禅又以参话头为主，且专倡参"念佛是谁"话头。

来果禅师认为："要参禅，非参念佛是谁不可，了生死，亦复念佛是谁可了。"②了生死事大，亦是众生之大病，来果禅师指出："这个生死大病，不同世间的病，非吃'念佛是谁'的药不可。"古来禅林公案甚多，自宗杲倡参话头以来，高僧大德所参话头也较多，他说："古人虽有'父母未生前''狗子无佛性'，乃至一千八百公案。但任何诸祖，无不是在一则公案上一门深入。所以禅堂和尚、班首开口'念佛是谁'，闭口'念佛是谁'，讲话'念佛是谁'，不讲话也是'念佛是谁'，这是宗门下最要紧的。"来果禅师主张参话头要一门深入，他专参话头"念佛是谁"而彻悟得法，依据自己亲参实究的切身证悟，力倡专参"念佛是谁"话头，并为高旻寺宗门下最要紧事。

1. 坚信"念佛是谁"话头

来果禅师告诫学人："首先要相信自己这个色壳子不久要坏，坏过以后，路头很多的，不晓得那一生再变一个人，前头的路茫无所知。自己的面目彻底要信的，极要这样的相信自己，非承当不可，非了我们自己不可。能相信自己，再相信'念佛是谁'的办法，'念佛是谁'是承当我们自己，'念佛是谁'是了我们自己。"

参"念佛是谁"话头，首要是要坚定地相信"念佛是谁"这法，是真实不虚的大法，是有情、无情本具的根本法。

来果禅师再告诫学人："不问开悟与不开悟，工夫用到，自然会悟，不用你想悟，如光想悟，不用功，那能得悟呢？古人说：'瓜熟蒂落，水到渠成。'不用想悟，

---

① 来果著述：《来果禅师语录》卷二《修杂心》。
② 温光熹撰：《来果禅师开示录》。

只要'念佛是谁'一直参去，参到山穷水尽，□的一声，到了这个地方，如人饮水，冷暖自知。"

了我们自己，根本上首先要了惑，惑能了，心、身、世界当然会了，也就能承当自己。而了惑最如法，必是看"念佛是谁"话头。参禅人坚定以参"念佛是谁"为正行，只管死心塌地用功参究。

2. 不与妄想、昏沉为侣

初发心参究用功怕妄想，坐禅久时怕昏沉。来果禅师提示学人："怕也怕不得，爱也爱不得；只要将这个'念佛是谁'——是那一个？提起来审问、追究，但是追究，只许你追'念佛是谁'，究竟是谁，到底是谁。"

来果禅师开示学人："清清爽爽的，历历明明的，不慌、不忙、不急、不缓的参，正是你打你的妄想，我参我的'念佛是谁。'"只要坚信了看"念佛是谁"话头，不离"念佛是谁"，任它妄想、昏沉袭来，任它情来、爱来，来得再多也不问，只是看"念佛是谁"话头。

他还告诉参这个话头的人还要明了："妄想与参禅，同是一个妄想，同一路径。"妄想随业转，即是生死；妄想随心转，参禅明本心。总之："'念佛是谁'到那里，你就到那里，'念佛是谁'在前头走，你就在后头走；以'念佛是谁'审我的心，问我的心，究我的心，久之，可以明我们的心。"

他再告诫学人："要念念分明，心心清澈，念念分明则无妄想，心心清澈则无昏沉。只要分明，妄想不除而自除，只要清澈，昏沉不去而自去。"要依此提起"念佛是谁"这个话头，只把这一句"念佛是谁"认真参究，它能离一切念，除此以外，没有丝毫别的思量、卜度，不与一切妄想、业障为侣。

参看话头到了这一地步，必须还要向前走。他说："这一个要降它的心一起，更是妄上加妄，业上加业，那里会降得住？你就是一个不睬它，不理它，不降它，不压它，终归我的'念佛是谁'可以参，不断的追究，自然会上路。"

3. 要起大疑情

来果禅师说："看话头定要起疑情，不明白，不知道，颠顶、儱侗，就是疑情。"大疑大悟，小疑小悟，不疑不是悟，不起疑情，就难以参究。

他亦强调："念佛不是我，是佛吗？不是的，一切所有，皆不是的，就这么思量分别一些时，回头才知道错了！那个教你在思量分别上用功？你才知道'念佛是谁'不晓得，就在不晓得、不明白上去求个究竟，就是疑情。"在参"念佛是谁"时产生的疑情，在这个疑情得力处，久久地用功参究，一天到晚不断一下子。

他要求："切向'念佛是谁'句子上，疑来疑去，疑到上不见有天，下不见有地，正疑不知有疑在，如此坚持绵密，一旦豁然，方知个事不从他得。"

用功参究到极紧的时候，疑情绵绵密密，涌涌而起。他说："照这样子，再提不起的地方，不要提。念一句'念佛是谁'，即从能念的地方再下手参，这一下手再起疑情来。我告诉你，你不要参，它不由你，疑情涌涌的，好得很！但是，我讲，好歹是我的，要你们行到这个地方，你们才晓得真实不虚。"这个时候，回过头来望一望：还有佛在，还有祖在吗？这才彻底认识本来的你。

4. 生熟互转去粗障

一般世间、出世间法都是"生处转熟，熟处转生"，来果禅师对于参看话头"念佛是谁"亦有此见解主张。

来果禅师认为："因为无量劫来所走的地方，都是有色可见，有声可闻，有路可走的。今天教你参'念佛是谁'，这个地方与它们不同，看不到，又听不到，脚又没处下，似乎难死人。这是甚么道理呢？没有别的，就是一个生、熟的关系。生的是不动，熟了，甚么都可以做。'念佛是谁'弄熟了，还有用功用不上的道理吗？"

这就如同初参时，一天到晚不离"念佛是谁"，却尽是涌起妄想，终归被妄想、业障牵去，这就是妄想熟透了，"念佛是谁"是完全生的。参看"念佛是谁"话头到深处，妄想不起了，尽是"念佛是谁"，白天、黑夜尽是这个话头，能这样用功夫看话头，"念佛是谁"就纯熟了，妄想也就生了。生的不动，妄想就不起，熟了，甚么都可以做。"念佛是谁"参熟了，参究用功的功夫就都能用上了，这就是参看话头"念佛是谁"的生熟互转的关系，要明了并把握住这个关系。来果禅师为此而说："终归不吃饭可以，不睡觉可以，没有'念佛是谁'不可以。今天也是生，明天也是生，久久的当然会熟，乃至一年比一年熟，三十年、二十年决定可以熟透了。'念佛是谁'由生渐渐的转熟，妄想、业障由熟渐渐的转生，'念佛是谁'熟透了，妄想、障业、世事也就生透了。"

参究话头用功用不上，亦是粗障障住了。来果禅师说："不相信用功亦是粗；不信'念佛是谁'是粗，疑情发不起亦是粗；怕吃苦是粗，要快活亦是粗。你说它有多大呢？有情，最大是金翅鸟，还没有它大！无情，大山、大海亦没有它大！它既然有这么大，为甚么不见呢？因为我们整个的在粗里头。"

这是因为平常在参看话头时，都在声、色上用功，不是眼见色，就是耳闻声。

虽然提起'念佛是谁'来参看，仍未排除见色、闻声的大粗障。这个粗障中，妄想也有，昏沉也有，业障也有。要排除此粗障，只有坚信参看"念佛是谁"话头。来果禅师为此告诫信众："任是行、住、坐、卧，不问动、静，终归把一个'念佛是谁'抱得牢牢的，死也不放松。"长久坚持参究用功，"念佛是谁"转熟，粗障转生，生则不动，不为其障了。妄想、昏沉、业障都止歇下来。"念佛是谁"熟了，参究时就清清净净，光光堂堂，功夫也就能用上了。

由此可见，看"念佛是谁"话头，是去粗障的正法，是明了我们本来面目的大法，若要了生脱死，非参"念佛是谁"话头不可。

5. 身与心俱精进，时时刻刻参究

来果禅师主张看话头用功夫要身与心俱精进，他说："用功的一句话，有种种差别，其中：有身精进、心不精进；有心精进、身不精进；有身、心俱精进；有身、心俱不精进；四种差别。……心精进者，就是一天到晚，心上'念佛是谁'历历明明的……如何是身、心俱精进？……这一种人，行香、坐香是有精神，心地上清清楚楚的，'念佛是谁'时刻不离。"身心俱精进，亦即行香、坐香与心地上都时刻不离看"念佛是谁"话头。

这就必须要时时刻刻参究话头，不问动、静，行、住、坐、卧，念念提撕。来果禅师如是说："用到行不知行，睡不知睡，小圊不知道扯裤子……总把'念佛是谁'不明白处，苦苦参究，恒常不断。任它再热，我有'念佛是谁'，当然清凉自在。任是再冷，我亦有'念佛是谁'，也不晓得有冷。就这么苦苦地参，三年、五载要开悟，当然现成事。"每天都看"念佛是谁"话头，行、住、坐、卧、穿衣、吃饭都一心参究此话头。要把所有学问、识见解一齐放下来，单单提起"念佛是谁"话头不放下，持而久之，就是'念佛是谁'一个心。此一心纯熟，就可以达到无心、了心。

来果禅师还告诉学人："工夫的程序大概有三种：第一极生，第二极熟，第三非凡、非圣。这三个题目，把你们用功的程序，一概包尽。"看话头达到无心、了心，生不可得，熟也不可得，生、熟俱不可得，功夫就做到了非凡、非圣之境地。

6. 要使功夫站得长

看话头用功夫能否持久，就看功夫能否站得长。每每有人参"念佛是谁"话头，提也会提起，疑情亦会起，得力与不得力也清楚，就是站不长。

来果禅师为此告诫学人："你们有心用功的人，当然要想个办法，使这一切的站不长,能可以站得长,只可以'念佛是谁',这一法是直达心源的一法。心虽站不长,而心源是永长的。譬如水流一样,水是流转,水源是不流转的,水源若是流转,当然流去就没有了,因为源不流,所以长流不息。我们必须达到心源,方可以站得长。"来果指出"念佛是谁"这条路,实是对根机尚浅的人不得已而讲,要截流归源,苦苦地在"念佛是谁"上认真下一番死功夫,就不怕它站不长,总可以由这个不长达到一个真常。

7. 不要将心待悟,回到家方是真悟

来果禅师在打七开示中,反复告诫学人不要求悟,不要将心待悟。他说:"参禅人功夫用到深入,自然会身、心俱失,动、静全忘。……所以教你们不要求悟,你把求悟的心拿来用功多么好呢!"参话头不要求悟,亦不是想悟,也不是信口说悟,必要实参真行,真行到,自然会悟。来果禅师又说:"可是,要你们抱定一个'念佛是谁',行也参,坐也参,功夫恰当也参,不恰当也参,有妄想也参,有昏沉也参;你有这样耐苦亲切的参,真实不虚的功夫,还要开悟做甚么?"

永嘉大师说:"恰恰用心时,恰恰无心用,无心恰恰用,常用恰恰无。"来果所说"还要开悟做甚么",说的也是这个道理。参看"念佛是谁"话头,恰恰正在用心时,恰恰无心用,无心用时,恰恰得用,用久了,恰恰也无。真参是无参,参到无心莫谓道,无心回到家还差一程路。

来果禅师开示学人:"向家是甚么?没有生,也没有死,说明心见性,也是多的话。到家,心不待明,本来明的,性不要见,现现成成的。这个'念佛是谁',一脚就送你到家,只要一句,就可以归家稳坐了。"参到无心若向外,仍是六道往返,生死不定。参"念佛是谁"话头,既是参禅,参禅就是向内参。要把话头"念佛是谁"参到这样:提起来在,放下来也在,成团自在,心、意、识俱遣,把妄执、识见解的根子一下子了掉。这样才见到凡圣同体的本来面目,见到了本来面目,方为真悟,真悟是一悟一切悟,真悟方是回到家。回家之人不与万法为侣,不与有情为侣,亦不与无情为侣,这才是参话头"念佛是谁"要达到的境地。

(三)放下一切,真参实究

来果禅师注重真参实究,尤重实地功夫,行到参到,而全无孤负。参禅用功,强调身心全放下,放下一切,心行由粗入细,总归一条心行,而寻至到无用心处。世赞:"高旻乃了生死之门庭,专重真参实究;有清二百余年来,天慧、方聚诸祖遗风至今犹存，玄风四播，龙象骏兴，曩岁日本艳称'高旻禅'。"①

1. 放下一切

来果禅师总是教导参禅之人："今天教你放下，还要放到无可放处，无可放处还要放下。"②参禅要放下一切，要放得空空的，心放下，身也放下，世界也要放下，就连放下的念头也要放下，只有放下一切，才可能行到真参之境地。

参禅要放下一切，就是要歇心，正所谓"歇即菩提"。要歇到没有一丝毫，若有一丝毫在，此歇非菩提。正如来果禅师所说："参禅是要万念放下，如有一毫放不下，这一毫头要遮太虚。你们各人还领会吗？众生从无量劫来，就因为一个放不下，大而世界，小而身心。一生、一生已来，将来还不是一生、一生的下去？我们要返本归元的人，不把身、心、世界了掉，返本归元只可说说，事实办不到。"③众生六道轮回，从无量劫来，就是没有万念放下。要专志参禅，不放下一切，此参非真参。

"若要名实相符，首先要知道世界那里来的？身从何有？心以何有？能知身、心、世界从何而有，就可以从根本上一断，一了一切了，才是釜底抽薪。若不在根本上解决，都是扬汤止沸。"④来果禅师在这里要求学人，参禅要放下一切，才能知身、心、世界从何而有，才能从根本上去参断，所以说放下一切，是斩断妄念的釜底抽薪之法。

2. 真参实究

放下一切，才是真参实究。真参实究与参看"念佛是谁"话头，同是来果禅师禅法的精髓及最具特色之处。

来果禅师在高旻寺打七开示学僧时，现身说法何为真参实究："我在金山用功得力的时候，在广单上听到嘈闹，我下去一看，无人，大众一齐睡觉，没有一人讲话；我在广单底下一看，原来两个虱子相咬打架；我把它送到如意寮去，给点东西它吃吃，你们想想看，还可以妄加分别吗？我讲的是我亲自行到的。"⑤参禅参到能听到虱子相咬打架，听来确有些不可思议，但佛法本就不可思议，来果为近世宗门泰斗，参禅入静达到常人不可思议之境地，岂能不信。由此也可知，什么是真参实究，真

---

① 温光熹撰：《来果禅师开示录·达本居士序》。
② 温光熹撰：《来果禅师开示录》。
③ 同上。
④ 同上。
⑤ 来果著述：《来果禅师语录》。

参实究才能达到这样不可思议之境界。

来果禅师教导学人:"道非悟不明,理非证不真;能证之真,又非苦参不可。且道吃饭,口口吞着未嚼一粒米;穿衣,件件披着未挂一寸纱;任是佛祖,也难说得一个非字。"[1]参禅参到,穿衣不是穿衣,吃饭不是吃饭,这样的参禅方是真参,才是苦参,就是佛祖也会担保,必定真悟得道。

真参还须实究,来果禅师告诫学人:"把住脚跟无处去,久居邗上问真禅,参到虚空落地后,回头处处总安然。"又说:"且道诸人脚跟下事曾稳否?如捕风捉月功夫,太难了事在。能在难处之处久住,难参之处久参,本分寒暑,莫问短长,一超直入,自有转身之时。"[2]禅在当下、在脚跟下,"乱动脚跟,触途成滞"[3]。参禅实究就是要站稳脚跟,难参之住久久参,久居邗(江苏邗江)上问真禅。参究到一切思解识见都忘掉,连参禅的是甚么人也要忘掉,也就可达听到虱子相咬打架的境界。

来果禅师着重强调:"能行,才算是参禅;不行,口说参禅,不能算了事。宗门下行之一字最为重要,不但近世人对于这个行字误会,乃至自古以来,误会的亦不少,都以为见到就算了事,或者领会到这一件事,人人本具,不假修证,当体全是,要行甚么?以为行是多余的,宗门贵乎行者,实行,不致误会。"[4]真参实究亦贵乎一个"行"字,此"行"字是实行之行,就是要真正行参究之实,是"功归实际,道不虚行"[5]之行,是参到无心莫谓道,回家还要行一程。

第二节 圆瑛大师

圆瑛大师是杨岐派天童系下慈运和尚嗣法弟子,杨岐派第三十三世高僧,中国佛教总会第一届至第八届主席,中国佛教协会第一任会长。其生平及禅学思想见载于《圆瑛法师年谱》《圆瑛法汇》《圆瑛大师文汇》等著作。

---

[1] 来果著述:《来果禅师语录》。
[2] 同上。
[3] 温光熹撰:《来果禅师开示录》。
[4] 同上。
[5] 来果著述:《来果禅师语录》。

一、生平行状

据《圆瑛法师年谱·内容简介》：

> 先师生于公元一八七八年，圆寂于一九五三年农历八月十一日亥时，享寿七十六岁。福建古田县平湖端上村人。俗姓吴，父元云公，母厥氏。名亨春，五房昆仲祇师一嗣。五岁时椿萱失荫，稍长业儒，过目成诵，聪颖过人。十七岁，顿觉人生如梦，亟思舍俗出家，为其叔父所阻，未获如愿。十八岁大病愈后，遂决心出家于福州鼓山涌泉寺，礼莆田县梅峰寺增西和尚为师。十九岁依鼓山涌泉寺妙莲和尚受具足戒。师法名宏悟，字圆瑛，号韬光，亦名一吼堂主人，三求堂主人，灵源行者，离垢子。参方访道，为佛子要职，先师受戒之后，发心参访诸方名刹，先于常州天宁寺亲近冶开老和尚，修习禅定五载，后从宁波天童寺寄禅老和尚习禅六年，又复遍参大善知识、如通谛、谛闲、祖印、慧明、道阶诸尊宿。[1]

圆瑛大师（1878—1953），法名宏悟，俗姓吴，福建古田县平湖端上村人。

（一）矢志参修，始知到家无一事

圆瑛大师 16 岁时，投考古田县秀才之试，翌年，中秀才。清光绪二十二年（1896）十月，大病愈后，"为欲明心脱俗缘"，投福州鼓山涌泉寺，礼兴化梅峰寺增西上人为师，剃度出家。次年四月，依鼓山妙莲和尚受具足戒。不久，到福州大雪峰寺，随方丈达本老人，修学苦行和威仪，充当菜头、饭头半年之久，任劳任怨，深得寺众称赞。

光绪二十四年（1898）五月，往常州天宁寺，依冶开和尚学禅，冬参夏学，矢志参修。苦参三年多，在带病参加禅七的二七第二天，定境现前，身心廓然，即说偈曰："狂心歇处幻身融，内外根尘色即空。洞澈灵明无挂碍，千差万别一时通。"圆瑛大师在天宁寺四年，亦悉心研读《楞严经》，因用功过猛而患吐血病，遂佛前立愿著书弘法，病愈后，参研益深。

光绪二十九年（1903）三月，至宁波天童寺，依八指头陀敬安和尚参禅精进。

---

[1] 明旸撰：《圆瑛法师年谱》，宗教文化出版社，1996 年。

此年，任写法书记知客大师。圆瑛大师书法文墨俱佳，协助敬安和尚，兴利革弊，天童寺由子孙庙而成为十方选贤丛林。

光绪三十一年（1905）冬，圆瑛大师在天童寺参禅时，定境复现，顿觉身心俱空，湛寂圆明，定后作偈："山穷水尽转身来，迫得金刚正眼开。始知到家无一事，涅盘生死绝安排。"圆瑛大师真悟"回到家"，慧业日增，禅功益力。又先后从谛闲、祖印、道阶、慧明诸师习研天台教观，自是宗说兼通，辩才无碍，善说法要，为海内共仰。圆瑛大师在天童寺参修期间，18岁的太虚大师到天童寺参学，与圆瑛大师相投，二人遂结为盟兄弟。

光绪三十二年（1906）六月，圆瑛大师到宁波七塔保恩寺，拜谒慈云灵慧老和尚，亲承法印，为杨岐派第三十三世高僧。

慈云灵慧（1826—1910），字隆安，号皈依，俗姓朱，湖南湘潭人。年18依义宁福田庵昌明禅师，45岁，嗣法杨岐派邓县云龙寺普洽禅师，由此上承于杨岐派下天童系的木陈道忞，为杨岐宗第三十二世禅师。先后住持天童寺、七塔保恩寺，尊为中兴七塔之祖。

（二）讲经兴学，宗教兼通

光绪三十三年（1907）七月，圆瑛大师奉敬安和尚之命，由宁波乘轮船，经菲律宾、新加坡、缅甸仰光至印度，请舍利、玉佛回国供养。次年，为抵御日僧染指，卫护中国佛教，敬安和尚创办宁波僧侣教育会。圆瑛大师大力辅佐协助，呈文浙江巡抚聂仲芳，请自兴僧学、组织僧教育会。

清宣统元年（1909），应宁波佛教界和士绅各界之请，圆瑛大师住持宁波接待讲寺，于寺内创办佛教讲习所。是年秋，南下闽南，至福州鼓山涌泉寺讲《护法论》。此年三月，在宁波七塔寺讲《金刚经》。开堂说法，深得论旨，善说法要，缁素听众为之奇。自此，圆瑛大师在江南声誉渐著。

圆瑛大师在接待寺，阅永明、莲池诸师之作，归心净土，主张禅净双修。宣统三年（1911）三月，建宁波接待寺讲堂，命名"一吼堂"，取将台贤两家教义、结合禅净双修同为"狮子一吼"之义，自称"一吼堂主"，使该寺成为讲寺。圆瑛大师先后在讲寺讲授《大乘起信论》、《观世音菩萨普门品》和《法华弘传序》。十月，响应敬安和尚之召，集会上海。当是时，地方以自治为名，占寺夺产之风益急，公推敬安和尚为首进京请愿，因川汉铁路风潮所阻，未能成行。

1912年四月，佛教界筹建中华佛教总会，圆瑛大师被选为参议长。次年三月，中华佛教总会正式成立，圆瑛大师被选为教务主任。是年五月，前往北京法源寺参加佛诞大会，并追悼敬安长老，启建无遮法会。在太虚大师主办的《佛教月刊》创刊上，发表《促进佛教大乘思想》和《中华佛教总会一周年纪念演说》二文。

圆瑛大师多年研读，已深谙《楞严经》之要义，1914年5月，在宁波天童寺讲《楞严经》。8月，接任宁波永宁寺住持。11月，再涉重洋，迎请舍利、玉佛。次年2月，过新加坡弘法，3月至马来西亚的槟榔屿讲经说法。9月，经泰国、缅甸、斯里兰卡到达印度，请佛舍利三粒、贝叶经、玉佛回国，安奉于宁波永宁寺，后移供于宁波接待寺。

1917年，圆瑛大师被选为宁波市佛教会会长，创立宁波普益学校和镇海僧立国民学校，与太虚大师等结"木樨香社"诗社。圆瑛大师参禅实究，真悟"回到家"，兼修净土，苦研《楞严经》《法华》等教经，造诣日深，声誉远播，公认为近代宗教兼通的禅宗大师。

1919年2月，圆瑛大师任宁波白衣寺孤儿院院长，教养兼施，禅门兴办慈善事业，由此而开先河。4月，在接待讲寺创办佛教讲习所，讲授《大乘起信论》等经，宣扬佛法，化道人心。次年，应北京广济寺讲经会之请，讲经历三月。是时，华北大旱，圆瑛大师发起佛教赈筹会，将在广济寺讲经法会之供养，全部捐助给赈筹会。返回宁波后，在七塔寺讲《无量寿经》。

1922年，圆瑛大师应厦门南普陀寺之请讲授《楞严经》后，于10月，第三次远渡南洋讲经弘法。是年7月，应台湾基隆灵泉寺之请，到该寺讲演，其间，还到台中慎斋堂、新竹州金刚寺和台南开元寺等地讲经弘法。

1924年3月，圆瑛大师任泉州开元寺住持，在寺内创办泉州开元慈儿院，兼任院长，陆续收养200多名孤儿，海军上将萨镇冰题匾"婆心法乳"赞誉之。

圆瑛大师于1926年，第四次重渡南洋，为泉州开元慈儿院筹募基金。其间在新加坡普陀寺、槟榔屿等地讲经，在鹤山极乐寺获佛舍利四颗，年底奉舍利回国，安奉于泉州开元寺。回闽后次年，圆瑛大师先后在福州功德林、福州佛化社讲经，法会隆盛，听者插足无地。10月，圆瑛大师应福州诸山之请，任福州大雪峰崇圣寺住持。翌年，兼主福州法海寺。5月，被选为江浙佛教联合会主席。

(三) 历任佛教界主席，著书兴学弘法

1929年5月，"中国佛教会"成立，众望所归，圆瑛大师当选为主席，此后连任七届主席或理事长。为抵制地方政府掀起的摧残佛教寺产兴学的风潮，向国民政府请愿。后来，政府修订了"监督寺庙条例"，没收寺产的事件才缓和下来。同年，任宁波七塔报恩禅寺住持，在厦门鼓浪屿、杭州菩提寺讲经弘法。9月，率中国佛教会代表团至汉城，出席东亚佛教大会。

1930年5月，圆瑛大师选任宁波天童寺住持。任后即宣布"为法为人，尽心尽力"之旨，并提出："不贪名、不图利、不舞弊、不苟安、不放逸、不畏强、不欺弱、不居功、不卸责、不徇情、不背理。"与僧众共勉。并开讲《楞严经》，四方学者云集。以后，每年冬季传授三坛千佛大戒，大震杨岐宗风。同年，为华北水灾，四处奔走，筹募赈款。

"九一八"事变爆发，圆瑛大师以中国佛教会主席名义致书日本佛教界，呼吁和平，抵制侵略。并通告全国佛教团体，启建护国道场。中央大学邰爽秋等再次掀起"寺产兴学"风波，圆瑛大师号召抵制，全国各地佛教团体通电呼应，得以平息欲占寺产风波。长江水灾泛滥，蔓延数省，圆瑛大师又为筹募赈灾款项奔忙。是年，应请任福州瑞峰林阳寺住持，在福建莆田佛教会讲经，在新加坡工商学校讲演《佛法之精神》。

《圆瑛法汇》于1932年10月出版。天童寺天王殿于是年12月失火，烧毁殿堂楼阁50余间，圆瑛大师发愿重兴，亲自募捐，3年即全部重建好，天童寺更见庄严。圆瑛大师住持天童寺6年，其间还应请到世界佛教居士林和江浙、闽、粤、湘、鄂等地讲经，法缘极盛。

1934年8月，上海圆明讲堂正式落成，圆瑛大师开讲《观世音菩萨普门品》，后又住锡上海圆明讲堂，组织圆明莲池念佛会，弘扬净土。翌年九月，八省水灾，圆瑛大师代灾民请愿。在1936年11月召开的中国佛教会第八次大会上，圆瑛大师与叶恭绰等五人为主席。次年元月，主编《佛教法令汇编》。2月，坚辞天童寺方丈，任福州鼓山涌泉寺住持。

"七七事变"爆发，继之上海"八一三"战事打响，圆瑛大师组织僧侣救护队，参加战地救护。上海沦陷后，圆瑛大师带着救护队随军撤退，由上海、南京到汉口，继续从事救护义举。10月，圆瑛大师奉函再渡南洋马来半岛募集医药费。次年春，圆瑛大师又应南洋名刹马来西亚槟榔屿极乐寺之请，住持法席，极乐寺更趋

庄严。

1939年6月，圆瑛大师由南洋回到上海。10月，在上海突遭日本宪兵逮捕。狱中遭恐吓刑讯，圆瑛大师从容陈辩，与日寇不屈斗争。上海各界人士多方极力营救，日寇不得不予以释放。次年3月，在上海圆明堂组成圆明法施会。以后几年，圆瑛大师潜心著述《发菩提心文讲义》《弥陀经要解讲义》《楞严经讲义》《劝修念佛法门》等论著，应京、津、沪、苏等地之请，讲经弘法，皈依信徒不计其数。

1945年春，圆瑛大师创办"圆明楞严专宗学院"，严考选拔海内外优秀青年学僧，他自任院长，并亲自编写讲义，主讲《楞严经》。1948年7月，楞严专宗学院首届学僧圆满毕业，为佛教界培养了优秀僧才。同年元月，又再渡南洋讲经弘法半年。

1949年，圆瑛大师拒绝出国，留在上海讲经著书。1952年9月底，应邀出席中央人民政府举行的盛大国庆鸡尾酒会，并出席国庆观礼。10月，代表佛教界出席在北京召开的"亚洲及太平洋区域和平会议"。1953年6月，在中国佛教协会成立大会上，圆瑛大师被选为第一任主席。

1953年8月，圆瑛大师因身体衰微，回到宁波天童寺疗养。9月19日，世缘已毕，功德圆成，撒手西归，世寿76岁，僧腊57。[1]

圆瑛大师十主天童寺等海内外禅宗名刹，深得禅宗"直指人心"之玄要，弘扬心法不二之旨，参究话头，真参亲证，造诣颇深。中年后归心净土，力倡践行"禅净双修"，以即佛之心念即心之佛。大道无言，须借文言明旨，精研博著《楞严经》等经藏，宗说兼通。八任中国佛教总会主席，首任中国佛协主席。举扬"世法即佛法"大旗：爱国护教，卫护丛林；组织僧侣队战地救护，南渡南洋募集医药款；兴办宁波接待讲寺、楞严专宗学院等僧校，培养优秀僧才；慈悲为怀，海内外奔走募款赈灾，兴办孤儿院，教养兼施；不辞辛苦，屡渡南洋弘法讲经。

圆瑛大师一生著作甚多，主要有《大乘起信论讲义》《楞严经讲义》《圆觉经讲义》《金刚经讲义》《一吼堂诗集》《一吼堂文集》等近20部著作，弟子汇集编辑为《圆瑛法汇》行世。

---

[1] 明旸撰：《圆瑛法师年谱》，宗教文化出版社，1996年。

二、禅法思想

（一）参究话头，真参亲证

圆瑛大师早年在天童寺参"父母未生前本来面目"话头而得悟，他在住持天童宏法禅寺进院时亦述及："诸上座，圆瑛昔日拨草瞻风，只图见性。居住此山，参'父母未生前如何是我本来面目'。承蒙寄禅老和尚以及净公退院和尚，多方策励，格外提撕，于禅七中迫到山穷水尽，忽然定境现前，身界圆融，根尘虚净，得禅味之真乐，开本具之慧解。凡未明之经旨，一览了然。始信宗门中有奇特事在。"①

1. 抱定话头，朝参夕究

参话头而得禅味之真乐，始信看话头是禅门参修的奇特法门，圆瑛大师在以后的参禅传法中，都教导学人："长庚堂内，只要抱着本参语头，提起全副精神，蓦直看去，看到冷湫湫地翻过身来，直教秤锤出汗，盲人开眼，始信宗门大死之后，方得大活。"②

要抱定"父母未生前本来面目"话头，提起全副精神，"但凭一句平常话，参透如来向上禅"。虽然一味平实，也无什么巧妙之法，只是抱定话头，"朝参夕究，脚跟点地，步步踏实"③。如此持而不懈、真参实究，就有"运掀天揭地之机，有倾湫倒岳之用"，了生死之大事。

2. 必须离心意识参话头

圆瑛大师告诫学人，必须离心意识去参话头，他说："如若摇唇鼓舌，未免落二落三；拟议思量，即便白云万里。须自钟鼓未动以前荐取，稍有相应。若待知客启请，维那白椎，早落意识窠臼。这一着子，必须离心意识参，出凡圣路学始得。"④

参禅修行人，尤其是知识文人，若崇尚喜好文辞、作心意识解，而缠缚在"葛藤禅"中，则永无解缚开悟之日。看话头就是斩断"葛藤"、跳出心意识窠臼的利器，是治此"禅病"的"良药"，看话禅也就成为丛林参禅修行的主要方便法门。不离心意识去参话头，无疑只会使"禅病"病上加病，与参禅修行之门相隔万水千山。

圆瑛大师为此叮嘱学人："如是看来，若要发明此事，直须离却心意识，向冷湫

---

① 圆瑛大师著：《圆瑛大师文汇》，华夏出版社，2012年，第7页。
② 圆瑛大师著：《圆瑛大师文汇》，华夏出版社，2012年，第17页。
③ 圆瑛大师著：《圆瑛大师文汇》，华夏出版社，2012年，第18页。
④ 圆瑛大师著：《圆瑛大师文汇》，华夏出版社，2012年，第34页。

湫地参究一番，大死之后，方得大活，忽然冷灰豆爆，枯木开花，始信宗门中大有奇特事在。"① 必须离心意识参话头，只有这样，才可能出凡圣路学始得。

3. 尽大地是参究话头之禅堂

"般若炉开煅圣贤，人人参究未生前，而今好个真消息，瓦块砖头尽是禅。"② 圆瑛大师在禅七上堂时，如是开示学僧，尽大地是参究话头之禅堂。他说："则汝我二六时中，穿衣吃饭，掉臂举手，扬眉瞬目，一一无不是本地风光。禅中生活，何以昏昏昧昧，不觉不知，当面错过噻？且道不错过，又作么生说呢？卓拄杖云：'日用平常本现成，饥来吃饭困来眠。'"③ 这是圆瑛大师的世间法即佛法思想，在参看话头时的体现。

既然尽大地是参究话头之禅堂，那么身处其中的参修人，其日用平常中的行住坐卧、举手投足、吃饭穿衣等无不是禅机。就不仅在禅七坐禅中参看话头，更要在日常生活中、时时处处都要抓住参看话头的好时机，切勿错过。若不明了此义，则是圆瑛大师所说："世人只识春光好，不知春光皆是道，所以南阡北陌，任意遨游。那知鸟语莺鸣，既是深谈般若，桃红柳绿，无非全阐真如，是为头头错过者。"④

4. 亲证实到，回头处见亲切

有说，每日从朝至暮参看话头不已，觉得都是空过，与开悟似无交涉。也有说，既然平时行作起居都是禅机，为何久看话头，迟迟不见本地风光？圆瑛大师如是说："据我检点起来，许他各具一只眼。何以故？动也得，静也得，动静双离凭么得。若向这里见个亲切，可谓灵光独耀、发眼圆明。"这是参看话头，还未见个亲切，"若向这回头处见得亲切，便可与祖师同一鼻孔出气"⑤。这回头见亲切处，即要亲证实到。

圆瑛大师说："大道只在目前，要于当人分上会得，如人饮水，冷暖自知。非言语所能形容，非思量所能计度。经云：'但有言说，都无实义。'又云：'是法非思量分别之所能及，必须自己亲证实到。'"⑥ 之所以觉得空过无交涉，迟迟不见本地风光，

---

① 圆瑛大师著：《圆瑛大师文汇》，华夏出版社，2012年，第34页。
② 圆瑛大师著：《圆瑛大师文汇》，华夏出版社，2012年，第18、19页。
③ 圆瑛大师著：《圆瑛大师文汇》，华夏出版社，2012年，第19页。
④ 圆瑛大师著：《圆瑛大师文汇》，华夏出版社，2012年，第25页。
⑤ 同上。
⑥ 圆瑛大师著：《圆瑛大师文汇》，华夏出版社，2012年，第28页。

实为言语所缚、思量所障碍，必须要亲证实到。这就要咬定牙关，挺起脊梁，于六根门头一门深入，下得一番死功夫，直使铁锤也要捏出汗来，这样方到亲证实到处，亦即回头见得亲切处。

此亲切处，非语言所能形容，亲证之人分上会得，如人饮水，冷暖自知。"到那时节，人无一妄，彼六知根，自然一时清净，始信天地与我同根，万物皆吾一体。"①

（二）禅净双修

圆瑛大师年少业儒，弱冠即受戒入佛门，致力于禅宗参修，又究经藏教乘，虽解行并进，每每为了生死大事而忧。他如是说："迨三十六岁，读永明、莲池二大善知识之著述，深信念佛法门，可以速超生死，疾趣菩提。由是禅净双修二十余载，早备资粮，求生安养，专修净业，自行化他。遂著《劝修念佛法门》分布诸方，特就上海圆明讲堂，创立念佛道场，并组莲池念佛会，远追庐山莲社家风，高燃末世净宗宝炬，征集同志一心念佛。所望三业清净，圆成三昧之功，九有横超，优入九莲之品。"②

自永明延寿大师倡导"禅净双修"后，禅林中"禅净一致"、禅净兼修渐行。明清以来，民间净宗日盛，禅门中，上至高僧宗师，下到禅僧大众，亦兴兼修念佛法门。圆瑛大师中年时，读永明、莲池二大善知识的著述，而深信念佛法门可以速超生死，以后一直禅净双修，且心信力行，著述劝修念佛法门，创立念佛道场。这是圆瑛大师禅法的主要思想之一，与来果宗师"专门禅宗"的禅法思想双珠同辉，对近世禅宗的发展趋势都有着深刻的影响。

1. 禅净一理

圆瑛大师在复闫退之居士垂问禅、净二宗信中，阐释了禅、净一理的思想。他说："禅、净二宗，皆如来所说归元方便之法，未可有所是非。若以禅排净，以净抑禅，非特他宗不明，实亦自宗未彻。余尝谓禅、净虽有二名，其实一理，不过下手不同，对机有异耳。"③禅、净二宗，名异理同，只是修行方法不同，所适应的参修人的根机识见有所不同而已。不论是禅宗，还是净宗，若排抑他方，不仅是不明他宗，其实自己所修之宗亦没有彻底明了。

---

① 圆瑛大师著：《圆瑛大师文汇》，华夏出版社，2012年，第28页。
② 《圆瑛法汇·劝修念佛法门》。
③ 圆瑛大师著：《圆瑛大师文汇》，华夏出版社，2012年，第131页。

圆瑛大师认为：不立文字，直指人心，见性成佛，是禅宗之宗旨，教人看话头绝断心意识，见清净本性，故更适宜于上根机人和知识文人；净宗则不论智愚老少，只要坚信、诚愿往生西方净土，持念一句佛号，无有间断，念到事一心不乱，即得往生净土；禅宗凭自力参修，单刀直入，更显高深，但有未透三关、未了生死之虞；净宗则为稳当，兼承佛力，弥陀愿力摄持，蒙佛接引，带业往生净土，亲觐弥陀闻法，何愁不成佛道。

圆瑛大师开示："不妨禅净双修，念到境寂心空，空性圆明，成法解脱；解脱不住，则生死不了而了，涅盘无证而证矣。"① 因此，禅、净一理，参修禅宗或净宗，都可成佛道。修行那一法门，虽是随缘而就，但最好要视己根机而择修行法门。参修禅宗之人，不必舍禅修净，不妨禅净双修。亦不可认为禅宗比净宗的修行更高深而轻弃净宗。

2. 唯心之净土

圆瑛大师作为禅宗大师，对禅净双修的净土，自是以禅宗之"心性"来阐释。他在育王寺弥陀法会上堂时宣说："吾人现前一念心性，竖穷横遍，即西方十万亿土之外极乐依正，亦不能离心而别有。故古德云，生唯心之净土，见自信之弥陀。我释迦世尊，悲心特切，于方便中别开方便，捷径中更出捷径，欲普被三根，直示持名一法，则有念而入无念，由往生而证无生。"② 念佛既是念心，则净宗的持念佛号的有念而入禅宗的无念而见本性，生彼不离生此，往生唯心之净土，见自信之弥陀，而证得无生灭之大法。

"故修净业者，以即佛之心，念即心之佛；不住有念，不落无念，有无双遣，全归中道，虽属持名之行，可达实相之理。"③ 依正庄严的西方极乐世界，也非心外别有，亦即唯心之净土。圆瑛大师主张：修净业人，也要以禅宗"即心即佛"之旨，念即心之佛；不要执着于有念，亦不落于执求无念；不偏住一边，全归中道，则虽只修持名念佛之行，亦可明了诸法实相的第一义谛。

3. 深信力行难信之法

"盖净土法门，至平易，至圆妙。我佛尚言是为难信之法；矧志性坚强，业习深

---

① 圆瑛撰：《一吼堂文集》，第91页。
② 圆瑛大师著：《圆瑛大师文汇》，华夏出版社，2012年，第43页。
③ 圆瑛大师著：《圆瑛大师文汇》，华夏出版社，2012年。

重，难调难伏之娑婆众生，则其难信，更可想而知。"①参修之人禅净双修，首先要切愿深信净土法门，这对参禅功夫已较深的僧众更是如此。况且娑婆众生，因其业习深重难调难伏，即使专修净土，尚难深信，岂能往生净土？深究禅法之人，若不深信净土，又岂能禅净双修？

圆瑛大师在《印光大师生西一周年感言》中教导僧众："惟印公则自行化他，一本至诚，数十年如一日，自度则一句弥陀圣号，度人一句弥陀圣号。由是而不信者信，即信者深信，深信者力行，力行者得度。使苦海众生，咸登宝筏，前呼后应，提携接引，同趋向真实受用之安养国。"②印光大师一本至诚，数十年如一日，深信力行，自行化他，不信者信，信则力行得度。

信为佛道之源，能信大法，必能解大理；既解大理，则能修大行；既修大行，自可证大果，而成无上佛道。由此可见，深信是力行之必要前提，不仅自度，亦能化他而信。如何能深信此难信之法，当发何等信？

圆瑛大师在《信论》中提出"三信"③：

第一要信自。

信自我本具心性，与十方诸佛无二无别。只为宿缘俗业所惑，而生妄念执着，随妄业果报，陷六道生死轮回而永劫不出。信自我一心持号念佛不已，是去妄念、消妄业之法，念到一心不乱，惑除而心佛显现，自可见自性弥陀。

第二要信他。

即使妄业太重，自力不足灭惑除妄，只要深信有西方极乐世界，深信阿弥陀佛所发四十八愿，若肯发心念佛，依愿起修，必蒙接引往生净土。

第三要信法。

信此持号念佛难信之法，为无上方便法门，至方便，至圆顿。但凭一句佛号，万行具足，可以疾超五浊、脱轮回，带业往生净土。

具此"三信"，才为深信，是为真信。禅净双修，"信、愿、行"三种资粮具足，

---

① 圆瑛大师著：《圆瑛大师文汇》，华夏出版社，2012年，第140页。
② 圆瑛大师著：《圆瑛大师文汇》，华夏出版社，2012年，第140、141页。
③ 圆瑛大师著：《圆瑛大师文汇》，华夏出版社，2012年，第117页、118页。

往生净土、见自性弥陀可期。

4. 净土不一

圆瑛大师在《颂药师如来圣诞辞》中告示缁素大众:"夫十方世界无量,而清净国土亦复不一。然与我娑婆众生夙有深缘者,则莫过极乐之与琉璃。盖二方教主,皆以往昔因中愿力,成就依正庄严。举凡有缘众生,均得摄受。"①

古今大德倡修西方极乐净土者,代有其人,而倡修东方琉璃净土者,则如玉林通琇国师与圆瑛大师,可谓寥若晨星。由此,娑婆众生,知晓而持念药师佛号者亦不为多。是知,释迦牟尼佛欲令众生舍秽趋净,对机而说《药师》《弥陀》二经。凡有信愿深切、愿生东方琉璃世界者,持念药师佛号,临命终时,药师佛遣八大菩萨亲来迎接,往生彼国土,"倘有志愿求生西方者,即令八大菩萨送往极乐国土"。

圆瑛大师还告之大众:"是知药师之功德,不独利益于往生,即现生之中亦可消灾获福,转难成祥。"② 还说:"以是观之,则极乐与琉璃名虽有二,其实一也。《华严》云:'十方诸如来,同共一法身。'但随众生意乐有别,故说有东西净土之不同耳。"③ 禅净双修者,念药师佛号与念阿弥陀佛号,既是念心,生彼不离生此,随缘依愿往生琉璃、极乐净土而成佛道。

(三) 宗说兼通,解行相应

圆瑛大师不仅禅法精深,且博览经藏,一生中著述弘讲过许多经论,专注于《楞严》与佛法一心之教理研究。他曾述说:"余生平本无门户之见,初学禅宗,后则兼修净土,深知禅、净同功。先学天台,后学贤首,乃知台、贤一致。始学性宗,继学相宗,了知性、相不二。今对密教,亦极信仰,固知显教是佛所说,密教亦佛所说。"④ 不愧是近代宗说兼通的禅宗大师。

圆瑛大师禅法思想中,还有一重大特色,那就是举扬大乘佛教的入世、救世精神。他认为:"当知佛法不离世法,一切世法无非佛法。"⑤ 一生以此为宗旨,解行相应,弘法护宗,爱国济民,办学育才。

---

① 圆瑛大师著:《圆瑛大师文汇》,华夏出版社,2012年,第132页。
② 同上。
③ 同上。
④ 圆瑛撰:《劝修念佛法门》,第52页。
⑤ 圆瑛大师著:《圆瑛大师文汇》,华夏出版社,2012年,第34页。

1. 精研《楞严》，海内独步

圆瑛大师在天宁寺苦参三年，定境现前，悟后听讲《楞严经》，深感此经是"末世津梁，禅门关钥"，遂发心习研《楞严》。"缘余年二十四，听讲斯经，愧学识之浅陋，感注疏之繁多，用心过度，致患血疾。乃于佛前发愿，仰叩慈光冥护，顿令恶疾速愈，更求得悟，寂常心性，真实圆通，宏扬是经，著述讲义，用报佛恩，借酬私愿。"① 圆瑛大师病愈后，信愿益坚，悉心研究《楞严经》。遇到经中义理深奥难解之处，就写在书条上，撕下贴在墙壁上，日久，墙壁上都贴满了。然后，逐条静坐参究，明白了一条，就扯下一条，如此竟达八年之久，一房墙壁上的书条，方扯尽无余。

圆瑛大师后将研究《楞严》之领会处，海内外演讲十余次。此经讲义，却迟迟未著述，他实感："以《楞严》妙义，丰富深藏，每讲一次，则有一次发明，多究一番，自有一番进步，意欲掩关，专着是疏，机缘未凑，致延时日。"② 68岁后创办《楞严》专宗学院，亲自授课开演此经，余时编著讲义，每夜撰写至深夜方止。如是精研深究，呕心沥血，整整50载，于74岁，《〈大佛顶首楞严经〉讲义》方告出版问世，可谓圆瑛大师毕生精研之作。

圆瑛大师积几十年精研之造诣，在《大佛顶首楞严经讲义》如是阐释："首《楞严》者，大定之总名也。圆含妙奢摩他、三摩、禅那三种别名，而成一定全体，迥不同于常途，工夫引起之定，亦不同于起心对境之定，此自性定耳。《涅盘经》佛自释首《楞严》为'一切事究竟坚固'。而古德即明其为彻法底源，无动无坏。经中自显见起，至四卷半，圆彰藏性止，极明一切事，究竟坚固之理；会四科即性常住，融七大，即性周遍，即所谓彻法底源，无动无坏也。"③《楞严》者，自性大定之总名，不同于禅定之定，亦不同于起心对境之定，为彻法底源，无动无坏，究竟坚固。

圆瑛大师又在《〈大佛顶首楞严经〉讲义·自序》中指出："夫群生莫不有心，而真心难悟；修行莫不有定，而性定难明；指真心，而示性定者，其唯首《楞严经》欤！何谓真心？即众生所具，不生灭之根性，名为如来藏，个个圆成。"④《楞严经》是为指真心，而示性定，真心为一切众生本具，不生灭之根性。所示之性定，为自

---

① 圆瑛撰：《〈大佛顶首楞严经〉讲义·自序》。
② 同上。
③ 圆瑛撰：《〈大佛顶首楞严经〉讲义》。
④ 圆瑛撰：《〈大佛顶首楞严经〉讲义·自序》。

性天真，即号曰首《楞严》，人人具足。一切众生，从无始来，皆由不知常住真心，迷真起妄，不能解悟本有真心，也无从修证天然性定。

一切众生，由知识心而生识见与分别之妄心，从而迷失本性，不见真心。是知识心，是自性大定之冤贼。故阿难请示成佛大定，如来即为破识显根。圆瑛大师精研《楞严》，悟此真旨，提出"舍识用根，为修《楞严》之要旨"，这是圆瑛大师"海内独步"之洞见。

何为舍识？圆瑛大师在《大佛顶首楞严经讲义·自序》中如是说："破识心五种胜善功能，犹属生死妄想，令人决定舍之……当知爱欲为禅定之障，故以多闻误堕为缘，发起大众；识心乃生死之根，故以见相发心为诘，探悉病源。由是备破三迷，极显一性，三重破识，全破其妄，十番显见，极显其真。"① 舍识即要：舍去生死妄想，舍去爱欲，舍去多闻。

"密因，拣非事相修行，显因可见者。须见此不生不灭之根性后，方是究竟果觉之因，更须依此圆湛不生灭性，成为因地心，称性起修，始获究竟果觉，即此一性，而能通因彻果，故如来破识显根，即显此密因也。"② 圆瑛大师在讲义中指出，显根性，即显密因。

圆瑛大师进一步指出："十番显见，显其彻底是真，欲令用之。"③ 显见根性为真心，而用此根。圆瑛大师又再阐释："先则十番，极显其真：一、显见是心；二、显见不动；三、显见不灭；四、显见不失，五、显见无还；六、显见不杂；七、显见无碍；八、显见不分；九、显见超情；十、显见离见。后则二见，略破其妄非同破识根本全妄。阿难既求示真心，如来不得不与指出，若向众生分上，指出纯真无妄之心，绝对无可指，故只得先带妄显真，后再与剖妄出真。"④ 带妄显真，犹如指璞说玉，璞虽是玉，尚有石皮未破；剖璞出玉，则剖妄出真。

作为近代禅宗大师，圆瑛大师还强调指出："此经若就通中圆实，以取宗趣，则以悟明心地为宗，证入果地为趣。"⑤《楞严经》是参禅修行、悟明心地的无上甚深之典。

---

① 圆瑛撰：《〈大佛顶首楞严经〉讲义·自序》。
② 圆瑛撰：《〈大佛顶首楞严经〉讲义》。
③ 同上。
④ 同上。
⑤ 同上。

圆瑛大师在《楞严》教理研究造诣精深，被尊为"楞严座主"，天台宗耆宿谛闲大师誉其"海内独步"。

2. 举扬心法不二之旨

圆瑛大师不仅研究《楞严》造诣精深，还博览深究《圆觉经》《金刚经》等大乘经藏，致力于佛法一心之教理研究，举扬心法不二之旨。

圆瑛大师在上堂时开示："万法虽多，不出一心之本，心为法体，法乃心用。《楞严经》云：'诸法所生，唯心所现。'一切因果，世界微尘，因心成体。心法虽有二名，本无二致，如水成冰，冰原是水。"①

佛法不出一心之本，心法名异，本无二致，而为体用。体用本一如，称体起用，体在用中，摄用归体，用不离体。大千世界，无一物不是我体，无一法不是我心。十方诸佛说法，无不是说这个；一切菩萨修证佛道，无不是修这个；禅宗祖师直指单传，无不是指这个；芸芸众生日常生计行止，无不离这个；"所以道，森罗万象，一法之所印"②。

心法即无二致，则心外无法，法外无心。圆瑛大师认为："心为天地根，心为万物本，一切依正因果，莫不从心建立。"③若执诸法为心外实有，则迷而生妄，妄而依妄业招妄报，永堕生死轮回。

所以，圆瑛大师告诫禅门修行之人，宗门要向上讨个消息，不须心外寻。"切莫心外求法，但向平常日用中，见色闻声处，回光返照，讨个消息，自有安身立命时节。"④骑牛寻牛，牛在何方？心外求法，越求越远，求亦不得，得亦不真。须知：世法即佛法，佛法不离世法；穿衣吃饭，无非本地风光；烧香叩拜，即是宗门向上一者。举扬此法要，则于无无处，见无位真人真面目。

圆瑛大师在开堂时问僧众，是境从心生，还是心从境生？若境从心生，何以境不从心转？若心从境生，无知之境怎能生有知之心？是则，心性本空，随缘显现，缘起性空。

圆瑛大师进而阐释："心性人人皆具，独惜大家多迷，执在色身之内，将那个缘影妄想，认作自己天真，不知心性灵明洞彻，广大圆融，含裹十方，包罗万有。正

---

① 圆瑛大师著：《圆瑛大师文汇》，华夏出版社，2012年，第23页。
② 圆瑛大师著：《圆瑛大师文汇》，华夏出版社，2012年，第24页。
③ 圆瑛大师著：《圆瑛大师文汇》，华夏出版社，2012年，第37页。
④ 同上。

所谓认物为己，迷己为物，枉受轮回，自取流转，良可叹也!《楞严经》云：'汝身汝心，外洎山河大地以及虚空，皆是妙明真心中所现物。'真心本来无相，随缘能现诸相。"① 圆瑛大师实际上回答了所问僧众的问题，也把心性本空作了明彻的诠释。

第三节　虚云老和尚

虚云老和尚是杨岐派第三十六世高僧，近代佛门泰斗。其生平及禅法思想，见载于《虚云和尚年谱》《虚云和尚法汇》《虚云和尚禅七开示录》等资料。

一、生平行状

据《虚云老和尚年谱》：

> 予俗姓萧，系出兰陵，梁武帝之后。世居湖南湘乡，父玉堂，母颜氏。清道光初年，父宦游闽，戊戌、己亥间，佐治永春州幕。父母年逾四十，忧无后，母赴城外观音寺祈子。见寺宇残破，及东关桥梁失修，发愿兴建。父母同梦一长须、着青袍者，顶观音跨虎而来，跃卧榻上，惊起互告，遂有娠。翌年，父移佐泉州府幕。
>
> 道光二十年庚子一岁（一八四〇年）
>
> 七月二十九日寅时，予诞生于泉州府署。初堕地，为一肉团，母大骇恸，以今后无复举子望，遂气壅死。翌日有卖药翁来，为破之，得男，由庶母王氏抚育。
>
> ……师世寿一百二十岁，僧腊一百零一岁。②

虚云老和尚（1840—1959），湖南湘乡人，俗姓萧，名古岩，又名演彻，字德清。虚云老和尚一生参禅弘法，可谓波澜壮阔，其生平行状可分三个阶段阐述。③

---

① 圆瑛大师著：《圆瑛大师文汇》，华夏出版社，2012年。
② 岑学吕编著：《虚云老和尚年谱》，江西永修县云居山真如禅寺，2004年。
③ 同上。

（一）游方苦行，朝山礼圣

虚云出生于鸦片战争爆发之年，幼时在泉州、漳州生活、习读。太平天国起事第二年，虚云13岁，随父送祖母及生母灵柩返湘乡安葬。家中作佛事，得见三宝法物，生欢喜心。是年八月，随叔父进香南岳，遍游诸刹，若有夙缘。父窥虚云有出尘志，请王姓道士教他在家习道。虚云勉从父命，在家读道教书三年，如坐针毡，认为非极则事。17岁时，潜往南岳出家，途中被家人追回。不久，父将他禁锢，令与田氏和谭氏二女完婚。婚礼后，虚云为二女说佛法，二女亦能领悟，同居无染而成净侣。

虚云和尚19岁时，决志离俗，潜往福州鼓山涌泉寺，礼常开老人剃度出家。翌年，依鼓山妙莲和尚受具足戒。为避家人寻找，隐居山后岩洞中三年，礼万佛忏，修行不辍。父告老离闽回湘乡后，他才回到寺内，担任水头、园头、行堂、典座等苦职事。

4年后，自思任职多年，修持不无少碍，遂起苦行之念。虚云和尚辞去寺中职事，尽散衣物，复回到后山岩洞中修苦行。居则岩穴，食则松毛、青草叶，渴饮涧水，鬓发覆肩，仅一衲衣蔽体，人视之为魅而避之。初一二年，一心观照及念佛，时见胜境，不以为异，万物皆备于己。

后一年，虚云和尚随心云游，有山即住，有草摘食。行至温州某山处，遇一行脚僧指点，遂到天台山华顶龙泉庵，参谒融镜老法师。融镜老法师见他蓬首垢面、衣不蔽体，问其苦行的经历后，痛处一锥，直透到底。虚云和尚方知如此修行，近于外道，而非正路，枉费了十年工夫，即使修行有成，亦不过是个自了汉。遂居庵参修，从老法师参看"拖死尸是谁？"话头，及学天台教观。

两年后，老法师又命虚云和尚到国清寺参学"禅制"，到方广寺习《法华》，其间常回茅庵与老法师为伴。光绪元年（1875），虚云和尚辞别融镜老法师，下山行脚游方，遍参江浙名山禅寺，禅功尤进。

光绪八年（1882），虚云和尚为报父母恩，朝普陀，并住数月，禅静中见胜境。虚云和尚遂发心朝五台山，是年七月一日，自普陀法华庵起香，朝拜五台山，三步一拜而行。始有偏真等四僧附香，后相继先后退出。

过了春节，虚云和尚独自一人，再由狮子山寺起香，如是行，如是拜。光绪九年（1883）腊月，到黄河边的铁卸渡。过黄河后，天色已黑，又下起大雪，只得在路边一茅棚中跌坐度夜。次日，茫茫荒野已化为琉璃世界，雪深盈尺，不见人烟，无路可行。草棚无遮栏，虚云和尚蜷伏一角，饥寒交迫，而正念不忘。大雪连下六天才止，已是奄奄一息。第七天，幸来一由五台去长安自称"文吉"的丐者相救，虚云和尚才脱绝境。揖别文吉，循其指点路迹，继续朝五台山拜行。

光绪十年（1884）正月初二，虚云和尚在豫北怀庆府（今河南焦作市、济源市及开封、洛阳所辖三县）原阳洪福寺起香。第二日，患痢疾，腹痛极剧，仍不顾病重，竭力拜行。至十三日，到黄沙岭（河北赞皇县与山西昔阳县交界处）山顶一破庙，已不能行，不进饮食，日夜泻数十次，心无悔念，瞑目待毙而已。十五日深夜，又在庙内幸遇由长安回五台的文吉，蒙其喂服药、食，三日即病愈。文吉劝告虚云和尚，朝礼即可，如此拜行，难到五台。虚云和尚恳述愿心，文吉即荷负虚云和尚行李，虚云和尚拜行，一路朝五台而行。至二月底，到太谷县（今晋中市辖区）离相寺，文吉曰："此地离五台不远，我先回去，你慢慢来，你的行李，不久有人代你送上山的。"第二日，虚云和尚到街上旅店去找文吉，已不知何处去了。

虚云和尚感恩不已，继续拜行。不久，遇一乘坐马车往五台山方向去的湘籍官人，相助将他的行李载往五台山显通寺。五月底，虚云和尚终于拜行到显通寺，以无比愿力，三年中历尽艰险病苦，实现了朝拜五台的大愿。

虚云和尚在五台遍问文吉其人，无有知者。一老僧知其情后，合掌曰："文殊菩萨化身也。"虚云和尚顶礼谢恩。

虚云和尚从五台下来，游经恒山、华山，翌年春，抵西安。在西安礼慈恩寺大雁塔、兴国寺玄奘法师塔后，入终南山，在南五台结茅，与觉朗、冶开、法忍等诸禅师一同参究，甚有饶益。

两年后，虚云和尚又越秦岭，经汉中，入剑门，第二年到成都，上峨眉山金顶进香。然后渡泸水，经川西打箭炉入西藏。至拉萨，到布达拉宫礼达赖活佛坐床之所。至日喀则，到札什伦布寺礼班禅活佛坐床之所。

光绪十五年（1889），年已50岁的虚云和尚，由西藏经不丹国，翻越崇山峻岭（喜马拉雅山）到印度，朝礼佛陀圣迹，接着到锡兰和缅甸，礼佛教诸圣迹。

是年七月，虚云和尚启程回国，到云南鸡足山，进香礼拜。见鸡足山衰落之象，叹息不已，始萌重兴之志。虚云和尚继而到云、贵、湘、鄂、皖等地，行脚游方名山丛林。次年，虚云和尚在南京，助修净成寺，与杨仁山居士时有往来，参论《因明论》《般若灯论》。

（二）苦参入定，身挑五宗，传灯不尽

据《虚云法汇》附录《禅宗五派源流》：

> ［附记］谨案虚云和尚出家鼓山。鼓山自明代以来，临济曹洞并传，妙莲老和尚即以临济而接曹洞法脉者也。莲老以两宗正脉付之老人，由临济至虚老人是四十三代，由曹洞至虚老人是四十七代。①

虚云和尚礼妙莲老和尚，亲承法印。妙莲老和尚嗣法于福经空印禅师，上承杨岐派玉林通琇国师法嗣弟子箬溪行森，由此推得，虚云和尚为杨岐派第三十六世高僧，亦为曹洞宗第四十七世传人。以后，应湖南宝生和尚之请，虚云和尚远承兴阳词铎禅师法脉，续为沩仰宗第八世。应福建八宝山青持法师之请，虚云和尚远继良庆法师之后，续为法眼宗第八代。晚年，中兴云门寺时，虚云和尚遥承己庵深静禅师法脉，续为云门宗第十二世。虚云和尚身挑禅宗五宗，所嗣诸宗衍传不断，至今已三至五代，传承禅宗五宗之灯，居功甚伟。

光绪十八年（1892），虚云和尚与普照、月霞、印莲诸师，同上九华山，居翠峰茅蓬同修。谛闲法师亦于次年，来翠峰同度夏后。由普照主讲《华严经》，各处多来赴会，闻讲教仪。后二年，仍在翠峰习研经教。

光绪二十一年（1895），高旻寺住持月朗上九华翠峰，请诸师去高旻寺做法事。众推虚云和尚先行，至安徽大通荻港，沿江时失足堕水，浮沉一昼夜，漂流至安徽采石矶附近，被渔夫网而得之。其时，七窍流血，送至附近的宝积寺，疗救后，方苏醒。居数日，病未愈，径赴高旻寺。月朗和尚即请代职，虚云和尚不允，"又不言堕水事，只求在堂中打七。高旻家风严峻，请职事拒不就者视为慢众，于是表堂打香板，予顺受不语，而病益加剧，血流不止，且小便滴精，以死为待，在禅堂中昼夜精勤，澄清一念，不知身是何物，经二十余日，众病顿愈"。后宝积寺住持送衣物来供，乃举堕水事告之，寺众皆钦叹，禅堂内职不令轮值，虚云和尚得便一心参修。

虚云和尚从此万念顿息，工夫落堂，"一夕，夜放晚香时，开目一看，忽见大光明如同白昼，内外洞明。隔垣见香灯师小解，又见西单师在圊中，远及河中行船、两岸树木、种种色色，悉皆了见"。翌日，询问香灯师及西单师，果然如此，虚云和

---

① 岑学吕编著：《虚云老和尚法汇》，江西永修县云居山真如禅寺，2004年。

尚知是境，不以为异。

至腊月八七第三晚，虚云和尚护七例冲开水，溅其手上，"茶杯堕地，一声破碎，顿断疑根。庆快平生，如从梦醒"，而述偈曰："杯子扑落地，响声明沥沥。虚空粉碎也，狂心当下息。"虚云和尚19岁出家，苦行参修，行脚游方，56岁时，方自度彻悟。

58岁时，虚云和尚念生而未见母容，前往宁波阿育王寺，超度慈亲。礼舍利，确信其因根境而示现，燃指供佛，心渐清定，智觉朗然。

三年后，虚云和尚再朝五台，下山后，逢八国联军攻陷津京，随皇室避西安。时饥民遍野，虚云在卧龙寺，建息灾法会。佛事毕，入终南山，结茅嘉五台后狮子岩，自此改号"虚云"。

第二年冬，万山积雪，严寒彻骨，虚云和尚独居茅蓬坐禅。一日煮芋于釜中，跏趺坐禅，待芋熟，不觉入定。直到邻棚复成师等来茅蓬贺年，见棚外虎迹遍满，无人足迹，入视见虚云和尚在定中。以磬开静，虚云和尚还答未食芋，岂知芋在釜中已坚冰如石，才知入定已半月。远近僧俗闻之，蜂拥而来瞻视，虚云和尚为避酬答，宵遁而去。

(三) 重兴六大名刹，力挽禅宗颓势

1. 恢复迦叶道场，重建云栖寺

虚云和尚游四川，入云南，再至鸡足山，在山中闭关二年。出关后，在归化寺、筇竹寺讲《楞严经》《圆觉经》《四十二章经》，在板存寺传戒。大理张、李二提督率众官绅，又迎至大理府，请讲《法华经》，归依者数千人。

李提督欲请虚云和尚住三塔崇圣寺，被辞而助虚云和尚之愿，在鸡足山觅得一破旧钵盂庵，以恢复迦叶道场。为重修钵盂庵，虚云和尚到云南腾冲等地募化、传戒。翌年春，虚云和尚往南洋宏化，瞻游仰光圣迹后，在前往槟榔屿的船上染病疫，幸得一老人救愈。至极乐寺见妙莲老和尚，遵其嘱，开讲《法华经》，皈依者数百人。又到马六甲、吉隆坡等地讲《药师经》《楞严经》，前后归依者万余人。

光绪三十二年（1906）春，虚云和尚到台湾、日本参观各地佛寺。三月，回到上海，与寄禅老和尚等为护寺产进京请愿。应肃亲王善耆之请，为其太福晋说戒法。在肃亲王及各王公大臣的策划下，上奏寺产等事。光绪帝准奏，上谕地方官不得勒捐寺产，征提寺产风波方息。虚云和尚又请肃亲王等奏请朝廷，给云南颁发一部

《龙藏》。七月，奉到上谕，鸡足山钵盂峰迎祥寺加赠名护国祝圣禅寺，钦赐《龙藏》一部，銮驾全副。钦命方丈，御赐紫衣钵具，钦赐玉印、锡杖如意，封赐住持虚云和尚，佛慈洪法大师之号。

翌年，虚云和尚奉送其师妙莲老和尚的一半灵骨，至槟榔屿极乐寺供养。再到南洋弘法讲经，并为重修祝圣寺募款。虚云和尚在暹罗（泰国）龙泉寺讲经期间，一日，趺坐入定九日，轰动了暹京，国王大臣、善男信女都来瞻拜，国王请他到宫中讲经，皈依者数千人。虚云和尚这次南洋弘化两年多时间，直到宣统元年（1909），才奉送藏经回到鸡足山祝圣禅寺。

辛亥革命爆发，消息传到云南，地方骚乱。统兵官李根源率兵包围鸡足山，欲拆寺逐僧。虚云和尚临危不惧，独自一人入兵营，晓以佛教大义。在他的开导下，李根源幡然省悟，皈依三宝，引兵而去。次年，虚云和尚在昆明创建滇藏佛教分会，并任会长。为推进佛教会事务，虚云和尚找滇督蔡锷等协助。翌年，虚云和尚将会务委人办理，回鸡足山，重修兴云寺及下洋萝荃寺，赴鹤庆龙华山、丽江金山寺讲经。

为迎回高会邦居士所送玉佛，77岁的虚云和尚再往南洋讲经弘法。第二年经腾冲，历经艰难，护送玉佛至鸡足山祝圣寺。翌年冬，虚云和尚住昆明圆通寺。开春后，虚云和尚在昆明忠烈祠建水陆道场，四十九日法会圆满，随缘善信，云集罗拜。第二年春，继续启建水陆道场，法会后，开堂讲经。云南当地官绅请虚云和尚住持并重兴昆明西山华亭寺，三请后，虚云和尚接受了聘帖。由于灾害所搁，两年后才动工，虚云和尚逐日亲督重建云栖寺（即原华亭寺）工程，为时三年，云栖寺初具规模。虚云和尚住持寺中，开单接众，传戒讲经，于禅堂起长七坐禅。虚云和尚在云南期间，先重兴鸡足山西竺寺、迎祥寺，奉敕住持护国祝圣禅寺；后又修七众海会塔、全山祖塔、七佛塔，建昆明胜因寺、云栖禅寺、松隐寺等佛寺。

2. 振兴鼓山寺，重建曹溪祖庭

民国十八年（1929），福建省官绅、信众恳请虚云和尚主持鼓山涌泉寺，虚云和尚以剃染初，地义不容辞，遂就任。虚云和尚上鼓山涌泉寺，山下山上十里路上，善男信女香花跪拜迎接，其感化力量无比深广。虚云和尚入主鼓山：首先改革寺制，取消空名闲职，量才用人；其次整理道风，恢复旧有十二支香的参禅制度，逢冬加香打七，每年春初，全寺修忏摩法，共拜万佛忏，春末，传戒一次，夏必讲经；再是培养僧才，建立鼓山佛学院，后改为法界学院，请慈舟老法师主持，宗镜、大醒、印顺、心道等法师，讲授禅、净、教、律；又是修缮禅堂，修建殿堂房屋，涌泉寺庄严一新，寺中由一两个僧众，增至300余常住僧众。虚云和尚以90余高龄住持鼓山五年，平等慈悲待众，不立门户，随机说法，禅风兴盛，参宿云集，鼓山得以与金山、高旻鼎立丛林。

民国二十三年（1934），应粤北官绅、缁素信众坚请，虚云和尚住持南华寺。南华寺久已荒圮，殿宇倒塌，或被占他用，虚云和尚初来，搭盖葵蓬竹屋，暂以住众。以95岁高龄，亲督南华寺重建工程，筹募款项，更改河流，更正山向，清丈界址，保护古迹，新建殿堂。国府多名高官，先后来南华寺，资助重建大殿、重凿新河。民国二十八年（1939），日寇侵占广州，虚云和尚又重修曲江的大鉴寺和月华寺，为南华寺下院，以容纳各地众多来投的僧侣。同时，逐流棍革除积弊，增置产业以维常住，严守戒律以挽颓风，创建禅堂以续慧命，办传戒学校以育僧才。虚云和尚住持南华寺，竭十年之心力而中兴之，重建全寺为百粤诸刹冠，禅侣围绕常数千指。

虚云和尚住持南华寺期间，被推选为在曲江成立的广东省佛教会理事长。将弟子及善信所赠予他的果资20余万，不留分元，全交广东省府，以赈济缺粮饥民。他还应邀请到重庆启建息灾法会，并以书答示国府官员的问法。

3. 中兴云门寺

南华寺重建后，虚云和尚又应广东省府李济深等要员之请，以105岁高龄，又如鸡足山、鼓山重兴后，仅一衲随身，一笠、一拂、一铲、一背架，由李济深等亲送至云门寺驻锡，中兴云门宗祖庭。初至时，残垣断壁，殿宇荒凉，仅有一僧人奉事香火。更值日寇侵华，交通断绝，物质缺乏，建设艰难十百倍于南华寺时。虚云和尚移锡云门，便刻不容缓兴工，一方面筹募重修，事无巨细，必亲自检点，悉心擘画，昼夜辛勤。又集僧众，用少数工人，亲自动手，昼夜不休地带领众人施工。自爆石、自烧砖瓦、自伐木材、自建造、自刷漆、自造像、自开垦、自种植。持之以定，处之以恒，日就月将，前后十年，建设殿堂阁寮、厅楼库塔180余楹，殿中圣像80余尊全铺金设座。重建后的云门寺，殿宇宏丽，法相庄严。

虚云和尚致力于重建云门寺的同时，还着力办了几项中兴云门宗的大事。一是，在虚云和尚住云门寺前两年，前住持因不识字被骗，寺产被侵占，虚云和尚几次上呈省府派员督查，历经几年，费尽周折查明真相，寺产完璧归还。二是，开办农场垦荒种植，又开办纺织工厂，佛徒四众均于修行办道之外，从事农工生产，禅农并举，承扬百丈祖师"一日不作，一日不食"之古风。三是，虚云和尚考云门正宗，宋末后已失传，为延续法脉计，遥承己庵深静禅师法脉，续为云门宗第八世，度僧众妙云等 40 余人继承云门法嗣，期之后昆，传灯无尽。四是，在"云门事变"中，虚云和尚遭重打，五窍流血，奄奄一息，竟禅定入境，神游兜率，后中央政府电令地方政府严查，云门寺才得维护安宁。

4. 重兴云居山

1950 年 4 月，虚云和尚离开住持十年的云门寺，前往北京参加中国佛教协会成立大会。佛教协会筹备处拟举虚云和尚为会长，虚云和尚以老病辞，而推选为名誉会长。8 月代表全国佛教徒，接受锡兰送给中国的"佛舍利、贝叶经、菩提树"三宝。北京广济寺请虚云住持，以老病辞。10 月，虚云和尚在上海举行的"祝愿世界和平法会"上，主法法会 49 天。法会解七后，翌年二月，虚云和尚在杭州净慈寺及南通狼山主法会，各地皈依者万人。

虚云和尚以历代祖师道场云居山零落，遂发愿重兴。1953 年 7 月，以 114 岁高龄，入云居山结茅而居。初来时，只有四僧人，不意衲子闻风踵至，次年初，缁侣云集，已过百人。虚云和尚遂领众造殿堂、开垦种植，众皆踊跃从事。至六月，首建成法堂一幢，上为藏经楼，开垦禾田 60 亩。是年冬 11 月，虚云和尚所住牛棚被焚，仍缚茅编竹而居之。岁暮，始起禅七，以后均按律起禅七，虚云和尚主法禅七。翌年，僧众来山求戒者蜂拥而至，云居山难容，虚云和尚劝令各自回山，依照戒期，自誓受戒，事后仍给度牒，仅留百人，如法入坛，一场轰动方告结束。是年，开田种稻粱 140 余亩，栽茶果等树甚多。诸方衲子入山已近千五百人，新建房舍不敷居住，暂盖茅蓬以容之。

1956 年，云居山的大殿、天王殿、虚怀楼、云海楼、钟鼓楼及各殿堂房舍，次第落成。重浚明月湖，疏导青溪。开水田 180 余亩，旱地 70 余亩，积极开荒造林。其时，南华寺、广州六榕寺、长汀定光寺、宁化法轮寺均请虚云传戒法。翌年，修建张公渡方向上云居山之路，宽 6 尺，长 18 华里，逶迤于峻岭峭峰之间。

1959 年，饱经忧患的虚云老和尚病状日深，仍力疾督促，浚明月湖和海会塔工程竣工。是年 10 月，虚云老和尚病势日危，知幻缘将尽，乃嘱僧众："勤修戒定慧，息灭贪嗔痴。"十三日午十二时半，唤侍者一齐进来，再嘱一"戒"字，合掌道珍重。下午一时四十五分，右胁作吉祥卧示寂。

虚云老和尚身历近代"四朝五帝"，毕生殚心竭力，力挽禅门颓势，续佛慧命，身挑五宗，传灯不尽。他历坐 15 座道场，重建大小寺院庵堂 80 余处，重兴鸡足山祝圣寺、昆明云栖寺、鼓山涌泉寺、南华寺、云门大觉禅寺、云居山真如寺等六大禅宗祖庭名刹。

虚云老和尚座下剃度、受戒、得法、皈依弟子数百万之众，遍及中华大地，远及亚、美、欧诸洲。著名的门人弟子有深圳弘法寺本焕长老、杨岐慧通老和尚、临济寺净慧长老、云居山真如寺一诚长老等。

著有《楞严经玄要》《法华经略疏》《遗教经注释》《圆觉经玄义》《心经解》等书，历经世乱，散佚罄尽。诸弟子口述100余年所忆及之事迹，录编为《虚云老和尚年谱》，并将搜录所得之法语诗文序跋等，由弟子岑学吕编辑为《虚云老和尚法汇》，二著作得以传世。

二、禅法思想

虚云老和尚宗说兼通，弘扬禅宗，不立门户，倡修净土，严持戒律，讲授经藏，"整个佛法，胥赖撑扶于不堕，吁！诚伟矣"[1]。

（一）明心见性，真参实究

"昧吾师不可思议之思，随见随拈，因月有指，枝中觅本，委上求原，聊此引伸，就正有道。"[2]岑学吕居士在《虚云和尚法汇·序》中，简要概括了虚云老和尚"明心见性，真参实究"的禅法之旨。

月行夜空，造化固有，本有皎洁光明，可以照天亮地，若被乌云遮盖，难见月与光明；若人以指指之，可见其隐若空间，只待风吹云散，自显明月；此即因月有指。众人心性亦复如是，本与诸佛无二无别，只是从无始来，被妄想遮盖、尘劳缚着，迷失本来面目，这心性虽然与佛无异，也不得受用。

虚云和尚因月有指，在玉佛寺禅七开示众人："参禅的目的，在明心见性，就是要去掉自心的污染，实见自性的面目。污染就是妄想执着，自性就是如来智慧德相。"[3]要想明心见性，返本还原，见本来面目，所谓"明悟自心，彻见本性"必要消除妄想执着。

而要消除妄想之念，亦是妄念，岂能以妄消妄。虚云和尚又枝中觅本，进一步开示："宗门下这一法是正法眼藏，是如来心法，是了脱生死的根本。如讲经等法

---

[1] 岑学吕编著：《虚云老和尚法汇》，江西永修县云居山真如禅寺，2004年。
[2] 同上。
[3] 岑学吕编著：《虚云老和尚年谱》，江西永修县云居山真如禅寺，2004年，第216—253页。

门,虽然是起人信解,但是大都是枝叶上的文章,不容易大开圆解的。如要想以讲经等法子来了生脱死者,还须要经过行证,是很为难的。"① 虚云和尚认为,讲经等法门,虽启人信解,但大都是枝叶上觅本的文章,宗门之法方是所觅之本,是正法眼藏,是如来心法。

宗门下参究行证,若不认清本原,亦是很为难。虚云和尚委上求原,再加开示:"你我今天用功第二步,要把客尘认识清楚,客尘是动的,主人是不动的。如不认清,则功夫无处下手,依旧在打混,空过光阴,希望大家留心参看。"② 为方便大众,留心参看所说主客关系,虚云和尚予以阐释:"我们的真心是个主,他本是不动的,动的是客,即是妄想。妄想犹如灰法,灰法很微细,它在飞腾之时,要在太阳照入户牖时,或空隙之中,才看得见。即是说,我们心中的妄想,在平常的动念中并不知道,一到清静修行静坐用功的当中,才知道许多的杂念在不断的起伏。在这妄念沸腾的当中,如果你功夫不得力,不是这样,它总是不去不来、不生不灭的常住不动,故为主人。"③ 我们的真心本是个主,妄想为客尘,但若功夫不得力,则妄想反客为主,盖月遮光,人不得见月。

虚云和尚就正有道,明示众人:"一切放下,永永放下,叫作万缘放下。万缘放下了,妄想自消,分别不起,执着远离,至此一念不生,自性光明,全体显露。至是参禅的条件具备了,再用功真参实究,明心见性才有分。"④ "万缘放下,一念不生",是参禅修行、明心见性的先决条件。

一切放下,一念不生了,再真参实究,方有明心见性的回家消息。虚云和尚教诫众人,要真参实究,非下一番苦功夫不可,行不可思议之思。他说:"修行一法,易则容易,难则实难。易者,只要你放得下、信得实,发坚固心和长远心,就可成功。难者,就是你我怕吃苦,要图安乐,不知世间上的一切有为法,尚且要经过一番学习,才能成功,何况我们要学圣贤,要成佛作祖,岂能马马虎虎就可成功。所以第一要有坚固心,次之要发长远心,我们人生在世,造业无边,一旦要来修行,想了生脱死,岂能把习气一时放得下呢?"⑤

---

① 岑学吕编著:《虚云老和尚年谱》,江西永修县云居山真如禅寺,2004年,第216—253页。
② 同上。
③ 同上。
④ 同上。
⑤ 同上。

真参实究必要有坚固心和长远心，虚云和尚还随见随拈，开示众人："并不是一定要禅堂中才能用功，才能悟道的。修行用功，贵在一心，各位切莫分心散乱，空过光阴。"又说："做功夫不一定在静中。能在动中不动。才是真实功夫。"①只要随缘自在用功，行住坐卧、动静闲忙不生心动念，就能降伏其心，明心见性，回到家中。

（二）修行识路参话头

"直指人心，见性成佛"是禅宗之宗旨，其先决条件是"万缘放下，一念不生"。现世物欲横流，贪念妄想甚嚣，能放下尘缘，明心见性的人，可说是寥若晨星。虚云和尚为此开示众人："现在你我根器劣弱，诸大祖师，不得不假方便，教参一句话头。"②

他还举示："譬如说'放下一切'、'善恶莫思'，但总是放不下，不是思善，就是思恶，到了这个时候，祖师们不得已，采取以毒攻毒的办法，教学人参公案。初是看话头，甚至于要咬定一个死话头，教你咬得紧紧，刹那不要放松，如老鼠啃棺材相似，咬定一处，不通不止，目的在以一念抵制万念。这实在是不得已的办法，如恶毒在身，非开刀疗治，难以生效。"③只因根器劣弱，不能放下一切，祖师们不得已，开看话头的方便法门，以毒攻毒，以看话头一念抵制万念。

所以，虚云和尚在禅七中开示："修行无别修，只要识路头。我们现在是参话头，话头就是我们应走的路头。"④只有识准走对修行的路头，才谈得上修行以成正道。对于参禅修行人来说，参话头才是识准走对的路头。也就是说，话头即路头，参即走，用功参话头的人，就要在这条路头上一直朝前走下去。昼夜六时，如流水一般，不要令它间断。不得偏离，不得懈怠，要一念不生，灵明不昧，一切凡情圣解，一刀两断。

然而为什么现在看话头的多，而悟道的没有几个呢？虚云和尚指出："这是由于现代的人，根器不及古人，亦由学者对参禅看话头的理路，多是没有摸清。有的人东参西访，南奔北走，结果闹到老，对一个话头还没有弄明白，不知什么是话头，如何才算看话头，一生总是执着言句名相，在话尾上用心。"他还指出："宋朝以后，念佛者多，诸大祖师乃教参'念佛是谁'。现在各处用功的都照这一法参究。可是许

---

① 岑学吕编著：《虚云老和尚年谱》，江西永修县云居山真如禅寺，2004年，第216—253页。
② 同上。
③ 同上。
④ 同上。

多人仍是不得明白,把这句'念佛是谁'的话头放在嘴里,不断地念来念去,成了一个念话头,不是参话头了。"①世人总是执着言句名相,把看话头念成了念话头,背离了看话头的根本理路,岂能悟此本然的无为大道呢?

那么什么是看话头的根本理路呢?虚云和尚开示众人:"其实话头,即是念头,念之前头就是心,直言之,一念未生以前就是话头。由此你我知道,看话头就是观心,父母未生以前的本来面目就是心,看父母未生以前的本来面目,就是观心。性即是心,'反闻闻自性',即是反观观自心,'圆照清净觉相',清净觉相即是心。照即观也,心即是佛,念佛即是观佛,观佛即是观心。所以说'看话头',或者是说'看念佛是谁',就是观心,即是观照自心清净觉体,即是观照自性佛。"②万法皆从心生,话从心起,心是话之头,话头就是一心。看话头的根本理路,就是观心反照,将向外驰求迷妄的心回转来反照,反观清净之自心,这才是看话头。

自大慧宗杲倡参话头以来,举古人的公案来看话头,话头有很多。"有的'看拖死尸的是谁',有的'看父母未生之前,如何是我本来面目',晚近诸方多用'看念佛是谁'这一话头。其实都是一样,都很平常,并无奇特。如果你要说看念经的是谁,看持咒的是谁,看拜佛的是谁,看吃饭的是谁,看穿衣的是谁,看走路的是谁,看睡觉的是谁,都是一个样子,谁字下的答案,就是心。"③可见,看什么话头并不特别重要,只要应机与方便即可。关键是要借这个话头观心反照,离言句名相意识解,转识成智,使分别识成妙观察智。

"'念佛是谁'就是一句话,这句话在未说的时候叫话头,既说出,就成话尾了,我们参话头就是要参这'谁'字未起时究竟是怎样的。"④虚云和尚阐释了话头与话尾之区别,若执着言句名相,必然会在话尾上用心,缚于文字葛藤之中,不得解脱。看话头就是要对"谁"字未起时是怎样?由此生大疑情,在这疑情处去参究它,微微细细地去反照,去反观自性。

(三)看话头之要

虚云和尚对修行识路看话头的阐释,可说是简明透彻,也较独特罕见。他同时

---

① 岑学吕编著:《虚云老和尚年谱》,江西永修县云居山真如禅寺,2004年,第216—253页。
② 同上。
③ 同上。
④ 同上。

也对看话头用功之要,也提出了自己的见解与主张。

虚云和尚认为:"话头即是一心。你我此一念心,不在中间内外,亦在中间内外,如虚空的不动而遍一切处。所以话头不要向上提,也不要向下压。提上则引起掉举,压下则落于昏沉,违本心性,皆非中道。"①话头即一心,不动而遍一切处,要循中道,不要上提,也不要下压。要平心静气,单单把话头如鸡抱卵、如猫捕鼠一样照顾好,照顾到得力时,则自会了断生死。

虚云和尚还提出,话头不要太粗、不要太细、不要太松,要照顾好话头。"单单的照顾话头,不要忘了话头。不要粗,粗了则浮起,不能落堂;不要细,细了则昏沉,就堕空亡,都得不到受用。……这时候把话头不要太松……如果太松,则妄想容易袭进,妄想一起,则掉举难伏。所以在此时光,要粗中有细,细中有粗,方能使功夫得力,才能使动静一如。"②初用功的人,话头不容易照顾好,更要注意把握住这"三不要",话头照顾得好,功夫自然容易纯熟。

看话头要在未起处起疑情,疑情起则生参究之念,但只能有此一念,以一念制万念,待到万缘放下,脱凡入圣,则此一念亦消。虚云和尚如是开示:"若是参禅看话头,就看'念佛是谁',你自己默念几声'阿弥陀佛',看这念佛的是谁?这一念从何处起的?当知这一念不是从我口中起的,也不是从我肉身起的。若是从我身或口起的,我若死了,我的身口犹在,何以不能念了呢?当知这一念是从我心起的,即从心念起处,一觑觑定,蓦直看去,如猫捕鼠,全副精神集中于此,没有二念。但要缓急适度,不可操之太急,发生病障。"③如此看话头,日久功深,因缘时至,直至无疑之地,自会豁然开悟。

虚云和尚教诫众人:"只因我们信不实,行不坚,妄想放不下。假如生死心切,一句话头决不会随便走失的,沩山祖师云:'生生若能不退,佛阶决定可期。'初发心的人总是妄想多,腿子痛,不知功夫如何用法。其实只要生死心切,咬定一句话头,不分行住坐卧,一天到晚把'谁'字照顾得如澄潭秋月一样的,明明谛谛的,不落昏沉,不落掉举,则何愁佛阶无期呢?"④看话头必须信实行坚,不分行住坐卧、日常行作,不分动静,时时处处咬定一句话头。也不要以心待悟,另生求智慧之心,

---

① 岑学吕编著:《虚云老和尚年谱》,江西永修县云居山真如禅寺,2004年,第216—253页。
② 同上。
③ 同上。
④ 同上。

这无异头上安头。虚云和尚进一步开示:"加一句话头,时刻提起,一念无生,当下成佛。诸位把握时间,莫杂用心,好好提起话头参去。"①

(四)禅净不二

自元代以来,传为永明延寿和尚所撰"禅净四料简"广为流传后,引起禅净孰优之争。虚云和尚在答客问时说:"惟我平常留心典章,从未见到四料简载在永明何种著作中。但天下流传已久,不敢说他是伪托的。"②查阅文史资料,元代中峰明本国师在其作《次鲁庵怀净土诗十首并序》中,最早提到:"永明和尚以禅与净土拣为四句,谓'有禅有净土''无禅无净土''有禅无净土''无禅有净土',特辞而辨之。"③中峰明本在序中亦阐释了"禅净不二"的思想。其弟子天如惟则,在所撰《净土或问》中对"四料简"加以阐发,这是最早的关于"四料简"的文字记载。虚云和尚所说,未见永明延寿何种著作中记载"禅净四料简",应是可信的,以天下流传已久,不敢说是伪托,亦是实说。

虚云和尚此答客问,是告其不要纠结于"四料简"是否为永明和尚所撰,重要的是要明了"四料简"的内涵旨意。他说:"我认为宗下有浅深,显教、密教有顿渐邪正,念佛也一样。禅之深浅,区别起来就多了,外道、凡夫、小乘、中乘、大乘,都各有各的禅。中国禅宗的禅,是上上乘禅,不同以上所举的禅。但末世行人参禅,确实有走错路的,无怪永明四料简中所责。……念佛人心净佛土净,即见自性弥陀,这净土与禅是不二的。但今人却必限于念佛为净,参禅为禅。……我平生没有劝过一个人不要念佛,只不满别人劝人不要参禅,每念《楞严》所指'邪师说法如恒河沙而痛心'。故把四料简的意旨,略加辩说。希望一切行人,不要再于四料简中,偏执不通,对禅净二法妄分高下,就不辜负永明禅师了。"④

虚云和尚为报慈恩,曾起香拜行朝五台,几处绝境,饱经苦难,历时三年,终成其愿,足见其信佛之坚。他在主法《世间和平大会》上说:"我劝大众。要坚信净土法门的利益。随印光老法师学'老实念佛',立坚固志,发勇猛心,以西方净土为

---

① 岑学吕编著:《虚云老和尚年谱》,江西永修县云居山真如禅寺,2004 年,第 216—253 页。
② 岑学吕编著:《虚云老和尚年谱》,江西永修县云居山真如禅寺,2004 年,第 386—391 页。
③ 〔元〕明本撰:《天目中峰和尚广录》,收入《中国汉文大藏经补编》第 25 册,文物出版社,2013 年,第 341—342 页。
④ 岑学吕编著:《虚云老和尚年谱》,江西永修县云居山真如禅寺,2004 年,附录《答客问二则》。

终身大事。参禅与念佛,在初发心的人看来是两件事,在久修的人看来是一件事。参禅提一句话头,横截生死流,也是从信心坚定而来。若话头把持不住,禅也参不成。若信心坚定,死抱着一句话头参去,直待茶不知茶,饭不知饭,功夫熟处,根尘脱落,大用现前。与念佛人功夫熟处,净境现前,是一样的。到此境界,理事圆融,心佛不二。佛如众生如,一如无二如,差别何在?诸位是念佛的,我希望大家以一句佛号为自己一生的依靠,老老实实念下去。"一位禅宗巨擘劝人念佛,说明他毫无门户之见,寥寥数语,把禅净不二之旨说得圆融无碍。

虚云和尚还在云居山方便开示:"参禅念佛等等法门,本来都是释迦老子亲口所说。道本无二,不过以众生的夙因和根器各各不同,为应病与药计,便方便说了许多法门来摄化群机。后来诸大师依教分宗,亦不过按当世所趋来对机说法而已。如果就其性近者来修持,则那一门都是入道妙门,本没有高下的分别,而且法法本来可以互圆融无碍的。譬如念佛到一心不乱,何尝不是参禅。参禅参到能所双忘,又何尝不是念实相佛。禅者,净中之禅。净者,禅中之净。禅与净,本相辅而行。"①虚云和尚善于方便摄化,有参学者,先试以禅,若非上根利智而不契,则劝惟依持名念佛法门,往生极乐国土。且开示众人:"念佛到一心不乱,此乃净中之禅。参禅到能所双忘,亦为禅中之净,禅净本无二致。"

虚云和尚还教诫参禅修行者:"今天参禅的人,多不了解禅净不二的法门,每谤净土为小乘,这是错误的。禅净工夫入门虽有不同,到家是一样的。一般人只知赵州禅师说的念佛一声漱口三日,佛之一字吾不喜闻的前面几句机锋话,就拿来作为经常反对念佛的根据,这是误会的。要知道后面还有几句话,就是有人问赵州禅师:'你的师是谁?'赵州说:'十方诸佛''十方诸佛之师是谁?'赵州说:'阿弥陀佛。'可见阿弥陀佛是十方诸佛之师。今天参禅人不了解赵州禅师前面说的几句机锋话,同时又不了解赵州后面说的几句话,参禅的人以赵州的话来谤念佛法门,真是冤枉了赵州。"②虚云和尚阐明了赵州禅师的"念佛一声漱口三日"的本意,消除了不明就里人的疑惑,对禅净不二之旨,也就更能理会,如是而修行。

(五)严守戒律

虚云和尚在圆寂前,最后嘱咐弟子的只一"戒"字,可见,他视严守戒律为佛法

---

① 岑学吕编著:《虚云老和尚年谱》,江西永修县云居山真如禅寺,2004年。
② 同上。

与修行之根本，也是其禅法思想的极重要部分。他说："现在的佛法，比较盛行的，是净土与禅宗。但一般僧众，都忽略了戒律，这是不合理的，因为佛法的根本要义，乃是戒。"①

虚云和尚为此开示："用功办道首要持戒，戒是无上菩提之本。因戒才可以生定，因定才可以发慧，若不持戒而修行，无有是处。《楞严》经四种清净明诲，告诉我们，不持戒而修三昧者，尘不可出，纵有多智禅定现前，亦落邪魔外道，可知道持戒的重要。"②佛法之要，在于三无漏学，而以戒为本。若能严守戒律，则定慧自可圆成。

虚云和尚告诫："因为修行以戒为体，戒是出生死的护身符，没有戒，在生死苦海中就会沉沦汨没。佛曾以戒喻渡海浮囊，不能有丝毫破损，浮囊稍破，必定沉溺。所以宗、教、净三宗，及一切法门，都以戒为先。"③戒是佛法之本，亦为修行之体，是出生死的护身符。修行人任何时候都要严守护身，决不可丢失破损。

守戒须要先受戒，虚云和尚在戒期开示如何受戒："受戒前，应先究心缘境之宽狭，然后才可以立志高远，见相明白。若不预先深究，法相尚且虚浮，怎能得受上品戒。甚或戒全不发，则虚受费功，徒劳一世，大须留意。"他接着开示："今诸位欲求受戒，首重行愿，行者行持，即依戒而行。愿者发愿，即四弘誓愿。行愿相资，方成妙用。佛制戒律，无非使众生断除习气毛病，令止恶生善，背尘合觉。故《华严经》云：'戒为无上菩提本。应当具足持净戒。'由是戒故，佛法得以住世，僧伽赖以蕃衍。"④受戒亦是修行人极重要的庄重仪规，戒前，须先究心缘境之宽狭，求戒则首重行愿，方能行戒而成妙用。

受戒重要，传戒则更要如法。虚云和尚如是说："佛教的月刊上常说，佛门遭难，滥传戒法，规矩失传，真理埋没，这些话我也常讲。前几十年我就说，佛法之败，败于传戒不如法。若传戒如法，僧尼又严守戒律，则佛教不致如今日之衰败。"⑤《楞严经》说："若此比丘，本受戒师，及同会中，十比丘等，其中有一不清净者，如是坛场，多不成就。"可知，苟且传戒是不如法的，三师七证这十师中，有一不清净者，戒就白传了。

---

① 岑学吕编著：《虚云老和尚年谱》，江西永修县云居山真如禅寺，2004年。
② 同上。
③ 同上。
④ 同上。
⑤ 同上。

受戒与传戒，尚且不能苟且，守戒更是根本，也是最难的。虚云和尚教诫修行者："受佛戒，是难得希有之事，所以受戒后，要谨慎护戒，宁可有戒而死，不可无戒而生。"① 受戒的修行人，要把守戒视为比保护生命还重要，宁死也不能违反戒律。他还指出："近来有出家人，不但自己不严守戒律，还说持戒是执着，那种高调，是多么危险。"② 说持戒是执着，把严守与执着混淆，对于佛法造诣不高的人，具有很大的迷惑性，所以非常危险，必须辨伪而严守戒律。

戒相是佛所制诸戒，故虚云和尚开示："是故行人最要深研戒相，此所谓戒相者，即是律中所明持犯等相。持犯等相虽多，不出心境。盖恶业，非境不起，非心不成。善戒也是非境不发，非心不生。"又说："无心则无戒，无戒则无心，无佛无众生，无汝及无我，无汝孰为戒哉。"③ 心境是制戒之所依，亦为发戒之正本，这才是制戒的心境。于日常生活、动静行止中，任运止恶修善，则世出世间，一切行门，无非戒行。

虚云和尚在开示受戒的重要性时，还同时强调："但戒、定、慧三法不能偏废，要三法圆融，才得无碍。持戒若不明开遮，不通大小乘，不识因时制宜，种种妙用，死死守戒，固执不精，成为错路修行。三学圆明，才得上上戒品。"戒、定、慧三字，如鼎三足，缺一不可，修行之人，应特别注意避免错路修行。

第四节　清末民初名僧集萃

一、寄禅敬安和尚

（一）寄禅敬安和尚生平

1. 师承源流考

据《中兴佛教寄禅安和尚传》：

和尚既奉贤楷禅师为本师，又以笠云圆学行超妙，亦事以师礼。……

---

① 岑学吕编著：《虚云老和尚年谱》，江西永修县云居山真如禅寺，2004年。
② 同上。
③ 同上。

和尚本非天童法系，然同出于密云悟。①

贤楷禅师师出何宗派法系，多方查阅无考。
又据《宁波天童寺寄禅老和尚德像小记》：

> 芳圃和尚法系属临济宗，其法嗣法孙，无虑数百人，不仅湖南一省，其支派直蔓延至长江流域。清末中兴佛教的寄禅和尚即是他麓山法派之高足。②

芳圃和尚，字笠云，即寄禅安和尚事之师笠云圃。
据徐荪铭撰《明清时期曹洞宗在湖南的发展》一文中提到："从活动的道场来看，临济宗的主要道场是宁乡大沩山、浏阳石霜寺、南岳福严寺、湘阴神鼎山、邵阳武冈胜力寺等，都是临济宗天童系弘储及其弟子、木陈道忞的弟子五峰如学、远庵本佐、天岳本昼以及破山海明的弟子，活动的地区在湘西、湘中、长沙、湘北一带。"
芳圃和尚其时住持长沙麓山寺，寄禅敬安也是在这时拜谒芳圃笠云。依据这两份资料所记载，芳圃笠云应为杨岐派密云圆悟法系下的弟子，寄禅敬安事芳圃笠云以师礼，印证了太虚大师所说"和尚本非天童法系，然同出于密云悟"为实。

2. 生卒年考

据《冷香塔院自序碑铭》：

> 余姓黄，世居湘潭姜畲，父讳宣杏。母胡孺人祷观音大士，梦兰而生，咸丰辛亥十二月初三日也。三四岁即厌荤腥，常随母拜月，喜闻人谈仙佛事。七岁丧母，十二丧父。时塾师授《论语》未终篇，家贫与弟子成俱废读，牧牛田家，然常以书自随。

又据《寄禅禅师冷香塔铭》：

---

① 太虚撰：《中兴佛教寄禅安和尚传·师学》。
② 崇和撰：《宁波天童寺寄禅老和尚德像小记·寄禅禅师小传》。

> 师讳敬安，字寄禅，湘潭黄氏子。父宣杏，母胡氏，梦兰而生。自幼岐嶷，不喜茹荤。……示寂于京师法源寺，实壬子十月二日，世寿六十有二，僧腊四十有五。[①]

寄禅敬安生于咸丰辛亥十二月初三日，1851 年 12 月 31 日。

寄禅敬安示寂日有二说：一为《寄禅禅师冷香塔铭》记载，壬子十月二日示寂于京师法源寺；二是太虚大师《中兴佛教寄禅安和尚传》记载："十一月一日抵京，寓法源寺。法源旧署悯忠，寺主即和尚法嗣道阶法师也。越九日，偕道阶见礼俗司长杜某……杜某语塞无以对，词色转厉，意在恫吓，乃愤而辞出。……甫下车，即胸膈作痛，乃不能不以法源寺为跋提河岸而现涅盘相矣！……已作吉祥卧示寂。呜呼！如来室之梁栋倾矣！生死河之舟楫沉矣！斯日何日？则支那旧历玄黓之岁十二月二日也。寂于壬子年十二月二日。"

黓现通用为"弋"，其意为黑色，玄弋之岁即天干为壬之年，太虚所叙即农历壬子年十二月二日，若由此推之，则为 1913 年 1 月 2 日。但太虚在文中记叙其师，十一月一日抵京，越九日即十一月十日而寂。此十一月十日应为公历，推之农历为十月二日，与《寄禅禅师冷香塔铭》所记载相符。由此推之，太虚所记叙十二月二日为十月二日之笔误。

（二）寄禅敬安和尚行状

敬安和尚（1851—1912），字寄禅，号"八指头陀"，湖南湘潭黄氏子。杨岐派禅师，近代诗僧，清末民国初佛门领袖人物。其行状见录于《中兴佛教寄禅安和尚传》《寄禅禅师冷香塔铭》《冷香塔铭院自述碑铭》《寄禅和尚自述》等资料。[②]

1. 心切直指，道参向上

寄禅敬安幼时即喜闻人谈佛事，家贫辍学而牧牛。暇时携书而读，绿树荫中独坐冥想，而起出尘弃俗之念。一日，寄禅敬安驱牛出郊，见篱间白桃花为风雨摧落，似有省，感而泪下。同治七年（1868），寄禅敬安投湘阴法华寺，从东林师落发出家，东林师为其起法名敬安，字寄禅。是年冬天，寄禅敬安往南岳祝圣寺，受具足戒于贤楷律师。太虚在《中兴佛教寄禅安和尚传》第三章《道基》中又称贤楷为律师，

---

① 张美翊撰文：《寄禅禅师冷香塔铭》。
② 太虚撰：《中兴佛教寄禅安和尚传》。

则贤楷可能师出律宗。

后闻衡阳岐山仁瑞寺恒志和尚倡教外别传之旨，寄禅敬安冒雪往参。恒志和尚命寄禅敬安司行堂兼执饲犬役，是为苦行始，如是苦修数年无所得。一日因喂犬食，犬食未尽而去，恒志和尚适至，寄禅敬安恐和尚见责，急取犬余食而吃。不一会儿，见犬从厕所出来，不由思刚吃犬余食，必杂遗其中，恶心呕吐不止。既而有省，一切世间物，本无垢净，四大假合之身，于外六尘，亦无好恶，取舍皆由业识妄生分别。寄禅敬安愈信经论所云皆实，遂悟入心地法门。

清光绪元年（1875），寄禅敬安离开湖南，到江浙一带行脚游方。先至镇江金山寺，住入大彻堂，从大定和尚参究向上一着。寄禅敬安以释迦有千疮求半偈之说，于光绪三年（1877）秋，专往宁波阿育王寺拜佛舍利。"剜臂肉如钱者数四，注油于中以代灯。已而，又燃去左手两指，真法供养。"[①] 此后即自号"八指头陀"。

"斯固释尊舍利罗光明所致，和尚亦与有功焉。"阿育王寺毁于太平天国兵乱，寄禅敬安行道其中，"四方衲子，始稍集聚，门庭日有起色"，今为江南名刹。

寄禅敬安曾发誓修法华忏法，尽十八日，遍身寒作，如瘗冰雪中，舌根麻木不得转，唯默诵经文，万言立尽，不由大骇，静坐数日，始复常态，由是世智顿开。寄禅敬安以其事语同参默庵法师，默庵法师谓："即台宗所云寒触，舌根既转，当证法华三昧。"寄禅敬安不以此而满足，愈加用功精进不已，遍参江、浙名宿，定慧兼修，参究向上一着。然生死心切，以参禅修行为业，常入深山坐盘石上，冥然入定，深证一心，自是道誉日隆。

寄禅敬安游方江浙一带，在宁波时间最久，光绪十年（1884）回到湖南。在湖南历主衡阳罗汉寺、衡山上封寺、大善寺、宁乡沩山、长沙神鼎寺、上林寺等六法席。先是主沩山，以其为沩仰宗初祖道场，法门颓败，宗风衰绝，乃刻意经营。冀规复寺宇千余间，僧众数千人之旧观，驻锡三年，鼓螺为之一振，有"沩山水牯牛"重来之称。

光绪二十八年（1902），天童寺缺席，首座幻人禅师率两序头首往迎。寄禅敬安以禅宗名刹、旧游胜地，遂辞上林寺至天童寺主法席，"任贤用能，百废俱举，夏讲冬禅，一无虚岁"。寄禅敬安勉励学者参父母未生前本来面目，常举古德三关语，勘验门人弟子。见某禅者机语敏妙、见地缜密，即破例举为班首，并亲书正法眼藏赠

---

① 太虚撰：《中兴佛教寄禅安和尚传》。

之,足见其郑重佛法、激励学人之心。寄禅敬安入主天童第二年,即改子孙庙为十方选贤丛林,缁素皆视为大德,故屡辞天童法席不果,主法席十一年而终其身。

2. 入世济生,卫教护法

"佛法在世间,不离世间觉。离世觅菩提,恰如求兔角。"寄禅敬安承扬六祖慧能之旨,堪为入世济生、卫教护法的楷模。

上封寺为南岳名刹,山后有田数千亩,皆供众之产,宗风衰绝,被夺于农人者过半。寄禅敬安入住上林寺后,初讼告于当地,经年不能决断,后赖巡抚吴清乡中鼎力支持,渐将寺中田产收回。

寄禅敬安血气性情中人,有大慧宗杲忠义爱国之菩提风。时寓住宁波,闻清朝败于中法一役,虑国权之衰削,奋然思有以御之,数日眠不成梦,愤不欲生,郁结而热病发,足见其爱国热心。

寄禅敬安更以捍卫佛教,护法保寺产为己任。清光绪二十六年庚子年(1990),英、俄、日等八国联军侵华,清王朝战败赔款,清廷罢科举,兴学校,南省大吏,以资无所出,有提取寺产助款之议。杭州僧人为势所迫,窃寄禅敬安天童住持名,为首联合浙江35寺,投请外人入内保护。寄禅敬安闻之,致函洋务局陈诉窃名之妄行,力请严行拒绝,外部乃命令各郡自办僧学。光绪三十四年(1908),寄禅敬安在宁波郡城创立僧教育会,被推为会长,并在僧教育会下附设僧众小学和民众小学各一所,开僧侣教育之先河。

辛亥革命爆发,南京国民新政府成立。寄禅敬安认为:"我佛弘旨,最为适宜,政教并进,斯其时矣。"乃至上海,联合全国十七地僧侣,商议筹建中华佛教总会。寄禅敬安亲谒孙中山临时大总统,吁请保护寺产,为成立中华佛教总会事请命,取得孙大总统同意。民国元年(1912)四月,于上海留云寺召开中华佛教总会成立大会,谛闲长老、圆瑛大师、太虚大师等百余人出席大会,众推寄禅敬安为会长。

民国元年冬,湖南、安徽、云南等地发生抢夺寺产、销毁佛像事件,当地僧侣联名具状内务部,请求答复,礼俗司司长杜关抗拒不予行文。寄禅敬安应湖南僧界之请,约请各省僧界代表在上海开会,共商对策,决定北上请愿,力图从根本上消除抢夺寺产事件的发生。众推寄禅敬安以中华佛教总会会长身份进京请愿,遂于是年十一月一日抵达北京,住宣武门外的法源寺。

寄禅敬安道誉中华,此次初至京都,缁素大众"识与不识,皆以一见为快"。"净名丈室,狮座八万,户外屡满,门限为穿,以礼接待日不暇,欢喜赞叹,倾动一时。"① 到京后第九日,寄禅敬安与其嗣法弟子法源寺方丈道阶法师共赴内务部礼俗司交涉。据理争辩多时,司长杜关语塞无以对,色厉内荏恫吓于人,寄禅敬安愤而返回法源寺。未下车,寄禅敬安即胸部作痛,回到法源寺,夜半即卧床休息。侍者亦各回房间就寝,次日拂晓往视,寄禅敬安已作吉祥卧示寂。

《中兴佛教寄禅安和尚传》记述:"各界代表七十三人,创议易为追悼,届时到者达数千人,自总统以下致词哀挽者,更仆难数。京沪各报,皆传其生平事,力攻杜某,因之官私公产令无形消灭,毁夺案即得转机。新改定佛教总会章程,亦经国务院审定,以大总统命令颁行各省。一年来佛教得以稍安者,食和尚一死之赐也。其法嗣道阶,奉龛南旋,葬于天童青龙冈泠香塔院。再开追悼会于沪佛教总会本部,于宁波分部,于太白山天童寺。各地佛教支分均感激,各为开会追悼,不一而足。"

3. 文字三昧,古今无逾

寄禅敬安幼岁失学,既出家,心切直指单传之旨,成佛心切,道参向上,并无意俗谛文字。初在岐山仁瑞寺参修,见寺中维那精一,素喜吟哦作诗,寄禅敬安认为好于文字有碍参禅,而诃其为不究本分上事。精一应答:"汝灰头土面,只合参枯木禅,焉知慧业文人别有怀抱耶?" 精一之答,引起寄禅敬安深思,始对文字般若三昧有所理解。

21岁时,随舅父游览岳阳楼,楼上有人分韵赋诗,寄禅敬安俯视水天同碧,忽得"洞庭波送一僧来"之佳句。归而述于宿儒郭菊荪先生,菊荪先生谓其"语有神助",授以《唐诗三百首》一书,励其学诗。寄禅敬安此时亦领悟到《佛说般若三昧·行品第二》中"学文慧,必如禅,除三秽,去六入"之旨,只要如参禅那样,除"贪、嗔、痴",去"色、声、香、味、触、法",学文慧而得文字般若三昧。道无言而借言以显,德非文而得文益彰,"若无文字,凡圣永隔"。文字般若在悟道后自然发生,正所谓"语有神助",即明此理,而知慧业文人别有之怀抱,寄禅敬安于是乃深究诗学。

寄禅敬安于光绪十年(1884)回湘中,拜谒芳圃笠云,事以师礼。"和尚本非天童法系,然同出于密云悟。"② 这由寄禅敬安甲申年(1884)作《自海上归与本师云和尚夜话》可知,寄禅敬安始称芳圃笠云为本师。芳圃笠云亦是当时有名的诗僧,有

---

① 太虚撰:《中兴佛教寄禅安和尚传》。

② 同上。

《听香禅室诗集》八卷行世,为清末著名文学家俞曲园等所推称。以是因缘,寄禅敬安师事芳圃笠云,遂心仪之,对其参禅作诗,有着深刻影响。

寄禅敬安回湘中驻锡南岳,前后18年之久。最初几年,广泛接触湘中文人名士,时有诗文交往。光绪十一年(1885)夏,寄禅敬安与王闿运诸名士开"碧湖吟社",九月,赴王闿运、郭嵩焘所召集的"碧浪湖重阳会",与各地名流唱酬投赠,诗名始噪于海内。

寄禅敬安初以读书无多,学起来非常吃力,但他锲而不舍,潜研默咏,如他在《诗集自述》中所说:"用力尤苦,或一字未惬,如负重累,至妄寝食,有一诗至数年始成者。"寄禅敬安终以诗僧而闻名于世。"所作诗,清穆之中,往往奇气盘礴,文仿六朝,亦骎骎乎入其堂奥。尝刊有《八指头陀诗集》十卷、《白梅诗》一卷行世,日僧已为编入续藏。八指头陀之诗名,遂远播海外。其未刻者,有诗集八卷,文集二卷,续集二卷,先后经郭伯琛、王壬秋诸老选定。"①

寄禅敬安本无意于诗文,悟文字般若三昧之旨,于诗文至老不辍,亦以诗僧闻名于天下,可谓古今无逾之奇僧。

"道参向上,出世为人,始终持临济纲宗,无已其禅宗乎。"寄禅敬安和尚,心切直指单传之旨,晚年亦兼修净宗。他入世弘法,护教爱国,慈善利生,深谙文字般若三昧,以诗入禅,以悟示人,德业炳焕,道行纯备。"惟环顾僧界,魄力之雄厚,志愿之坚毅,未有能仿佛和尚者!大人僧界复谁是?"②清末民国初30年的佛教历史,皆与寄禅敬安和尚紧密相关,是个富有传奇人生、深受各界敬重的高僧,为此时代佛门领袖人物。

寄禅敬安开堂说法26年,及门者不下万余,得戒者数亦称是,著名的门人弟子有圆瑛大师、太虚大师、道阶法师等。

有《语录》四卷、《文集》二卷、《嚼梅诗》一卷、《诗集》十卷行世。

二、真空禅师

近代的禅僧时常会谈起"南虚云、北真空",说的是近代禅宗两位最著名的高僧虚云老和尚与真空禅师。但是现时提起真空禅师,却很少有人知道,只是现代很多

---

① 太虚撰:《中兴佛教寄禅安和尚传》。
② 同上。

禅宗耆宿，提到真空禅师，无不肃然起敬。杨岐山普通寺前住持禅门耆宿慧通老和尚，年轻时，在高旻寺亲近参修于来果禅师后，到北京弥勒院禅堂参学于真空禅师，说起真空禅师，慧通老和尚崇仰之情油然而生。

这样一位道高望重的近代禅门尊宿，在当代为什么名不见经传呢？其主要原因：一是，真空禅师生前不准记录他的法语和记载他的生平行状，以致没留下任何《年谱》《语录》等史料文字传世；二是，真空禅师主法道场北京弥勒院，早已荡然无存；三是，他在北京弥勒院之时，华北为日寇所侵占，游方僧人罕至，僧才缺乏。

（一）师承源流考

为了不让一代宗门巨匠随着岁月流逝而忘却，填补近代禅宗史的一大遗缺。本节循真空禅师出家得法之地太白顶白云山之迹，寻根溯源考证其师承源流。

据《白云山志·序》：

> 海内名山之多，各具风格，而太白顶白云山，雄踞随、桐之间，绵亘逶迤，盘环百里，其高乃数千万仞，乃古今高僧隐士修真托迹之所。……兹据白云宗谱，自我开山始祖华光大和尚来山传教度僧，为布教之始。①

太白顶海拔 1140 米，是豫鄂两省交界的桐柏山最高峰。自华光和尚来山传教度僧始，太白顶白云山遂成为豫鄂边际的禅宗名刹。

又据《白云山志·高僧志》：

> 开山始祖端德和尚，字华光，四川宁远府西昌县紫微山宗林寺长老，彻悟心性，发明本来，节操唯严，心乐幽寂，法传临济四十一世。于乾隆四十九年，朝五台归，路过山麓，睹此峰峦秀丽，云林幽蔚，遂策杖至桃花洞。时日已暮，黄冠嫉之，拒不留宿，祖略无愠色，遂敷蒲团趺坐露地，是夜风雪交作，俄深盈丈，寒凛倍常，道人以为冻成僵尸矣。翌日雪止，见其屹然危坐，四围无雪，始知高人，遂延入洞内，进饮食，执弟子礼，遂舍道为僧焉。最初从祖浇发者，即黄冠中四名高道，曰圆明、圆真、

---

① 印恭编：《白云山志·序》。

圆智、圆法是也，祖演派三十二字，并付心印于四人，偈曰："法从心体生诸法，离诸心体法无生。无生心体法真法，心体无生真法真。"祖传记法已，遂留圆明、圆真在山传灯宏化，自与圆智等，一身云水返西蜀矣。①

端德华光和尚，清乾隆时期，四川西昌紫微山（现名螺髻山）宗林禅寺住持，游方弘法太白顶，圆明等四道士舍道为其禅门弟子。

据《破山明和尚行状》记载："盖四川自宋圆悟、大随而后，少室纲宗久矣绝响，人皆习为讲诵。师一提最上乘极则之事，远近瞻风，心怀畏爱，道望又于是乎大著乎。"圆悟克勤禅师乃杨岐派巨擘，大随法真禅师曾礼沩仰宗之祖灵佑禅师为师。这二大禅宗高僧，在宋代时都在四川家乡弘法，其后几百年，禅宗在四川已绝响。直到明朝后期，杨岐派密云圆悟弟子破山海明回四川家乡弘法，禅宗杨岐派在四川重兴。

杜继文、魏道儒著《中国禅宗通史》也指出："明末清初，兴盛于江浙一带的禅宗影响于巴蜀地区，使那里沉寂了数百年的禅学重新兴起……开创这一局面的，始于圆悟弟子破山海明……清中叶以后，这个禅系仍绵延不绝。"②

且临济宗黄龙派到南宋中后期已绝响，杨岐派已是临济宗唯一正宗派，所以，此后的史料、禅宗灯录所说临济宗，一般来说即为杨岐派。综上推论，《白云宗谱》所记载端德华光和尚"法传临济四十一世"，应为杨岐派三十四世高僧。

又据《白云山志·高僧志》：

临济宗四十八世祖太白顶九世祖直性禅师

直性禅师，字真空，豫唐县王岗人，年二十六，觉世无常，遂托妻子于其弟，落发云台，依通良公剃染，三载执劳，不惮形苦，昼担米采樵，夜挑灯阅经。……师与五二年春，端坐入定十四日而寂，享寿八十，荼毗后，得红白舍利百二十余粒，塔于刺沟竹林。③

据上论述，真空禅师（1873—1952），法名直性，河南唐河县人，是端德华光在

---

① 《白云宗谱》。
② 《中国禅宗通史》，第603页。
③ 印恭编：《白云山志》。

白云山演派"三十二字"的第九代"直字辈"弟子,为杨岐派第四十二世高僧。

(二)生平道行

真空禅师的生平道行,大致可分为三个阶段叙述。①

1. 太白顶出家参修

真空禅师26岁,前往太白顶云台寺,依通良禅师剃染出家,通良禅师是中兴太白顶的一代高僧,对弟子要求严格。真空初入寺,执劳事苦修行,白天下山挑水担米、上山砍柴,晚上挑灯阅读经书。太白顶峰高无水,寺中用水都要到山下西塔园挑取,往返数里,艰难异常。真空禅师出家前,曾习堪舆,遂于老山门外,凿井数丈,遂得清泉,解决了寺中用水难的问题。一日,担米回山,中途腹饥难行,采吃山栗果一饱,才挨至寺中,又因路滑,担供菜打坏一供碗,通良禅师呵责,一掌击下,五指印显现,真空禅师矢志修行,难忍能忍。

如此磨砺三年,真空禅师感生死大事未明,遂亲近参学于法忠老和尚,法忠老和尚字极念,乃无师自悟的再来人。当时,高旻寺清通首座见了法忠和尚说:"我几十年了,还没有到这步田地!"善知识难遇,真空禅师本为法器玉璞,经法忠老和尚雕琢,终成禅门大器。

法忠老和尚要真空禅师参"父母未生前本来面目"话头,真空禅师遂一人隐居清水寺右龙风岩仙人洞参究话头。其处路罕人踪,林藏野兽,真空淡泊自怡,在洞中参究七年。后又居艾家湾灵台兰若,谢绝诸缘苦参。真空禅师参修极苦,全年只穿一条裤子,洗了裤子没得换,躲在树丛里,待裤子干了再出来。如此苦志修禅,道心坚固,难行能行,终得彻悟,明心见性。

真空禅师后又至云台寺闭关三年,修养圣胎。出关时,人见其被褥折叠如故,尘质落满其上,始知真空禅师闭关三年从未倒卧,其精勤备至,众皆钦叹。

2. 出山树法幢

经过近20年的真参苦修,终于龙天推出,真空禅师离开白云山,赴四方丛林弘法兴宗。至五台山高树法幢,为五台山碧山寺首座,弃戎为僧的能海法师(原中国佛协副主席)曾在此闭关译经。海贤老和尚于1920年出家,其剃度师与传戒法师是真空禅师弟子,出家后还曾与真空禅师在白云山一起修行。由此推之,真空禅师约

---

① 印恭编:《白云山志》,并参考宏琳法师撰《海贤老和尚的师公真空禅师》。

在20世纪20年代中期前后出山弘法。

据《白云山志》记载，真空禅师赴五台山建立法幢，后还保安寺凤凰台建普同大塔，又赴山东济南慧居寺、天津居士林、北京居士林等地弘法。

李炳南老居士说："某于战时避渝之前，曾从北京真空禅师学参究法，与济南净居寺方丈可观法师同参八年……确信印祖之提示，依旧专修念佛一法。"[①] 可知，李炳南老居士1937年随孔德成先生到重庆躲避战乱，之前与可观法师同参八年，从真空禅师学参究法，最晚也在1929年。这8年他是和净居寺方丈可观法师同参，说明20年代后期，真公禅师就到济南净居寺弘扬禅法了。

据《北京佛教居士林历史与沿革》记载：

> 1929年，社会名流、佛教界著名的胡瑞霖（字子笏）居士等联合华北各地佛教社团及信众，成立了华北居士林，即现在北京佛教居士林的前身。自成立，法筵隆盛，亟亟以宏扬正法为务。[②]

北京佛教居士林成立于1929年12月，真空应在30年代期间，至北京佛教居士林弘法，太虚、常惺、慈舟、倓虚、能海、正果、道源等诸长老都曾莅临传戒、弘法。

1933年，原国务总理靳云鹏将原天津"清修禅院"改为"天津佛教居士林"，靳云鹏为林长。是时，天津佛教居士林甚为兴隆，信徒达千人以上，真空禅师亦应在此时或稍后时期，至天津佛教居士林。

由于有关真空禅师的史料缺乏，真空禅师离开白云山弘法的具体时间和行状，只能从其他有关资料和当事人的追忆来推之其大概情况。虽不是很准确，但基本可窥真空禅师出山高树法幢的大致行状。

3. 主法北京弥勒院

"师道德清高，致感东北靳云鹏、翟文轩、盛严苹等名宦归依，后受靳云鹏等之请，移居北京弥勒院。"[③] 真空禅师出山弘法兴宗，道高望重，靳云鹏等名宦纷纷皈依其座下，后又应靳云鹏之请，主法北京弥勒院。

---

① 李炳南著：《雪庐老人净土选集》，青莲出版社，1974年。
② 《北京佛教居士林历史与沿革》，北京佛教居士林，2010年。
③ 印恭编：《白云山志》。

北京弥勒院修建于明末清初间,是敕建寺院。1925年,天台宗大德倓虚法师接任弥勒院住持[①],办弥勒院佛学院,太虚法师也曾到此演讲。

真空禅师住持北京弥勒院的具体时间,无史料可考。

据《海贤老和尚的师公真空禅师》:

> 密参老和尚弟子说,密老二十四岁也就是一九四零年至北京弥勒院向真公学禅,那时真公已经是驰名南北的大德高僧了。是故可以推断,真公受靳云鹏之请住持北京弥勒院,不会晚于四零年,至少是30年代的事情。[②]

据此,并综上述,真空禅师大约于20世纪30年代后期至北京弥勒院主法。北京弥勒院位于北京西花厅胡同15号,20世纪50年代后被拆除无存。

真空禅师住持北京弥勒院时,已是驰名南北的大德高僧,法缘殊胜,海内禅客,闻名云集。北京弥勒院不日即成丛林,与金山、高旻鼎立而峙,时有"南有高旻、金山,北有弥勒禅院"之说。真空禅师主法北京弥勒院10多年,是其弘法兴宗最鼎盛时期,北京弥勒院也成了全国著名的禅宗名寺。

1952年春,真空禅师在北京弥勒院入定14天,出定后说:"弥勒院保不住了。"即安然坐化。[③]

真空禅师主法道场北京弥勒院,虽被拆除改建为工厂,未留片瓦,但他叱咤禅门、阐扬杨岐宗风之功绩,与日月同辉,正如《白云山志》所赞颂:"德出世兮,龙象之兴,操节孤高兮,道志凌云。龙岩藏修兮,萧然风清,禅关净掩兮,寂照灵真。仙洞独坐兮,松鹤为邻,道德垂范兮,典型古今。宏化南北兮,为世所钦,名宦皈依兮,座拥群英。"

(三)禅法宗风

真空禅师住持弥勒院,制定了有别于诸方丛林的规矩。他要求弥勒院参修僧人,都要会"三槌""三刀"。所谓"三槌"是:大磬槌,上殿会唱念;木鱼槌,早晚课打

---

① 倓虚讲述:《影尘回忆录》,大光记录,吴云鹏整理,宗教文化出版社,2003年。
② 宏琳撰文:《海贤老和尚的师公真空禅师》。
③ 印恭编:《白云山志》。

大鱼子；铃鼓槌，早晚课会打铃鼓。"三刀"则是：菜刀，大寮会做饭；剪刀，会缝补衣服；剃头刀，会给自己和同修剃头。

对初来参学的学僧要求特别严格，谁不守规矩，就要被真公禅师训斥："你是来学法修行的，不是谁请你来的，有你一个也不多，没你一个也不少，既然住在这里，就要遵守这里的规矩。"真空禅师经常用这几句话来教诫学僧。

密参和尚参学于真空禅师时，很守规矩，偶然一次，路过厨房门口，习惯地向里面看了一眼，正巧被真公禅师看见，就对着密参大吼一声："看什么，里面有什么好看。"密参吓得赶快往禅堂里面跑，真空禅师竟一路追到禅堂里，训斥密参："我平时看你很遵守规矩，想不到今天你却像个鬼一样东张西望，有什么好看的，你哪里还有这些闲工夫来看。"密参对真空禅师的教诲铭记于心，以后不管是走路还是上殿，眼睛都不敢到处乱看。

慧通老和尚年轻时参学弥勒院，禅堂规矩，进堂不许穿袜子，要换罗汉草鞋，要上殿，就在禅堂韦驮殿的长凳子上穿袜子。有一次，慧通老和尚冬天在禅堂当值，天气很冷，跺了一下脚，跑香时，真空禅师拿着香板追着慧通老和尚打。

在真空禅师的严格要求下，在北京弥勒院参修的僧人，一心用功办道，严守规矩，行、住、坐、卧不失威仪。

真空禅师颇具密云圆悟"一条白棒，当头直指"之禅风，倡扬曹溪"不立文字，教外别传，直指人心，见性成佛"之宗旨，棒喝之下开正眼，斩断文字识见解之"葛藤"。

真空禅师在禅堂里，可谓棒喝门庭，霹雳手段接引学僧。他一生最反感带着文人习气的知解宗徒，他的所有讲法开示，都不许人记录。传士老和尚是真公剃度弟子，文才书法都为上乘，真空禅师对他要求更严，棒打呵斥也最多最厉害。在真空禅师的棒喝之下，传士老和尚得以开法眼，明心见性，但他一辈子没有留下个人之作，这与真空禅师的棒喝之下，不敢涉入"葛藤"，不无关系。

传戒和尚依止真空后，累被棒喝，获益非浅。为报法乳之恩，追随真空禅师至北京弥勒院，任堂主之职，侍奉左右，直至真公禅师圆寂。

（四）真空的门人弟子

真空禅师倡扬棒喝之下明心性之宗风，在近代禅林中已为少见，给禅林带来古来大德直指见性的禅风，对驱除近代颓迷禅风，具有现实意义。正是在真空禅师的恶辣钳锤下，造就了一大批禅门龙象，著名的有慧通老和尚、密参老和尚等高僧。

1. 慧通老和尚

慧通老和尚（1927—2012），讳能忍，字慧通，河北涿鹿县相广村人。12 岁，到临近的涿鹿县黄羊山欲出家，被家人追回，16 岁，到五台山出家。

民国三十二年（1943），慧通至句容宝华山受三坛大戒。翌年七月，参学于镇江金山江天禅寺。后至扬州高旻寺亲近来果老和尚，深得来果禅师器重。高旻寺参学以后，慧通长老北上，于北京弥勒院真空禅师座下扎实用功，其间，在北京广济寺圆瑛大师会下听讲《楞严经》。

1952 年春，真空禅师圆寂。同年 4 月，云门事件之后，虚云老和尚北上养伤，并于六月参加中国佛教协会成立大会，并推举为中国佛教协会名誉主席。此期间，慧通长老得以亲近虚云老和尚。1953 年 3 月虚云老和尚卓锡云居山真如寺，翌年 8 月，慧通长老南下云居山，亲近虚云老和尚。后又至上海静七茅棚亲近来果老和尚，直至老和尚圆寂。此时，能海上师在五台山讲《四分律》，慧通长老随即北上五台，在上师座下学习戒律。1958 年，慧通长老返至云居山真如寺，随侍虚云老和尚座下。

1959 年，虚云老和尚圆寂之前，慧通长老与一诚长老等四人亲承遗命，保护好云居山这个道场。"文革"十年动乱，慧通长老等历经艰辛坚守云居山，坚持坐禅。

1982 年以后，宗教政策得到落实，全国各地寺院相继恢复。慧通老和尚重振云居山真如禅堂这一支香，守护云居 50 余载。

慧通老和尚真参实修，名播禅林。受西安卧龙寺如诚长老之请，振兴卧龙禅堂，为云居真如寺、西安卧龙寺成为世界三大禅宗样板丛林夯实了基础。继而，各地寺院相继恢复，慧通老和尚受各地禅寺之请，先后恢复兴起雪峰崇圣寺、南普陀寺、五台碧山寺、显通寺、普化寺等名刹禅堂，重振宗风。又受本焕长老邀请，帮助振兴丹霞山别传寺、南华寺、光孝寺、大雄寺等禅宗祖庭。

2007 年，禅宗祖庭少林寺新禅堂落成，永信方丈亲自迎请老和尚为其禅堂挂钟板，续佛慧命。同年冬，深圳弘法寺举行国内规模最为盛大的禅七法会，主七和尚本焕长老赞誉慧通老和尚为"当今禅宗第一人"，礼请慧通老和尚担任座元和尚。

为了续传宗门祖法，慧通老和尚多年来不辞劳苦，南下北上，建立新禅堂，挂钟板，讲规矩，组织打七，全国大部分著名禅堂都是他挂的钟板。以 80 多岁的高龄，每年四五月一到，便离开云居山到各地禅堂去主持禅七，一直等到云居山冬季禅七起七，才提前赶回云居山。在禅堂打七期间，也一直坚持随众坐香，平时也是坚持每天七支香，从不间断，一如既往地护持禅堂打七众生的慧命。

慧通老和尚不仅是真空禅师座下著名门人，也亲近参学于近代禅门巨匠虚云老和尚、来果禅师。他曾为深圳弘法寺、青原山净居寺、支提山华严寺等名寺的座元和尚，并任云居山真如禅寺、西安卧龙寺、靖安宝峰禅寺、少林寺、广州光孝寺、韶关南华寺、云门山大觉禅寺、宁波阿育王寺、广东南雄大雄寺、丹霞山别传寺、五台山显通寺、碧山寺、普化寺、浙江阿育王寺、正定临济寺、湖南石霜寺等十五大名刹的首座和尚。

2010年3月，慧通老和尚应四众弟子之请，至杨岐山礼祖，见祖庭荒废，不禁潸然泪下，遂发愿重兴杨岐祖庭。当地政府契合机缘，隆重礼请慧通老和尚住持杨岐山普通寺，已84岁高龄的慧通老和尚，不顾年事已高，毅然应请主法杨岐山普通寺。慧通老和尚弘扬禅法60余载，中兴恢复禅堂20余座，但是没有建过寺院，而修复一个荒废祖庭，千头万绪，更非易事。慧通老和尚亲自总揽修复祖庭工程，命弟子侍者道源法师为监院，负责具体的修缮工程。

2012年4月，慧通老和尚在杨岐山普通寺圆寂。世寿86，僧腊69载，戒腊68夏。

慧通老和尚一生恢复天下禅堂无数，为当代禅宗培养了大批英才。老和尚真修实证，广建道场，安僧度众，行化南北，是稀有难得的当代宗门巨匠。为重兴杨岐祖庭，为法忘躯，将一切置之度外，其大德道行名垂禅宗杨岐派史册。[①]

2. 密参老和尚

密参老和尚，亲近过虚云、来果、真空这三大禅门巨匠，在禅堂老参师父里的威望很高，都说他是开悟高僧，善说法要，智慧极大，是一位稀有难逢的善知识。后来，密参老和尚与真空禅师高足传来老和尚，以及九华山明心法师一起在宝林山共修，人称"宝林山三大士"。

三、大定密源

大定密源禅师（1824—1906），杨岐派第三十六世禅僧，湖北黄陂邓氏子。

幼即有出世之志。28岁，随州仁圣寺出家，32岁受具足戒。为沙弥时，参修

---

① 道源法师撰：《慧通老和尚：杨岐导师 宗门巨匠》。

即精进勇猛,胁不沾席。逢太平天国之乱,无定居,乃行脚游方,先往四川,再到终南山、五台山、九华山、普陀山等佛教名山,接着参访扬州高旻寺和常州天宁寺,最后到金山寺谒观心禅师,令看"念佛是谁"话头,参究有省悟,后归湖北,居归元寺。

显慧禅师示寂后,众人迎请大定密源住持金山寺。主法席二年即退,仍领众禅颂不倦。终日坐禅,每入定,反锁其门,一定就数日,以禅定功夫著称于世,与冶开禅师并称清末宗门两大巨擘。80岁,开寿戒,登坛乞戒者500多人,极一时之盛。光绪三十二年(1906)示寂,世寿83。①

四、冶开清镕

冶开清镕禅师(1852—1922),杨岐派第三十四世禅僧,江苏江都(扬州)人,俗姓许。

11岁出家,13岁依仪征天宁寺莲安和尚。20岁后,拜谒常州天宁寺定念禅师,有省,遂得付法。后云游参方,遍谒佛教四大名山。34岁,居终南山喇嘛洞茅蓬中,与虎为邻,苦修三年。后两次梦祖师莲安和尚患病,嘱其速返,遂不分昼夜,行48天,走数千里赶回仪征,师见其面而痊愈。

光绪十六年(1890),众僧推举冶开清镕继主天宁法席。冶开清镕住持天宁,勤劬九载,天宁寺隆兴,而一跃为江南四大丛林之一。民国二年(1913)冶开清镕当选为中国佛教总会会长。冶开清镕也与大定密源并称清末宗门两大巨擘。正如蒋维乔《中国佛教史》所述:"清镕道高行洁,闻风而发心之居士甚众,即为众所信仰,故到处兴复殿宇,不期而款集,如常州天宁之大殿、禅堂,太平寺之文笔峰宝塔,杭州灵隐寺之大殿,上海玉佛寺之念佛堂,皆清镕所兴建。"②冶开清镕1922年冬入寂,世寿71。

---

① 蒋维乔著:《中国佛教史》,群言出版社,2013年,第303页。
② 蒋维乔著:《中国佛教史》,群言出版社,2013年,第305页。

第八章　禅宗杨岐派在东亚、越南的传播

中国佛教在4世纪后期传入朝鲜半岛，6世纪中期又由朝鲜半岛的北济国正式传入日本。中国禅宗，也在唐朝的时候，由道昭、道璇、最澄、圆仁、慧萼、义空等中日僧人传入日本。杨岐派则在全盛时期，于12世纪后期，相继在日本、朝鲜半岛、越南等国传播。

自南宋以来，杨岐派作为中国禅宗主流宗派，在东亚、越南的传播，产生了较大的影响，时至近代，禅宗杨岐派仍然在这些国家传播。

杨岐派在东亚的传播，最早始于12世纪后期。日僧睿山觉阿于南宋孝宗乾道七年（1171）夏入宋，前往临安（今杭州）灵隐寺，参学于杨岐派五世高僧瞎堂慧远。南宋淳熙二年（1175），睿山觉阿参学得法返回日本。

南宋理宗端平二年（1235），日僧圆尔辩圆为求禅法，乘船入宋，依杨岐派著名高僧无准师范为师。南宋淳祐元年（1241）四月，圆尔辩圆遵师无准师范之嘱，返回日本传法。他所开创的古代日本禅宗"圣一派"，在日本拥有众多信徒，影响很大，为日本禅宗的主流派，杨岐派禅法得以在日本传播。

杨岐派第十世高僧兰溪道隆，于南宋理宗淳祐六年（1246）秋，东渡日本传法，创建了日本历史上第一个纯禅宗道场和禅宗寺院，以建长寺为传法中心，开宗立派，建立了日本禅宗"大觉派"，使纯杨岐禅法在日本得以传播。

圆尔辩圆与兰溪道隆开创了宋元两朝中日禅僧南询东渡，传播杨岐宗法之先河。后继者在日本传扬杨岐禅法，创立了日本禅宗二十四派中的20个杨岐宗派，杨岐派成为日本禅宗的主流宗派。

据杨曾文著《中国佛教东传日本史卷》：

据日本学者玉村竹二著、日本京都思文阁1979年出版《日本禅宗史论集》所载《典籍篇·临济宗的宗派图各说》之十六"本朝禅宗二十四流之图"

说:"本来传法者,东渡十七师(按:指中国东渡禅僧),南询三十一师①,合计四十八师,其中有法孙继后者有二十四流。"②

二十四派包括千光派(荣西)、道元派(道元)、圣一派(圆尔)、法灯派(觉心)、大觉派(道隆)、兀庵派(普宁)、大休派(正念)、法海派(静照)、无学派(祖元)、一山派(一山一宁)、大应派(南浦绍明)、西涧派(西涧子昙)、镜堂派(镜堂觉圆)、佛慧派(灵山道隐)、东明派(东明慧日)、清拙派(清拙正澄)、明极派(明极楚俊)、愚中派(愚中周及)、竺仙派(竺仙梵仙)、别传派(别传明胤)、古先派(古先印原)、大拙派(大拙祖能)、中岩派(中岩圆月)、东陵派(东陵永玙)。道元、东明、东陵三派属曹洞宗,千光一派属黄龙派,其他二十派全属杨岐派。

到现代,据日本文部省文化厅《宗教年鉴》(1991年版),日临济宗15个寺派,共5740座寺院,拥有教徒1174498人;黄檗宗现有462座寺院,教徒353472人。

其中15个寺派,除属黄龙派的建仁寺派外,全为杨岐派;黄檗宗开山始祖乃杨岐派第二十五世高僧隐元隆琦,顺治十一年(1654),东渡日本传法,开创日本黄檗宗,其宗法与杨岐宗法一脉相承。

杨岐禅法在12世纪也播及影响到朝鲜半岛,是高丽僧知讷创建曹溪宗的主导思想之一。杨岐派第十一世高僧铁山绍琼,于元大德八年(高丽忠宣王七年,1304),应请赴高丽传法,杨岐禅法播于朝野。

高丽王子太尉王璋于元延祐六年(1319)九月入元,求法于杨岐派著名高僧中峰明本。以后,高丽僧普愚太古、慧勤、自超、千熙等先后入元,求法于杨岐派高僧,杨岐禅法在朝鲜半岛得以传播。

17世纪,杨岐派禅僧拙公和尚和元韶禅师等相继南下越南传法,杨岐禅法在越南得以传播。

---

① 指日本入宋元求法归国禅僧。
② 杨曾文著:《中华佛教史·中国佛教东传日本史卷》,山西教育出版社,2013年,第220页。

第一节　南宋杨岐派在日本的传播

日本镰仓时期（1185—1333）的大部分时段，与中国南宋（1127—1279）处于同一时期。

在这段时期，很多日本僧人先后来中国参学于杨岐派高僧，得法回日本后，创建了日本各寺院派；杨岐派一批高僧也相继东渡日本，传法开宗。杨岐派开始在日本传播，并得以传承发展。

一、初传杨岐派的日本僧人

（一）睿山觉阿

睿山觉阿（1143—1182），是最早来中国参学于杨岐派高僧的日本僧人。

据《嘉泰普灯录·觉阿上人》：

> 日本国藤氏子也，十四得度受具，习大小乘，有声。二十九属商者自中都回，言禅宗之盛，阿奋然拉法弟金庆航海而来，岁余始至（乾道辛卯夏也）。袖香拜灵隐佛海禅师，海问其来，阿辄书而对。复书曰："我国无禅宗，唯讲五宗经论。国主无姓氏，号金轮王，以嘉应改元，舍位出家，名行真，年四十四。王子七岁，令受位，今已五载。度僧无进纳，而讲义高者赐之，某等仰服圣朝远公禅师之名，特诣丈室礼拜，愿传心印，以度迷津。且如心佛及众生，是三无差别，离相离言，假言显之，禅师如何开示？"海曰："众生虚妄见，见佛见世界。"阿书云："无明因何而有？"海便打，即命，海升座决疑。明年秋，辞游金陵，抵长芦江岸，闻鼓声，忽颖悟，始知佛海垂手旨趣。旋灵隐，述五偈，叙所见，辞海东归。偈曰："（其一）航海来探教外传，要离知见脱蹄筌。诸方参遍草鞋破，水在澄潭月在天。（其二）扫尽葛藤与知见，信手拈来全体现。脑后圆光彻太虚，千机万机一时转。（其三）妙处如何说向人，倒地便起自分明。蓦然踏着故田地，倒裹幞头孤路行。（其四）求真灭妄元非妙，即妄明真都是错。堪笑灵山老古锥，当阳抛下破木杓。（其五）竖拳下喝少卖弄，说是论非入泥水。截断千差休指注，一声归笛啰啰哩。"海称善，书偈赠其行。阿少亲文墨，

善诸国书，至此未数载，径跻祖域，其于华语能自通。淳熙乙未，与其国僧统遣僧讯海，副以水晶降魔杵及数珠二臂，彩扇二十事，贮以宝函。壬寅夏，王请住持其国睿山寺。复遣僧通嗣书，时海已入寂矣。①

据此，睿山觉阿于南宋孝宗乾道辛卯年（1171）夏入宋，前往临安（今杭州）灵隐寺，参学于杨岐派五世高僧瞎堂慧远。

得不到朝廷支持，日本国内缺少禅宗的传播环境，社会上并无多大的反响。另外，睿山觉阿对自己天台宗身份的坚守，归国前还特地朝谒天台，可见其心之所系。再就是，睿山觉阿不像荣西那样，门下龙象辈出，难以立宗开派，最终在住持日天台宗睿山寺后而沉寂。这也是日本禅宗史界视荣西为日本临济宗之祖，对睿山觉阿开先之功往往一笔带过的原因。

睿山觉阿入宋之时，杨岐派正处鼎盛时期，临安灵隐禅寺是当时天下名刹，杨岐派高僧瞎堂慧远（1103—1176）时为灵隐寺住持，声望隆盛，睿山觉阿礼瞎堂慧远为师。《嘉泰普灯录》卷十五记载："临安府灵隐佛海慧远禅师，眉之眉山人，族彭氏，世业儒。……圆悟领昭觉，师即之，闻悟普说，忽顿悟。仆于众，众掖之，乃曰：'吾梦觉矣。'至暮，与悟问答无滞，悟大喜，以偈赠之，自此机锋峻发。……尚书沈公介守平江，以虎丘久废，邀师振之。乾道乙丑，敕居崇先。明年，被旨补灵隐。孝宗皇帝召入，禁中与酬酢，其道愈尊。癸巳春，特赐佛海禅师。"②《补续高僧传》记载："师一身系法门之望，奇言妙句，传播诸方。学者云奔川委，视师所在为归正，如一佛出世。"③瞎堂慧远不仅深领圆悟克勤宗法之旨，且善于接引开化弟子，《南宋元明僧宝传》卷四《瞎堂慧远禅师》赞曰："余考佛海提唱，如赤帝子断蛇，而神姥夜号，其出没纵横，与五祖演公类也。"④

在瞎堂慧远挥拳便打、垂手而示的接机开示下，睿山觉阿次年闻鼓声忽然省悟，知佛海垂手旨趣，作偈五首述之，得瞎堂慧远印可，亲书偈赠其行。睿山觉阿嗣法瞎堂慧远，为杨岐派六世禅僧。南宋淳熙二年（1175），睿山觉阿在礼谒天台山后，返回日本。

---

① 《卍续藏经》第 79 册，《嘉泰普灯录·觉阿上人》。
② 《卍续藏经》第 79 册，《嘉泰普灯录·临安府灵隐佛海慧远禅师》。
③ 《卍续藏经》第 77 册，《补续高僧传·瞎堂慧远》。
④ 《卍续藏经》第 79 册，《南宋元明僧宝传·瞎堂远禅师》。

在睿山觉阿来华前三年，日本天台僧荣西在南宋乾道四年（1168）四月，乘商船航海到南宋明州（今宁波），但他只是先朝礼五台山，又到明州阿育王寺瞻礼佛舍利，当年九月即携带求得的《天台新章疏》归国。直到南宋淳熙十四年（1187），荣西再次入宋，其时，黄龙派虽然盛极已衰，但影响还在，荣西礼黄龙派八世虚庵怀敞禅师为师。南宋绍熙二年（1191），荣西回国，开创日本临济宗千光派。由此可知，睿山觉阿是嗣法杨岐派的日僧第一人，并由此拉开了日僧南询杨岐派的序幕。

睿山觉阿回国后，高仓天皇向他问禅，他一言不发，只是拿出一支笛子吹奏，天皇茫然。得不到朝廷支持，日本国内无禅宗的传播环境，社会上并无多大的反响，传播杨岐宗法困难。另外，睿山觉阿对自己天台宗身份的坚守，归国前还特地朝谒天台，可见其心之所系。因而遇到阻力后，也就没有倾力克难传播杨岐宗法。再就是，睿山觉阿不像荣西那样，门下龙象辈出，难以立宗开派，最终在住持日天台宗睿山寺后而沉寂。这也是日本禅宗史界视荣西为日本临济宗之祖，对睿山觉阿开先之功往往一笔带过的原因。

《补续高僧传》卷十五《日本德始传》记载："德始，字无初，日本信州神氏子。幼聪颖，不好弄，遇群儿嬉戏，辄避匿引去，见僧则喜动颜色。从州之天宁大比丘一公祝发为沙弥。逮长，诣山城诸刹。既进具，坐探群书，通大意，已而叹曰：'昔吾乡觉阿上人，慧解精绝，善小大乘。一旦舍所学，附商舶抵中土，谒灵隐远禅师得法，东归，国人景仰，尊之为禅祖。'"[①] 由此可见，睿山觉阿对禅宗杨岐派在日本的传播有一定的影响，具有开启日僧求法杨岐派先河的意义。在他之后，日本来中国求法禅宗杨岐派的僧人络绎不绝，为以后的圆尔辩圆等日僧在日本传播禅宗杨岐派打下了一定的基础。

（二）大日能忍

大日能忍是日本"达磨宗"始祖，生卒不详。能忍初学天台宗，通过学习最澄等传到日本的禅宗典籍而无师独悟，他以摄津的三宝寺为据点，阐扬宗风。最澄为日本天台宗始祖，在唐德宗贞元二十一年（805）入唐朝求法，从天台山的道邃受传天台宗，又从翛然受法牛头宗。最澄回国时，带回了《六祖坛经》等禅宗典籍，在日本

---

① 《卍续藏经》第77册，《补续高僧传·日本无初德初禅师》。

流传。但他回国后，致力于日本天台宗的创建，牛头宗并未在日本流传。

大日能忍为了使达磨宗获得正宗法脉，得到日本佛教界承认，日本文治五年（南宋淳熙十六年，1189），大日能忍派弟子练中、胜弁二人为代表来中国，怀藏大日能忍悟道后所写诗偈，拜谒佛照德光大师，期望得其印可。

> 德光感其精诚，当即给与印可，并赠达磨像、德光本人顶像及赞文。
> 达磨像的赞文曰："直指人心，见性成佛。太华擘开，沧溟顿竭。虽然接得神光，争奈当门齿缺。"
> 其赞文之后记曰："日本国忍法师远遣小师练中、胜弁来求达磨祖师遗像。大宋国住明州阿育王山法孙德光稽首致赞。己酉醇十六年六月初三日书（印）"
> 德光的顶相的自赞文则曰："这村僧无面目，拨转天关，掀翻地轴。忍师脱体见得亲，外道天魔俱窜伏。"
> 其赞文之后记曰："日本国忍法师远遣小师练中、胜弁到山问道，绘予幻质求赞。己酉淳熙十六年六月初三日大宋住明州阿育山拙庵德光题（印）"①

大日能忍得佛照德光印可，为其法嗣弟子，即为杨岐派第七世禅僧。杨岐派东传日本后，虽然达磨宗在日本很长的历史时期被边缘化，但在日本禅宗发展史中仍然有特殊的地位。正是在大日能忍等先行者的努力下，杨岐派在日本终成大气候。在日本禅宗二十四宗派中，大多为杨岐派法系。佛照德光作为杨岐禅法初传日本的大德高僧之一，载入禅宗史册。

（三）泉涌俊芿

泉涌俊芿（1166—1227），是继睿山觉阿之后入宋求法，嗣法于杨岐派的日僧（大日能忍未入宋参学）。据《禅宗宗派源流·中国禅宗宗派传承图》记载，泉涌俊芿嗣法于杨岐派七世高僧蒙庵元聪，为杨岐派第八世禅僧。

据《径山志·第三十代》：

---

① 张文良：《日本的达磨宗与中国禅宗》，《佛学研究》，2007年第1期。

> 佛智蒙庵元聪禅师，福州朱氏子。晦庵会中得心要，众推为高第。庆元三年，自福之血峰，被旨而主是山。①

蒙庵元聪（1136—1209），杨岐派第七世禅师。年19，去儒入释，从杨岐派四世高僧佛眼清远法孙晦庵慧光为师，在晦庵处开悟得心要，晦庵慧光临终以行雪堂（佛眼清远法嗣弟子）所付法衣付蒙庵元聪。元聪禅师先是住持福建雪峰山东庵，庆元三年（1197），宋宁宗下诏元聪禅师移住径山。后又为御书寺额及蒙庵二字赐之，赐号为"佛智禅师"。

泉涌俊芿来华参学情况，史料记载少，据《台大佛学研究》第二十二期《日僧俊芿与南宋文人士大夫的交往》：

> 俊芿，字我禅，号不可弃，日本仁安元年（1166）八月十日出生于肥后国饱田郡（现熊本县上益城），十四岁出家，十九岁受具足戒。早年显密兼学，后主要致力于律学的宣扬，在日本佛教史上作为"北京律"之祖受到极高的评价。他三十四岁时，有感于镰仓佛教律学的衰微，于南宋宁宗庆元五年（1199）入宋求法，在宋前后共十二年，于嘉定四年（1211）回国。……俊芿虽然为了求律入宋，但到了宋地之后，他并没有专治律学，而是遍习南宋当时流行的禅、教、律三宗。②

由此可知，泉涌俊芿原致力于律学，有感于镰仓律学的衰微，于南宋宁宗庆元五年（1199）入宋求法。但到中国参学12年间，可能受当时禅宗是中国佛教的主流宗派的影响，并没专治律学。其间，从径山寺住持杨岐派高僧蒙庵元聪为师，参学杨岐禅法。

南宋嘉定四年（1211），泉涌俊芿学成归国。为京都泉涌寺开山之祖，赐"大兴正法国师"之号，致力于日本律宗中兴，在日本佛教史上作为"北京律"之祖受到很高的评价。

---

① 杭州市地方志办公室编：《径山志》，西泠印社出版社，2011年。
② 台湾大学文学院佛学研究中心：《台大佛学研究》，1972年第22期，第33—58页。

二、圆尔辩圆与东福寺

继睿山觉阿、泉涌俊芿之后,日僧圆尔辩圆不久亦入宋朝参学求法。圆尔辩圆得法后回国,在日本传播杨岐派宗法,对日本禅宗的发展有着深远影响。

(一)圆尔辩圆生平

圆尔(1202—1280),名辩圆,字圆尔,俗姓平,骏河(今静冈县)人。圆尔辩圆5岁即习俱舍,12岁学习天台之教,15岁列席天台止观讲义,18岁落发,专心研习天台宗学。后到奈良东大寺登坛受戒,前往上野长乐寺拜访荣朝禅师,随荣朝参究教外别传之法。

南宋理宗端平二年(1235),圆尔辩圆为求禅法乘船入宋。在明州(宁波)上岸后,前往天童山景德禅寺,参谒历任天童、育王、灵隐、径山等名刹住持的杨岐派高僧痴绝道冲。后又从杭州天竺寺天台耆宿柏庭善月,习天台教法。不久,又参禅于净慈寺宗杲弟子笑翁妙堪、灵隐寺破庵弟子石田法熏。

圆尔辩圆在灵隐寺参学时,任灵隐寺知客的无准师范弟子退耕德宁,见圆尔辩圆志向不凡,推荐他去参学天下第一等宗师无准师范,圆尔辩圆即往径山寺,师从杨岐派名僧无准师范。

无准师范见圆尔辩圆为可造之法器,即要他随侍左右,加以钳锤煅炼。他要圆尔辩圆参看"首山竹篦"话头,圆尔辩圆日夜苦参深究,一时难以开悟。一日,圆尔辩圆照例向无准师范陈述看话头的见解,无准师范手持竹篦痛打圆尔辩圆,痛打之下,圆尔辩圆豁然大悟,焚香感恩无准师范。无准师范即书印证圆尔辩圆开悟得法,为其嗣法弟子,圆尔辩圆为杨岐派第十世禅僧。

南宋淳祐元年(1241)四月,圆尔辩圆遵无准师范之嘱,返回日本传法。无准师范授以密庵咸杰祖师法衣,亲书自赞顶相、禅宗宗派图,作为传法的信物,还书"敕赐万年崇福禅寺",为圆尔辩圆回日本住寺传法之备用。

圆尔辩圆于同年秋,在九州岛博德(今福冈)登陆。太宰府(在今福冈)僧湛慧也曾入宋求法,同在无准师范门下参学,比圆尔辩圆早回国,在横岳山建一寺庙,请圆尔辩圆开山说法,并以无准师范所书"崇福寺"为寺名。肥前(今长崎、佐贺一带)僧荣尊,也与圆尔辩圆同时入宋求法,3年后回国创水上教院,闻圆尔辩圆回国,将寺院改为万寿禅寺,请圆尔辩圆住持。宋朝移民谢国明在博德创承天寺,也请圆尔辩圆住持,无准师范闻之,亲笔书赠承天寺的寺额以及诸堂的大小堂额。承天寺与崇福寺的规模都很大,圆尔辩圆在这两座寺院弘扬禅法,名望渐盛。

圆尔辩圆传播杨岐宗法,得到了日本朝廷权贵和幕府的支持。在九州岛传扬禅法时,遭到天台宗僧人排斥,谋划毁坏承天寺。日本朝廷得知后明令禁止,还赐升承天、崇福二寺为官寺,并于宽元元年(1243)正月下敕"西都法窟"匾额。[①] 朝廷摄政九条道家、良实父子尊崇佛教,闻圆尔辩圆的名望,派人迎圆尔辩圆入宫说法,并从圆尔辩圆受禅门大戒(菩萨戒)并密宗灌顶。九条道家又在京都东山月轮的别庄模仿宋朝的径山寺,建立规模等同于东大、兴福二寺的东福寺,请圆尔辩圆为开山之祖。圆尔辩圆以东福寺为中心,在京都传扬杨岐禅法,前来参学问道的人越来越多,其他宗派的僧人也常登门问法求教。杨岐派在京都迅速传播,产生了很大影响。

日本后深草天皇建长五年(1253),圆尔辩圆到镰仓传扬杨岐禅法,受到镰仓幕府的实际执权者北条时赖的欢迎。北条时赖虔信佛教,迎请圆尔辩圆到府中,请问禅宗向上之道,并受禅门菩萨戒。后又请圆尔辩圆任镰仓寿福寺住持,在寿福寺推行宋朝的禅院制度。北条时赖还推举圆尔辩圆出任京都建仁寺的住持,主持修复刚遭火灾的建仁寺。圆尔辩圆还奉敕任东大寺大劝进,又任尊胜寺、法成寺、天王寺的干事等职,主持修复这些寺院的佛像、殿堂。

圆尔辩圆在京都、镰仓等地传扬杨岐禅法,名播朝野,受到日本皇室的尊崇。嵯峨上皇、后深草上皇、龟山上皇先后召请圆尔辩圆进宫讲授禅法,为其授禅门菩萨戒。圆尔声誉更盛,上至朝廷当权者、公卿贵族,下至僧俗市民,莫不崇仰拥戴,纷纷皈依其门下,杨岐派禅法得以在日本真正传播。

圆尔辩圆于弘安三年(1280)十月圆寂,花园天皇赐"圣一国师"谥号。圆尔辩圆在日本禅宗史上,有着重要的地位。他所开创的古代日本禅宗"圣一派",以东福寺为弘法中心,在日本拥有众多信徒,影响很大,为日本禅宗的主流派,近代日本禅宗中的东福寺派奉圆尔辩圆为开山始祖。

(二)圆尔辩圆与东福寺

圆尔辩圆以东福寺为传法中心,《东福寺清规》规定后世选任的住持必须是有器量者,在东福寺的历任住持中,涌现许多有名的禅僧,其中有几位曾入宋求法,或参学于来日传法的杨岐派高僧。

---

① [日]有马赖底著:《禅僧的生涯》,中国社会科学出版社,2000年。

1. 东山湛照

东山湛照（1231—1291），东福寺二世住持，伏见天皇曾皈依其门下。元朝初期，杨岐派高僧一山一宁来日传法，湛照投其门下参学杨岐派禅法。湛照编著了日本第一部纪传体佛教史书《元亨释书》，撰有《宝觉禅师语录》《佛语心论》《禅语或问》等著作。

2. 无关普门

无关普门（1212—1291），东福寺三世住持。他曾入南宋求法12年，先登会稽参杨岐派高僧径山如珏，继而到杭州净慈寺谒杨岐派十世高僧断桥妙伦，嗣其法为杨岐派十一世禅僧。回国后上京都东福寺侍从圆尔，分座说法。历住安乐、正国等寺，元至元二十八年（1291），将施离宫改建为南禅寺，为南禅寺开山祖。龟山上皇及西园寺实等权臣先后皈依其门下。是年十二月十二日，遗偈置笔而寂，世寿80。

3. 白云慧晓

白云慧晓（1223—1297），日本四国香川人。

据《元亨释书佛照禅师传》：

> 释惠晓，赞州人。幼上睿山学台教，更衣听律于泉涌。不几谒尔公于惠日，服勤者数稔矣。又泛舶入宋周旋二浙，晚依昙希叟于瑞岩。一日室中举百丈拨火公案，言下有省。适附商舶而归，痛自韬埋。学徒从空闲寂寞之滨者多。正应五年承大丞相钧旨主东福，一香记尔师之乳也。……初晓在杭州，北房入境。晓罹虐焰一心念观音，忽大悲印像在肩上晓心负焉，以故免刑携归奉持，见今在塔所。其居东福，一冬无帽。侍僧曰："师盍买帽。"晓曰："无赀。"僧曰："乞报知事。"晓曰："一帽几直？"僧曰："半千。"晓曰："半千者可助我香积四分之一，不可。"永仁五年十二月二十五日化栗棘庵。书偈别众曰："来也如是，去也如是。更问如何，如是如是。"谥佛照神师。①

白云慧晓于南宋咸淳元年（1265），43岁时，入宋求法。初在二浙（今浙江省）游方参学，后依庆元府（今宁波）瑞岩寺希叟绍昙。希叟绍昙为无准师范弟子，杨

---

① 《大正新修大藏经》第80册，第44页下、第45页上。

岐派十世高僧。希叟绍昙于南宋度宗咸淳五年（1269）住庆元府瑞岩山开善禅寺，元成宗元贞三年（1297）卒。白云慧晓应在希叟绍昙住持瑞岩山开善禅寺这段时期，嗣法于希叟绍昙，且在其后时间回国，回国后遁迹。元至元二十九年（1292），承大丞相钧旨，住持东福寺。

4. 无传圣禅

无传圣禅（生卒不详），曾任东福寺住持。①《禅宗宗派源流·中国禅宗宗派传承图》记载，无传圣禅嗣法于杨岐派禅僧径山如珏。如珏为杨岐派名僧圆悟克勤五世孙痴钝法子，得法于天童颖禅师，继天童席。理宗端平中，受诏自育王寺升住径山灵隐寺，为径山第三十八代住持。

（三）传法日本的主要成就

圆尔辩圆对杨岐派在日本的传播，取得的成就，主要在两方面。

1. 杨岐派在日本传播的奠基者

睿山觉阿、大日能忍、泉涌俊芿等初传杨岐派法的日本僧人，虽使部分日本僧俗开始了解并参学杨岐禅法，产生了一定影响，但由于各种因素的制约，杨岐禅法未能在日本广为传播。

圆尔辩圆同日本传扬杨岐禅法，初始虽遭日本传统教宗的反对，但很快得到朝廷贵族和幕府执权者的尊崇与支持，从而较顺利打开传播禅法局面，开创日本禅宗宗派"圣一派"。更为重要的是，他营造了杨岐派在日本传播的社会与人文的有利环境，为以后杨岐派的中日禅僧，在日本传播禅宗杨岐派奠定了基础。在古代日本禅宗和现代日本临济宗中，绝大多数宗派都来源于杨岐派，这与圆尔辩圆的开拓努力分不开。因此，可以这样说，圆尔辩圆是禅宗杨岐派在日本传播的奠基者。

圆尔辩圆不仅开创了日本禅宗宗派"圣一派"，而且也致力于传播杨岐禅法。圆尔辩圆原习日本天台宗，为了生死大事，决志来中国参学禅宗。在嗣法于无准师范之前，在参学痴绝道冲等杨岐派高僧后，也曾从天台宗耆宿柏庭善月习天台教法。回国后，由于日本天台宗、真言宗（密宗）强大的势力及影响，为便于传扬杨岐禅法，也兼容"台、密"，所以，圆尔辩圆的禅法带有"兼修禅"的模式。

圆尔辩圆回国后，始终不忘无准师范传法之恩，师徒之间书信来往不断。无准

---

① 杨曾文著：《中华佛教史·中国佛教东传日本史卷》，山西教育出版社，2013年，第237页。

师范叮嘱："更宜以此道力行，使吾祖之教，在在处处，炽然而兴。"① 圆尔辩圆遵循恩师无准师范的嘱托，侧重于传扬杨岐禅法，将禅宗定为最高佛法。

圆尔辩圆在说法开示门人时，也总是以杨岐禅法教导他们要自修自悟，通过看话头来开悟。如他开示空明上人："祖师直示，无殊方便，放下诸缘，休息万事，昼三夜三，守看鼻端。才涉境界差别之时，只举话头。不作佛法想，不作破除想，不用存心等解，不用情生疑殆，没理路，没滋味，如铁馒头，单刀直入，不涉异想。悠久岁月，自然恰如睡梦醒，如莲花开。"② 这就如同其师无准师范传示的看话禅方便法门。

圆尔辩圆传扬的是融合了日本佛教特色的杨岐禅法。这也为以后东渡日本的兰溪道隆等杨岐派禅僧传播纯杨岐禅法，打下了基础。

2. 推行杨岐派丛林清规制度

中国禅林清规，最早为唐代百丈怀海所撰《百丈清规》（已佚）。到宋代，为适应禅宗发展的需要，禅僧宗赜上承《百丈清规》，编集了《禅苑清规》。《禅苑清规》是一套完整的禅宗寺院生活规范，在戒律基础上将丛林生活全面纳入礼仪和制度中来，以利禅僧如法修行，成为宋元期间推行的丛林清规。

径山寺是南宋时禅宗五山之首，无准师范非常重视实施丛林清规制度，在径山寺大力推行《禅苑清规》。圆尔辩圆在径山寺参学，深得无准师范的教导，身体力行清规制度的实行，对推行丛林清规制度的重要性有深刻的认识。

圆尔辩圆回国时，也将《禅苑清规》带回日本，不忘无准师范嘱托，以其师无准师范佛鉴禅师丛林规式为准则，在日本推行禅林清规制式。

圆尔辩圆依照佛鉴禅师丛林规式，在东福寺设立寺院的职事制度，设立了副寺、维那、典座、直岁、首座、藏主、知客、浴司、侍者等僧职。建立了具体的法事活动制度，实行定期上堂、小参、普说等程序的说法开示制度。东福寺至今还保存着当年无准师范赠给圆尔辩圆的五幅牌匾，上面写着"上堂、小参、秉弘、普说、说戒"。

圆尔辩圆也在其住持弘法的镰仓寿福寺、承天寺、万寿寺、崇福寺等寺院，实行佛鉴禅师丛林规式。并以此为基准，在日弘安三年（1280），制定了《东福寺清

---

① 《大正新修大藏经》第 80 册，《圣一国师语录》，第 22 页下。
② 《大正新修大藏经》第 80 册，《圣一国师语录》，第 19 页下、第 20 页上。

规》,推行杨岐派丛林清规制度,并代代相传。

圆尔辩圆得到了杨岐派高僧无准师范的亲证付法,回日本后又得到了朝廷和幕府的支持,在杨岐派东传日本中,发挥了核心作用。荣西虽然早于圆尔辩圆把临济宗黄龙派禅法传到日本,但受日本传统教宗的打压,弘法活动并不顺利,发展也有限,在古代日本禅宗二十四派和现代日本临济宗十五派中,仅存一派。而杨岐派从日本镰仓时代至今,占据了日本禅宗的大半壁江山。"惠日国师振起杨岐一宗,流传双径正脉,提唱语录,旧刻漫漶,重加厘整,刊行流通。"①因此,客观来说,杨岐派在日本社会中真正具有影响力,是在圆尔辩圆回国振起杨岐一宗之后。

三、兰溪道隆

圆尔辩圆回国后第五年,杨岐派高僧兰溪道隆东渡日本传法,他是第一个在日本开宗立派传播纯杨岐禅法的杨岐派禅僧,在中日禅宗交流史上留下了浓重一笔。

据袁宾主编《禅宗词典》:

> 道隆(1213—1278),宋末元初禅僧,俗姓冉,字兰溪,涪陵(今属四川)人。十三岁于成都大慈寺出家,游讲席。又赴浙江谒无准师范、痴绝道冲、北磵居简问禅,皆不契。后参阳山无明慧性,大有所悟,嗣其法,为临济宗杨岐派传人。寄寓天童山。时日本佛教虽盛,然禅法不兴。道隆乃立志渡海弘扬禅旨。淳祐六年(1246),至日本九州岛,初寓筑前圆觉寺,移居上洛泉涌寺来迎院,既而持锡镰仓寿福寺大歇了心席下。北条时赖闻其道誉,延居常乐寺。建长五年(1253),北条氏创建长兴国禅寺,请道隆为开山第一世。居住十三年,法道大兴。不久奉敕迁至京都建仁寺,嵯峨上皇屡召入宫问禅要。后归镰仓,再住建长寺。卒谥"大觉禅师"。有语录三卷行世。其门流称"大觉派",为日本禅宗二十四派之一。②

(一)生平行状

兰溪道隆禅师(1213—1278),杨岐派第十世高僧。出家后,先后参谒无准师

---

① 《大正新修大藏经》第80册,第23页上。
② 袁宾主编:《禅宗词典》,湖北人民出版社,1994年,第566页。

范、痴绝道冲、北涧居简等杨岐派高僧，因机缘未契，未能得悟。后从学于杨岐派高僧松源崇岳弟子无明慧性，参究慧性禅师举"东山牛过窗棂"话头而豁然开悟，嗣法于无明慧性。

兰溪道隆开悟之后，应聘前往明州天童山，协助痴绝道冲禅师接引学人。日僧月翁智镜在宋地求法时，与兰溪道隆颇有交情，向其介绍了日本教宗盛、禅宗衰的现状，多次劝他赴日传法。兰溪道隆曾参学的无准师范、痴绝道冲和北涧居简诸大德处，多有日本僧人前来求法，也常带来日本禅宗的情况。兰溪道隆受此影响，坚定了东渡日本传扬杨岐禅法的信念。

南宋理宗淳祐六年（日本宽元四年，1246）秋，兰溪道隆携弟子义翁绍仁、龙江德宣等数人乘日本商船到达日本博多。首抵太宰府，寓于皈依门人藤原道信捐赠修建的筑前圆觉寺，著《坐禅仪》，按宋地坐禅参修仪规教化僧众。次年入京都，住泉涌寺来迎院，来迎院院主月翁智镜，是兰溪道隆在宋的旧交，待他十分周到。在月翁智镜的推举下，兰溪道隆"持锡镰仓寿福寺大歇了心席下"，作《泉涌寺行事次第》，传授上堂下座等宋地禅林规式。兰溪道隆传授杨岐禅法和禅林清规，得到日本僧俗的欢迎，名声渐播。

镰仓幕府执政北条时赖，时正苦于天台宗和真言宗为天皇和贵族所控制，不能为己所用。闻兰溪道隆传播纯杨岐禅法，颇受国人欢迎，遂于日本宝治二年（1248），迎请兰溪道隆移居相州常乐寺。并于次年在常乐寺（原属天台宗）中建立僧堂，开创日本佛教史上最初的镰仓禅宗道场，后人评为"关东纯粹南宋风禅寺之首"。① 建长五年（1253），时已皈依兰溪道隆门下的北条时赖，迎请兰溪道隆开山住持其创建的建长禅寺。兰溪道隆按宋禅宗仪规开堂说法，作建长寺钟铭"建长禅寺住持宋沙门道隆"，日本禅寺之名由此而始。后深草天皇御敕"大建长兴国禅寺"的匾额，兰溪道隆传法得到了日本朝廷和幕府的支持，标志着纯杨岐禅法开始在日本独立传播。兰溪道隆在镰仓传禅13年，在建长寺开堂说法，声誉渐盛。

理宗开庆元年（1259），兰溪道隆奉诏任京都建仁寺第十一世住持。他在建仁寺开山荣西忌辰时上堂说偈："蜀地云高，扶桑水快，前身后身，一彩两赛。昔年今日，死而不亡，今日斯晨，在而不在。诸人还知落处么？"② 阐述其传扬杨岐禅法的

---

① 刘建撰：《佛教东渐》，社会科学文献出版社，第127页。
② 《大正新修大藏经》第80册，第65页上。

决心。兰溪道隆在建仁寺内创建西来院，推动建仁寺的兼修禅转向纯粹禅发展。作为东渡日本传法的杨岐禅僧，道望日盛，法脉繁衍，得到了建仁寺众僧的敬畏爱戴。此后，建仁寺有五代住持为兰溪道隆法系。在京都期间，道隆还应召请入宫为后嵯峨上皇说法，加深其对禅宗的了解和支持。兰溪道隆与圆尔辩圆一直保持友好交往，一南一北，相互支持，唱响传扬杨岐禅法之声。

三年后，兰溪道隆应日本幕府之召返回镰仓。北条时赖于天皇弘长三年（1263）去世，其子时宗尚年幼，北条长时、北条政村相继任执权之职。兰溪道隆遭谗言中伤，两度被流放甲斐（今山梨县）。兰溪道隆自思："岂非龙天有意于斯乎？"于是在流放地大力传扬杨岐禅法，于甲州、信州及松奥等地先后创建多处禅寺。后来，由执权北条时宗迎兰溪道隆回镰仓，待以师礼，先后请兰溪道隆住持寿福寺、建长寺。

弘安元年（1278）七月，兰溪道隆初示微疾。至二十四日，沐浴更衣，书偈曰："用翳睛术，三十余年，打翻筋斗，地转天旋。"辞众而寂，世寿66岁。后宇多天皇赐谥"大觉禅师"之号。这是日本天皇赐禅师号之始，由此可见兰溪道隆在日本传播杨岐禅法的影响之大。

（二）主要成就

兰溪道隆是东渡日本传播纯杨岐禅法的先行者，在中日禅宗交流史上具有重要位置，其主要成就在以下两方面。

1. 在日本开宗立派传播纯杨岐禅法

圆尔辩圆比兰溪道隆早几年回日本，虽然他致力于传扬杨岐禅法，也比荣西更全面推行宋禅及禅林清规，但身为原日本天台宗日僧，与日本传统佛教有着难以分割的联系。在日本的传统佛教为主流宗派的社会环境下，为传扬杨岐禅法的需要，在其主法的寺院，仍兼修日天台宗和真言宗，这就使他传扬的禅法仍带有"兼修禅"的模式。

兰溪道隆东渡日本传法，为实现传扬纯杨岐禅法的宏愿坚持不懈地努力。身为杨岐派一代高僧，与日本传统佛教本无多少关联，受其影响与制约也比圆尔辩圆等日僧要小。另一方面，兰溪道隆传播的全新的纯杨岐禅，正适应日本幕府执权者建立新的佛教宗派、巩固其幕府统治的需要，从而得到了幕府的尊崇与支持。同时，长期居佛教主流地位的日本天台宗、真言宗等教宗，已渐趋颓靡，纯杨岐禅法的传入，给日本佛教界带来了清新之风，受到日本僧俗的欢迎和参学。这些主客观因素的存在，给兰溪道隆传扬杨岐禅法，提供了传播弘法的社会与人文的较有利环境。

兰溪道隆在建长寺开堂说法："问从何来，虽是圆通入理门，未称衲僧那一着。如何是那一着？杨岐一头驴，只有三只脚。"①"杨岐三脚驴"是广为流传的杨岐宗始祖方会所说话头，兰溪道隆开堂时提举此话头，表明他传扬倡导的是纯杨岐禅法。

兰溪道隆与众僧普说："只如吾宗旨有玄中之玄妙中之妙，未说持以为人。毕竟如何吐露，莫是提起话头。"②兰溪道隆指出，杨岐宗旨之玄妙，莫不是提起话头参究，是诸人朝参暮请的一大事因缘。而这一大事，"不从佛得，匪就祖求，亦非自外而来，总在各各脚跟下人人鼻尖头。既在脚跟下鼻尖头，因甚十个有九个半，不曾踏着，又观不见。先圣道：'只为太近所以蹉过。'也非辩辞聪俊而可知，非顽钝愚蒙而难得。"③就如方会祖师在禅堂普说，佛法就在脚跟下，兰溪道隆实为杨岐派真传弟子。非辩辞聪俊而可知，是其为识见分别之解所缚，顽钝愚蒙者此"葛藤"为少反不难得。所以兰溪道隆开示："实欲参一段大事，须是将从前知见解会明得悟得底圣语言，一时放舍。然后就自己本源上顶头返体究，究得到得明，见邪解不待去而自除，真用真机不待求而自显。然后从前所得所负文字语言，复取而用之，有何障碍哉。"④

但是，日本传统佛教对兰溪道隆传播纯杨岐禅法的排斥与反对，仍是非常强大，兰溪道隆两次遭诬告被流放，也说明了这一点。在这种情况下，兰溪道隆并没有妥协，他主张："便如禅宗道，若人识得心，大地无寸土是也。古德云：'会得是障碍，不会不自在，于此会得，千差万别总归一源，《楞严》《金刚》与禅无异。'苟疑心不破体察未明，便见禅教有别。吾宗据实而论，但得其本。"⑤在以禅教有别、禅宗为本的前提下，认同禅教同出一源，这一思想与南宋时杨岐派的禅法思想一脉相承。

对于当时日本流传的"兼修禅"，他指出："以禅为名，据人师位自尊自大。倚恃豪门，教亦不知，禅亦不会。聚徒说《楞严》《圆觉经》起信唯识论，全无实解，掠虚谩人。正所谓夹教说禅，禅又不是。夹禅说教教亦非真。"⑥兰溪道隆主张的"禅

---

① 《大正新修大藏经》第80册，《大觉禅师语录·相州巨福山建长禅寺语录》，第56页下。
② 《大正新修大藏经》第80册，《大觉禅师语录·普说》，第80页中。
③ 《大正新修大藏经》第80册，《大觉禅师语录·普说》，第80页下。
④ 《大正新修大藏经》第80册，《大觉禅师语录·普说》，第78页下。
⑤ 《大正藏》第80册，《大觉禅师语录·示左马禅门》，第85页下。
⑥ 《大正藏》第80册，《大觉禅师语录·示裕上人》，第81页下。

教同源",与荣西等主张的"兼修禅"有着明显的区别。

由于兰溪道隆的不懈努力和幕府的支持,兰溪道隆创建了日本历史上第一个纯禅宗道场和禅宗寺院,以建长寺为传法中心,开宗立派,建立了日本禅宗"大觉派",使纯杨岐禅法在日本扎根代代传承。

2. 推行杨岐派禅林清规,奠定日本丛林制度

兰溪道隆初到日本,寓居圆觉寺时,即著《坐禅仪》,按宋地坐禅参修仪规教化僧众。次年入京都,住泉涌寺之来迎院,作《泉涌寺行事次第》,传授上堂下座等宋地禅林规式。

后在常乐寺(原属天台宗)中建立僧堂,开创日本"关东纯粹南宋风禅寺之首"的禅宗道场,坚持"种件依唐式行持"①,并制定《常乐禅寺定规》。

开山住持日本第一座纯禅寺建长禅寺后,兰溪道隆即完全按照杨岐派禅林清规,着手建立丛林制度,制定了《建长法语规则》。

兰溪道隆在其《坐禅论》中,对坐禅仪规及过程中应注意的细节,作了详细的解释。在《泉涌寺行事次第》中,提出了上堂、下座等诸般做法、规式。《建长法语规则》与《常乐禅寺定规》则主要针对日本禅宗界骄奢恣纵之风,将重点放在对清洁沐浴、炉火等日常生活管理上,对违反者进行严厉处罚,且对处罚规定了具体额度。这在日本禅宗界开了先河,对改除日本禅宗轻慢丛林清规的弊端,具有很强的针对性和可操作性。

兰溪道隆认为"僧堂观"对松源派"千古不可废",他是遵照师祖松源崇岳法系的丛林清规,来制定建长寺等禅寺的清规。他制定的清规,不仅为建长寺、常乐寺等其主法的寺院所世代传承遵守,而且对日本禅宗产生了很大影响。

兰溪道隆在日本推行杨岐派清规,对圆尔辩圆影响也很大,在兰溪道隆圆寂后第二年,圆尔辩圆亦以佛鉴无准师范禅师丛林规式,制定了《东福寺清规》,推行杨岐派丛林清规制度,并代代相传。因此可以说,兰溪道隆为日本禅宗推行丛林制度奠定了基础。

(三)传扬看话禅法

看话禅是大慧宗杲参究公案"话头"的禅法,是杨岐派具有代表性的参禅方便法

---

① 《大正新修大藏经》第80册,《大觉禅师语录》卷上。

门,兰溪道隆是将看话禅传入日本并大力倡导的第一人。

1. 话头得明,复取为用

参究话头,须要放舍所有知见解,这是宗杲倡参话头以来,其下法系弟子的共同主张。兰溪道隆亦不例外,但他明确提出了另一新见解:"然后从前所得所负文字语言,复取而用之,有何障碍哉。"他开示明禅上人:"参禅学道非思量分别而所能明,亦不离思量分别。若无分别无思量,此道何由得明白。所以圆悟云:'待汝思量之心尽、分别之念亡,自然彻根彻源去。'"① 如此精辟的独到见解,没有悟得看话禅法之精髓,不会有此深刻的普说开示。

2. 但看平常心是道

兰溪道隆进一步宣说:"但看!着衣吃饭者是谁?大便小便者是谁?每日将个皮囊走上走下者又是谁?赞之则喜,毁之则嗔,又是阿谁?只这谁字,以自己归万物之中,自己何有?自己万物光影不存,向这里更进一步。"② 这是对"佛法在脚跟下"的简明直白的阐释,看话头看的就是日常生活之行状,参究的只是一个"谁?"字。由此而悟,已归万物,诸法无常,万物皆空幻。难能可贵的是,兰溪道隆认为参究话头不能就停留在此境界,否则只是假"空"的境地,而要由此更进一步。

"但于一动一静处,快提起话头。如何是道?平常心是道。这个语话虽则寻常,未见道之人直须体取。忽然体得明时,方不谬为成道。"③ 但看平常心是道一句,永莫放舍。行住坐卧处,念念莫忘,切不得向句下去识解,不要听人移易又生退心。但只以平常心看,如此更进一步,方能真悟成道。

兰溪道隆还教诫初看话头者:"初发心菩萨最能勇猛,但能坚此最初一念,佛祖大道久而明白。更不用问人如何若何,只今正好,莫退初志,以袈裟下一事为念,朝暮勿忘。提个话头动静自看,如何是道,平常心是道一句,反复察量。待自己之道朗明,方名为工夫灵验。"④

3. 如猫捕鼠参话头

兰溪道隆认为,参究话头,只恐人信不及,若信得及,佛即是汝心。他开示裕上人:"参禅别无如何若何,首以诚信为本。莫受人移易,莫求速悟。切切痛下工

---

① 《大正新修大藏经》第80册,《大觉禅师语录卷下·示明禅上人》,第84页中。
② 《大正新修大藏经》第80册,《大觉禅师语录卷下·普说》,第81页上。
③ 《大正新修大藏经》第80册,《大觉禅师语录卷下·示慧行大师》,第88页上。
④ 《大正新修大藏经》第80册,《大觉禅师语录·示慧行大师》,第88页上。

夫，以悟为准。但于日用常行处，返返复复看。"① 兰溪道隆这里所说的参禅，显然是指看话禅。必要真信，才能自信自参自悟，才会痛下功夫，不受人移易，不将心待悟，于日用常行处参看话头。

兰溪道隆指出："参学如猫捕鼠，先正身直视，然后向他紧要处，一咬咬定令无走作。究道参玄亦复如是，首正其心诚其意，目不邪视，口不乱谈。看古德道：'雪覆千山，因甚孤峰不白。'切不得向句上分别，以心意识度量。又不可言孤峰无高下，亦不黑，非于色，寒暑不到，尘劫难移，黑时法界皆黑不及白相。如斯见解，总是妄生穿凿，强说道理。大似日本望新罗，犹隔海在。汝但下十分工夫，逗到净裸裸一色纯真，明历历，了没点污。到这里又切忌，坐在明白处。无转身之筹。且如何是转身底一着，待伊心肯日，是我命亨时。"② 兰溪道隆举"灵猫捕鼠"为例来强调，参学看话头，既信得及正身直视，还要有细行，要专心致志咬定话头，紧要处不放松，使一切言行举止和行住坐卧都和话头融成一体。不生分别心，不以心意识度量，但下功夫参究。待到明白处，切勿停止，还须筹转身一着，要由此更进一步。用功用到山穷水尽无路可走时，自然有个转身处，回到自己"本有的家中"。

4. 话头上起疑

兰溪道隆还强调，参话头必要话头上起疑情，他说："千疑万疑只是一疑，话头上疑破，则千疑万疑一时破。话头不破，则且就上面与之厮挨，若弃了话头却去。别文字上起疑，经教上起疑，古人公案上起疑，日用尘劳中起疑，皆是邪魔眷属。第一不得向举起处承当，又不得思量卜度。但着竟就不可思量处思量，心无所之，老鼠入牛角便见倒断也。又方寸若闹，但只举狗子无佛性话。佛语祖语诸方老宿语，千差万别，若透得个无字，一时透过。不着问人，若一向问人，佛语又如何，祖语又如何，诸方老宿语又如何，永劫无有悟时也。"③

圆悟克勤作《碧岩集》，本意主要是期望后学从对"颂古"的"评唱"当中悟出"禅机"，却被一些不去真参实悟的学僧当作接机求证的敲门砖，而致"文字禅病"。大慧宗杲出于无奈焚毁《碧岩集》刻版，在黄檗希运、五祖法演的看话头的基础上，推出方便法门看话禅，就是要后学在话头上起疑，去参破疑情，最终"明心见性"。

---

① 《大正新修大藏经》第80册，《大觉禅师语录》卷下《示裕上人》，第82页上。
② 《大正新修大藏经》第80册，《大觉禅师语录》卷下《示了禅侍者》，第82页中。
③ 《大正新修大藏经》第80册，《大觉禅师语录·示明源禅人》，第83页下。

道隆深谙看话禅之道，犹如电光石火，拟则丧，动则乖。就是要斩断文字"葛藤"，不要在文句上生知见解，去思量卜度。为此教诫学僧，不得在文字上、经教上、公案上起疑，其或不得在日用尘劳中起疑，否则永无悟期。

初参话头或信不及疑不深者，大多妄想频生难熄。兰溪道隆教导学人："凡有妄念起时，便举一个公案。或举麻三斤，或看干屎橛，但一心专注向此话上。大信大疑，信得及，疑得深。疑情既破，便见古人方便处灼然是为人亲切，工夫果真实。一法既明，万法无异。向干屎橛上看得透，麻三斤柏树子，其理一同。"① 要如大慧宗杲所示，时时提举话头勿令间断。看生从何来，察其来者是谁，去者是谁，忽然和"谁"字而顿亡，不被生死所移，出没自在，妄念自灭，而入无碍之境。

兰溪道隆勉励后学："参学二字，难亦非难，易亦非易。发决烈志，具长远心，日久月深，终有分晓时节。"②

兰溪道隆把杨岐派的方便法门看话禅传入日本，对日本禅宗的发展影响深远。

四、南宋后期传播杨岐派的中日禅僧

兰溪道隆在日本传扬杨岐禅法，在中日两国都产生了积极的影响，引领了一批杨岐派高僧纷纷东渡日本传法，著名的有南宋后期的兀庵普宁、大休正念以及宋末元初之际的西涧子昙等。在这段时期，日僧也纷纷入南宋求法。其中日僧法灯觉心在圆尔辩圆的推举下，在兰溪道隆来日传法后，入南宋求法五年，嗣法于杨岐派高僧无门慧开，回国后创立了日本禅宗法灯派；日僧南浦绍明出家后参学于兰溪道隆，在其影响下，也入南宋求法九年，嗣法于杨岐派高僧虚堂智愚，回国后南浦绍明开创日本禅宗的"大应派"，以后（相当中国元朝时期），其弟子宗峰妙超创建"应关灯派"，徒孙关山慧玄创立"关山派"，三者略称"应、灯、关"，为现代日本临济宗的主流派。

（一）兀庵普宁

据《禅宗词典》③:

---

① 《大正新修大藏经》第 80 册，《大觉禅师语录·示唯愿居士》，第 86 页上。
② 《大正新修大藏经》第 80 册，《大觉禅师语录·示慧行大师》，第 88 页上。
③ 《大藏经补编》第 32 册，《元亨释书·延宝传灯录》。

第八章 禅宗杨岐派在东亚、越南的传播

兀庵（1197—1276），法名普宁，西蜀人。幼年于蒋山出家，初习唯识。后游方遍访禅林诸老，登四明阿育王山参无准师范。体证玄旨，嗣其法，为临济宗杨岐派传人。师范特书"兀庵"二字赠之。因以为号。与祖智、妙伦、了慧共称师范门下四哲。后移杭州灵隐山、四明天童山，为第一座。又于象山（今属浙江）灵岩寺弘法。景定元年（1260），受请东渡日本，于博多圣福寺整理禅规，又住持镰仓建长寺。咸淳元年（1265）渡海返宋，住婺州（治今浙江金华）双林寺，晚年移住温州（今属浙江）江心龙翔寺。卒谥"宗觉禅师"。有语录三卷行世。于日本创立兀庵派，为日本二十四派之一。①②

兀庵普宁（1197—1276），西蜀人，幼年出家。

兀庵普宁出家后，游方禅林，往蒋山参谒杨岐派高僧痴绝道冲，又至阿育王寺参学，嗣法于无准师范，为杨岐派第十世高僧。无准师范移住径山万寿禅寺，兀庵普宁随侍左右，后离开径山，先后为杭州灵隐寺、明州天童寺的首座，任象山灵隐寺、无锡南禅福圣禅寺的住持，声誉渐播于丛林。

南宋景定元年（1260），64岁的兀庵普宁东渡日本，先寓博多圣福寺整理禅规。兀庵普宁与圆尔辩圆同为无准师范门下弟子，在中国时，相互交往密切。到日本不久，圆尔辩圆请兀庵普宁到东福寺传法，道誉渐盛于日本。

幕府前执权北条时濑慕其名，迎请兀庵普宁住持建长寺。北条时濑常至建长寺参禅问法，开悟而礼拜兀庵普宁，兀庵普宁付偈："我无佛法一字说，子亦无心无所得，无说无得无心中，释迦亲见燃灯佛。"③ 并授法衣于北条时濑，予以印可。

兀庵普宁是无准师范门下四哲之一，在日本传扬的是无准师范的纯杨岐禅法。他开示松岛圆海长老："所以参禅只图见性，如观掌上。若不见性，无异盲人摸象，有何益哉。我宗无语句，亦无一法与人。若有一法与人，便成断常之法，非正法也。……参须实参，悟须实悟。棒打石人头，嚗嚗论实事。既得实证实悟处，与从上诸佛诸祖，无异无别。至于随机应变，捏聚放开，自然得大自在，如雷如霆，有

---

① 《大藏经补编》第32册，《元亨释书·延宝传灯录》。
② 袁宾主编：《禅宗词典》，湖北人民出版社，1994年，第41页。
③ 《卍续藏经》第71册，《兀庵普宁禅师语录·最明寺殿契悟因》。

何隔碍来。以至出死入生,出此没彼,有何隔碍来。"①

兀庵普宁在开示中,阐释了几点杨岐禅法之要:一是,参禅只为明心见性,蓦然明自心见自性,尽乾坤大地,总是自己全体作用,方是千了百当。二是,杨岐禅法无语句,若寻言逐句,求玄求妙者,不能见道。三是,杨岐禅法亦无一法与人,传此法者,无传之传,是为真传,名为正法,若有传之传,是为妄传。四是,参禅必须实参,悟必须实悟,但每日苦乐逆顺,惟要参究自己,功夫时时不辍,久久必获感验实悟。

兀庵普宁还传扬杨岐派的方便法门看话禅,开示传授给日僧:"若要参透向上一着,须是离心意识参,出圣凡路学,方有趣向分。岂不见赵州和尚,有僧问云:'狗子还有佛性也无。'州答云:'无。'自古及今,恼乱天下衲僧,无有休日。法孙,但十二时中,行住坐卧,只向无之一字,切切留心,念念不舍。食息不忘,日久岁深,忽然参透,历历分明,丝毫无疑。自己本来面目,本地风光,顿现在前。便与从上诸佛诸祖,所得所证无别。此生它生,得大自在,得大解脱。"②兀庵普宁在这里明示:若在"狗子还有佛性也无"的公案中、语句上去参究,必然会陷入知见解而生分别心,与看话禅法背道而驰;看话禅法之要,是要参究话头,只向无字话头去参究,日久岁深,就必有忽然参透之时,见自己本来面目。

日龟山天皇弘长三年(1263),北条时濑去世,兀庵普宁于南宋咸淳元年(1265,一说景定四年)渡海返宋,住持婺州双林寺。晚年移住温州江心龙翔寺。宋端宗景炎元年(1276),兀庵普宁示寂,年寿八十,谥号"宗觉禅师",遗有《兀庵普宁禅师语录》三卷行世。在日本的弟子东岩慧安,在京都创建正传寺。兀庵普宁其门派称"兀庵派",亦称"宗觉派",为日本禅宗二十四派之一。

(二)大休正念

据袁宾主编《禅宗词典》:

> 正念,元代禅僧(1215—1289),号大休,永嘉(治今浙江温州)人。早年至灵隐寺参东谷妙光,再谒石溪心月得悟,遂得印可,为临济宗传人。宋咸淳五年(1269)夏,乘商船至日本,依镰仓建长寺兰溪道隆。北条时

---

① 《卍续藏经》第71册,《兀庵普宁禅师语录·示松岛圆海长老》。
② 《卍续藏经》第71册,《兀庵普宁禅师语录·示关东法孙》。

宗甚为景仰正念的道望，礼请居禅兴寺。其后历住寿福、圆觉、建长诸寺。晚年于圆觉寺内自建一小庵，立匾称为"藏六"，有筑寿塔以为归葬之地，并自著《圆湛无生铭》，记录一生行谊德业。日本正应二年（1289）十一月示寂，遗偈曰："拈起须弥槌，击碎虚空鼓，藏身没影踪，日轮正当午。"卒谥"佛源禅师"。著有《大休和尚语录》六卷。其后世法系称"大休派"，为日本禅宗二十四派之一。①②

大休正念早年往灵隐寺参曹洞宗僧东谷妙光，再谒杨岐派石溪心月得悟为师，开悟遂得心月得悟印可。心月得悟为杨岐派高僧松源崇岳徒孙，大休正念嗣其法，为杨岐派十一世高僧。

南宋咸淳五年（1269）夏，大休正念东渡日本弘法。到镰仓后，受到同宗建长寺兰溪道隆的热情接待。不久，禅兴寺开山祖道隆退让，受时宗之命，大休正念入住禅兴寺，仿南宋禅院创建了法堂、僧堂及山门等堂院。

日文永九年（1272），大休正念继兀庵普宁，成为建长寺第三代住持。其时正逢元兵入侵日本，大休正念在入院拈香的法语中，除祝天皇福寿之外，还祈祷日本国家平安。大休正念在给北条时宗的法语中说："所谓一念不生，前后际断，方可出生入死，如同游戏之场；纵夺卷舒，常自泰然安静。胸中不挂寸丝，然立处既真，用处得力。凡总领百万貔貅之士，如驱一夫，攘巨敌，安社稷，立万世不拔之基，是皆妙悟佛性之灵验也。"③以禅宗之法理，增强北条时宗抗敌入侵的信心。大休正念阐扬的无我皆空、面对强敌入侵视死如归的思想，对鼓舞日本武士斗志，取得抗元入侵胜利，及以后日本武士道的形成，都有较大影响。

文永十一年（1274）夏，大休正念同门师弟日僧无象静照回国数年后，来禅兴寺拜访正念。无象静照取出其在宋时制作的"石桥颂轴"，请为该轴作序，大休正念欣然提笔为之作序。该诗轴《石桥颂轴》序，至今尚保存在日本民间，是日本现存的最古老诗轴之一。

无象静照（1234—1306），于建长四年（1252）入宋求法，嗣法于心月禅师，为杨岐派十一世禅僧，与大休正念同参学四年。静照在宋参学10多年，精通汉语，回

---

① 《大藏经补编》第32册，《元亨释书·延宝传灯录》。
② 袁宾主编：《禅宗词典》，湖北人民出版社，1994年，第118页。
③ 杨曾文著：《中华佛教史·中国佛教东传日本史卷》，山西教育出版社，2013年，第256页。

国后先后协助兰溪道隆、大休正念、无学祖元传法，曾撰《兴禅记》上奏朝廷，驳斥比睿山天台宗僧众诬陷迫害禅宗。在日本古代禅宗二十四派中，无象静照的法系为法海派，传法中心为镰仓净智寺。

日弘安元年（1278）前后，大休正念应命入住寿福寺。大休正念入住该寺后，请北条时宗拨资再兴土木，寿福寺方具南宋禅寺规模。在此期间，大休正念先后刊印了《断际禅师传心法要》和《佛源禅师语录》。以后，也为古伦慧文刊印的《禅门宝训集》作序偈。大休正念沿承南宋禅林注重僧传的做法，重视禅宗书籍的刊印，其意在广为传播杨岐禅法。

弘安七年（1284），北条宗政（1253—1281）的夫人为安置宗政牌位，在镰仓金锋山建净智寺完工。大休正念应邀举办供养，并被奉为净智寺开山。同年，大休正念奉诏为圆觉寺第二代住持。在住圆觉寺期间，大休正念主持修建圆觉寺最著名的舍利殿，这是日本目前唯一保存完好的中世纪禅宗建筑。

元至正二十六年（1366）十一月，大休正念因重病缠身移住正观寺，二十九日，集众入室，书遗偈而寂。

大休正念在日传法二十年，传扬杨岐禅法，专倡杨岐宗风，严格推行宋地禅林清规，历任禅兴寺、建长寺、寿福寺、圆觉寺、净智寺住持，建长寺、圆觉寺、寿福寺、净智寺诸寺，在日镰仓时代末期分列"镰仓五山"前四位，大休正念对于这些寺院的创建和发展功不可没。大休正念创建的禅宗宗派称"大休派"，因其谥号为"佛源禅师"，又称作"佛源派"，为日本禅宗二十四派之一，在日本禅宗史上有着举足轻重的地位。

（三）西涧子昙

据《佛学大辞典》：

> 西涧子昙（1249—1306），元朝临济宗僧。浙江仙居人，俗姓黄。幼入紫箨山广度寺出家，身长七尺，眼光慑人，才思敏捷，特善笔墨。咸淳元年（1265），至苏州承天寺随侍石楼明，掌内记，八月往杭州净慈寺，入室参问石帆惟衍。六年惟衍复迁天童山，师随之。师常志东游，遂于咸淳七年渡海至日本，住建长寺、东福寺等处。于元代至元十五年（1278）归国。大德三年（1299），与一山一宁再往日本，住圆觉寺，幕府、朝廷皆礼遇

之。德治元年示寂，享年五十八。敕谥"大通禅师"。其法流称西涧派（又作大通门徒），为日本禅宗二十四流之一。《大通禅师行实》《元亨释书》卷八、《日本名僧传》《延宝传灯》录卷三①

西涧子昙幼入仙居广度寺（唐时为紫箨寺）出家，17岁游方，至杭州净慈寺参谒石帆惟衍，资缘契会，顿止奔驰，嗣法于石帆惟衍。石帆惟衍为杨岐派高僧松源崇岳的二传弟子，西涧子昙为杨岐派十一世高僧。

南宋咸淳七年（日本文永八年，1271），西涧子昙渡海至日本，受到兰溪道隆和圆尔辨圆的盛情相待，先后住镰仓建长寺、京都东福寺。

8年后，西涧子昙回国，次年南宋灭亡。西涧子昙遂投宁波天童寺环溪惟一，掌藏主之职。元世祖至元二十三年（1286），住台州紫岩寺（又名殊胜禅寺）。至元二十六年（1289），辞游杭州，后被径山云峰禅师招为首座。至元二十七年（1290），住持潭州天柱寺。数年后回庐山，与一山万公、断江首座、月江藏主等诸公相唱和，名声远扬，江湖名刹举为第一座。元大德元年（1297），赴平江万寿寺参访南洲珍公，为其首座。

元大德三年（1299），奉元世祖之命，一山一宁作为元朝使者赴日，西涧子昙随同再往日本。北条贞时执弟子之礼，请西涧子昙住相模（神奈川县）圆觉寺，宇多上皇亦往问法要。日嘉元元年（1303）住持建长寺，其间，日本建治天皇曾"亲降纶綍，咨问心要"。

德治元年（1306）十月，西涧子昙退居正观精舍，同年十月二十八日，作遗偈于门人："来无所从，去无所至。皓日丽天，清风匝地。"掷笔坐化。寂后被二条天皇敕谥为"大通禅师"，葬于建长寺传灯庵，塔名定明。

其法嗣有嵩山居中、明岩正因、耕云克原等人。嵩山居中（1277—1346），曾入元求法，法派在日本被称为西涧派，为日本禅宗二十四派之一。

（四）无本觉心

据《中华佛教百科全书》：

---

① 丁福保编纂：《佛学大辞典》，中国书店出版社，2011年。

觉心（1207—1298），日本临济宗法灯派之祖。信浓（长野县）人，俗姓常澄，号无本、心地。十九岁出家，二十九岁至东大寺，登坛受具足戒。其后，从退耕行勇、藏叟朗誉诸僧参禅。建长元年（1249）春，随商船入宋，历参痴绝道冲、荆叟珏诸僧，后嗣护国寺无门慧开之法。建长六年返日，住高野山金刚三昧院。其后，应愿性之请，创建西方寺（后称兴国寺）。

弘安四年（1281），奉敕住京都胜林寺，并至宫中说法。后，龟山上皇改皇居为禅刹，请师居之，师固辞不受。弘安八年，应请任北山妙光寺开山祖。永仁六年示寂，世寿九十二。敕谥"法灯禅师""法灯圆明国师"。

师为禅密兼修者，多以公案接化学人。著作有《法灯国师坐禅仪》《由良开山法灯国师法语》等书。①

无本觉心（1207—1298），是继荣西、圆尔辩圆之后入宋求法，南宋后期回国开宗立派，颇有影响的日本临济宗禅僧。

无本觉心15岁，即到邻近的户隐神宫院，从院主读习佛书。19岁（一说为29岁）诣南都东大寺，登坛受具足戒。未及一年，登上高野山，先后从传法院主觉佛阿阇梨习真言密教，向道范阿阇梨学习经轨。后至寿福寺投荣西高徒行勇禅师，行勇命觉心掌管该寺的纲维（司事僧），其间还到达大和国三轮山跟从真言师莲道上人习密宗灌顶奥义。36岁时，依极乐寺宋僧道元和尚授菩萨戒血脉。41岁，至长乐寺从荣西高徒荣朝，兼修禅密。一年后，寄宿于甲州心行寺，一夜静坐忽生大疑惑，觉以往所学非究竟法。带此疑惑到京都草河胜林寺，参问于真观上人天佑思顺和尚，被告之教外别传之旨即"一切放下"。无本觉心有所悟而生入宋求法之心，谒见东福寺圆尔辩圆后，南询求法之意始决。

南宋淳祐九年（1249），无本觉心乘商船入宋，带着圆尔辩圆的介绍信往径山拟参无准师范。无准师范已于当年圆寂，遂先后参学于杨岐派痴绝道冲、荆叟珏诸禅僧。二年后，无本觉心游方二浙，到天台山游访一年。再游明州，遇入宋求学日僧源心，在源心推举下，无本觉心遂往临安灵洞护国仁王禅寺，参拜杨岐派著名高僧无门慧开为师。

---

① 蓝吉富主编：《中华佛教百科全书》，中华佛教百科文献基金会，1994年。

无本觉心礼谒无门慧开，经几番接机开示，无本觉心豁然开悟，得无门慧开印可，将《对御录》二册并袈裟一件交付给觉心，无本觉心嗣其法，为杨岐派第九世禅僧。

南宋宝祐二年（日本建长六年，1254），无本觉心在宋求法参学 6 年后，炷香拜别恩师无门慧开回国。无门慧开赠以自著《无门关》和师祖月林师观的《传法录》以及自赞顶像，授以偈曰："心即佛佛即心，心佛元同亘古今，觉悟古今心是佛，不须向外别追寻。"[①] 对无本觉心寄予殷切期望，把杨岐宗"直指人心，见性成佛"之旨在日本弘扬。

无本觉心乘商船，饱经风浪颠簸之苦，于日本博多登岸，辗转而登上高野，住金刚三昧院传法。52 岁时，纪州由良地头源性建西方寺，拜请无本觉心为西方寺开山祖师。无本觉心自此直至圆寂的大多数时间，都在西方寺坐禅传法，接引开示学人，传授"直指禅要"。仰慕无本觉心的信徒纷至沓来，西方寺盛况空前。

日弘安三年（1280），无本觉心 74 岁时，前往雄野妙法山，创建奥院。次年，无本觉心受法皇礼遇，奉敕住京都胜林寺，并至宫中说法。龟山上皇改皇居为禅刹，请无本觉心居之，曾三下诏书，无本觉心固辞不受，潜回西方寺。天皇后宇多也受无本觉心衣盂戒法。

78 岁时，无本觉心弟子觉勇在岐阜县建三井报恩寺，请无本觉心为报恩寺开山。翌年，无本觉心受师信、心性两兄弟之请为妙光寺开祖，师信等皈依弟子为无本觉心建寿塔，无本觉心由西方寺前往居住。同年，龟山上皇和后鸟羽天皇邀请无本觉心入宫，直临便殿赐座对谈。无本觉心虽受天皇诸多恩赐，不久即回西方寺，直至 92 岁圆寂。龟山上皇赐谥"法灯禅师"，后醍醐又赐"法灯圆明国师"。

无本觉心入宋前，以修学日真言宗（密宗）为主，亦从道元、荣朝、思顺等参学禅法。入宋求法后，特别是师从杨岐派高僧无门慧开，得无门之禅要。回国后，其禅法虽未能彻底跳出"禅密兼修"的范畴，但以传扬杨岐禅为主，无本觉心未负无门慧开之望，回国后坚定地弘扬杨岐单传之旨。

无本觉心明确肯定其师无门慧开的"佛心宗"高于一切宗门，是最上乘之法。还在开示学僧时，对无门慧开的"佛即是心，心即是佛"的思想作了简要的阐述，无本觉心是杨岐派无门慧开禅法思想在日本弘扬的忠实传播者。

[①] 杨曾文著：《中华佛教史·中国佛教东传日本史卷》，山西教育出版社，2013 年，第 293 页。

无本觉心创建的法派，为日本古代禅宗二十四派中的"法灯派"，还被江户时代的普化宗（以觉心从宋学而传授的吹尺八乐器著称的禅宗宗派）奉为祖师。

有《法灯圆明国师遗芳录》《法灯国师坐禅仪》《由良开山法灯国师法语》等著作传世。弟子有孤峰觉明、拔队得胜等人，孤峰觉明曾入元参学于杨岐派著名高僧中峰明本、古林清茂等。

（五）南浦绍明与"应、灯、关"

1. 南浦绍明与"大应派"

据《圆通大应国师语录·圆通大应国师塔铭》：

> 国师讳绍明，字南浦，骏州安部县人出藤氏。幼事本州建穗寺净辩师，学出世法。年十五剃发受具戒，往依建长兰隆公。正元间航海至宋，遍参知识。虚常愚公主净慈，门庭高峻学者望崖而却，师往礼谒。堂曰："古帆未挂时如何？"师云："蟭螟眼里五须弥。"堂云："挂后如何？"师云："黄河向北流。"堂云："未在更道。"师云："某甲怎么，和尚又作么生。"堂云："黄河向北流。"师云："和尚莫谩人好。"堂云："参堂去。"久而令典宾客，日夕咨叩。一日使善画者写堂寿像请赞，堂搦笔书曰："绍既明白，语不失宗，手头簸弄，金圈栗蓬，大唐国里无人会，又却乘流过海东。"时咸淳改元之夏六月也。是年秋八月堂奉诏迁径山，俾师与俱，师益策励。一夕于静定中起大悟，呈偈曰："忽然心境共忘时，大地山河透机。法王法身全体现，时人相对不相知。"堂巡察报众曰："这汉参禅大彻矣"……明年当延庆戊申腊月二十九日，忽示微疾，至二鼓手书偈曰："诃风骂雨，佛祖不知。一机瞥转，闪电犹迟。"书毕跏趺而逝。世寿七十有四，坐六十夏。①

南浦绍明（1235—1308），俗姓藤，日本骏河国（今静冈县）人。幼事本州建穗寺净辩学佛法，15岁出家受具足戒，往依兰溪道隆门下。龟山天皇正元元年（南宋开庆元年，1259），西渡入宋求法，拜谒杨岐派高僧虚堂智愚为师，经虚堂智愚几番接引开示，益加策励，而大彻悟。据《圆通大应国师塔铭》："圆悟之道支而为二，一

---

① 《大正新修大藏经》第80册，第127页上、中。

为大慧杲，一为虎丘隆。隆三传而为松源岳，岳一传而为运庵岩，再传而为虚堂愚。得虚堂之传而在日东者，建长禅寺圆通大应国师也。"①南浦绍明嗣法于虚堂智愚，为杨岐派第十一世禅僧。

南宋咸淳三年（1267），南浦绍明辞虚堂师回国。虚堂智愚赠以书偈："敲磕门庭细揣摩，路头尽处再经过。明明说与虚堂叟，东海儿孙日转多。"②又在书其后曰："明知客自发明后，欲告归日本，寻照知客通首座源长老，聚头语龙峰会里家私，袖纸求法语。老僧今年八十三，无力思索，一偈驴行，万时水程以道珍卫。"③

南浦绍明回到日本后，至镰仓建长寺兰溪道隆门下任典藏教。上堂秉拂提唱："十载中华历遍归，未将佛法挂唇皮。无端今夜始开口，铁树生花正是时。"日文永七年（1270）秋，徙西都，出世住持筑州之兴德禅寺，遂将嗣法书和入院法语托西涧子昙呈交虚堂智愚，虚堂智愚得之大喜，谓众曰："吾道东矣。"④虚堂智愚深为器重南浦绍明，今见杨岐禅法传扬日本，欣慰之情溢于言表。

翌年，住持太宰府之崇福寺。南浦绍明住崇福寺传禅说法33年，道誉日盛，参徒越来越多。

日嘉元二年（1304），南浦绍明奉诏入京师。龟山上皇召对宫掖，问答称旨说法，上皇深为赞许，特差住持辇下万寿禅寺。一时，名播朝野，"名望贵游问道者车马日骈集"⑤

后宇多上皇又以东山故址，兴造嘉元禅寺，延请南浦绍明为第一祖。德治二年（1307），南浦绍明奉旨，赴关东留住正观寺。幕府前执权北条贞时（法名崇演），请南浦绍明即署所演法，复敷奏请主法建长兴国禅寺。次年春，太上皇降手诏存问，恩礼优至。是年，南浦绍明入寺之夕小参曰："今年腊月二十九日，来无所来。明年腊月二十九日，去无所去。"⑥众闻惊讶，莫解其意。果于第二年（1309）腊月二十九日，去无所去，示微疾，书遗偈而寂。

花园天皇赐谥"圆通大应国师"，敕在京西建龙翔寺，在寺之后山造"普光塔"，

---

① 《大正新修大藏经》第80册，《圆通大应国师塔铭》，第127页上。
② 同上。
③ 《大正新修大藏经》第80册，《圆通大应国师塔铭》，第127页中。
④ 同上。
⑤ 同上。
⑥ 同上。

奉舍利葬之。

建长寺住山楚俊作跋："杨岐之道四叶而得圆悟，大其门而起其宗。六叶而得应庵，法益光道益盛。密庵之道亦四传而得虚堂，堂之道如大霆之震浮世，如碧潭之莹秋月。……日本南浦公禅师，游历巨宋大丛林，参虚堂得正传，归本国行道。"①楚俊对南浦绍明得杨岐派正传、回国弘扬杨岐派之道，作了中肯的评述。

有《圆通大应国师语录》行世。

所度弟子宗云宗意等千有余人，嗣其法而分居列刹者：兴圣忠、崇福运、南禅卓、南禅圆、万寿禅、建仁然、崇福一、万寿心、大德超、崇福津、圣福胤、建长什、崇福龙、龙翔友等若干人。②其中，最著名的弟子是大德寺宗峰妙超。

2. 宗峰妙超

宗峰妙超（1282—1337），俗姓纪，播摩（今兵库县）人。宗峰妙超先参谒万寿寺祖元的弟子高峰显日，落发出家。后慕名投南浦绍明门下参学，日夜苦参"关"字话头，豁然开悟，得南浦绍明印可，并书写证明，预言"吾宗到你大立"。③南浦绍明去世后，宗峰妙超隐居东山云居庵近20年，刻苦参修。

日元亨四年（1324）正月，后醍醐天皇诏南禅寺住持通翁镜圆与来自延历寺等地的学僧辩论"宗要"。通翁镜圆请师弟宗峰妙超任侍者，经七天辩论获胜，宗峰妙超始扬名朝野。宗峰妙超后在京都北部的紫野创建龙宝山大德寺，以后以大德寺为传法中心。花园天皇赐以"兴禅大灯国师"，后醍醐天皇赐"高照正灯国师"之号。嗣法弟子中著名的有妙心寺的开山祖关山慧玄、京都大德寺二世彻翁义亨等。

3. 关山慧玄与"关山派"

关山慧玄（1277—1360），俗姓源，信浓国（今长野）人。关山慧玄原在建长寺出家参禅，闻宗峰妙超禅法大机大用，遂投其门下参学。宗峰妙超开示慧玄参究"关"字话头，日久豁然大悟，得宗峰妙超印可，并以关山慧玄因"关"字而彻悟，号其"关山"。

宗峰妙超在去世前，应花园上皇之问，力荐关山慧玄为最得其大机大用者。不久，花园上皇将自己的花园离宫改为寺院，请关山慧玄起名为"正法山妙心寺"，建

---

① 《大正新修大藏经》第80册，《圆通大应国师塔铭》，第128页上。
② 《大正新修大藏经》第80册，《圆通大应国师塔铭》，第127页中。
③ 《大藏经》第81册，《大灯语录·大灯国师行状》，第223页中。

成后，命关山慧玄为妙心寺开山祖。关山慧玄以妙心寺为传禅说法中心，妙心寺被日本丛林称为"法窟之冠"。关山慧玄在去世前留下的遗诫中明确告示，自己传承乃从杨岐派高僧虚堂智愚传南浦绍明再传宗峰妙超，还上溯到杨岐派的白云守端及虎丘绍隆。妙心寺到15世纪中叶始获较大发展，进入江户时代（1603—1868）后，关山慧玄法系妙心寺派成为日本临济宗的主流派。

南浦绍明开创的"大应派"，其弟子宗峰妙超创建的"应关灯派"，徒孙关山慧玄创立的"关山派"，三者略称"应、灯、关"，都源出杨岐派高僧虚堂智愚。"应、灯、关"以京都大德寺、妙心寺为传法中心，在日本临济宗发展史上取着承前启后的重要作用，为现代日本临济宗的主流派。

第二节　元代杨岐派在日本的传播

中国的元代相当于日本镰仓后期和室町前期，这段时期，杨岐派延续在日本传播的趋势。杨岐禅僧仍相继东渡日本传法，日僧也继续入元求法，中日僧人到日本后传播杨岐禅法，开宗立派建立日本禅宗新派系。其中，著名的有无学祖元、一山一宁、灵山道隐、清拙正澄、明极楚俊、竺仙梵仙等杨岐派禅僧和日僧古先印原等。

一、无学祖元

（一）生平行状

据《无学禅师行状》：

> 师讳祖元，字子元，号无学。生于宋之宝庆丙戌，家庆元鄞邑，俗姓许。父伯济，为簪缨裔，母陈氏。……九日旦茗会两序，备示出世始末及手书诀别檀越邻封道旧。即集众谆复训厉，以法道为己任。至晚需汤沐浴，更衣端坐，索笔书偶云："来亦不前，去亦不后，百亿毛头师子现，百亿毛头师子吼。"置笔而逝。龛留三日，容貌如生。越七日阇维，遵治命也，函遗殖塔于寺山之麓。世寿六十一，僧腊四十八。①

---

① 《大正新修大藏经》第80册，《佛光国师语录·无学禅师行状》，第238页上、中。

无学祖元（1226—1286），南宋庆元府鄞县（今宁波市鄞州区）人，杨岐派第十世高僧。

无学祖元13岁礼杭州净慈寺杨岐派高僧北涧居简为师，祝发受戒出家。17岁时，辞别北涧居简，登径山师从无准师范门下参学。

无准师范示以"狗子无佛性"话头，令无学祖元参究。无学祖元遵师意，立奋志刻苦参究，不管寒冬酷暑，勤勉不懈。如此五年不出禅堂，孜孜不倦参看"无"字话头，仍懵然无所入处。无学祖元不由叹息："吾出家初志不酬，于道未明。"虽茫茫然有些失意，仍力排杂念退意，把个"无"字也放下，空荡荡去参究。如此坐得半年，一夜四更时，祖元闻首座寮前板声，本来面目，一槌打得见前。冲口说偈："一槌击碎精灵窟，突出那吒铁面皮，两耳如聋口如哑，等闲触着火星飞。"无学祖元遂举此偈呈无准师范，无准师范不置可否，但将偈撇掉在地上。无学祖元过几日去问讯，无准师范给无学祖元示以香严击竹颂，无学祖元说不得，无准师范拈竹篦便打出来。无学祖元但知法身广大，亦一时难领无准师范钩头意。

无准师范圆寂后，无学祖元先后游方参扣石溪心月、偃溪广闻、虚堂智愚、物初大观等杨岐派高僧。在鹫峰庵，无学祖元拟议虚堂智愚所示僧颂，被虚堂智愚劈面一挥，无学祖元当下脱然器之，"从前知解，泮然水释"。次年，东至大慈寺，因看妙痴禅普说，次日蹑井楼，打水牵动辘轳，"不觉百千三昧，皆在我手头"。大发无碍机用，无准师范所示香严击竹颂及狗子无佛性话头，于斯顿绝消息。无学祖元豁然彻悟得法，无学祖元嗣法于无准师范，是年36岁。

无学祖元初掌藏钥于杭州净慈寺，后至宁波奉化大慈寺为第二座。有鄞县里人请祖元住白云庵，因母老无人奉养，无学祖元遂从其请。住庵7年，尝循睦州陈尊宿编蒲供母之举。老母丧，遂迁灵隐寺，再分第二座说法。是年秋，大传平章贾似道札请无学祖元住法台州真如寺，住持七年，道誉日盛，学者云集。南宋德祐元年（1275），无学祖元为避兵乱至雁荡山能仁寺。次年，元兵压境，寺众都逃散藏匿。无学祖元一榻兀坐，元军入寺以刀刃加颈，无学祖元神色不变，坦然说偈："乾坤无地卓孤筇，喜得人空法亦空。珍重大元三尺剑，电光影里斩春风。"复为说法，元军兵士悔谢"作礼而去"。翌年，无学祖元回鄞县中，参访天童寺环溪唯一和尚，请任首座挂牌说法，举众钦服。

日本幕府执权时宗为兰溪道隆寂后建长寺法席虚待，特遣兰溪道隆弟子无及德诠、杰翁宗英为专使来宋，携其请帖请有道行尊宿，主建长寺法席。无学祖元道誉远扬,难以自掩,日本专使诚请无学祖元东渡日本住寺主法。兰溪道隆感其真诚坚请,且其时南宋已亡,遂受其请东渡日本传法。临行前,环溪唯一以无准师范衣授师。师拈起云:"世尊传金襕,外别传何物。咄!过在汝,殃及我。"披衣升座,一香始为无准师范拈,说法别众。

元世祖至元十六年(日弘安二年,1279)夏,无学祖元携弟子梵光一镜、法侄镜堂觉圆、兰溪道隆弟子日僧桃溪德悟等四人从庆元(今浙江)宁波三江口乘船,东渡日本。八月至镰仓建长寺,"开堂演法,万众云臻,欢声雷动,前相州平公钦承法诲,执弟子礼"。

弘安五年(1282),平将军建寺曰圆觉,复延师住之,一据讲席,群鹿咸集,因号其山曰瑞鹿之山,学者臻萃。弘安七年(1284),平公俄逝,无学祖元叹曰:"吾宗外护云亡,兴正法者谁乎?"无学祖元欲辞归国,但因当时中国政局不稳,幕府执权再三挽留和缁素大众恳留,遂留日本继续弘法。明年夏,日勤夜肃,唱道不倦。一众欣从,时无虚弃,法社之盛未有如此。

弘安九年(1286)八月罹疾,九月三日,无学祖元书遗偈,示寂建长寺,谥"佛光禅师",光严天皇又追号"圆满常照国师"。[①]

无学祖元开创的佛光派法系,是日本镰仓末期和室町时期最有影响的日本禅宗派系。近代以后,日本临济宗十四派的圆觉寺派奉无学祖元为开山祖。

有弟子300余人,一翁院豪、高峰显日、规庵祖圆、云屋慧伦等最有名。

1. 一翁院豪

一翁院豪(1210—1281),于宋理宗端平元年(1234)入宋,到径山无准师范处参禅,回国后住持上野长乐寺。虽年过七旬,仍慕无学祖元盛名,特意从长野赶到镰仓,向无学祖元参学。因院豪不懂汉语,常向无学祖元请教,请无学祖元"证其是非"。无学祖元和一翁院豪之间不断有书信往来,无学祖元所书《与长乐寺一翁偈语》,现为日本国宝,收藏在京都市相国寺。

2. 高峰显日

高峰显日(1241—1316),后嵯峨天皇之子,16岁出家。从无学祖元参禅,无学祖元将无准师范的法衣传授与他,寄厚望于他"接续正宗"。[②] 高峰显日先后在下

[①] 《大正新修大藏经》第80册,《佛光国师语录·佛光禅师行状》。
[②] 《大正新修大藏经》第80册,《佛光国师语录·示显日长老》,第232页下。

野那须云岩寺、相模净妙寺、万寿寺、镰仓建长寺传法。

门下弟子有梦窗疏石等20多人。

有《佛光语录》十卷传世。

（二）禅法宗风

无学祖元认为看公案之话头，是祖师大德为治禅病的无奈之举，是参禅的方便法门。他开示太宰少贰："公案如何提撕？公案乃是诸佛诸祖运用法身，如风行水上，如电激长空，一挨一拶，自然成文。初无实法，初无实义。前辈诸祖见做工夫人，识马奔驰狂猿跳踯，无可奈何，只得将此影响语言塞在他口里。要他横咬竖咬磨捺胸中系他狂见，待他情销念释、无可把缀，如含冰人冰消之后，全是自家津液，若不销时，反乃作梗。古人与钝根人，作方便门，也安抚正不用提持公案，恐自己光明，返被闲言长语遮盖了。只要百不知，百不会。放教溷溷颠颠顸顸，无知觉中，自有一种不思议境界发现。那时不妨抱子弄孙，着衣吃饭，谓之肉身菩萨了事凡夫也。"①

1. 执看话头，久未悟者须放下

无学祖元曾苦参话头五年未得悟，后来将话头放下，参究半年才有所悟。后历经恩师无准师范及虚堂智愚等高僧辛辣钳锤，方豁然彻悟。一度认为自己被"狗子无佛性"话头耽搁了五六年工夫，有高僧提示他："不然，你虽不从此公案得入，还得此公案摩擦你胸中，许多业识又得掉却，你若不掉却，未必有此两解。"无学祖元由此认为，看话头没有错，但是，不能被公案或话头所束缚，由此形成其别具特色的看话禅法。

他在答太守问道法语阐述："初参禅人公案，不可不提。三五年既无悟入，须当放下。若不放下，此名无绳索枷锁也，古人方便妙门反为毒药苦哉。三祖云：'止动归止，止更弥勒。放之自然，体无去住。'大率做工夫人，不可不紧，三年五年，一向紧去。逼紧成邪，有不可中救药之病。每每见兄弟，丧心失志者多。古人又云：'转急转迟，转求转远。'所以山野教人放下，轻轻体究如猫捕鼠，讨寻不见，冷处蹲身。不知不觉，鼠子忽然撞入口来，便是得底时节。"②

一般参禅人，参看话头久久不能开悟，总认为是功夫不到家，执着于苦参不放，

---

① 《大正新修大藏经》第80册，《佛光国师语录·示太宰少贰太守问道法语》，第196页下、第197页上。
② 《大正新修大藏经》第80册，《佛光国师语录·答太守问道法语》，第195页下。

最终还是家门外懵懂人，遗憾终生。岂不知，看话禅法虽是治"禅病"之"良药"，本为把一切放下，但执药为病，自加负担，无异自套无形绳索枷锁，怎能开悟？无学祖元有此切身体验，知有省力而见功多者，有着力多而见功少者。他说："下工夫有多等，各随人之器质。当下工夫时，须是猛着精彩。三年五年，或有入，或未有入。须当从空放下，如睡如醉，百不知、百不会三年五年，水际山边，时时轻轻提起看。觉得辛苦，又放下。几时又提起，如是觑捕，如是消息，如是淘汰。蓦然一回到手，便量到家时节。"① 初看话头不可不紧，三年五年，一向紧去。但逼紧成邪，而成不可救药之病。为此，他再三劝示，未看者须看，看久未悟者放下。

2. 平常生活中体究话头

无学祖元开示的"放下"只是执看的话头，不是放下不做功夫。"吾知日本人根器已熟，又缚住在此，不能入道。我今与你解却，空荡荡地如老僧做功夫。"② 放下轻轻体究，空荡荡地做功夫，如猫捕鼠冷处蹲身，不知不觉，忽然便是得悟的时节。

无学祖元在这里实际上阐释了"平常心是道"之旨，他开示越后孙太郎："参禅无他事，只要明各人自己父母未生前一件事。此一件事人人皆有，个个圆成。不用安排，不用装点，头头显露，处处放不。日日夜夜，了无间隔。常在动用之中，千变万化，七出八没。得如此现成，得如此活落，得如此分晓。如此开豁。在诸佛分上，不增一丝头许，在凡夫人分上，不减一丝头许……如何详究？只向应接事物，区别是非处，治生产业处，折旋俯仰处，拈盆举筯处，知暖知寒处，起坐困醒处，夜暗昼明处，上高下低处，着一只眼自看。如此变化者，是甚阘以物，此物从何而来，百年之后，又向何处去。只十二时中，如此做工夫，三年两年，五年七年，必得入手。旷劫可以受用，此名自己清净法身佛。"③ 日常行住坐卧、穿衣吃食，无非真常妙道，更不用外求。看话头时久不入，放下一切，在日常生活中随顺自然体究，不知不觉，就会有突见自己真面目之时。

3. 承方会"老婆禅"风

无学祖元宗风承师祖方会的遗风，老婆心切，接引开示学人，反复叮咛，详加解说，有较鲜明的"老婆禅"之禅风。天宁可举在《寄子元住白云庵侍母》称无学祖

---

① 《大正新修大藏经》第 80 册，《佛光国师语录·示观一居士》，第 198 页中。
② 《大正新修大藏经》第 80 册，《佛光国师语录·佛光圆满常照国师语录普说》，第 186 页。
③ 《大正新修大藏经》第 80 册，《佛光国师语录·佛光圆满常照国师语录法语·示越后孙太郎》，第 197 页中。

元"说老婆禅向老亲",日本禅僧和缁素都很悦服接受无学祖元的"老婆禅",吸引了众多信徒参学。佛光派日后成为日本禅宗的主流宗派,与此不无关系。

无学祖元在答大守问道时这样阐述:"太守但放冷落,自家本命元辰,和公案自有撞来底时节。此等机境,山野亲曾历遍了。正所谓病多谙药性,方验始□传人。太守反覆细观,依样做去,自有失笑底时候也。如此说话,老婆禅也在里许。"[①]

无学祖元结合自己亲身经历,耐心细致地解答开示学人,这是无学祖元老婆禅的主要特点。无学祖元也经常举古今参禅的实例,或用比喻的方式来说禅,使玄奥的禅法显得生动简明,学人易于理解接受,无学祖元在这里也明确说如此说话,老婆禅也在里许。

无学祖元在阐释看话禅之要时,其"老婆禅"风亦是如此,让学人易于明白看话头之要。

他在开示太宰少贰时,提出了四承问:

> 承问,坐禅作何事业?坐禅实无事业可作,若有事业可作,即是外道之法。我宗门中只要悟自本心契,自本性契心达本名曰沙门。
>
> 承问,坐禅如何用心要之?坐禅无用心处,众人日用具足,圆满与如来一般。只为众生自信不及,只得教他迭足跏趺端然而坐,复将自心,求觅自心。求之转远,便有多等差别异见。如今安抚大宰若欲做工夫,先对佛前炷香发大誓愿,断除欲漏,并去私心,正念而坐。或开目,或闭目,却不问。但思父母未生已前面目,即今在那里,忽然一朝命光迁谢。却今孤明历历底,又在何处,只就自己看。自己不在内不在外,不在中间。眠也看,坐也看,行也看,应酬也看。看不得处,展转反覆盾,看来看去,自有悟底时节。
>
> 承问,杂念起时,如何对除?杂念亦有多种,若应酬公家,若婚男嫁女,若治生产业。如来云:"皆与实相不相违背,岂可断除。"此正是法性应用,千差万别,妙觉出没。如来所谓以除幻者,变化诸幻,而开幻众。彼观幻者,非同幻故,皆是幻故。幻相永离,头头妙道,处处解脱。若是

[①]《大正新修大藏经》第80册,《佛光国师语录·佛光圆满常照国师语录法语·答太守问道法语》,第195页下、第196页上。

私心曲念，害物利己，此等杂念起，却不可不打迭也。

承问，杂念止时，在什麼处用心？前所谓悟得本来，杂念便是本来自受用三昧。便就杂念中，轻轻冷看。亦不要着力，亦不要打并他，听他自起自灭。如空中华，本无实性，从空而生，从空而灭。久久便见般若智慧，触目全彰也。佛云："如汤消冰，无别有冰知冰消者。"存我觉我，亦复如是。①

看话头之要，被无学祖元阐述得简要明白，不仅让学人知了便于下手作功夫，也感受到无学祖元的一片"老婆心切"。

二、一山一宁

据《一山国师语录》卷下：

师讳一宁，号一山。大宋国台州临海县，胡氏子也。……文保元年秋，恙瘵弥留。十月益革，太上皇幸寺跸龟山庙塔，时时问疾。二十四晓，手染遗表曰："顿首：法皇陛下。圣驾幸本山，实缁门观光也，不幸卧疾数日，百体举而不仁，不能再瞻望龙颜。大变时至，幻质将摧，僭摅忠情，入无生三昧耳。年月日臣僧顿首。"表献于庙塔。又书偈："横行一世，佛祖饮气。箭既离弦，虚空落地。"置笔而化，寿七十一。②

一山一宁（1247—1317），浙江台州临海人，俗姓胡，杨岐派第十世高僧。

一山一宁7岁入村塾读书，先生赞其聪敏过人。住郡之浮山鸿福寺藏主月灵江，为一山一宁的俗叔，"察其无尘累之姿"，推举给鸿福寺住持无等慧融扶念三年。后随月灵江迁住四明（今宁波市鄞州区）太白山天童寺，一山一宁遂从四明普光寺神悟处谦大师习《法华经》，二年后得度。往明州（今宁波）应真律寺习听戒律，至延庆寺学天台教观。闻杭州集庆院操庵文节大师天台教誉盛，遂依而习研。

---

① 《大正新修大藏经》第80册，《佛光圆满常照国师语录法语·示太宰少贰太守问道法语》，第196页中、下。
② 《大正新修大藏经》第80册，《一山国师语录·行记》，第331页中、第332页中。

（一）历参五高僧，开法祖印寺

一山一宁习研天台宗、律宗几年，觉义学支离，遂弃而归，见月灵江陈述其疑惑。月灵江时为天童寺班首，要一山一宁参谒方丈简翁居敬。简翁知一山一宁习天台教，一见即问："一心三观，以何为体。"一山一宁一笑而已。简翁认可，让一山一宁参堂。一山一宁坐禅参究二月后，简翁受邀住持定海资圣寺，一山一宁随侍前往。隔年，一山一宁辞别简翁居敬，回到阿育王寺，依藏叟善珍习禅。不久，藏叟善珍应诏移住杭州净慈寺，临行前，将一山一宁托付给新任住持东叟元恺。东叟元恺见一山一宁妙英，任其为知客。东叟元恺之后，寂窗有照继主阿育王寺。是年，阿育王寺遭火灾，寂窗有照迁杭州南屏山，由顽极行弥接任住持。顽极行弥师承痴绝道冲，为杨岐派第十世禅僧。一山一宁寻思："一居四主，我无分，今此老和尚不靳化权，又我之幸也。"于是"倾意亲炙，从容酬酢"。

一山一宁依顽极行弥参禅日久，一日，入方丈室请示禅法之要，顽极行弥接机而示："我无一法与人。"一山一宁历参杨岐派四高僧，此时机缘而至，顿时契悟。一山一宁嗣法于顽极行弥，为杨岐派第十一世高僧。

翌年，顽极行弥授一山一宁以大藏之关钥。一山一宁后卸职，与友明自诚一起云游天台山、雁荡山。肩锡归来途中，闻环溪惟一禅师于天童寺升座说法，僧侣聚集，法社甚盛，一山一宁遂挂锡天童寺。不久，天童寺遭火灾，一山一宁复回阿育王寺。先后依横川如珙、巧庵祥、清溪了沅三禅师，一山一宁皆居座下。一山一宁参覸诸老，禅法道行已臻"静默无语而雷声轰然"的境地。

顽极行弥于至元十六年（1279）辞去育王寺住持，即退居昌国祖印寺（今浙江舟山市定海区）。一山一宁对顽极行弥的教化传法之恩铭记不忘，至元二十一年（1284），前往昌国祖印禅寺，出世开法。与恩师重聚，据室曰："任公之钓，一掣六鳌。若是跛鳖盲龟缩头去，衲子抵掌称善，瓣香供顽极识所得也。"住持祖印寺十年，重修殿宇、佛殿外门，又舍衣资，买湖田圃地，添置寺产，缁素参学日众。

一山一宁与宝陀寺（又称普陀寺）住持愚溪如智有维桑旧，往来密切。一日，愚溪如智与一山一宁说："我老倦于领众也，烦我兄可乎？"一山一宁掩耳不听。愚溪如智悄悄遣使至僧录司，让贤荐举一山一宁。不久，僧录司发帖任一山一宁为宝陀寺住持，一山一宁不得已而迁住宝陀寺，"海岸灵区，师之道价，与胜域并腾"。

（二）奉旨出使日本，创"一山"法派

元世祖忽必烈在至元十一年（1274）及至元十八年（1281），两次大规模东征日本，均遭惨败。又于至元二十年（1283）派提举王君治和愚溪如智为使奉诏赴日劝降，遭飓风而返。次年，又派参政王积翁和愚溪如智为使赴日，由于有船员不愿去，在航行途中将王积翁杀死，愚溪如智一人返回。元成宗在大德二年（1298），拟再派遣愚溪如智为使劝降日本，愚溪如智已老弱而举荐一山一宁出使。元成宗敕宣慰使派官员前往宝陀寺向一山一宁宣示朝廷诏命，赐一山一宁金襕袈裟及"妙慈弘济大师"之号，命一山一宁奉诏出使日本。圣旨难违，翌年夏，一山一宁携弟子石梁仁恭和西涧子昙等乘船东渡日本。

一山一宁一行抵达日本九州博多后，将元朝廷的诏书转交日本大宰府，幕府执权北条贞时知一山一宁以元朝使者身份来日本劝降，十分震怒，命令将一山一宁软禁在伊豆（在今日本静冈县）修禅寺。有人向北条贞时进言："且夫沙门者福田也，有道之士，无心于万物也。在元国元之福也，在我邦我之福也，岂必区区慕子卿之节哉？若长朽于穷裔，非吾土乡比丘之素也。"北条贞时本来信奉禅宗，又得知一山一宁是宋元朝有名禅僧，此次出使日本亦出于抑逼，便在当年派人接一山一宁至镰仓，并请他住持建长寺。日本缁素信众初闻一山一宁锢居大尽焉，及其来，奔波礼谒只恐后，山内寓舍门外如市。一山一宁主法福山建长寺三年，世评："丛规肃如，万衲钻仰，府主耳其提唱，悔中途稽滞矣。"

日乾元元年（1301）十月，西涧子昙辞去圆觉寺住持，北条贞时迎请一山一宁同时兼任建长寺、圆觉寺住持，"两山一矩众望翼如也"。后来，一山一宁辞建长寺住持，独住圆觉寺四年。一山一宁罹患昏眩病，退居寿藏寺，北条贞时帖请他再领建长寺住持。府命以鹿峰寿塔其地狭隘，移于巨福右掖杉谷，庵成名玉云，盖因痴绝道冲祖其塔庵号玉山，顽极行弥师考云西，并取匾焉，不忘本也。

日本延庆二年（1309），一山一宁任镰仓净智寺住持，主法四载，道誉日盛，声名远播。龟山法皇（时已退位出家）闻其盛名，特地从京都派使者登门请教禅法，一山一宁皆接机奉答。京都南禅寺住持规庵祖圆禅师圆寂，住持一职空缺，后宇多上皇仰慕一山一宁禅法宗风，下诏关东迎请一山一宁入京都，任南禅寺第三代住持，广开法席。朝廷诏令已到，一山一宁虽已老病，仍只得领诏前往。正和二年（1313）八月，一山一宁抵达京都，主法南禅寺。一山一宁道望隆盛，后宇多上皇亲到南禅寺问道，朝廷官员和僧俗信众也纷纷前来参禅问道。一山一宁因"昏眩"病日趋严

重，屡次上表请求解除院事，后宇多上皇批曰："眷遇复渥不允，以故一再潜去共遁越州也，宸书慰谕促回。"一山一宁遂于正和四年（1315）再次回到南禅寺，居慈济庵。其间，后宇多上皇曾亲赴慈济庵看望，参禅问道于一山一宁。

元延祐四年（1317）十二月二十四日，一山一宁圆寂，世寿71。后宇多上皇亲来致悼，赐宸奎赠国师之号，又宣仆射源有房公作文祭之。上皇又敕建塔于龟山法皇庙侧，书额"法雨"赐之。一山一宁门人分塔于建长寺的玉云庵。上皇后又书赞其像曰："宋地万人杰，本朝一国师。"还特派日本高僧月山友桂专程护送一山大师灵位来中国，安放在宁波阿育王寺。① 后宇多上皇亲自审定一山一宁的传法语录二卷，题《一山国师语录》行世。

一山一宁创建的法系为日本禅宗二十四流派之一，称"一山派"。

一山一宁的弟子门人众多，弟子雪村友梅、龙山德见、无著良缘、嵩山居中、东林友丘等，都曾入元求法，礼拜祖庭，归国后各化一方。虎关师炼、梦窗疏石等日本名僧，也曾在一山一宁门下参学。

雪村友梅（1290—1346），一山一宁门下高足，曾入元求法，先后参学于杨岐派高僧元叟行端、虚谷希陵、晦机元熙、古林清茂，在元朝22年。天历二年（1329），与杨岐派禅僧竺仙梵仙、明极楚俊等一起东渡日本。回国后，在日本各地传法，影响较大，晚年住持京都建仁寺、南禅寺。

（三）传播杨岐禅法

一山一宁性格慈和，为人坦荡宽仁，其宗风亦和韵柔婉。他孤坐一榻，学人来参请，不论新到远来，不须通报拜谒，出入无间，接引开示学人，至理阙疑。由于语言不通，乃写简要之机语于书牍上，让学人亲和易入，朝咨暮询，执笔答之。"教乘诸部、儒道百家、稗官、小说、乡谈、俚语，出入泛滥，辄累数福，是以学者，推博古，又善鲁公屋漏之法，携纸帛乞扫写者，铁阃或可折矣，其七会语，充栋汗牛。"② 一扫日本禅林执道柄者严庄威重、接机开示往往漫下雌黄之宗风。

一山一宁寂前，将接引开示所写只言片语，加以整理修删，编成只数十纸的《语录》。其弟子携《语录》入元，丛林禅僧阅后，无不叹服，中峰明本、芝灵石、古

---

① 《大正新修大藏经》第80册，《一山国师语录·行记》，第331—332页中。
② 《大正新修大藏经》第80册，《一山国师语录·行记》，第332页下。

林清茂等当代名宿"各证跋尾,不容议焉"。①《语录》篇幅虽不长,仍可窥一山一宁的基本禅法思想,试摘录一山一宁示相州太守法语:

> 即心即佛一转语,真是浑钢铸就。如今欲明此旨,但存正信,心具决定。志于应□事物,折旋俯仰,行住坐卧,饮食起居,一切处,一切时,常常提撕,反覆究观。常令身心虚豁,正念现前,久久之间,必然心体廓然。如云开日朗,尘尽镜明,直下可无疑滞矣。况此心本来明妙,盖由无始无明,妄想执着,所以昏蔽。若一旦洞彻,则与诸佛无二无别矣。从上佛祖,出兴于世,种种化诱不过令众生明了此心而已。但学道之人,根有利钝,缘有浅深。若上根利智,一闻千悟,称镇家堂更有何事。若中上下之机,当勉自修习。仰山和尚,所谓若不安禅静虑到者里总须茫然是也。然安禅之时必有二障,一谓昏沉睡眠,二谓杂想变乱。此障起时,只提个即心即佛,便可一截截断。又不可将心凑湟。不可用意搏量。不可缓不可急,又不可自生疑虑。我尘俗身心,如何便言是佛又不可预忧,此心如何便得明了,才有此念,便成障道矣。但请如此用功,忽然筑着磕着,直下如桶子底脱,一番不妨是个了事大丈夫也。古人云:"但辨肯心,必不相赚。"②

一山一宁开示相州太守,参看"即心即佛"话头,存正信,具决定,在日常行作中常常提撕、反覆参究。还教诫只提举此话头,绝断安禅之时昏沉与妄想二障,必有豁然开悟之时。由此可见,一山一宁在日本传扬的是杨岐派大慧宗杲看话禅法。

三、元中后期传播杨岐禅法的中日禅僧

继无学祖元、一山一宁之后,元朝中后期,众多杨岐派禅僧纷纷东渡日本传播杨岐禅法,开宗立派,如灵山道隐、清拙正澄、明极楚俊、竺仙梵仙等。更有大批日僧入元求法,嗣法于杨岐派高僧,回国后传法立派,如古先印原、月林道皎等。掀起了中日禅宗交流传播的又一高潮,也是明末清初,杨岐派高僧隐元隆琦东渡日

---

① 《大正新修大藏经》第80册,《一山国师语录·行记》,第332页下。
② 《大正新修大藏经》第80册,《一山国师语录》,第324页中。

本创立日本黄檗宗之前的一次高潮。

（一）灵山道隐

灵山道隐（1255—1325），杭州人，早岁出家，嗣法于雪岩祖钦，为杨岐派第十一世禅僧。雪岩祖钦嗣法于无准师范，称为法窟第一，受元世祖尊仰。元仁宗延祐六年（日本元应元年，1319），灵山道隐东渡到达日本，幕府执权北条高时请灵山道隐住持建长寺。灵山道隐在日本传法六年而寂，谥"佛慧禅师"。灵山道隐以镰仓建长寺为传法中心，创建的法系为日本古代禅宗二十四派中的佛慧派。

（二）清拙正澄

清拙正澄（1274—1339），福州连江人，俗姓刘。15岁出家，受戒于福州开元寺。曾参学于福州鼓山寺平楚耸禅师，嗣法于杭州净慈寺愚极智慧。愚极智慧是杨岐派高僧破庵祖先的法孙，清拙正澄为杨岐派第十一世禅僧。后住持真净寺。

元泰定三年（1326），53岁的清拙正澄受请日本传法，弟子永锁及入元求法的日僧古先印原、无隐元晦、明叟齐哲等同行东渡日本。幕府执权北条高时请清拙正澄住持建长寺，此后先后住持建仁寺、圆觉寺。后奉后醍醐天皇之召，住持京都的建仁寺、南禅寺。信浓（今长野县）守小笠原贞宗请清拙正澄为其授戒，建开善寺，请清拙正澄为开山祖。

清拙正澄在日本传法，目睹日本禅林清规推行现状，遂按宋元禅林清规，结合日本禅林实际情况，制定《大鉴清规》在禅寺中实行。

1339年正月，清拙正澄在日本去世，敕谥"大鉴禅师"。清拙正澄以京都南禅寺为传法中心，创建的法系在古代日本禅宗二十四派中称大鉴派。

有《语录》二卷、《禅居集》传世。

（三）古先印原

古先印原（1291—1370），号古先，日本相模（今神奈川县）人，出身于贵族藤原氏。幼时即有出世志，13岁出家。受戒后，游方参学，遍历禅席，却无所入，遂于元仁宗延祐五年（1318）入元求禅法。

据《续指月录》卷八：

六祖下第二十四世：日本建长古先印原禅师

慨然航海南询，初谒无见于天台，见指往天目，参本和尚。本命给侍，师屡呈见解。本呵之曰："根尘不断，如缠缚何？"师退而悲泣，食寝俱废。本怜其诚，因语之曰："此心包罗万象，迷则生死，悟则涅槃。生死之迷，固是未易驱斥。涅槃之悟，犹是入眼金尘。当知般若如大火聚，近之则焦首烂额，惟存不退转一念。生与同生，死与同死，自然与道相符。脱使未悟之际，千释迦，万慈氏，倾出四大海水，入汝耳根总是虚妄尘劳，皆非究竟。"师闻不觉悚然汗下，一日有省，趋告本。曰："印原撞入银山铁壁去也。"本曰："既入银山铁壁，来此何为？"师释然领解。本因嘱曰："善自护持。"①

古先印原嗣法于中峰明本，为杨岐派第十三世禅僧。古先印原与清拙正澄一同返回日本，先后住持建长寺、长寿寺、圆觉寺等八处禅寺，弘传中峰明本禅法。古先印原以建长寺为传法中心创建的法系，在日本古代禅宗二十四派中称古先派。

与清拙正澄、古先印原一同返回日本的日僧无隐元晦、明叟齐哲，以及远溪祖雄、复庵宗己、业海本净、关西义南等入元求法后归国传法的日僧，均嗣法于中峰明本，为杨岐派第十三世禅僧。②

（四）明极楚俊

明极楚俊（1262—1336），法号明极。

据《增集续传灯录》卷五：

婺州宝林明极楚俊禅师

四明昌国黄氏，依虎岩于"冷泉"。一日，岩见问曰"是什么？"师拱而前曰："和尚莫瞒某甲好。"岩曰："未在，更道。"师曰："某甲无侍者，只对和尚。"岩休去。

住后，上堂："好诸禅德，一切智通无障碍。五须弥山障碍你不得，百

---

① 《卍续藏经》第 84 册，《续指月录·日本建长古先印原禅师》。
② 吴立民主编：《禅宗宗派源流》，中国社会科学出版社，1998 年，附录 I《中国禅宗宗派法脉传承图》。

亿刹土障碍你不得，四大海水障碍你不得。拈灯笼向佛殿里，将山门来灯笼上。"

上堂："有时教伊扬眉瞬目白云万里，有时不教伊扬眉瞬目白云万里；有时教伊扬眉瞬目者是白云万里，有时教伊扬眉瞬目者不是白云万里。定林如此批判，还契得马大师么？白云万里。"

日本国王具书，以国师礼聘至彼。对扬称旨，命住巨福山"建长寺"。示寂时，年七十五岁。[①]

明极楚俊，四明昌国（治今宁波市象山）人，俗姓黄。嗣法于杨岐派松源崇岳法系下三世虎岩净伏禅师，为杨岐派第十二世禅僧。

曾为径山、灵隐、天童、净慈诸寺的首座，先后住持金陵奉圣寺、瑞岩寺、普慈寺和婺州（治今浙江金华市）双林寺。

元天历二年（1329），明极楚俊应邀与竺仙梵仙一起东渡日本传法，同行的还有入元求法的雪村友梅等日僧。明极楚俊在日本大坂创建了广严寺，第二年，后醍醐天皇请明极楚俊入宫问法，后赐"佛日焰慧禅师"之号。他先后应镰仓幕府之请住持建长寺，奉诏入京住持南禅寺、建仁寺。

明极楚俊以京都南禅寺为传法中心，创立的法派称为明极派。

有《偈颂》《海翁妙振道号》《放牛歌》等著作行世。

（五）竺仙梵仙

据《竺仙和尚语录·日本建长寺竺仙和尚塔铭》：

禅师讳梵仙，字竺仙。族徐氏，世居庆元之象山县。大父某为校官。父应。母欧阳氏，生三子，师其季也。生至元二十九年十一月。……会日本聘明极俊禅师。挽师偕行。岁己巳夏。繇闽至日本……岁戊子四月。以疾谢事。七月还净智。户部侍郎藤氏宪显来讯。言于仁山长子左典厩将军义诠君。施房州正木乡田若干亩，瞻其塔。将终，门人悲泣。竞求真□，援笔应之，大书遗偈，泊然而逝。七月十六日，归全身于最胜塔，世寿

[①]《卍续藏经》第83册，《增集续传灯录·婺州宝林明极楚俊禅师》。

五十有七。僧腊三十有九。①

据此，竺仙梵仙生于元世祖至元二十九年（1292），逝于"岁戊子"七月（元顺帝至正八年，1348）。

竺仙梵仙（1292—1348），字竺仙，俗姓徐，明州象山县人。嗣法于杨岐派松源崇岳法系下三世弟子保宁寺古林清茂，为杨岐派第十二世禅僧。

竺仙梵仙自号"来来禅子"，居于"保宁寺"，而得心要，与南堂清欲为古林清茂座下"二甘露门"。"称性而谈，妙得家法；纵横迅捷，云兴泉注；示用应机，如矢中的。"②竺仙梵仙名播禅林。

元天历二年（1329），岁在己巳年五月，"会明极赴日本之聘，挽师偕行。师追念保宁异时当大化日本之记，因从之。"③竺仙梵仙为遂大化日本之志，应邀与明极楚俊一起东渡日本传法（由此佐证明极楚俊是元天历二年东渡日本传法）。

六月到日本关西，居于大庆宅。翌年二月至关东，明极楚俊住持建长寺，竺仙梵仙为首座。江守大江氏直庵，先后请竺仙梵仙住持丰州万铸寺及万寿寺，竺仙梵仙笑而却之。越二年，竺仙梵仙应请住持净妙寺。八年后，奉旨住持御前瑞龙山南禅寺，升南禅寺于"五山"之上。太上皇临幸，对御说禅法，上皇大悦，赐馔曰："师其加餐，毋视朕也。"海内荣之。④日贞和二年（1346）丙戌二月，受请住持真如寺。是年十一月，受左武卫将军请，于次年正月入住建长寺，凡禅林典礼悉行之，举行禅林典礼。贞和四年（元至正八年，1348）七月，竺仙梵仙援笔书遗偈而寂。

有《竺仙和尚语录》四卷、《补遗》、《来来禅子集》、《来来禅子东渡集集》、《来来禅子尚时集》行世。

嗣法于古林清茂的日僧月林道皎、天岸慧广、物外可什，与竺仙一同回日本传法，他们与嗣法于古林清茂的日僧石室善玖，住化一方，传扬杨岐禅法，在日本五山文学史上占有重要地位。竺仙梵仙创立的法系称竺仙派。

元代时仍有许多日本禅师来中国参学，有时会有同门徒众数十人一起来华，其中前往天目山师事中峰明本的僧人比较多，且卓有成就。例如：

---

① 《大正新修大藏经》第80册，《竺仙和尚语录·日本建长寺竺仙和尚塔铭》，第408页下—409页中。
② 《卍续藏经》第83册，《增集续传灯录·日东建长竺仙梵仙师》。
③ 《大正新修大藏经》第80册，《竺仙和尚语录·建长禅寺竺仙和尚行道记》，第408页上。
④ 同上。

远溪祖雄（1286—1344），从中峰明本学禅七年，回国后开高清寺。

复庵宗已（1280—1358），从中峰明本学禅九年，回国后开创诸多禅寺，门下禅众数以千计。

寂室元光（1290—1367）参中峰明本六年，回国后开创水源寺。

此外，中峰明本法系的日本弟子还有无隐元晦、可翁宗然、嵩山居中、大朴玄素、孤峰觉明、别源圆旨、明叟齐哲、平田慈均、无碍妙谦、业海本净等，在日本禅林中都颇有名气，推动了中日禅宗的交流。

第三节　隐元隆琦与日本黄檗宗

中国的明代相当于日本室町（1336—1573）时代和日本织丰时代（1573—1603），清代相当于日本江户时代（1603—1868），日本在这三个时期，源自中国以杨岐派为主流的禅宗已基本完成了日本化的过程，发展臻化为日本禅宗的各派系。另一方面，由日本武士、浪人、不法商人组成的倭寇长期侵入骚扰中国沿海一带，也给中日关系和禅宗文化交流带来消极影响。中日佛教文化交流，在这段时期处于相对沉寂状态。

但即使在这一相对沉寂时期，杨岐派在日本的交流传播也并没有完全中断。尤其是明末清初的杨岐派高僧隐元隆琦，东渡日本传播纯杨岐禅法，在日本创建了黄檗宗，成为日本禅宗的三大宗派之一，推动了中日禅宗文化交流的继续发展，为中日文化交流做出了很大贡献。

一、隐元隆琦

隐元隆琦（1592—1673），福建福清人。俗姓林，名曾昺。隐元嗣法于费隐通容，为杨岐派第二十五世高僧。[①]

隐元隆琦6岁时，父为生计出外，一去未归。自是家产日耗，9岁入学一年即辍学，遂渐学耕樵为业。年20，母与长兄欲为其娶妻，遂告母兄，志在面父后再娶。次年春，遂到江浙一带寻父一年多，未有父的踪迹。后到普陀山朝拜观音菩萨，凡

[①]《嘉兴藏》第27册，《隐元禅师语录·行实》。

念冰释，遂发心持斋投潮音洞主，领茶头执事。

明光宗泰昌元年（1620），隐元隆琦在福清黄檗山万福寺剃度出家。由于倭寇的骚扰，当时的万福寺已经荒芜，隐元隆琦遂前往京城化缘，筹资重修万福寺。因京城戒严，被阻暂住绍兴，先后参谒云门寺曹洞宗湛然圆澄禅师，求学于从京城回来的时仁法师，这更让他思索佛法既不"依经解义"又不随意离经妄说的禅理，遂立志行脚参访名刹禅师，以了生死大事。

天启四年（1624），隐元隆琦前往嘉兴金粟山广慧寺，参谒密云圆悟。"问：'学人初入禅门，未知做工夫，求和尚开示'和尚云：'我这里无有工夫可做，要行便行，要坐便坐，要卧便卧。'师云：'蚊子多，卧不得时如何？'和尚云：'一巴掌。'"隐元隆琦置疑不决七昼夜，经行坐卧无有间断，至第七日下午，触境而忽有省悟。又经圆悟和尚几番棒喝接引，自觉日常自作主宰，活泼泼无疑情。五峰如学禅师为西堂师，隐元隆琦与其机锋交接、转语妙对，五峰如学叹为"真狮子儿"，"金粟一众叹服才知有隐元"。

崇祯三年（1630）春，密云圆悟应请住持黄檗寺，隐元隆琦随从同往，不久受命到漳南、潮州等地化缘。八月回寺时，密云圆悟已返回宁波。次年春，隐元隆琦应请住持福清狮子岩寺。崇祯六年（1633），费隐通容住持黄檗寺，命隐元隆琦为西堂师，辞不得而就职。翌年，隐元隆琦辞回狮子岩净心参修。崇祯十年（1637）夏，隐元隆琦应众之请继主黄檗法席，月终，果法通专使送大衣源流兼书一封，以表法信。

为重兴黄檗，隐元隆琦派出寺僧四处化缘筹资，6年后竣工，寺院殿堂焕然一新。崇祯十七年（1644）春，隐元隆琦前往嘉兴金粟寺觐见本师费隐和尚，不久应请住持崇德（今浙江桐乡）福严寺。次年二月，清兵迅速南下，隐元隆琦南归，应请住福建长乐县龙泉寺。翌年（1646）正月底，回住黄檗山。

清顺治四年（1647）三月，清兵攻陷福清，隐元隆琦率众修水陆法会超度被杀民众，并作偈五首哀挽。此后，他带领弟子自食其力维持寺院日用，还为不屈清朝统治且向佛的儒者士大夫剃度出家。隐元隆琦前后住持黄檗寺达17年，为黄檗寺重兴和杨岐派在福建传播发展做出了贡献。

二、东渡传法，创建黄檗宗

顺治十一年（1654），隐元隆琦63岁，应日本长崎兴福寺住持逸然性融四次至诚邀请，东渡日本传法。当年七月初五乘船到达日本长崎，第二天便举行住持东明山兴福禅寺的开堂仪式。日本明历元年（1655），隐元隆琦又先后应请住持长崎圣寿山崇福禅寺和摄津（在今大阪）慈云山普门寺。

隐元隆琦来到日本传法的消息迅速传开，"硕德高士闻风而至者"众多，其时，日本佛教宗派较多，也有"四方道俗，疑信相半"者，隐元隆琦对此已了然在胸，致力传播杨岐禅法。隐元隆琦也得到日本临济宗妙心寺派中龙溪宗潜、秃翁妙周等众多禅僧的大力相助，龙溪宗潜为隐元隆琦能在日本弘法，亲自到江户幕府斡旋沟通。日万治元年（1658）九月，按照幕府的安排，隐元隆琦在龙溪宗潜陪同下到江户传法，住入天泽寺，受到民众官士欢迎。在日本的声誉渐盛，向他求法问道者也越来越多。

日万治二年（1659）六月，幕府允准隐元隆琦在京都择地建寺传法。日宽文元年（1661）八月，隐元隆琦在京都南边的太和山建寺而成，为表不忘本之初心，以福清黄檗寺之名命名为"黄檗山万福禅寺"。宽文三年（1663）正月十五日，在黄檗寺举行隆重的"祝国开堂"仪式，幕府将军德川家纲亲自出席，此后，还施赠白金二万两及贵重木材为扩建黄檗寺用。以后，水尾太上法皇特地托龙溪宗潜请隐元开示禅门法要，自此与隐元隆琦有文字示答，并多次给予赏赐，还赐舍利宝塔，隐元隆琦为此建舍利殿供养。

日本皇室和幕府的支持，为隐元隆琦传法和创立日本黄檗宗提供了发展的空间。隐元隆琦是杨岐派正传的二十五世高僧，其禅法宗风与日本的临济宗有所不同，黄檗宗在日本自成一派，成为日本禅宗的三大宗派之一。隐元隆琦以日本黄檗山万福禅寺为传法中心，自隐元隆琦起至第十三代，黄檗山万福禅寺住持都是中国人，以后的住持也多有中国人，隐元隆琦在日本佛教界有着深远的影响。

宽文四年（1664）九月，隐元隆琦命弟子木庵性瑫任住持，辞众退居于寺内的松隐堂，面答书示信众，传法不断。宽文十三年（1673）三月，隐元隆琦患病始衰，各界人士闻信纷纷前来慰问。水尾法皇特赐隐元隆琦"大光普照国师"之号，并派使者前来慰问。四月三日，隐元隆琦在日本示寂，世寿82岁。

2015年5月23日，国家主席习近平在北京人民大会堂出席中日友好交流大会并发表重要讲话，特别提及："我在福建省工作时，就知道17世纪中国名僧隐元大师东渡日本的故事。在日本期间，隐元大师不仅传播了佛学经义，还带去了先进文化和科学技术，对日本江户时期经济社会发展产生了重要影响。2009年，我访问日本时，到访了北九州岛等地,直接体会到了两国人民割舍不断的文化渊源和历史联系。"隐元隆琦为促进中日佛教文化交流做出了很大贡献,习近平主席给予了充分肯定。

第四节　杨岐派在朝鲜半岛的传播

公元4世纪起,佛教由中国相继传入由高句丽、百济和新罗三国分立时期的朝鲜半岛。公元7世纪,中国禅宗传入已统一朝鲜半岛的新罗王朝(668—935)。12世纪至13世纪间,杨岐禅法开始传入到高丽王朝(918—1392)。到公元14世纪,中国元朝时期,杨岐禅法在朝鲜半岛的传播达到高潮。14世纪末,李成桂统一朝鲜半岛,国号朝鲜,亦称李朝。他尊儒排佛,在即位时,放逐了禁中的僧侣,朝鲜半岛的佛教衰微,禅宗杨岐派在朝鲜半岛的传播亦处于沉寂。

一、中国禅宗传入朝鲜半岛

公元7世纪中叶,新罗僧法朗入唐求法,从中国禅宗四祖道信受禅法,回国后在新罗王朝传播道信的禅法。不久,法朗的弟子神行,入唐从禅宗北宗普寂(651—739)的弟子志空禅师受禅法,回国后传北宗禅法。[1] 唐玄宗天宝四年(745),六祖慧能弟子神会代表南宗北上设下无遮大会论战,目标直指普寂,北宗始衰。传入新罗的北宗禅法日渐式微,在新罗影响不大,比较有影响的是从唐朝传入的南宗禅法。

在新罗王朝时期,有不少新罗僧人先后入唐求法,师事南宗马祖道一法系及石头希迁法系的禅师门下习研禅法,回国后在不同地区传法,发展成为八个禅系支派。到高丽王朝初期,共形成九个派系,史称"禅门九山"。其中曦阳山派传北宗禅法,须弥山派传石头希迁法系下的曹洞宗禅法,其他七派皆传马祖道一法系的禅法。

马祖道一法系下黄檗希运的弟子义玄创立临济宗,临济宗世系下石霜楚圆弟子方会创立杨岐派。上述"禅门九山"中的七派传扬南宗禅法,也为宋元时期杨岐派在朝鲜半岛的传播,打下了一定的社会基础。

---

[1] 杜继文主编:《佛教史》,江苏人民出版社,2006年,第317页。

二、南宋时期杨岐禅法在朝鲜半岛的传播

南宋时期，杨岐派高僧大慧宗杲名扬海内外，大慧宗杲的禅法在华夏内外盛传，也传播到时为高丽王朝的朝鲜半岛，是高丽王朝佛教中兴之祖知讷禅法体系的主要禅法思想之一，对知讷创建禅宗新派系曹溪宗有着重要作用和影响。

知讷是高丽王朝时期著名僧人，朝鲜半岛禅宗中兴之祖。现存有关知讷的资料有《升平府曹溪山松广寺佛日普照国师碑铭并序》、《大乘禅宗曹溪山修禅社重创记》、《松广寺再建普照国师碑铭并序》、《松广寺嗣院事迹碑》及知讷撰《定慧结社文》、《华严论节要》、《法集别行录节要》。

杜继文著《佛教史》第十章第二节中介绍了知讷和他所创立的曹溪宗的基本情况，本节参引其相关内容，简述知讷的生平及其思想。

知讷（1158—1210），俗姓郑，号牧牛子，京西洞州（黄海道瑞兴）人。知讷从小多病，医治未见效，其父礼佛祈祷，发愿病愈令子出家，知讷很快痊愈。知讷8岁投曹溪云松宗晖禅师出家，25岁考中僧科，遂南下游方参学。

知讷抵昌平（全罗南道罗州郡），挂锡于清源寺。一日，在学寮阅读《六祖坛经》，阅至"真如自性起念，六根虽见闻觉知，不染万象，而真性常自在"处，不觉拍案惊喜，叹未曾有，于是起身绕佛，颂而思之，觉有所得。知讷阅《坛经》而有所悟，为其禅法思想的形成初步奠定了基础，也是他日后开宗立派归宗曹溪的主要原因。

知讷有所领悟的是六祖慧能"无念为宗，无相为体，无住为用"的禅法思想，自此，知讷心厌名利，隐遁山林涧壑之间。高丽明宗十五年（1185），知讷游下柯山，住普门寺，读大藏经而阅唐朝李通玄的《华严论》，往昔未解疑惑豁然而消。

高丽明宗二十年（1190），知讷应旧识得才禅师诚邀，同住公山居祖寺。知讷广邀禅僧一起结社行道，创立了在朝鲜半岛佛教史上占有重要地位的定慧社。

高丽神宗元年（1197），知讷又与禅僧们一起云游智异山，觉此地为参修胜地，遂隐居于上无住庵。于是摒除外缘，专精内观，时有得法之瑞相。得大慧普觉禅师语录云："禅不在静处，亦不在闹处，不在日用应缘处，不在思量分别处。然第一不得舍却静处、闹处、日用应缘处、思量分别处参。忽然眼开，方知是屋里事。"知讷于此契会，悟得大慧普觉禅法，引大慧普觉截径门（看话禅方便法门）言句（话头），涤除知见之病，而知有出身活路。

这是知讷禅法思想大成的本质飞跃,他在《看话决疑论》中指出:"今所宗径山大慧和尚,是曹溪直下正脉相传十七代本分宗师,所立径截门语句,参禅得入,迥异于此。"知讷明确认定,他是以大慧宗杲为宗师,他的禅法思想也以大慧宗杲禅法思想为宗旨。知讷虽然没入宋求法,但他读《坛经》悟曹溪之旨,习研《大慧普觉禅师语录》而立大慧宗杲看话禅法,曹溪宗旨与杨岐禅法是知讷禅法的主要思想,是可认定的。

高丽神宗四年(1200),知讷移居松广山吉祥寺,结社修行,弘扬禅教,名声远播。知讷劝人诵持,常以《金刚经》《六祖坛经》立法,演义则申以《大慧语录》《华严论》。以此开三门:等持惺寂门、圆顿信解门、径截门。"等持惺寂门"为禅宗参修法门,"等持惺寂"既含见性后的修持心法,又含禅心之现量,若于参禅之体证中同时得到等、持、惺、寂的现量,可谓契入禅心或性体矣。"径截门"则为大慧宗杲看话禅法,是知讷奉为宗门的方便法门。由此可见,知讷所创建的曹溪宗,是以中国曹溪直指禅法和杨岐派大慧宗杲看话禅法为主,兼修华严宗,具有本民族特色的佛教体系。

知讷又陆续创建亿宝山的白云精舍、积翠庵及瑞岩山的圭峰兰若、祖月庵等。高丽熙宗二年(1205),敕改松广山为"曹溪山",改吉祥寺为"修禅社"。曹溪山修禅社提倡"先悟后修"和"定慧双修",成为朝鲜半岛乃至现代韩国禅宗根本道场(即今韩国曹溪山松广寺)。

高丽熙宗七年(1210)春三月,知讷去世,寿53,僧腊36。

有《修心诀》《劝修定慧结社文》《诫初心学人文》《真心直说》《法集别行录节要》《圆顿成佛论》《看话决疑论》《华严节要》《念佛要门》《六祖坛经跋文》等著作行世,其中《法集别行录节要》和《诫初心学人文》二书,至今仍为韩国佛教僧众的必修教材。

知讷是朝鲜半岛曹溪禅的创始人和佛教中兴之祖,在朝鲜半岛佛教史乃至东亚佛教史上都具有深远影响。

三、元朝时期杨岐派在朝鲜半岛的传播

中国元朝中后期大约与高丽王朝后期处于同一时代。元朝中期,杨岐派高僧铁山绍琼应高丽王朝国王遣使专请,赴高丽传法。元朝后期,当时的临济宗杨岐派已成"临天下"之势,在南方则主要有雪岩祖钦、高峰原妙一系。高丽禅僧太古普愚、

慧勤、猊长老等相继入元求法，参学于雪岩祖钦法系下的石屋清珙、天如惟则、千岩元长等杨岐派高僧，回国后传扬杨岐禅法，形成元末时期中韩（朝）禅宗交流的高潮。

（一）铁山绍琼传法高丽

现时，介绍南宋时期杨岐派高僧铁山绍琼禅师高丽的论著并不多。而以往的《补续高僧传》卷十二、《增集续传灯录》卷五、《虚云和尚法汇·文记·高丽铁山琼禅师》、《西天五十五世南岳第十二世》、《宜春慈化禅寺历代高僧篇》等作，都有铁山绍琼传法高丽的记载。《续指月录》卷二十二、《续灯正统》卷八（嘉兴藏B437）、《五灯严统》也记载了铁山绍琼的行状及禅法机语。

据《补续高僧传》卷十二《铁山琼禅师传》：

> 琼禅师，脱胎便知有佛法，十八辞亲事佛，二十二圆顶被佛衣。造石霜学祥庵主，观鼻端白，身心清净。俄有僧自雪岩来，道钦禅师风范，即日腰包而□。岩教单提无字，师依而行之。至第四夜，通身汗流，清快不可言。嗣见高峰妙公，始得工夫成片。后谒蒙山，山问："参禅致何地，是毕工处？"不能对。屡入室下语，只道欠在。一日见三祖信心铭，云归根得旨，随照失宗，忽有省。举似山，山云："又剥一层了也！大都个事，如剥珠相似，愈剥愈明净，剥一剥，胜他几生功夫。虽然，侣下语犹只是欠在。"一日定中，忽触着欠字，身心豁然，彻骨彻髓，如积雪卒然开霁。忍俊不住，跳下禅床擒住山云："我欠少个甚么？"山打三掌，师礼拜。山云："且喜数年一着，子今日方了。"后住南岳铁山，为雪岩烧香，曰："师不负我，实我负师。盖以离师太早，今日方见师用处也。"师以出世，为人非细事，孤峰草庵磕礴一世，故法道不盛。或云师，道行三韩，中峰本公所谓无端将戒定慧三学，遍作漫天网子，向万里鲸涛之东，拦空一撒，直得高丽国僧俗二众，沸腾上下，奔趋往还。无极导公，师剃度弟子，别有传师之状，短发被额，顾耸而颐削，而色如菜。有普说一篇，词义剀切，真末世光明幢，孤风壁立，不在古人后也。①

---

① 《卍续藏经》第77册，《补续高僧传·铁山琼禅师传》。

又据《虚云老和尚法汇·法系考正》：

高丽铁山琼禅师《西天五十五世、南岳第十二世》

师湘潭人，年十八出家。首谒雪岩，屡入室呈解。岩但曰："只是欠在。"一日忽触着欠字，身心豁然，彻骨彻髓。……高丽国王钦其道德，请至其国，大弘法化。后在袁州慈化，示寂。塔于观音阁后。事出明永乐间径上文琇著《增集续传灯录》卷五。赞曰：髑髅槛破，痛下一锤。本无欠少，须经这回。

龙睛鹿眼尚难识，万里无端逐臭来。眉间迸出辽天鹘，法网弥天海外开。①

铁山绍琼禅师，湘潭人，生卒不详。嗣法于杨岐派高僧蒙山德异，杨岐派第十一世著名禅师。

1. 眉间放出辽天鹘

铁山绍琼 18 岁辞亲事佛，22 岁落发披僧衣，24 岁受具足戒。闻仰山雪岩祖钦禅师乃"法之窟主"，遂往仰山，逢仰山值岁歉不纳，径到石霜寺讨住。从祥庵主修习禅定止观，注目谛观鼻尖，时久鼻息成白，身心内明清净。

铁山绍琼后复上仰山，投雪岩祖钦门下参修，久之，方得归堂。一日，雪岩祖钦上堂开示："兄弟家终日在蒲团上瞌睡也，须是下地后架头走一遭，冷水灌漱洗开两眼，却上蒲团上竖起脊梁，壁立万仞，单单提一个无字，如关云长百万军中斩颜良头相似，斩得头来，百万军众总不知。诚能如是用工七日七夜，若不悟去，斩取老僧头去作舀屎杓。此是老僧四十年前已用之工。"铁山绍琼闻如是说，便咬定牙关而坐。至第四日夜，忽觉如劈破髑髅相似，又如万丈井底拨出在虚空中，突出这一段光明露裸裸地在面前，直是无著欢喜处。次日，铁山绍琼见雪岩禅师，才入门雪岩禅师便问："什么人？"铁山绍琼答："某甲。"雪岩禅师又问："有什么事？"铁山绍琼答："门前好五凤楼。"雪岩禅师以拄杖连打二三十下，却坐定，问数转语，铁山绍琼一一应答，雪岩禅师仍说："未在，更去做功夫。"

不久，铁山绍琼随从雪岩禅师至庐山东岩作夏。雪岩禅师举"心不是佛，智不

---

① 岑学吕编著：《虚云老和尚法汇》，江西永修县云居山真如禅寺，2004 年，第 231 页。

是道",铁山绍琼答:"抱赃叫屈。"雪岩禅师又说:"不是心,不是佛。"铁山绍琼脱口而应:"眉间放出辽天鹘。"铁山绍琼经雪岩禅师几番辛辣钳锤,方有所入,"如人入海,轻入轻深"。雪岩祖钦命铁山绍琼掌藏教。

铁山绍琼后又参学于杨岐派高僧高峰原妙,功夫始得成片。又参谒杨岐派著名禅师蒙山德异,机缘相契嗣其法,请铁山绍琼为首座。铁山绍琼禅法精进,"如剥珠相似,愈剥愈明净",蒙山德异禅师赞誉:"说禅还是铁山始得。"

蒙山德异禅师是杨岐派开福道宁法系弟子,杨岐派第十世著名禅僧,于大德二年(1298),将其刊印的《坛经》寄往高丽古潭万恒,万恒于次年在高丽国刊行。

据《五灯全书目录》卷十一:

> 蒙山异禅师法嗣
> 孤舟济禅师慈化铁山琼禅师[①]

铁山绍琼先参雪岩祖钦,后又参蒙山德异,《五灯全书目录》等《灯录》均把铁山绍琼记载为蒙山德异的法嗣。铁山绍琼后出世住持南岳铁山,开堂拈香谢雪岩祖钦师恩,曰:"师不负我,实我负师。盖以离师太早,今日方见师用处也。"表明其初从师于雪岩祖钦。

2. 赴高丽传播杨岐禅法

据高观如撰《中外佛教关系史略·中韩佛教关系》:

> 其时江南禅僧绍琼于元大德八年(1304)泛海去高丽,高丽王迎请于寿宁宫演说开示,高丽僧圆明冲鉴从受禅法,并施行百丈清规,教化甚盛。

铁山绍琼于元成宗大德八年(高丽忠宣王七年,1304),应请赴高丽传法。铁山绍琼至高丽王朝,传播杨岐禅法,玄风大行,大弘法化,高丽国僧俗二众,沸腾上下,奔趋往还,得度者甚众。

铁山绍琼在高丽的门人众多,最有名的是圆明国师冲鉴。冲鉴闻铁山绍琼道行,迎请铁山绍琼入高丽传法,从受杨岐禅法。铁山绍琼回国后,冲鉴先后住持龙

---

① 《卍续藏经》第81册,《五灯全书目录》。

泉寺、禅源寺，施行中国禅宗百丈清规，传扬杨岐禅法。后移住普光寺，门人多达300多人。

据《续灯存稿》卷七：

汝州香严无闻思聪禅师

适值铁山和尚从高丽回至石霜，师往见。适值铁山和尚从高丽回至石霜，师往见。山问："仙府何处？"师曰："汝州。"山曰："风穴祖师面目如何？"师将二十年工夫通说一遍。山把定咽喉，问："如何是无字？"师曰："近从潭州来，不得湖北信。"山曰："未在，更道。"师曰："和尚几时离高丽？"山曰："未在，更道。"师喝一喝，拂袖便出。山曰："者兄弟都好。只一件大病，道我发明了。"师闻而感激，因求决择。复入光州山中，前后十七年方得颖脱。[①]

无闻思聪得法于铁山绍琼，铁山绍琼嗣法弟子还有无极导禅师。

据《禅史与禅思》[②]引据《湘山志》，元至大四年（1311），铁山绍琼住南岳铁山时，奉高丽国王之命送六宝至湘山寺供养寿佛。由上述，铁山绍琼由高丽回国后，先住持石霜，后住南岳铁山，由此推之，铁山绍琼可能在元大德末期从高丽回国，先后住持石霜寺和南岳铁山，后期在湖南一带传法。

据《虚云老和尚法汇·法系考正》，铁山绍琼后在袁州（今江西宜春）慈化寺示寂，具体时间无考。

在铁山绍琼入高丽传法之前，有关中韩（朝）禅宗交流的史籍文献，未见杨岐派禅僧乃至中国禅宗的禅僧到韩（朝）传法的记载。虽然上述引据的资料，记载铁山绍琼在高丽王朝传法的行状也不够翔实，但铁山绍琼在高丽王朝传法的史实，如上论述，应是可信可靠的。仅此这一点，铁山绍琼在中韩（朝）禅宗交流史上所起的重要作用和影响，在禅宗杨岐派史上记载下浓重的一笔。

（二）太古普愚

据《补续高僧传》卷十三：

[①] 《卍续藏经》第84册，《续灯存稿·汝州香严无闻思聪禅师》。
[②] 张云江著：《禅史与禅思》，宗教文化出版社，2014年。

石屋珙禅师传

弟子普愚太古者,高丽国人,师说偈印可。有金鳞上直钩之句,后归。王尊之,以为国师。数道师德,王甚渴仰。及师化,表达朝廷,诏谥佛慈慧照禅师。移文江浙,请净慈平山林公,入天湖,取师舍利之半,馆伴归国,建塔供养。[1]

普愚(1301—1382),俗姓洪,初名普虚,号太古。13岁出家,参学于迦智山禅寺,后在三角山重兴寺建"太古庵"。高丽忠穆王三年(元至正六年,1346),太古普愚入元,居燕京大观寺。翌年,前往湖州霞雾山(今浙江吴兴)天湖庵礼石屋清珙,献上所作《太古歌》。石屋清珙就其所作,试其禅机,接机问答之间,得石屋清珙印可,蒙授心印。清珙为《太古歌》作跋,并付袈裟曰:"衣虽今日,法自灵山,流传至今,今付于汝。"

清珙(1272—1352),字石屋,苏州常熟人,俗姓温。嗣法于杨岐派雪岩祖钦弟子及庵信禅师,及庵信称其:"此子,乃法海中透网金鳞也。"石屋清珙入霞雾山辟建"天湖庵"参修,后应请住持当湖(浙江平湖别称,今上海市金山区)福源禅寺。"龙象归之,云涌涛奔,唯恐或后。未几,复还天湖。至正间,朝廷闻师名,降香币以旌。耆德皇后,锡金磨衲衣。"[2]

太古普愚嗣法于石屋清珙,为杨岐派第十三世禅僧,也为高丽禅僧承传杨岐派法系第一人。

太古普愚由江南回到燕京,元顺宗请他于永宁寺开堂说法,赐金襕衣。高丽忠穆王五年(元至正八年,1348),太古普愚普愚回国弘法。归国后,恭愍王封其为王师,后又进封为国师。

太古普愚在高丽传扬杨岐禅法,主张"一切善恶,都莫思量,身与心法,一时放下",倡修大慧宗杲看话头方便法门,来截断修学者的情思知解,直契自悟。他曾开示:"念起念灭,谓之生死,当生死之际,须尽力提起话头。纯一,则念头起,灭即尽,起灭尽处,谓之寂。寂中无话头,谓之无记。寂中不昧话头,谓之灵知。……身心与话头,打成一片,无所依倚,心无所之。……千疑万疑,一时透了

---

[1] 《卍续藏经》第77册,《补续高僧传·石屋珙禅师传》。

[2] 同上。

也。"同时，他受元末"禅净双修"主张的影响，提出："极乐净土的阿弥陀佛是人人个个之本性，有大灵觉，本无生死。"还说："以要言之，则唯心净土，自性弥陀，心净则佛土净，性现则佛性现。"若要念佛，只是念自性弥陀，这样反复念，阿弥陀佛自会显现。①

（三）懒翁慧勤

慧勤（1320—1376），原名元慧，号懒翁，俗姓牙。20岁往功德山妙寂庵出家，后至天宝山桧岩寺宴坐，精修四年得悟。

高丽忠穆王五年（元至正八年，1348），慧勤入元，诣燕京法源寺，参梵僧指空和尚。两年后往平江府（今江苏苏州）休休庵结夏。后参谒平山处林禅师，平山处林嗣法于雪岩祖钦弟子及庵信，是杨岐派第十二世禅僧。平山处林知慧勤曾参指空和尚后，问询此事："问指空平时做什么，慧勤答常用'千剑'。平山处林曰：'指空千剑且置，将汝一剑来。'慧勤拿起座具朝平山处林打去，平山处林倒在禅床，大叫：'这贼杀我。'慧勤便扶起说：'吾剑能杀人，亦能活人。'"由此得到平山处林印可，数月后，平山处林禅师授以法衣和拂子。②

至正十二年（1352），慧勤礼别平山处林，朝礼普陀山，访育王寺悟光、雪窗、无相、枯木荣等。登婺州伏龙山，参谒杨岐派第十三世高僧千岩元长，千岩元长许以入室，受传心法。懒翁慧勤嗣法于千岩元长，为杨岐派第十四世禅僧。③

至正十五年（1355），慧勤返回燕京，元顺宗诏令慧勤住持广济寺，赠予甚厚，继而游访诸名山，参学于丛林大德。

高丽恭愍王七年（元至正十八年，1358），慧勤回高丽国，大弘教化。在平壤、东海等地传扬杨岐禅法，恭愍王封其为王师。后住松广寺，承扬杨岐禅法的"大机大用""彻骨彻髓"的宗风，接机开示活泼直率。逝后谥"禅觉"，有弟子混修编《懒翁和尚记录》行世，有弟子无觉自超等33人。

---

① 高观如撰：《中外佛教关系史略》，弥勒文化书社，1983年。
② 杜继文主编：《佛教史》，江苏人民出版社，2006年，第456页。
③ 吴立民主编：《禅宗宗派源流》，中国社会科学出版社，1998年，附录Ⅰ《中国禅宗宗派传承图》。

（四）入元求法的其他高丽僧

1. 沈王王璋

高丽王子驸马太尉沈王王璋，于元延祐六年（1319）九月入元，赍御香紫衣专程上天目山，向中峰明本咨决心要，复求法名别号。中峰明本名之以"胜光"，号之以"真际"，王璋因建亭师子岩下以记其事。[1] 杭州慧因寺沙门盘谷，博通经史，王璋闻盘谷盛名，具书于慧因寺请讲《华严》大意。"师展四无碍辩，七众倾伏，王大悦，师声价益重。后至松郡构精舍，勤修净业日课弥陀佛号。年七十余，无疾预告以时，端坐而寂。有《游山诗集》三卷行世。"[2]

2. 自超

高丽禅僧自超，于高丽恭愍王三年（元至正十三年，1353）入元，往法源寺和法泉寺，拜谒指空和尚和高丽禅僧慧勤。后游访南北丛林，历访禅林名宿，禅法日进。回到燕京，再参谒慧勤，参修数年，受慧勤传心法，嗣法于慧勤，上承杨岐派千岩元长的法系。归国弘法后，朝鲜李氏王朝（1392—1910）取代高丽王朝而兴起。自超以禅法道行受到朝鲜太祖的崇仰，太祖封其为王师。

3. 千熙

高丽禅僧千熙，于高丽恭愍王十四年（元至正二十四年，1364），航海入元，参访禅林高僧大德。千熙往圣安寺，参谒万峰时蔚，万峰时蔚嗣法于千岩元长，是杨岐派十四世高僧，经万峰时蔚接机钳锤，千熙得杨岐宗法。回国后，他盛传杨岐派名僧中峰明本的禅法，受尊为国师。[3]

第五节　杨岐派在越南的传播

南传佛教主要在东南亚大多数国家流传，是这些国家的国教或主流宗教。唯独越南始终以北传佛教即中国佛教为佛教的主流宗派，南传佛教的传播及影响相对要小。

---

[1] 《卍续藏经》第 79 册，《南宋元明禅林僧宝传·中峰普应本国师》。
[2] 《大正新修大藏经》第 50 册，《大明高僧传·杭州慧因寺释盘谷传九》，第 903 页下。
[3] 高观如撰：《中外佛教关系史略》，弥勒文化书社，1983 年。

第八章 禅宗杨岐派在东亚、越南的传播

越南佛教的一大特点是只有禅宗发展成为一个独立的宗派，其他宗派仅存影响而无传承关系。越南禅宗的禅宗前派、禅宗后派、雪窦明觉派、竹林禅派和拙公禅派、元韶禅派等宗派都与中国禅宗有着很深的关系。

一、17世纪前的中越禅宗交流概况

唐元和十五年（820），中国无言通禅师到越南北宁省住持建初寺，开创了越南禅宗后派无言通禅派，传承十五代，在越南佛教史上影响很大。无言通，俗姓郑，广州人。在浙江婺州双林寺出家，曾依百丈怀海禅师为弟子。

越南李朝时期（1010—1225），李圣宗于1069年亲征占城，俘获草堂禅师回国。李圣宗崇仰草堂禅师，拜其为国师，并成为其弟子。草堂禅师为云门宗高僧雪窦重显的弟子，他在越南开创了草堂禅派，传承了五代。

越南陈朝时期（1225—1400），陈太宗曾受教于由中国去越南的天封禅师，又曾从宋朝德诚禅师参学。三传而至陈仁宗，更笃志禅学，出家为僧，称为竹林调御，即为竹林派开祖。道场建于安子山花烟寺，传法以临济禅为主。[①]

天封禅师和德诚禅师的生平行状无考，是时，临济宗的黄龙派已沉寂无传承，天封禅师和德诚禅师为杨岐派禅僧的可能性大。若能考证天封禅师和德诚禅师为杨岐派禅僧，则杨岐派在13世纪时，就已传播至越南。

陈朝灭后，越南佛教由盛而衰，直到17世纪，随着社会发展以及中国杨岐派禅师拙公和尚和元韶禅师等相继南下越南传法，越南禅宗又进入新的兴盛时期。

二、拙公和尚传法越南

拙公和尚的生平及思想，中国的史籍、灯录均无考，近现代国内有些论著虽提及，但多不详细。谭志词撰《十七、十八世纪岭南与越南的佛教交流》[②]，以越南寺院碑刻和新发现的明行编集《拙公语录》[③] 为依据，所述拙公生平及思想较为翔实。本节主要参引谭志词之作，所引明行编集《拙公语录》中拙公的法语、开示、普说等也

---

① 高观如撰：《中外佛教关系史略》，弥勒文化书社，1983年。
② 谭志词：《十七、十八世纪岭南与越南的佛教交流》，《世界宗教研究》2007年第3期。
③ 谭志词：《〈拙公语录〉的编者、版本、内容及文献价值——对域外一份鲜为人知的汉文史料的初步探讨》，《古籍整理研究学刊》2005年第6期。

出自谭志词撰《越南闽籍侨僧拙公和尚的佛学思想》。①

据明行编《拙公语录·祖师出世实录》：

> 祖师讳圆炆，号拙拙……万历十七年岁次庚寅（1590）二月己卯二日甲戌丑时降生。五岁失母，七岁丧父，祖父携师嘱婶母抚养。幼年颖悟，弱冠博通经史，务学伤神，乃静习于渐山寺内……参禅数月，师之祖父、婶母觉痛切殊甚，即到山门谕僧，欲将师回，宁料有不可挽之意乎？于是，师僧密议，星夜奔南山寺菩提庵谒状元僧陀陀法师。见师奇异，器之，语僧曰："异日我当避此人出百丈竿头。"授以心宗要旨，开悟日益。万历三十五年（1607）戊申诞日受比丘二百五十无相戒，持八万四千秘密门。云游十方，随化度人。至古眠，国王以师礼之，诸大臣咸皈依，恭敬然。即而弘扬佛法，广度众生者十有六年。作偈告归……及抵家，婶母启笈视之，囊无余物，但见贝叶盈策。清介闻天下，声名满大地，而丹霞诸缙绅、大夫莫不仰慕之者，每聚首谈吐，无不曰："如拙公，可谓禅宗瑚琏、佛法栋梁。"居无几……复游于广南顺化，进止七八年……得遇明行，师奇而宝之，传授不二心法。忽东都大贾阮齐请师赴京荐亲，师对众密议曰："此非吾辈事也，然欲开权显实，不得不从。"是与徒众俱至，阮齐坐罪不赦，师徒乞食数月，希遇给孤长者。时有老宫嫔德婆富者好佛，请师学焉，皈依三女。未几，复有太弟勇礼公慕师禅学，即遣人迎师至……执弟子礼焉……复供亲女出家。于是四方云集，送师于仙游县佛迹社李家古刹……皇上后妃、王公、宫嫔、宰宦、仕庶僧尼、道俗徒众日益。复蒙德主太上圣明，凤昭善乐心性，赐名师祖。历抵四镇名山，崇兴佛迹难以量数。从者几百人，得旨者数十人，见闻觉悟者兼半天下。于癸未岁（1643）师欲别图化城，大众歃血，恳留再三，断指者二。复暂停升龙城看山寺，为皇太后演说《金刚》密义。以病请归宁福安禅。春甲申岁（1644）莲月于隆恩寺讲涅槃义，乡请弟兄请祷，师但付之一笑……七月六日遣人索履内宫，密示西归之旨，人又未之觉也。八日拔棹北归宁福，明良恭进问安……十一日，师索香沐浴，亲笔授记以衲盂遗上首弟子明行秉持大教，传灯续

---

① 谭志词：《越南闽籍侨僧拙公和尚的佛学思想》，《八桂侨刊》，2006年第4期。

焰，皇太后为道场母，秉持外扩……望日夜分，端坐示寂……师在东都十有二年，在世凡一万九千九百九十有余日，十五入道，十九祝发说法，度人者三十三载。

圆炆拙公（1590—1644），福建漳州海澄县渐山人。15岁出家，参禅于渐山寺长老，不久参谒南山寺德冠陀陀和尚为师。

(一) 师承源流考

据越南佛教典籍《继灯录》记载，拙公上承禅宗：

临济玄—……杨岐会—白云端—五祖演—圆悟勤—虎丘隆—应庵华—密庵杰—无准范—雪岩钦—高峰妙—中峰本—千岩长—万峰蔚—宝藏持—……天奇瑞—绝学聪—笑岩宝—幻有传—天童密—林野奇—二隐谧—□陀陀—圆炆拙公。[1]

另据《中国禅宗宗派传承图》记载，林野通奇（1562—1625）上承幻有正传、天童密云圆悟，下传二隐谧（1606—1664）等弟子，二隐谧的弟子只记载梓舟船、牧雨霖二人。

再据《续指月录》卷十九《台州通玄林野通奇禅师》：

嘱上首二隐谧自闲觉，集诸法嗣，逐一勘验，然后许令开法。故通玄门下，得人为盛云（天童悟嗣共十二人）。[2]

圆炆拙公比师祖二隐谧禅师还大16岁，《继灯录》的记载显然有误。

临济宗大约于北宋仁宗时期由显端禅师与洞渊禅师传入福建，分别开法于福州闽县白鹿寺与泉州南安凉峰弥陀寺。这两派传二代后，在福建的传承不明。

临济宗黄龙派开山祖师慧南禅师一度入闽，开法于同安崇胜院。慧南禅师离开福建后，弟子洪湮、合文、子琦于北宋神宗时期传法于福建，黄龙派在福建兴盛一

---

[1] 谭志词：《侨僧拙公和尚与"拙公禅派"的传承关系与思想》，《八桂侨刊》2008年9月第3期。
[2] 《卍续藏经》第84册，《续指月录·台州通玄林野通奇禅师》。

时。南宋孝宗之后，黄龙派在福建衰寂，无传承记载。

临济宗杨岐派于北宋哲宗时期传入福建，了璨禅师传法漳州净众寺，僧昭禅师传法福州玄沙，士珪禅师传法鼓山，善果禅师传法福清黄檗。大慧宗杲于南宋绍兴初入闽传法，虎丘绍隆派弟子于南宋宁宗时期入闽传法，南宋度宗后，除这两派以外的杨岐派都已衰微。

大慧宗杲入闽后在福州闽县洋屿（今长乐市）结庵，后迁泉南小溪，慕名前来参学求法者众多。大慧宗杲在福建的得法弟子甚多，主要在福州、泉州、建宁府、汀州等地传法，至南宋宁宗时期达到鼎盛。南宋末期，大慧径山派在福建衰微。

虎丘绍隆派第四代禅师枯禅自镜于南宋宁宗时期入闽，于宁德凤山、福州鼓山传法。枯禅自镜后迁浙江，其法嗣道冲传法泉州法石寺、福州怡山与鼓山。

元明清时期，福建的虎丘绍隆派分化为"破庵祖先派"与"松源崇岳派"。

松源崇岳派于元朝初年，由大圭正璋禅师传法建瓯斗峰禅寺，以后，松源崇岳派在福建传承情况不明。

> 破庵祖先派第三代可湘禅师，于南宋咸淳八年（1272）传法于福州雪峰寺。元代早、中期，破庵祖先派盛行于福州、泉州、建阳等地，元末期，福建破庵祖先派势微渐衰。
>
> 明崇祯三年（1630），密云圆悟受请住持福清黄檗寺，后其弟子费隐禅师继主黄檗。费隐通容门下福建弟子以隐元隆琦与亘信行弥最有名，隐元禅师传法福清黄檗寺，后东渡日本传法，创建日本"黄檗宗"。亘信行弥传法福州、漳州。亘信行弥于明崇祯九年（1636）住持漳州南山寺，法席兴盛。弟子真纯怡石继住南山寺，以临济宗二十五代禅师突空智祖所创演"智慧清净，道德圆明，真如性海，寂照普通"十六字为字派，称南山寺派为"喝云派"。行弥依此字派为明字辈，亦称明弥，即为临济宗三十二代，杨岐派二十五世禅僧。"喝云派"不仅盛传于福建漳州、福州、南安、厦门等地，后来还传到全国各地，影响广泛。[①]

万历三十二年（1604），拙公 15 岁投南山寺德冠陀陀和尚出家，法名圆炆，为

---

① 王荣国：《禅宗在福建的传衍及其法派》，《法音》2000 年第 1 期。

"喝云派"第七代圆字辈禅僧，由此可推得圆炆拙公为杨岐派二十四世禅僧。万历三十五年（1607），圆炆拙公在南山寺受戒具，不久离开南山寺行脚云游，弘法东南亚。

（二）开入越南传播杨岐禅法之先河

拙公18岁开始，为"云水僧"云游四方，1607年至古眠国（下柬埔寨），国王以师礼之，诸大臣咸皈依，弘扬禅法，广度众生16年。天启四年（1624）回家乡漳州，不久，至越南中部广南、顺化等地传法七八年，后北上河内，沿途说法。约于1633年到达河内，皇上后妃、王公大臣纷纷拜其为师，缁素信徒众多，皇上赐名师祖。不久，他赴北宁省住持佛迹寺，到看山寺、隆恩寺等地说法，约于1642年住持北宁省笔塔寺，历住及抵达四镇名山传法，见闻其说法觉悟者兼半天下。1644年七月十五日圆寂。寂前亲笔授记以衲盂遗上首弟子明行秉持大教，传灯续焰。寂后，黎神宗追封其为"明越普觉广济大德肉身菩萨"，其肉身像置佛迹寺供奉至今。

得法弟子数十人。承其衣钵弟子明行（1595—1659），俗姓何，法号在在，江西建昌府（今抚州）人。据《拙公语录·祖师出世实录》记载，明行大约在1623—1630年间已到越南中部广南、顺化，并在此期间拜拙公为师，1633年随拙公到河内弘法。拙公寂后住持笔塔寺，续灯传法，为拙公禅派第二代祖师。

拙公在越南传播杨岐禅法，基本思想承继马祖道一"即心即佛"的禅法思想。他说："佛者，心也，识心方可发心，不识心而发心，虽斋戒作福，亦是妄心，何佛之可成。"① 以斋戒为例，阐释"即心即佛"之旨，不明心，斋戒作福亦是妄心。

拙公禅法上承天童密云圆悟的"本分一着"，即曹溪一旨"直指人心，见性成佛"。他说："学道，明心见性成佛，虽学道，不明心见性，则成佛不得。欲成佛，不见性明心，则学道无益。"② 认为学道必要此"本分一着"，否则学道无益成不了佛。

拙公还说："佛性人人本具，不待外求，谓之自性无为法。"③ 林野通奇禅师开示："欲识生前面目，切莫前思后算，但能息虑忘缘，触目头头露现，自他不隔一毫，始终不离当念，大众，切莫含元殿里更觅长安，慈氏宫望生内院。"拙公之说与林野通奇的开示可说是一脉相承，人人本具佛性，佛法在世间，在日常行住坐卧，在在处

---

① 明行：《拙公语录》卷一。
② 同上。
③ 同上。

处之间，不离当念，照顾脚下。

明末清初之时，"禅净双修"与"三教相融"已成禅林流行思潮，拙公亦受此思潮影响。他在讲法时答信众："问曰：'修行既由己力，何须求念佛接引。'曰：'念佛者，亦是一念清净也。佛接引者，感应之也。岂有一年不清净，自己放肆，口念心违，佛来接引耶？此便是口佛非心佛矣。夫决无自理，故念由心佛，接引由心感，不是自己谁之力也。'"[1]即阐述了禅净双修的主张，也阐扬了"自性弥陀"与"唯心净土"的思想。

拙公亦主张"释、儒、道"三教融合，他在河内开法时，举释、儒互释之理而说："孔门以三纲五常，释氏乃三皈五戒，而名虽异，其理则同。皈依佛者，畏天命也；皈依法者，畏圣人之言也；皈依僧者，畏大人也。"[2]拙公虽主张三教融合，但作为杨岐派禅僧，更倡禅宗为尊为先。他在河内说法时，答勇礼公问儒、释、道三教何教为尊时说："故儒如星，道如月，释如日。星不如月，月不如日，况星乎？故儒教以经世，使齐家治国平天下。道教以炼身，使正坎离长生不老。释教以明心，使圆光普照，寂灭为乐。三教皆同一心所生，而有上下差别不等，智人自思，各从所好。"[3]指出三教皆同一心所生，但如同日、月、星之不同，儒教经世，道教炼身，佛教明心。不明心，何以经世？又何以炼身？智慧之人，自可思辨。

由此可知，拙公的禅法思想继承了禅宗古来大德之宗旨，顺应了丛林时代的思潮。虽未提出新的主张与见解，但具有较强的"入世与适世"性，在17世纪越南后黎朝社会有较好的契合之处，从而获得越南朝野的普遍支持，开创的禅派得到持久的发展。

拙公禅派传承了十代，绵延约200年，在越南中北部信众遍布，影响很大，对越南17世纪、18世纪佛教复兴做出了很大贡献。

拙公也开创了17至18世纪中国禅僧来越南传法之先河，继拙公之后，大批中国岭南禅师赴越南弘法，其中最有名的有元韶禅师、明弘子融、明海法宝等杨岐派禅师，以及曹洞宗大汕和尚，共同谱写了中越禅宗交流的新篇章。

---

[1] 明行：《拙公语录》卷一。
[2] 明行：《拙公语录》卷二。
[3] 明行：《拙公语录》卷三。

三、元韶及在越南传法的杨岐派禅僧

（一）元韶禅师

元韶（1648—1728），字焕碧，广东潮州陈乡县人，俗姓谢，19岁出家，师事报资寺旷圆和尚。①

1. 师承源流考

据《禅宗宗派源流》附录Ⅰ《杨岐系法脉（十四）》记载，行端元绍与旷圆果同为报恩通贤弟子。这里"行端元绍"的行端，是越南阮主阮福溙为其赐谥"行端禅师"，"元绍"则应是"元韶"同音字之误。但在《禅宗宗派源流》附录Ⅰ《杨岐系法脉（十五）》中又记载旷圆本果为木陈道忞的弟子，旷圆果是旷圆本果之简称（禅宗史书、灯录一般都这样简称）。显然二者必有一误，在谭志词一文中及其他文献资料中，都记载元韶为旷圆本果的弟子。

又据徐文明著《杨岐派史》第十八章第三节《木陈道忞》：

> 道忞本人未在家乡弘法，门下有不少人在广东传禅，出现了宗符智华、雪樵真朴、鳌山本微、报资旷圆本果等大师。报资旷圆本果，初名行果，后依道忞平阳法派改为本果，字旷圆，号硕堂，湖北江陵人。其生卒年不详。……元韶康熙五年（1666）十九岁时"辞亲出家，投入于报资寺旷圆和尚"。②

综上推论，旷圆本果为木陈道忞弟子，元韶为旷圆本果弟子，元韶为杨岐派第二十六世禅僧。

2. 在越南传法半世纪，创元韶禅派

南明永历十六年（清康熙元年，1662），南明昭宗被吴三桂绞杀于昆明，南方各省反清斗争基本被清王朝镇压下去。在这鼎革变换之时，元韶于康熙五年（1666）19岁时出家，传说元韶出家有不满清朝异族统治之情怀，也似不是空穴来风。"康熙十六年丁巳（1677），由于三藩反清失败，元韶被迫前往越南，旷圆亦可能暗中参

---

① 谭志词：《十七、十八世纪岭南与越南的佛教交流》，《世界宗教研究》2007年第3期。
② 徐文明著：《杨岐派史》，中国社会科学出版社，2018年，第635页、第636页。

与其事。"① 这说明元韶不仅出家，而且南下越南也是因不满清朝异族统治之举。

越南阮主阮福澍 1729 年御撰的《大越国王敕赐河中寺焕碧禅师塔记·国恩寺塔记铭》记载："焕碧禅师于丁巳年（1677）从中华来，初锡归宁府，创建十塔弥陀寺，广开像教，再回顺化富春山，崇造国恩寺，并普同塔。至圣考前朝又命禅师回广东，延请长寿石老和尚，并请佛像及法器，回来往完，成颇多功绩。自此奉旨住持河中寺……历自航来余境，计五十一年矣。至戊申年（1728）得病，于十月十九日召集四众人等，谈及玄机，助留秘语，临期授笔说偈，偈曰：'寂寂境无影，明明珠不容。堂堂物非物，廖廖空勿空。'书罢端然正寂，法腊 81 岁。……保泰十年（1729）四月初八日奉立。国恩寺。"② 此国恩寺《塔记铭》，由越南阮主在元韶寂后第二年亲撰，可证可信度高，足可作为考证元韶生平行状的依据。

有西方学者依据此国恩寺《塔记铭》，认为元韶赴越并非应阮主之邀，而是出于他自身生活的需要。说未应邀是事实，说由于生活需要，是不了解当时中国社会实际情况的主观推论。元韶作为有一定声望的禅僧，在中国不存在生活需要的问题。元韶赴越南应是由于三藩反清失败、国内政局之所迫而前往越南传法。

元韶来越南时间，原有几种说法，国恩寺《塔记铭》足可证实，元韶是 1677 年来越南。元韶先到越南中部的归宁府（今平定省归仁），在那里创建十塔弥陀寺，开堂说法，广传杨岐禅法。后赴顺化富春山，创建国恩寺及普同塔，道望日盛，缁素信徒益众。

国恩寺《塔记铭》记载了元韶于圣考（1687—1691）前朝奉阮主阮福溙之命回广东，延请石濂大汕和尚。"大约在二十八年（1689），门人元韶受命于越南阮氏国主，前来广州迎请大汕，并取经书佛像，与师相见。大汕未行，乃请其门人兴莲果弘前往，后为国师。另外又请本宗法侄明弘子融、明海法宝等赴越。"③ 这也佐证了国恩寺《塔记铭》的记载，元韶约于清康熙二十八年奉阮主之命，回广东延请大汕和尚。但大汕和尚此次并未去越南，延迟至 1695 年才去越南，且在越南说法一年后回国。随元韶同往越南传法的有元韶同门明弘子融、明海法宝等杨岐派禅僧，大汕弟子兴莲果弘也随同前往越南传法。

---

① 徐文明著：《杨岐派史》，中国社会科学出版社，2018 年，第 636 页。
② 谭志词：《十七、十八世纪岭南与越南的佛教交流》，《世界宗教研究》2007 年第 3 期。
③ 徐文明著：《杨岐派史》，中国社会科学出版社，2018 年，第 636 页。

元韶返回越南几年后，奉阮主之旨住持河中寺，直至清雍正六年（1728）圆寂。寂后，阮主阮福澍赐谥"行端禅师"并御撰塔铭。

元韶在越南传法51年，在越南中南部开创"元韶禅派"，元韶禅派法脉绵长，从17、18世纪至今已传承十二代，并且仍在继续传承。元韶和他的弟子对杨岐派在越南中南部的传播做出了较大贡献，在越南产生了深远影响。

（二）在越南传法的其他禅僧

与元韶同往越南的明弘子融、明海法宝等杨岐派禅僧，后在越南中南部传法，开宗立派。还有据说与元韶同来越南传法的明海佛宝禅师与慧林禅师，明海佛宝禅师创建住持广义省天印寺达60年，慧林禅师创建顺化慈林寺。明海佛宝禅师与慧林禅师虽可能是杨岐派禅僧，但还须考证。

1. 明弘子融

明弘子融禅师，元韶同门法侄，杨岐派第二十七世禅僧。明弘子融应元韶邀请，大约在清康熙二十八年（1689），与元韶一同前往越南传法。他传衣钵于著名的越南弟子了观禅师，了观建立了了观禅派。了观禅派自明弘起传承了七代，在越南中部、南部影响很大。

2. 明海法宝

明海法宝禅师，元韶同门法侄，杨岐派第二十七世禅僧。明海法宝应元韶邀请，大约在清康熙二十八年（1689），与元韶一同前往越南。后留越南传法，在广南省创建了祝圣寺。明海弟子在会安地区建立了福林寺、万德禅寺、天德寺、明乡禅寺与金山禅寺（今福建会馆）等寺院，广南以南大部分地区是祝圣寺派弟子修行，祝圣寺派对越南南方佛教有很大影响。

元韶等几位杨岐派禅僧在越南中南部传播杨岐禅法，为17、18世纪中越禅宗文化交流做出了贡献。

附录 杨岐宗世系传承图

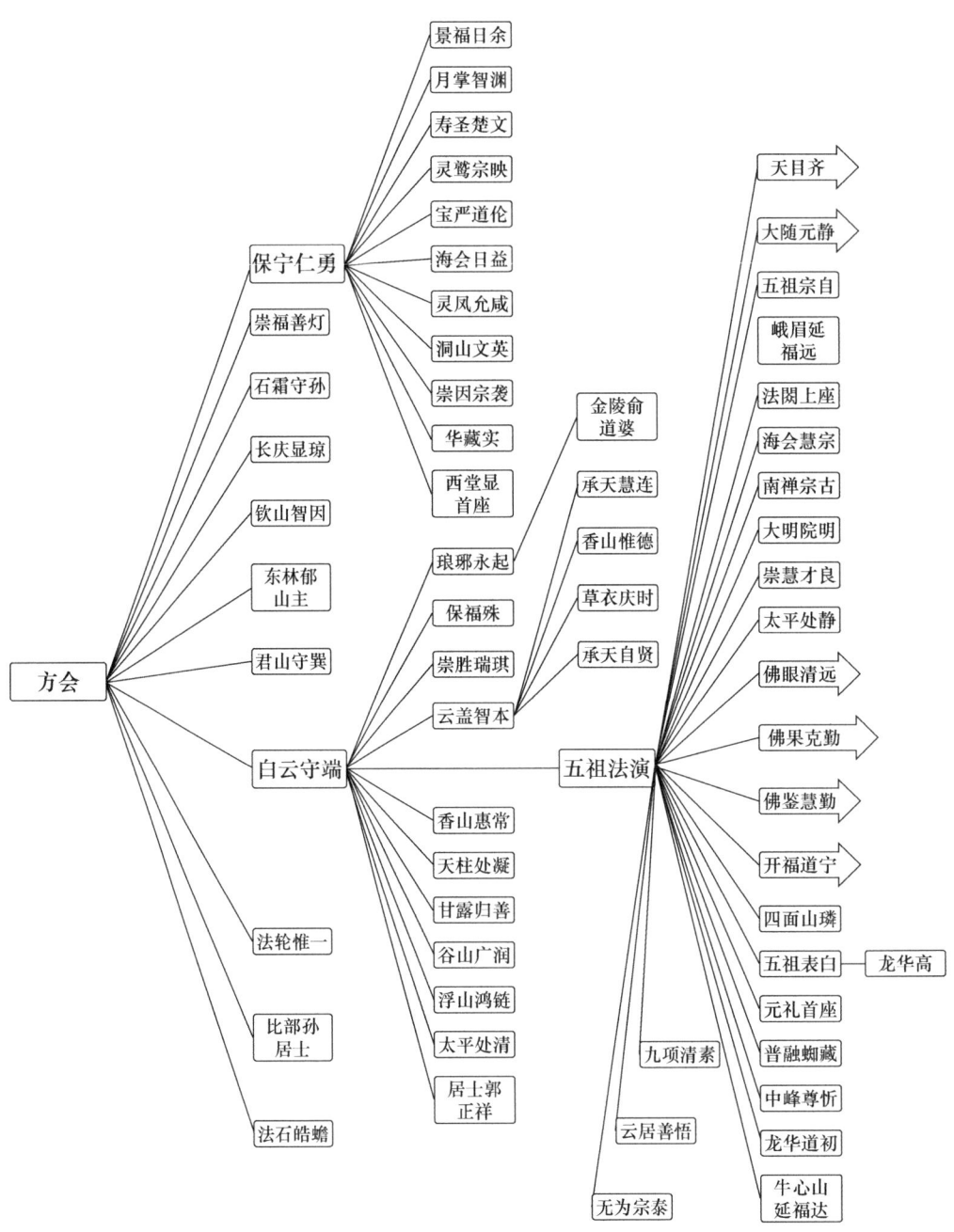

附录　杨岐宗世系传承图

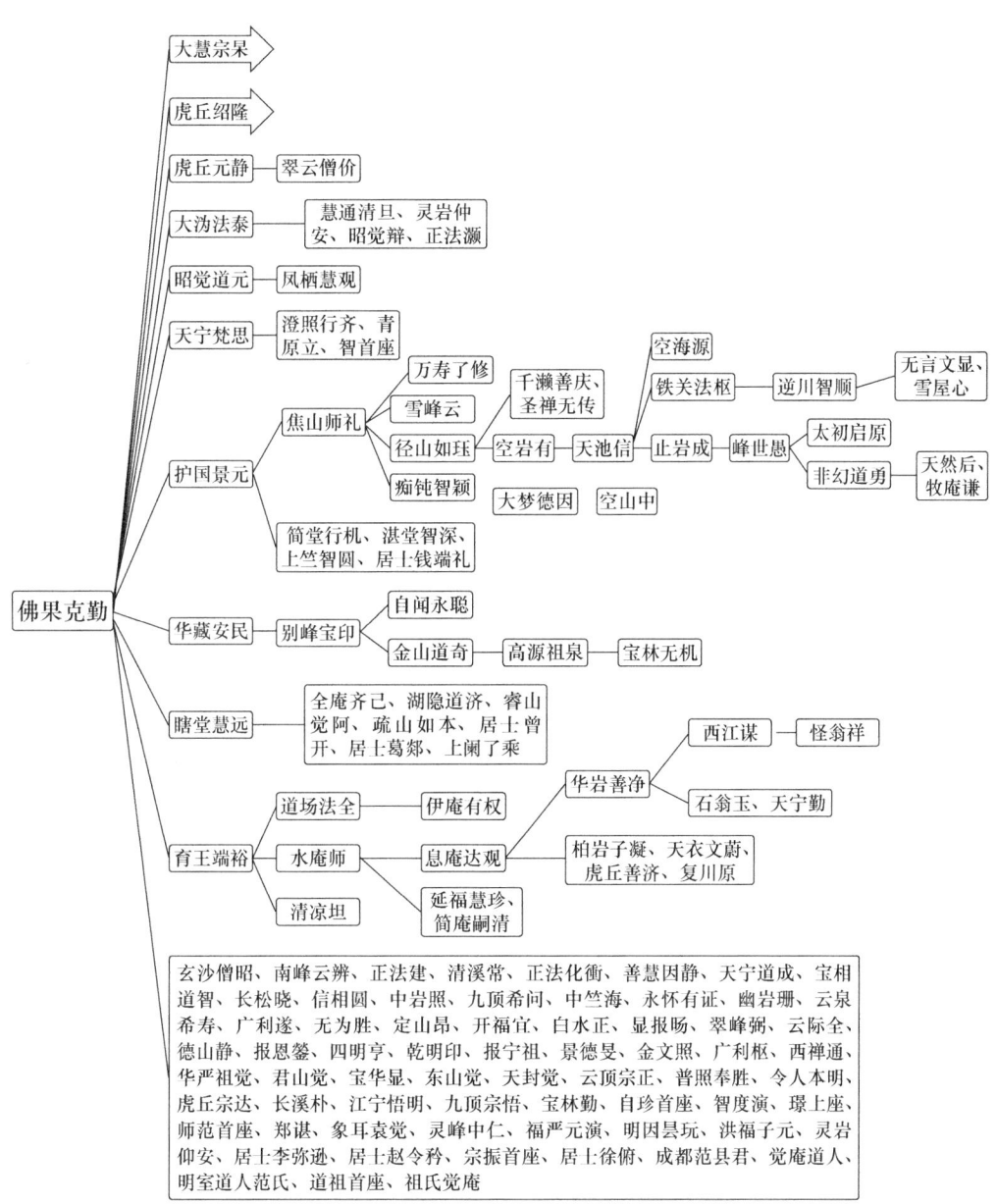

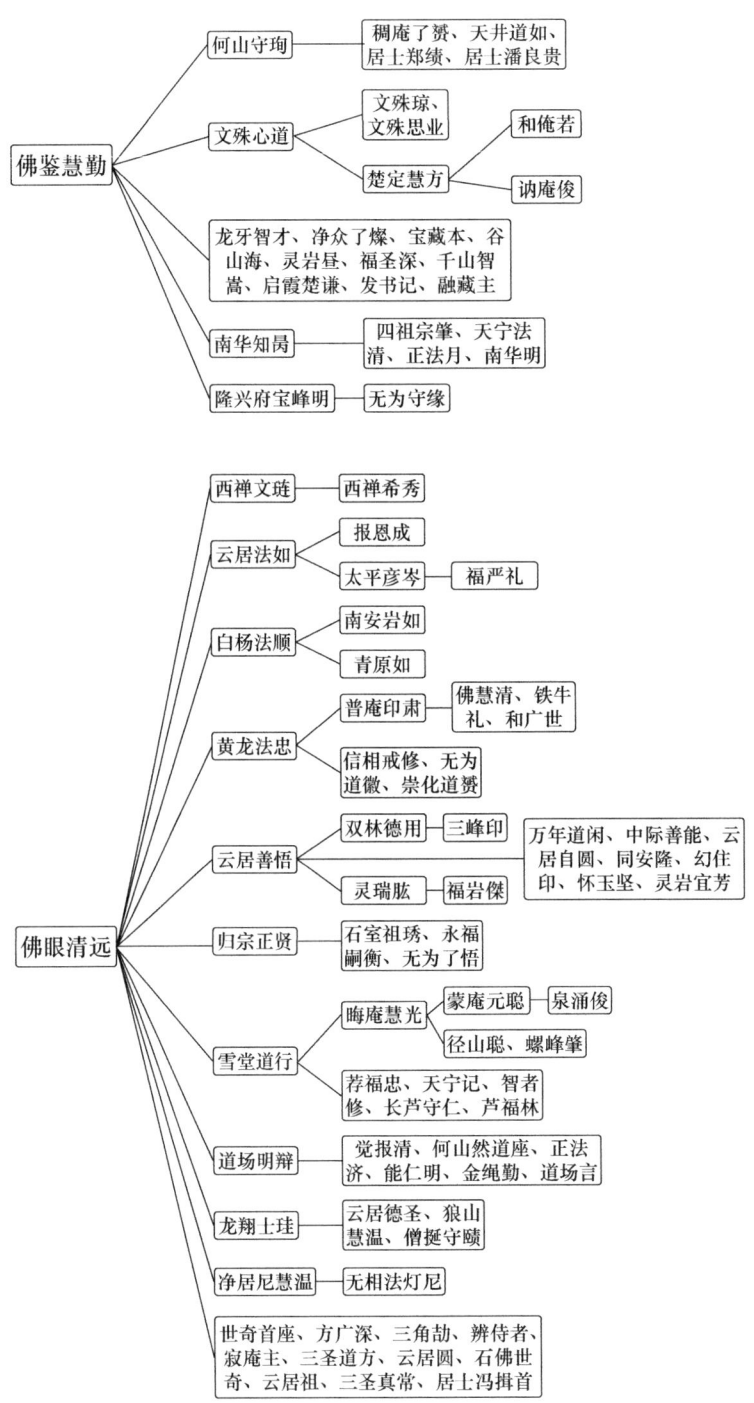

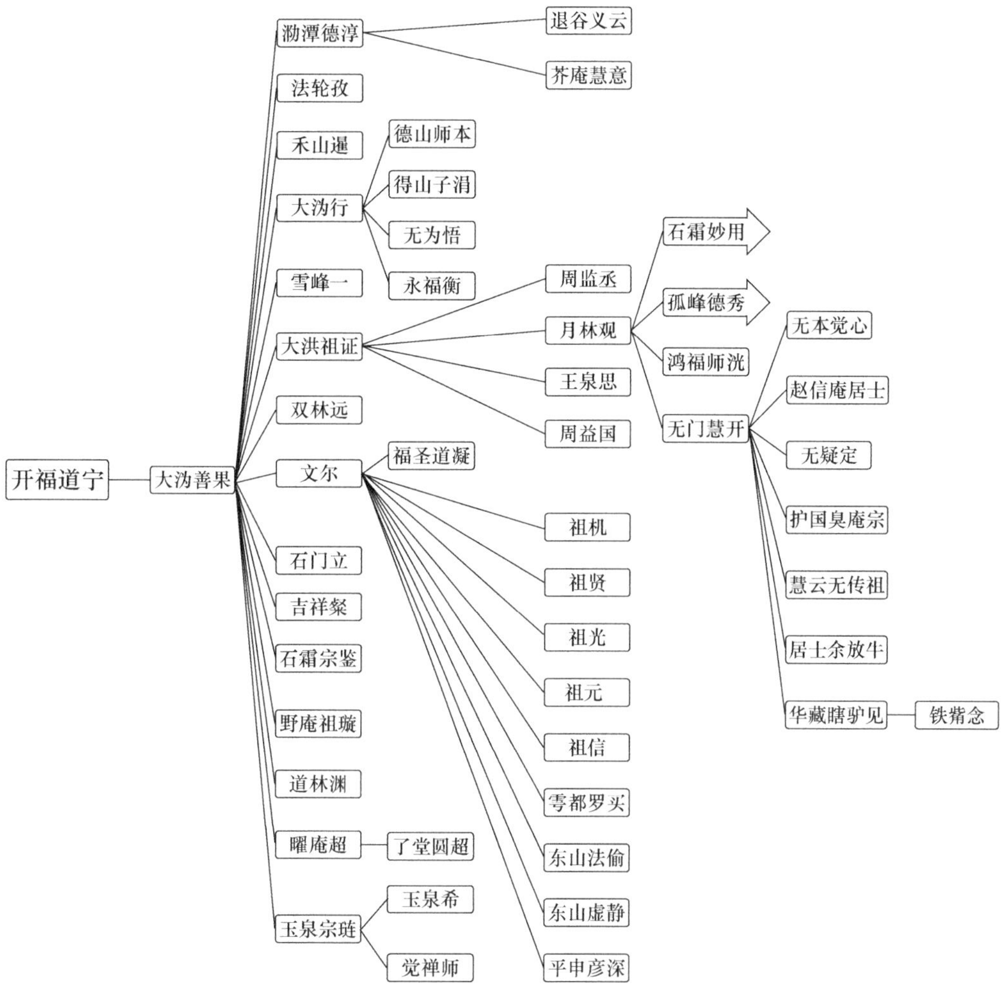

附录 杨岐宗世系传承图

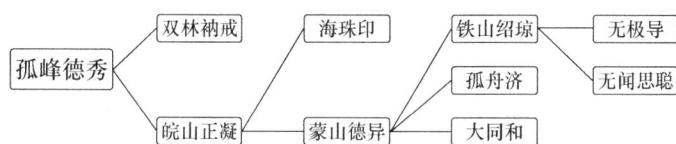

427

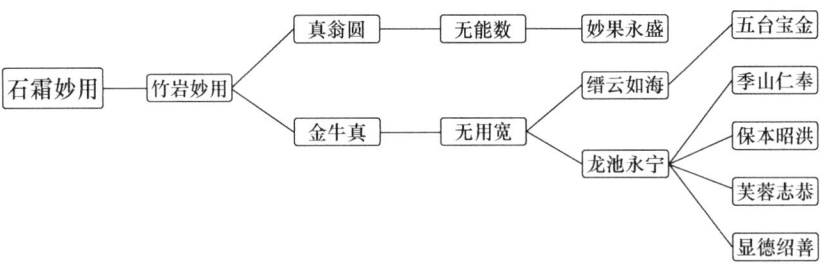

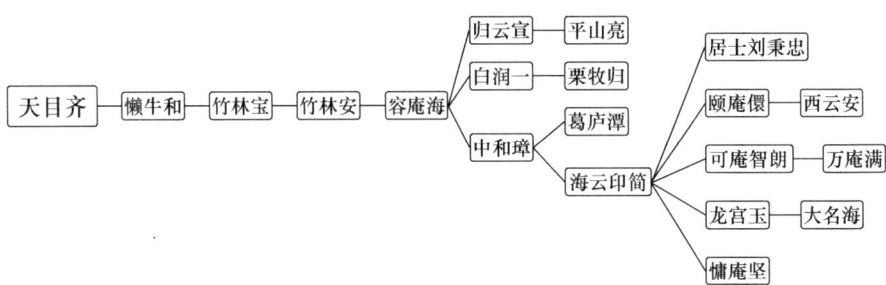

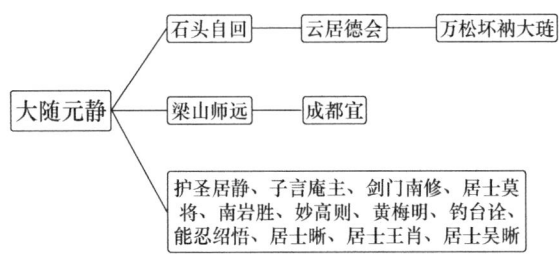

附录　杨岐宗世系传承图

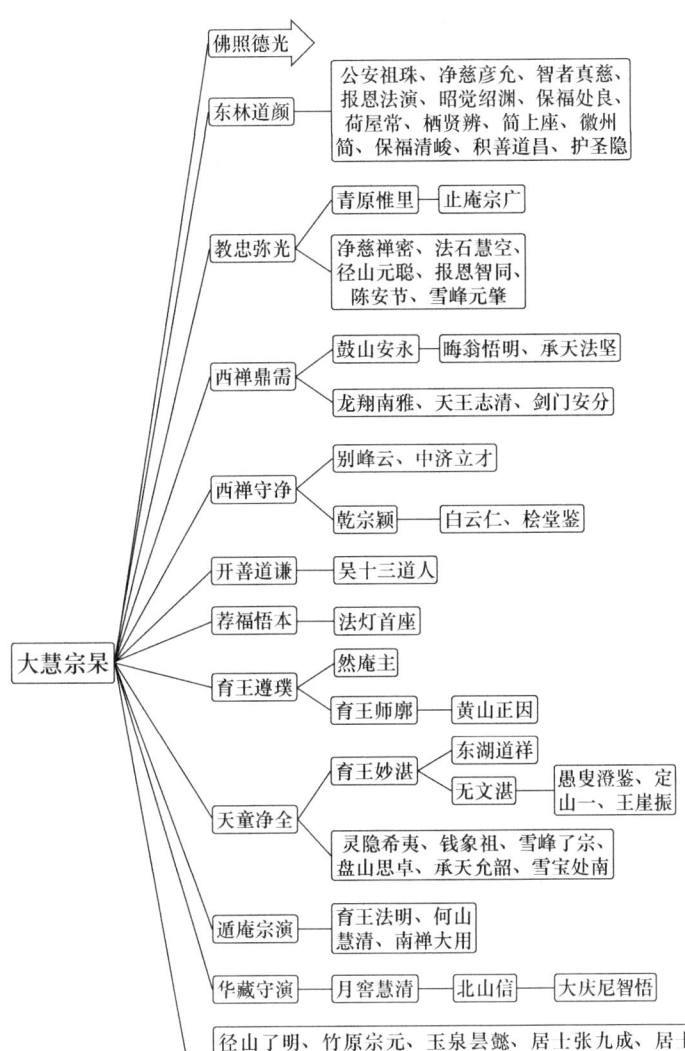

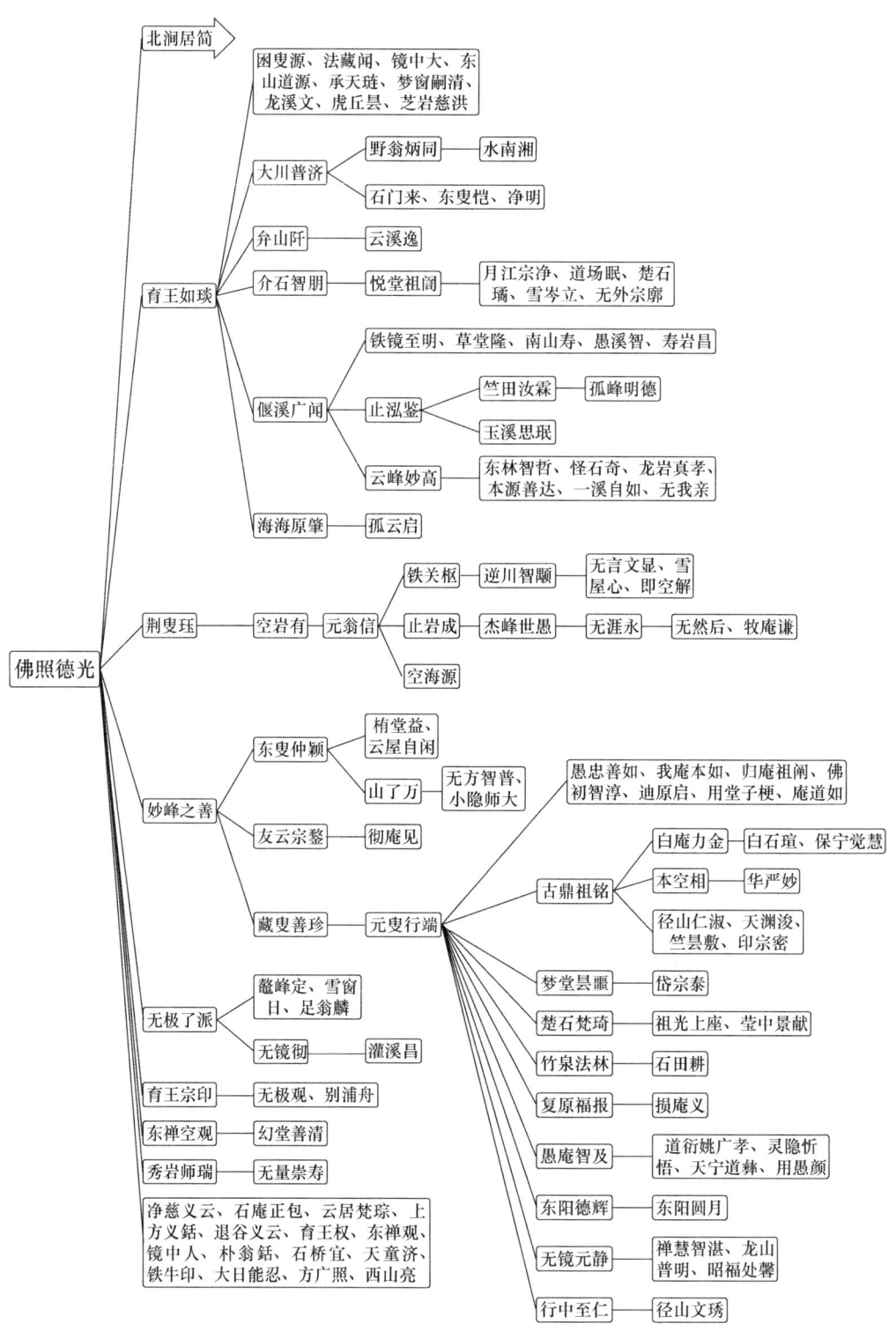

附录 杨岐宗世系传承图

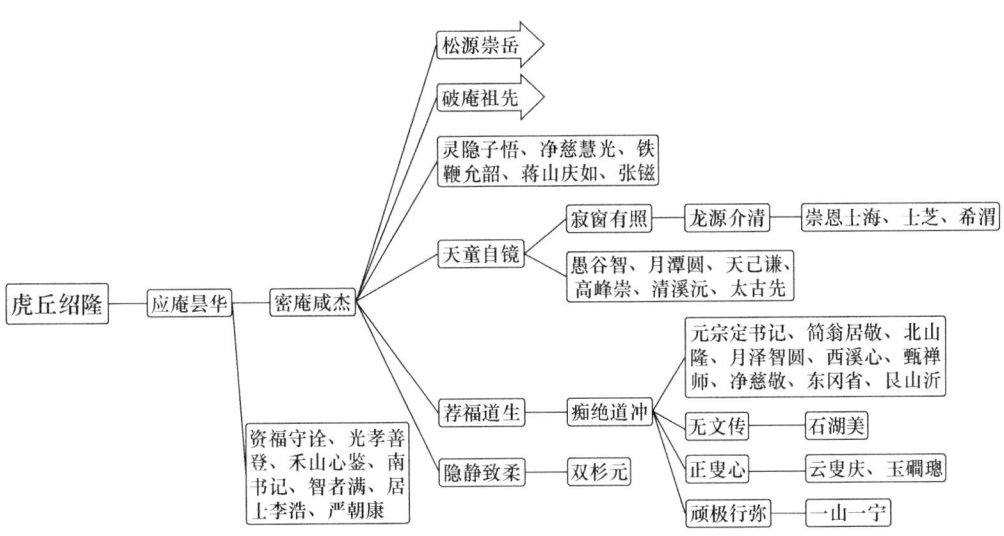

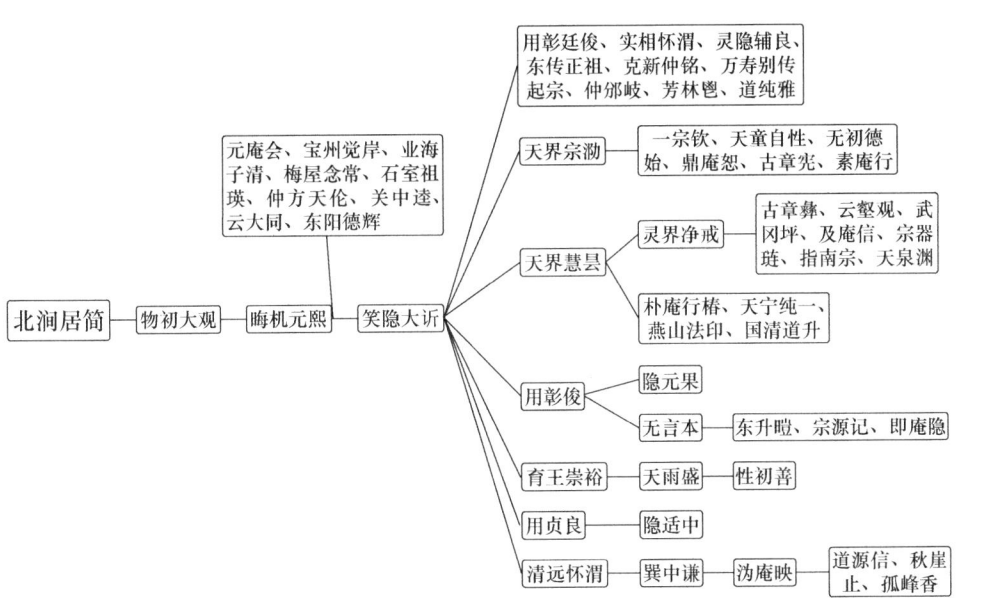

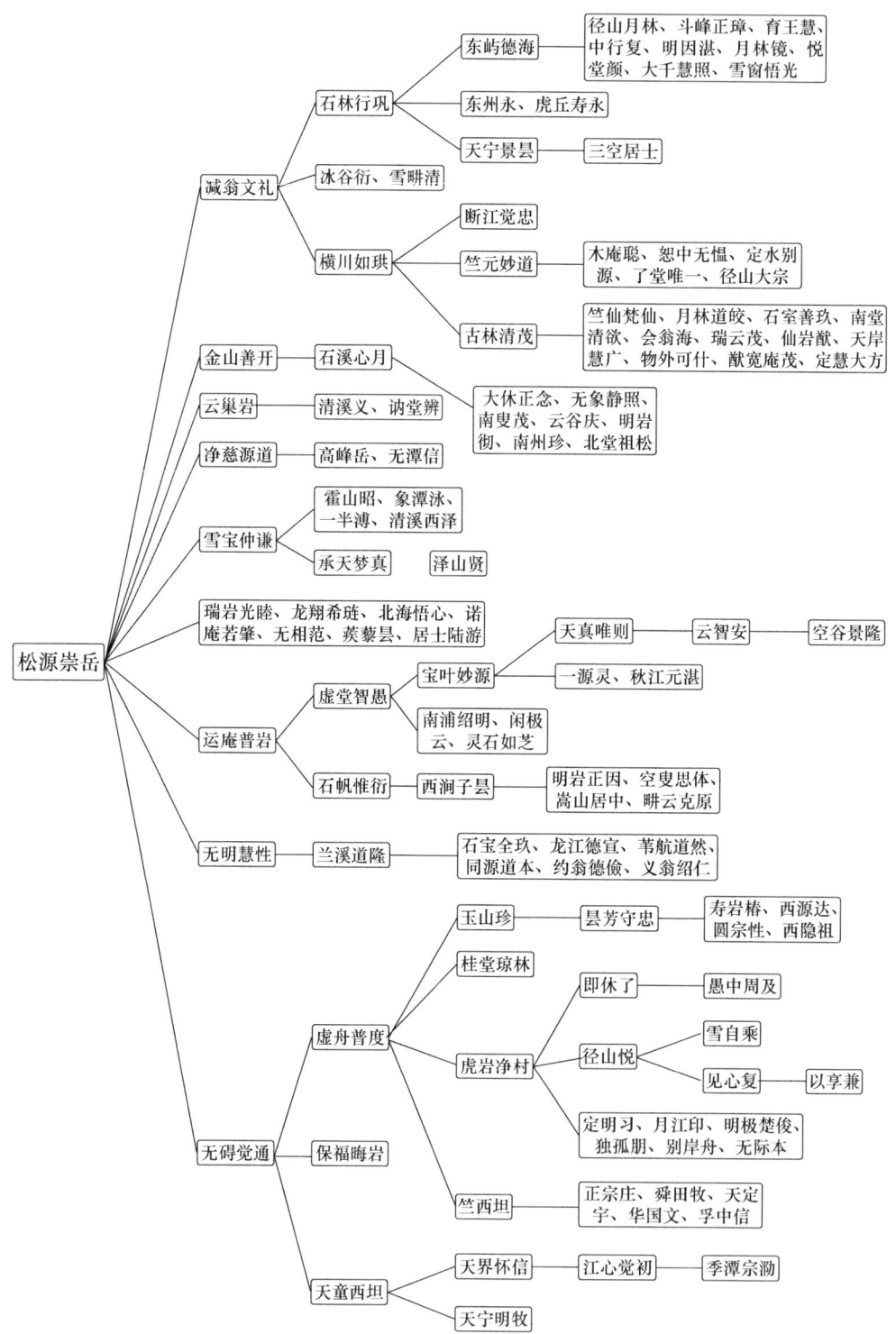

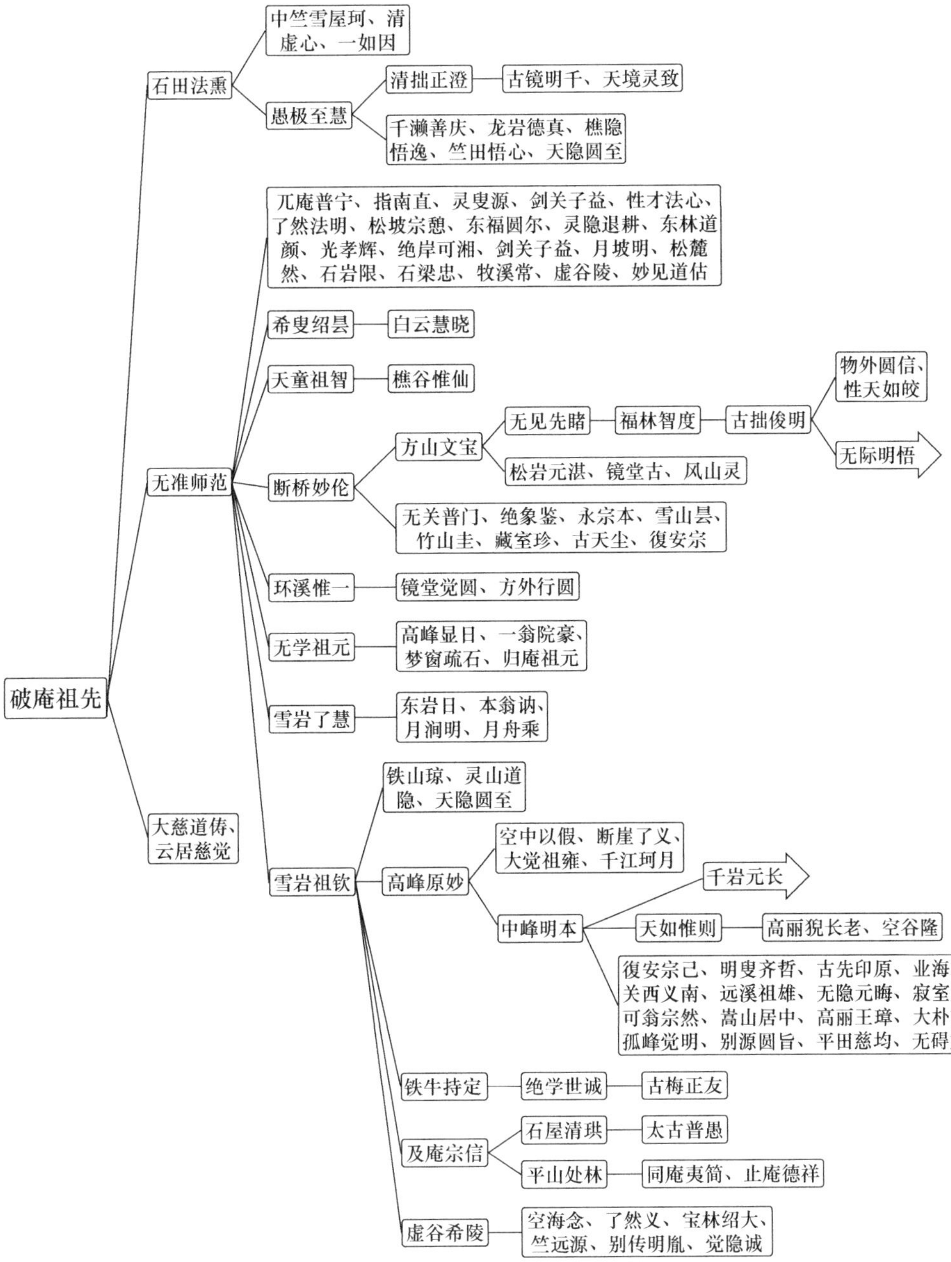

附录　杨岐宗世系传承图

破庵祖先
- 石田法熏
  - 中竺雪屋珂、清虚心、一如因
  - 愚极至慧
    - 清拙正澄 — 古镜明千、天境灵致
    - 千濑善庆、龙岩德真、樵隐悟逸、竺田悟心、天隐圆至
- 兀庵普宁、指南直、灵叟源、剑关子益、性才法心、了然法明、松坡宗憩、东福圆尔、灵隐退耕、东林道颜、光孝辉、绝岸可湘、剑关子益、月坡明、松麓然、石岩限、石梁忠、牧溪常、虚谷陵、妙见道佑
- 无准师范
  - 希叟绍昙 — 白云慧晓
  - 天童祖智 — 樵谷惟仙
  - 断桥妙伦
    - 方山文宝
      - 无见先睹 — 福林智度 — 古拙俊明
        - 物外圆信、性天如皎
        - 无际明悟 →
      - 松岩元湛、镜堂古、风山灵
    - 无关普门、绝象鉴、永宗本、雪山圭、竹山圭、藏室珍、古天尘、復安宗
  - 环溪惟一 — 镜堂觉圆、方外行圆
  - 无学祖元 — 高峰显日、一翁院豪、梦窗疏石、归庵祖元
  - 雪岩了慧 — 东岩日、本翁讷、月润明、月舟乘
- 大慈道俦、云居慈觉
- 雪岩祖钦
  - 铁山琼、灵山道隐、天隐圆至
  - 高峰原妙
    - 空中以假、断崖了义、大觉祖雍、千江珂月
    - 中峰明本
      - 千岩元长 →
      - 天如惟则 — 高丽狙长老、空谷隆
      - 復安宗己、明叟齐哲、古先印原、业海本净、关西义南、远溪祖雄、无隐元晦、寂室元光、可翁宗然、嵩山居中、高丽王璋、大朴玄素、孤峰觉明、别源圆旨、平田慈均、无碍妙谦
  - 铁牛持定 — 绝学世诚 — 古梅正友
  - 及庵宗信
    - 石屋清珙 — 太古普愚
    - 平山处林 — 同庵夷简、止庵德祥
  - 虚谷希陵 — 空海念、了然义、宝林绍大、竺远源、别传明胤、觉隐诚

千岩元长
- 万峰时蔚
  - 高丽千熙
  - 宝藏普持 ⇒ 天奇本瑞 — 无闻明聪 — 笑岩德宝
    - 云栖袾宏
    - 幻有正传 →
- 大拙祖能、报恩梅溪、兰室德馨、惟庵德然、天王法秀、明叟昌、无用守贵、松隐然
- 高丽慧勤 — 高丽自超

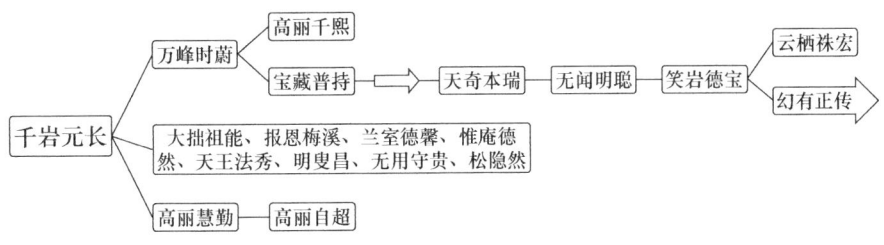

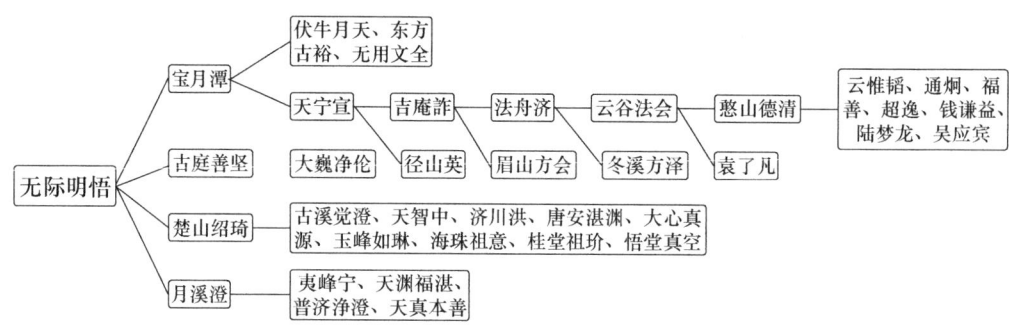

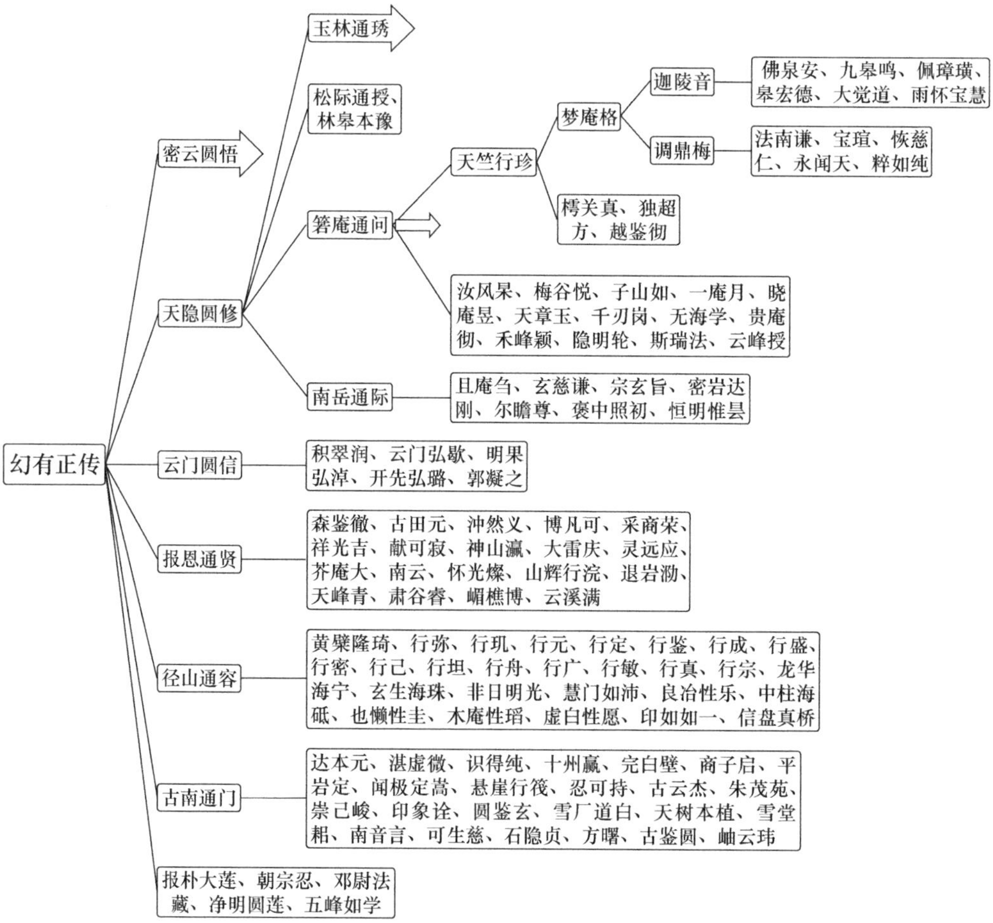

附录 杨岐宗世系传承图

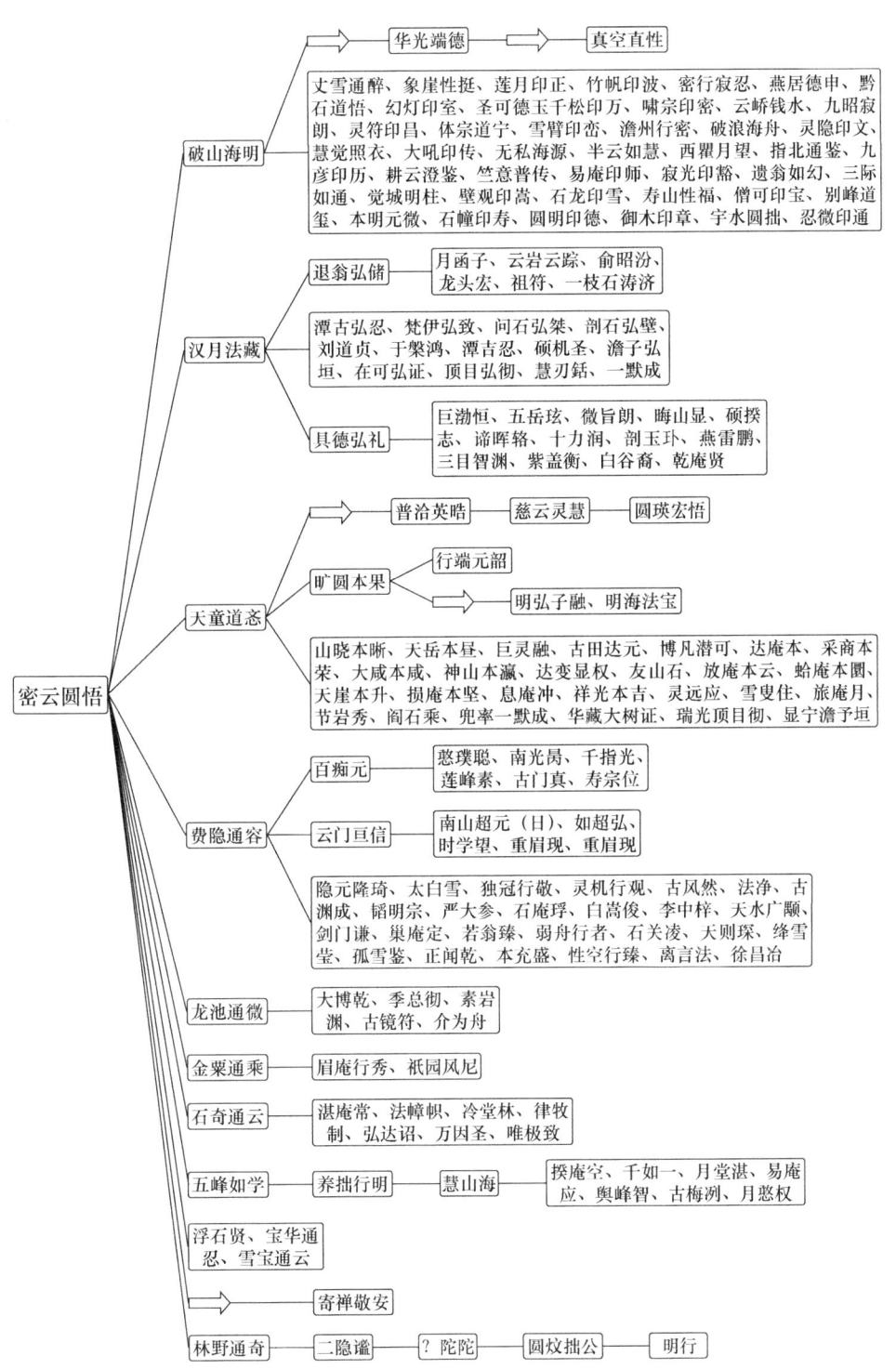

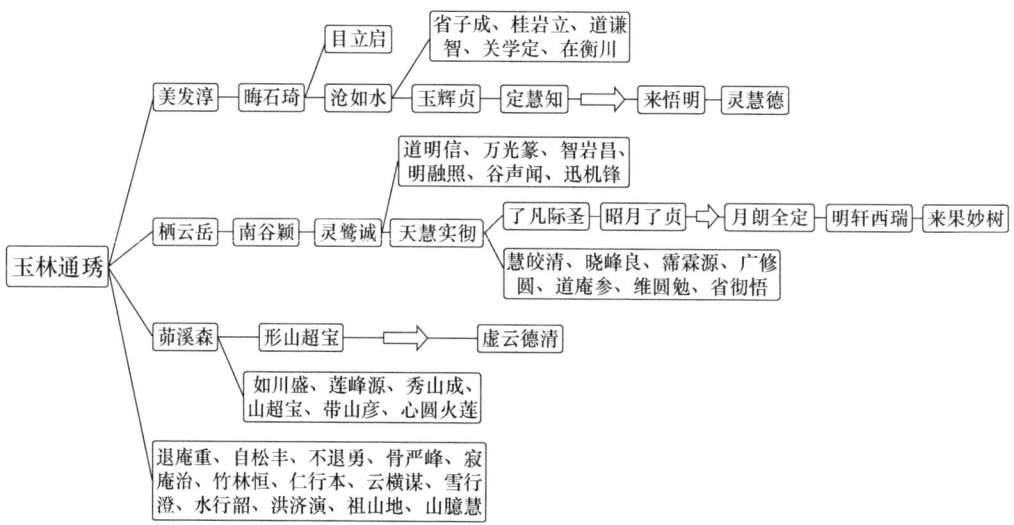

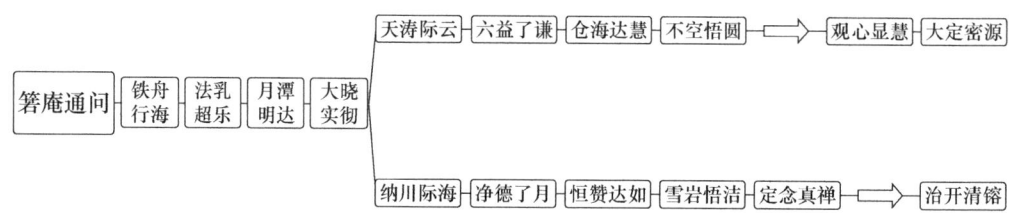

参考文献

佛教典籍

一、《大正新修大藏经》

（宋）宗绍编：《无门关》，收入《大正新修大藏经》第48册，中国书店，2021年。

（宋）净善重集：《禅林宝训》，收入《大正新修大藏经》第48册，中国书店，2021年。

（宋）志磐撰：《佛祖统纪》，收入《大正新修大藏经》第49册，中国书店，2021年。

（元）念常集：《佛祖历代通载》，收入《大正新修大藏经》第49册，中国书店，2021年。

（元）觉岸编：《释氏稽古略》，收入《大正新修大藏经》第49册，中国书店，2021年。

（宋）赞宁等撰：《宋高僧传》，收入《大正新修大藏经》第50册，中国书店，2021年。

（明）如惺撰：《大明高僧传》，收入《大正新修大藏经》第50册，中国书店，2021年。

（宋）道原纂：《景德传灯录》，收入《大正新修大藏经》第51册，中国书店，2021年。

（明）汇目义门云，灵谷寺沙门居顶编：《续传灯录》，收入《大正新修大藏经》第51册，中国书店，2021年。

二、《卍续藏经》

（唐）裴休问，宗密答：《中华传心地禅门师资承袭图》，收入《卍续藏经》第63册，新文丰出版社，1975年。

（宋）慧洪撰：《临济宗旨》，收入《卍续藏经》第63册，新文丰出版社，1975年。

（清）张文嘉较定，张文宪参阅：《禅林宝训合注》，收入《卍续藏经》第64册，新文丰出版社，1975年。

（清）德玉顺硃：《禅林宝训顺硃》，收入《卍续藏经》第64册，新文丰出版社，1975年。

（清）智祥述：《禅林宝训笔说》，收入《卍续藏经》第64册，新文丰出版社，1975年。

（宋）赜藏主集：《古尊宿语录》，收入《卍续藏经》第68册，新文丰出版社，1975年。

（宋）师明集：《续古尊宿语要》，收入《卍续藏经》第68册，新文丰出版社，1975年。

佚名：《续佛祖统纪》，收入《卍续藏经》第75册，新文丰出版社，1975年。

（元）熙仲集：《历朝释氏资鉴》，收入《卍续藏经》第76册，新文丰出版社，1975年。

（元）昙噩述：《新修科分六学僧传》，收入《卍续藏经》第77册，新文丰出版社，1975年。

（明）明河撰：《补续高僧传》，收入《卍续藏经》第77册，新文丰出版社，1975年。

（宋）惟白集：《建中靖国续灯录》，收入《卍续藏经》第78册，新文丰出版社，1975年。

（宋）悟明集：《联灯会要》，收入《卍续藏经》第79册，新文丰出版社，1975年。

（宋）正受编：《嘉泰普灯录》，收入《卍续藏经》第79册，新文丰出版社，1975年。

（宋）惠洪撰：《禅林僧宝传》，收入《卍续藏经》第79册，新文丰出版社，1975年。

（宋）祖琇撰：《僧宝正续传》，收入《卍续藏经》第 79 册，新文丰出版社，1975 年。

（清）自融撰，性磊补辑：《南宋元明禅林僧宝传》，收入《卍续藏经》第 79 册，新文丰出版社，1975 年。

（宋）普济集：《五灯会元》，收入《卍续藏经》第 80 册，新文丰出版社，1975 年。

（明）净柱辑：《五灯会元续略》，收入《卍续藏经》第 80 册，新文丰出版社，1975 年。

（清）超永编辑：《五灯全书》，收入《卍续藏经》第 82 册，新文丰出版社，1975 年。

（明）文琇集：《增集续传灯录》，收入《卍续藏经》第 83 册，新文丰出版社，1975 年。

（宋）道行编：《雪堂行拾遗录》，收入《卍续藏经》第 83 册，新文丰出版社，1975 年。

（宋）晓莹集：《罗湖野录》，收入《卍续藏经》第 83 册，新文丰出版社，1975 年。

（明）瞿汝稷集：《指月录》，收入《卍续藏经》第 83 册，新文丰出版社，1975 年。

（清）聂先编辑：《续指月录》，收入《卍续藏》第 84 册，新文丰出版社，1975 年。

（清）性统编集：《续灯正统》，收入《卍续藏经》第 84 册，新文丰出版社，1975 年。

（明）通问编定，施沛汇集：《续灯存稿》，收入《卍续藏经》第 84 册，新文丰出版社，1975 年。

（明）朱时恩著：《佛祖纲目》，收入《卍续藏经》第 85 册，新文丰出版社，1975 年。

（清）纪荫编纂：《宗统编年》，收入《卍续藏经》第 86 册，新文丰出版社，1975 年。

（明）元贤辑：《继灯录》，收入《卍续藏经》第 86 册，新文丰出版社，1975 年。

（宋）慧洪集《林间录》，收入《卍续藏经》第 87 册，新文丰出版社，1975 年。

三、《大藏经补编》

喻谦等编撰：《新续高僧传》，收入《大藏经补编》第 19 册，华宇出版社，1984 年。

（明）吴之鲸撰：《武林梵志》，收入《大藏经补编》第 29 册，华宇出版社，1984 年。

[日本]虎关师炼撰：《元亨释书》，收入《大藏经补编》第 32 册，华宇出版社，1984 年。

四、其他

（梁）释慧皎著：《高僧传》，朱恒夫，王学钧，赵益注译，陕西人民出版社，2010 年。

禅师语录、行状

一、《大正新修大藏经》

（唐）慧然集：《镇州临济慧照禅师语录》，收入《大正新修大藏经》第 47 册，中国书店，2021 年。

（宋）仁勇等编：《杨岐方会和尚语录》，收入《大正新修大藏经》第 47 册，中国书店，2021 年。

（宋）佚名：《杨岐方会和尚后录》，收入《大正新修大藏经》第 47 册，中国书店，2021 年。

（宋）才良等编：《法演禅师语录》，收入《大正新修大藏经》第 47 册，中国书店，2021 年。

（宋）绍隆等编：《圆悟佛果禅师语录》，收入《大正新修大藏经》第 47 册，中国书店，2021 年。

（宋）蕴闻编：《大慧普觉禅师语录》，收入《大正新修大藏经》第 47 册，中国书店，2021 年。

（宋）道谦编：《大慧普觉禅师宗门武库》，收入《大正新修大藏经》第 47 册，中国书店，2021年。

（宋）崇岳、了悟等编：《密庵和尚语录》，收入《大正新修大藏经》第47册，中国书店，2021年。

（宋）重显颂古，克勤评唱：《佛果圆悟禅师碧岩录》，收入《大正新修大藏经》第48册，中国书店，2021年。

［日本］圆尔辨圆语，嗣孙师錬纂：《圣一国师语录》，收入《大正新修大藏经》第80册，中国书店，2021年。

［日本］白云慧晓语，嗣法希白等辑：《佛照禅师传》，收入《大正新修大藏经》第80册，中国书店，2021年。

［日本］兰溪道隆语，侍者圆显等编：《大觉禅师语录》，收入《大正新修大藏经》第80册，中国书店，2021年。

［日本］南浦绍明语，侍者祖照等编：《圆通大应国师语录》，收入《大正新修大藏经》第80册，中国书店，2021年。

［日本］子元祖元语，侍者一真等编：《佛光国师语录》，收入《大正新修大藏经》第80册，中国书店，2021年。

［日本］一山一宁语，侍者了真等编：《一山国师语录》，收入《大正新修大藏经》第80册，中国书店，2021年。

［日本］竺僊梵仙语，侍者裔尧等编：《竺仙和尚语录》，收入《大正新修大藏经》第80册，中国书店，2021年。

［日本］宗峰妙超语，侍者性智等编：《大灯国师语录》，收入《大正新修大藏经》第80册，中国书店，2021年。

二、《卍续藏经》

（明）圆悟著，真啟编：《辟妄救略说》，收入《卍续藏经》第65册，新文丰出版社，1975年。

（宋）慧南重编：《石霜楚圆禅师语录》，收入《卍续藏经》第69册，新文丰出版社，1975年。

（宋）道胜、圆净录：《保宁仁勇禅师语录》，收入《卍续藏经》第69册，新文丰出版社，1975年。

佚名：《白云守端禅师语录》，收入《卍续藏经》第69册，新文丰出版社，

1975年。

（宋）处凝等编集，海谭录：《白云守端禅师广录》，收入《卍续藏经》第69册，新文丰出版社，1975年。

（宋）普敬等录：《无门慧开禅师语录》，收入《卍续藏经》第69册，新文丰出版社，1975年。

（宋）子文编：《佛果克勤禅师心要》，收入《卍续藏经》第69册，新文丰出版社，1975年。

（宋）嗣端等编：《虎丘绍隆禅师语录（一卷）》，收入《卍续藏经》第69册，新文丰出版社，1975年。

（宋）守诠等编：《应庵昙华禅师语录》，收入《卍续藏经》第69册，新文丰出版社，1975年。

（宋）法宏、道谦编：《普觉宗杲禅师语录》，收入《卍续藏经》第69册，新文丰出版社，1975年。

（宋）大观编：《北涧居简禅师语录》，收入《卍续藏经》第69册，新文丰出版社，1975年。

（元）延俊等编：《笑隐大䜣禅师语录》，收入《卍续藏经》第69册，新文丰出版社，1975年。

（宋）善开等录：《松源崇岳禅师语录》，收入《卍续藏经》第70册，新文丰出版社，1975年。

（宋）圆照等编：《破庵祖先禅师语录》，收入《卍续藏经》第70册，新文丰出版社，1975年。

（宋）圆照等编：《破庵祖先禅师语录》，收入《卍续藏经》第70册，新文丰出版社，1975年。

（宋）宗会等编：《无准师范禅师语录》，收入《卍续藏经》第70册，新文丰出版社，1975年。

（宋）了南、了垠编：《无准和尚奏对语录》，收入《卍续藏经》第70册，新文丰出版社，1975年。

（元）正定编：《樵隐悟逸禅师语录》，收入《卍续藏经》第70册，新文丰出版社，1975年。

（宋）文宝，善靖编：《断桥妙伦禅师语录》，收入《卍续藏经》第70册，新文丰出版社，1975年。

（元）昭如、希陵等编：《雪岩祖钦禅师语录》，收入《卍续藏经》第70册，新文丰出版社，1975年。

（元）参学门人编：《高峰原妙禅师语录》，收入《卍续藏经》第70册，新文丰出版社，1975年。

（元）持正录，洪乔祖编：《高峰原妙禅师禅要》，收入《卍续藏经》第70册，新文丰出版社，1975年。

佚名：《天目明本禅师杂录》，收入《卍续藏经》第70册，新文丰出版社，1975年。

（元）善遇编：《天如惟则禅师语录》，收入《卍续藏经》第70册，新文丰出版社，1975年。

（元）净韵等编：《兀庵普宁禅师语录》，收入《卍续藏经》第71册，新文丰出版社，1975年。

（宋）住显等编：《石溪心月禅师语录》，收入《卍续藏经》第71册，新文丰出版社，1975年。

（元）继祖等编：《昙芳守忠禅师语录》，收入《卍续藏经》第71册，新文丰出版社，1975年

（元）元浩等编：《古林清茂禅师语录》，收入《卍续藏经》第71册，新文丰出版社，1975年。

（元）法林等编：《元叟行端禅师语录》，收入《卍续藏经》第71册，新文丰出版社，1975年。

（明）祖光等编：《楚石梵琦禅师语录》，收入《卍续藏经》第71册，新文丰出版社，1975年。

（明）观通等编：《愚庵智及禅师语录》，收入《卍续藏经》第71册，新文丰出版社，1975年。

（明）宗敬等编：《云谷和尚语录》，收入《卍续藏经》第73册，新文丰出版社，1975年。

（明）福善日录，通炯编辑：《憨山老人梦游集》，收入《卍续藏经》第73册，新文丰出版社，1975年。

（清）弘储表：《南岳单传记》，收入《卍续藏经》第86册，新文丰出版社，

1975 年。

三、《嘉兴藏》

（宋）祖咏编：《大慧普觉禅师年谱》，收入《嘉兴藏》第 1 册，新文丰出版社，1983 年。

（明）圆悟说，如学、法藏等编：《密云禅师语录》，收入《嘉兴藏》第 10 册，新文丰出版社，1983 年。

（明）善坚说：《古庭禅师语录辑略》，收入《嘉兴藏》第 25 册，新文丰出版社，1983 年。

（清）海明说，印正等编：《破山禅师语录》，收入《嘉兴藏》第 26 册，新文丰出版社，1983 年。

（清）通容说，隆琦等编：《费隐禅师语录》，收入《嘉兴藏》第 26 册，新文丰出版社，1983 年。

（清）隆琦说，海宁等编：《隐元禅师语录十六卷》，收入《嘉兴藏》第 27 册，新文丰出版社，1983 年。

（清）通醉说，彻纲等编：《昭觉丈雪醉禅师语录》，收入《嘉兴藏》第 27 册，新文丰出版社，1983 年。

（元）元长说，嗣诏录：《千岩和尚语录》，收入《嘉兴藏》第 32 册，新文丰出版社，1983 年。

（明）法藏说，弘储记：《三峰藏和尚语录》，收入《嘉兴藏》第 34 册，新文丰出版社，1983 年。

（清）性珽说，益闻重刊：《象崖珽禅师语录》，收入《嘉兴藏》第 34 册，新文丰出版社，1983 年。

四、其他

（宋）德如撰：《大宋国临安府径山兴圣万寿禅寺住持特赐佛鉴禅师行状》，日本京都东福寺藏。

皇明名僧辑略：《楚石琦禅师》，云栖法会，版本待考。

（清）道忞编：《山翁忞禅师随年自谱》，国家图书馆藏抄本。

［日本］师蛮：《正澄传》，载入《延宝传灯录》卷四，版本待考。

太虚撰：《中兴佛教寄禅安和尚传》，版本待考。

崇和撰：《宁波天童寺寄禅老和尚德像小记》，版本待考。

温光熹撰：《来果禅师开示录》，版本待考。

明旸撰：《圆瑛法师年谱》，宗教文化出版社，1996年。

岑学吕编著：《虚云老和尚年谱》，江西永修县云居山真如禅寺，2004年。

岑学吕编著：《虚云老和尚法汇》，江西永修县云居山真如禅寺，2004年。

（清）行岳编：《大觉普济能仁玉琳琇国师语录》，收入《中华大藏经（汉文部分）》第80册，中华书局，2010年。

来果著：《来果大师文汇》，华夏出版社，2011年。

圆瑛大师著：《圆瑛大师文汇》，华夏出版社，2012年。

寄禅大师著：《寄禅大师文汇》，华夏出版社，2012年。

（元）明本撰：《天目中峰和尚广录》，收入《大藏经补编》第25册，文物出版社，2013年。

（清）孙治撰：《本师具德老和尚行状》，载入《武林灵隐寺志》卷七，浙江大学出版社，2021年。

地方志　寺志

（清）尚崇年纂修：康熙《萍乡县志》，萍乡市图书馆古籍室藏。

（清）胥绳武主修：乾隆《萍乡县志》，萍乡市图书馆古籍室藏。

（清）锡荣、王明璠总修：同治《萍乡县志》，萍乡市图书馆古籍室藏。

（明）严嵩纂修：正德《袁州府志》，收入《天一阁藏明代方志选刊》，上海古籍书店，1981年。

印恭编：《白云山志》，桐柏水帘寺印，1986年。

（清）施闰章纂修：康熙《袁州府志》，收入《北京图书馆古籍珍本丛刊》，北京图书馆出版社，2000年。

杭州市地方志办公室编：《径山志》，西泠印社出版社，2011年。

（清）卢见曾撰：《金山寺志》，收入《江苏文库·史料编》第60册，凤凰出版社，2020年。

印恭编:《白云山志》,桐柏水帘寺印,1986年10月。

塔铭　碑文

(唐)刘禹锡撰文:《杨岐山乘广禅师塔碑》,萍乡市杨岐普通寺珍藏。

(唐)沙门至闲撰碑文:《杨岐山故甄叔大师塔铭并序》,萍乡市杨岐普通寺珍藏。

(宋)张浚撰文:《大慧普觉禅师塔铭》。

(宋)徐林撰文:《临济正传虎丘隆禅师碑》。

(明)宋濂撰文:《佛慧圆明广照无边普利大禅师塔铭》。

(明)黄宗羲撰文:《道长苏州三峰汉月藏禅师塔铭》。

张美翊撰文:《寄禅禅师冷香塔铭》。

宏琳撰文:《海贤老和尚的师公真空禅师》。

佚名:《古云山碑记》,萍乡市莲花县古云山寺遗址存藏。

佚名:《清代僧人碑文》,萍乡市上栗县关上村易姓村民收藏。

佛教史书

印顺著:《中国禅宗史》,正文出版社,1971年。

高观如撰:《中外佛教关系史略》,弥勒文化书社,1983年。

脱脱撰:《宋史》,中华书局,1985年。

袁宾主编:《禅宗词典》,湖北人民出版社,1994年。

蓝吉富主编:《中华佛教百科全书》,中华佛教百科文献基金会,1994年。

易行广编著:《曹溪禅人物志》,广东人民出版社,1994年。

韩溥著:《江西佛教史》,光明日报出版社,1995年。

刘建著:《佛教东渐》,社会科学文献出版社,1997年。

吴立民主编:《禅宗宗派源流》,中国社会科学出版社,1998年。

［日］有马赖底著：《禅僧的生涯》，中国社会科学出版社，2000年。

萍乡市文史委员会编：《萍乡宗教文化大观》，江西人民出版社，2000年。

倓虚讲述：《影尘回忆录》，大光记录，吴云鹏整理，宗教文化出版社，2003年。

杜继文主编：《佛教史》，江苏人民出版社，2006年。

杨曾文著：《宋元禅宗史》，中国社会科学出版社，2006年。

杨曾文著：《日本佛教史》，人民出版社，2008年。

何劲松著：《韩国佛教史》，社科文献出版社，2008年。

丁福保编纂：《佛学大辞典》，中国书店出版社，2011年。

蒋维乔著：《中国佛教史》，群言出版社，2013年。

魏道儒著：《中华佛教史·宋元明清佛教史卷》，山西教育出版社，2013年。

麻天祥著：《中华佛教史·近代佛教史卷》，山西教育出版社，2014年。

魏常海著：《中华佛教史·中韩佛教交流史卷》，山西教育出版社，2014年。

杨曾文著：《中华佛教史·中国佛教东传日本史卷》，山西教育出版社，2013年。

徐文明著：《杨岐派史》，中国社会科学出版社，2018年。

学术文献

台湾大学文学院佛学研究中心：《台大佛学研究》，1972年第22期。

王荣国：《禅宗在福建的传衍及其法派》，《法音》2000年第1期。

谭志词：《〈拙公语录〉的编者、版本、内容及文献价值——对域外一份鲜为人知的汉文史料的初步探讨》，《古籍整理研究学刊》2005年第6期。

谭志词：《越南闽籍侨僧拙公和尚的佛学思想》，《八桂侨刊》，2006年第4期。

萧淑玲：《清代临济宗三大法脉略梳》，《宗教学研究》，2006年第2期。

张文良：《日本的达磨宗与中国禅宗》，《佛学研究》，2007年第1期。

谭志词：《十七、十八世纪岭南与越南的佛教交流》，《世界宗教研究》2007年第3期。

《北京佛教居士林历史与沿革》，北京佛教居士林，2010年。

张云江著：《禅史与禅思》，宗教文化出版社，2014年。

文集

（宋）周必大撰：《文忠集》，收入《四库全书》集部别集类。

（元）程钜夫撰：《雪楼集》，收入《四库全书》集部别集类。

罗振玉编：《明季三孝廉集》，上虞罗氏排印本，1919年。

李炳南著：《雪庐老人净土选集》，青莲出版社，1974年。

（宋）晓莹录：《云卧纪谭》，收入《卍续藏经》第86册，新文丰出版社，1975年。

（清）道忞著：《布水台集》，收入《嘉兴藏》第26册，新文丰出版社，1983年。

（元）揭傒斯：《揭文安公文集》，上海古籍出版社，1985年。

（南宋）陆游著：《陆放翁全集》，中国书店出版社，1986年。

徐枋撰：《退翁老人南岳和尚哀辞》，收入《居易堂集》卷十九，华东师范大学出版社，2009年。